国家卫生健康委员会“十四五”规划教材
全 国 高 等 学 校 教 材
供 预 防 医 学 类 专 业 用

新医科“101计划”核心教材

流行病学

Epidemiology

主　　审 | 李立明
主　　编 | 沈洪兵　詹思延
副 主 编 | 何　纳　马　伟　潘海峰　张　峰

数字主编 | 沈洪兵　詹思延
数字副主编 | 何　纳　马　伟　潘海峰　张　峰

人民卫生出版社
·北　京·

图书在版编目（CIP）数据

流行病学 / 沈洪兵，詹思延主编. -- 北京 ：人民卫生出版社，2025. 6. --（教育部公共卫生与预防医学“101 计划”核心教材）. -- ISBN 978-7-117-38041-6

Ⅰ. R18

中国国家版本馆 CIP 数据核字第 2025SC9421 号

流 行 病 学

Liuxingbingxue

主　　编：沈洪兵　詹思延
出版发行：人民卫生出版社（中继线 010-59780011）
地　　址：北京市朝阳区潘家园南里 19 号
邮　　编：100021
E - mail：pmph @ pmph.com
购书热线：010-59787592　010-59787584　010-65264830
印　　刷：人卫印务（北京）有限公司
经　　销：新华书店
开　　本：850 × 1168　1/16　　印张：21
字　　数：621 千字
版　　次：2025 年 6 月第 1 版
印　　次：2025 年 6 月第 1 次印刷
标准书号：ISBN 978-7-117-38041-6
定　　价：82.00 元
打击盗版举报电话：010-59787491　E-mail：WQ @ pmph.com
质量问题联系电话：010-59787234　E-mail：zhiliang @ pmph.com
数字融合服务电话：4001118166　E-mail：zengzhi @ pmph.com

编委名单

编 委（以姓氏笔画为序）

马　伟　山东大学
马会来　中国疾病预防控制中心
马红霞　南京医科大学
马翔宇　陆军军医大学
卢次勇　中山大学
田文静　哈尔滨医科大学
朱益民　浙江大学
刘　莉　华中科技大学
孙　凤　北京大学
李　波　吉林大学
李佳圆　四川大学
吴心音　中南大学
何　纳　复旦大学
沈洪兵　南京医科大学
张　峰　西安交通大学
邵中军　空军军医大学
施小明　中国疾病预防控制中心
鲁向锋　中国医学科学院阜外医院
雷立健　山西医科大学
詹思延　北京大学
潘海峰　安徽医科大学

编写秘书

马红霞（兼）

数字编委

新形态教材使用说明

新形态教材是充分利用多种形式的数字资源及现代信息技术，通过二维码将纸书内容与数字资源进行深度融合的教材。本套教材全部以新形态教材形式出版，每本教材均配有特色的数字资源和电子教材，读者阅读纸书时可以扫描二维码，获取数字资源和电子教材。

电子教材是纸质教材的电子阅读版本，支持手机、平板及电脑等多终端浏览，具有目录导航、全文检索等功能，方便与纸质教材配合使用，随时随地进行阅读。

获取数字资源与电子教材的步骤

1 扫描封底红标二维码，获取图书"使用说明"。

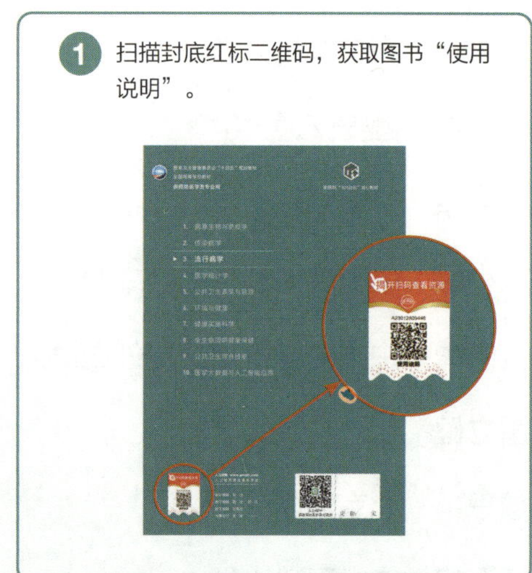

2 揭开红标，扫描绿标激活码，注册/登录人卫账号获取数字资源与电子教材。

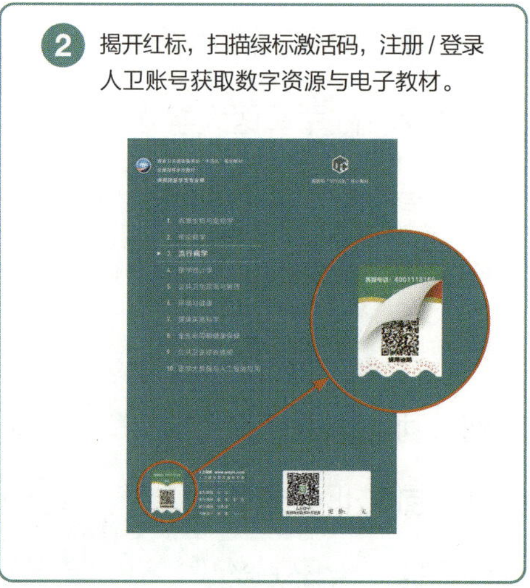

3 扫描书内二维码或封底绿标激活码随时查看数字资源和电子教材。

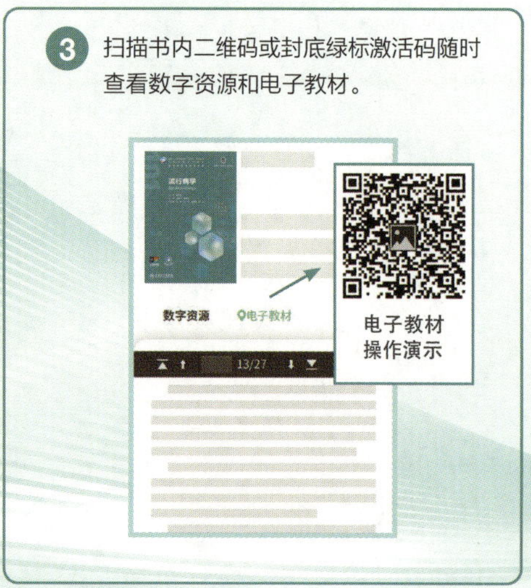

4 登录 zengzhi.ipmph.com 或下载应用体验更多功能和服务。

客户服务热线 400-111-8166

读者信息反馈方式

欢迎登录"人卫 e 教"平台官网"medu.pmph.com"，在首页注册登录后，即可通过输入书名、书号或主编姓名等关键字，查询我社已出版教材，并可对该教材进行读者反馈、图书纠错、撰写书评以及分享资源等。

序 言

当今世界正经历百年未有之大变局，全球化进程持续加速、新发突发传染病频繁出现、人口老龄化不断加剧、健康不平等问题日益凸显，公共卫生事业面临着前所未有的复杂挑战。同时，以人工智能、大数据、基因组学、代谢组学等为代表的新兴技术蓬勃发展，正在深度改写医学与公共卫生的发展轨迹。在此复杂背景下，培养兼具全球视野、创新思维和实践能力的公共卫生和预防医学拔尖创新人才迫在眉睫，这既是国家实现公共卫生领域战略布局的关键需求，也是构建人类卫生健康共同体的核心支撑力量。

2023 年，教育部在计算机领域试点的基础上，启动基础学科、新医科、新农科系列"101 计划"，重点任务是定位一流，推进"四个核心"建设：建设一批能反映国际学术前沿、具有中国特色的一流核心教材；打造一批具有高阶性、创新性和挑战度的一流核心课程；组建一支一流的核心教师团队；开展一批科教融汇、产教融合的一流实践项目。为落实国家对公共卫生与预防医学拔尖创新人才的培养要求，推进公共卫生与预防医学类"101 计划"建设，本系列教材应运而生。

公共卫生与预防医学"101 计划"核心教材秉持"立足中国、对标国际、交叉融合、引领未来"的编写理念，坚持面向世界科技前沿、面向经济主战场、面向国家重大需求、面向人民生命健康，旨在构建符合新时代公共卫生学科发展规律、适应国家公共卫生治理现代化需求的人才培养知识体系。

本套教材突破传统学科壁垒，以"解决真实公共卫生问题"为导向，将流行病学、卫生统计学等经典学科与健康大数据、人工智能等新兴领域进行整合，形成三大创新模块：

疾病防控与全生命周期健康管理基础：涵盖《病原生物与免疫学》《传染病学》《流行病学》《全生命周期健康保健》等教材，强化从病原体识别到群体防控的全链条知识体系。

环境与社会健康综合治理：融合《公共卫生政策与管理》《环境与健康》《健康实施科学》，聚焦环境风险、政策干预与社会因素对健康的影响。

公共卫生智能决策：通过《医学大数据与人工智能应用》《医学统计学》《公共卫生综合技能》等教材，构建"数据采集—分析建模—精准干预"的智能化能力培养路径。

本系列教材的编写具有三大特色：

其一，学科交叉的系统性重构。突破传统公共卫生教材以流行病学、卫生统计学、五大卫生等为核心的框架，推进学科整合，有机融入健康大数据分析、全球卫生治理、公共卫生应急管理、健康政策经济学等新兴领域，强化公共卫生与临床医学、信息科学、社会科学及工程技术的深度融合。

其二，前沿性与实践性并重。每册教材既引入国际前沿进展，又聚焦医防融合、健康促进等本土化场景，通过理论与实践交融、模拟与实操并用，培养学生的实战决策能力。

其三，价值引领与思维训练融合。在传染病防控、健康公平、生物安全等章节中嵌入伦理思辨与政策设计训练，引导学生从“技术执行者”向“战略思考者”进阶，培育其以“同一健康”理念为基础的健康协同治理系统思维。

本套教材编写团队汇聚国内20余所“双一流”高校、高水平公共卫生学院的学科带头人，以及来自基础医学、临床医学、公共卫生、环境科学、社会科学、大数据和人工智能等多领域多学科专家，历时一年多时间完成知识梳理与教学资源开发。编写过程中深度对接“101计划”公共卫生领域核心课程建设标准，确保理论体系与教学实践紧密衔接。特邀李立明等权威学者组成评审委员会，确保内容的科学性与前沿性。全套教材采用“纸质教材+数字资源”融合形态，配套PPT、练习题、拓展案例、案例解析、虚拟仿真实验等，打造沉浸式学习场景，真正实现“学中用、用中学”。实现习近平总书记提出的“着力培养能解决病原学鉴定、疫情形势研判和传播规律研究、现场流行病学调查、实验室检测等实际问题的人才”的根本任务。

本套教材不仅是知识载体，更是创新思维的孵化器。在数据驱动、知识联动、多学科交叉的公共卫生新业态中，我们期待这套教材能成为公共卫生与预防医学拔尖创新人才培养的“新范式”，培养更多兼具科学精神与人文情怀、精通专业与创新引领的行业栋梁。助力中国公共卫生事业走向世界前列，为人类卫生健康共同体建设贡献中国智慧。

沈洪兵

2025年4月10日

主审简介

李立明

现任北京大学博雅特聘教授，北京大学公众健康与重大疫情防控战略研究中心主任。历任北京大学校长助理、北京大学医学部副主任，中国预防医学科学院院长，中国疾病预防控制中心首任主任，中国医学科学院北京协和医学院党委书记、常务副院校长。担任教育部高等学校公共卫生与预防医学类专业教学指导委员会主任委员；中国健康促进与教育协会会长，中华预防医学会副会长，中华预防医学会流行病学分会名誉主任委员，中华医学会医学教育分会前任主任委员；《中华流行病学杂志》《全球健康杂志（英文）》主编，《中国疾病预防控制中心周报（英文）》《北京大学学报（医学版）》副主编。1997 年获美国艾森豪威尔总统奖，2006 年获美国约翰斯·霍普金斯大学杰出校友奖，2010 年当选英国皇家内科医学院公共卫生学院荣誉院士（HonFFPH），2017 年当选国际欧亚科学院院士。

主编简介

沈洪兵

中国工程院院士，曾任中国疾病预防控制中心主任、南京医科大学校长、流行病学教授、博士研究生导师。享受国务院政府特殊津贴。

从事流行病学教研工作30余年，主编国家级规划教材8部，包括《流行病学（双语）》（第1、2版）、《流行病学》（第8、9版）教材等，先后获国家级教学成果奖二等奖和全国优秀教材一等奖。主要从事环境与慢性病的分子流行病学研究，在慢性病流行病学以及高危人群防治策略、队列研究、健康医疗大数据等方面开展系列研究，研究成果获国家自然科学奖二等奖、何梁何利基金科学与技术进步奖，以及多项省部级科技奖励。

詹思延

二级教授，博士研究生导师，现任北京大学公共卫生学院院长、重大疾病流行病学教育部重点实验室（北京大学）主任，北京大学第三医院临床流行病学研究中心主任。享受国务院政府特殊津贴。兼任中华预防医学会流行病学分会主任委员，国务院学位委员会第八届学科评议组专家，国家免疫规划专家咨询委员会委员。

从事流行病学教学工作30余年。担任预防医学专业规划教材《流行病学》第7、8版主编，长学制《临床流行病学》第2、3版主编。作为第一完成人获多项省部级奖项，获第十七届吴阶平-保罗·杨森医学药学奖、北京市高等学校教学名师奖。

副主编简介

何 纳

复旦大学特聘教授，博士研究生导师，现任复旦大学公共卫生学院院长。兼任中华预防医学会公共卫生教育分会主任委员和流行病学分会副主任委员、中华医学会公共卫生分会副主任委员、中国医师协会公共卫生医师分会副会长、中国医疗保健国际交流促进会公共卫生与预防医学分会副主任委员，《中华流行病学杂志》《中华疾病控制杂志》和 *Biomed Environ Sci* 等期刊副主编。从事教学工作 30 年，以第一完成人获国家级教学成果奖二等奖 1 项、中国学位与研究生教育学会研究生教育成果奖二等奖 1 项、上海市教学成果奖特等奖和一等奖各 1 项、霍英东教育基金会教育教学奖二等奖、宝钢优秀教师特等奖提名奖。

马 伟

山东大学特聘教授，博士研究生导师，现任山东大学公共卫生学院副院长、流行病学系主任，国家级一流课程"流行病学"负责人。兼任中华预防医学会流行病学分会常务委员、中华预防医学会公共卫生教育分会委员、山东省性病防治协会副会长、山东预防医学会公共卫生教育分会主任委员、*Biomed Environ Sci* 编委、《中华流行病学杂志》编委等职。主要研究方向为传染病流行病学、艾滋病预防与控制、气候变化与健康。先后主持 20 余项国家级重点研发计划和国际合作项目，发表论文 240 余篇。

副主编简介

潘海峰

教授，博士研究生导师，现任安徽医科大学公共卫生学院副院长、医学数据处理中心主任。担任*Clin Mol Epidemiol*主编、*Int J Rheum Dis*副主编。全球前2%顶尖科学家，以第一或通信作者在*JAMA Pediatr*、*Ann Rheum Dis*等SCI期刊发表论文100余篇，H指数46。为首批国家精品资源共享课程“流行病学”教学团队成员，首批国家一流本科课程“流行病学”主讲教师之一。获中华医学科技奖一等奖1项、安徽省科技进步奖二等奖和三等奖各1项。获安徽省教学成果奖一等奖3项、三等奖2项。

张　峰

教授，博士研究生导师，现任西安交通大学公共卫生学院副院长。兼任中华医学会地方病学分会常务委员、*Prev Med*编委。国家重点研发计划首席科学家，主持国家自然科学基金委员会优秀青年科学基金项目，从事复杂疾病环境病因与发病机制研究，在*Arthritis Rheumatology*等期刊以第一或通信作者发表论文100余篇，主编、副主编专著2部。主持国家重点研发计划、国家自然科学基金等国家级项目8项，获陕西省科学技术奖一、二等奖各1项。

前 言

2023 年 5 月，教育部启动新医科教育教学改革试点工作，其中包括实施系列“101 计划”，以建设一批核心课程，推动核心教材、核心师资、核心实践项目为目标，加快培养拔尖创新人才，为我国实现高水平科技自立自强提供人才支撑。在此政策背景下，为加快培养能在突发公共卫生事件和重大疫情应急处置中“一锤定音”的领军人才，公共卫生与预防医学类“101 计划”工作组优先启动了以《流行病学》为代表的核心教材建设。

在启动本教材编写之前，编写团队深入分析了近十年来国内外的教材体系，并制订了以下编写思路。①价值引领：以习近平新时代中国特色社会主义思想为指导，落实立德树人根本任务，牢牢把握“101 计划”核心教材建设的政治方向和价值导向。②需求导向：围绕拔尖创新人才培养目标，在教材内容和教学体系方面有新的突破；同时建设一套涵盖“流行病学”课程教学资源、知识图谱、案例分析及实践应用等内容的教学资源库。③传承创新：精选学科的基本概念、原理和知识，为学生科学思维和能力的形成奠定基础，并及时反映学科发展的新理念、新方法、新成就。在“三基”的基础上体现拔尖创新，在“五性”的基础上体现“高阶性、创新性、挑战度”。④实践应用：强化教材内容的实践性，启发学生通过实践活动和自己的思考来获得对知识的理解，培养流行病学知识应用的基本能力。

本教材以案例导入作为切入点，引起学生对流行病学大事件的兴趣，通过案例解读具体的理论知识点，突出教材理论与实践相融合的编写特色。教材总体分为三个部分。第一部分为基础篇，涵盖绪论、疾病测量指标、病因推断、流行病学研究中的精确性和有效性、流行病学资料来源和数据管理共五个章节，从流行病学研究的目的、工具、偏倚和数据来源方面介绍学科的基础知识。第二部分为方法篇，涵盖流行病学的主要研究方法，均以案例为先导，以概述、研究设计与实施、资料整理与分析、常见偏倚和优缺点的框架详述，注重理论知识点与案例的有机融合。第三部分为应用篇，涵盖了传染病、慢性非传染性疾病、伤害、营养、临床流行病学等流行病学应用领域的介绍，向学生们展示了流行病学的多元应用场景，以及与多学科交叉融合的发展趋势。

非常感谢来自全国19所院校（机构）编委们的支持和信任，他们认真负责的精神、严谨求实的态度以及扎实宽厚的流行病学知识保证了本教材能够保质保量并高效率地完成。感谢中国疾病预防控制中心周脉耕、殷鹏、赵雁林、吕繁、尹遵栋、彭质斌和常昭瑞研究员，北京大学吕筠、鲍彦平教授，中国医学科学院肿瘤医院李霓教授，中国医学科学院阜外医院刘芳超教授，中日友好医院肖丹教授对教材提出的宝贵修订意见。感谢南京医科大学公共卫生学院及教务处在教材编写启动会和定稿会期间给予的诸多支持，特别感谢马红霞教授和宋词副教授，作为本教材的秘书在教材编写的组织协调、启动、定稿和统稿过程中付出的辛勤劳动。最后，还要特别感谢教育部高等教育司对我们的信任和支持。

限于水平，漏误难免，诚恳希望各院校老师和同学们提出宝贵意见。

沈洪兵　詹思延

2025年3月

目 录

第一章 绪 论

本章数字资源

Epidemiology, the cornerstone of preventive medicine, is one of the fundamental pillars of modern medical science. Unlike other medical disciplines, its primary strength lies in assessing the burden of diseases and understanding the relationship between exposure and disease at the population level. Epidemiology focuses on populations, examining the distribution of diseases and health conditions across different groups and identifying their influencing factors. It also develops and evaluates strategies for disease prevention and health promotion. This discipline plays a crucial role in identifying disease causes, improving public health, and shaping effective public health policies and strategies.

流行病学（epidemiology）作为预防医学的核心学科，是现代医学的重要基础学科之一。与其他医学学科相比，流行病学的主要贡献在于能够评估人类疾病负担并探讨暴露与疾病之间的关系。流行病学的研究对象是人群，研究疾病和健康状况在不同人群中的分布及其影响因素，探索和评估疾病防制和健康促进的策略与措施。它在探索病因、改善人群健康、制定公共卫生政策和策略方面发挥着关键作用。

第一节 | 流行病学简史

流行病学是人类与多种疾病，尤其是在与传染病的斗争过程中逐渐形成和发展的。这一学科最初萌芽于朴素的唯物主义观察，通过一系列探索与实践，逐步形成系统的理论和学科架构。通过梳理流行病学发展史上的经典案例和实践经验，可以初步了解其基本原理和工具。同时，理解如何将统计学、社会学、环境科学、分子生物学等多领域知识综合运用于病因研究和健康干预中，有助于培养跨学科的思维能力和研究方法。

一、流行病学的起源

流行病学的起源可以追溯到人类早期对公共健康的理解和实践。随着农业取代狩猎，小部落逐渐聚集成村庄和城镇，居住环境更加密集，使得人类更容易受到各种传染病的威胁。在此背景下，一些流行病学的先驱者开始思考生活环境对人类健康的影响，从而促使流行病学早期概念逐渐萌芽。

流行病学一词的雏形可追溯到两千年前。古希腊医师希波克拉底（Hippocrates，公元前460—前377年）提出了“环境在疾病的发生中起重要作用”这一理论，他在其著作《空气、水及地点》中指出，气候变化和季节特征与疾病的消长有关，环境对疾病的作用可通过对空气、地域和水的观察而获得，“流行（epidemic）”一词也是这一时期在他的著作中出现的。

14世纪中期至15世纪，鼠疫席卷欧洲，导致三分之一到一半的人口死亡。为遏制这类烈性传染病的进一步扩散，患者常被要求隔离。“隔离”一词源自意大利短语“quarantena”，意指四十天的隔离期。意大利威尼斯最早制定了港口检疫法规，要求外来船只必须在港外停留检疫40天。同时期，在中国也出现了“疫”“时疫”“疫疠”等描述疾病流行的文字记载。隋朝时期，设立“疠人坊”隔离麻风病患者，至唐朝，“疠人坊”已颇具规模。北宋时期，用人痘预防天花，后在明朝和清朝改良，并大力提倡、推广，人痘术传至国外，促进了现代免疫学的诞生和发展。

从这一时期直至18世纪可以认为是流行病学学科形成前期，完整的流行病学学科尚未形成，但与其密切相关的一些概念、观察的对象及采取的措施已构成流行病学学科的雏形。

二、流行病学学科形成期

从18世纪中叶到20世纪40年代，西方经历了工业革命的兴起，工业化和城市化迅速发展。大量人口开始聚居于城市中，这为传染病的大规模传播提供了条件，极大地威胁了人类的健康和生命安全。在传染病肆虐的背景下，流行病学学科应运而生。

18世纪是流行病学初步发展的关键时期。在这一时期，科学家们通过系统的观察和实验，揭示了疾病与环境、生活习惯之间的关系，奠定了流行病学的基础。坏血病在远航海员中广泛流行。1747年，英国海军外科医师James Lind在Salisburg号海船上将12名患坏血病的海员分为6组（每组2人），通过添加不同食物进行对比治疗试验，结果发现，食物中添加橘子和柠檬的两名海员几乎完全康复，提示橘子和柠檬等新鲜水果（后被证明是维生素C）可以治疗坏血病，开创了流行病学临床试验的先河。1796年英国医师Edward Jenner发明了接种牛痘以预防天花，从而使天花这一烈性传染病得到了有效控制，为传染病的预防和控制开创了主动免疫的先河。1802年，西班牙学者Gregorio Posadillo的《西班牙疾病流行史》一书中首次出现了epidemiologia一词。

19世纪，随着人类医学治疗手段的逐步发展，流行病学作为一门独立学科逐渐成形。在这一时期，临床流行病学的基础理论和方法得到了重要的突破。人类治疗肺炎和心衰的手段极其有限，放血治疗曾在欧美国家风靡。1828年法国医师Pierre Louis对放血疗法产生怀疑，他用对照比较的方法，证明放血疗法反而会增加死亡风险，从而开创了临床流行病学对比分析研究的先河。1850年，国际上首次在伦敦成立了流行病学学会，标志着流行病学学科的正式形成。1854年，英国著名内科医师John Snow针对伦敦霍乱的流行，创造性地使用了病例分布的标点地图分析方法，对伦敦宽街霍乱流行及不同供水区居民霍乱死亡率进行了描述和分析，首次提出了“霍乱是经水传播”的观点，并通过干预成功地控制了霍乱的进一步流行，成为流行病学现场调查、分析与控制的经典实例。

进入20世纪，流行病学的应用更为广泛。1906年，纽约市家庭厨师Mary Mallon工作过的家庭出现大量伤寒患者，医师George Soper通过流行病学调查和病史分析，追踪并确定Mary Mallon是伤寒传染源，公共卫生部门对其进行隔离处理，此事件极大地推动了公共卫生政策的发展，特别是对无症状携带者的识别与管理。1918年，甲型H1N1流行性感冒病毒感染造成全球范围内约5 000万人死亡，该病毒传播迅速，影响范围广，各国采取了不同的应对措施，然而由于对流行性感冒病毒的认识有限，许多措施并未能有效控制疫情，但该流行性感冒的大流行对全球的公共卫生系统产生了深远的影响，促使各国改进了传染病监测和应急响应机制。

这一时期直至20世纪中叶被认为是流行病学学科形成期。该时期通过一系列意义深远的流行病学现场调查与疾病预防控制的实践活动，逐渐探索创造出流行病学的基本方法，学科概念和框架初步形成。

三、流行病学学科发展期

第二次世界大战后，农业发展使人类基本解决温饱，工业化和城市化进程加快。在这个时期，计划免疫的开展有效地控制了烈性传染病的流行，妇幼卫生状况得到改善，人类寿命的延长使得慢性非传染性疾病成为主要死因。在此大背景下，流行病学的研究内容从传染病扩大到研究所有疾病和健康问题；研究方法不断完善，分析手段更为先进；分支学科不断涌现，应用范围不断扩大。

从20世纪40年代起至今，流行病学学科发展可以分为三个阶段。

1. 第一阶段 为20世纪40年代到50年代，该阶段创造了慢性非传染性疾病病因学研究的常用方法。1948年，英国医师Richard Doll和Austin Hill开展了吸烟与肺癌关系的系列研究，证实了吸烟是肺癌的主要危险因素，这些研究证明了病例对照研究方法的巨大功效，并通过队列研究开

NOTES

创了慢性病病因学研究的新局面，在流行病学的发展史上具有里程碑意义。开始于1948年的美国Framingham心血管病队列研究，通过对三代人群（1948—2014、1971—和2002—）的长期随访观察，分析了心血管病的发生发展及其影响因素，确定了心脏病、脑卒中和其他相关疾病的重要危险因素，并带来预防医学的革命，改变了医学界和公众对疾病病因的认识，使人们对流行病学作用的理解进一步深化。此外，1954年在欧美国家开展的涉及百万学龄儿童的脊髓灰质炎疫苗［索尔克（Salk）疫苗］现场试验，不仅证实了该疫苗的保护效果，也为人类实现消灭脊髓灰质炎的目标奠定了基础。这一时期，流行病学工作者越来越深刻地认识到统计学方法对于流行病学研究的重要性，流行病学的理论和方法得到了长足发展。如1951年Jerome Cornfield提出了相对危险度、比值比等分析指标；1959年，Nathan Mantel和William Haenszel提出了著名的分层分析法，成为迄今为止应用最多的流行病学研究方法之一。

2. 第二阶段　为20世纪60年代到80年代，是流行病学病因研究和分析方法快速发展的时期。在这一时期，社会经济取得了巨大进步，人们逐渐接受生物-心理-社会医学模式，并认识到疾病的发生发展是自然因素和社会因素、环境外因和个体内因多因素作用的结果，如何提高健康水平和生活质量、延长寿命等问题逐渐成为医学研究的重要内容。流行病学除了研究疾病以外，还要研究管理、决策与评价，以及考虑人口学特征及社会环境的变化等，将环境与人、社会与保健纳入研究范畴，研究内容包括了环境污染、酒精中毒、吸烟、吸毒、犯罪、心理卫生与健康、健康保护以及卫生政策与评价等。流行病学研究涉及更多的心理和社会因素，流行病学的方法学也随之不断发展。如Jerome Cornfield在1962年发表了多变量分析方法；1979年，David Sackett总结了分析性研究中可能发生的35种偏倚；1986年，Kenneth Rothman将偏移分为了选择、信息、混杂偏倚三类。与此同时，流行病学方法也被逐步应用到临床医学研究中，形成和发展了临床流行病学和药物流行病学。在这一时期，涌现了多部有影响的流行病学教科书和专著，包括Brian MacMahon和Thomas Pugh（1970年）的《流行病学原理和方法》（*Epidemiology：Principles and Methods*），Dona Schneider和David Lilienfeld（1976年）的《流行病学基础》（*Foundations of Epidemiology*），Kenneth Rothman（1986年）的《现代流行病学》（*Modern Epidemiology*），James Schlesselman（1982年）的《病例对照研究》（*Case-Control Studies*），John Last（1983年）的《流行病学词典》（*A Dictionary of Epidemiology*），Norman Breslow和Nicholas Day（1983年）的《癌症研究的统计学方法》（*Statistical Methods in Cancer Research*）等，标志着流行病学完成了从研究疾病分布到寻求病因的过渡。

3. 第三阶段　为20世纪90年代至今，是流行病学与其他学科交叉融合、应用领域不断扩大的时期。微观上，传统流行病学与分子生物学学科结合形成了分子流行病学，1993年，Paul Schulte出版了第一部分子流行病学专著《分子流行病学——原理与实践》（*Molecular Epidemiology：Principles and Practices*），从宏观和微观、环境和宿主（遗传）多个层面深入研究与疾病和健康相关的因素。由于人类许多疾病的发生和发展是环境危险因素与个体遗传易感性共同作用的结果，因此，分子流行病学在科学的流行病学研究设计的基础上，正确应用分子生物学技术和多组学技术，检测和分析暴露、效应及易感性等各类生物标志物，在人群水平上研究和评价环境-基因交互作用在疾病发生发展中的作用，为高危人群的筛选和有针对性的个体化预防提供科学依据。宏观上，流行病学与其他学科交织形成了应用流行病学技术，如环境流行病学、营养流行病学、空间流行病学、药物流行病学等。这些分支学科专注于将流行病学理论、方法和技术应用于公共卫生实践中，以解决具体的健康问题。例如，药物流行病学研究人群中与药物有关的事件的分布及其决定因素，以进行有效的药物治疗，旨在通过在大数量的人群中研究分析药物的应用及效果，为安全、有效、经济、合理地进行药物治疗提供依据。

同时，这一时期大规模队列研究越来越受到重视。鉴于人群的独特性不可复制以及对国家遗传资源安全的高度重视，许多西方发达国家在政府主导下建立了国家级大型人群队列。具有代表性的大规模队列包括欧洲癌症与营养前瞻性研究（European Prospective Investigation into Cancer and Nutrition，EPIC，52.1万人）、美国国立卫生研究院—美国退休人员协会饮食与健康研究（NIH-AARP

NOTES

Diet and Health Study，NIH-AARP，56.6 万人）、英国百万女性研究（Million Women Study，MWS，130.0 万人）和英国生物银行（UK Biobank，UKB，49.8 万人）。此外，由美国精准医学计划重点布局的“All of Us”百万美国居民的国家级大型队列也已完成招募。同时期，以中国慢性病前瞻性队列（China Kadoorie Biobank，CKB）等为代表的我国大规模人群队列建设也取得了重要进展，为制定符合我国国情的疾病防控对策提供了新思路与科学依据，也为全球队列研究提供了“中国样本”。建立大型人群队列将对整体医学研究起到巨大的推动作用，从而持续产生改变卫生政策及临床实践的高水平研究证据。

21 世纪以来，基因组学、转录组学、蛋白质组学、代谢组学、微生物组学、暴露组学等组学分析方法的建立和成熟，为流行病学研究提供了新的工具和视角，不仅有助于更细致地定义疾病分类、更深入地阐释发病机制以及更准确地预测疾病风险和治疗效果，也催生了“系统流行病学”（systems epidemiology）。系统流行病学是以系统生物学（systems biology）为基础，利用数学和计算机技术整合各生物组学数据，并结合通路分析和观察性研究设计，加深对人类疾病的生物学机制认知的流行病学分支。未来的流行病学研究将以现有的大规模高质量队列为基础，在系统流行病学设计思想的指导下，对数据、样本的获取和统计分析过程进行严格的质量控制，从而能够更加全面深入地认识疾病的因果联系，为复杂疾病病因研究提供新方法。

第二节 | 流行病学定义和方法

一、流行病学定义

流行病学的基本前提是，疾病和健康状况在人群中的分布并非随机。每个人都有一些特定的特征，具有某些特征的人群相比他人更容易罹患某些疾病或免受其侵害。这些特征可能是遗传因素、环境暴露，或是特定的生活方式等。因此，流行病学的研究重点在于探讨疾病或健康状态、特征在人群中的分布，并分析这些特征对疾病或健康的影响。

流行病学的英文（epidemiology）来源于希腊字 epi（在……之中、之上）、demo（人群）及 ology（学科），直译为“研究在人群中发生（事情）的学科”。早期，流行病学以预防传染病为目的，后来逐渐扩展到所有的疾病及健康状态。2016 年，《流行病学词典》主编 Miquel Porta 教授将流行病学定义为：“The study of the occurrence and distribution of health-related events，states，and processes in specified populations，including the study of the determinants influencing such processes，and the application of this knowledge to control relevant health problems”，即流行病学是研究特定人群中与健康相关的事件、状态和过程的发生和分布，探讨影响这些过程的决定因素，并应用这些研究结果来控制相关健康问题的科学。国内流行病学界在多年实践的基础上，提炼出来的比较公认的流行病学定义为：“流行病学是研究疾病和健康状态在人群中的分布及其影响因素，借以制订和评价预防、控制和消灭疾病及促进健康的策略与措施的科学”。这与《流行病学词典》的定义基本一致，既适合目前我国的卫生实践又充分显示了学科的本质，因此本版仍沿用该定义。

上述流行病学定义的基本内涵包括：①流行病学的研究对象是人群，关注的是人群层面，而非个体层面；②流行病学的研究内容不仅包括疾病，还包括伤害、健康状态及其他相关的卫生事件；③流行病学的研究任务主要包括三个阶段：揭示现象，找出原因，提供措施；④流行病学研究的重点是疾病和健康状态的影响因素；⑤流行病学研究的最终目的是为预防、控制和消灭疾病以及为促进健康提供科学的决策依据。

需要提及的是，随着应用领域的扩大，流行病学不但要研究临床疾病，而且要研究疾病的自然史以及伤害（如意外）、健康状态（如长寿）、亚健康状态（如抑郁）等问题，以及人类健康相关的“卫生事件（health events）”、超出卫生事件范畴的自然和社会问题，如全球气候变暖、重大公共卫生事件、人口老龄化、贫困、犯罪等，这些均是不可忽视的影响疾病和健康状态及其分布的重要因素。

NOTES

流行病学定义中将研究健康状态分布和促进健康的措施与研究疾病分布和影响因素放在并列的位置，是因为疾病和健康是生命过程的不同表现形式，仅仅研究疾病是不全面的，我们的目标不仅需要探索影响疾病流行的因素，还应关注保持和促进健康的措施，将二者共同作为流行病学研究的主题。这与《"健康中国 2030"规划纲要》中倡导的"以促进健康为中心"的"大健康观"相契合。只有将二者结合起来，流行病学定义才算完整，才能真正体现流行病学是以全人群为研究对象、以疾病预防和促进健康为最终目的的一门医学基础学科。

二、流行病学研究方法

流行病学是一门应用学科，包含多种具有科学逻辑的研究方法，根据是否由研究者控制研究的条件，或者说是否有人为的干预，流行病学研究方法主要可以分为两大类（图 1-1），即：观察性研究或观察流行病学（observational epidemiology）和实验性研究或实验流行病学（experimental epidemiology）。依托丰富的流行病学实践，运用数学模型对疾病流行的群体现象和因果规律进行抽象思维和定量分析，将实践认知提升到理论水平，这种方法即为理论流行病学。

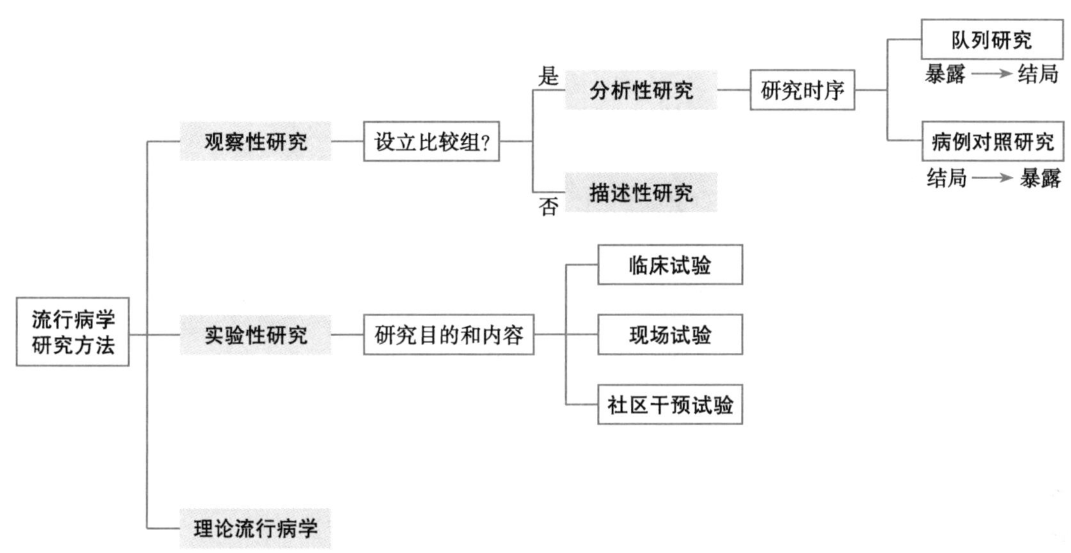

图 1-1　主要流行病学研究方法分类原理

在观察性研究中，研究者客观地收集人群相关暴露和疾病的资料，评价暴露与疾病的联系。根据研究开始时是否设置对照组，可将观察性研究进一步区分为描述性研究（主要包括现况调查和生态学研究等）和分析性研究（主要包括队列研究和病例对照研究）。描述性研究主要关心的是疾病在不同人群、不同时间和不同地区的分布规律。描述性研究的资料可以提供有关疾病病因的线索，提出一系列与疾病的病因有关的问题，即提出和形成病因学假说。分析性研究的任务主要是检验描述流行病学提出的假说，回答描述流行病学提出的问题，找出与疾病发病有关的危险因素，即检验病因假说。然而，在实际工作中，描述流行病学与分析流行病学的界限有时并不清楚，经过细致设计而获得的描述流行病学研究资料，可能会回答有关病因学方面的问题；而在分析流行病学的研究中，也可能会提出新的假说。事实上，各种流行病学研究方法在认识疾病病因的过程中，是互相联系和补充的，不能过于机械地理解描述性研究提出假设，分析性研究检验假设，实验性研究验证假设的提法。

实验性研究与观察性研究的根本区别在于所研究的因素是否人为施加的。实验性研究中，研究者控制实验的条件，然后评价干预的效果。实验性研究根据其目的和内容，一般分为临床试验、现场试验和社区干预试验；根据是否随机分配研究对象，实验性研究又可分为随机对照试验（randomized controlled trial，RCT）和非随机对照试验（non-randomized controlled trial，NRCT）。

NOTES

(一) 观察性研究

观察法是流行病学研究的基本方法。流行病学是在人群中进行研究的,由于伦理和资源的限制,研究者不能或不能全部掌握或控制研究对象的暴露或其他条件,大多数情况下只能进行观察性研究。

1. 现况调查 现况调查(prevalence survey)是指在某一人群中应用普查或抽样调查等方法收集特定时间内某种疾病或健康状况及有关变量的资料,以描述当时疾病或健康状况的分布及可能与疾病有关的因素。从时间上说,现况调查是在某一时点或在短时间内完成,这个时点犹如一个时间断面,故又称为横断面研究(cross-sectional study)。

2. 生态学研究 生态学研究(ecological study)是在群体水平上研究某种因素与疾病之间的关系,通过描述不同人群中某因素的暴露状况与疾病的频率,分析该暴露因素与疾病之间的关系。生态学研究在收集资料时,不是以个体为观察和分析的单位,而是以群体为单位,研究人群可以是工厂及城镇,甚至是一个区域或国家的整个人群,这是生态学研究的最基本特征。

3. 队列研究 队列研究(cohort study)又称随访研究(follow-up study),是将一个范围明确的人群按暴露因素的有无或暴露程度分为不同的亚组,追踪观察一定期限,比较不同亚组之间某病发病率或死亡率有无差异,从而判断暴露因素与结局有无关联以及关联大小的一种研究方法。

4. 病例对照研究 病例对照研究(case-control study)是从研究人群中选择一定数量的某病患者作为病例组,在同一人群中选择一定数量的非某病患者作为对照组,调查病例组与对照组两组人群既往某些暴露因素出现的频率并进行比较,以分析这些因素与疾病的联系。

最常用的三种观察性研究方法为现况调查、病例对照研究和队列研究。其中,队列研究以是否暴露于某因素分为两组,比较两组人群某疾病的发病率/死亡率有无差异;病例对照研究以是否患某疾病将研究对象分为两组,比较病例组和对照组两组人群暴露比例分布有无差异;而现况调查只能反映调查当时目标人群中暴露和疾病的分布及其两者间的相关关系(图 1-2)。

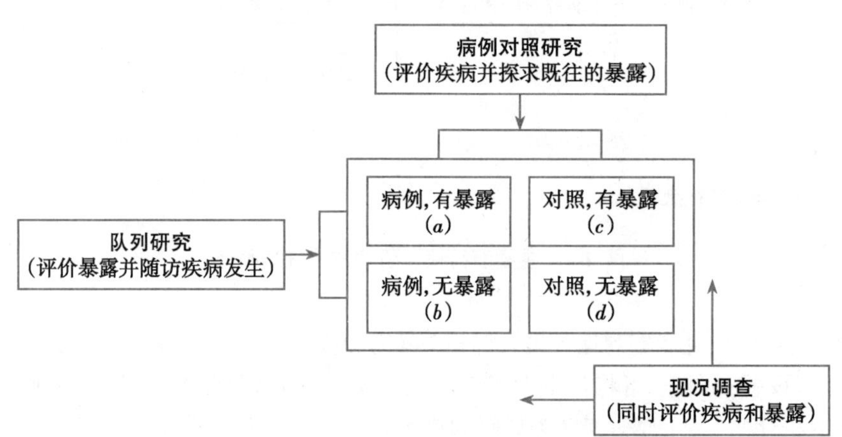

图 1-2 三类常用的流行病学研究方法示意图

(二) 实验性研究

实验性研究(experimental study)又称干预试验(interventional trial),其基本特征是研究者在一定程度上掌握实验的条件,主动给予研究对象某种干预措施,通过比较人为给予干预措施后的实验组人群与对照组人群的结局,判断干预措施的效果。

1. 临床试验 临床试验(clinical trial)是以患者为研究对象,遵循随机、对照和盲法的原则,评价某种疾病疗法(如新药或新治疗方案)的优劣或某种干预措施的效果(如观察病死率或致残率的变化)。临床试验一般要求采用随机对照试验设计,它的研究对象必须是患有所研究的疾病并且在确诊后很快进入研究,以便及时地安排治疗。

NOTES

2. 现场试验 现场试验(field trial)是将研究对象分为两组,一组给予干预措施作为实验组,一组不给予干预措施作为对照组，通过一定时间的观察，比较两组对象中所观察的结局有无差异，从而判断干预措施的效果。现场试验中接受处理或某种预防措施的单位是个人，而不是群体或亚人群。现场试验的主要研究对象为未患病的健康人或高危人群中的个体，并且往往在“现场”（如工厂、学校、乡村或街道等）进行调查，因此也称为人群现场试验。如新型流感疫苗预防流行性感冒及人群免疫效果的现场试验。

3. 社区干预试验　社区干预试验（community intervention trial）又称为社区为基础的公共卫生试验（community-based public health trial）或整群随机试验（cluster randomized trial），是把社区人群作为整体进行试验观察，常用于对某种预防措施或方法在整体人群水平上的效果进行考核或评价。社区干预试验与现场试验的区别在于实施干预措施的基本单位是群体还是个体。如疫苗接种一般是以个体为单位，属现场试验；但饮用水加氟预防龋齿则不然，它是针对水厂供水区域的整个社区人群而不是个体，因此饮用水加氟预防龋齿应采用社区干预试验，可选择两个不同供水来源的社区进行试验。

一个完整的实验性研究一般应具备四个基本特点，即设立对照、随机分组、人为干预、前瞻追踪。如果一项实验研究缺少其中一个或几个特征，这种实验就称为类实验（quasi-experiment，semi-experiment）。实际工作中的类实验多指没有设立对照组，或者设立了对照组但没有随机分配的实验研究。

流行病学研究中，每种方法各有其适用性和优缺点，我们将在后续章节中一一予以详细介绍。

第三节　流行病学的应用

流行病学是一门应用性很强的医学研究方法学，研究范围包括了与人类疾病或健康有关的一切问题。随着医学模式的转变以及流行病学原理和研究方法的发展，其应用范围不断扩展，具体可概括为以下几方面。

一、描述疾病或健康状态的分布及其特点

疾病（或健康状态）的分布是指在不同时间、不同地区及不同人群（年龄、性别、种族、职业等）中疾病（或健康状态）的发生频率和动态变化，以便对社区和特定人群健康做出群体诊断。在流行病学方法中，描述性研究可以把疾病或健康相关问题在不同时间、空间和人群的分布数量或频率及其特点展示出来，有助于确定这些疾病或健康问题的相对重要性和需要优先考虑的问题，同时发现那些需要特殊保健的易感人群。如我国多次进行的全国范围内的恶性肿瘤、糖尿病、高血压等流行病学调查，为了解相关疾病的分布特征及流行规律提供了大量的数据。此外，我国开展的疾病监测工作，如传染病监测、慢性非传染性疾病监测、死因监测等，可以长期、连续、系统地收集疾病的动态分布及其影响因素的资料，进而为制定、完善和评价疾病预防控制措施与策略提供了重要的科学依据。

2019 年发表在《柳叶刀》杂志上的一项研究，利用全球疾病负担数据库，对 1990 年至 2017 年中国人群的主要死亡原因进行了描述和比较。1990 年，中国人群的主要死亡原因包括下呼吸道感染、新生儿疾病、脑卒中、慢性阻塞性肺疾病及出生缺陷等。随着国家社会经济的快速发展和工业化进程的推进，到 2017 年，中国人群的主要死因已变为脑卒中、缺血性心脏病、慢性阻塞性肺疾病、肺癌和道路伤害等，表明慢性非传染性疾病已成为威胁我国居民健康的首要挑战。因此，基于流行病学监测和调查数据，可以描绘疾病或死亡的动态变化，从而评估地区重大疾病负担，并制定有效的防制策略。

二、探讨疾病病因与影响流行的因素

因果推断是流行病学最主要的研究内容。许多疾病特别是一些慢性非传染性疾病的病因至今尚不完全明了，流行病学可以探讨疾病的病因以及影响疾病发生发展的因素，从而制定预防或控制这些

疾病的策略及措施。只有透彻了解疾病发生、发展或流行的原因才能更好地预防和控制乃至消灭某一疾病。

无论是传染病还是慢性非传染性疾病，其发生发展均是由多种因素综合作用的结果，是多病因的。流行病学的主要用途之一就是发现这些病因或危险因素。既往研究已经明确了多种传染病的病因，如结核分枝杆菌是人类结核病的病原菌，人类免疫缺陷病毒（human immunodeficiency virus，HIV）感染导致艾滋病发生等。慢性非传染性疾病也已经有一部分病因得以阐明，如膳食、吸烟、饮酒、高体质指数以及遗传因素等，而且绝大多数都受到遗传-环境交互作用的影响。另一方面，某些疾病真正的病因尚未完全被阐明，而诸多危险因素已被发掘出来，据此防制疾病仍可达到很好的效果。如霍乱的直接病因是霍乱弧菌，可以通过污染的水或不洁食物传播，适合于霍乱弧菌生长繁殖的水和食物是造成霍乱传播的危险因子，因此，注重饮水消毒和食品卫生即可有效地预防霍乱。由此可见，流行病学工作不拘泥于非找到直接病因或病原不可，若找到一些关键的危险因素或因子，也能在很大程度上解决疾病防制的问题。这是流行病学应用中的一大特点。

三、疾病防治措施的效果评价

流行病学可以用于研究筛检、诊断、治疗、预后以及预防保健的措施并评价不同防治措施的效果。通过流行病学方法可对筛检试验或其他诊断方法进行灵敏度和特异度等真实性、可靠性和收益的评价，将有助于正确地选用各种筛检试验或诊断试验，科学地解释试验的结果。例如，美国放射学会影像网络（American College of Radiology Imaging Network，ACRIN）的研究结果显示，超声用于乳腺癌筛查的灵敏度为 52.3%，特异度为 86.3%，其对于浸润性乳腺癌的检出率为 91.4%，较 X 线检查检出率（69.5%）更高，可更好地检出恶性肿瘤。考虑不同人群的乳腺癌好发类型，乳腺超声更加适合作为发展中国家乳腺癌筛查的首选方法，且超声具有更好的成本效果比。该研究为超声替代 X 线检查用于乳腺癌筛查提供了科学支持。

通过观察性研究可以揭示因果关系，进而通过实验流行病学研究方法进一步验证和评估，为疾病防制措施提供理论和实践依据。例如，2022 年美国开展了一项全国性随机、双盲、安慰剂对照研究——维生素 D 和 ω-3 试验，研究随访中位时间为 5.3 年，研究对象包括 25 871 名年龄在 50 岁以上的男性和 55 岁以上的女性，参与者被随机分为维生素 D 组（2 000IU/d）和安慰剂组，与安慰剂组相比，补充维生素 D 显著降低了 22% 的自身免疫性疾病发生风险，该研究为开发针对老年人群的疾病预防策略提供了重要依据。

四、揭示疾病完整的自然史

疾病的自然史可分为群体的疾病自然史和个体的疾病自然史。疾病在自然人群中的发生发展和消长规律的整个过程称为群体的疾病自然史，是流行病学意义上的疾病自然史。疾病在个体中有临床前期、临床期和临床后期的自然发生发展过程，称为个体的疾病自然史。

以群体为基础的疾病自然史的研究有助于早期预防和发现疾病，了解疾病的转归和规律，适时采取有效措施以促进恢复健康。例如利用流行病学研究方法解析新发传染病埃博拉病毒感染的群体自然史发现，2014 年 3 月几内亚报告了西非地区暴发的首例埃博拉病毒病例，2014 年 7 月，疫情蔓延至几内亚、塞拉利昂、利比里亚这三个国家的首都城市，2014 年 10 月，疫情达到高峰，累计确诊埃博拉出血热患者 9 936 例，其中死亡病例 4 877 名，随后疫情的扩散速度开始放缓，病例逐渐减少，2014 年 12 月，部分地区开始出现疫情控制的迹象。2016 年 6 月，世界卫生组织（World Health Organization，WHO）宣布所有国家埃博拉疫情结束。

个体的疾病自然史在流行病学上也有其应用价值，当同一类型的个体患者累积到一定的数量时，可采用流行病学方法分析比较疾病的病程，以及不同年龄、性别、地区各种疾病结局（例如痊愈、死亡、并发症）的概率等。此外，当无法通过直接随访患者获得疾病的过程和病程长短时，有时可用

NOTES

各种疾病频率测量指标之间的关系来推导这些变量。例如,研究者可利用疾病的发病率和患病率资料估计该病各个阶段的平均病程:若肺癌发病率为 75.13/10 万,患病率为 100.10/10 万,那么肺癌平均病程 =(100.10/10 万)/(75.13/10 万)= 1.33 年。值得注意的是,仅对患者进行随访无法做出这种估计,因为一旦早期患者得到诊断,其自然过程就被治疗所中断。

五、疾病预防和健康促进

流行病学研究的终极目标就是预防、控制和消灭疾病及促进健康。疾病预防和控制主要从两方面考虑。一是要预防疾病的发生或消灭疾病;二是要控制疾病发生后的蔓延、病程的进展或减缓发展,减少并发症、后遗症,降低病死率。例如,基于河南省林县(今林州市)食管癌高发区开展的一系列流行病学调查为我国食管癌的防制提供了重要依据。通过加强营养干预、早期筛查等措施,以及随着经济社会发展人们的饮食和行为方式的改变等,20 世纪 90 年代后,在林县模式的影响和推动下,全国食管癌的发病率和死亡率都呈明显下降趋势。

除了预防疾病的发生,流行病学在制定促进人群健康的策略和措施,开展社区卫生服务和社区干预方面发挥了重要的作用。1992—1995 年的全国乙型肝炎血清流行病学调查显示,我国乙型肝炎病毒表面抗原携带率高达 9.75%。同年,我国全面实施新生儿乙肝疫苗免疫接种计划。随着近 30 年乙肝防制工作的开展,2020 年我国 1~69 岁人群乙肝病毒表面抗原携带率已降低至 5.86%,5 岁以下儿童携带率降至 0.3% 以下。

六、卫生决策和评价

流行病学可用于研究和促进卫生服务的实施和利用,并用于卫生决策和评价。在一个地区或特定人群范围内,为减少疾病、保障人们健康,对卫生、保健服务项目如何规划,如何确定优先项目,如何使有限的卫生资源发挥最好的效益等,是卫生管理部门经常遇到的问题。卫生行政及相关业务人员只有掌握流行病学的知识,形成流行病学的观点,才能从群体和社区的角度来考虑和处理所负责范围的疾病和健康问题。

疾病预防和控制规划的制定及防控措施的评价,防控的重点疾病和重点人群的确定等都需要通过流行病学调查了解各种疾病的发病率、患病率及其变动趋势和主要危险因素的背景数据和资料,才能做到有的放矢,事半功倍。卫生行政管理部门经常需要对医疗、卫生及保健服务方面的建设、资源分配及项目选择等在循证的基础上做出决策,从而制定出相应的政策。而正确的决策需要建立在充分的流行病学调查研究的基础之上,即首先要了解该地区疾病与健康状况的分布,重点的疾病和影响健康的因素,现有卫生资源与医疗卫生保健服务实际需要的适应情况等。此外,卫生决策是否正确,各种卫生服务的效益如何,亦需要应用流行病学的方法进行评价。

第四节 | 流行病学研究的重要观点

随着流行病学研究领域的不断拓展,研究方法和技术也在不断发展和完善,主要表现在以下几个方面:①从单一因素的研究发展到多因素的综合研究;②从单一学科的研究扩展到跨学科的综合研究;③从定性研究向定性与定量研究相结合发展。因此,作为医学科学工作者和实践者,学习流行病学应当掌握以下几个重要观点。

一、群体的观点

群体视角是流行病学的核心特征,是学习和应用流行病学的最基本出发点。流行病学从宏观和群体的角度来分析疾病与健康状态,研究疾病的发生及其动态分布。这一点使得流行病学与其他医学学科区别开来,也是流行病学区别于其他医学学科最显著的特点之一。群体和分布是流行病学的两个基本概念,流行病学的核心任务是"群体诊断",即对人群中疾病与健康状态的总体性描述。通

NOTES

过“群体诊断”可以发现人群中的主要公共卫生问题，进而识别公共卫生事件发生的原因，从而有针对性地提出预防措施或公共卫生服务计划。值得注意的是，尽管流行病学在应用微观分子生物学研究方法或进行临床个体研究时，其出发点仍然是“群体”。

二、比较的观点

流行病学研究贯穿着比较的思想，比较视角是流行病学方法的核心。只有通过比较，才能揭示疾病发生的原因或关键线索，科学地评价治疗方法的效果。例如，在队列研究中比较暴露组和非暴露组的健康差异；在病例对照研究中比较病例组和对照组的暴露比例差异；在随机对照试验中比较试验组和对照组的疗效。这些比较可以帮助我们更好地理解疾病的发生机制和治疗方案的效果。例如，比较吸烟组与非吸烟组的肺癌死亡率，或者冠心病组与对照组的高血压患病率等。在临床中，如果某新药的治愈率为 80%，我们只有通过与传统治疗方法的治愈率或其他对照组的对比，才能对其疗效做出科学的判断。

三、概率论的观点

流行病学研究很少直接使用绝对数字来表示疾病或健康状况的分布，因为绝对数字无法准确反映人群中疾病的发病强度或死亡风险。在群体间进行比较时，我们更常使用发病率、死亡率等频率指标。流行病学中得到的疾病风险和各种率，实际上是对相应问题概率参数的估计值，而非绝对值。例如，不能因为某个吸烟者活到 100 岁就否认吸烟是肺癌的一个重要病因，而应从概率的角度理解，吸烟者患肺癌的风险(即概率)要高于不吸烟者多少倍。

四、多病因论和社会医学的观点

无论是传染病还是慢性非传染性疾病，它们的病因往往不是单一的，而是遗传因素与环境因素(包括社会环境)共同作用的结果。不同疾病的遗传因素与环境因素对疾病发生的影响程度各有不同。社会因素，包括政治、经济、文化、教育和家庭等，都会对群体中疾病的发生和发展产生重要影响。生物-心理-社会医学模式强调整合生物医学、行为科学和社会医学的研究成果，要求采用三维或多维的思维方式来分析和解决人类健康问题。

五、循证的观点

流行病学研究的主要目的是预防、控制疾病，促进健康。其基础是各种流行病学研究的成果，而这些研究能否作为公共卫生决策的依据，尤其在研究结果存在争议时，需要对证据进行分类、分级和科学整合。例如，前列腺特异性抗原(prostate specific antigen，PSA)筛查对前列腺癌早期诊断可能有效，但是否应作为常规筛查手段来改善前列腺癌预后一直存在争议。2018 年发表在《英国医学杂志》(*The BMJ*)上的一项系统综述表明，整合多个随机对照试验的结果后，PSA 筛查对筛查人群的总死亡率和前列腺癌特异性死亡率可能没有显著影响。因此，树立循证的观点有助于减少资源浪费，提升公共卫生干预的有效性和效率。

第五节 | 流行病学展望

一、流行病学将应对复杂多样的疾病和健康相关事件

流行病学的核心宗旨是描述疾病分布、解析病因并制定防控策略。然而，全球化、城市化和人口老龄化等因素正在持续改变传统疾病的流行模式，同时促使新发疾病的不断涌现。这就要求流行病学具备更高的敏感性和快速反应能力，以及时发现新问题和新趋势，并精确解析病因，制定相应的有效防控策略。

慢性非传染性疾病已成为导致死亡和疾病负担的重要公共卫生问题。心血管疾病、肿瘤、呼吸系统疾病和糖尿病这四类主要慢性病,合计占据了超过 80% 的慢性病相关死亡率。此外,慢性病共病现象也在增多,增加了流行病学研究在监测、预防和控制这些疾病时的复杂性与不确定性。虽然已有多项大型队列研究充分解析了这些主要慢性病的危险因素,但如何在人群中精准识别高风险人群、提高筛查的效益,以及如何通过多部门协作,动员全社会参与到慢性病防控中,已经成为我国慢性病流行病学亟待解决的重大挑战。

全球化和气候变化等因素促使新发传染病(如新型冠状病毒、埃博拉病毒等)的发生频率和传播速度显著增加。新发传染病通常伴随着快速传播和广泛影响,对公共卫生系统构成重大威胁。这些新发传染病的流行模式难以预测,且常常在短时间内对人群健康造成严重冲击。流行病学工作者们必须迅速识别、追踪和应对这些新发疾病,并研究其传播机制及潜在的长期影响。这对流行病学的监测能力、应急反应、多部门协作、跨学科科技创新提出了更高要求。

二、流行病学将应对更加复杂多样的环境、社会、个人行为生活方式等暴露因素

全球化进程加剧了人群暴露于多种新型和传统风险因素的可能性。环境暴露方面,不同地区的环境污染、气候变化、职业暴露等因素各不相同,目前缺乏对复杂环境中多种暴露的全面识别及其健康效应的综合评估,缺乏环境与健康暴露评估和预警平台。其次,气候变化导致的极端天气事件频发,如高温、洪水和干旱等,增加了人群暴露于新型环境风险的可能性,然而目前针对气候变化的公共卫生应对策略尚不清楚。社会因素方面,疾病的病因常常离不开社会因素,随着社会进步和经济发展,公众健康与这些因素的关系愈发显著。人类的健康和疾病与社会因素(如政治、经济、文化、教育等)有着紧密联系,而这些因素影响人类健康的规律与机制,仍需流行病学进一步探究;此外,医学实践具有显著的社会学特征,医学只有借助全社会的力量才能产生最广泛、最有效的影响,医学实践的成效也需要从社会层面进行评估,以充分理解其所带来的效益。个人行为生活方式对于健康与疾病的影响也是至关重要的,个人的行为选择在很大程度上决定了健康状况。饮食习惯、运动量、睡眠质量以及吸烟、饮酒等行为都直接关系到健康的维持与疾病的预防。良好的生活方式能够增强免疫力、降低疾病风险,而不健康的行为则可能成为多种慢性疾病的诱因。环境因素、社会因素与个人行为生活方式三者之间存在着复杂的相互交织关系,共同塑造了人类的健康状况与疾病谱,这些因素并非独立运作,而是在多重层面上相互影响,形成一个复杂的健康生态系统。因此,公共卫生的干预措施必须考虑到环境、社会和个人行为生活方式的综合影响,流行病学研究在探索这些因素之间的复杂关系和相互作用机制以及促进健康策略的产生中扮演关键角色,这些复杂的情况也要求流行病学在研究视野和方法论等方面进行深化和拓展,从多维度多层次出发进行探索。

三、大样本、大数据、人工智能技术等将推动流行病学研究和分析方法的创新

近年来,基于大型队列建立生物银行已成为国际流行病学研究的主流趋势。与此同时,大数据、人工智能等新技术也在不断向医学领域渗透,作为一门与数据息息相关的学科,流行病学无疑将受到大数据热潮的影响,大型队列的随访方法也越来越多地与之相结合,如登记系统、监测系统、电子病历和医疗保险数据等。在国家重点“十三五”研发计划“精准医学”专项的推动下,我国已经建立并发展了一批大样本的社区人群队列和专病队列,借助大健康医疗资源的丰富性,流行病学研究迎来了前所未有的发展机遇。一方面,流行病学研究依托大数据共享,整合健康医疗数据,如电子病历、监测系统和医疗保险数据,能够更全面地分析人群健康状况,揭示疾病的流行趋势和风险因素,显著提升流行病学研究的深度和广度;另一方面,大数据共享为跨学科合作提供了更加广阔的平台,如大样本-多组学的交叉合作为从多维度揭示疾病的影响因素提供了新的视角和方法,有助于推动个性化卫生服务,实现精准预防,增强健康决策的科学性;人工智能技术则为流行病学与大数据的结合提供了技术支持,使处理分析大量复杂的健康数据成为可能,通过机器学习和深度学习技术,更加科学地揭示各

NOTES

种风险因素之间的复杂关系、识别疾病的流行趋势、预测疾病暴发的可能性。尽管大样本、大数据、人工智能为流行病学开辟了新的发展前景，但也伴随着数据隐私和伦理方面的挑战，要充分利用生物银行和大健康医疗资源，还需建立健全的保护机制，制定合理的法律法规和伦理准则，确保数据共享在安全、合法、合规的框架内进行。

四、实施性流行病学研究将更多地应用于公共卫生决策

随着医学实践的迅速发展，循证医学将最佳证据、临床经验和患者价值有机地结合，循证公共卫生在公共卫生领域的作用也日益凸显。然而，仅有约 50% 的循证医学证据能够真正转化成常规的卫生保健服务。如何将证据应用于医学实践，在小范围、特定情境下被证明有效的干预措施能否持续有效地在所有人群中进行推广，这些成为亟待解决的新问题。在这一背景下，为了弥补证据与实践之间的鸿沟，实施性研究应运而生。实施性研究（implementation research）是指将科学发现及循证干预方法整合到医学实践和健康政策中，从而提高卫生服务的质量和有效性的研究过程。在实施过程中，明确有效的干预措施、实施成功或失败的原因、实施成功的方法，相同的干预内容需根据不同的实践环境制订不同的实施策略，最终产生不同的实施效果，这是实施性研究的特殊性所在。其最终目的是促进干预方法快速、便捷、低成本地被一线实践者所掌握和采用，让目标人群受益的速度更快、范围更广。目前，实施性研究被广泛应用于多个健康领域，如慢性非传染病的遏制、中低收入国家的传染病防控、心理与精神健康促进、基因检测临床应用、临床诊疗和初级卫生保健服务等，助力全球的疾病诊疗与健康改善。

此外，真实世界研究（real-world study，RWS）近年来也日益受到关注，它是指针对预设的临床问题，在真实世界环境下收集与研究对象健康有关的数据或基于这些数据衍生的汇总数据，通过分析，获得药物的使用情况及潜在获益-风险的临床证据的研究过程。真实世界研究不同于传统的随机对照试验（randomized controlled trial，RCT），RWS 通常不对患者入组条件、年龄以及用药方案等进行限制，得出的结果更加符合临床实际情况，结果对临床具有重要指导意义。值得一提的是，RWS 与 RCT 是互补的关系，并不对立，RWS 和 RCT 一样，都需要科学合理的研究设计、研究方案以及统计分析计划。真实世界研究的一个典型内容是实效临床试验，实效临床试验是指尽可能接近真实世界临床实践的临床试验，目的是衡量干预措施在常规临床实践中的效果。在实际医疗环境中，若常规的随机分组无法实现，实效临床试验还可结合患者的意愿和偏好进行分组，达到评估干预措施的临床效果的目的，提供实际应用的科学依据。

（沈洪兵）

本章小结

本章介绍流行病学的定义和方法、发展简史、应用和重要观点。流行病学的核心宗旨是描述疾病分布、解析病因并制定防控策略。群体观点是流行病学最基本的观点。掌握流行病学研究方法是学习流行病学的核心内容。

思考题

1. 流行病学基本研究方法是如何分类的？
2. 流行病学与临床医学、基础医学的联系和区别有哪些？
3. 流行病学的目的是什么？

NOTES

第二章 疾病与健康的测量及分布

案例

世界卫生组织采用婴儿死亡率、孕产妇死亡率和平均预期寿命三项指标来衡量各国健康医疗水平。依据《2015年我国卫生和计划生育事业发展统计公报》和人口普查数据，2015年我国婴儿死亡率为8.1‰，孕产妇死亡率为20.1/10万，平均预期寿命为76.34岁，总体上优于中高收入国家平均水平，为全面建成小康社会奠定了重要基础。2020年，我国健康相关指标进一步提升，婴儿死亡率下降至5.4‰，孕产妇死亡率下降至16.9/10万；平均预期寿命升高至77.93岁，高于世界平均72.50岁的水平，且男性平均期望寿命为75.37岁，女性80.88岁，存在性别差异。从时间分布来看，2000—2020年我国婴儿死亡率和孕产妇死亡率呈现明显的长期下降趋势，与2000年的32.2‰和53/10万相比，2020年分别降低了83.2%和68.1%；我国平均预期寿命则呈现显著增长趋势，由2000年71.40岁，增长到2010年的74.83岁和2020年的77.93岁，20年间增长6.53岁。从地区分布来看，我国婴儿死亡率、孕产妇死亡率和平均预期寿命均存在显著的区域性差异。此外，2020年我国城市与农村婴儿死亡率分别为3.6‰和6.2‰，孕产妇死亡率分别为14.1/10万和18.5/10万，城乡差别显著。《"健康中国2030"规划纲要》对我国健康水平提出了如下目标：到2030年，我国人均预期寿命预计达到79.0岁，婴儿死亡率和孕产妇死亡率分别下降到5.0‰和12.0/10万。本章将围绕上述案例，重点介绍流行病学中用于测量疾病和健康的常用指标，以及运用这些指标描述疾病分布状况的方法。

The measurement and distribution of disease and health are fundamental to epidemiological research. It involves the quantitative description of disease and health conditions, as well as the analysis of their distribution patterns across different populations, times, and regions. By utilizing indicators such as incidence, prevalence, mortality, and disease burden, the distribution of disease and health status can be characterized in multiple dimensions. This will aid in identifying the factors influencing disease and health, providing essential insights for developing scientific and effective disease prevention and control strategies and measures.

疾病与健康的测量及分布是流行病学研究的基石。它包括对疾病和健康状态的定量描述，以及分析这些状态在不同人群、时间和地区的分布规律。借助发病、患病、死亡和疾病负担等指标对疾病和健康状态的分布进行多维度描述，进而探索疾病和健康状态的影响因素，对制定科学有效的疾病预防和控制策略及措施具有重大意义。

第一节 概 述

疾病与健康状态是流行病学研究的核心内容。疾病包括传染病、寄生虫病、地方病和非传染性疾病等所有疾病。健康状态涵盖身体生理生化的各种功能状态、疾病前状态和长寿等。通过计算发病、死亡、疾病负担等各类指标，可测量疾病和健康状态，为深入了解其分布规律、探究影响因素、制定有效的疾病防制和健康促进策略提供科学依据。

一、疾病与健康测量的意义

（一）描述疾病与健康状态的分布

通过对疾病和健康相关指标的测量，可以准确地描述疾病在不同人群、地区和时间维度上的发生频率、严重程度和变化趋势，以及健康状态的分布情况，为进一步分析和研究提供基础数据。

（二）探讨病因和流行因素

疾病与健康测量的结果可以帮助研究者发现疾病与各种因素之间的关联，从而探讨病因和流行因素。例如，通过比较不同地区、人群或时间的疾病频率差异，可以推断可能的致病因素，包括环境因素、遗传因素、生活方式因素等。

（三）确定重点疾病和高危人群

根据疾病的频率测量和相关分析，可以筛选出区域主要的卫生问题或重点疾病，同时确定高危人群，为有效分配卫生资源、制定合理的干预措施提供依据。

（四）评价防制措施效果

通过对疾病相关指标的监测和评估，可以及时了解防制措施的实施效果，对防制策略进行调整和优化，以提高防制工作的效率和质量。

（五）为卫生决策制定提供依据

基于疾病与健康测量所揭示的疾病分布特征和病因线索，政府和卫生部门能够了解疾病的现状和趋势，进而制定合理的卫生决策。例如，确定卫生资源的分配方向和重点防治的疾病及人群等，以降低疾病的发病率和死亡率，提高人群的健康水平。

二、率和比的概念

（一）率

率（rate）是指在一定条件下某现象实际发生数与可能发生该现象总数之比，用于说明某现象发生的频率和强度，也称为频率指标。其计算公式为

$$率=\frac{某现象实际发生的例数}{可能发生该现象的总人数}\times K \quad （式 2-1）$$

其中，$K=100\%$，1 000‰，10 000/万，100 000/10 万……

率常用于描述疾病或健康事件在人群中的发生频率，以了解病因对人群健康的影响。

（二）比

比（ratio）也称相对比，是两个相关指标之比，用于说明两者的相对水平，常用倍数或百分数表示。其公式为

$$相对比=\frac{甲指标}{乙指标}（或\times 100\%） \quad （式 2-2）$$

其中，甲、乙两个指标可以性质相同，如某两地区的传染病例数之比；也可以性质不同，如某医院医护人员数与病床数之比。

需要注意的是，比所反映的是两个指标之间的相对关系，而不能直接反映某一事件发生的频率或强度。在使用比进行分析和解释时，应结合具体的研究目的和背景，确保对结果的正确理解和应用。

（三）比例

比例（proportion）也称构成比，表示事物内部各个组成部分所占的比重，通常以 100 为基数，又称百分比。其公式为

$$构成比=\frac{某一组成部分的观察单位数}{同一事物各组成部分的观察单位总数}\times 100\% \quad （式 2-3）$$

NOTES

例如，在研究疾病人群特征时，可计算不同年龄段人群在总人群中所占的比例。

需要注意，构成比和率是不同的统计指标，不能用构成比代替率。

第二节 | 常用测量指标

一、发病指标

（一）发病率

发病率（incidence rate）是指一定时期内（一般为一年），特定人群中某病新发病例出现的频率。计算公式为

$$发病率=\frac{一定时期内某人群中某病新发病例数}{同期暴露人口数}\times K \quad （式 2-4）$$

其中，$K=100\%$，1 000‰，10 000/万，100 000/10 万……

新发病例是指在观察期间内发生某病的患者。对于急性发作疾病如流行性感冒、急性心肌梗死等，发病时间容易确定；对于慢性病如高血压、糖尿病等，可采用最早的客观时间作为发病时间，如症状、体征的初发时间、初次就诊时间、初次诊断时间或疾病的报告时间等。癌症一般以初次确诊时间作为发病时间。若在观察期间内一个人多次发生同类疾病，则应记为多个新发病例。

同期暴露人口是指可能发生所要研究疾病的人群，不包括正在患病、因患病或预防接种获得免疫力而在观察期内不可能再发生该病的人。在实际工作中，一般用该地区观察期内的平均人口数代替，如观察时间为一年，平均人口数为年初与年末人口之和除以 2，或年中 7 月 1 日零时的人口数。

发病率可按不同特征（年龄、性别、职业、民族等）分别计算，称为发病专率。在比较不同地区发病资料时，若考虑年龄、性别构成与疾病发生情况有关，使用发病率的标准化率或发病专率更能反映实际情况。

发病率反映疾病发生的频率，通过比较不同特征人群的发病率，可用于病因学探讨和防制措施评价，对于死亡率极低的疾病尤为重要。发病率的准确度受报告制度、诊断水平等因素影响，比较不同地区发病率时应考虑人口构成的影响并进行标准化。

（二）罹患率

罹患率（attack rate）与发病率一样，也是测量人群中新发病例频率的指标。计算公式为

$$罹患率=\frac{观察期间的新病例数}{同期暴露人口数}\times K \quad （式 2-5）$$

其中，$K=100\%$，1 000‰，10 000/万，100 000/10 万……

罹患率通常是指某一局部范围、短时间内的发病率，观察时间以日、周、月或一个流行季节为单位。优点是能根据暴露程度较精确地测量发病概率，适用于局部地区的疾病暴发和流行的描述或探讨病因，如食物中毒、职业性中毒、某些传染病暴发等。

（三）续发率

续发率（secondary attack rate）又称二代发病率，指在某些传染病的最短和最长潜伏期之间，易感接触者中发病人数占所有易感接触者总人数的百分率。计算公式为

$$续发率=\frac{一个潜伏期内易感接触者中发病人数}{易感接触者总人数}\times 100\% \quad （式 2-6）$$

原发病例是指最早被观察到患有某种特定传染病的个体。在这些原发病例的易感接触者中，于最短和最长潜伏期之间出现的新病例，即续发病例，又称二代病例。例如在一个学校班级中出现麻疹传播时，最先出现麻疹症状的学生就是原发病例。计算续发率时，分子分母中不包括原发病例。

NOTES

续发率是疫情分析的常用指标，常用于比较传染病传染力的强弱、分析传染病的流行因素及评价免疫接种、隔离、消毒等防制措施的效果。

二、患病指标

(一) 患病率

患病率（prevalence）又称现患率或流行率，是指在特定时间内，一定人群中某病新旧病例所占比例。计算公式为

$$\text{患病率}=\frac{\text{某特定时间一定人群中某病新旧病例数}}{\text{该时点或该时期观察人口数}}\times K \quad (\text{式 2-7})$$

其中，$K=100\%$，1 000‰，10 000/万，100 000/10 万……

依据调查时间长短，患病率可分为时点患病率和期间患病率。时点患病率的观察时间一般不超过一个月；期间患病率的观察时间通常超过一个月。

患病率反映了疾病的现存水平，常用于长病程疾病的调查，如癌症、心血管疾病、血吸虫病、结核病等，可为医疗设施规划、医院床位周转估计、卫生人力的需要量估算、医疗质量的评估和医疗费用的投入等提供科学依据。

患病率受发病率和病程的影响。当发病率和病程在相当长的时间内保持稳定时，患病率与发病率和病程之间的关系可近似用公式表示为

$$\text{患病率}(P)=\text{发病率}(I)\times\text{病程}(D) \quad (\text{式 2-8})$$

患病率的变化可反映出发病率的变化或疾病结局的变化，但由于其受存活因素等其他因素的影响，不适于做病因学研究。

(二) 感染率

感染率（infection rate）是指在调查时所检查的某个人群中某病现有感染者所占比例。其性质与患病率相似，计算公式为

$$\text{感染率}=\frac{\text{受检者中感染人数}}{\text{受检人数}}\times 100\% \quad (\text{式 2-9})$$

感染率在流行病学工作中应用广泛，性质与患病率相似，是评价人群健康水平的指标。感染率常用于研究某些传染病或寄生虫病的感染情况和防制工作的效果考核，估计疾病的流行趋势，也可为制定防制措施提供依据。特别是对隐性感染、病原携带及轻型和不典型病例的调查较为常用，如乙型肝炎、结核病、脊髓灰质炎、流行性乙型脑炎、蛔虫病、丝虫病等。

三、死亡指标

(一) 死亡率

死亡率（mortality rate）是指在一定期间内，某人群中总死亡人数在该人群中所占的比例。常以年为单位计算。计算公式为

$$\text{死亡率}=\frac{\text{某人群某年总死亡人数}}{\text{该人群同年平均人口数}}\times K \quad (\text{式 2-10})$$

$K=$1 000‰，10 000/万，100 000/10 万……

死于所有原因没有经过调整的死亡率称为粗死亡率（crude mortality rate）。对不同地区死亡率进行比较时，需考虑人口构成的差异，进行死亡率的标化，标化后的死亡率称为标化死亡率（standardized mortality rate）或调整死亡率（adjusted mortality rate）。

NOTES

死亡率可按不同特征（如年龄、性别、职业、种族、婚姻状况等）分别计算，即死亡专率。计算死亡专率时，分母必须是与分子相应的人口。

死亡率是测量人群死亡危险最常用的指标，可反映一个地区不同时期人群的健康状况和卫生保健工作的水平，为该地区卫生保健工作的需求和规划提供科学依据。

（二）病死率

病死率（fatality rate）是指一定期间内（通常为 1 年），某病的全部患者中因该病死亡的比例。计算公式为

$$病死率=\frac{某期间内因某病死亡人数}{同期患某病的人数}\times 100\% \tag{式 2-11}$$

当某病处于稳定状态时，病死率也可用死亡率和发病率推算得到。

$$某病病死率=\frac{该病死亡专率}{该病发病专率}\times 100\% \tag{式 2-12}$$

病死率表示确诊某病者的死亡概率，常用于衡量疾病的严重程度和医疗水平，多用于病程短的急性病，如各种急性传染病、心肌梗死、脑卒中等。在用病死率作为指标评价不同医院的医疗水平时，应注意不同医院基础设施、医院规模、就诊患者病情严重程度等因素的可比性。

（三）生存率

生存率（survival rate）是指患某种疾病的人（或接受某种治疗措施的患者）经 n 年的随访，到随访结束时仍存活的病例数占观察病例总数的比例。计算公式为

$$生存率=\frac{随访满 n 年尚存活的病例数}{随访满 n 年的病例数}\times 100\% \tag{式 2-13}$$

生存率常用于病程较长、病情较重、致死性较强的疾病的远期预后评价，反映了疾病对生命的威胁程度，如恶性肿瘤、心血管疾病、结核病等。

（四）婴儿死亡率

婴儿死亡率（infant mortality rate）是指年内婴儿出生后不满周岁死亡数与同年活产婴儿数的比值。计算公式为

$$婴儿死亡率=\frac{某年未满 1 周岁婴儿死亡数}{同年活产数}\times 1\,000‰ \tag{式 2-14}$$

年内未满 1 周岁婴儿死亡数由两部分组成，一部分为本年出生本年死亡的未满周岁婴儿数，另一部分为上一年出生本年死亡的未满周岁婴儿数。

婴儿死亡率是反映医疗卫生状况、妇幼保健水平、社会经济发展水平、人口健康状况的重要指标之一。它不受年龄的影响，不同国家或地区之间可以相互比较，发达国家较低，发展中国家较高。

（五）孕产妇死亡率

孕产妇死亡率（maternal mortality rate）指某年孕产妇死亡数与同年活产婴儿数的比值。常以万分率或十万分率表示。

$$孕产妇死亡率=\frac{某年孕产妇死亡数}{同年活产数}\times K \tag{式 2-15}$$

$K=10\,000/万$ 或 $100\,000/10\,万$

孕产妇死亡率可以反映一个国家或地区妇幼保健工作质量和卫生文化水平。孕产妇死亡人数是指妇女在妊娠期至妊娠结束后 42 天以内，任何与妊娠、妊娠处理有关的或妊娠使原有疾病恶化导致的死亡人数，不包括意外事故死亡人数。

NOTES

四、疾病负担指标

（一）健康期望寿命

健康期望寿命（healthy life expectancy，HLE）是将期望寿命分为健康状态和非健康状态两种情况，综合考虑死亡、疾病以及残疾导致的非健康状态，以个体完全健康状态下的期望寿命来反映人群健康状态的指标。

健康期望寿命和伤残进程国际网络组织将健康期望寿命分为健康状态期望寿命（health state expectancy，HSE）和健康调整期望寿命（health-adjusted life expectancy，HALE）两大类指标。健康状态期望寿命是指在特定健康状态下的生存年限，该指标有明确的针对性，根据不同健康状态可分为无病期望寿命（disease-free life expectancy）、活动期望寿命（active life expectancy，ALE）、无残疾期望寿命（disability-free life expectancy，DFLE）、自评健康期望寿命（self-perceived healthy life expectancy）等指标。健康期望寿命指标是综合各维度健康状态进行加权处理的指标，相比健康状态期望寿命单一维度评价指标，能够全面反映人群问题。下面主要介绍健康状态期望寿命相关指标的基本概念。

1. 无病期望寿命　以某种或某一类疾病的发生作为判定终点，计算无该病或该类疾病状态下的生存年数。

2. 活动期望寿命　以生活自理能力丧失为健康判定终点，计算能够维持良好的日常生活活动功能的生存年数。生活自理能力是指正常人生存所必须具备的、日常生活所必须完成的活动，如吃饭、穿衣、上下床、上厕所、洗澡及走动一段距离等活动。

3. 无残疾期望寿命　以残疾作为观察终点，计算无残疾状态下的生存年数。

4. 自评健康期望寿命　以人群自评健康状况或可感知的健康体验为依据，计算自我报告健康状态下的生存年数。

（二）潜在减寿年数

潜在减寿年数（potential years of life lost，PYLL）是指某病某年龄组人群死亡者的期望寿命与实际死亡年龄之差的总和，即死亡所造成的寿命损失。计算公式为

$$\mathrm{PYLL}=\sum_{i=1}^{e}a_i d_i \tag{式 2-16}$$

式中：e 为期望寿命（岁）；i 为年龄组（通常计算其年龄组中值）；$a_i=e-(i+0.5)$，其意义为：当死亡发生于某年龄（组）时，至活到 e 岁时，还剩余的年龄。由于死亡年龄通常以上一个生日计算，所以尚应加上一个平均值 0.5 岁；d_i 为某年龄组的死亡人数。

PYLL 可用于比较不同疾病所致的寿命减少年数，衡量某种死因对人群的危害程度；也可用于分析不同时期和不同地区潜在寿命损失的变化趋势，筛选确定重点卫生问题或重点疾病；还可用于防制措施效果的评价和卫生政策的分析。

（三）伤残调整寿命年

伤残调整寿命年（disability adjusted life year，DALY）是指从发病到死亡过程中所损失的全部健康寿命年，包括因早死所致的寿命损失年（years of life lost，YLL）和由疾病所致伤残引起的健康寿命损失年（years lived with disability，YLD）两部分。

DALY 可用于追踪全球、一个国家或者某一特定地区疾病负担的动态变化情况，同时也可对其在一定期间内的健康状况改善情况进行监测。对不同地区、不同特征人群、不同病因进行 DALY 分布的分析，可确定危害严重的主要疾病、重点人群和高发地区，为确定防制及研究重点提供信息依据，还可进行成本效果分析，以采用最佳干预措施来防制重点疾病，使有限的资源发挥更大的挽回健康寿命年的效果。

第三节 | 流行强度

疾病流行强度常用散发、暴发、流行及大流行表示，指在一定时期内疾病在某地区人群中发病率的变化及其病例间的联系程度。

一、散发

散发（sporadic）指发病率呈历年的一般水平，各病例间在发病时间和地点上无明显联系，表现为散在发生。散发一般是对于范围较大的地区而言。确定散发时多与当地近三年该病的发病率进行比较，如果当年发病率未明显超过既往平均水平则称为散发。

当疾病预防与控制措施有效时，疾病会呈现散发，常见于如下情况。

1. 病后免疫力持久的疾病，或因预防接种使人群维持一定免疫水平的疾病常呈散发，如麻疹。
2. 有些以隐性感染为主的疾病，常以散发形式存在，如脊髓灰质炎、乙型脑炎等。
3. 有些传播机制不容易实现的传染病也可出现散发，如斑疹伤寒、炭疽等。
4. 某些长潜伏期传染病也以散发形式存在，如麻风。

二、暴发

暴发（outbreak）是指局部地区或集体单位，短时间内突然发生很多症状相同的患者的现象。这些人多有相同的传染源或传播途径。大多数患者常同时出现在该病的最短和最长潜伏期之间。如托幼机构的麻疹、手足口病、腮腺炎、诺如病毒感染性腹泻等疾病的暴发。

三、流行

流行（epidemic）是指在某地区某病的发病率显著超过该病历年发病率水平。相对于散发，流行出现时各病例之间呈现明显的时间和空间联系，如 2009 年甲型 H1N1 流感的流行表现出明显的人与人间的传播关系和地域间的播散特征。一般认为，发病率超过该病历年散发的发病率水平 3~10 倍即可判断为流行。当某地出现某种疾病的流行时，提示当地可能存在共同的传播因素。

四、大流行

某病发病率显著超过该病历年发病率水平，疾病蔓延迅速，涉及地区广，在短期内跨越省界、国界甚至洲界形成世界性流行，称为大流行（pandemic）。疾病世界大流行的危险始终存在，如流行性感冒、霍乱就有过多次世界性大流行。2009 年，甲型 H1N1 流感在部分国家和地区开始流行，随后短短 2 个月时间，便波及全球 200 余个国家和地区，引发世界大流行，原因是甲型流感病毒发生了变异。新型冠状病毒感染大流行持续了 3 年之久，给人群健康带来了巨大的伤害。随着世界经济的快速发展，交通日益便捷，人群与物资流动的频度和速度是空前的，病原体和传染源的快速移动会使某种疾病短时间传遍全球，因而疾病大流行的危险始终存在。

第四节 | 疾病的分布

一、人群分布

人群分布是指疾病在不同人群特征中的分布情况，这些特征包括年龄、性别、职业、种族和民族、婚姻与家庭、行为生活方式等。研究疾病在人群中的分布特征，有助于确定高危人群、探索疾病的病因及流行因素。

（一）年龄分布

年龄是人群分布的重要特征之一，几乎所有疾病的发生发展都与年龄密切相关。不同年龄段的

人群在机体功能发育、免疫力水平、外界环境接触、病原因子暴露机会以及器官功能等方面存在差异，从而导致各年龄组疾病的发生发展呈现出独有的特征。

总体而言，婴幼儿及儿童时期由于免疫力低，容易感染各种传染性疾病，如麻疹、水痘、百日咳、腮腺炎等呼吸道传染病在儿童中发病率较高。但随着预防接种的普及，一些传染病的发病年龄出现变化，如麻疹患者发病时间推迟，在大学生或入伍新兵中也有病例出现。青少年和青壮年期参加户外活动较多，容易发生意外伤害和死亡。此外，青少年时期是近视发病率最高的阶段。中老年人群随着年龄增长，机体功能衰退，免疫力降低，更容易患上骨质增生、肥胖以及其他各类疾病；一些传染病在这个阶段也会因为免疫力下降而更容易引发严重后果；同时，高血压、糖尿病、心血管疾病等慢性疾病在中老年人群中发病率显著增加。不同类型的恶性肿瘤在不同年龄段的发病情况也有所不同，例如肺癌、乳腺癌、结直肠癌等在老年人群中高发；甲状腺癌多见于青壮年人群；宫颈癌主要影响25岁至45岁女性；白血病和脑瘤在儿童及青少年时期较为常见。

1. 研究疾病年龄分布的目的

（1）分析疾病不同年龄分布的差异，有助于深入探索流行因素，为病因研究提供线索。某些疾病在特定年龄段高发，可能与该年龄段人群的生理特点、生活方式或环境暴露等因素有关。

（2）可帮助确定高危人群。不同年龄组的人群对疾病的易感性和抵抗力不同，了解疾病在年龄上的分布特点，可以确定哪些人群更容易受到疾病的威胁，从而采取相应的预防措施。

（3）有助于观察人群免疫状况的变化、确定预防接种对象。例如，通过观察不同年龄段人群的免疫水平，可以确定哪些人群需要加强免疫接种，以及何时进行接种最为有效。

2. 疾病年龄分布的分析方法

（1）横断面分析（cross-sectional analysis）：横断面分析主要是对同一时期不同年龄组，或者不同年代各年龄组疾病发生或死亡的频率变化情况进行描述。它能够在特定时间点上，呈现出不同年龄段人群疾病的频率差异，从而帮助我们了解疾病在人群中的分布状况。这种分析方法在研究某时期传染病或潜伏期较短疾病的年龄分布时较为常用。然而，对于慢性非传染性疾病，由于其暴露于致病因素的时间往往较长，且致病因素在不同时间的强度可能会发生变化，横断面分析无法充分考虑这些因素的动态变化，从而在探究致病因素与年龄的关系时存在局限性。

（2）出生队列分析（birth cohort analysis）：出生队列分析是将同一时期出生的人划归为一组出生队列，然后对这些队列进行若干年的随访，以观察其中个体的发病和死亡情况。同一年代出生的群体对致病因素暴露的时间和强度具有一定的相似性，通过出生队列分析可以清晰地了解不同出生队列在不同年龄阶段疾病的发病率、患病率或死亡率的差异，从而明确地呈现致病因素与年龄的关系，有助于探明年龄、所处时代特点和暴露经历在疾病频率变化中的作用，在评价疾病的年龄分布长期变化趋势以及为病因研究提供线索等方面具有重要意义。

图2-1描述的是1914—1950年男性肺癌年龄别死亡率的横断面分析，显示同一时期不同年龄死亡率的变化和不同年代各年龄别死亡率的变化。如图所示，四次横断面研究（4条实线）的结果均提示，肺癌死亡率随着年龄的增加呈上升趋势，到60~70岁时达高峰后又开始下降，显然这一现象未能反映真实的肺癌死亡情况。而图中ABCD虚线是1880年出生队列肺

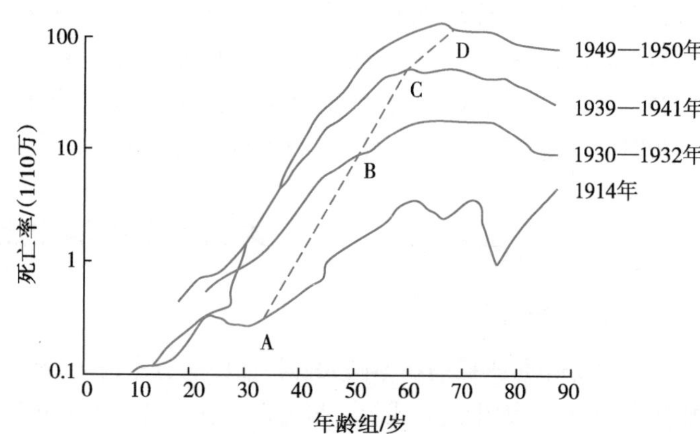

图2-1　1914、1930—1932、1939—1941、1949—1950年男性肺癌年龄别死亡率

（MacMahon and Pugh，1970年）

NOTES

癌死亡率曲线，A、B、C、D 点分别代表 1880 年出生的人在 1914 年（34 岁）、1931 年（51 岁）、1940 年（60 岁）和 1949 年（69 岁）的肺癌死亡率，该出生队列曲线显示出肺癌的死亡率是随年龄的增加而上升的。图 2-2 为出生队列曲线，该曲线显示，相较于较早出生队列，出生年代晚的队列肺癌死亡年龄明显提前，死亡率上升速度更快。这表明出生较晚人群和出生较早人群的暴露经历不同，晚出生者接触的致病因子作用可能更强，并揭示了横断面分析曲线中男性肺癌死亡率 60~70 岁后呈下降趋势的假象。

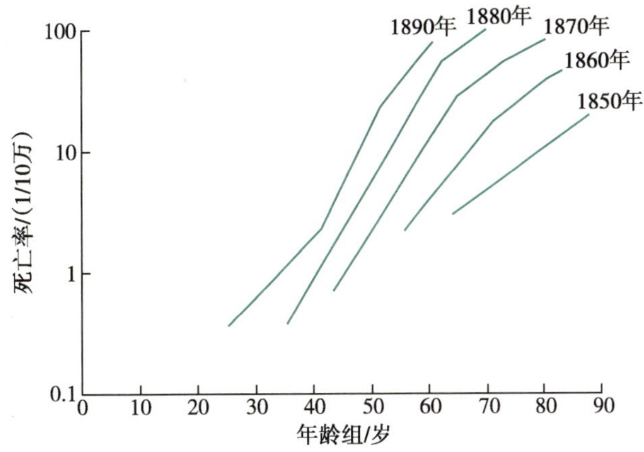

图 2-2　1850—1890 年间出生者男性肺癌年龄别死亡率

（MacMahon and Pugh，1970 年）

（二）性别分布

某些疾病的频率存在明显的性别差异，主要体现为男性和女性的发病率和死亡率不同。如表 2-1 所示，肺癌、结直肠癌、肝癌、胃癌、食管癌等常见恶性肿瘤的发病率和死亡率，男性均高于女性。

表 2-1　2022 年我国部分常见恶性肿瘤发病和死亡情况

恶性肿瘤	标化发病率/10 万$^{-1}$			标化死亡率/10 万$^{-1}$		
	男性	女性	合计	男性	女性	合计
肺癌	52.03	30.34	40.78	39.51	14.71	26.66
结直肠癌	24.74	15.70	20.10	10.85	6.48	8.56
肝癌	22.72	7.42	15.03	19.14	6.15	12.59
胃癌	19.47	8.29	13.72	13.77	5.34	9.39
食管癌	13.09	3.78	8.32	10.70	2.92	6.68

注：使用 Segi’s 世界标准人口进行年龄标准化（改编自韩冰峰，2024）。

疾病分布呈现性别差异主要有以下原因。

1. 遗传、生理和内分泌代谢因素不同　男性和女性的遗传因素、生理结构以及内分泌代谢功能不同，使得他们对某些疾病的易感性存在差异。例如，红绿色盲在男性中的发病率远高于女性，这是由于遗传基因在性染色体上的分布导致的。女性在妊娠、哺乳等时期对硒和碘的需求增加，若供应不足，可能导致女性克山病、地方性甲状腺肿的发病率高于男性。

2. 暴露致病因素的机会不同　男女两性对许多致病因素的暴露机会存在差异。例如，男性从事的工作可能更容易接触到某些有害物质，煤矿工人易患煤工尘肺，炼焦工人易患肺癌等。

3. 生活方式和行为不同　生活方式和行为的差异也会导致疾病分布的性别差异。男性吸烟和饮酒的比例通常高于女性，这使得他们更容易患上与吸烟和饮酒相关的疾病，如肺癌、肝硬化等。此外，相对于女性，男性更倾向于参与一些具有较高风险的活动，导致在交通事故以及意外伤害等事件中，男性的发生率通常高于女性。

（三）职业分布

许多疾病的发生与职业密切相关。不同职业的工作环境、劳动条件、接触的有害物质等因素各异，致使疾病呈现出职业分布差异。例如，石棉工人易接触石棉纤维，患肺癌和间皮瘤的风险增加；制鞋工人经常接触化学物质苯，易患白血病；电焊工长期暴露在强光和有害气体中，眼部和呼吸系统疾病的发病率较高；司机由于长时间保持坐姿，精神高度集中，容易患颈椎病和腰椎病，且发生交通事故的风险也相对较高；牧民、屠宰工人、皮毛加工工人易接触病原体，患布鲁氏菌病的概率较大等。

在研究职业与疾病的关系时，需要考虑多方面因素。首先，疾病的职业分布与感染机会或暴露于致病因素的机会密切相关，不同职业的劳动条件决定了其暴露机会的多少。其次，职业反映了劳动者所处的社会经济地位和卫生文化水平，不同职业的体力劳动强度和精神紧张程度不同，导致疾病的种类也有所不同。在研究不同职业人群的慢性病发病率时，还应注意到以往可能引起各种疾病的职业因素，避免因职业变更而忽略疾病的潜在风险。同时，要认识到，虽然职业分布取决于暴露概率，但通过人为干预可以改变这种情况，降低疾病的发生频率。

（四）种族和民族分布

不同种族和民族之间疾病的发病率和死亡率存在明显差异。例如，在美国五个不同种族人群中恶性肿瘤发病率和死亡率存在着较大差异，黑人恶性肿瘤发病率和死亡率高于白人，亚裔恶性肿瘤的发病率和死亡率则低于其他种族。另外，黑人中高血压、心脏病、脑血管疾病、梅毒、结核病、枪杀及意外伤害等的死亡率明显高于白人；白人中动脉硬化性心脏病的死亡率较高。在马来西亚生活的不同民族人群中，马来人患淋巴瘤较多，印度人患口腔癌较多，中国人患鼻咽癌较多。这些差异的主要原因包括遗传因素、社会经济状况、风俗习惯和生活习惯、地理环境和社会条件以及医疗卫生质量和水平等多方面。因此，在分析疾病患病的种族和民族差异时，需要综合考虑这些因素，不能单纯从某一方面找原因。

（五）婚姻与家庭

婚姻与家庭状况对人群健康状况有明显影响。2010 年和 2019 年美国的死因调查数据显示，丧偶者全死因死亡率最高，未婚者、离婚者次之，已婚者最低，这表明丧偶对精神、心理和生活的影响较大，导致死亡率升高（图 2-3）。婚姻状况对女性健康也有显著影响，已婚妇女中宫颈癌多见；单身妇女中乳腺癌较多见。

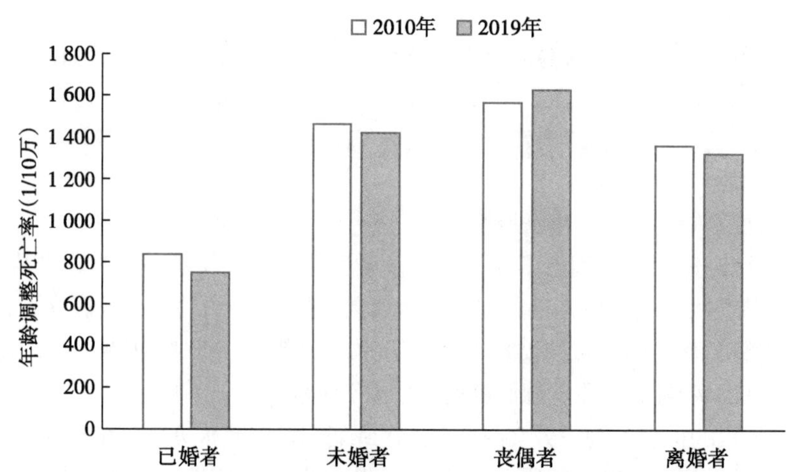

图2-3　2010和2019年美国不同婚姻状况人群全死因年龄调整死亡率（1/10万）
（改编自 Sally Curtin，2021）

家庭成员之间接触密切，共同生活在同一环境中，使得一些疾病容易在家庭中呈现聚集性。例如，流行性感冒、病毒性肝炎、细菌性痢疾、结核病等传染病容易在家庭中传播，食物中毒也常呈现家庭聚集性。一些具有遗传倾向的疾病，诸如溃疡性结肠炎和克罗恩病、高血压、冠心病、糖尿病、某些精神系统疾病和恶性肿瘤等，常常在家庭中呈现出聚集发生的现象。家庭成员中因年龄、性别、免疫水平、文化水平、风俗习惯、嗜好不同等对疾病分布频率也会产生影响。因此，对疾病的家庭集聚现象及其规律进行研究，不仅能够了解遗传因素与环境因素在疾病发生中所起的作用，还可以阐明疾病的流行特征，对防疫措施的效果进行评估。

NOTES

（六）行为生活方式

许多疾病的发生与人们的行为生活方式密切相关。常见的不良行为生活方式包括吸烟、饮酒、缺乏身体活动、不合理膳食、网络成瘾、不安全性行为、吸毒等。这些不良行为会增加一些疾病的发病风险，包括心血管疾病、糖尿病、恶性肿瘤、慢性呼吸系统疾病、骨质疏松症、抑郁等慢性非传染性疾病，也包括意外伤害、艾滋病及各种性病等。中国是全球烟草消费最多的国家，也是最大的烟草受害国。全球疾病负担（GBD）2019 研究显示，1990—2019 年，中国吸烟导致的死亡人数从 150 万增至 240 万，增幅达 57.9%。

（七）经济社会地位

经济社会地位与收入水平、职业地位、受教育程度等密切相关。疾病的发生与社会因素紧密相连，而社会经济地位可以综合反映这些社会因素。不同经济社会地位的人群，其疾病分布特征也有所不同。国内外的研究表明，教育程度较低人群中吸烟和饮酒者较多，教育程度较高人群则更可能戒烟并参加体育锻炼，进而影响疾病的发生。此外，收入较低的人群往往面临更多的健康风险，如营养不良、居住环境差、医疗保健资源不足等，这些因素可能导致他们更容易患上传染病、慢性病和心理疾病。

（八）流动人口

流动人口是传染病暴发流行的高风险人群。一方面，流动人口经常聚居在建筑工地、城乡接合部，生活和卫生条件较差，人群免疫水平偏低，极有可能导致传染病暴发。另一方面，流动人口在疫区与非疫区间起着关键的传染病传播纽带作用，某些传染病的流行常常与流动人口的输入性病例相关联。此外，供销、采购、运输、边境贸易、服务等行业领域的流动人口也是性传播疾病的高危人群。同时，流动人口的特殊性也给儿童计划免疫工作带来了难度，可能导致一些原本可以通过疫苗预防的疾病在流动人口及其子女中发生的风险增加。

二、时间分布

时间分布是指疾病在不同时间阶段的发生频率和分布特征，包括短期波动、季节性、周期性和长期趋势等方面。研究疾病在时间上的分布特征，有助于了解疾病的流行规律、探讨病因并制定相应的防制策略。

（一）短期波动

短期波动（rapid fluctuation）又称时点流行，是指在一个较大人群中，短时间内某病发病数量突然增多的现象。其含义与暴发略有不同，暴发多用于局部地区或集体单位的较少人群、小范围的疾病流行；而短期波动常用于人数较多、范围较大的情况。

短期波动多是由同一致病因子或共同的传播途径所引起，大多数病例的发病日期往往在该病最短和最长潜伏期之间。发病曲线在短期波动时，一般都是迅速上升，然后下降，形似钟形，呈对数正态分布。发病高峰与该病的平均潜伏期基本一致，因此可从发病高峰推算暴露日期，从而找出引起短期波动的原因。常见的短期波动有食物中毒和麻疹、伤寒、诺如病毒感染性腹泻等引发的疫情。

（二）季节性

季节性（seasonal variation）是指疾病在一定季节内发病频率升高的现象。它是疾病时间分布的重要特征之一，反映了疾病发生与季节变化之间的密切关系。

具体来说，疾病的季节性表现形式包括严格的季节性和季节性升高。

1. 严格的季节性　某些疾病的发生严格限制在特定季节，如乙型脑炎在北方多发生于夏秋季节，而在冬春季极少发生，这主要与蚊虫作为传播媒介在该季节的活动密切相关。

2. 季节性升高　许多疾病在全年均可发生，但在某些月份发病频率明显增高。例如，呼吸道传染病通常在冬春季更为常见，因为此时气温较低，人们多在室内活动，空气流通不畅，利于病原体传播；而肠道传染病则多见于夏秋季，可能与夏季食物易受污染、人们饮食习惯改变等因素有关。此外，因为蚊虫在南方一年四季均有活动，一些虫媒传染病在南方表现为季节性升高。图 2-4 为 2023 年我

国某省登革热病例数按周的时间分布图，可以看出 2023 年每个月份均有登革热病例报告，病例数一般在每年 6 月份开始快速上升，8—10 月份达到高峰，呈现季节性升高的特点。

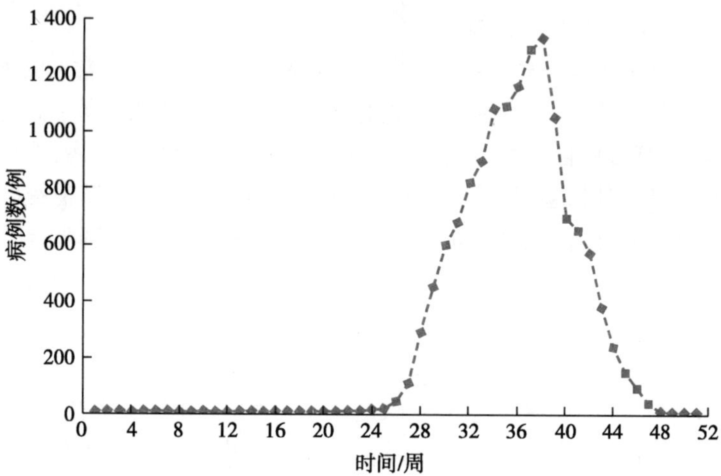

图 2-4 2023 年我国某省报告登革热病例的时间分布(周)

(改编自李卓威，2024)

一些非传染性疾病也有季节性升高的现象，如过敏性鼻炎在春秋季节容易发作，冠心病和脑卒中在冬春季发病率相对较高。

疾病季节性分布受到多种因素的综合影响，包括自然因素和社会因素等。自然因素包括气候条件(如温度、湿度、降雨量等)、媒介昆虫和野生动物的生活习性等。社会因素如人们的生活方式、生产活动、卫生习惯、风俗习惯以及医疗卫生水平等也会对疾病的季节性产生影响。研究疾病的季节性有助于深入了解疾病的流行特征，对于探讨病因以及制定有效的预防和控制措施具有重要意义。

(三) 周期性

周期性(periodicity)是指疾病发生频率经过一个相当规律的时间间隔，呈现规律性变动的状况。不同疾病的周期性表现各异，其间隔时间长短不一，有些疾病每隔一两年发生一次流行，而有些疾病则可能间隔数年甚至更长时间才会出现一次流行。图 2-5 描述了 2005—2019 年我国某市学龄前儿童百日咳的报告发病率，可以看出，2005—2019 年期间，每 3~5 年会出现一个流行高峰，呈现出周期性变化。

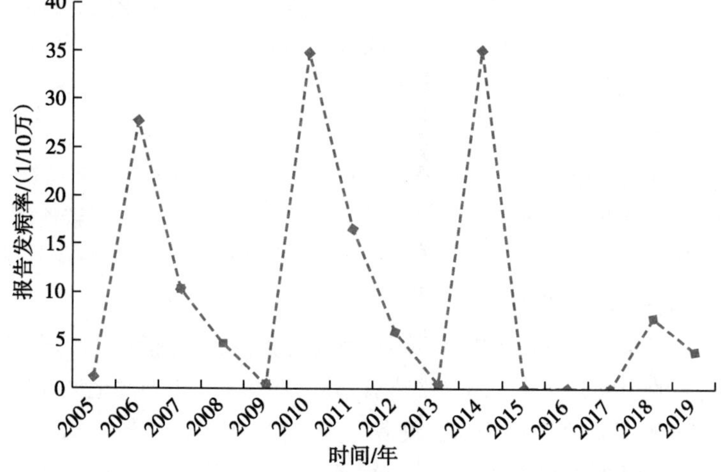

图 2-5 2005—2019 年我国某市学龄前儿童百日咳报告发病率(1/10 万)

(改编自徐蕊，2021)

疾病周期性的形成原因主要包括以下几个方面。

1. 该类疾病的传播机制容易实现，在易感人群足够的情况下可迅速传播，从而导致疾病的流行。

2. 这类疾病病后通常可形成较为牢固的免疫力，该病流行后人群免疫水平的持续时间的长短决定流行的间隔时间。

3. 易感者积累的速度，尤其是新生儿的增加，也会影响疾病流行的间隔时间。如果易感者积累的速度较快，则间隔时间短。

4. 病原体的变异及变异速度也是影响疾病发生周期性流行的重要因素。

(四) 长期趋势

长期趋势(secular trend)是指在一个相当长的时间内，通常为几年或几十年，疾病的发生频率、流行强度、分布特征、临床表现及病原体种类等方面发生显著变化。

疾病长期趋势的表现形式多样，疾病发病率和死亡率可能呈现上升或下降的趋势。随着生活方式的改变和人口老龄化的加剧，我国慢性非传染性疾病的发病率在过去几十年中呈现出明显的上升趋势，而传染病总体呈下降趋势。图 2-6 显示我国 2000—2020 年婴儿和孕产妇死亡率的长期下降趋势非常明显，2020 年两项指标分别为 5.4‰ 和 16.9/10 万，与 2000 年相比分别降低了 83.2% 和 68.1%。

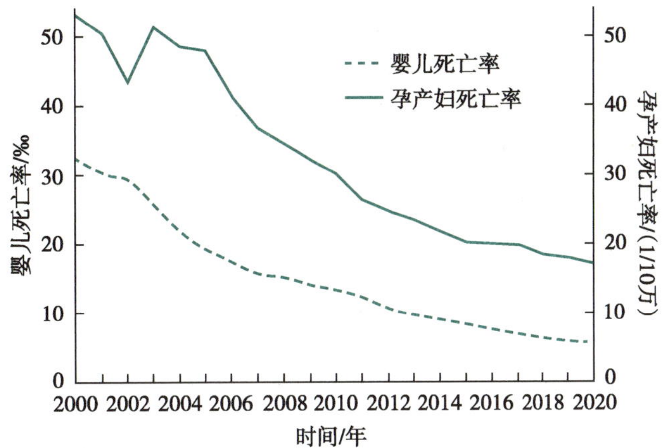

图 2-6　2010—2020 年我国婴儿和孕产妇死亡率长期变化趋势

（改编自《2020 年我国卫生健康事业发展统计公报》）

疾病长期趋势的形成原因主要包括以下几个方面。

1. 生活方式和环境因素的改变　人们的生活方式，如饮食和运动习惯、吸烟饮酒等行为，以及环境因素，如空气污染、气候变化等，都可能对人体健康产生影响，从而导致疾病的发生和发展趋势发生变化。

2. 医疗技术的进步　随着医疗技术的不断发展，疾病的诊断技术、治疗方法和预防措施不断改进和完善，可能会影响疾病的检出率、治愈率和生存率，进而改变疾病的长期趋势。

3. 人口结构的变化　人口结构的变化，如人口老龄化、人口迁移、生育率变化等，可能会导致疾病的发病率、患病率和死亡率发生变化。

4. 病原体的变异　病原体的变异可能会导致其致病性、传染力、耐药性等发生改变，从而影响疾病的流行特征和严重程度。

总之，疾病长期趋势的形成是多种因素综合作用的结果，这些因素相互影响，共同决定了疾病的发展方向和趋势。研究疾病的长期趋势对制定公共卫生政策、优化医疗资源配置以及开展疾病预防和控制工作具有重要意义。

三、地区分布

疾病的分布具有明显的地区性差异，这种差异体现在不同地理区域之间疾病的发生频率和分布特征各不相同。疾病分布的地区性差异是由多种因素导致的，包括不同地区的地形地貌、气候条件、土壤水质等自然因素，经济发展水平、医疗卫生条件、教育程度、人口密度、交通状况等社会因素，以及当地居民的生活方式以及遗传因素等。研究疾病的地区分布，有助于我们掌握疾病的流行规律，从而探寻病因，为制定防制策略和措施提供依据。

在研究疾病地区分布时，可从多个角度进行地区划分。按行政区域划分，在世界范围内可分为州、区域、国家等层面，在一个国家内可分为省、市、县、乡，可以对比不同范围的疾病差异；按地理条件可划分为山区、平原、湖泊、森林、草原等；按照不同的气候区域可划分热带、亚热带、温带、寒带等，可揭示自然环境对疾病的影响；按城乡划分能凸显城市与农村在疾病分布上的不同特点；按经济发展水平划分可以将地区划分为发达地区、发展中地区和欠发达地区，有助于了解不同发展阶段地区的疾病状况。不同的划分方法各有利弊，可根据研究目的和具体情况灵活选择。

（一）疾病在不同国家间及同一国家内不同地区的分布

1. 疾病在不同国家间的分布　疾病在不同国家间的分布在发病率和死亡率方面存在着显著差别。某些疾病具有明显的地域特征，仅在世界某些地区发生。例如，登革热只流行于热带、亚热带；黄热病则仅在南美洲和非洲流行，与埃及伊蚊的分布一致。有些疾病在全球范围内均可发生，但在不同国家的流行强度和分布特征存在差异。例如，乙型肝炎呈世界性分布，但不同地区乙型肝炎病毒（HBV）感染的流行强度差异很大，亚洲、东南亚、撒哈拉以南非洲、太平洋岛屿等地区感染率较高，而

北美、西欧和澳大利亚等地区则较低。

此外，一些慢性非传染性疾病在不同国家间的发病和死亡情况也存在差异。如图 2-7 所示，2022 年肝癌的发病率在不同国家间差别显著。印度是全球肝癌发病率最低的国家，而蒙古国的肝癌发病率最高，是印度的 32 倍以上。埃及、泰国、中国、韩国、新加坡和日本等国家的肝癌发病率均高于全球平均水平，意大利、法国、美国和英国等国家的肝癌的发病率则低于全球平均水平。

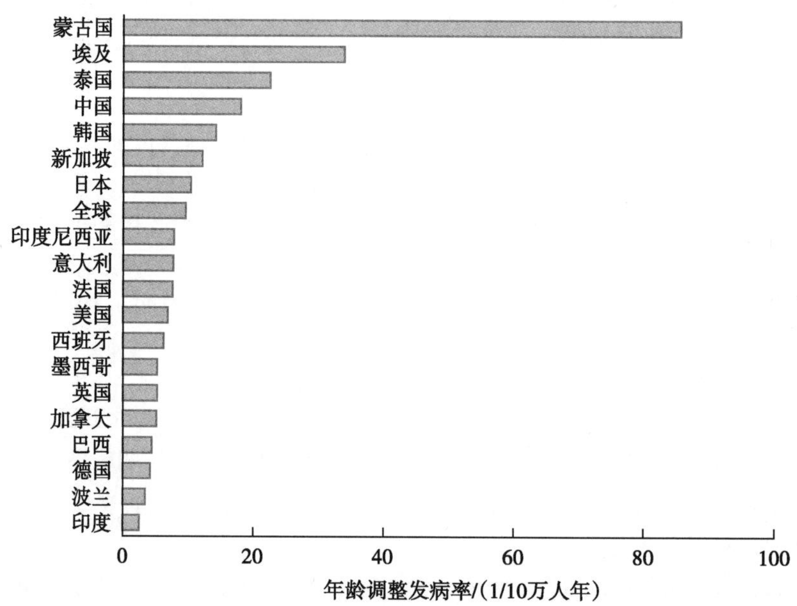

图 2-7　2022 年全球及不同国家的肝癌年龄调整发病率（1/10 万人年）

（改编自曹毛毛，2022）

2. 疾病在同一国家内的不同地区分布　即使在同一国家，不同地区的疾病分布也可能有明显差别。例如，在我国血吸虫病仅见于长江以南的一些省份，与钉螺的分布一致。另外一些疾病虽然在全国均有分布，但是发生频率不同。例如，鼻咽癌在广东高发；食管癌在河南林县高发；肝癌在江苏启东高发；原发性高血压在北方的发病率高于南方。

在本章案例中，2020 年我国居民的预期寿命为 77.93 岁，不同地区居民的预期寿命存在差异，其中预期寿命最高的是上海，预期寿命最低的是西藏。中国的预期寿命分布呈现出明显的地域特征，从高到低依次是东部沿海地区、中部地区以及西部地区（表 2-2）。

表 2-2　2020 年我国大部分地区居民预期寿命

单位：岁

省级行政区	预期寿命	省级行政区	预期寿命	省级行政区	预期寿命	省级行政区	预期寿命
上海	82.55	辽宁	78.68	山西	77.91	宁夏	76.58
北京	82.49	重庆	78.56	湖南	77.88	新疆	75.65
天津	81.30	福建	78.49	陕西	77.80	甘肃	75.64
浙江	80.19	吉林	78.41	四川	77.79	贵州	75.20
江苏	79.32	黑龙江	78.25	河北	77.75	云南	74.02
广东	79.31	广西	78.06	江西	77.64	青海	73.96
山东	79.18	湖北	78.00	河南	77.60	西藏	72.19
海南	79.05	安徽	77.96	内蒙古	77.56	合计	77.93

注：改编自《2022 中国卫生健康统计年鉴》。

NOTES

疾病在同一国家内的不同地区分布同样受多种因素影响，深入研究这些差异有助于制定针对性的防制措施，提高疾病防制效果。

（二）疾病的城乡分布

城市和农村在生活条件、卫生状况、人口密度、交通条件、工业水平等方面存在差异，这些差异导致疾病的分布也有所不同。城市人口密集、交通拥挤，为呼吸道传染病的传播提供了有利条件；同时城市工业集中，污染较为严重，使得慢性病的患病率往往高于农村。但是城市的供水、排水设施相对完善，饮用水的卫生水平较高，因此肠道传染病的流行相对容易得到控制。农村人口密度低，交通不便，呼吸道传染病相对不易流行，但卫生条件较差，肠道传染病较易流行。值得注意的是，随着交通建设和乡镇工业的发展以及流动人口的增加，疾病的城乡分布差别将逐渐减小。

图 2-8 显示的是 2002—2020 年我国城乡居民冠心病死亡率的变化情况。我国城乡居民冠心病死亡率总体呈上升趋势，农村上升明显，2015 年以前城市居民的冠心病死亡率高于农村居民，2016 年起农村居民冠心病死亡率超过并持续高于城市水平。

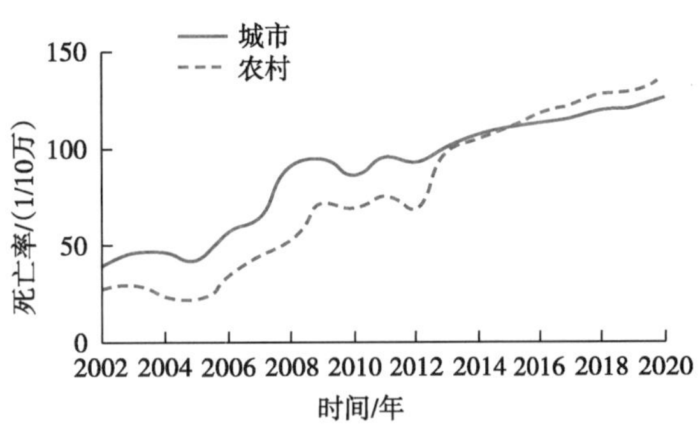

图 2-8　2002—2020 年我国城乡居民冠心病死亡率变化趋势

（改编自中国心血管健康与疾病报告编写组，2023）

（三）疾病的地区聚集性

疾病频率高于周围地区的情况被称为疾病的地区聚集性（endemic clustering）。当某地区出现疾病聚集性时，往往提示该地区存在特定的致病因子，对于探讨病因、采取有效的预防措施以及评价预防措施的效果具有重要意义。例如，在我国台湾地区西南沿海的某个小区域内，居民长期饮用深井水，该地区黑脚病的发病率明显高于其他地区。通过对该地区的调查研究，证实了含有高浓度砷的深井水是黑脚病发生的主要原因。

（四）地方性疾病

地方性疾病（endemic disease）是由于自然因素或社会因素的影响，在某一地区的人群中发生，不需外地输入，并呈地方性流行特点的疾病。判断一种疾病是否属于地方性疾病，通常依据以下几个标准：

1. 该地区各类居民、任何民族的发病率均较高。
2. 在其他地区居住的相似人群中，该病的发病频率较低，甚至不发病。
3. 迁入该地区的人经过一段时间后，其发病率与当地居民趋于一致。
4. 人群迁出该地区后，发病率下降或患病症状减轻或自愈。
5. 当地的易感动物也可发生同样的疾病。

四、人群、时间、地区分布的综合描述

在流行病学研究中，常常需要综合描述和分析疾病在人群、时间和地区上的分布情况，以全面获取有关病因线索和流行因素的资料。移民流行病学是进行这种综合描述的一个典型方法。

移民是指某个人群由原来居住地区迁移到另外一个环境不同的国家，或国内一个地区迁移到另一个地区的现象。移民流行病学是对移民人群的疾病分布进行研究，通过观察疾病在移民、移民国当地居民及原居地人群间的发病率、死亡率的差异，从差异中探讨病因线索，区分遗传因素或环境因素作用的大小。

移民由于居住地不同，加之气候条件、地理环境等自然因素出现明显变化，同时其生活方式和风俗习惯等许多社会因素方面也存在很大差异，因此可对疾病造成影响。对移民疾病分布特征的研究，

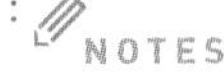

不仅是时间、地区和人群三者的结合研究，也是对自然因素、社会因素的全面探讨。

移民流行病学常用于肿瘤等慢性病及某些遗传病的病因研究。移民流行病学研究应遵循下列原则：

1. 若环境因素是引起某病发生或死亡的主要原因，则移民中该病的发病率或死亡率与原居地人群的发病率或死亡率不同，而与移居地当地居民人群的频率接近。

2. 若遗传因素是引起某病发生或死亡的主要原因，则移民的发病率或死亡率不同于移居地，而与原居地人群的频率相似。

若环境因素对某病的发生有影响时，则离开原居地时的年龄对到新移居地后发病率的变化有影响。一般认为，幼儿到新移居地后，受新环境的影响较大；移民的世代数与疾病的发病率也有关，移民在新环境居住的世代数越多，越接近移居国居民的发病水平。

进行移民流行病学结果的分析解释时，还应注意考虑：移民移居他地的原因及移民本身的人口学特征，如年龄、职业、文化水平、社会经济状况、种族和其他人口学因素及其工作条件、生活环境的变化是否和非移民相同，以及原居地及移居地的医疗卫生水平，这些均会影响到流行病学的研究结果。

一项针对亚洲移民的研究结果显示，由于饮食习惯发生了变化，居住在美国的中国男性移民相较于中国本土男性，前列腺癌发病率升高 16 倍，说明环境因素与前列腺癌的发生有较大关系。

（田文静）

本章小结

本章介绍了疾病与健康测量的意义和常用指标及人群、地区和时间三种分布形式。疾病分布是流行病学研究的起点。通过频率测量指标，可以分析疾病及健康的分布特征，揭示病因和流行因素，确定重点疾病和高危人群，评价防制措施的效果，为卫生决策提供重要依据。

思考题

1. 简述疾病和健康测量的意义。
2. 发病率与患病率有何不同？
3. 疾病年龄分布的分析方法有几种？有何区别？
4. 简述移民流行病学判断的基本原则。

NOTES

第三章 病因及病因推断

本章数字资源

案例

寨卡病毒(Zika virus)一种通过蚊虫进行传播的病毒,于1947年首次在乌干达恒河猴中发现。2015年,寨卡病毒感染病例呈指数级增加。同年10月巴西东北部伯南布哥州医疗机构内新生儿小头畸形(microcephaly)病例异常增多。这是一种神经系统发育障碍性疾病,常表现为脑回过小或无脑回,脑发育明显延缓,头顶部小而尖,扁额,头围比胸围小等。巴西卫生部调查显示新生儿小头畸形可能与该国5月份暴发的寨卡病毒疫情有关。

为此,全球研究者采用个案调查、生态学研究、病例对照研究、队列研究、细胞实验、动物实验等方法从因果关联的时间顺序、强度、可重复性和合理性等方面,在国际期刊发表了上百篇论文,初步证实寨卡病毒感染是导致新生儿小头畸形的病因。

由于美洲地区异常升高的先天性小头畸形发病率,世界卫生组织于2016年2月1日将其列为全球关注的突发公共卫生事件。截至2016年5月5日,以下国家或地区均报告了与寨卡病毒相关的新生儿小头畸形和其他先天性畸形:巴西(1 271例)、佛得角(3例)、哥伦比亚(7例)、法属波利尼西亚(8例)、马提尼克岛(2例)、巴拿马(4例)。另外,斯洛文尼亚和美国也相继报道曾在孕早期到过巴西旅游的妇女生育出小头畸形的新生儿。2016年6月1日,世界卫生组织正式建议将寨卡病毒引起的先天性小头畸形和其他神经系统疾病统一命名为“先天性寨卡病毒相关综合征”。开展新生儿小头畸形的病因推断,对预防其发生至关重要,本章内容将围绕该案例进行详细剖析。

Exploring the causes of diseases is one of the major tasks and research contents of epidemiology, and it serves as the foundation and premise for proposing disease prevention measures. Causal inference is the process of determining whether the association between a factor and a disease is a causal relationship, which requires epidemiological inference to exclude spurious and indirect associations. Investigating disease causes and risk factors, as well as evaluating the effectiveness and safety of interventions, all fall within the scope of epidemiological research aimed at identifying and verifying causes. Epidemiology studies disease causes at both macro and micro levels using specific research methods, theories, and techniques of causal inference. Based on these findings, it promotes health education and health improvement, providing significant guidance for the practice of preventive and clinical medicine.

探索病因是流行病学的主要任务和研究内容之一,是提出疾病预防措施的基础和前提。病因推断是确定因素与疾病的关联是否为因果关联的过程,需要经过流行病学推断,排除虚假关联和间接关联。探索病因与危险因素、评估干预措施的效果及安全性,都属于寻找与验证病因的流行病学研究范畴。流行病学从宏观和微观的水平,运用特定的研究方法、病因推断的理论与技术研究病因,并在此基础上开展健康教育和健康促进,对预防医学和临床医学的实践均有重要的指导作用。

第一节 | 概　述

一、病因的概念

现代流行病学角度的病因（cause of disease）是指那些使人群发病概率升高的因素，其中某个或多个因素不存在时，人群疾病的发生概率就会下降。这一概念是 20 世纪 80 年代美国约翰霍普金斯大学流行病学教授 Lilienfeld 提出的，并被广泛接受。流行病学一般又将病因称为危险因素（risk factor），其含义就是指能使疾病发生概率升高的因素，包括生物、社会、心理等层面的各种因素。

人类认识病因的过程是曲折的。随着科学技术的发展，人类对病因的认识也在不断深入，历经了唯心主义病因论、朴素唯物主义病因论、生物特异病因学说，以及多病因学说等阶段。最初的唯心主义病因论将疾病的发生归因于上帝和鬼神的意志。朴素唯物主义病因论阶段，《黄帝内经》曾提出疾病的发生与金、木、水、火、土五行有关。19 世纪，随着显微镜的发明和微生物学的发展，德国学者 Robert Koch 提出了生物特异病因学说，认为某些动物和人的疾病是由微生物感染所引起，不同的微生物可导致不同的疾病，并形成了著名的 Koch 法则，其主要内容包括：①在每一病例中都出现相同的微生物，且在健康者体内不存在；②从宿主分离出这样的微生物并在培养基中得到纯培养；③用这种微生物的纯培养接种健康而敏感的宿主，同样的疾病会重复发生；④从试验发病的宿主中能再度分离培养出这种微生物来。第一个被证实符合这些原则的疾病是炭疽，其病因是炭疽芽胞杆菌。

Koch 生物特异病因学说在传染病的病因研究中起了很大的作用，但是在后期防病和治病过程中，人们逐渐发现这一原则不能对所有的疾病做出合理解释，尤其是对于慢性非传染性疾病的病因，如肿瘤、心血管疾病、糖尿病等，更是难以用 Koch 生物特异病因学说解释。病因可以是单因单果，即一个病因导致一个疾病；可以是单因多果，即一个病因导致多个疾病；也可以是多因单果，即多个病因共同导致一个疾病；或者多因多果，即多个病因引起多种疾病，这些疾病的多个病因可能完全相同，也可能部分相同。因此，20 世纪以来逐渐进入多病因学说阶段。了解疾病的多因性对疾病流行的预防和控制具有重要指导意义，有利于人们在诸多病因的链条或网络中，选择实际可行的关键环节采取措施，达到预防和控制疾病的目的。这些措施包括作用于外环境的某个因子（如防止水源受到污染，讲究饮水卫生，就可以使伤寒发病率大大下降），或改变机体的状况（如预防接种），或改变某种行为（如吸烟、饮酒、运动及饮食等）。

病因被分为必要病因（necessary cause）、充分病因（sufficient cause）和促成病因（contributory factor of cause）。所谓必要病因，是指引起某种疾病发生必须具备的条件，一旦该因素缺乏，疾病就不会发生。但是有该因素的存在，却并不一定会导致疾病的发生，必要病因是疾病预防的关键所在。绝大多数传染病、地方病、职业病都有一个比较明确的必要病因，而大多数慢性非传染性疾病尚未发现明确的必要病因。充分病因是指一组必然导致疾病发生的最低限度的状态或者事件，例如致死剂量的毒物是死亡事件的充分病因，但充分病因不一定是必要病因，如严重自然灾害、重大交通事故也可以导致死亡。促成病因是指某因素存在时可能导致某病发生的概率增加，但该病发生时并非一定具有该因素，则该因素称为促成病因。例如，结核病患者中都可以检出结核分枝杆菌，结核分枝杆菌感染是结核病的必要病因，但并非所有感染结核分枝杆菌的人都一定发生结核病。其他辅助因素如病原体数量的多少、宿主的免疫状况、营养状况、情绪、生活方式和居住环境等都影响该病的发生。因此，除了必要病因外，其他任何能引起发病概率增加的因素都可以认为是促成病因。

NOTES

二、病因的分类

根据来源,病因主要分为宿主因素和环境因素两大类。

(一) 宿主因素

遗传因素是来自宿主方面最重要的病因之一。除典型的单基因遗传疾病外,目前认为很多慢性非传染性疾病,甚至一些传染病的发生都与多基因遗传有关,如寨卡病毒感染和先天性小头畸形的发生也受到遗传因素的影响。另外,与疾病发生有关的宿主因素还有年龄、性别、种族、体质、精神心理状态、行为因素及免疫状况等。

(二) 环境因素

1. 生物因素 是指能引起疾病的细菌、病毒及其他病原微生物、寄生虫、有毒动植物、动物传染源和医学节肢动物等因素。生物因素引起的疾病主要为传染性疾病。某些慢性非传染性疾病如肝癌、鼻咽癌、宫颈癌、糖尿病等的发生也与生物因素有关。

2. 理化因素 包括化学因素(营养成分、化学药品、微量元素、重金属等)和物理因素(包括气象、地理、水质、大气污染、噪声、振动、电离辐射等)。例如,长期、大剂量暴露于日光,可以诱发皮肤癌。从事 X 线照射的医师,患白血病的危险性增加。现已表明有数千种化学物质有明显或潜在的致病作用,其中有多种可诱发癌症,如多环芳烃类化合物等,以及无机化学物质如砷、石棉、铬、镍等。

3. 社会因素 社会因素包括人口因素(密度、结构、家庭等)、政治经济(政策、劳动就业、社会资源配置、福利、交通、战争等)和文化习俗(教育文化、饮食习惯、宗教、民风民俗等)。如寨卡病毒的感染与社会公共卫生水平等社会因素密切相关。

第二节 | 病因模型

在多病因学说中,病因模型被用于区分不同病因与疾病,以及它们之间的关系。代表性病因模型主要有三角模型、轮状模型、健康决定因素的生态模型、疾病因素模型、病因链和病因网络模型、充分病因-组分病因模型等。

一、三角模型

三角模型(triangle model),也称为流行病学三角(epidemiologic triangle),是由 John Gordon 在 1954 年提出的。这一模型是对传染性疾病病因认识的总结,它明确指出影响传染病在人群中发生和发展的因素是多重的,并将这些因素归结为三个方面:宿主(host)、病原体(agent)和环境(environment)(图 3-1)。这三个要素在传染性疾病的发生和发展中缺一不可,它们之间保持着一个动态的平衡关系。在一定的时间框架里,三者相互作用、相互制约,使人群疾病的发病率维持在一个常态。一旦这个平衡状态被打破,即三者中的一个或一个以上的因素发生了变化,就会导致人群疾病的发病率上升或下降,甚至引起疾病的暴发流行。流行病学三角模式对病因的解释明显优于单病因学说,是对传染性疾病病因认识的进步,它揭示了除了病原体之外,还存在其他可以用来预防和控制传染性疾病的因素。该模型为人类控制传染病提供了重要的理论基础,指导人们通过改善宿主条件、控制病原体传播和优化环境来预防和控制传染病的流行。

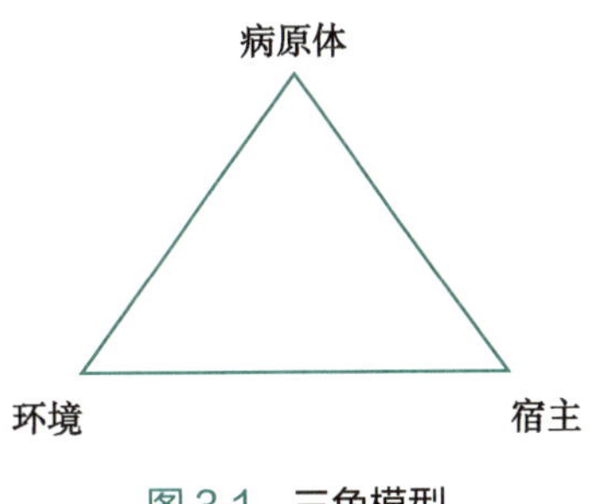

图 3-1 三角模型

二、轮状模型

20 世纪 80 年代,慢性非传染性疾病成为危害人群健康的主要疾病,人们开始认识到慢性非传染性疾病的致病因素与传染病存在不同,是多样的。于是 1985 年 Mausner 和 Kramer 在三角模型的基

NOTES

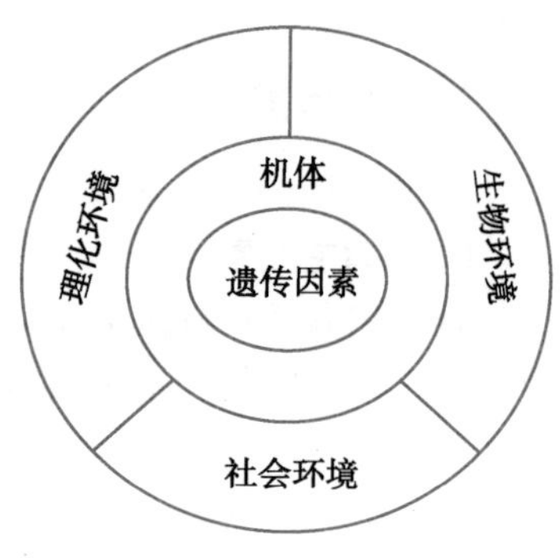

图 3-2 轮状模型

础上，又提出了病因的轮状模型（wheel model）（图 3-2），该模型强调了环境与宿主的密切关系，机体占据轮轴的位置，为了强调遗传因素的重要性。环境因素占据轮子的外围，分为生物环境、理化环境和社会环境。机体内环境与外环境互相作用，打破平衡，疾病就可能会发生或流行。该模型强调环境的多样性以及机体内遗传因素的共同作用，轮子的各部分所占比例可以变化，显然比三角模式更接近于疾病发生的实际情况，有利于疾病病因的探索及疾病的防制。

通过轮状模型，可以系统地分析疾病发生的多种因素，包括宿主因素和环境因素，以及它们之间的相互作用；然后基于轮状模型的分析结果，可以制定有针对性的预防策略，通过改善环境、调整生活方式、增强免疫力等方式来降低疾病发生风险。由于轮状模型考虑了疾病发生的多种因素，避免了单一因素分析的片面性；通过图形化的方式展示疾病发生的多种因素及其相互关系，使问题变得更加清晰明了；模型中的各个部分都可以进行具体的测量和评估，为制定预防和治疗策略提供了可操作的依据。

三、健康决定因素的生态模型

健康决定因素的生态模型（ecological model of health determinants）是 1991 年由 Dahlgren 和 Whitehead 提出，是轮状模型的进一步发展（图 3-3）。该模型的中心仍是人体，包括一个人的性别、年龄、遗传等特征，然后将其他病因归类，并分成不同的层次，每层又包含很多相关但不同的因素，并强调各种因素的相互作用对健康的影响。该模型具有早期疾病轮状模型的基本特征，但是“健康决定因素”生态模型还意味着那些可影响健康但不影响发病的因素也可以被利用，进一步拓宽了“病因”的范围和领域，揭示了更多可以用来提高健康、预防疾病的因素。

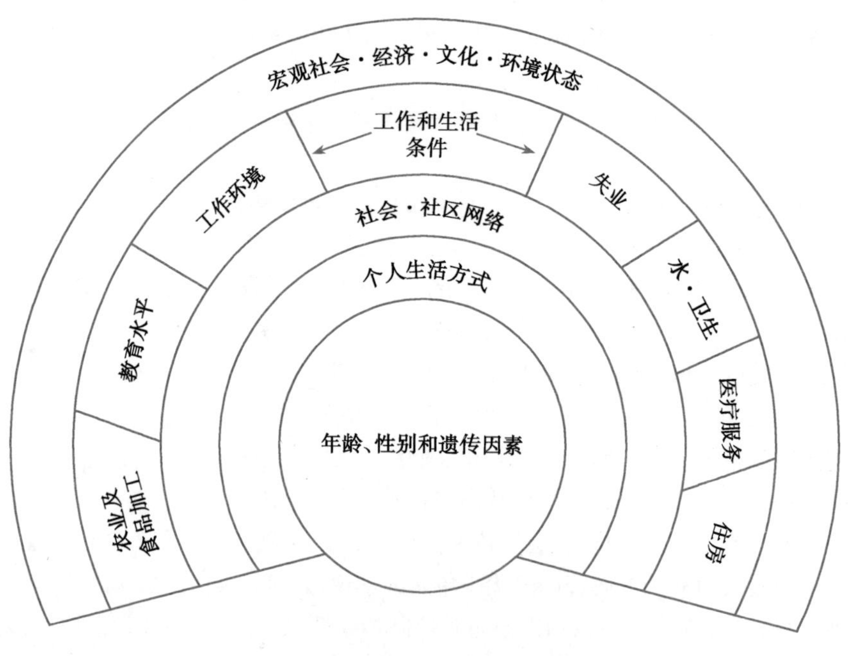

图 3-3 健康决定因素的生态模型

四、疾病因素模型

疾病因素模型（disease factor model）将致病因素分为致病机制的近因和外围的远因（图 3-4）。外围的远因包括社会经济因素、生物学因素、环境因素、心理行为因素和卫生保健因素等。流行病学的

NOTES

危险因素主要是指外围的远因，其中一个或多个因素不存在时，疾病发生的概率就会下降，该模型充分反映了疾病发生的多因性。例如，结核分枝杆菌仅是结核病发病的直接近因，但是结核病的发生除特异病原繁殖外，还须具备特异病原进入宿主的条件(即间接原因)，如居住拥挤、生活卫生习惯不良以及机体抗病能力低下，如缺乏免疫力、营养不良或极度疲劳等(图 3-5)。

病因学研究和对发病机制的认识是一个从间接到直接，从远因到近因，层层深入的过程。从预防和治疗的实际意义看，有效的防治措施不一定要等待直接病因找到才行。许多间接病因(远因)对防治十分有效。只有将疾病的直接病因和间接病因结合起来，同时用宏观和微观的研究方法，才能深入阐明真正的病因。

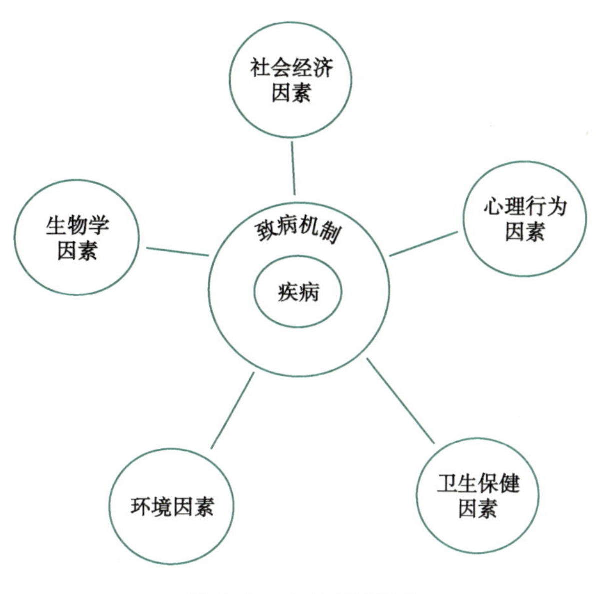

图 3-4　疾病因素模型

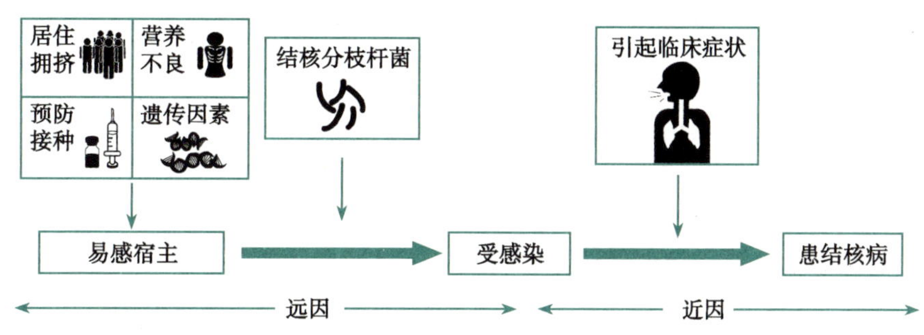

图 3-5　结核病的病因模式图

五、病因链和病因网络模型

不同的病因因素或危险因素可以单独作用影响疾病的发生，也可以形成病因链(chain of causes)，即病因按照时间上的先后顺序连接起来构成的链条发挥其致病作用。多个病因链交错连接起来就形成一张病因网，这就是病因网络模型(web of causes)。例如，肝癌的病因网络(图 3-6)可看成乙肝病毒感染、黄曲霉毒素污染食品和饮水中的藻类毒素 3 个主要病因链交错形成。病因网络模型提供因果关系的完整路径，能够清晰地表达疾病的病因，要对病因做系统探索，就必须建立病因网络。

六、充分病因-组分病因模型

充分病因-组分病因模型(sufficient-component causal model)是 1976 年由 Kenneth Rothman 提出的。该模型认为，疾病的发生必须是由一个充分病因引起的。充分病因是疾病发生的充分条件，其形成就等于疾病的发生。一个充分病因可以由一个或多个组分组成，而且它们缺一不可，任何一个组分病因(component cause)缺失，疾病就不会发生。如图 3-7 所示，描述了一个充分病因，它共有 5 个组分病因，分别标为 A、B、C、D、E。在同一充分病因里，组分病因彼此形成互补，互为彼此的互补病因(complementary cause)。

NOTES

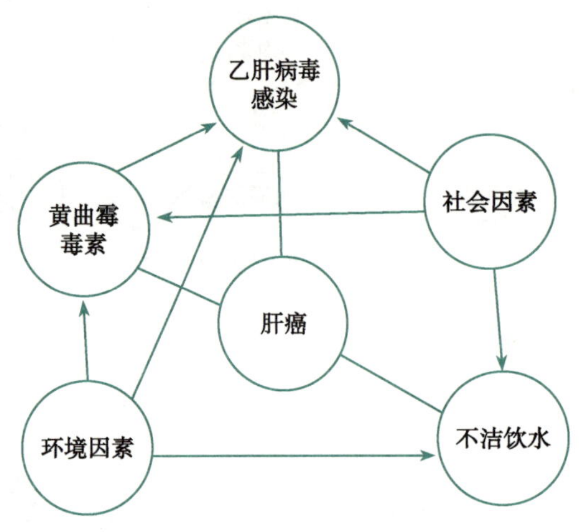

图 3-6　肝癌发病的病因网络

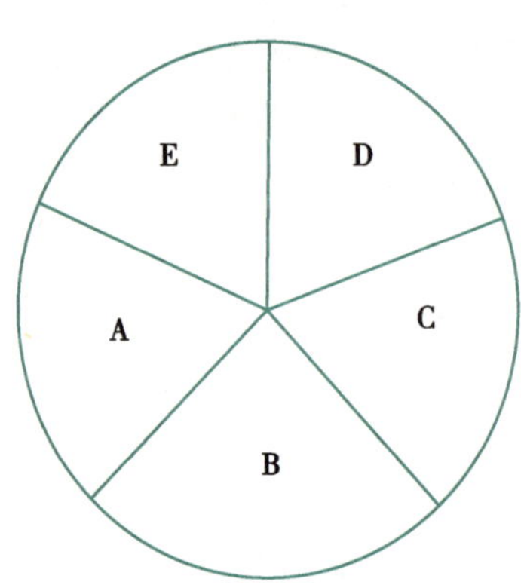

图 3-7　充分病因-组分病因模型

第三节　病因研究的基本过程和逻辑方法

一、病因研究的基本过程

病因研究的基本过程首先是采用描述流行病学方法分析健康/疾病状况和相关因素在人群中的分布特征，运用逻辑推理提出病因假设，然后选用分析流行病学研究对病因假设进行检验，有时还需要实验流行病学研究或近年来发展起来的孟德尔随机化（Mendelian randomization，MR）等进一步证实假设，最后结合具体的判断标准（详见第四节）开展病因推断（图 3-8）。

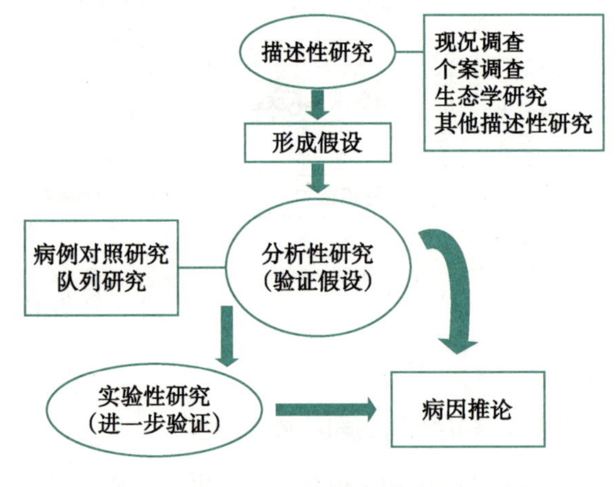

图 3-8　病因研究步骤

（一）建立假设

提出假设是病因研究的起点。通过描述流行病学方法，如横断面研究、疾病监测资料、生态学研究、个案病例报告和病案系列研究等，可以得到某疾病（或健康状态）在人群中的分布特征。可根据疾病在人群中的分布特征提出病因线索。另外，基础医学研究结果也可为临床病因研究提供支撑。综合上述描述流行病学研究和基础实验研究结果，采用病因假设的逻辑方法，加上适当的归纳与推理，然后形成病因假设。

Calvet 等对巴西的两名被诊断患有小头畸形胎儿的母亲的羊水样本进行检测，均检测到寨卡病毒基因组，而登革热病毒、基孔肯雅病毒、弓形虫、风疹病毒、巨细胞病毒、单纯疱疹病毒、HIV、梅毒螺旋体和人类细小病毒 B19 的检测均为阴性，这些发现提示了寨卡病毒感染与新生儿小头畸形之间的假定联系。美国疾病控制与预防中心（CDC）一项生态学研究发现，巴西 2015 年 1 月至 2016 年 1 月出生的小头畸形病例主要来自 19 个州，其中 15 个州通过实验室确证了寨卡病毒的传播。研究人员发现，新生儿小头畸形病例数在 2015 年的第 45~46 周出现最高峰，假设孕期平均为 38 周，那么 2015 年的第 8~20 周为这些小头畸形病例母亲的孕早期，而此时间恰好与该地区出现的寨卡病毒病例暴发的时间相吻合。该发现从时间顺序上支持寨卡病毒导致小头畸形这一病因假设，且很可能是在孕早期感染寨卡病毒导致胎儿发生小头畸形。

NOTES

（二）验证假设

病因假设建立后，必须经过合理的验证，然后才能进行病因推断。常用的验证病因假设的流行病学研究方法有病例对照研究、队列研究和实验流行病学研究，以及孟德尔随机化等新方法。验证假设的最理想方法是实验流行病学研究，但由于实施实验性研究比较困难或涉及伦理问题，这类研究往往难以进行。因此，实际工作中多采用分析性研究方法进行病因假设验证。病例对照研究因其相对方便、易行、节约人力和物力，可同时调查和分析多个因素与某病的关系，且能很快得到研究结果，对于罕见病的研究特别适用。队列研究用时长，费用高，不易很快得到研究结果，但其验证假设的能力强，一项设计良好的队列研究往往可以获得因果关系的强有力证据，但此种方法只能用于发生率较高的疾病。经过上述方法验证具有病因关系的病因假设，也可以采用实验流行病学的方法进行进一步的验证。Araujo 等在巴西累西腓的 8 家公立妇产医院开展了病例对照研究，共招募了 91 名病例和 173 名对照。通过实验室检测发现，32 例（35%）病例感染寨卡病毒，而对照组均没有感染寨卡病毒。Cauchemez 等对 2013 年 10 月至 2014 年 4 月期间法属波利尼西亚的寨卡病毒病暴发疫情数据进行了回顾性队列分析。研究发现，一般人群中小头畸形的发生率为 2/10 000，而孕早期感染寨卡病毒后小头畸形的发生率为 95/10 000。

验证假设的最理想方法是实验流行病学研究，但由于实施实验性研究涉及伦理问题，实际工作中多采用消除病因的方式，比较疾病发生率或者表型测量值的降低情况。相比之下，观察性研究因其设计相对简单且易于实施，被广泛应用于病因的初步探索。但由于存在混杂因素及因果倒置等问题，病因推断受到限制。近年来，孟德尔随机化方法的提出，为上述问题的解决提供了一种有效的途径，被广泛采纳。

1986 年，Katan 首次提出：基于等位基因在配子形成时遵循随机分配原则，可用基因型作为暴露因素的工具变量来推断其与结局变量的因果关联，其效应估计值不会受到混杂因素及反向因果关联的影响，这一特性使得基因变异可以作为天然的随机化工具，类似于随机对照试验中的随机分组，从而有效地减少混杂偏倚和反向因果关系的影响。2003 年，George 首次提出孟德尔随机化的研究框架和设计（图 3-9）。它是一种利用遗传变异作为工具变量（instrumental variables，IV）来推断暴露因素（如生活方式、环境因素等）和结果变量（如疾病状态）之间因果关系，并处理混杂和反向因果偏倚的研究方法。需同时满足以下三个条件：①工具变量 Z 与混杂因素 U 无关联；②工具变量 Z 与暴露因素 X 有关联；③工具变量 Z 与结局变量 Y 无关联，Z 只能通过变量 X 与 Y 发生关联。目前，孟德尔随机化方法已被广泛应用于流行病学研究中，以探讨各种暴露因素与疾病之间的因果关系。例如，研究吸烟、饮酒、肥胖等生活方式对心血管疾病、癌症等慢性疾病的影响。此外，孟德尔随机化还可以用于评估药物疗效和安全性，以及探索基因-环境交互作用对疾病的影响。

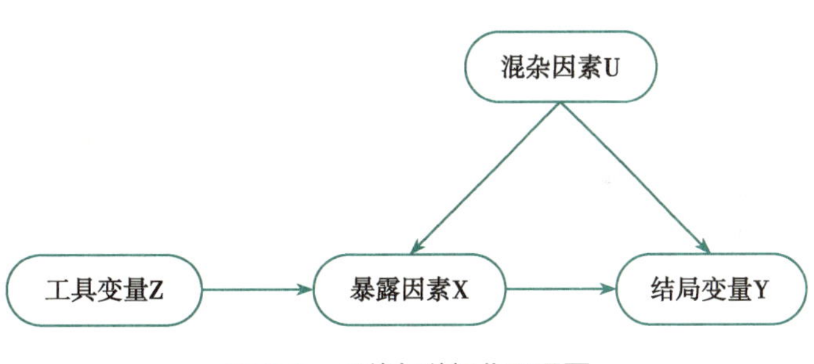

图 3-9　孟德尔随机化原理图

（三）病因推断

病因推断是指对流行病学研究中发现的某些因素与某疾病之间的关联，做出是否为因果关系的推断。一般首先对两者之间的关系做出是否为真正相关的判断，排除偶然关联和由各种偏倚所致的虚假联系及间接联系等。在确定两者之间的确存在关联性后，再根据病因推断的标准予以衡量，综合分析符合标准的情况，最终得出该因素与某疾病之间是否为因果关系的结论。

二、建立病因假设的逻辑方法

病因假设最常用的逻辑方法有穆勒准则、类推法和假设演绎法。

（一）穆勒准则

19世纪哲学家John Mill在《逻辑体系》中提出了五种揭示因果关系逻辑的方法，即求同法、求异法、求同求异并用法、共变法和排除法，简称穆勒准则（Mill's canons）。这些法则依据因果关系的基本特征提出，同时也体现在验证病因假设的分析流行病学研究与实验性研究的设计理念中，如病例对照研究比较病例与非病例间的暴露比差异；队列研究比较不同暴露者间的疾病发病率差异，而调查分析不同暴露水平下关联强度的变化趋势则体现出共变性。

1. 求同法　求同法（method of agreement）指在发生事件（如患同种疾病）的不同个体之间寻找共同点。如在一次食物中毒的暴发调查中，发现不同中毒者均吃过某种食物，则该食物就可能是导致该次暴发的污染食物。

2. 求异法（差异法）　求异法（method of difference）指在事件发生的不同情况之间（如对群体而言，发病率高与低之间；对个体而言，发病者与不发病者之间）寻找不同的线索。如肺癌发病率高的人群与发病率低的人群的吸烟率不同，因而提出吸烟可能是肺癌的病因假设。

3. 求同求异并用法　求同求异并用法（joint method of agreement and difference）指在病因研究中当患病个体中均具有某一个共同因素，非患病个体中均没有该因素，即患病组与非患病组相比，最主要的区别就是该因素的有无，则该因素有可能是该病病因。同异共求法包含了两次求同（两不同人群各自内部的求同）和一次求异（两个不同人群之间的求异），所获得的信息大于求同或求异法，因此其结果更支持因果关系的存在。

4. 共变法　共变法（method of concomitant variation）指如果某因素出现的频率或强度发生变化时，某疾病发生的频率与强度也随之变化，存在剂量-反应关系，则该因素很可能是该病的病因。如某传播媒介的季节消长与某病发病季节消长平行，则可假设某传播媒介与某病流行有关；例如肺癌发病率与每天的吸烟量呈正相关，提示吸烟可能是肺癌的病因。

5. 排除法　排除法（method of exclusion）又称剩余法（method of residue），某病病因假设有几个可能，逐一分析排除，可初步提出最可能的因素。例如某病因不明的传染病流行，排除了接触、虫媒、肠道传播等，则可假设为呼吸道传播。

（二）类推法

类推法（method of analogy）是指当一种病因未明疾病的分布与另一种病因已清楚的疾病的分布相似时，则推测这两种疾病的病因可能一致。如非洲的伯基特（Burkitt）淋巴瘤的分布与黄热病的分布相一致，因而推测Burkitt淋巴瘤可能也是一种由埃及伊蚊传播的病毒性疾病。

（三）假设演绎法

假设演绎法（hypothetic deductive method）最早由Hershel提出，又称为逆推理法或者假说演绎推理，它从一般原理或理论出发，依据这些理论推导出一些具体的结论（假设），然后将这些结论（假设）应用于对具体现象的解释和预测。这种方法的核心在于通过逻辑推理和实验验证来检验假说的正确性。包括从一般到个别的演绎推理和从个别再到一般的归纳推理的两个过程。从假设演绎推导出具体的证据，然后用观察或实验检验这个证据，如果证据成立，则假设就可能成立。描述流行病学研究一般不涉及疾病本质的因果关系，只能提供病因分析的初步线索，形成病因假设。形成假设后，用分析流行病学研究进行检验。对描述和分析流行病学研究起衔接作用的逻辑方法，就是假设演绎法。其中，假设与生物学合理性一致的程度大小，决定该假设的先验概率。如果假设的先验概率高，则假设获得的后验概率就会越大。

例如假设H：寨卡病毒感染导致新生儿小头畸形。根据该假设H，加上相关的背景知识为前提，可演绎推出若干具体经验证据：E_1（新生儿小头畸形组的母亲寨卡病毒感染率高于对照组）、E_2（寨卡病毒感染组新生儿小头畸形发生率高于非感染组）、E_3（控制寨卡病毒感染后，新生儿小头畸形发生率下降）。如果证据E_1、E_2、E_3成立，则假设H亦获得较高强度的支持。

NOTES

第四节 | 病因推断的基本步骤和判断标准

一、病因推断的基本步骤

流行病学在探讨病因时，常常需要确定因素与疾病是否有关联。所谓关联（association）是流行病学上的一个术语，指两个或两个以上事件或变量间有无关系。两事件或两个变量间有统计学关联，也只能说明它们在数量上的依存程度，不一定是因果关系。病因推断的基本步骤包括以下三个步骤。

（一）确定两事件间是否存在统计学上的联系

绝大多数的病因学研究均为抽样研究，抽样研究则不可避免地存在抽样误差。因此，当看到某因素与某疾病存在关联时，首先要排除抽样误差的可能。为此，须作统计学假设检验。作统计学假设检验时，还要注意被比较的两组的均衡可比性。

（二）排除虚假关联和间接关联

有了统计学的联系不一定就是因果联系。统计学检验在一定程度上解释了随机误差（random error）的影响，但是并不能处理系统误差（systematic error）。系统误差，又称为偏倚（bias）。在流行病学中，偏倚指在研究的各个环节，包括研究设计、实施、分析和推断过程中存在的各种对暴露因素与疾病关系的错误估计，系统地歪曲了两者间的真实联系。偏倚的种类一般可分为选择偏倚、信息偏倚和混杂偏倚三大类。前两者可导致虚假关联，而后者则可引起间接关联。虚假关联和间接关联都不是真实的因果关联，在病因推断时要注意鉴别。

虚假关联（spurious association）也称人为关联，是指本来两事件间不存在统计学上的关联，但由于在研究过程中，没有考虑到设立对照组、对照组选择不当、观察指标不客观、样本的代表性不强或其他偏倚存在，造成暴露与疾病间的虚假关联。间接关联（indirect association）又叫继发关联（secondary association），是指本来不存在直接关联的两个变量，因为都与另外一个因素有关，结果两变量间出现了统计学上的关联。通常指由混杂偏倚所导致的关联。

（三）检验是否符合病因推断的判断标准

在排除了抽样误差、虚假关联及继发关联的可能性后，两事件间的关联才有可能是因果关联，可以用因果联系的判断标准，进行病因推导。因果联系也存在单因单果、单因多果、多因单果和多因多果的情况。根据以上过程，结合其他资料和现有知识进行科学的概括、推理，做出是否为因果关联的判断。

二、病因推断的判断标准

病因推断的判断标准早期包括 Koch 四原则，Doll 和 Hill 提出的五原则，他们都有一定的局限性。1965 年，Hill 在皇家医学会职业医学分会上总结提出的 9 条标准，简称希尔准则（Hill's criteria），是目前比较公认的病因推断的判断标准。

（一）关联的时间顺序

关联的时间顺序（temporality of association）强调有因才有果。“因”一定先于“果”，这在病因判断中是必要条件。关于因素与疾病出现的时间顺序，在前瞻性队列研究中容易判断，但在病例对照研究或现况研究中则常常难以准确判断。如在一次肝癌的现况研究中，发现肝癌患者的乙型肝炎表面抗原（HBsAg）阳性率明显高于非肝癌患者，但该结果不能说明是先有乙肝病毒感染而后有肝癌，还是先有肝癌而后有乙肝病毒感染。因此，无法明确其因果关联。

（二）关联的强度

评价关联的强度（strength of association）主要指标是队列研究中的相对危险度（RR）和病例对照研究中的比值比（OR）。如果某因素与某疾病的关联强度越强，则间接关联和假关联的可能性越小，误判的可能性就越小，成为因果关联的可能性越大。但这里有两点值得注意：①并非弱的关联就一定不是病因，只是这时更需要考虑偏倚或混杂作用的存在，作因果判断时要更慎重；②在作因果关联判

NOTES

断时，并没有公认、明确的关联强度的界值。

（三）剂量-反应关系

如果观察到随着某因素暴露剂量的增加，人群发生某病的危险性增加，关联的强度增大，则称该因素与该疾病之间存在剂量-反应关系（dose-response relationship）。此时该因果关系成立的可能性就较大。但应该注意到，有些因素的生物学效应存在剂量-反应关系，而有些则表现为“全有”或“全无”的形式。因此，当不存在剂量-反应关系时，不能否认因果关系的存在。

（四）关联的可重复性

关联的可重复性（consistency of association）是指某因素与某疾病的关系在不同时间、不同地点、由不同学者用不同的研究方法进行研究均可重复获得相同的结果。重复出现的次数越多，病因推断越有说服力。但应指出的是，由于某些疾病的多因性，同种疾病在不同地区其主要病因可能不同。因此，当不同的研究结果有差异时，要慎重考虑其原因。

（五）关联的特异性

关联的特异性（specificity of association）是指病因与疾病有严格的对应关系，即某因素只能引起某疾病，且某疾病只能由某因素引起。这种严格的特异性一般只适用于传染病，而对大多数非传染病的病因而言，特异性并不明显。当关联具有特异性时，即可加强病因推断的说服力，但当不存在特异性时，亦不能因此而排除因果关联的可能，一种病可由多因引起，一因可引起多种病。

（六）关联的合理性

关联的合理性（plausibility of association）是指某因素作为某病的病因，在科学上应“言之有理”，即要求能用现代医学理论进行解释。致病因素与疾病的关系若能在生物学上得到解释，则加强了其作为病因的可能性。但现有的知识理论总有其局限性，因此，看似不合理的因果关系也不一定不成立，不宜急于否定，随着科技的发展将来也许能得到合理的解释。

（七）关联的一致性

关联的一致性（coherence of association）是指研究的因素和疾病结局在分布上应该存在一致性。如在沙利度胺（反应停）导致新生儿海豹短肢畸形的案例中，反应停沙利度胺的销售地区和新生儿海豹短肢畸形均主要分布在欧洲地区。

（八）实验证据

如果有实验流行病学的实验证据（experimental evidence）无疑是对因果关系的有力支持，但实际上不能允许做对人有害的实验流行病学研究。可用对致病因子敏感的动物进行实验，但动物敏感的因素人不一定敏感，动物敏感的剂量可能与人不同，动物的思想感情及彼此关系和生活习惯等都与人不同，故动物实验结果虽可增加因果关系证据的分量，但不应直接作为肯定证据。在人群中进行干预实验或预防性实验是可行的替代方法，如在随机分组人群中采取去除或对抗致病因素的措施，若其发病率与未采取此措施的人群发病率差异具有统计学意义，则为因果关系提供很有力的证据。

（九）相似性

相似性（analogy）是指存在已知的类似的病因和疾病的因果关系，可以进行类比。如某病毒感染有致癌作用，我们可以推测与该病毒种属接近的病毒也可能有致癌作用；或者已知某基因对一种肿瘤有致癌作用，当发现该基因和其他肿瘤也具有关联的时候，根据相似性准则，病因关系成立的可能性较大。

因果关系的判断是复杂的，表 3-1 展示了寨卡病毒感染与新生儿小头畸形之间病因推断的判断标准。在上述 9 条标准中，关联的时间顺序是必须满足的；关联的强度、关联的可重复性、剂量-反应关系有非常重要的意义。在因果关系的判断中，并不一定要求全部满足，满足的条件越多，则其关系成立的可能性越大，误判的可能性就越小。但当满足的条件较少时，并不能因此排除因果联系。另外，在因果关联的推论中也要认真考虑研究设计的科学性与合理性，以此判断研究结果的可靠性，当不同的研究结果出现矛盾时，尤其要考察彼此的研究设计。同时应当掌握尽可能多的流行病学证据，具备所研究问题有关的其他学科知识，结合上述标准综合考虑，再慎重地做出因果关系的结论。

NOTES

表 3-1　寨卡病毒感染与新生儿小头畸形之间病因推断的判断标准

病因判断标准	实例
关联的时间顺序	母亲孕早期寨卡病毒感染在前，新生儿小头畸形发生在后
关联的强度	病例对照研究和队列研究均表明寨卡病毒感染与新生儿小头畸形之间存在关联，OR 和 RR 值[a]远大于 1
剂量-反应关系	寨卡病毒感染率越高的地方，新生儿小头畸形率越高
关联的可重复性	在巴西、法属波利尼西亚开展的多项研究均表明寨卡病毒感染与新生儿小头畸形之间存在关联，并被后续全球研究相继证实
关联的特异性	寨卡病毒感染除了引起新生儿小头畸形，也可以导致其他先天性畸形，但以小头畸形为主。世界卫生组织将寨卡病毒引起的先天性小头畸形和其他神经系统疾病统一命名为“先天性寨卡病毒相关综合征”
关联的合理性	寨卡病毒感染与新生儿小头畸形之间的关系可以从生物学得到合理解释，它能够破坏和穿过胎盘屏障并感染发育中的胎儿大脑，导致对胎儿皮质发育至关重要的神经祖细胞的死亡和功能损伤，最终导致新生儿小头畸形的发生
关联的一致性	寨卡病毒流行病区在美洲，而新生儿小头畸形发病率最高的地区也是美洲
实验证据	人体细胞实验和动物实验均揭示寨卡病毒感染具有致畸作用，可以导致大脑皮层变薄，脑室腔缩小
相似性	有很多孕早期病毒感染致畸的案例，如风疹病毒、巨细胞病毒、人类细小病毒 B19、水痘病毒等

注：[a]OR 值与 RR 值的相关内容分别位于本书第八章病例对照研究与第七章队列研究。

（马翔宇）

本章小结

探索病因是提出疾病预防措施的基础和前提。认识病因的过程是曲折的，经历了多种病因学说和模型演变。研究过程包括建立假设、验证假设和病因推断，涉及描述、分析和实验等流行病学方法，最后在希尔准则指导下，完成病因推断。

思考题

1. 请简述孟德尔随机化分析的基本原理和需要满足的条件。
2. 请简述虚假关联和间接关联的内涵。
3. 病因推断的判断标准有哪些？哪些是必需的？哪些是重要标准？

本章数字资源

第四章 流行病学研究中的精确性和有效性

案例

1975 年，齐尔（Ziel）和芬克（Finkle）应用病例对照设计，在美国洛杉矶调查了口服雌激素与子宫内膜癌之间的关系，结果表明子宫内膜癌患者雌激素暴露比例明显高于非子宫内膜癌者，于是得出了口服雌激素是子宫内膜癌的危险因素的结论。1978 年，霍维茨（Horwitz）和范恩斯坦（Feinstein）指出，上述研究中发现的口服雌激素与子宫内膜癌的关联是虚假的，口服雌激素是子宫内膜癌危险因素的结论与真实情况不符。霍维茨和范恩斯坦认为，人群中有一定数量无症状的子宫内膜癌早期患者，她们若不服用雌激素，子宫不会出血，因而不去医院就诊便不能被发现。她们若服用雌激素，则易发生子宫出血而去医院就诊，从而被发现而被选入病例组，使得病例组中选择性地纳入大量口服雌激素的子宫内膜癌患者。然而，对照组是在一般人群中选择的，她们无口服雌激素致子宫出血去医院就诊的因素，因而被纳入对照组。范恩斯坦认为，既然病例组中大量选入了受暴露因子（口服雌激素）“牵连”的研究对象，那么对照组也应纳入具有此因素的对象。于是，他从同一医院中随机选取妇科其他良性肿瘤患者，即口服雌激素致子宫出血而被检出其他良性肿瘤的患者。随后并未发现口服雌激素同子宫内膜癌之间存在关联。其后，哈金森（Hutchinson）和罗斯曼（Rothman）发现齐尔和芬克偏离真实情况的研究结果很大程度上与病例组中选入大量的早期子宫内膜癌患者有关，因为她们是在服用雌激素致子宫内膜出血后被选入病例组的，而稍晚期的患者主要是因子宫内膜癌本身固有的症状去医院就诊而入选的，同口服雌激素无关，故无口服雌激素暴露史的子宫内膜癌患者中稍晚期患者比例较多。随着观察时间的延长，病例组中稍晚期患者的比例上升，而口服雌激素暴露史的比例下降。此时，如果仍以妇科其他良性肿瘤患者作为对照，因妇科良性肿瘤患者不像子宫内膜癌早晚期患者有暴露比例的变迁，则对照组中选入了相对更多的受暴露因子（口服雌激素）“牵连”的研究对象。哈金森和罗斯曼后来将对照组换成妇科其他恶性肿瘤患者，该人群阴道出血的倾向很低，故这样又消除了由于对照人群选入不当带来的偏性。

从上述关于口服雌激素与子宫内膜癌关联的流行病学研究中，我们可以发现，不当的研究对象选择方式，可导致研究结果偏离真实情况。事实上，在流行病学研究中，从研究设计、实施到数据分析、结果解读的全过程都可能受到各种因素的影响，从而致使暴露因素与健康结局间出现虚假关联。本章将重点阐述各种因素对流行病学研究精确性和有效性的影响，并进一步提供相应的控制措施，保证研究的准确性。

The etiological significance of the associations between exposure factors and health outcomes derived from epidemiological studies depends on the presence and magnitude of errors in the research process. In fact, scientific research inevitably generates errors during the entire process of its design, implementation, analysis, and interpretation of results. After excluding the possibility of false associations between the exposure factors and health outcomes caused by various errors, researchers can make more reliable and valid causal inferences on the associations.

NOTES

流行病学研究中所发现的暴露因素与健康结局之间的关联，其病因学意义取决于研究过程中是否存在误差以及误差的大小。事实上，任何一项科学研究，在其设计、实施、分析及结果解释的全过程中都难免会出现或产生各种误差。在排除因研究过程中出现的各类误差导致的暴露因素与健康结局间虚假联系的可能性后，研究人员可以对该联系作出更为可信的病因学推断。

第一节 | 研究的精确性与有效性

一、精确性与有效性相关概念

在流行病学研究中，由于各种因素的影响，如不同的研究者、研究对象、研究方案、测量工具、测量方法以及实际操作不规范等，会导致实际观察值与真实值出现差异，即产生误差（error）。误差是指研究中所获得的实际测量值与客观真实值之间的差异。误差是客观存在的，任何研究的测量结果都不可能绝对准确，只能在一定条件下，无限接近真实值。从流行病学研究中得出的有关暴露因素与健康结局的关联，其病因学意义取决于研究过程中是否存在误差以及误差的大小。在排除因研究过程中的各类误差导致的暴露因素与健康结局间虚假关联的可能性后，研究人员方可对该关联作出可信的病因学推断。

研究的准确性（accuracy）指在对暴露因素与健康结局间的关联作病因推断时没有或很少出现错误推断。流行病学研究的误差越小，准确性越高。因此，只有深刻认识到误差的产生原因以及各种原因所致误差的特点，才能在研究的各阶段采取针对性的控制措施，以尽量避免或控制误差，提高研究的准确性。

流行病学研究的准确性包括精确性（precision）和有效性（validity）。研究的精确性，又称为研究的可靠性（reliability），指在估计人群某个参数时减小误差的能力。研究的有效性，又称为研究的真实性，指研究结果是否无偏地反映了研究因素与健康结局的真实联系。事实上，任何一项研究的设计、实施、分析及结果解释的全过程中都难免会出现各种各样的误差甚至错误，从而影响研究的精确性和有效性，导致研究结果不能真实地、准确地反映实际情况。

二、研究的精确性

在流行病学研究中，由于研究对象往往是来自某个特定总体的样本，故样本与总体之间必然因被测定的生物学指标的随机变异，以及测量方法本身的随机变异等原因而存在一定的差别，从而导致实际观测值（样本）与真实值（总体）之间出现一定的差异，被称为随机误差、机遇误差（chance error）或偶然误差（accidental error）。因此，要提高研究的精确性就要减少随机误差。

流行病学研究中导致随机误差的原因较多，主要包括抽样误差和随机测量误差等。抽样误差主要来源于对研究对象的选择过程，是由于个体生物学变异的存在，在随机抽样研究中产生的样本统计量与总体参数间的差别，其大小随样本不同而改变。因为研究对象实际上只是总体人群的一个样本，故所有的流行病学研究都有可能存在抽样误差。即使研究对象包含了一个特定人群的所有个体，这也只是更大范围人群的一个样本。一般来说，一项流行病学研究，其样本量越大（即参加研究的人数越多），对总体参数的估计就越精确。因此，增加样本量是减少随机误差、提高研究精确性的最基本、最常用的方法。随机测量误差是指同一观察单位某项指标在同一条件下进行反复测量时，其大小和方向以偶然方式出现的误差。

随机误差的出现从表面上看是随机的、偶然的，无法消除和避免，但究其本质，其分布又必然存在一定的规律性。这种规律是可以被认识的，虽然随机误差的值可正可负，可大可小，但当研究对象的数量即样本量够大时，随机误差服从正态分布。因此，可以利用其规律性，借助统计学方法来测量并控制随机误差，从而提高研究的精确性。通常，可以通过以下两个途径来提高研究的精确性：一是增加样本量；二是提高单位样本量所能获得的统计信息量，即提高统计效率（statistical efficiency）。

NOTES

在流行病学研究中，对于服从正态分布的某一组定量资料，通常采用变异系数（coefficient of variation，CV）和标准误（$s_{\bar{x}}$）来衡量随机误差的大小或精确度的高低，计算公式为

$$CV = \frac{s}{\bar{x}} \times 100\% \quad （式 4-1）$$

$$s_{\bar{x}} = \frac{s}{\sqrt{n}} \quad （式 4-2）$$

上述公式中，s 为标准差，$\bar{x}$ 为均值。从上述公式可见，随机误差的大小与个体变异（标准差）以及研究的样本含量（n）有关。例如，某儿科甲、乙、丙三位医师测量一名新生儿的身长，分别测量 4 次、4 次和 8 次，各次测量值、相应的变异系数及标准误见表 4-1。虽然甲、乙两位医师都对新生儿的身长测量了 4 次，但甲医师所测结果的变异系数和标准误均大于乙医师，说明乙医师测量结果的精确度高于甲医师。在三人中，丙医师的测量结果的变异系数和标准误最小，即随机误差最小，精确度最高。因此，在医学研究中，可通过增加观察人数或测量次数来减少随机误差，提高研究结果的精确性。

表 4-1　三位医师测定新生儿身长结果的随机误差大小评价

医师	每次测量结果/cm	CV/%	$s_{\bar{x}}$/cm
甲	50.6；50.7；50.2；51.6	1.16	0.30
乙	51.0；50.8；51.3；50.9	0.42	0.11
丙	51.0；50.8；51.3；50.9；50.7；51.1；50.8；50.9	0.38	0.07

在流行病学研究中，对暴露因素与健康结局间的关联作总体参数估计或病因学推断时，如果方差小即总体参数估计值的可信区间（confidence interval）较窄，则反映了该研究的随机误差较小，即研究的精确性较高。表 4-2 显示了两个在同一人群中针对同一病因假设开展的样本量不同的病例对照研究。

表 4-2　不同样本含量的病例对照研究的精确性示例

比较项	研究一				研究二			
	病例	对照	关联性效应值 OR	OR 的 95%CI	病例	对照	关联性效应值 OR	OR 的 95%CI
暴露	20	10	2.25	0.99~5.09	200	100	2.25	1.73~2.91
非暴露	80	90			800	900		
合计	100	100			1 000	1 000		

从表 4-2 中结果可见，与研究一相比，研究二的关联性效应值 OR 的 95%CI 变窄，精确性显著提高。

增加样本量可减少随机误差，提高研究精确性。但样本量过大导致人力、物力、财力和时间的增加，增加了研究成本。故流行病学研究需要根据研究目的、设计类型、预期结局等计算样本量，以保证研究的精确性。

除了增加样本量外，还可以通过提高统计效率来提高研究的精确性，主要措施包括在研究设计阶段，限制研究对象的特征或平衡各比较组间的研究对象特征；在研究实施阶段，充分收集信息（如尽量采集定量而非定性数据）；在分析阶段，充分利用数据（如不要轻易地将连续性变量转化为分类变量），运用相对高效的统计分析方法等，提高误差估计的精度等。

三、研究的有效性

研究的有效性包括内部有效性（internal validity）和外部有效性（external validity）。内部有效性

是指研究结果与实际研究对象的真实情况的一致性，强调的是研究结果是否无偏地反映了所研究因素与健康结局的真实联系，即研究本身是否真实有效。外部有效性是指研究结果和推论与外部对象真实情况的符合程度，即从研究中得出的结论是否能被外推至不同时间、不同地区的不同人群。内部有效性是流行病学研究的必要条件，如果没有内部有效性，那么也不可能具备外部有效性；但是，具备内部有效性，不一定就具备外部有效性。研究结果的内部有效性越高，该项研究就越有价值；而外部有效性越高，结果的代表性和外推性越好。流行病学研究通过对现实世界中样本人群的暴露经历和健康结局关系的测量，推断所研究的暴露因素对结局的真实效应，这一过程可因样本人群与总体间的各种差异而不能获得对“真值”的有效估计。

研究的有效性反映了系统误差的大小。系统误差是指在调查或测量时，由于某种确切的原因（如研究对象选择不当、实验方法不当、仪器不准、试剂不同、调查员凭主观意向询问、操作人员技术不熟练或未执行标准操作规程、医师诊断标准不一致等）而造成的确定性误差，通常表现为结果有规律的偏大或偏小。这种误差不能像随机误差那样可以用统计学方法去研究其规律性，并据此估计和控制其大小。例如在测量婴儿体重时，每次都未脱去婴儿衣服及尿布，便会使实际测量结果均比真实值偏高。系统误差不受样本含量的影响，即使增加样本量，也不能减少系统误差。

系统误差和随机误差，在产生原因、性质、评价指标等方面都不相同，具体差异见表 4-3。在医学研究中，应从两者的不同来源及性质特点出发，采用不同的控制方法和措施，以尽量减少随机误差，有效控制或消除系统误差，提高研究的质量，最终确保获得真实可靠的研究结果。

表 4-3　随机误差与系统误差的比较

项目	随机误差	系统误差
产生原因	个体生物学变异 测量方法本身的随机变异 偶然因素	研究方法不对 研究条件不对 测量或观察方法不对 测量工具不准 人为因素
大小和方向	无固定的大小和方向	有固定的大小和方向
分布	呈正态分布	呈偏态或线性分布
是否可以消除	否	是
增加样本量的作用	降低	没有作用
主要评价指标	精确性	有效性

系统误差在医学研究中又称为偏倚（bias）。由于偏倚在流行病学研究中的地位特殊，故本章第二节将着重探讨偏倚的概念及分类，以及偏倚的预防与控制等问题。

第二节｜偏　倚

一、偏倚的定义和方向

偏倚（bias）指的是研究设计、实施、分析和推断过程中存在的各种对暴露因素与健康结局间关系的错误估计，它系统地歪曲了暴露与结局间的真实关联。偏倚是一种系统误差，它或偏向正方向，即远离零效应值（或无效值），使真值被夸大了；或偏向负方向，趋近零效应值（或无效值），使真值被缩小了。若所产生的偏倚使效应值跨过零，由保护效应偏离为危险效应，或由危险效应偏离为保护效应，则使偏倚了的结论走向真实情况的反面，歪曲了真相。

NOTES

二、偏倚的种类

偏倚是在流行病学研究过程中发生的，这个过程涵盖了从研究设计到实施、分析乃至推断的各个阶段。偏倚可存在于各种流行病学研究类型中，如现况研究、病例对照研究、队列研究及实验研究。偏倚发生的环节繁多，形式各异，主要分为选择偏倚、信息偏倚和混杂偏倚三大类。其中有些偏倚是某种流行病学研究方法所特有的，有些偏倚是多种流行病学研究方法共有的。表 4-4 列出了各类流行病学研究中常见的偏倚及类型。

表 4-4　不同类型流行病学研究中的常见偏倚及类型

研究方法	常见偏倚	偏倚类型
现况调查	主观选择研究对象、无应答偏倚、志愿者偏倚、幸存者偏倚	选择偏倚
	测量偏倚、报告偏倚、回忆偏倚、调查偏倚	信息偏倚
病例对照研究	奈曼偏倚或现患-新发病例偏倚、检出症候偏倚、伯克森偏倚或入院率偏倚、无应答偏倚、时间效应偏倚	选择偏倚
	回忆偏倚、报告偏倚、测量偏倚	信息偏倚
	混杂偏倚	混杂偏倚
队列研究	失访偏倚、健康工人效应	选择偏倚
	测量偏倚、应答偏倚、观察者偏倚	信息偏倚
	混杂偏倚	混杂偏倚
实验流行病学	失访偏倚、志愿者偏倚	选择偏倚
	向均数回归、霍桑效应、安慰剂效应、干扰和沾染、测量偏倚	信息偏倚
诊断(筛检)试验	领先时间偏倚、病程长短偏倚、过度诊断偏倚、志愿者偏倚	选择偏倚
	参考试验偏倚、测量偏倚	信息偏倚

(一) 选择偏倚

流行病学研究中，当按一定的条件识别研究对象时，从所纳入的研究对象中获得的有关暴露因素与健康结局的关联系统地偏离了源人群中该暴露因素与健康结局之间的真实关联，即认为存在选择偏倚（selection bias）。选择偏倚主要发生在研究设计阶段，是在研究对象的选取过程中，选择方式不当导致入选对象与未入选对象之间在暴露因素或健康结局有关的特征上存在差异，从而造成系统误差。选择偏倚多见于现况研究、病例对照研究和回顾性队列研究。

选择偏倚有多种，因研究对象的纳入方式和条件而异，包括检出症候偏倚、入院率偏倚、奈曼偏倚（Neyman bias）、无应答偏倚、失访偏倚、志愿者偏倚、幸存者偏倚、健康工人效应、时间效应偏倚、领先时间偏倚等。在用病例对照设计研究某暴露因素与健康结局之间的关联时，若病例的纳入受该暴露因素的影响，即具有该暴露因素的病例会早期出现某种临床症状，促使其早日就诊，有更大可能被选择性地纳入研究，导致纳入的病例在被研究的特征方面（某暴露因素）同未被纳入的病例有系统性差别，即研究对象的纳入过程未能独立于所研究的暴露因素，这种偏倚被称为检出症候偏倚（detection signal bias）。入院率偏倚，又称伯克森偏倚（Berkson's bias），指在以医院为基础的病例对照研究中，病例组和对照组入院率不同而导致的偏倚。奈曼偏倚，又称现患病例-新发病例偏倚（prevalence-incidence bias），指病例对照研究往往纳入现患病例或存活病例，由此形成的病例样本与单纯由新发病例构成的样本在病情、病型、病程和预后等方面不尽相同，既往暴露状况也各有特点。无应答偏倚（non-response bias）主要发生于现况调查，是由于调查对象不合作或不参加调查，降低了研究的应答率。失访也是一种无应答，主要发生在前瞻性的队列及干预研究中，可造成研究结局信息的不完整、不准确，称为失访偏倚（loss to follow-up bias）。一般来说，志愿参加观察研究者同非

NOTES

志愿者在健康意识及行为方面有系统的差异，因志愿者被选为研究对象的概率高于非志愿者，故这样的研究结果肯定有选择偏倚，称为志愿者偏倚（volunteer bias）。所调查到的对象均为幸存者，使得调查结果有一定的局限性和片面性，不能全面反映实际情况，称为幸存者偏倚（survivorship bias）。在进行职业流行病学研究时，当选择接触某种职业危险因素的工人作为观察对象时，入选的工人很可能是留下来的不易患所研究疾病的人员，而对该危险因素敏感的工人可能早已转出而失访了，由此可能会发现暴露于该因素者的所研究疾病的发病率或死亡率反而比一般人群低，这种偏倚称为健康工人效应（healthy worker's effect）。许多慢性病，自患者接触有效暴露之日起至出现临床症状为止，其间经过一段漫长的潜隐过程，在此期间他们实际上是有暴露史但未出现症状或未能用现有检查手段发现有症状的患者。由于无明显的症状，其常被归入健康对照组，这种偏倚称为时间效应偏倚（time effect bias）。领先时间偏倚（lead time bias）常见于筛检试验中，它是指筛查的诊断时间和临床诊断之间之差被解释为筛查延长的生存时间，即筛查只是提前了发现疾病的时点，而并未改变筛查人群的死亡时点，由此观察到筛查人群比不筛查人群生存时间更长的假象，即领先时间偏倚。

本章开篇介绍了有关口服雌激素与子宫内膜癌的关联研究实例，其重要启示就是选入的对象应尽量避免在所研究的特征方面与未纳入对象有系统性差异。研究对象的合理选择与研究者的临床知识、经验及研究变量的特性、对象入选方法等都有关，稍有疏漏，选择偏倚就悄然产生，影响研究结论。因此，在流行病学研究设计中对观察对象进入样本的条件应作限制，最大程度地保证样本对总体的代表性，减少选择偏倚。

（二）信息偏倚

信息偏倚（information bias）又称观察偏倚，指研究实施过程中判断研究对象的暴露或疾病状况时发生的系统误差，这种误差源自对研究变量定义的不准确、不完整或数据收集过程中发生的错误。由于所收集的有关暴露或疾病的信息不准确或不完整，造成对研究对象的暴露测量和/或健康结局判断的归类错误，即错误分类（misclassification），简称错分。错分在各比较组中的发生程度可以相同，也可以不同，其对研究结果的影响程度取决于各比较组受累程度及其差别。无差异错分（non-differential misclassification），即各比较组发生的错分程度相同，此时产生的错分在大多数情况下模糊了研究组间的差异，一般使得研究效应趋向无效假设。差异错分（differential misclassification），即各比较组发生错分的程度不同，此时产生的错分偏倚可能高估或低估所研究因素与疾病间的关联强度，其对研究结果的影响因错分种类和程度而异。

信息偏倚存在于各种类型的流行病学研究中，主要发生在研究的实施阶段，种类繁多，包括对暴露信息的获取和测量的偏倚，如回忆偏倚、报告偏倚和调查者偏倚等，以及对健康结局的识别和判断的偏倚，如观察者偏倚、应答偏倚和疾病测量偏倚等。回忆偏倚（recall bias）主要来自对既往暴露情况的调查。由于所调查的暴露因素发生于过去，其准确性必然受回忆间期长短的影响，因此可产生对暴露史的错分。除了回忆的时间跨度外，既往经历对不同人群（如患者、非患者）的意义往往迥然不同，其对既往暴露情况的记忆深度和详细程度也往往不同，由此造成了回忆偏倚在不同人群中分布不同。相较于客观指标，回忆偏倚更多见于对主观指标的测量上。报告偏倚（reporting bias）源自研究对象对某些信息的故意夸大或缩小，是被调查者的主观倾向、愿望或偏见所导致的对暴露因素和/或健康结局的错误判断，从而歪曲了暴露与疾病间的真实关联。调查者在收集、记录和解释来自研究对象的信息时发生的偏倚称为调查者偏倚（interviewer bias）。调查者偏倚受主观因素的影响较大，其发生可以是自觉的，也可以是不自觉的。观察者偏倚（observer bias）主要源自研究人员对研究对象健康结局的判断，尤其是当结局的判断缺乏基于客观测量的指标时。队列研究也有可能因为结局的判断需要由对象来回答而发生应答偏倚（respondent bias）。在研究中所使用的仪器、设备、试剂、方法和条件的不精良、不标准、不统一或研究指标设定不合理、数据记录不完整造成的研究结果系统地偏离其真值的现象，称为测量偏倚（measurement bias）。

NOTES

（三）混杂偏倚

流行病学研究中的混杂是指在研究暴露因素与健康结局关系时所观察到的关联受到了其他因素的影响，即由于该外来因素的存在，掩盖或夸大了研究因素与健康结局的关联，从而部分或全部地歪曲了两者之间的真实关联，又称为混杂偏倚（confounding bias）。引起混杂偏倚的外来因素称为混杂因素或混杂因子。

混杂因素通常应当满足以下条件：①必须与所研究的健康结局的发生风险有关，即是该结局的危险或保护因素之一；②必须与所研究的暴露因素有关；③必须不是研究因素与疾病病因链上的中间环节或中间步骤。满足这些基本条件的因素如果在所比较的各组间分布不均，就可导致混杂的发生。下面以咖啡摄入与全因死亡的关联分析为例来说明其中可能存在的混杂因素。

首先，混杂因素必须与所研究的健康结局的发生风险有关。年轻者往往具有更高的咖啡摄入量，且其死亡危险性低于年长者。如果咖啡摄入对全因死亡具有保护作用，当不同比较组的年龄分布不同时，则年龄可对咖啡摄入与全因死亡之间的真实关联产生混杂。

其次，混杂因素必须与所研究的暴露因素有关。年龄与咖啡摄入存在相关性，相对于年长者，年轻人更多地摄入咖啡。如果咖啡摄入组中年轻者所占比例较高，而不喝咖啡组中年长者所占比例较高，则可导致高估了咖啡摄入对全因死亡的保护作用。

最后，混杂因素必须不是研究因素与健康结局病因链上的中间环节。在咖啡摄入与全因死亡关系的研究中，发现咖啡摄入可降低全因死亡风险，同时发现糖尿病患病会增加全因死亡风险。由于咖啡摄入具有降低糖尿病风险的作用，所以糖尿病患病情况是咖啡摄入降低全因死亡发生危险性过程中的一个中间环节，因此，在基于该病因通路的分析中不能认为糖尿病是该项研究的混杂因素。

上述示例中提及的研究因素（咖啡摄入）与健康结局（全因死亡）病因链上的中间环节（糖尿病）发挥了中介效应，该效应是在开展流行病学研究时需要识别的。中介效应是指在研究暴露因素对健康结局的影响时，存在第三方因素，使得暴露因素可以通过该第三方因素影响健康结局。发挥中介效应的因素被称为中介因素（mediator）。图 4-1 为混杂及中介因素示意图，其中 X 为暴露因素，C 为混杂因素，M 为中介因素，Y 为健康结局。当一个变量满足以下条件时，就发挥了中介作用：①暴露因素的变化对结局变量存在显著影响（路径 X → Y）；②暴露因素水平的变化对中介因素水平的变化有显著的影响（路径 X → M）；③中介因素水平的变化对健康结局有显著影响（路径 M → Y）；④当暴露因素 X 和中介因素 M 同时纳入分析时，暴露因素 X 与健康结局 Y 的关联关系减弱甚至不再显著。

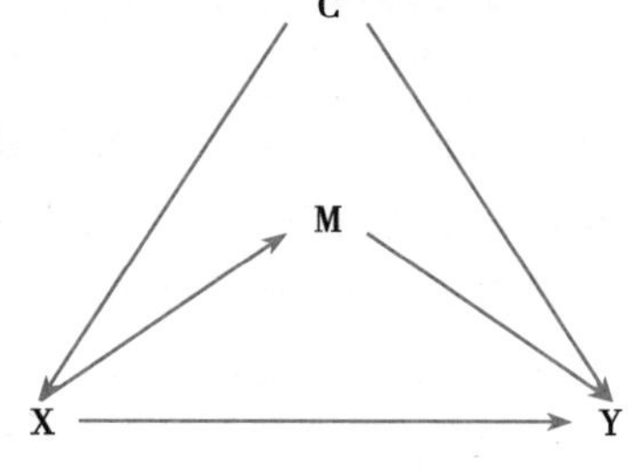

图 4-1　混杂及中介因素示意图

除了混杂因素通常应满足的三个条件外，也要考虑一些特殊情况。如有些潜在的混杂因素本身并不影响健康结局的发生，但却是另外一些未能测量到的混杂因素的代理或标志物；如教育水平常常被用来指代社会经济水平；又如性别有时可作为不同社会或文化背景下研究对象的态度、行为和暴露特征的代理因子。

流行病学研究中得出的任何一项具有统计学意义的关联，在进行病因学推断前，都必须充分排除潜在的混杂因素的作用。随着病因学理论的不断发展，对混杂作用的理解亦日趋深入。当前，在开展暴露因素与疾病发生或死亡的病因学研究时，流行病学家们倾向于运用已有的知识或文献报道，绘制出包括所研究暴露因素在内的各种有关因素与该疾病的病因链或病因网络，结合上述的混杂因素的三个必要条件，识别出潜在的混杂因素，从而指导研究设计、实施和数据分析。

在从病因角度定义了可能的混杂因素后，可以采用以下的方法来判断某项研究中是否发生了混杂：①此项研究中考虑的混杂因素是否与暴露因素和结局都有关？②在对暴露因素和结局关系的粗分析中获得的关联与按可能的混杂因素分层后的关联是否方向相同，大小相似？③在对暴露因素和结局关系的粗分析中获得的关联与控制（调整）了可能的混杂因素后获得的关联是否方向相同、大小

NOTES

相似?

混杂可能夸大或掩盖暴露因素与健康结局间的真实关联,表现为对效应值的高估或低估,分别称为正混杂(positive confounding)和负混杂(negative confounding)。所谓高估和低估,是相对于无效假设而言的,当校正混杂因素后的效应值更靠近无效假设时,则未校正混杂因素时产生的混杂称为正混杂;当校正混杂因素后的效应值更远离无效假设时,则未校正混杂因素时产生的混杂称为负混杂。

三、偏倚的控制原则及方法

(一)选择偏倚的控制

1. 建立健全健康监测系统　健全的健康监测系统有利于全面掌握全人群有关的暴露和疾病信息,能最大限度地获取人群中有代表性的样本,减少选择偏倚。

2. 采用严格科学的研究设计　在研究设计过程中应明确定义源人群和样本人群,根据研究的性质预测样本纳入过程中可能产生的各种选择偏倚,并采取相应的措施以减少或控制选择偏倚的发生。

3. 明确对象纳入标准、提高应答率　所有纳入研究的对象都必须符合事先设立的纳入标准,包括疾病诊断标准和暴露判别标准。应尽可能选取合格的新发病例,避免来自存活者的偏倚。对无应答者应尽量获取其有关信息。当无应答率大于10%时,应开展无应答者与应答者有关敏感信息的可比性分析,从而估计无应答偏倚对研究结果的影响程度。

(二)信息偏倚的控制

信息偏倚主要来自资料收集过程中的不正确信息,而产生这些不正确信息的可能原因包括研究对象本身的记忆误差,研究者的态度或方法不当,研究设计过程中对调查表设计、指标设立和检测方法的选择缺乏科学性和合理性等。因此,控制信息偏倚就是要在研究的不同阶段控制和消除影响信息准确性的各种因素。

1. 研究设计阶段　在研究设计中对暴露因素必须有明确、客观的定义,并力求指标定量化;对疾病的诊断,要有统一、明确的标准。调查表项目应易于理解和回答,调查前应开展预调查,充分估计调查过程中可能会遇到的各种问题以及各调查项目的可行性,并估计测量指标的灵敏度和特异度。调查必须有严格的标准化流程,辅之以调查指南及质控手册。调查员须经过严格培训,诚实可靠,能正确理解调查的目的、意义、方法和内容,能严谨客观地收集资料。研究对象应清楚地了解研究的目的、意义和要求。对于涉及隐私的问卷,应事先告知研究对象所有应答均遵守保密协议,并将得到妥善保管,必要时可采用匿名问卷,以获得真实有效的应答。

2. 资料收集阶段　信息偏倚与对象的记忆程度有关,在研究中可对同一内容以不同的形式重复询问,以帮助研究对象回忆并检验其应答的可信性。为了便于研究对象理解并准确地定量,可在询问中使用实物或照片来辅助定量。为了避免主观诱导研究对象,除了严格培训调查员外,在临床试验和某些现场研究中,应尽可能采用“盲法”以消除研究者和/或研究对象主观因素对研究结果的影响。研究中的各种测量仪器、试剂和方法都应标准化,应使用同一型号的仪器并定期校验,使用同一品牌、同一批次的试剂并用同样的检测方法进行检测。

对于信息偏倚,除了在方法学上杜绝其来源外,对其所致的错误分类结果,可进一步在资料分析过程中加以测量、校正,必要时可进行相应的灵敏度分析。

(三)混杂偏倚的控制

混杂偏倚可发生在研究的各个阶段,通过良好的设计、周密的分析和合理的解释可减少或避免混杂因素对研究结果的影响。常用的控制混杂因素的方法包括限制、匹配、随机化、分层分析、标准化、多因素分析、倾向性评分等。

1. 限制(restriction)　研究对象纳入时按潜在的混杂因素(如年龄、性别、职业等)予以限制。从理论上讲,两组进行比较时,除研究因素外,其他因素应当相同,这样才能将两组间研究结局的差异归咎于研究因素的差异,但事实上很难做到。如果在选择研究对象时,限制在具有一定特征

的对象中进行观察，则可在一定程度上排除其他因素的干扰。此方法虽然简单，但用这种方法来控制混杂所获得的结论常有较大的局限性，影响研究对象的代表性，使研究结果外推至一般人群时受限。

2. 匹配（matching）　匹配是要求对照在某些因素或特征上与病例保持一致。匹配目的是对两组进行比较时排除匹配因素的干扰，控制混杂偏倚。当潜在混杂因素与疾病结局存在较强的联系时，通常匹配可增加研究效率。然而，由于匹配研究中只考虑结果不一致的匹配对，所有结果一致的匹配对将被排除在分析之外，因此研究设计和资料收集过程中得到的大量信息将被弃之不用，进而降低了研究的成本效益比。当匹配研究中的各匹配对出现资料不完整或缺损时，其研究的精确性明显下降。此外，匹配研究放弃了对被匹配因素本身的病因学意义的探索。再者，匹配过程中也可引入选择性偏倚。匹配即意味着难以做到随机化，即不能从产生病例的人群中获取有代表性的对照样本。过多的限制使研究对象对源人群的代表性降低，最终所得结果难以反映源人群中所研究因素与疾病的真实联系。

3. 随机化（randomization）　多用于实验流行病学研究，使混杂因素在各比较组间分布均衡。真正的随机化是指每个研究对象都有同样的机会进入试验组或对照组，随机化分组后我们可以发现比较组间的一些基本特征常极为相似，具有可比性。

4. 分层分析　分层是指将流行病学研究所获资料按某些影响因素分成若干亚组进行分析。分层是最常用的检出和控制混杂偏倚的方法之一，可以帮助识别潜在的混杂偏倚。

5. 标准化　当比较两个率时，如果两组对象内部构成存在的差别足以影响结论，可以用率的标准化加以校正。流行病学研究中标化法的应用最常见于对年龄的标化，可采用直接标化法和间接标化法。

6. 多因素分析　无论在病因研究还是预后研究中，危险因素或预后因素与疾病的关系都非常复杂，各种危险因素或预后因素之间可以互相影响，它们对结果的影响大小也各不相同。采用 Logistic 回归模型、Cox 比例风险回归模型等模型进行多变量分析，能在复杂关系中控制多种混杂因素的作用，筛选出主要的危险因素或预后因素，并反映其在发病或预后中的比重。

7. 倾向性评分（propensity score）　倾向性评分方法是近年来在观察性研究中应用的一种控制混杂因素的方法。在观察研究中，混杂因素往往较多，应用常规的方法难以逐一控制。倾向性评分代表在多个潜在混杂因素存在的前提下，每个观察对象被分配到既定组别的概率。观察性研究可以通过倾向性评分值来综合所有的潜在混杂变量，然后通过倾向性评分匹配法、分层法、回归调整法、加权法等来均衡各比较组潜在混杂变量的分布，从而减少混杂偏倚，增加组间可比性。研究者运用倾向性评分法可以让观察性研究在避免过度分层、过度匹配的情况下达到事后随机化的效果，从而使研究结果更接近“真实世界”实际干预效果。

第三节 | 交互作用

一、相关定义

交互作用（interaction）在流行病学研究中是一种很重要的、需要加以识别和评价的客观现象。麦克马洪（MacMahon）于 1970 年提出了交互作用的概念：“当两个或多个危险因素存在时，疾病的发生率不同于根据其单独作用所估计的发病率。”现在一般认为，当两个或两个以上因素共同作用于某一健康结局时，其效应明显不同于该两个或两个以上因素单独作用时的和或积，则可称这些因素之间存在交互作用。

与交互作用相似的概念是效应修饰（effect modification），是指在基础人群（或者源人群或者靶人群）中一种暴露因素的效应在另一种暴露因素水平（或层）上不同，存在异质性（heterogeneity），即第三因素修饰了所研究因素对疾病的“效应”，这个第三因素被称为效应修饰因子（effect modifier）。交互作用和效应修饰是对同一现象的不同角度定义，修饰效应更侧重于一个因素对某事件的作用受到另一个因素的影响。

混杂和效应修饰可通过分层分析来区分。理论上，当样本足够大时，如果各层的关联效应值相等，且未分层的整体关联效应值与各层的关联效应值不相等，则主要由混杂所致；如果各层的关联效应值不等，则以效应修饰为主。当各分层关联效应值不等时，造成未分层的整体关联效应值与各层的关联效应值不相等的原因主要是效应修饰，但并不能因此而完全排除混杂作用，只是效应修饰的影响比混杂更为明显，且较难定量地区分混杂和效应修饰的作用，因此分析以效应修饰为主。

交互作用与混杂之间有以下几点区别：

1. 交互作用与研究设计无关，是研究中存在的一种客观现象，是研究中所需要发现和报告的，而混杂的存在与否取决于研究设计，是研究要极力避免的。

2. 交互作用与研究的真实性或偏倚无关，是一种客观效应，而混杂是对真实性的一种歪曲。

3. 交互作用可以通过统计学方法定量描述，但不能去除，而混杂效应可以在研究设计阶段通过采取有效措施，或者在资料分析阶段通过适当的统计学方法加以去除。

二、交互的存在形式

统计学、生物学和公共卫生学上的交互作用的概念和内涵各不相同。

（一）统计学交互作用

统计学交互作用（statistical interaction）是指同时暴露于两个或多个因素的作用是否等于暴露于单个因素作用的总和（相加交互作用）或乘积（相乘交互作用）。若同时暴露于两个或多个因素的作用大于暴露于单个因素作用的总和或乘积，称为正交互；反之，同时暴露于两个或多个因素的作用小于暴露于单个因素作用的总和或乘积，称为负交互。

统计学交互作用一般基于一定的统计学模型进行估计，是流行病学研究中计算得出的一种现象，可能只是因素之间的数量关联，并不一定涉及生物学机制和公共卫生学意义，但是它是另外两种交互作用评价的基础和工具。

（二）生物学交互作用

生物学交互作用（biological interaction）是关于多个危险因素在生物学机制上的定性概念，注重于两个或两个以上因素共同作用所产生的联合效应。一般是指某个暴露因素在疾病发病方面的生物学效应（病因）依赖于另一暴露因素的水平。生物学交互作用一般是针对个体而言，但是其在群体中的意义可以通过病因分值来体现。

（三）公共卫生交互作用

公共卫生交互作用（public health interaction）是指一个因素的公共卫生效应在另一个因素的不同水平上不同，存在不一致性或者异质性。效应的指标可以是新增病例的数量，也可以是减少一个病例的成本等。公共卫生交互作用需要根据公共卫生专业背景知识而非统计学分析或生物学假定来选择测量指标。

三、三种交互作用的区别与联系

生物学交互作用、公共卫生交互作用和统计学交互作用既有区别，又有联系。生物学交互作用或公共卫生交互作用强调生物学意义或公共卫生意义，统计学交互作用有助于生物学交互作用和公共卫生交互作用评价。由于相乘交互作用没有太多的实际应用价值，生物学交互作用或公共卫生交互作用常用交互作用相加模型评价，因此公共卫生交互作用也可以表述为在研究人群中两种或更多的暴露所致的新增病例（发病数）或发病率的变化不同于单独的暴露所致的新增病例（发病数）或发病率的变化之和。

NOTES

四、生物学交互作用及公共卫生交互作用的特殊表现形式

（一）协同作用

两个或两个以上因素单独作用于某一健康事件时产生同一方向的效应，当这些因素共同作用于该事件时明显大于这些因素单独作用之和，则产生协同作用。假定因素甲与因素乙对某一事件均有正向作用且两因素之间存在交互作用，它们的共同作用大于因素甲与因素乙单独作用之和，或者当因素甲存在时因素乙的作用增强了，或者当因素乙存在时因素甲的作用增强了，我们说两因素之间存在协同作用。这与统计学交互作用中的正相加交互作用相一致。

（二）拮抗作用

两个或两个以上因素单独作用于某一健康事件时产生同一方向的效应，当这些因素共同作用于该事件时明显小于这些因素单独作用之和，则产生拮抗作用。假定因素甲与因素乙对某一事件均有正向作用且两因素之间存在交互作用，它们的共同作用小于因素甲与因素乙单独作用之和，或者当因素甲存在时因素乙的作用减弱了，或者当因素乙存在时因素甲的作用减弱了，我们说两因素之间存在拮抗作用。这与统计学交互作用中的负相加交互作用相一致。

上面介绍的只是生物学交互作用及公共卫生交互作用的两种特殊表现形式。两个或两个以上因素单独作用于某一健康事件时产生不同方向的效应，假定因素甲是危险因素，而因素乙是保护因素，它们之间存在的交互作用有多种可能的结果。如果因素不只是二分类变量，且有两个以上因素，情况则更加复杂。在实际研究中，鉴于过于复杂的关系很难指导实践，一般建议研究的交互因素不超过三个。

（刘　莉）

本章小结

在流行病学的设计、实施和分析过程中，都难免产生误差，包括随机误差和系统误差。随机误差越小，研究的精确性越高；系统误差越小，研究的有效性越高。系统误差又称为偏倚，可以分为三大类：选择偏倚、信息偏倚和混杂偏倚。

思考题

1. 如何提高流行病学研究的精确性？
2. 偏倚的种类包括哪些？
3. 混杂偏倚如何控制？

第五章 流行病学资料来源和数据管理

案例

新型冠状病毒感染流行病学特征分析

2020年初，中国疾病预防控制中心（CDC）借助全国传染病报告系统，迅速收集了72 314例新型冠状病毒感染病例数据，其中包含确诊病例44 672例、疑似病例16 186例、临床诊断病例10 567例以及无症状感染者889例，成功构建起当时规模最大的新型冠状病毒感染流行病学数据集，充分展示了流行病学研究中多源数据的整合与标准化管理流程。

所有病例均通过全国统一的传染病信息系统上报，医疗机构和疾病预防控制中心须在病例诊断后2小时内完成录入，并同步开展流行病学调查，以此保证数据的实时性与完整性。数据字段采用结构化设置，涵盖了人口学特征（年龄、性别、职业）、暴露史（武汉旅居史、接触史）、临床特征（症状严重程度、合并症）以及时间节点（发病日期、诊断日期）。

新冠疫情期间，法定报告系统、临床病历以及社区排查数据等多源数据的协同整合，为疫情分析提供了多维视角，全面助力对疫情传播态势的把控。同时，标准化数据录入流程与动态分类机制的建立，既保证数据实时性，又确保规范性，进而保障研究结果的科学性与时效性。尤为关键的是，流行病学数据直接指导了"乙类传染病甲类管理"政策的制定，充分凸显出数据在公共卫生应急中的核心地位，为后续公共卫生事件的应对提供了极为重要的参考经验。

Epidemiology, as the core discipline of public health, is defined as studying the distribution of diseases and health conditions in the population and their influencing factors and studying strategies and measures to prevent and control diseases and promote health. Data sources and data management play a vital role in epidemiological research. They not only constitute the basis of statistical analysis, but also the key to the success or failure of investigational research. They directly affect the quality of research and the reliability of results.

流行病学作为公共卫生的核心学科，其定义是研究人群中疾病与健康状况的分布及其影响因素，并研究防制疾病及促进健康的策略和措施的科学。资料来源和数据管理在流行病学研究中起着至关重要的作用，它们不仅构成了统计分析的基础，而且是决定调查研究成败的关键，直接影响着研究的质量和结果的可靠性。

第一节 资料来源

根据调查目的，流行病学工作者需对现有数据资料来源（如人口统计学资料、疾病报告资料、医疗卫生工作记录、实验室数据、环境暴露数据等）的有效性进行评估，以确定其对于实现调查目标是否有效、数据是否准确和便于分析、现有数据分析系统是否可以交互操作，以及需要重新收集哪些数据等。各类资料来源能够提供疾病分布的原始信息，是研究疾病流行趋势和特征的关键基础，基于这些信息开展深入研究，能够为未来疾病的预防和控制提供科学、可靠的依据。

一、常规资料

（一）人口统计学资料

通常包括年龄、性别、种族或民族、婚姻状况、教育程度、职业、收入水平、居住地以及家庭结构等信息，这些资料帮助研究者探讨疾病或健康状态的流行特征或影响因素。正确地收集和掌握人口统计学资料是保证流行病学研究工作顺利实施的重要环节。

（二）疾病报告资料

主要包括传染病报告卡、非传染病报告卡（如恶性肿瘤发病报告卡、地方病报告卡、职业病报告卡等）、出生报告、死亡报告等。

传染病报告卡主要是法定传染病的登记记录，是根据国家法律法规规定，对必须依法报告、登记和采取相应措施进行防控的传染病所做的记录。通过法定传染病登记，卫生部门能够及时监测和掌握传染病的发生、发展和分布情况，为疫情的早期发现、快速响应和有效控制提供数据支持。法定传染病登记也有助于建立和完善传染病预警系统，及时发现疫情变化趋势，预防和控制可能的暴发或流行，对于公共卫生安全具有重要意义。

19 世纪，医疗统计数据先驱 William Farr 发明了一种疾病分类系统，开创了现代人口统计时代。以死亡报告为例，死亡率统计数据和分类死亡原因的收集可以追溯到 16 世纪，当时伦敦已开始定期公布死亡统计数据表。在同一时期，被称为现代流行病学之父的 John Snow，绘制了伦敦霍乱死亡人数的标点地图，并确定了污染的源头为宽街上的水泵。

直至今日，疾病报告资料仍然是观察人群疾病和健康状态的重要数据来源（如儿童流行性感冒相关的疾病、病毒性出血热等）。同时，因许多国家已经采用了电子化的报告系统，这些数据资料的即时性正在不断得到提高。

（三）日常医疗卫生工作记录

主要包括医院门诊病历、住院病历、体检记录、医学检验记录、有关科室的医疗记录等。在本章的案例中，部分重要变量存在缺失情况（如合并症、暴露史），为此需要借助医院收费系统核对患者就诊路径，同时结合视频监控追溯患者的院内接触史。

（四）实验室数据

实验室数据对于传染病暴发调查至关重要。法定传染病的病原鉴定实验室需通过电子系统向公共卫生机构发送病例信息。此外，还要求实验室将病原培养物送至辖区内的公共卫生实验室，以便在各省、市及全国数据库中进行病原体的进一步确认、分型和登记分类。这些数据对于判断多个病例间是否存在关联、是否需要进一步调查，或者是否由随机事件所致等意义重大。

（五）环境暴露数据

1. 媒介分布　许多新发传染病为人畜共患病，因此有关这些传染病的媒介分布以及该病在动物中的传播模式等数据极为重要。例如，在 2016 年寨卡病毒感染流行期间，伊蚊媒介的生态小环境确定对于调查发热伴皮疹病例增加非常关键。

2. 环境污染物　环境污染物引起的疾病是公共卫生监测的另一个重要方面。例如，儿童血铅水平高须上报卫生部门，进而调查污染源，其可能源于老旧建筑含铅涂料脱落、工业污染排放、劣质儿童产品含铅材料等。空气污染物数据可从多个部门收集。环保部门负责监测工业废气排放和环境空气质量，能提供工业污染物及部分空气污染物数据；交通部门可协助获取汽车尾气相关信息；室内空气质量检测机构可提供室内装修污染物数据，综合这些部门的数据能更全面地掌握环境状况，为公共卫生研究和决策提供有力支撑。

3. 气象因素　气象因素与多种疾病密切相关。极端高温可致中暑，寒冷天气易诱发心脑血管疾病；降水过多可引发洪水，污染水源、滋生蚊虫，增加传染病传播风险；湿度影响呼吸道传染病传播；风速、气压等也间接影响公共卫生。气象部门通过气象站、卫星等手段监测气象因素数据，将其纳入监

NOTES

测体系有利于防控疾病，预测流行趋势。

（六）数据库及文献资料

数据库中存储了大量的疾病数据和人群信息，利用数据库中的数据来进行流行病学调查分析，可以加快研究进程。例如，全球疾病负担（Global Burden of Disease，GBD）数据库，该数据库是一个全球性的健康数据资源，旨在提供有关全球疾病负担和风险因素的详细信息。通过查阅已发表的文献来获取相关数据和研究成果，可用于了解疾病的病因、流行趋势以及治疗方法。

二、专题调查

专题调查就是根据特定研究目的，专门收集相关数据，以获得符合研究要求的资料为目的的调查。有些研究难以从医疗卫生工作的原始记录和统计报表中获得数据资料，例如疾病的病因学研究、干预措施的效果评价、临床疗效分析及儿童生长发育调查等。这些研究必须通过专题调查才能获取所需数据。

（一）疾病分布调查

在疾病分布调查中，可从多个维度展开分类。按时间分布，有短期波动、季节性、周期性和长期趋势之分，例如：集体食物中毒体现短期波动，流行性感冒冬春季高发是季节性表现，部分呼吸道传染病有周期性流行特点，而慢性病发病率上升则是长期趋势；从空间分布看，包含国家间及国家内、城乡以及局部地区分布，如疟疾在非洲高发，血吸虫病在我国长江流域及其以南地区流行，城乡在慢性病和传染病发病率上各有特点；按人群分布，涵盖年龄、性别、职业、种族和民族等，儿童易患传染病，中老年人慢性病发病率高，男女因生理和生活习惯差异导致疾病分布不同，不同职业因暴露因素不同有特定职业病，不同种族和民族因遗传、生活习惯等差异疾病分布也有区别。此外，还可进行综合因素分类，将时间、空间和人群分布相结合，全面剖析疾病分布规律和影响因素，为疾病防控提供依据。

（二）病因及危险因素调查

1. 队列研究　队列研究将研究对象按照是否暴露于某一可疑因素（如吸烟）分为暴露组和非暴露组，然后追踪观察两组人群在一段时间内疾病的发生情况。例如，选择一组吸烟者和一组非吸烟者，跟踪观察他们若干年后肺癌的发病情况，通过比较两组的发病率来判断吸烟与肺癌之间的因果关系。

2. 病例对照研究　病例对照研究是以现在确诊的某特定疾病的患者作为病例组，以不患有该病但具有可比性的个体作为对照组，通过询问、实验室检查等方法，回顾性地收集两组对象既往各种可能的危险因素暴露史。例如，在研究胃癌的病因时，收集胃癌患者（病例组）和非胃癌患者（对照组）的饮食习惯、幽门螺杆菌感染情况等信息，比较两组之间这些因素的差异，从而推断哪些因素可能与胃癌的发生有关。

3. 实验流行病学研究　实验流行病学研究是一种前瞻性研究方法，通过研究者的控制来研究人群中干预措施（如药物、治疗方法、预防策略等）与疾病或健康状况之间的因果关系，包括临床试验、现场试验和社区干预试验三种类型。临床试验聚焦药物、治疗方法，以患者为对象，在医疗环境开展。如新型抗肿瘤药Ⅲ期试验，从多个肿瘤中心招募患者分为实验组和对照组，前者用新药，后者用传统药或安慰剂，观察肿瘤缩小、生存期等指标，对比判断新药疗效与安全性。现场试验面向社区，评估预防措施效果。例如流行性感冒疫苗的社区试验，选择两个社区，一组接种疫苗，一组不接种，在流行性感冒流行季节观察发病率、症状，若试验组情况优，则证明疫苗有效。社区干预试验范围更广，涉及社区综合干预，涵盖个体、环境、政策等。如心血管疾病的社区试验，干预社区推行健康宣教、建好健身设施、强化慢性病管理，对照社区无干预，之后对比两社区心血管病相关指标，评估干预成效。

（三）疾病预防与控制措施效果调查

1. 疫苗效果评价　通过观察接种疫苗人群和未接种疫苗人群的发病情况来评估疫苗的保护效果。例如，在流行性感冒疫苗接种后，对比接种组和未接种组在流行性感冒流行季节的发病率、病情

严重程度等。同时,还可以通过检测接种者体内的抗体水平来了解疫苗的免疫原性,如乙肝疫苗接种后检测乙肝表面抗体的阳性率。

2. 健康教育效果评估　包括知识、态度和行为三个方面的改变。例如,在开展心血管疾病预防的健康教育活动后,通过问卷调查等方式了解人群对心血管疾病危险因素(如高血压、高血脂、吸烟等)的知晓率是否提高,对健康生活方式的态度是否转变,以及实际的行为改变情况,如盐摄入量是否减少、体育锻炼是否增加等。

3. 传染病控制措施评价　在传染病暴发时,对隔离措施、消毒措施等进行效果评估。例如,在手足口病暴发期间,观察实施隔离措施后,病例数是否得到有效控制,隔离区内的传播是否得到阻断;对公共场所消毒后,检测环境中的病原体数量是否减少。

4. 慢性病管理效果评估　对于慢性病患者,评估综合管理措施(包括药物治疗、生活方式干预、定期随访等)的效果。例如,对高血压患者进行管理后,观察血压控制达标率、并发症的发生情况等,以衡量慢性病管理措施是否有效改善患者的健康状况。

三、其他来源

(一) 新型数据资源

电子健康记录(electronic health record)作为一种新型可靠的数据资源,可用于人群公共卫生监测和就医人群中疾病流行或行为危险因素评估。此外,电子健康记录还包括医疗保健、疾病治疗和结局等方面的重要数据,可以弥补传统公共卫生数据资源的缺陷。

随着电脑和智能手机的普及,流行病学工作者开始评估互联网和社交媒体作为疫情暴发或病例确认数据来源的应用价值。这些数据资源理论上有很好的应用前景,流行病学工作者们正致力于评估它们在甄别暴发和发现病例方面的应用。例如,通过搜索止泻或解热镇痛药物的点击量确定胃肠道疾病或流行性感冒暴发,通过社交媒体确定疑似性传播疾病患者的接触者,获取疑似病例在患病前就餐的餐馆或食用过的产品信息,以及评估流行性感冒季节疾病活动的水平等。此外,通过部分在线购物订单或电子收据可以获得顾客姓名,有助于联系本人确定是否患病。

(二) 其他现有数据资源

其他现有数据资源有助于在现场调查中发现病例,确定疾病的本底发生率以及评估致病因子的暴露信息(如病原菌、媒介、环境毒素等),来源包括病历摘要、症状监测系统、学校和工作缺勤记录等。此外,暴露信息的来源还包括执法数据(如查获非法芬太尼毒品以及因摄入含芬太尼的阿片类药物过量导致的死亡)等。

第二节 | 调查表设计

一、调查表的类型和设计原则

调查表,又称调查问卷(questionnaire),是流行病学研究获得原始资料的主要工具之一。调查表是在正式调查前制作好的包括各调查项目的书面材料或电子文件材料,可以是简单的调查提纲,或包括很多调查项目的完整调查问卷,也可以是标准的量表,如生活质量量表(SF-36)、90 项症状自评量表(SCL-90)等。调查表不仅可以收集研究对象的基本资料和课题研究的数据资料,还能使研究对象了解研究的科学价值。通过调查表收集到的信息,其质量可直接影响整个调查研究工作的质量。

(一) 调查表的类型

在流行病学调查中,调查表种类和问题设计形式的选择尤为重要,因为这些调查通常涉及大规模的数据收集和统计分析,旨在了解疾病与健康在特定人群中的分布和影响因素。

1. 调查表种类　调查表主要可分为调查提纲、调查表格和测定量表三类。

在流行病学调查中,调查提纲可用于指导面对面或电话访谈的进行。这种形式通常用于采集详

细的个案信息或者复杂的医疗历史数据，有助于深入了解个体的病史和风险因素。标准化的调查问卷表格用于收集大量参与者的信息。这些问卷可以包括关于生活方式、健康状况、医疗历史和可能的暴露风险因素的问题，以便研究者进行后续研究的统计分析。在特定的流行病学研究中，可能会使用专门设计的测定量表来衡量某些特定变量，如健康行为、暴露程度、疾病严重程度等。

2. 问题设计的形式 问题设计主要可分为开放式、封闭式和混合式三种形式。

开放式问题不设置选项，而是由研究者借助一定的测量工具进行测量（如体重、血压、血脂）或让被访者按照自己的想法和方式回答问题。开放式问题在流行病学调查中通常用于收集关于健康问题或症状的详细描述，这种形式能够提供关于个人经历和态度的深入见解，有助于理解影响个体的复杂因素。

封闭式问题是研究者事先设置好几个选项，让被访者从中选择一个或几个。常用于收集定量数据，例如确定性的暴露历史、症状出现的频率等。这种设计使得数据便于统计分析和比较。该类问题的答案可以有不同类别（如名义变量、数字变量等），注意要包括“不知道”和“拒绝”这些选项。理想情况下，提前确定不同类别的答案编码将有助于数据输入和后续分析（如是 = 1，否 = 0）。

混合式问题，即开放式问题与封闭式问题相结合，在流行病学调查中经常使用，特别是当研究既需要定量数据又需要深入理解背景和情境时。例如，在调查社区健康行为时，可采用结合封闭式问题获取普遍情况、开放式问题获取个体差异和原因解释的策略。

（二）调查表的设计原则

1. 明确调查研究目的 通过调查要得到什么结果？每一项调查内容起到什么作用？有关研究的各个问题能否得到结果？这是研究设计者必须考虑的问题，同时还一定要反映出所调查疾病的特征，包括临床特征、流行病学特征等。

2. 列出必需的调查项目 根据研究目的，仅列出必要的调查项目。任何不需要的项目都可能导致资源浪费和调查质量下降。每个项目必须明确用意，不能随意增加或减少。如随意增加不必要的调查项目，不仅浪费人力、物力和财力，而且也会影响调查质量；随意减少必需的调查项目可能使一些必要的信息没有收集，最终导致调查研究的失败。

3. 调查项目用意明确，语言准确、简练、文字通俗易懂 确保调查表内的问题明确、文字通俗易懂，避免使用专业术语和模棱两可的表述。问题设计应能清晰传达意图，避免引起被调查者的误解，从而提高填写表格的效率和准确性。

4. 调查项目设计应有逻辑性 在设计问题时，要考虑流程、所需的跳转模式和顺序（如把比较敏感的问题放在最后）。提问的顺序、提问的内容应由易到难、由一般到具体，确保信息具有逻辑结构。例如，对吸烟习惯的调查应按照是否吸烟、吸烟频率、每日平均吸烟量的顺序进行。这样是合乎逻辑的、有层次的调查。有选择性答案的调查表，在设计时，应将所有可能回答的结果都列入调查表中，例如询问“你爱吃酸还是爱吃辣”，若答案中只有“爱吃酸”与“爱吃辣”两项，则将“既爱吃酸，也爱吃辣”“既不爱吃酸，也不爱吃辣”两项可能回答的信息丢失，应将这四种可能回答的答案均列入表内。

5. 尽量用客观的、定量的指标 避免使用模糊的概念式问题，而是优先使用定量指标来衡量和评估。例如，在评估吸烟习惯时，应优先使用明确的选项，如：“完全不吸”“偶尔吸 1 支”“每天少于 10 支”等，而不是使用主观性评价，如：“好、较好、差”。

二、调查表设计的主要步骤

（一）调查表的编制

当进行调查研究时，首先根据研究的具体目的确定需要收集的调查内容，将这些内容归纳为一系列变量。每个变量可以进一步细化为具体的指标，以便在调查表中清晰地呈现。每个指标的表述方式应根据调查对象的特点和语言习惯进行设计，以确保调查问卷问题和答案选项清晰易懂。随后，可以草拟出初步的调查表，即问题和相应的答案选项。这个过程需要经过预调查和多次修改，以优化问题的表述和答案选项的选择，确保调查表在实际应用中的有效性和可操作性。最后，对调查表进行信度和效度评价，确保其能够稳定地测量所需的变量，并且能够准确地反映研究的实际情况。

1. 准备阶段　在准备阶段，需确定调查的主题范围和调查项目，将调查表涉及的内容列出一个提纲并分析这些内容的主次和必要性。在此阶段应充分征求相关专业人员的意见，使调查表内容尽可能地完备和切合实际需要。

2. 调查表的初步设计　在这一阶段，主要是确定调查表结构，拟定编排问题。调查表一般包括标题、调查与填表说明、主体内容和核查项目四个部分。

首先，根据研究目的撰写说明信。说明信应明确介绍调查的主办单位或个人身份，阐明研究的目的和意义，承诺对调查内容匿名保密，并表达感谢。有些调查表还会在说明信中详细说明如何填写调查表、填写要求、回收方式和时间等具体事项。说明信的语言要避免冗长和啰嗦。

其次，开始初步设计主体部分。根据调查内容，按照调查表设计的基本原则列出相应的问题，并考虑问题的提问方式。需要对每个问题进行筛选和编排，确保问题的必要性和答案的全面性与合理性。有时，针对特定的问题可能需要提供具体的指示，如“可选多个答案”“请按重要程度排序回答”“若不适用，请跳过某些题目”等。每个问题都应尽可能清晰明了，以避免调查对象理解困难，从而影响调查表填写的连贯性、顺畅性。

最后是调查表的质量控制项目，如调查员姓名、编码、调查日期等内容。这些项目有助于跟踪和管理调查过程，确保数据的可靠性和一致性。

3. 试用及修改　初步设计的调查表需要在小范围内进行多次试用和修改。需要事先评估调查表中的不合理之处，确保问题的表述清晰，答案选项合理且全面，问题顺序符合逻辑，调查的完成时间合适等方面。根据评估的结果，针对调查表存在的问题再进行有效的修改和完善。

4. 信度、效度评价　为了提高调查表的质量，进而提高整个研究的价值，调查表的信度和效度分析是研究过程中的重要环节。信度和效度分析的方法包括逻辑分析和统计分析，信度的常用统计分析标准有重测信度、分半信度和内部一致性信度；效度的常用统计分析标准有内容效度、结构效度和标准关联效度。

5. 形成正式调查表　依据实际需求，选择印制纸质调查表，或是利用专业软件将定稿转化为在线表格，确保其格式规范、功能完备，方便调查对象填写与数据收集整理。

（二）调查表设计的注意事项

1. 问题的设计　对问题设计的要求是语句表达要简明、生动，要注意概念的准确，不要用似是而非的语言。具体设计应注意以下几点。

（1）问题清楚明确：避免过多使用专业术语，以免调查对象理解偏差或拒绝回答。例如，“您是否感到呼吸急促？”有些人可能不知道“呼吸急促”的确切含义，无法作出正确回答。可以改为“您是否有过呼吸又快又急的感觉，例如爬楼梯后觉得喘不过气？”

（2）避免使用模糊词汇：例如，“您是否经常感到疲倦？”中的“经常”较模糊，被访者难以回答。如果改为“在过去的两周内，您有几天感到非常疲倦？”则更易于回答。

（3）问题应具备客观性，避免产生诱导：问题提法应明确，不要暗示答案。例如，避免问“您是否觉得这种药效果很好？”可以改为“您使用这种药后，症状有无改善？”

（4）避免断定性的问题：例如，“您正在服用的糖尿病药物名称是？”在未询问调查对象是否患有糖尿病及是否服药的情况下，这样的断定性问题会让人不知如何回答。可以先问“您是否被诊断为糖尿病？”接着再问“如果是，您在服用哪些药物？”

（5）一个问题不能涉及两件事：例如，“您父母的健康状况如何？”如果父母的健康状况不同，就难以回答。可以分别问“您父亲的健康状况如何？”和“您母亲的健康状况如何？”

（6）避免令人难堪、禁忌和敏感的问题：有些人对“性生活”一词比较忌讳，或认为是个人隐私不愿透露。因此，这类问题容易引起被调查者的反感和拒答。在问卷设计过程中，应尽量避免使用敏感词汇。如必须提出问题，则应注意提问方式。

NOTES

2. 问卷答案的设计

（1）二项选择法：答案只有两种形式，如“是”或“否”、“有”或“无”。

（2）多项选择法：有 2 个以上的答案，受访者可选择一个或多个适合的选项。

例如，问题：您认为哪些因素对预防流行性感冒传播最有效？

答案：A. 戴口罩　B. 勤洗手　C. 保持社交距离　D. 接种疫苗（可多选）

（3）矩阵法：将多个问题集中在一起回答。

例如，问题：请您对所在社区提供的公共卫生服务作出评价。

答案矩阵即为：

服务项目	非常满意	满意	一般	不满意	非常不满意
疫苗接种					
健康咨询					
疾病预防					

（4）序列法：答案具有不同程度的差异，受访者按顺序选择最适合自己的答案。

例如，问题：您觉得近一个月的睡眠质量如何？

答案：A. 非常差　B. 较差　C. 一般　D. 较好　E. 非常好

（5）尺度法：答案设计成一段线段，两个端点表示两个极端的程度。例如，用 0 到 10 的线性视觉模拟评分法（图 5-1）评估疼痛，0 代表不痛，10 代表极痛，受访者在适当的位置打“×”。

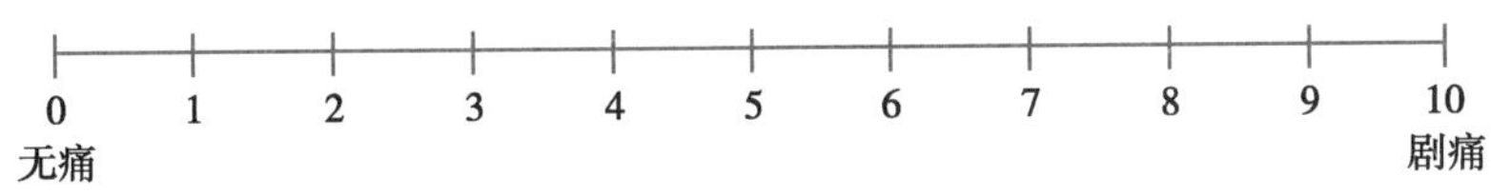

图 5-1　0~10 级线性视觉模拟评分法

（6）填入式：受访者直接将答案填入空格中。

例如，问题：您最近一次体检是什么时候？请填写日期：＿＿＿＿＿＿＿。

（7）自由式：开放性问题，受访者可以自由回答。

例如，问题：您对提高社区公共卫生服务质量有哪些建议？

（8）顺位法：列出若干项目，受访者按照某种特征进行排序。

例如，请按照您认为的重要性，对以下医疗服务进行排序。

答案：A. 急诊响应速度　B. 医疗设备先进性　C. 医师临床经验　D. 医院环境舒适度（请将字母按重要性排序）

3. 问题的数目和顺序　问卷调查的时间不宜过长，一般在 5 到 30 分钟之间。临床使用的调查表最好控制在 15 分钟以内，一般人群评价的调查表可以稍长，但也不宜超过 30 分钟，否则被调查者可能会感到厌烦，随意填写，从而影响调查的真实性。

问卷的问题排列也有一定的规则，应条理清晰，便于受访者思考，减少拒答。主要原则如下：

（1）提问内容应从简单到复杂逐步过渡。

（2）提问内容应按逻辑顺序排列，同类问题、有关联的问题放在一起。

（3）调查的核心问题应在前面问，专业性较强的具体问题尽量放在后面。

（4）敏感问题尽量放在后面问。

（5）开放性问题一般放在最后。

三、调查表的基本结构和内容

（一）调查表的基本结构

一份完整的调查表主要包括标题、调查与填表说明、主体内容和核查项目 4 个部分。下面以这些

内容在调查问卷中出现的先后顺序分别介绍。

1. 标题　概括说明调查的主要内容，标题应简明扼要，如世界卫生组织（WHO）《卫生系统反应性量表》、InterASIA 中国部分——“中国心血管健康多中心合作研究”。

2. 调查与填表说明　该部分一般放在调查问卷的开头，常以简短的指导语告诉被调查者本次调查的目的和意义等，旨在获得被调查者的积极配合。尽量不用“××的临床研究”之类的术语，这样会让被访者觉得研究者纯粹是为了自己的科研需要而进行研究。

3. 主体内容　包括被访者一般情况和调查研究项目。被访者一般情况，即被调查者的人口统计学特征，如性别、年龄、文化程度、职业等。这些项目主要用于对被调查者进行均衡性检验或进行分层分析，从而探讨这些因素对分析结果有无影响。调查研究项目，也就是本研究欲分析的所有暴露变量和结局变量，是调查问卷中最重要的部分，它的设计好坏将关系到整个研究的成败。

4. 核查项目

（1）编码类：包括抽样编码、调查员编码、资料录入人员编码（在资料录入时进行编码）等。设置调查员编码和资料录入人员编码的主要作用在于进行质量控制。此外，一个大型的现场调查还应该设置有抽样编码，一方面便于进行现场质量控制，避免重复编码，另一方面便于对不同地区（或试验中心）进行独立分析。

（2）信息类：包括研究者姓名、身份证号码、家庭住址、联系方式、调查日期、问卷开始的时间和结束时间、调查者签名等。这些项目不用于分析，而是为了便于今后核查异常值、填补缺失值、进行随访和评价调查质量而设置。如果个别调查员的问卷时间显著短于平均时间，则这些问卷的质量就难以保证。

（二）调查表具体内容

调查表一般由两部分组成，首先是一般记录项目，例如姓名、性别、年龄、职业、婚姻及家庭地址等，为研究项目提供基本材料。其次为研究所需要的各种主要数据。针对不同的研究，调查表的内容也不一样，一般包含有以下内容。

1. 流行病学个案调查表的名称、编号。
2. 一般情况　如姓名、性别、年龄、职业、文化程度、家庭住址、单位地址、学校地址、电话号码等。
3. 发病及就诊情况　如首发症状发生时间、初诊时间、就诊医院、发病及治疗经过等。
4. 主要临床表现　如发热、咳嗽、腹泻等症状或体征。
5. 有害因素暴露史（含接触史）　如职业暴露、环境污染、化学物质接触等。
6. 预防接种史　疫苗接种情况，包括种类、剂次、日期等。
7. 居住条件　居住环境描述，如房屋类型、卫生条件等。
8. 个人卫生状况　个人卫生习惯，如洗手频率、个人清洁等。
9. 饮食卫生状况　饮食习惯、食物来源、饮水安全等。

例如，表 5-1 可用于调查诺如病毒感染性腹泻病例的基本情况。

四、调查表的评价

（一）真实性

调查表所收集信息的真实性至关重要。以询问是否饮用生水这一问题为例，受访者的回答必须如实反映实际情况，即喝了生水就应如实作答“是”，未曾饮用则回答“否”，绝不能因碍于情面或其他因素，将真实的饮用行为隐瞒，虚报为“不喝生水”。一旦此类不真实的回答混入调查数据，将会引入偏倚，这种偏倚在资料统计分析时是无法纠正的。

（二）可靠性

对调查表中的每一个问题的回答应该是可靠的，对于同一个调查对象，无论是谁，无论在什么时间去调查，对同一问题的回答应该是相同的，即可重复性。

NOTES

表 5-1　诺如病毒感染性腹泻病例个案调查表

编号□□□□

1. 一般情况

1.1　姓名：______

1.2　年龄：______（岁）

1.3　性别：①男　②女

1.4　文化程度：①小学及以下　②初中　③高中　④中专、大专　⑤本科及以上

1.5　家庭住址：____________________

1.6　学校（单位）地址：____________________

2. 发病及就诊情况

2.1 首发症状发生时间：____月____日____时（上午/下午）

2.2 初诊时间：____月____日____时（上午/下午）

2.3 就诊医院：______________

2.4 发病与治疗经过：

a. 医嘱用药情况（药物名称及剂量）：______________　　b. 自行用药（药物名称及剂量）：______________

c. 其他治疗方式：____________________　　d. 未治疗

3. 临床表现

症状与体征	
3.1 发热（1）有　体温（最高）____℃　（2）无 体温（入院时）____℃	3.8 寒战（1）有　（2）无
3.2 恶心（1）有　（2）无	3.9 咳嗽（1）有　（2）无
3.3 呕吐（1）有，____次/d　（2）无	3.10 流涕（1）有　（2）无
3.4 腹泻（1）有，____次/d　（2）无	3.11 鼻塞（1）有　（2）无
3.5 腹胀（1）有　（2）无	3.12 咽痛（1）有　（2）无
3.6 腹痛（1）有　（2）无	3.13 口干（1）有　（2）无
3.7 乏力（1）有　（2）无	3.14 其他症状______________

调查者：________

调查时间：________年____月____日

（三）完整性

如调查表中有 20 个问题，每个问题都应调查并填写清楚，如果其中发现有 2 项漏填，这样的调查表是不完整的。如果事后仅凭回忆填补，或者不经重新调查而随意填写自己的主观判断，会影响调查资料的真实性和可靠性。

（四）逻辑性

调查得出的结论应符合逻辑。例如对某地一次腹泻调查时，资料整理统计结果发现不喝生水者腹泻发病率反而高于喝生水者，这显然不符合逻辑，说明在进行调查时对喝生水与不喝生水问题的回答可能存在偏倚。

第三节　现场调查和质量控制

一、现场调查

现场调查涵盖应急现场调查与非应急现场调查两类。

（一）应急现场调查与非应急现场调查的区别

应急现场调查和非应急现场调查在组织工作上主要有以下差别：

1. 调查目的　应急现场调查目的是快速确定突发公共卫生事件的原因、范围、严重程度和传播趋势，以便及时采取控制措施，防止事件的进一步恶化。例如，在传染病突发疫情中，需要尽快找出病原体、传播途径和感染人群，为防控策略提供依据。非应急现场调查则通常是为了系统地收集数据用于研究、评估、监测等长期目的。比如开展慢性病的社区患病率调查，了解某地区居民某种慢性病的患病情况，为卫生政策制定、健康干预提供数据支持。

2. 时间紧迫性　应急现场调查时间极为紧迫。调查人员需要在事件发生后的最短时间内启动调查，争分夺秒收集信息。例如，在食物中毒事件中，每拖延一小时，可能就会有更多的人受到伤害，所以调查人员可能需要在接到通知后的数小时内赶赴现场开始调查。非应急现场调查时间安排相对灵活。可以有足够的时间进行详细的研究设计、人员培训和物资准备。例如，一项关于老年人生活质量的社区调查，可能会提前几个月甚至更长时间进行规划。

3. 人员组成　应急现场调查需要迅速组建一个多学科团队。成员通常包括医疗专业人员、公共卫生专家、应急管理人员等。这些人员要具备快速应对紧急情况的能力，能够在高压环境下协同工作。非应急现场调查根据调查主题确定专业人员。人员的选择更注重对调查主题的专业知识和研究经验，对紧急应变能力的要求相对较低。

4. 物资准备　应急现场调查重点准备快速检测设备和防护用品。例如，在传染病疫情调查中，要携带便携式核酸检测试剂、防护服装、消毒用品等。同时，还需要配备通信设备，以保证现场与指挥中心的实时沟通。而且由于情况紧急，物资可能需要随时补充和更新。非应急现场调查物资准备更侧重于调查工具，如问卷、测量仪器（如用于身体指标测量的体重秤、血压计等）。根据调查的规模和复杂程度准备足够的办公用品、数据存储设备等。例如，进行大规模的社会调查，需要准备大量的问卷、笔记本电脑用于数据录入。

5. 调查方案　应急现场调查方案相对灵活且重点突出。主要围绕事件的关键环节展开，如对于突发传染病，调查方案会侧重于病例搜索、标本采集、密切接触者追踪等环节。在调查过程中，可能会根据事件的发展动态调整调查重点和范围。非应急现场调查方案比较详细和系统。包括明确的抽样方法、调查内容、质量控制措施等。例如，在进行全国性的人口健康普查时，会有严格的分层抽样设计，详细的问卷内容涉及人口学特征、健康状况、生活方式等多个方面，并且有完善的质量控制流程来确保数据的准确性。

（二）现场调查主要步骤

现场调查可分为3个阶段：准备阶段、现场实施阶段和总结反馈阶段。

1. 准备阶段

（1）组建调查团队：团队成员应包括流行病学专业人员，他们能够设计调查方案、分析数据和解释结果；临床医师，负责对患者进行诊断和鉴别诊断；实验室技术人员，负责样本的采集、检测和结果解读；数据管理人员负责处理和存储调查数据。例如，在调查一起不明原因传染病疫情时，需要流行病学专家、传染病学专家、当地医院经验丰富的临床医师、具备资质的检验技师等共同协作。

（2）收集背景信息：查阅相关文献，了解类似疾病的流行情况、传播途径、临床表现等。例如，如果是调查某地区的手足口病疫情，就要先查阅以往手足口病的流行特征，包括发病年龄分布、季节分布等资料。同时，要向当地卫生部门、医疗机构了解当地的人口信息、医疗资源分布、近期疾病报告情况等。

（3）准备调查物资和设备：物资包括调查表格（如病例调查表、接触者登记表等）、防护用品（如口罩、防护服、手套等）、采样工具（如采血针、采血管、拭子等）。设备方面需要准备数据采集设备（如平板电脑、录音笔等）、实验室检测设备（如离心机、PCR仪等）、交通工具等。

（4）制订调查方案：明确调查目的，例如确定疾病的流行强度、寻找病因、评估防控措施效果等。确定调查对象，如针对某一社区的全部居民、某一学校的师生等。选择调查方法，包括个案调查、横断面调查、病例对照研究等。此外，还需要设计调查指标，如发病率、患病率、病死率等，以及确定数据收集和分析方法。

NOTES

2. 现场实施阶段

（1）病例搜索与核实：通过多种途径搜索病例，如查阅医疗机构的门诊和住院病历、访问社区卫生服务站、询问居民等。对发现的疑似病例，按照既定的诊断标准进行核实，可能需要结合临床症状、实验室检查结果等综合判断。

（2）数据收集：运用事先设计好的调查表，对病例和相关人员（如接触者）进行信息收集。内容包括个人基本信息（年龄、性别、职业等）、发病情况（发病时间、症状、就诊情况等）、暴露史（如是否接触过传染源、去过哪些特定场所等）。调查人员要确保数据的准确性和完整性，对一些模糊或矛盾的信息要及时核实。

（3）样本采集与检测：根据调查需要采集样本，如血液、粪便、组织标本等。对于传染性疾病，样本检测有助于确定病原体的类型和特征。同时，要注意样本的采集、运输和保存条件，确保检测结果的可靠性。

（4）现场控制措施的实施：在调查过程中，同步开展初步的防控工作。对于传染病疫情，可能包括隔离患者、对密切接触者进行医学观察、消毒环境等措施。如在调查新型冠状病毒感染疫情时，及时隔离确诊病例，对其居住和活动场所进行消毒，指导密切接触者进行居家隔离和健康监测。

3. 总结反馈阶段

（1）数据整理与分析：将收集到的数据进行整理，录入数据库。对数据进行统计分析，如计算各种疾病频率指标，运用统计学方法（如卡方检验、Logistic 回归分析等）分析危险因素与疾病的关联。通过分析数据来描述疾病的流行特征，找出可能的病因线索或传播因素。

（2）撰写调查报告：报告内容包括调查背景、目的、方法、结果、结论和建议。详细描述疾病的流行情况、调查发现的主要问题，对病因的推断或对防控措施的评估。例如，在一份食物中毒调查报告中，要说明中毒事件的发生经过、涉及的人群、可疑食物的调查结果等，并提出针对性的预防和控制食物中毒的建议。

（3）反馈与沟通：将调查结果及时反馈给当地卫生行政部门、医疗机构、社区等相关单位和人员。与他们进行沟通，共同商讨和制定进一步的防控策略和措施。同时，也要向公众进行必要的信息发布，提高公众的健康意识和自我防护能力。

二、质量控制

现场调查的质量控制可考虑从三个阶段着手：研究设计阶段、实施阶段及资料分析阶段。

（一）研究设计阶段的质量控制

制订调查计划、设计调查表和进行预调查是研究设计阶段质量控制的三大要素。任何研究计划都应围绕研究目标进行制订，并结合实际情况，确保计划具体、详细、全面。在制订计划时，必须广泛听取各方面的意见和建议，起草后需反复讨论和修改。在办公室完成计划和表格设计后，在最终定稿之前，应进行现场的试验性“预调查”。

许多研究者，特别是初次进行调查的研究者，常常忽视预调查，而预调查实际上是确保正式调查顺利完成的关键。调查现场往往复杂多变，设计阶段难以预测的问题可能会在现场出现，而一些初看易于实施的措施在实际操作中却可能困难重重。预调查可以帮助识别和解决这些问题。

进行预调查时，应重点了解以下几个方面：

1. 调查表的设计是否合理　包括是否遗漏了某些问题；调查项目的分类是否合理；问题表述是否明确、通俗易懂、客观；选择性答案是否过于细致或过于宽泛；调查表的结构是否合理等。可以通过查阅文献、咨询专家的方式确定设计的合理性。

2. 被调查者的合作程度　如何获得被调查者的信任，特别是涉及隐私问题时要特别注意。例如，在进行一项涉及个人健康数据的调查时，受访者可能因为隐私顾虑而不愿提供真实信息，可以通过匿名调查、保证数据安全和合法使用等措施来增加受访者的信任度。

3. 调查计划的可行性　包括调查时间安排是否合理，调查内容是否过多或过少，经费预算是否合理等。

4. 可能的意外情况　有哪些潜在的意外情况，如何应对？例如，在户外进行流行病学调查时，突然遇到恶劣天气，如暴雨或高温，影响调查的进行。因此，预调查时应考虑天气因素，制订应急预案，如调整调查时间或地点，准备相应的防护装备等。

在预调查过程中，设计者最好亲自担任调查员，深入到被调查者中，尽可能详尽地了解实际情况。不仅要向被调查者了解，还应向其他相关人员（如行政管理人员、居民等）了解情况，以全面掌握信息。预调查的样本应具备一定的代表性，样本量不宜过少（一般选择预计样本量的1%~5%）。预调查结束后，应认真总结，并对调查计划和调查表进行修订，以确保调查计划更加周密，调查表设计更加符合实际情况。

（二）研究实施阶段的质量控制

1. 调查员的挑选　调查员主要分为两类。

第一类是对调查内容及目的有一定预备知识的人。例如，在调查某地区糖尿病管理情况时，如果选择当地的内分泌科医师作为调查员，或者在研究某种药物对高血压的效果时选择心血管科医师作为调查员，这些人对相关领域有较深的理解。这类调查员通常易于培训，对调查内容理解较快，能够深入调查。但其缺点是可能在调查时无意中使用提示性语言，从而导致偏倚。例如，在调查糖尿病患者的饮食习惯时，如果使用内分泌科医师作为调查员，由于这类调查员对糖尿病患者的饮食要求有先入之见，当患者回答自己偶尔吃甜食时，调查员可能会有意或无意地多问："你确定是偶尔吃甜食吗？"或"你再考虑一下，你是不是有更频繁地吃甜食的情况？"而对照组的调查可能没有这样的细致询问。这种偏差可能会影响调查结果的准确性。

第二类调查员是对调查目的及内容无预备知识的人。例如，在调查卫生保健情况时，选择未接受医学培训的年轻人作为调查员，使用这类调查员进行调查时，通常不容易出现前述的偏倚，但其缺点是培训难度较大。此外，这类调查员的调查方式往往较为固定，可能不易进行深入的调查。

总之，上述两类调查员各有利弊，需根据实际情况加以选用。但无论哪一类调查员，都需要严格进行统一的培训。

2. 调查员的培训　调查员培训应集中进行，确保培训内容全面而具体。

培训应包括以下几个方面。

（1）调查内容：确保调查员对调查内容有充分了解，包括调查的目的、背景以及具体的问题。

（2）统一调查方法：培训调查员使用一致的调查方法和技巧。特别强调，调查员应避免使用提示性语言或暗示性问题，以免影响被调查者的回答。

（3）保护隐私：如调查内容涉及被调查者的隐私，须指导调查员如何打消被调查者的顾虑，建立信任。必须强调，调查过程中不得将被调查者的隐私用于其他用途。必要时，可以采取签订合同等措施以确保隐私保护。

（4）调查员的考核与评估：选择调查员时应考虑其文化程度是否适合调查要求（并非文化程度越高越好）、性别、年龄以及对当地实际情况的熟悉程度等因素。

为了避免调查员的暗示影响数据结果，一些国外研究者尝试使用录音设备代替调查员进行调查。他们会事先录制标准问题的提法，由调查员播放给被调查者听，而调查员原则上不进行解释。但由于文化习惯的不同，这种方法在我国普通居民中较少使用。

3. 重复调查　重复调查是指在调查结束一定时间以后，抽取一定量的被调查过的调查对象，再进行一次调查，根据两次调查的符合程度，来评价调查的质量。

重复调查使用的调查表可以是原调查表，也可以是经过简化的调查表。后者当调查内容比较多而复杂时采用，采用简化的调查表进行重复调查时，要注意该简化调查表应包括所有的重要项目，且问题的提法和答案的粗细程度（如饮酒量的分类）应与原调查表一致，以便于进行比较。

NOTES

两次调查应有一定的间隔，这一间隔不宜太长，否则情况会发生变化，使得两次调查之间缺乏可比性；亦不宜太短，否则第一次调查会对第二次调查产生“滞后影响”。在一般情况下，间隔时间以一周至一个月为宜。重复调查的人数没有一定的规定，一般可以是原调查人数的5%~10%。

根据原调查结果和重复调查结果之间的符合程度，可以对数据质量进行评价。

（三）资料分析阶段的质量控制

资料分析阶段可采取以下两方面的措施进行质量控制：

1. 逻辑检错 所谓逻辑检错，是指检查调查表中的答案前后是否一致，是否有相互矛盾之处。例如，调查某被调查者的吸烟情况，前面问及“你吸烟吗”回答是“极少吸烟”或“从未吸过烟”，而后面问到“你平均每天吸多少支烟”，回答是“20~25支”，则显然此份调查表前后互相矛盾，或者说存在逻辑错误；又如，某一问题只有5个答案，要求分别填上其代号（1,2,3,4,5），若答案中出现了“6”，则此调查表显然存在错误。

目前用于进行统计学处理的大多数常用统计软件包（例如SAS、SPSS）均有逻辑检错功能，只需编写一个简单的程序就能进行检错。对于逻辑检错中查出的有错误的记录，应首先核对一下，录入有无错误（例如错位、错录等）；如不是录入错误，则可根据具体情况，采取重新调查核实或剔除等措施。

2. 质量评估 重复调查是一种有效的质量评估手段。可以抽取一定比例的样本进行重复调查，例如在大规模的社会调查中，选取10%~20%的样本再次进行相同问题的询问和数据收集。将重复调查所获得的数据与原调查结果进行细致的比较，除了使用Kappa检验、Kendall检验来衡量分类变量和有序变量的一致性与相关性外，还可以运用多种统计指标和方法。例如，对于数值型数据，可以计算均值、标准差、相对误差等指标来评估数据的稳定性和准确性。若重复调查得到的某变量均值与原调查结果的均值相差较大，超出了合理的误差范围，就需要深入探究原因，可能是调查环境、调查人员的差异，或者是被调查者自身状态的变化等因素导致。还可以结合专家经验进行主观评估。邀请相关领域的专家对调查数据进行审核，凭借他们的专业知识和实践经验，判断数据是否合理、是否反映了实际情况。例如在医学研究中，专家可以根据临床经验判断患者症状与诊断结果、治疗方案等数据之间的逻辑合理性。

通过这些方法，可以全面地评估数据的一致性、相关性和质量，从而为数据的进一步分析和应用提供可靠的基础。

现场调查质量控制的关键在于调查前和调查中，在调查设计阶段和实施阶段，确保调查目标明确、调查设计合理、调查员培训到位、调查过程受控，是保证数据质量的核心。虽然资料分析阶段的质量控制措施有助于发现和修正问题，但真正的质量控制应集中在调查设计和实施阶段，避免进行到数据分析阶段才进行补救。

第四节 | 数据管理

一、数据录入与清洗

在数据收集之后，需要对收集到的数据进行录入和清洗工作。数据录入需要保证准确性和完整性，避免因录入错误或遗漏而影响后续研究。数据清洗主要是指对数据进行检查和修正，排除异常值和无效数据，以保证数据的可靠性和一致性。

（一）数据录入

1. 概念 传统的数据录入是将纸质调查表或其他数据形式转化为电子数据的过程。调查员需要将采集到的数据按照事先设定的数据表格式进行录入（包括被调查者的个人信息、疾病症状、暴露因素等）。在录入数据时，需要仔细核对和检查，确保输入的数据准确无误。目前已有直接采用电子设备（如电脑、iPad等）进行数据录入的新型调查方式，相较于传统方式有着显著的优势。这种方式免去了烦琐的重新录入环节，也不再需要耗费大量人力和时间的双录入步骤。

NOTES

2. 步骤 数据录入主要分为以下 3 个步骤。

（1）编号：给每一个调查表或调查对象一个编号以识别录入的数据与调查表或调查对象的对应关系（即唯一性）。

注意：①使用阿拉伯数字 1、2、3 等给每份调查表按照顺序编号，这样有利于以后对录入的数据进行检查、核对与修正错误；②可以根据地区、调查对象等进行编号，如 230001（合肥），0001（调查对象）。

（2）定义变量名称：命名可以应用中文、拼音，也可以应用英文，但以使用拼音或英文为好，这样在计算机上可以方便输入。

注意：①变量名应简短、易懂易记：如对性别、年龄、身高、体重可以使用 gender、age、height 和 weight 进行命名。对名称较长的变量，可以使用简写，如 Wt 表示 weight，Ht 表示 height。②标记或说明：有些数据管理和分析软件可对变量进行标记或说明，避免因时间长久而忘记数据库中的变量名，如可将上述 Wt 标记为 “weight”。

（3）变量数量化：如果调查表的设计是编码式的，则此步骤可省略，直接将变量取值编码的结果输入计算机。若不是编码式的调查结果，则需要对变量的取值结果进行编码（数量化）。

注意：①除日期型变量外尽量使用数值型变量。②某些数值变量（numerical variable）可直接输入变量的取值，如身高、体重、血压水平等。③分类变量（categorical variable）及有序变量（ordinal variable）则可将其取值进行量化，然后再输入计算机。如有序变量的数量化顺序合理，则可以直接进行分析。

例如：教育程度的数量化。

文盲，0；小学，1；初中及中专，2；高中，3；大专及本科，4；硕士及以上，5。

在实际工作中，对于某些数据，如血压，习惯上会用 “收缩压/舒张压” 的形式记录，在数据录入时一般录入两列，以便后续更方便地利用数据。

（二）数据清洗

数据清洗是为了去除异常值、缺失值或其他错误数据，以提高数据的质量。在数据清洗过程中，调查人员需要仔细检查数据中的每个字段，确保数据的合理性和一致性。常见的数据清洗方法包括：删除重复数据、处理缺失值以及处理异常值等。

1. 删除重复数据 重复数据是指在数据集中出现多次相同的记录。删除这些重复记录可以防止数据分析结果的偏差。常用的处理方法包括使用软件工具的去重功能，或通过编写代码检测和删除重复项。

2. 处理缺失值 缺失值（missing data）指的是在数据集中未提供的测量结果。处理缺失值是数据清洗的重要部分，主要包括以下几种情况。

（1）问卷调查：如遗漏出生日期和年龄，调查结束后又无法补救（如联系不到研究对象）。

（2）实验室检测：如研究对象拒绝采血或因采集到的血清量不足而导致无法进行血液标志物的检测。

（3）不合理处理：仅用无缺失的数据进行分析可能会导致样本量的减少，从而影响结果的代表性；对缺失数据进行 “合理” 赋值时，人工填补的数据可能不符合实际情况，从而引入误差。

以下是几种常见的处理方式。

（1）删除法：包含列表删除法和成对删除法。

列表删除法是直接将含有缺失值的整行数据从数据集中剔除，这种方法适用于缺失值占比极小且缺失情况完全随机的情形，然而一旦运用不当，比如数据量原本就不多时，就可能导致样本量大幅缩水，信息大量流失，进而使分析结果出现偏差。成对删除法有所不同，它在计算涉及某个变量的统计量时，仅采用该变量的非缺失值记录，适合那些需要对不同变量组合开展多样化分析，且期望充分利用现有数据的场景，但它也存在弊端，容易造成不同分析所基于的样本量参差不齐，使得结果的解释与对比变得困难。

NOTES

（2）插补法：涵盖均值、中位数、众数插补，以及回归插补和多重插补。

均值插补针对数值型变量，用其均值填补缺失值，操作简便、速度快，适用于数据分布较为均匀对称，缺失值数量适度的状况，不过它会使数据方差减小，对后续依赖方差的统计分析产生影响。中位数插补类似，只是换成用中位数，更适配有偏态分布的数据，能减少极端值干扰，但也会降低数据的变异性。众数插补用于分类变量，以众数填充，若众数占比过高，可能掩盖数据真实样貌。回归插补借助建立回归模型，依已知变量预测缺失值，前提是缺失值变量与其他变量存在线性关系，否则模型预测不准。多重插补最为复杂，通过模拟生成多个完整数据集并综合分析结果，虽能充分考虑缺失值的不确定性，让结果更精准，却需要较多的统计知识与强大的计算资源，常用于复杂且关键的研究项目。

（3）其他方法：如机器学习，利用决策树等算法依据其他变量情况预测缺失值，适用于数据间非线性关系繁杂的情形，但对数据量要求颇高，且模型解释性欠佳；还有使用特殊标记值的方法，即用特定值标识缺失值，后续分析时再做特殊处理，适合那些想要留存缺失值信息，并且已有专门手段处理这些特殊标记值的情况。

3. 处理异常值　查看数据的变量取值范围，有无逻辑错误：如性别变量应只有两个取值（男性、女性），若出现其他值，则说明存在错误。对数据变量要检查其最小值（minimum）、最大值（maximum）、均数（mean）、中位数（median），并查看是否有异常值（outlier），如极小值和极大值。异常值若影响显著时应进行处理。

以下是一些处理异常值的常见方法。

（1）删除法：当异常值被判定为数据记录错误或者对分析结果有严重干扰，并且其占总数据量的比例较小时，可以直接将包含异常值的数据记录删除。例如，在一个样本量为 1 000 的数据集里，如果只有 5 个数据点是明显的异常值，且确定这些异常值是由于数据录入错误等原因导致的，那么删除这 5 个数据点可能对整体分析影响不大。

要谨慎使用删除法，因为删除数据可能会导致信息丢失。在删除异常值之前，需要充分了解数据产生的背景和异常值出现的原因，确保删除这些异常值不会使数据分析的结果产生实质性的偏差。另外，如果异常值的比例较大（比如超过 10%），删除异常值可能会使数据失去代表性。

（2）转换法：通过数学变换来减小异常值对数据分布的影响。常见的转换方法包括对数转换、平方根转换等。这些转换可以使数据的分布更加正态化，同时压缩数据的取值范围，降低异常值的相对影响。例如，在分析收入数据时，收入数据通常呈现右偏态分布，存在少数高收入的异常值。对收入数据进行对数转换，高收入的异常值在经过对数转换后，其对数据分布的扭曲程度会减小。在进行数据分析和结果解释时，需要考虑到转换后的变量解释性可能会发生变化，并且要确保转换后的变量仍然符合数据分析的假设和目的。

（3）缩尾处理法：将数据中的异常值替换为某个分位数的值。例如，在进行 1% 缩尾处理时，将小于 1% 分位数的值替换为 1% 分位数的值，将大于 99% 分位数的值替换为 99% 分位数的值。这种方法可以在一定程度上保留数据的信息，同时减少异常值造成的影响。分位数的选择需要根据数据的特点和分析的目的来确定。如果选择的分位数过于极端（如 0.1% 或 99.9%），可能会过度调整数据；如果分位数选择得不够极端（如 5% 或 95%），可能无法有效处理真正的异常值。同时，这种方法也会改变数据的分布，在后续分析中需要考虑这种变化的影响。

二、数据存储与备份

为了进行长期的数据管理和后续的数据分析，研究人员需要将数据进行存储和备份。目前，常用的数据存储包括数据库、电子表格等形式，可以将数据进行长期保存。数据备份可以采用多种手段，如定期备份数据到外部硬盘或云端存储服务。例如，流行病学研究机构可以使用数据库来存储大量的疫苗接种记录，以便长期跟踪其效果。通过建立定期和自动备份程序，实施有效的数据库管理，确保数据管理严谨规范。

NOTES

三、数据安全管理

流行病学资料中包含了大量的个体信息，对于涉及个人隐私的数据，必须严格遵循相关的法律法规和伦理要求，确保数据的安全和保密。研究人员应采取措施加密存储、限制数据访问权限等，保护受试者的隐私权益。例如，在一个流行病学调查项目中，只有经过授权的研究人员能够访问特定的调查对象数据，以保护受试者的隐私。在本章案例中，为保障患者隐私，数据都经过去标识化处理，去除个人身份证号等敏感信息，并且通过伦理审查委员会批准，严格遵循研究伦理规范。

在现场应急中无论使用何种技术，数据安全都是最重要的。携带至现场的计算机、平板电脑和其他移动设备必须严加保护，防止数据丢失和未经授权的访问。须确定哪些类型的设备可以与公共卫生机构的内部网络相互访问。不建议在本地机器上存储机密数据，如果难以避免，应及早按照公共卫生机构的隐私和安全标准来规范该行为。在收集数据或选择设备之前，需考虑以下几点：

1. 深入了解公共卫生机构的隐私和安全标准。
2. 评估现场数据安全是否符合司法标准，这可能需要咨询卫生部门的信息管理人员。
3. 确定现场数据收集（以及移动或非现场数据收集）与潜在的防火墙和网络设置如何发生交互。
4. 在互联网连接或卫生部门局域网无法持续访问的现场情况下，须确保遵守严格的安全标准。

四、数据质量控制

高质量的数据能够确保研究结果的真实性、可靠性和有效性，从而为公共卫生决策、疾病预防控制策略的制定提供坚实的依据。

1. 研究开始阶段 在研究启动之初，就应精心设计全面的数据质量控制规划。这包括明确数据收集的各个环节，从样本的选择、数据收集工具的设计与预测试，到数据录入人员的培训以及数据管理系统的搭建等，每个步骤都要制定严格的标准操作规程，以最大程度减少数据误差和不一致性的产生。

例如，在设计一份关于慢性病危险因素的调查问卷时，需要组织专家进行多轮讨论和修订，确保问题的清晰性、准确性和完整性，避免模糊或引导性的提问，从而降低数据收集过程中的偏差风险。同时，对负责数据录入的工作人员进行专业培训，使其熟悉问卷内容和录入系统，掌握数据录入的规范和技巧，如数据的格式、编码规则等，减少录入错误的发生。

2. 数据收集阶段 对于参与数据收集的现场调查人员，要进行系统的培训，使其熟悉调查流程、调查方法以及如何与调查对象进行有效的沟通。培训内容不仅包括专业知识，还涵盖人际交往技巧和伦理道德规范，确保调查过程的顺利进行和数据的真实性。例如，在进行传染病流行病学调查时，调查人员需要准确询问患者的发病时间、接触史、症状演变等关键信息，任何一点遗漏或错误都可能影响后续的疫情分析和防控措施的制定。因此，在调查过程中，要安排专业督导员对调查人员的工作进行定期检查和指导，及时发现并纠正可能出现的问题。

不断优化数据收集工具，如问卷、检测仪器等，以提高数据的准确性。对于问卷，要根据预调查的结果和反馈，及时调整问题的表述和选项设置，使其更符合实际情况和研究目的。在使用检测仪器进行生物样本检测时，要定期对仪器进行校准和维护，确保检测结果的可靠性。例如，在进行血液生化指标检测时，若仪器的校准出现偏差，可能会导致检测结果的不准确，从而影响整个研究的结论。

在数据收集现场，要尽量创造一个稳定、适宜的环境，减少外界因素对数据的干扰。例如，在进行视力检测时，要保证检测场所的光线充足且均匀，避免因光线问题导致视力检测结果出现偏差。同时，对于一些需要调查对象自行填写的问卷，要提供安静、舒适的填写环境，确保其能够认真、准确地回答问题。

在直接使用电子设备收集数据前，需要依据调查内容与需求，设计适配的录入软件，界面需简洁，逻辑校验规则要完备，像设置取值范围、必填项等。同时，对录入人员开展系统培训，涵盖调查目的、

NOTES

软件操作等内容，考核合格后方可上岗。另外，需要全面检查并准备好设备，确保电量、存储空间、网络连接等方面正常。

3. 数据录入阶段　为了提高数据的准确性，一般采用双录入的方式，即由两名录入人员分别将原始数据录入到电子数据库中，然后通过专门的软件进行数据比对，找出不一致的数据点，并与原始记录进行核对和纠正，这种方法可以有效减少录入错误的发生。例如，在一个大规模的人群健康调查中，涉及大量的个人信息和健康指标数据，双录入能够及时发现并纠正因人为疏忽导致的录入错误，如数据错位、字符错误等。在直接使用电子设备录入数据时，可以利用录入软件的实时校验功能，在录入过程中对每一项数据进行实时检查。当录入的数据不符合预设的逻辑规则或取值范围时，软件应立即弹出提示框，告知录入人员错误信息，要求其及时更正。

此外，还需要建立完善的异常值识别和处理机制。除了通过逻辑检错和质量评估的方法发现异常值外，还可以结合专业知识和统计方法来判断异常值的合理性。对于确定为不合理的异常值，要进一步核实其来源。如果是数据录入错误，应及时纠正；如果是真实的极端值，要在分析过程中谨慎处理，并需要评估异常值对研究结果的影响。例如，在研究某地区人群的血压水平时，若出现个别极高或极低的血压值，需要进一步核实这些数据是否准确记录，是否存在测量误差或特殊的病理生理情况。

4. 数据分析阶段　在选择统计分析方法时，要根据研究设计、数据类型和分布特征等因素进行综合考虑，确保方法的适用性和合理性。同时，要对统计分析结果进行验证和稳健性检验。例如，在进行生存分析时，可以采用不同的生存函数估计方法进行对比来验证结果的稳定性。如果不同方法得到的结果差异较大，就需要深入分析原因，可能是数据存在潜在的问题，或者是统计方法的假设条件不满足。

除了常见的混杂因素外，还要注意其他类型的偏倚，如选择偏倚、信息偏倚等。选择偏倚可能在抽样过程中产生，例如在选择研究对象时，如果采用的抽样方法不合理，导致某些特定人群被过度或不足纳入研究，就会影响研究结果的代表性。信息偏倚则可能由于测量误差、回忆偏差等原因导致。对于这些偏倚，要在研究设计和实施过程中采取相应的措施进行预防和控制，如采用随机抽样、盲法等方法。在分析阶段，要运用适当的统计方法进行校正，减少偏倚对研究结果的影响。

数据质量控制是一个持续的过程，需要建立有效的监测机制，定期对数据质量进行评估和反馈。可以通过定期的数据审核会议、质量报告等形式，及时发现数据质量问题，并采取针对性的改进措施。例如，每月召开一次数据质量审核会议，对当月收集的数据进行全面的质量评估，包括数据的完整性、准确性、一致性等方面，总结存在的问题，并制订下个月的数据质量改进计划。

五、数据共享与利用

流行病学数据的共享和利用对于数据管理和公共卫生政策的制定具有至关重要的意义。鼓励数据的共享和开放不仅能够提高数据的利用率，还能显著提升研究成果的可重复性，进而促进学术交流和跨学科的科学合作。例如，世界卫生组织通过建立共享平台，使不同地区的研究人员能够访问和分析同一数据集，从而形成更全面的流行病学图景。

通过运用统计学和数据挖掘等方法对数据进行深入分析，可以揭示数据中的规律、趋势和潜在的关联性。例如，通过对大量的流行性感冒病例数据进行时间序列分析，研究人员能够预测未来的流行性感冒暴发时间和强度，从而为公共卫生部门的预防措施提供科学依据。特别是数据可视化技术在这一过程中发挥了关键作用，将复杂的数据结果以图表形式直观地展示出来。在本章案例中，利用地理信息系统（geographic information system，GIS）绘制病例时空分布图，按照发病日期分阶段（如2019 年 12 月至 2020 年 2 月）展示疫情扩散趋势，以此揭示武汉在早期疫情传播中的作用。

在利用流行病学数据资料时，还需要遵循一些原则：

1. 数据质量　确保数据的准确性和完整性，避免无效或错误的数据对分析结果产生影响。

NOTES

2. 保护个人隐私　在处理数据时，要遵守相关法律法规，保护个人隐私。

3. 方法选择　选择合适的统计方法和模型，确保分析结果具有可靠性和有效性。

4. 结果解释　对分析结果进行合理解释，避免过度解读或错误解读。

5. 结果公正性　在数据分析和解释过程中，要保持客观公正的态度，避免个人主观偏见对结果产生影响。

6. 结果应用　将数据分析的结果应用于实际工作中，为公共卫生决策和干预措施提供科学依据。

（潘海峰）

本章小结

在本章中，重点探讨了如何选择合适的资料来源、如何设计调查表，以及对收集到的数据进行处理和存储的重要性，这些知识的综合运用将直接影响流行病学研究的质量和结果的可靠性。同时，本章也对现场调查的关键步骤，以及对现场调查进行质量控制的途径等内容进行了说明。这些理论和实践技能对于流行病学研究人员来说都是必备的，也是进行高质量流行病学研究的基础。

思考题

1. 现场调查的实施步骤有哪些？
2. 设计调查表要遵循哪些原则？
3. 如何对现场调查进行质量控制？

NOTES

第六章 | 描述性研究

案例

高血压是心脑血管疾病发病的重要危险因素，如能早期发现、诊断和治疗高血压，可有效降低心脑血管疾病的发病风险。为了解中国成人高血压的患病状况以及高血压患者对疾病的知晓、治疗和控制情况，2015 年中国高血压调查团队采用多阶段随机抽样方法在全国范围内招募 18 岁及以上 451 755 名居民为研究对象，采用问卷调查收集人口学和社会经济等资料。按标准操作方法，测定身高、体重、体脂等人体指标，采用便携式血压计测定右臂血压，每次间隔 30 秒，连续测量 3 次，取其平均值，根据 2010 年中国高血压管理指南诊断高血压并进行分级。研究结果表明，18 岁及以上中国成年人高血压患病率为 23.2%，高血压前期患病率为 41.3%。城乡居民高血压患病率无显著差异（23.4% vs. 23.1%，$P=0.819$）。男性高血压患病率高于女性（24.5% vs. 21.9%，$P<0.001$），肥胖人群高血压患病率高于正常体重者（44.5% vs. 15.4%，$P<0.001$）。高血压患者知晓率为 46.9%，服药率为 40.7%，控制率为 15.3%，女性知晓率、治疗率和控制率均高于男性（51.9% vs. 42.5%、46.6% vs. 35.6%、17.7% vs. 13.2%，P 值均 <0.001）。城市高血压患者控制率高于农村（19.4% vs. 13.1%，$P=0.006$）。男性、较大年龄、超重/肥胖、高血压家族史、低教育程度、吸烟、饮酒者是高血压患病的危险因素（P 值均 <0.05）。

因此，本研究在全国范围内采用多阶段随机抽样调查获得我国成年居民高血压和高血压前期的患病率及其分布状况，发现我国高血压患者的知晓率、治疗率和控制率均比较低，特别是在农村地区。该调查为高血压防治策略制定提供了科学依据。

Descriptive study, also named as descriptive epidemiology, is one of the branches of epidemiology. The goal of descriptive study is to describe the distribution of diseases and other health-related events by region, time, and person using the existing or specifically surveyed data, analyze the influencing factors, provide the etiological clues of disease, and generate a hypothesis of etiology. Descriptive study is usually the starting point for exploring the causes of unknown etiological diseases.

Descriptive study can be classified into prevalence study, ecological study, case investigation, and case report, etc.

描述性研究（descriptive study），又称描述流行病学，是指利用现有的或专门调查的资料，按不同地区、时间和人群特征分组，描述疾病或健康状态的分布特征，分析影响分布的因素，为病因研究提供线索，建立病因假设。描述性研究通常是病因不明疾病病因探索的起点。

描述性研究可分为现况研究、生态学研究、个案调查和病例报告等方法。

第一节 | 现况研究

一、现况研究概述

（一）现况研究概念

现况研究（prevalence study）是指在特定时间内，对特定范围内的人群，收集有关变量（因素）、疾

病或健康状况等信息，描述其分布特征，了解该人群某疾病流行状况或某暴露水平，为进一步研究提供病因线索。由于在特定时间如某一时点或某一较短时间内收集各研究人群的暴露或疾病情况，故现况研究又称为横断面研究（cross-sectional study）。现况研究一般调查疾病的患病情况，以患病率作为结果分析指标，因此又称为患病率研究。

（二）现况研究的特点

在流行病学方法上，现况研究具有以下特点：

1. 研究开始时不设对照组　与其他研究方法如病例对照研究、队列研究等不同，现况研究开始时，根据研究目的选择某一代表性人群作为研究对象，调查某一特定时点的暴露（特征）和疾病的状态，没有进行分组。但是在资料分析时，可以根据暴露特征（暴露与非暴露）或患病状态（患病与非患病）进行分组并比较。

2. 特定时间内的调查　现况研究关注某一特定时点上或某特定时期内暴露和疾病患病的联系。理论上，调查时点应该越短越好，如人口普查的时点定在 11 月 1 日零点。一般来说，时点患病率较时期患病率要精确。

3. 无法明确时序关系和因果联系　一般而言，现况研究所揭示的暴露与疾病患病之间的统计学联系，可为病因探索提供线索，是分析性研究（病例对照研究和队列研究）的基础，但不能以现况研究结果作因果推论，因为：①现况研究一般揭示某一时点或时期暴露与疾病患病之间的关系，而无法确定它们之间的时序关系。例如现况研究发现，与对照组相比，大肠癌患者的血清胆固醇水平较低且差别有统计学意义，但调查本身无法明确谁先谁后，孰因孰果。但对不会发生改变的暴露因素如性别、种族、血型、遗传等，现况研究发现的统计学关联可以提供暴露（特征）与疾病的时序关系。②现况调查得到的多是存活期较长的患者，存活期短者不易被调查到。用存活患者作为患病组，有可能将存活因素当作发病因素。

4. 现况研究用现在的暴露来替代或估计过去情况　在解释现况研究结果时，常以研究对象目前暴露状态或特征来替代或估计其过去的暴露状况，以作关联分析。但需要符合如下几个条件：①现在的暴露或暴露水平与过去的情况存在着较好的相关关系，或已证明变化不大，如某些环境性或职业性的暴露因素在近年来或更长时间内稳定不变，则可用此来估计其与研究群体中是否患病的联系强度。②已知该研究因素暴露水平的变化规律，以此规律来估计过去的暴露水平。③回忆过去的暴露或暴露水平不可靠，而现在的暴露资料可以用来估计过去的暴露情况。例如，营养调查中常采用 24 小时或一周食物的摄入量来估计过去的摄入情况，因为回顾性饮食调查常存在信息偏倚。

5. 重复调查可以获得发病率资料　一次现况调查无法得到发病资料，但对同一个人群开展两次或多次的现况调查，根据两次调查间隔期间的新发病例可计算该病发病率。

（三）现况研究的类型

现况研究有两种类型，即普查（census）和抽样调查（sampling survey），见图 6-1。

1. 普查　即全面调查，是指在特定时间对特定范围内的总体人群中每一个成员都进行调查，以获得总体特征如均数（μ）或率（π）。特定时间应该较短，甚至指某个时点。特定范围是指某个地区或具有某种特征的人群，如对某地户籍居民进行高血压的调查，可以获得当地居民高血压患病率。一次普查可以同时调查多种疾病或异常特征。一般普查要求有简易的检测方法，对检查发现的异常者或患者需有进一步诊治的措施。由于普查所花的人力、

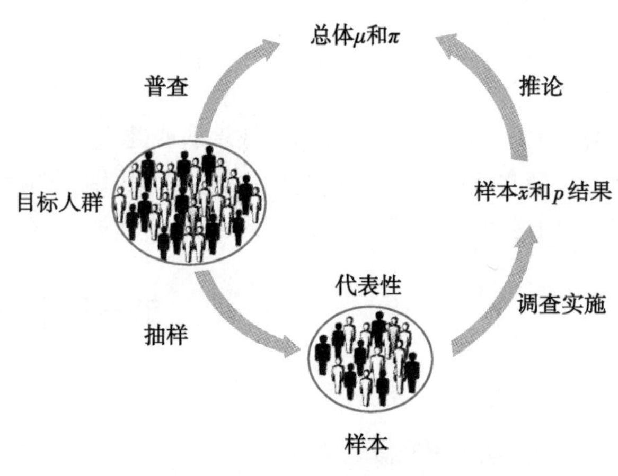

图 6-1　现况研究的两种类型

物力和财力较大，因此开展普查还需考虑可行性。

普查的优点：①调查对象为全体目标人群，通过普查，理论上能找出目标人群中的全部病例，因此可以做到疾病的早期发现和早期诊断，以便开展早期治疗，即二级预防；②没有抽样误差；③一次普查可以调查多种疾病、健康状况和暴露因素；④通过普查可以给调查对象普及相关健康知识。

普查的局限性：①由于工作量大，工作开展不易细致，较容易出现漏诊和误诊；②由于调查涉及面大，参加调查人员多，调查标准不能很好统一，会影响调查质量；③不适用于患病率低、无简便易行诊断方法的疾病；④耗费较大的人力和财力，成本较高。

2. 抽样调查　如果只需要了解目标人群某疾病的流行水平和分布特征，而不是为了早期发现和早期诊断，不需要对所有人群都进行调查，这时可用抽样调查。抽样调查是指从目标人群中用一定的方法抽取一部分有代表性的人群作为调查对象，组成样本，对样本人群进行调查，以该人群调查的结果来推论目标人群的特征，即以样本人群信息来推断总体特征的方法，见图 6-1。

要以样本信息推论总体特征的前提是该样本要有代表性。随机抽样和足够的样本含量是保证样本代表性的基础。随机抽样是指总体或目标人群中每一个对象都有同等机会被选入作为研究对象。例如，如果目标人群有 N 个个体，设计样本含量为 n，按照随机方法进行抽样，则总体中每一对象被抽中的概率均为 n/N。

抽样调查的特点：①所调查人数一般较少，可以节省时间、人力和物力；②调查工作可做得更细致，以减少系统误差；③适合患病率较高或该指标变异程度低的疾病调查，否则所需的样本含量很大；④抽样调查的设计、实施与资料分析均比普查要复杂。

（四）现况研究的用途

1. 可了解目标人群中疾病或者健康状况的流行水平和分布特征　例如，本章案例通过在全国范围内的抽样调查获得我国成年居民高血压和高血压前期的患病率及其地区和人群分布状况，发现我国高血压患者低知晓率、低治疗率和低控制率，特别是在农村地区，该调查结果为制定高血压管理策略提供依据。

2. 提供病因线索，建立病因假设　通过描述疾病的分布特征以及分析影响分布的因素，现况研究可为病因研究提供线索，建立病因假设，这是病因不明疾病病因探索的第一步。例如，通过分布特征分析发现吸烟者肺癌患病率高于非吸烟人群，根据这一结果，可以建立吸烟可能是肺癌危险因素这一假设，为后续研究提供方向。

3. 疾病的早期发现、早期诊断和早期治疗（二级预防）　通过普查可以早期发现该病患者或者其高危人群，以便进行早诊断和早治疗，以达到疾病二级预防的目的，二级预防是疾病预防的一项重要措施。例如，通过对高血压的现况调查，可以发现高血压前期和现患患者，对这些患者或异常者进行进一步诊断和有效治疗，可以改善高血压患者预后，即二级预防。同时，高血压作为心脑血管疾病的重要危险因素，对其进行筛查和早期干预，可以降低心脑血管疾病的发病风险，这对心脑血管疾病防治来说是一级预防（病因预防）。

4. 评价疾病监测和防治效果　对某特定人群开展多次（如干预前后）现况研究，通过比较不同时间该人群患病水平，可以评价干预措施的效果。

5. 确定某些生理指标的参考值范围　例如采用抽样调查获得某个正常人群的血红蛋白含量均数和标准差，采用统计学方法，用正常人群的 95% 范围确定该人群血红蛋白的参考值范围。

二、现况研究的设计与实施

现况研究需要有良好的研究设计，在现况研究设计中，样本代表性是调查结果能够推论到目标人群的前提，足够的样本量和避免各类偏倚是现况研究成功的关键。

（一）明确研究目的、选择研究类型

根据所提出的问题，明确研究目的，根据研究目的选择研究类型。如为了对某病进行早期发现和

早期诊断，需用普查。如仅需了解某疾病或健康状况的分布特征，可以采用普查或抽样调查，考虑到研究效率，抽样调查更为常用。

（二）选择研究对象

根据研究目的，确定目标人群或总体的特征。目标人群即为研究结果需要推论的人群，包括人口学特征、地区和时间范围。例如本章案例中，目标人群为中国 18 岁以上成人，即能把研究结果（如高血压患病率）推论到的人群。同时需要建立研究对象的入选标准和排除标准。

（三）确定样本大小和抽样方法

如采用抽样调查，需要确定调查所需的样本含量。样本含量过小，缺乏代表性，抽样误差偏大，研究结果不能反映总体特征。样本含量太大，造成资源的浪费并易增加系统误差，降低调查质量。影响抽样调查样本含量的主要因素有：①预期现患率（p，计数资料）或变异程度如标准差（s，计量资料）；现患率越高，样本含量就越小。变异程度越小，所需样本量越小。②对调查结果精确性的要求：容许误差（d）越大，所需样本含量就越小。③显著性水平（α）要求：α 值越小，即显著性水平要求越高，样本含量要求就越大。

1. 样本含量估计　按计数资料和计量资料分别介绍。

计数资料样本量估计，如数据呈二项分布时，即满足 $n \times p > 5$ 或 $n \times (1-p) > 5$ 时，样本含量可用以下公式估计。

$$s_p = \sqrt{\frac{pq}{n}} \qquad \text{（式 6-1）}$$

$$则：n = \frac{pq}{s_p^2} \qquad \text{（式 6-2）}$$

令：$s_p = \dfrac{d}{z_\alpha}$，则有

$$n = \frac{pq}{\left(\dfrac{d}{z_\alpha}\right)^2} = \frac{z_\alpha^2 \times pq}{d^2} \qquad \text{（式 6-3）}$$

n 为样本含量，p 为预期患病率，$q = 1-p$，d 为容许误差，一般用 p 的比例表示，如 $d = 10\%p$。

假如 $d = 10\%p$，$\alpha = 0.05$ 时，$Z_{1-\alpha/2} = 1.96 \approx 2$，则式 6-3 可转化成

$$n = 400 \times \frac{q}{p} \qquad \text{（式 6-4）}$$

以上公式表明，预期患病率越大，抽样所需样本含量越小，容许误差越小，所需样本量越大。

当患病率比较低，不符合二项分布时，宜采用 Poisson 分布的原理估计样本含量。表 6-1 是 Poisson 分布期望值的 0.90 和 0.95 可信限表，可用来估计样本量。为保证在观察期内的样本有病例被发现，必须使 95% 可信限的下限大于 1。当期望值为 3 时，95% 可信限下限为 0.619，以此作调查时，有可能没有发现病例。当期望值为 4 时，95% 可信限下限是 1.09，即 95% 机会可发现病例。假如对预期患病率为 20/10 万的人群作该疾病调查，要出现期望数为 4，至少需要调查 2 万人。

表 6-1　Poisson 分布期望值的可信限简表

期望值	0.95		0.90		期望值	0.95		0.90	
	下限	上限	下限	上限		下限	上限	下限	上限
0	0.000 0	3.69	0.000 0	3.00	2	0.242	7.22	0.355	6.30
1	0.025 3	5.57	0.051 3	4.74	3	0.619	8.77	0.818	7.75

续表

期望值	0.95		0.90		期望值	0.95		0.90	
	下限	上限	下限	上限		下限	上限	下限	上限
4	1.09	10.24	1.37	9.15	7	2.81	14.42	3.29	13.15
5	1.62	11.67	1.97	10.51	8	3.45	15.76	3.93	14.43
6	2.20	13.06	2.61	11.84	9	4.12	17.08	4.70	15.71

计量资料样本含量的估计可以用下式表示：

$$n=\left(\frac{U_{\alpha}\sigma}{\delta}\right)^2 \quad \text{（式 6-5）}$$

$$\delta=\bar{x}-\mu \quad \text{（式 6-6）}$$

σ 为总体标准差估计值，μ 为总体均数，δ 为允许误差，$\bar{x}$ 为算术均数。

当 $\alpha=0.05$ 时，$U_{1-\alpha/2}=1.96$。

实际调查时可能会发生失访，最终样本量还需以可能发生的失访率做调整。

$$n_{\text{实际}}=\frac{n_{\text{估计}}}{1-\text{失访率}} \quad \text{（式 6-7）}$$

2. 抽样方法　抽样方法可分为非随机抽样和随机抽样，前者如典型调查、方便抽样等，一般常用于社会学和新闻学等领域的调查，对特殊人群进行调查，其结果一般不能推论到总体。所用的调查方法请参见相关参考文献。在流行病学研究中一般采用随机化抽样方法。随机抽样要求遵循随机化原则，即保证总体中每一个对象都有同等机会被入选作为研究对象，以保证样本的代表性。

常见的随机抽样方法有单纯随机抽样、系统抽样、分层抽样、整群抽样和多级抽样。

（1）单纯随机抽样（simple random sampling）：也称简单随机抽样，是最简单、最基本的抽样方法。它是指从总体 N 个对象中，利用抽签或其他随机方法（如随机数字）抽取 n 个对象，构成一个样本。它的基本原则是总体中每个对象被抽到的概率相等，均为 n/N。

可以用标准误估计抽样误差，单纯随机抽样的标准误可根据公式 6-8 和公式 6-9 计算。

均数的标准误：

$$s_{\bar{x}}=\sqrt{\left(1-\frac{n}{N}\right)\frac{s^2}{n}} \quad \text{（式 6-8）}$$

率的标准误：

$$s_p=\sqrt{\left(1-\frac{n}{N}\right)\frac{p(1-p)}{n-1}} \quad \text{（式 6-9）}$$

式中 s_p 为样本标准差，p 为样本率，N 为总体含量，n 为样本含量，其中 n/N 为抽样比，当 $n/N<5\%$ 时，n/N 可以忽略不计。

单纯随机抽样一般用于总体数量不大时。在现场调查时，如果目标人群数量很大，给每个人编号和抽样工作就相当复杂，抽到个体在人群中的分布可能会分散而导致代表性低，资料收集困难等原因，实际上单纯随机抽样应用较少，但它是理解其他抽样方法的基础。

（2）系统抽样（systematic sampling）：又称机械抽样，是按照一定顺序，机械地每隔若干单位抽取一个单位的抽样方法。具体抽样过程如下：

设总体单位数为 N，需要调查的样本数为 n，则抽样比为 n/N，抽样间隔为 $k=N/n$，将每 k 个单位组

NOTES

成一个抽样单位，因此总体 N 被分成 n 个抽样单位。然后在第一个抽样单位（样本编号从 1、2……k）中用随机方法抽取一个研究对象，如 i，然后分别间隔 k 个单位抽取下一个抽样单位的样本，如 $i+k$、$i+2k$……$i+(n-1)\times k$，以此组成抽样样本。

例如，某镇有 10 000 户，拟抽 1 000 户，则抽样比为 1 000/10 000 = 1/10；k = 10 000/1 000 = 10，按每 10 户组成一组，共有 1 000 组。以随机数字方法在第一组 10 户（编号为 1、2……10）中抽取样本户，假如为 6，以后则每隔 10 户抽取一户，组成样本编号为 6、16、26……9 996 的样本户。

系统抽样的优点有：①事先不需要知道总体内的确切单位数。例如想抽取一年中所有新生儿的一个样本，不必准确了解一年中新生儿数量，但可以根据估计而确定抽样间隔（k）；②易在较大人群现场调查中应用。例如可按户或按门牌号，调查员可以间隔 k 户调查一户，这比单纯随机抽样要容易；③样本分布在总体内的各部分，分布比较均匀，代表性较好。

系统抽样的缺点：假如总体中某指标分布呈现周期性现象，而抽样间隔恰好是其周期或其倍数，则样本可能产生偏性。例如疾病的时间分布、调查指标的季节性周期性变化等，会使结果产生偏倚。此时如果要采用系统抽样，抽样间隔不能是变化周期的整数倍。

系统抽样的抽样误差可以用单纯随机抽样标准误估计。

（3）分层抽样（stratified sampling）：当总体变异比较大时，先按影响变异最大的因素如性别、疾病分期等将总体分为若干层，然后再从每一层内分别进行单纯随机抽样，组成一个样本。如预调查小学生肥胖的患病率，先把小学生按照年级分成一、二……六层，然后分别在每一层内按随机方法抽取若干研究对象组成样本。分层可以提高总体指标估计值的精确度，它可以将一个内部变异较大的总体分成一些内部变异较小的层（次总体）。分层特征变量选择遵循使每层内个体变异越小越好，而层间变异则越大越好的原则。分层抽样比单纯随机抽样所得到的结果准确性更高，也容易组织实施，而且它能保证总体中每一层都有个体被抽到。分层抽样除了能估计总体的参数值，还可以估计各个层内的情况，因此分层抽样是人群现场调查中常采用的抽样技术。

按层内样本分配不同，分层抽样可分为两种：按比例分配（proportional allocation）分层抽样和最优分配（optimum allocation）分层抽样。

按比例分层抽样是按照各层内抽样比例相同的原则，即按照下式计算并分配各层样本。若总体中某一层观察单位数越多，则该层分配的样本量也越大。

$$n_i = n\times\frac{N_i}{N} \qquad \text{（式 6-10）}$$

其中，N 为总体全部观察单位数，n 为全部样本量，N_i 和 n_i 分别为第 i 层的观察单位数和样本量。

按比例分层抽样的抽样误差估计方法如下：

均数的标准误为

$$s_{\bar{x}} = \sqrt{\left(1-\frac{n}{N}\right)\sum\left(\frac{S_i^2 n_i}{N\bullet n}\right)} \qquad \text{（式 6-11）}$$

率的标准误为

$$s_{\bar{p}} = \sqrt{\left(1-\frac{n}{N}\right)\left(\frac{1}{n^2}\right)\sum\left(\frac{n_i^2}{n_i-1}\right)p_i(1-p_i)} \qquad \text{（式 6-12）}$$

式中：n 为样本单位数；N 为总体单位数；n_i 为各层样本单位数；N_i 为各层单位数；S_i 为总体第 i 层的标准差；p_i 为总体第 i 层的率。

最优分配分层随机抽样是按照各层的观察单位数和变异程度分配样本量，见公式 6-13 和公式 6-14。各层抽样比例可能不同，内部变异小和观察单位数少的层抽样比例小，内部变异大和观察单位数多的层抽样比例大。

NOTES

$$n_i = n\frac{N_i S_i}{\sum N_i S_i} \quad （式 6-13）$$

或

$$n_i = n\frac{N_i\sqrt{p_i q_i}}{\sum N_i\sqrt{p_i q_i}} \quad （式 6-14）$$

按最优分配分层抽样的抽样误差估计方法如下。

均数的标准误为

$$s_{\bar{x}} = \frac{1}{N}\sqrt{\sum N_i^2\left(1-\frac{n_i}{N_i}\right)\frac{s_i^2}{n_i}} \quad （式 6-15）$$

率的标准误为

$$s_{\bar{p}} = \frac{1}{N}\sqrt{\sum N_i^2\left(1-\frac{n_i}{N_i}\right)\frac{p_i(1-p_i)}{n_i}} \quad （式 6-16）$$

（4）整群抽样（cluster sampling）：将总体分成若干群组，以群为单位抽取部分群组作为观察单位组成样本，称为整群抽样。若被抽到群组中的全部个体均作为调查对象，称为单纯整群抽样（simple cluster sampling）；若在样本群内再进行单纯随机抽样获得样本，称为二阶段抽样（two-stage sampling）。

整群抽样要求群之间变异要小，否则抽样误差就比较大。

整群抽样的特点有：①易于组织、方便实施，可以节省人力、物力；②如群间差异越小，所抽取的群越多，则精密度越好；③抽样误差一般较单纯随机抽样大，故其样本量比单纯随机抽样要增加 50%。

一般来说，上述几种抽样方法的抽样误差大小为整群抽样≥单纯随机抽样≥系统抽样≥分层抽样。

（5）多级抽样（multistage sampling）：在大型流行病学调查中，常常结合使用上面几种抽样方法。常把抽样过程分为不同阶段，即先从总体中抽取范围较大的单元，称为一级抽样单位（如省、自治区、直辖市），再从一级单元中抽取范围较小的二级单元（县、乡、镇、街道），依次类推，最后抽取其中范围更小的单元（如村、居委会）作为调查单位。本章案例分别按省/自治区/直辖市、城市/农村、区/县、乡镇和社区/村为单位，采用了多级抽样方法获得样本。每个阶段的抽样可以采用单纯随机抽样、系统抽样或其他抽样方法。

多级抽样可以充分利用各种抽样方法的优势。多级抽样需要在抽样之前掌握各级调查单位的人口资料及特点。例如，要调查某城市初中生的吸烟情况，将全市中学按教学质量分成好、中、差三层，每层抽出若干学校，再在抽中的学校中，按年级分成三层，每个年级按整群抽样抽取若干班并对班内所有同学进行调查。在这个抽样设计中采用了单纯随机、分层、整群抽样技术。

（四）确定研究内容和资料收集方法

根据研究目的，确定研究内容。现况研究可收集有关研究对象的人口学特征、各种暴露相关资料和疾病患病资料。人口学特征资料包括年龄、性别、出生日期、民族、文化程度、婚姻状况等。暴露因素包括吸烟、饮酒和饮茶史、体力活动、饮食史、家族史和疾病史、女性月经史、生育史以及职业与环境暴露情况等。疾病患病指标如高血压、糖尿病、冠心病、脑卒中、恶性肿瘤等患病信息，每一种疾病都需要有明确的诊断标准。

资料收集的方法主要有：①问卷调查法，流行病学研究中常用问卷调查法收集年龄、性别、吸烟史、饮酒史、饮食史、体力活动、家族史等宏观资料。调查表是现况研究询问调查收集资料的主要工具，问卷表设计要合理，每个调查因素如吸烟、饮酒等都要有明确的标准。其他方法还有信函调查、电话访问以及网络调查等。②体格检查，按照统一标准对每个研究对象进行体格检查，测定身高、体重、腰围、臀围、收缩压和舒张压等指标。③生化指标测定，采集研究对象的血液或尿液等标本，可以测定血糖、血脂、肝功能、HBsAg、胰岛素等指标。也可以利用现有常规资料如居民体检资料、疾病登记与

监测资料和医保数据等。但在利用这些资料时,需要注意使用的标准和方法是否一致。

在收集资料时,要用统一的方法和相同的评价标准。所有参与调查和检查的人员需要进行培训以统一标准,并建立质量控制方法。如果运用一些新调查方法,事先需要对方法进行评价。

三、现况研究的资料整理与分析

将现况调查所获得的原始资料进行整理和分析,描述疾病或健康状况和暴露因素的分布特征,在此基础上提出病因假设。可按以下步骤进行资料整理分析。

(一) 原始资料的检查与核对

首先需要对原始资料进行核查,确保完整性和准确性。填补缺项、漏项,删除重复,纠正错误。

(二) 数据库构建和数据整理

将各类原始数据录入电子计算机,建立数据库。数据可以按照不同要求进行转化,如血糖是计量资料,可以按照糖尿病诊断标准转化成高血糖和正常血糖二分类资料,也可按照暴露或疾病的不同特征进行分组和归纳。

(三) 各种率和平均数指标的计算和分布特征分析

计数资料可以计算各种率的指标,如患病率、阳性率、检出率等。计量资料如身高、体重、血压、腰围等可以用集中趋势(如均数、几何均数或中位数等)和离散趋势(如标准差、四分位间距、极差等)进行描述。计量资料需根据数据类型采用不同指标,例如正态分布一般采用均数和标准差,而偏态分布可用中位数和四分位间距描述。

将疾病或健康状况按不同人群、地区和时间进行描述。通过三间分布的描述,分析上述指标的差异及其影响因素。

为了便于不同地区、人群之间的比较,需要消除年龄、性别等构成差别的影响,可以对被比较指标进行标准化。标准化方法见相关统计学参考书。

(四) 暴露与疾病关联分析

虽然现况研究设计时是不分组的,但是可根据研究对象的不同特征(是否暴露和是否患病)进行分组,以分析暴露与疾病的关系,为病因提供线索或建立病因假设。

根据研究对象是否暴露于某因素分为暴露组和非暴露组,比较不同暴露状况下的研究对象患病水平的差别,见表 6-2。

表 6-2 不同暴露特征人群的患病率

	患病	未患病	合计	患病率
暴露组	a	b	$a+b=n_1$	$a/a+b$
非暴露组	c	d	$c+d=n_0$	$c/c+d$
合计	$a+c=m_1$	$b+d=m_0$	n	

为了比较暴露组和非暴露组患病率的差别是否有统计学意义,可以用 χ^2 检验。

$$当\ n \geqslant 40,且\ T \geqslant 5\ 时,\chi^2=\frac{(|ad-bc|)^2 \times n}{n_1 n_0 m_1 m_0} \tag{式 6-17}$$

$$当\ n \geqslant 40\ 且\ 1 \leqslant T \leqslant 5\ 时,\chi^2=\frac{(|ad-bc|-n/2)^2 \times n}{n_1 n_0 m_1 m_0} \tag{式 6-18}$$

如果 $\chi^2>3.84$,则 $P<0.05$;$\chi^2>6.63$,则 $P<0.01$。

如果两组患病率的差别具有统计学意义,说明暴露与疾病患病有关。

可用现患比(prevalence ratio,PR)反映暴露与疾病关联强度,现患比是指暴露组某病的患病率与

NOTES

非暴露组的比值。

$$PR=\frac{\text{暴露组患病率}}{\text{非暴露组患病率}} \quad \text{（式 6-19）}$$

也可按照是否患病将人群分为患病组与未患病组，比较患病与未患病人群某暴露分布的差别，见表 6-3。

表 6-3　不同患病人群的暴露状况

	暴露	非暴露	合计	暴露率
患病组	a	b	$a+b=n_1$	$a/a+b$
非患病组	c	d	$c+d=n_0$	$c/c+d$
合计	$a+c=m_1$	$b+d=m_0$	n	

两组人群暴露率的比较也可以用 χ^2 检验。

但需注意的是，现况研究关联分析结果不能直接做因果关系推断。

四、现况研究中常见偏倚及其控制方法

作为一种观察性研究方法，现况研究可能产生选择偏倚、信息偏倚和混杂偏倚，因此需要针对发生的原因加以预防和控制。

1. 选择偏倚　选择偏倚产生的主要原因有：①在选择研究对象时采用随意抽样，或随意变化抽样方法，导致获得的样本不能代表目标人群，如以该样本调查结果推论目标人群的特征，可能出现错误估计；②在现况调查实施时，由于各种原因部分研究对象不能或不愿参加调查（不应答），无法得到调查结果，如不应答者比例较高（如高于 15% 或以上）时，以应答者的结果估计目标人群的特征即可能发生无应答偏倚；③现况研究所调查得到的研究对象均为幸存者，以幸存者的结果无法真实反映目标人群情况，即产生幸存者偏倚。

因此，现况研究在招募研究对象时应采用随机方法抽取样本人群，使样本有代表性。通过宣传和动员等方法提高研究对象参加调查的积极性，降低无应答率。通过上述措施，可降低选择偏倚发生的可能性。

2. 信息偏倚　与其他流行病学研究类似，现况研究在收集资料时，由于各种原因使得调查得到的资料与实际情况有差距，从而产生信息偏倚。例如问卷调查时调查对象或调查者对某个问题（如吸烟、饮酒等）的理解错误，标准不统一；体重、血压等指标检查的条件和标准不一致，实验室测定操作方法不规范等都可以引起信息偏倚。

通过以下方法可以控制信息偏倚：①选择合适的评价指标和测量方法，建立统一检测和评价标准；②对调查员进行培训，统一标准和认识，建立调查质量控制方法；③做好调查资料的复查、复核工作，发现问题及时纠正；④采用重复调查（或测量）评价调查结果的一致性，如随机抽取 5% 样本进行重复调查，通过两次调查的一致性评价调查质量。

3. 混杂偏倚　作为观察性研究方法，现况研究分析暴露和疾病关联时，暴露组与非暴露组、患病组和未患病组除了暴露或患病不同外，如果其他因素如年龄、性别、种族、疾病分期和疾病类型等在比较组之间分布不均衡，易产生混杂偏倚。可以采用标准化、分层分析和多因素回归模型等方法控制混杂偏倚。具体方法参见本教材第四章。

五、现况研究的优缺点

（一）现况研究的优点

1. 现况研究最常用的方法是抽样调查，从样本信息推论总体特征，结果可信度较高。

NOTES

2. 在关联分析中，将样本人群按照暴露或疾病患病特征分组，对照组是来自同一群体自然形成的人群，可比性较好。

3. 现况研究方法也是其他人群研究方法的基础，在病例对照研究、队列研究和实验性研究中都可能用到现况调查方法收集资料。

（二）现况研究的缺点

1. 现况研究在特定时间上同时收集暴露和疾病患病信息，因此一般无法确定暴露与疾病之间的时序关系，难以确定因果关系。

2. 现况研究只能调查研究人群的患病情况，一次调查无法获得发病信息和发病率。但连续多次的现况研究可以估计发病率。

3. 现况研究只能调查总体中的患病人群，而临床前期、缓解期和病程已结束（死亡或治愈）患者信息较难获得，因此，可能低估目标人群患病水平。

第二节　生态学研究

一、生态学研究概述

（一）生态学研究的概念

生态学研究（ecological study）是在群体水平上研究某种暴露因素与疾病之间的关系，以某人群亚群体（或组）为观察和分析的单位，通过描述不同群（组）某因素的暴露水平与疾病的频率，通常采用相关分析方法分析该暴露因素与疾病之间的相关关系，因此又称为相关性研究（correlational study）。人群暴露测量指标如人均烟草消耗量、吸烟率、人均脂肪摄入量、肥胖率等，疾病指标可以是某病发病率、死亡率等。

（二）生态学研究的特点

生态学研究最基本的特征是以群（组）为单位收集该群（组）人群的平均暴露水平和疾病患病情况，而不是个体的暴露和疾病信息。这里的群（组）可以是国家、城市、社区、学校和班级等单位，或者是同一个人群在不同时间点的暴露和疾病信息。通过描述不同群（组）人群的暴露水平和疾病状况，分析暴露与疾病的相关性，是一种粗线条的描述性研究。

（三）生态学研究的用途

1. 提供病因线索，建立病因假设　生态学研究通过对群体水平暴露与疾病的相关性分析，可以提供疾病发生的线索，从而建立病因假设，为后续的研究提供方向，因此生态学研究常用于慢性病病因学或环境流行病学研究。

2. 评估人群干预的效果　通过描述和分析人群中某干预措施的实施状况以及疾病的发病率和死亡率的变化情况，对干预措施的效果进行评价。例如，在反应停事件调查中，发现反应停可能是短肢畸形发生的原因后，即采取措施限制孕妇使用反应停，短肢畸形发生数急剧下降，表明干预措施是有效的，见图 6-2。

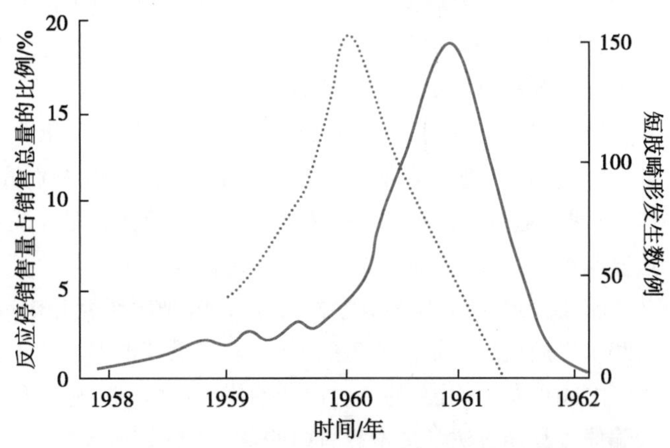

图 6-2　联邦德国 1958—1962 年期间反应停销售量（虚线）与短肢畸形病例数（实线）的时间分布

二、生态学研究设计与实施

（一）确定研究目的

与其他研究相同，在生态学研究设计前，也需要明确研究目的。生态学研究有两方面主要的作用，即提供病因线索，建立病因假设，以及人群干预效果评价。

（二）确定研究类型

根据研究目的和现有的数据，选择合适的研究类型。生态学研究有两种类型，即生态比较研究（ecological comparison study）和生态趋势研究（ecological trend study）。

生态比较研究是指比较在不同人群中暴露水平与某疾病的发病率或死亡率的关系，分析不同暴露水平与疾病率的相关关系。如收集了不同国家或地区居民饮食中脂肪摄入量（g/d）和相应的女性乳腺癌死亡率数据，用相关性分析方法分析脂肪摄入量与女性乳腺癌死亡率的关系，发现随着居民脂肪摄入量水平的增加，女性乳腺癌死亡率也呈现增加的趋势，说明饮食中脂肪摄入可能是女性乳腺癌的危险因素，由此可以建立病因假设，见图 6-3。

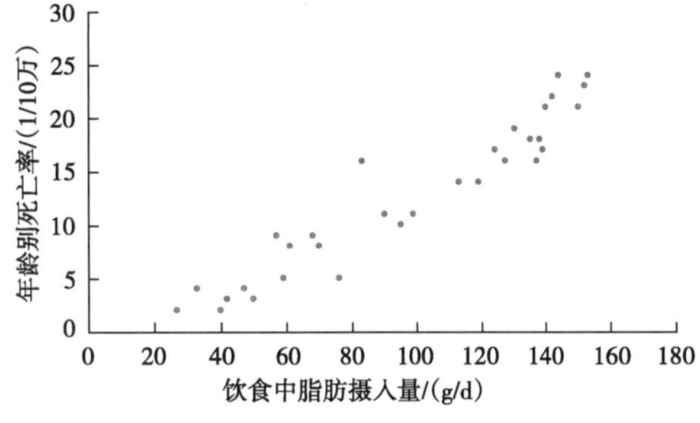

图 6-3　不同国家或地区居民饮食中脂肪摄入量（g/d）与女性乳腺癌死亡率（1/10 万）的关系

生态趋势研究是指对同一个人群在不同时间内连续观察某暴露因素平均暴露水平和某疾病的发病率、死亡率，分析暴露与疾病之间的相关关系。图 6-2 就是一个生态趋势研究的案例。图 6-4 描述了新生儿 BCG 疫苗接种中位年龄（d）与新生儿死亡率（‰）的关系。作者收集了每个出生年份（从 1996 到 2012 年）新生儿 BCG 疫苗接种年龄和新生儿死亡率，可以发现，随着 BCG 疫苗接种年龄的降低，新生儿死亡率也有下降趋势。

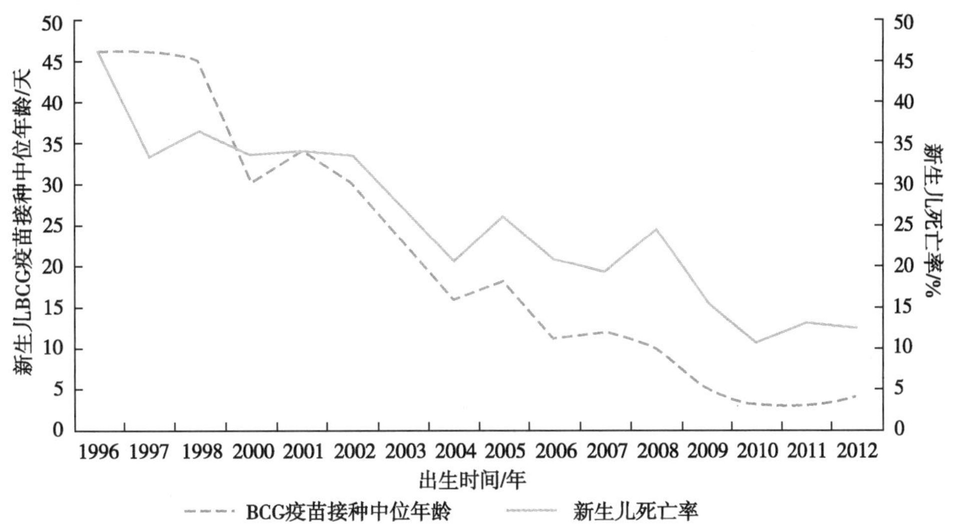

图 6-4　某地新生儿 BCG 疫苗接种中位年龄（d）与新生儿死亡率（‰）的关系

（三）资料来源与收集

生态学研究以群（组）为单位，收集各个群（组）的平均暴露水平、疾病频率或相关指标（如血压、血糖等）的平均水平以及主要混杂因素的分布水平。主要资料包括：①不同人群的年龄、性别构成、平均收入、受教育程度、人口密度、城市人口比例、吸烟率、饮酒率或人均消费情况。②不同地区环

NOTES

境监测数据，如环境污染（CO_2、NO_2、$PM_{2.5}$）、气候气象因素（气温、湿度、气压、光照、辐射、极端气温等）。③不同地区各种疾病的发病率、患病率和死亡率，健康相关指标如血糖、收缩压、血脂、体质指数（body mass index，BMI）等平均水平。这些资料可以通过现况调查获得，也可以来源于常规监测资料，如行为生活方式、环境监测数据，传染病、慢性病如糖尿病、心脑血管疾病、恶性肿瘤和死亡等监测数据和医疗健康保障数据等。地理信息系统和各类健康相关大数据可以在收集相关资料中发挥重要作用。

（四）生态学研究资料整理与分析

生态学研究主要分析不同群（组）人群暴露水平和疾病频率或相关指标平均水平的相关性，可以用相关系数或等级相关系数评估，也可以采用回归模型的方法控制主要混杂因素的影响。

三、生态学研究的偏倚

生态学谬误（ecological fallacy），也称生态学偏倚（ecological bias），是指在群体水平上建立暴露与疾病的关联推论到个体水平时产生的偏倚。生态学谬误发生的主要原因有：①群体暴露信息不能准确反映个体暴露水平，如酒类税款不能很好反映酒类实际消耗量；②无法有效控制混杂因素；③由不同情况的个体“集合”成的群体为观察、分析单位；④生态学关联可能是间接联系，并非因果联系。例如，图 6-4 例子的关联有可能是 BCG 接种率与新生儿死亡率引起的，因为 BCG 接种率与接种年龄是相关的。

四、生态学研究的优缺点

（一）优点

1. 生态学研究常可应用常规资料或现成资料（如数据库）进行研究，因而省时间、省人力、物力，可以很快得到结果。

2. 生态学研究可以为病因不明疾病的病因学研究提供线索，以供后续深入研究。

3. 对于个体暴露水平无法准确测量的情况，生态学研究是唯一的人群研究方法。例如研究空气污染与肺癌的关系，目前尚无有效、可行的个体暴露测量方法，此时，生态学研究成为一种常用的方法。

4. 生态学研究适合对人群干预措施效果的评价。如不是直接对个体水平上危险因素的控制，而是在群体水平上采用健康教育与健康促进，减少危险因素的暴露，此时，干预效果的评价可以在人群水平上进行，生态学研究更适合。

（二）缺点

生态学研究只是粗线条的描述性研究，暴露水平的估计准确性不高，潜在混杂因素很容易引起生态学谬误。许多生态学关联仅仅是间接联系，而并非因果联系。因此，对生态学研究结果解释时要慎重，需要结合专业知识，进一步用队列研究等方法进行检验或验证。

第三节 | 个案调查与病例报告

一、个案调查

个案调查（case investigation）是指对典型病例、病例家庭及其周围环境进行流行病学调查。病例一般是传染病病例，但也可能是非传染病患者或病因未明的病例等。个案调查主要内容包括：

1. 核实诊断　调查者到达现场后，首先应检查患者，根据临床表现、实验室检查并结合流行病学资料进行全面分析，然后做出明确诊断。

2. 现场调查　确定发病时间、地点，追查传染源、传播途径或发病因素，确定疫源地的范围和接触者。可以采用个案调查表收集相关资料。

NOTES

3. 采取紧急措施　根据初步调查结果，采取隔离消毒、检疫接触者和宣传教育等措施以减少或防止类似病例发生。

4. 分析和总结　对个案调查资料进行分析，找出病例发病原因及可能传播的条件，制定防制措施，撰写调查报告。

个案调查是疾病防控实践中一项常规性工作，但一般不设立对照，也无人群有关变量的资料，故不宜分析暴露因素与疾病的关系。

二、病例报告

病例报告（case report）通过对单个或少数特殊病例的症状、体征和检查结果、治疗方法以及预后等信息描述疾病的临床表现，阐明发病机制，为建立诊断方法和治疗措施等提供线索，由此可以初步形成假说。病例报告往往是识别一种新疾病或暴露的不良反应的第一线索，也是监测罕见事件的唯一手段，例如孕妇服用反应停后引起新生儿先天畸形。但病例报告的结果不能作为论证假说的依据，也不能作为诊断和治疗的依据。

对一组同一疾病病例的危险因素、临床特征、治疗效果和预后进行描述和分析称为病例系列研究。病例系列研究可以揭示疾病的特征、进展和预后等信息，为进一步研究提供线索，但无法确定因果关系。

（朱益民）

本章小结

本章介绍描述性研究的概念、作用以及描述性研究的主要方法。描述性研究又可分为现况研究、生态学研究和个案调查或病例报告等方法。现况研究又称为横断面研究，是指在特定时间内，对特定范围内的人群，以个人为单位收集和描述人群的有关变量（因素）与疾病或健康状况分布特征的方法。现况研究有两种基本类型：普查和抽样调查。生态学研究以某人群亚群体（或组）为观察和分析的单位，在群体水平上研究某暴露因素与某疾病之间的关系，可分为生态比较研究和生态趋势研究两种。

思考题

1. 现场调查中常见的抽样方法有哪些？各有什么特点？
2. 试述现况研究在暴露与疾病关联研究中的特点。
3. 生态学研究在疾病病因研究中有什么特点和用途？

第七章 | 队列研究

案例

心血管疾病已成为全球严重危害人类健康的重大公共卫生问题。近年来，我国心血管疾病患病率持续上升，患病人数已高达3.3亿，《“健康中国2030”规划纲要》和《健康中国行动（2019—2030年）》明确提出要开展心脑血管疾病等重大慢性病的防治。心血管疾病的影响因素众多，包括遗传因素、环境因素以及生活方式因素等。既往有大量研究探讨了水果摄入与心血管疾病的关联，然而不同的研究方法（如病例对照研究和前瞻性队列研究）导致了不同研究结果的差异。其中，病例对照研究（见第八章）通常支持水果摄入与心血管病发病风险降低之间的关联，但难以避免回忆偏倚、选择偏倚等方法学上的局限性。为了更全面地探讨两者间的关系，中国慢性病前瞻性研究（China Kadoorie Biobank，CKB）项目团队在2004年至2008年期间，通过对51万成年人进行近十年的前瞻性随访观察，揭示了新鲜水果摄入对于主要心血管病发病及死亡的保护效应。该研究从中国10个不同地区募集了512 891名30~79岁的成年人，经过320万人年的随访，分析了基线不同新鲜水果摄入情况与主要心血管病发病及死亡风险的关联，结果表明：与很少摄入新鲜水果者相比，每天摄入新鲜水果者心血管病死亡危险降低40%，主要冠心病事件、缺血性脑卒中、脑出血等发生危险降低25%~36%。这是在中国人群中首次通过大规模、多中心、长期随访的人群队列研究证实了新鲜水果摄入对主要心血管病的保护作用。然而值得注意的是前瞻性队列研究虽然具有样本量大、因果关联证据强等优点，但也可能存在调查信息不够完善、慢性病随访时间不够等局限性。因此，水果摄入等因素和心血管疾病关系的最终阐明仍然需要更为严谨的流行病学设计及进一步的功能学研究证实。

本章将基于该队列研究的案例，详细介绍队列研究的概念、特点及设计实施要点等内容。

Cohort study is one of the main research methods in analytical epidemiology. In cohort studies, investigators divide a well-defined group of study population into different subgroups based on whether they are exposed to a certain factor or different levels of exposure to that factor, and then follow up for a certain period of time to observe and compare the differences in the incidence of diseases or outcomes between the groups, thereby exploring the relationship between exposure and diseases. Compared with case-control studies, it can clarify the chronological sequence of exposure and disease occurrence, and more directly test the hypothesis of etiology.

队列研究是分析性流行病学的主要研究方法之一，是将范围明确的一组研究人群根据其是否暴露于某因素或暴露于该因素的不同水平分为不同的亚组，然后随访一定时间，观察和比较各组间疾病或研究结局发生率的差异，进而探索暴露与疾病之间的关系，检验病因假设。与病例对照研究相比，它可以明确暴露与疾病发生的时间顺序，更直接地检验病因假设。

第一节 | 概　述

前一章节介绍的描述性研究一方面可以描述疾病的三间分布特征，另一方面也可以通过某条件、特征或变量来分组，通过比较，初步分析疾病存在分布差异的可能原因。然而，描述性研究由于所调

查的疾病或健康状况与某些特征或因素是同时存在的，难以确定疾病或健康状况与某些特征或因素的时间顺序，故只能为病因研究提供线索。要明确疾病尤其是慢性病的病因，理想的观察性研究设计是采用前瞻性队列设计，以没有患有所研究疾病的人群作为研究对象，在基线时获取所有参与者的健康调查信息，并长期随访观察结局，进而分析相关因素与疾病发生的关联。因此，前瞻性队列研究是分析性研究的主要方法之一，也是检验病因假说的重要工具。

一、基本概念及发展历程

队列一词起源于拉丁文 cohors，字面意思是指封闭场所中的人群，例如古罗马时期列队的士兵单位即构成一个队列。队列（cohort）是指具有共同经历、暴露或特征的一群人或研究组。后来，“队列”一词被流行病学家引用，特指具有共同经历、暴露或特征的一群人或研究组，如职业队列、吸烟队列、老年人队列等。其中，暴露是指人群处于某一场景之中接近或接触致病因子，致使其对人体产生影响；暴露包括包括危险因素和致病因素，如吸烟饮酒等不良生活行为方式，也包括保护性因素，如上述案例中提到的蔬菜水果摄入等。现代的暴露因素包括的范围越来越广，已经由生物走向心理和社会，由宏观走向微观（分子水平）。

根据研究对象进出队列的时间是否相同，队列又可分为两种：一种为固定队列（fixed cohort），是指观察对象都在某一时刻或一个短时期之内进入队列，之后不再加入新的成员，随访观察至观察期终止，观察对象很少或几乎没有因为所研究疾病等结局事件以外的其他原因退出，即在整个观察期内队列成员是相对固定的；另一种为动态队列（dynamic cohort），即在整个观察期内，原有的队列成员可以不断退出，同时新的观察对象可进入，即整个观察期内队列成员不是固定的。

队列研究（cohort study）是指将研究人群按照是否暴露于某个因素或暴露的程度分为暴露组和非暴露组，追踪观察并比较两组成员在特定时间内与暴露因素相关结局（如疾病）发生率的差异，从而判定暴露因素与结局之间有无因果关联及关联程度的一种分析性研究方法。具有代表性的经典实例包括英国医师吸烟与肺癌关系队列研究、美国弗雷明汉（Framingham）心血管病队列研究、美国护士队列和医师队列等。

二、方法学原理与主要特点

（一）方法学原理

队列研究属于流行病学观察性研究，其基本原理是基于事物的因果关联，即假设疾病的发生或降低必定有其原因，而这种原因可以是病因，也可以是增加/减少疾病发生概率的因素。在开展前瞻性队列研究前，所研究的暴露因素已经存在，研究者根据目前或过去某个时期是否暴露于某个或某些待研究的因素将研究对象分为暴露组和非暴露组，或按不同的暴露水平将研究对象分成不同的亚组，如低水平暴露组、中等水平暴露组和高水平暴露组，然后随访一段足够的时间（通常为数年），观察并比较各组结局的发生率，从而判定暴露因素与结局的因果关系。如果暴露组与非暴露组之间某结局发生率的差异有统计学意义，研究中又不存在明显的偏倚，则可推测暴露与结局之间可能存在因果关系，再进一步估计暴露与结局之间关联的强度。其原理见图 7-1。

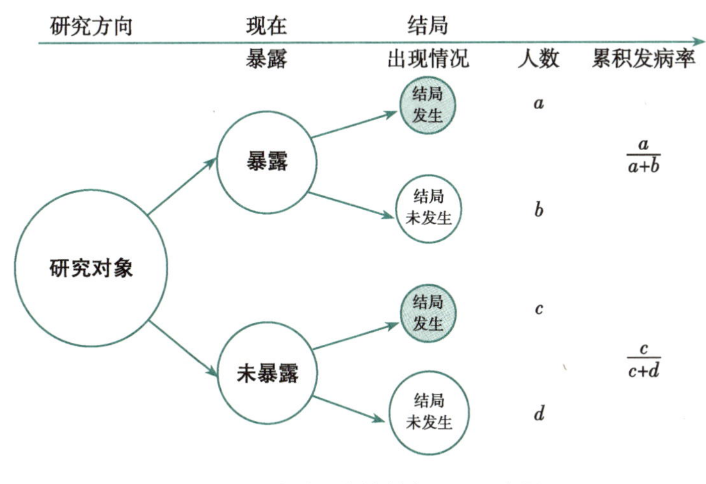

图 7-1　队列研究的基本原理示意图

NOTES

在前述水果摄入与心血管病的队列研究中，研究者通过基线调查，了解队列研究对象的生活习惯和疾病史，按照调查前12个月的水果摄入频率进行分组，经过随访获得后期心血管病等有关重大疾病和住院事件的信息；随后分析基线水果摄入频次与后期心血管病死亡、重大心血管事件发生等的关联。由此可见，队列研究是由因（如水果摄入）到果（心血管病发生或死亡）的研究，它与回顾性研究的最大区别是"因"在前，而"果"在后。

（二）主要特点

根据队列研究的基本原理，可以归纳出队列研究的四个特点。

1. 属于观察性研究　队列研究是基于研究人群自然暴露于可疑因素后观察相关结局出现的情况。这里的暴露（如水果摄入）不是研究者人为给予或随机分配的，研究结局也是在非干预情况下产生的，故队列研究的本质是观察性研究，而不是实验性研究。

2. 前瞻性设计　在前瞻性队列研究开始时，入选的研究对象都没有发生所研究的结局（如主要慢性病的发生），通过随访，前瞻性观察在特定时间内相关疾病发生的情况。

3. 研究对象按暴露与否进行分组　研究对象是按有无暴露或暴露的程度（如水果摄入量的多少、频次）进行分组，以非暴露组或低水平暴露组作为对照组进行比较。

4. 因果证据级别较高　队列研究要求所有研究对象在进入队列时没有出现待研究的结局，但在随访期间可能发生该结局，然后，前瞻性随访观察并比较暴露组和非暴露组结局出现的情况，在病因推断上合乎先因后果的逻辑推理顺序，因此能明确暴露与结局的因果联系。其循证医学的证据级别仅次于随机对照试验。

三、研究目的

（一）检验病因假设

检验病因假设是队列研究的主要目的。队列研究是由因及果的分析性研究，在病因推断上符合先因后果的逻辑推理顺序，其论证强度优于病例对照研究和现况调查，能够检验暴露与疾病的因果关系。一次队列研究可以检验一种暴露与一种疾病之间的因果关联（如水果摄入与心血管病死亡发生），也可同时检验一种暴露与多种结局之间的关联（如可同时检验水果摄入与心血管病死亡、重大心血管事件发生等的关联）。而现代的大型队列则可以广泛地探讨环境、行为、遗传等多因素在慢性病发生、发展中的单独和/或交互作用，并寻求适当的干预措施。

（二）评价预防措施的效果

队列研究可以通过人群的"自然实验"（natural experiment）评价暴露因素对疾病的预防效果。如上述案例中通过随访观察，发现大量摄入新鲜水果的人群心血管病的危险性显著降低，进而确定了新鲜水果摄入对其具有预防效果。这里的暴露因素水果摄入不是人为给予的，而是研究对象的自发行为，因此，其属于队列研究，不是流行病学实验研究。

（三）揭示疾病的自然史

疾病的自然史是指疾病从发生、发展到结局的整个过程。研究疾病的自然史对病因和预后研究、早期诊断和预防、判断治疗效果、评价预后等都有重要的意义。队列研究不但可了解队列成员个体疾病的自然史，而且可全面了解疾病在人群中的发生、发展直至转归的全过程，包括暴露因素变化、早期生物学效应的产生、机体结构或功能的改变等疾病临床前的变化与表现以及临床发病后的转归，全面揭示疾病的自然史，为预防策略和措施的制定提供依据。

（四）预后因素研究和新药上市后监测

队列研究也是临床流行病学中预后研究最常用的设计方法，用于研究疾病预后的预测因素或影响因素。此外，由于受到医学伦理学的限制，在不能使用随机对照试验的情况下，也可以通过队列研究来评估干预措施的疗效，以及药物上市后使用效果与副作用的监测与评估。

NOTES

四、研究类型

（一）根据研究对象进入队列及终止观察的时间分类

1. 前瞻性队列研究　前瞻性队列研究（prospective cohort study）是队列研究的基本形式，即在研究开始时纳入研究对象，根据每个研究对象的暴露状态分别进入各组，此时研究结局尚未发生，需要随访观察一段时间才能获得每个研究对象研究结局发生情况的信息。美国女性护士健康队列、男性医师队列、吸烟与肺癌的队列研究、Framingham心血管病研究等均属于这种类型的队列研究。这种设计的优点在于研究者可以直接获取关于暴露与结局的真实资料，偏倚较小，结果可信；但缺点也比较明显，随访观察的时间较长，所需观察的人群样本大，花费大，失访率高。

2. 历史性队列研究　历史性队列研究（historical cohort study）也被称为回顾性队列研究（retrospective cohort study），是以历史资料为基础的研究。研究开始时研究的结局已经发生，主要根据研究开始时研究对象在过去某个时点的暴露状况进行分组，进而比较不同组现在结局的发生率。暴露状态和结局信息通常来自已有的历史记录或档案材料，如医院的病历、个人的医疗档案、工厂和车间的各种记录等。

对于病程进展缓慢的疾病，如心血管病或肿瘤，一项前瞻性研究可能需要几十年才能完成，在研究结束之前，研究问题的答案仍然不确定。此时如果能够简单地利用历史信息会更快，避免等待数年甚至数十年才能得出结果。因此，省时、省力、出结果快是历史性队列研究的突出优点，其性质仍属前瞻性（从过去的暴露到现在的结局），是从“因”到“果”的研究。此外，对于不再发生的暴露或危险性较强的暴露，不可能进行前瞻性队列研究，仅限于回顾性研究。职业流行病学研究较多采用历史性队列研究。同时，临床上也经常基于医院的电子病历开展回顾性队列研究，以探讨疾病发生发展及预后的影响因素。但是，这种类型的研究需要依赖于历史记录，而这些记录可能有缺失或记录有误，容易发生选择偏倚和信息偏倚；记录中也常常缺乏影响暴露与结局关系的混杂因素的资料，故难以控制混杂因素的干扰。

3. 双向性队列研究　历史性队列研究常常因为追踪的历史太短，结局还没有充分显现，需要继续对研究对象前瞻性随访观察一段时间，即在历史性队列研究的基础上继续进行前瞻性队列研究，被称为双向性队列研究（ambispective cohort study）。例如，上述案例中，研究对象水果摄入的基线信息采集于2004—2008年，如果2015年研究开始时心血管病的结局事件数较少，仍需要继续往前随访一段时间，即为双向性队列。因此，这种研究类型一般应用于研究开始时某种暴露因素引起的短期效应（如肝功能损害、血液指标变化等）已经发生，而与暴露有关的长期影响（如心血管病、癌症等）尚未出现，需要进一步观察的情况。

（二）根据研究对象的性质分类

1. 自然人群队列　以某地理或行政区域内自然人群为研究对象的队列研究，主要关注环境因素、膳食因素、生活习惯和遗传因素等对慢性病等发生发展的影响。例如，于2004年启动的中国慢性病前瞻性研究（China Kadoorie Biobank，CKB）是中英国际合作建立和维持的一项前瞻性队列研究，是中国截至目前唯一的一项超大规模自然人群队列。该队列在国内具有代表性的5个城市地区和5个农村地区共招募超过50万人，旨在探讨环境、个体生活方式、体格和生化指标、遗传等众多因素对复杂慢性病发生、发展的影响。

2. 专病队列　近年来，专病队列的研究越来越受到临床研究者的关注。专病队列主要以临床应用为导向，是在医疗服务机构中针对某一特定疾病或专科需要的患者所设立的特殊队列，可以进行长期随访，建立样本库，整合临床诊疗信息，通过数据分析深入分析该疾病的发病机制、影响因素、诊治效果等。

3. 出生队列　大型出生队列从生命早期开始收集健康相关的数据，持续、动态关注配子功能发育、胚胎发育、胎儿期、婴儿期、幼儿期等一系列生命各个阶段的健康结局，旨在探讨生命早期环境/行

为因素对亲代生殖生育结局和子代近、远期健康的潜在影响。20 世纪 90 年代以来，"DOHaD" 理论(多哈理论)和"成人疾病胎源说"广受关注,越来越多的出生队列开始建立,如赫尔辛基出生队列、丹麦国家出生队列、新加坡出生队列等。我国的出生队列研究起步较迟,但近年来迅速增加,目前已有十余家具备相当规模的出生队列正在实施。2016 年在科技部国家重点研发计划"生殖健康与重大出生缺陷防控研究重点专项"的资助下,南京医科大学联合全国 20 多家医疗机构,启动中国国家出生队列(China National Birth Cohort,CNBC)的建设,该项目以家庭为单位招募 3 万个自然妊娠家庭和 3 万个辅助生殖治疗家庭的人群,开展长期随访,同时以该队列的人群数据和生物样本资源为依托,支持下游基础研究、临床转化,为我国妇幼健康和生殖医学研究提供重要的支撑。

4. 健康管理队列　健康管理是对个体(包括健康个体、亚健康个体和患者)或群体(包括健康人群、亚健康人群、疾病人群)的健康危险因素及健康状态进行全面监测、分析、评估和预测,进而提供健康咨询和指导以及对健康危险因素进行干预的全过程。健康管理中心的体检人群具有稳定性与重复性特征,基于该人群开展长期队列建设和随访,可以收集多时点多维度的表型信息和结局信息,获取多类型生物样本,探讨多时点健康和疾病动态变化及其影响因素,并为有效制定疾病预防和控制对策、开发干预治疗手段等提供科学依据。目前,国内外已有多个大型健康管理队列启动建设,如日本健康检查队列、韩国江北三星健康队列、京津冀体检人群队列、山东多中心健康体检队列、江苏健康管理队列等。

此外,还有一些特殊人群的队列研究,例如职业病队列、长寿或老年人群队列、少数民族人群队列等,可以根据不同的研究目的,选用不同的队列研究设计。

五、现代大型队列研究趋势

1. 队列建设规模日趋扩大　近年来,信息化技术和大数据的发展,大大提升了队列研究在数据收集、存储和分析等方面的效率,使得大型人群队列研究已逐渐发展至数十万至百万规模,如美国"All of Us"百万级自然人群队列、欧洲的欧洲癌症与营养前瞻性研究(European Prospective Investigation into Cancer and Nutrition,EPIC,52.1 万人)、英国的生物样本库(UK Biobank,UKB,50 万人)以及我国的中国慢性病前瞻性研究(China Kadoorie Biobank,CKB,51 万人)等。此外,大型队列研究设计可以同时探讨多种暴露因素和多种健康结局的关系,即研究开始时,不按某一暴露因素选择研究对象,而是收集队列人群多种可疑的暴露信息(包括环境、生活方式、疾病史、遗传等),然后对这些暴露因素的变化及多种健康结局进行前瞻性随访;研究结束后,再根据感兴趣的基线暴露对研究对象进行分组。这种设计特别适用于某一疾病的综合病因研究或者多因多病的研究。

2. 数据和样本资源丰富多样　现代大型队列研究中,暴露信息的收集已经由传统的危险因素拓展为行为、认知、分子特征、影像数据等多维度特征,收集的表型种类和信息逐渐丰富和精细化,可穿戴设备等实时、便捷的数据采集方法也为跨时间和空间的表型信息收集提供了有力支撑。此外,随着队列规模的逐渐扩大,基于大型队列组建可共享的研究平台和标准化的生物样本库,并开展相应的组学检测也逐渐成为热点。组学数据提供了大量全新的生物医学信息,包括基因组、蛋白质组、代谢组、微生物组等。上述多维、持续、动态信息的收集可以从多角度、全方位解析生命和健康的发展规律。

3. 多学科交叉与协同合作　现代大型队列的建设维护与研究开展步骤繁多、涉及面广,需要医学、流行病学、统计学、生物信息学、数据科学等多个学科的知识和方法。同时,大型队列的数据资源丰富,多学科的交叉合作有利于回答不同学科、不同领域的科学问题,有助于大型队列的整合与共享。

第二节 | 研究设计与实施

设计与实施的细节直接关系到人群研究的成败。本节将以上述"新鲜水果摄入与心血管病"的队列研究为例(以下简称案例),来说明队列研究的设计与实施要点。

一、确定研究目的

开展队列研究首先要确定研究目的，即本次研究所期望解决的问题。在案例中，该前瞻性队列研究的目的是评价新鲜水果摄入对心血管疾病是否具有保护作用。

二、确定研究因素

队列研究耗费的人力、物力、财力和时间较多，因此研究因素的确定至关重要，直接关系到队列研究的成败。研究因素（暴露因素）通常是在描述性研究提供的病因线索和病例对照研究初步检验病因假设的基础上确定的。

首先，暴露因素必须有明确的定义。通常根据研究目的，通过查阅文献或请教有关专家，同时综合考虑人力、财力和对研究结果精确度要求等因素，对暴露因素进行定义。一般要从定性和定量两个角度考虑。同时还要考虑开始暴露的年龄和暴露的方式（如间歇暴露或连续暴露、直接暴露或间接暴露、一次暴露或长期暴露）等。在本章节案例中，暴露因素为水果摄入。研究者于 2004—2008 年基线调查时使用了半定量的食物频率调查表以获取研究对象的饮食习惯和摄入量信息。其中，主要的暴露因素水果摄入频率分为 5 个等级，包括每日、每周 4~6 天、每周 1~3 天、每月、从不或很少。

除了暴露因素外，研究者还可同时收集其他的相关因素，包括研究对象的人口学特征和各种可疑的混杂因素如吸烟和饮酒、饮食、体育活动和疾病史等，测量身高、体重、腰围、血压和随机血糖，便于后期对研究结果进行深入分析和排除混杂偏倚的干扰。

三、确定研究结局

研究结局即队列研究中需观察的自然终点，也称结局变量（outcome variable），是指随访观察中预期出现的与暴露因素有关的结果，也就是研究者所希望追踪观察的事件（如发病或死亡等）或某些指标的变化，但并不是研究观察期的终止。研究结局不仅包括发病、死亡，也包括健康状态和生命质量的变化。不同的研究目的，其研究结局不同。如研究疾病病因时，结局往往是所研究疾病的发生或所致的死亡；进行预后研究时，结局常常为被研究疾病的痊愈或由疾病引起的死亡、致残等。

在开展队列研究前，应对结局变量的测量设定统一的标准，并且在研究实施过程中严格遵守。如果以某种疾病发生为结局，一般采用国际或国内通用的疾病诊断标准，如《疾病和有关健康问题的国际统计分类》第十一次修订本（ICD-11），以便对不同地区的研究结果进行比较。此外，队列研究中可以观察多种结局的发生，因此在随访过程中，也应收集非预期结局的发生情况，进而分析一因多果的关系，提高研究的效率。如上述案例中，将心血管病死亡以及主要冠状动脉事件（致命缺血性心脏病、非致命心肌梗死）、脑卒中（出血性和缺血性）等的发生作为主要的研究结局。其他缺血性心脏病和其他脑血管疾病也进行了相应的信息收集。

四、确定研究现场和研究人群

（一）研究现场

研究现场的选择一要考虑现场所在人群是否能反映总体人群的特征，二要考虑所在地有足够数量的符合入选标准的个体。依据不同的研究目的，队列研究既可以在医院进行，也可以在人群现场进行。由于队列研究的随访时间长，在考虑研究现场的代表性的基础上，应优先选择那些人口相对稳定，便于随访，当地政府重视、群众理解和支持的现场。选择符合这些条件的现场，将使随访调查更加顺利，所获资料更加可靠。

本章案例中的队列研究综合考虑地方疾病谱、主要危险因素的分布、经济发展水平、死亡与疾病登记报告质量等因素，在中国选择了 10 个地区开展项目，包括 5 个城市和 5 个农村。最终纳入 512 891 名具有完整基线信息并且签署了知情同意的研究对象，其中男性占 41%，农村地区人群占

NOTES

56%，具有较好的人群代表性。

（二）研究人群

在队列研究中，研究人群通常包括暴露组和非暴露组（对照组），同时也可根据研究对象暴露水平的差异将暴露组进一步分为多个亚组。

1. 暴露组的选择　由暴露于研究因素的个体组成。根据不同的情况，暴露人群的选择有不同的方法。

（1）一般人群：即某一行政区域或地理区域范围内的全体人群，从中选择暴露于研究因素者作为暴露组，而不暴露于该因素者作为非暴露组。当所研究的因素（如吸烟、饮酒、水果摄入等）比较常见，或者计划观察某地区一般人群的发病情况时，可在一般人群中选择暴露组。这种情况下，研究人群的代表性较好，研究结果具有普遍意义。此外，也可以选择一些有组织的人群团体，如协会会员、单位职工、社会团体成员等，这样可以利用他们的组织系统进行高效率的随访。

（2）特殊人群：对于罕见的特殊暴露因素，则应选取经历过这些特殊暴露的人群。特殊人群具有显著不同于一般人群的暴露特点和经历，因此，疾病在该队列中的频率应明显高于一般人群。例如：选择原子弹爆炸的受害者、核事故中的高暴露人群或接受放射治疗的人群研究放射线暴露与白血病的关系等。

（3）职业人群：如果要研究某种可疑的职业暴露因素与疾病或健康的关系，必须选择相关职业人群作为暴露人群，如选择染料厂工人研究联苯胺致膀胱癌的作用，选择石棉作业工人研究石棉与肺癌的关系等。通常职业人群的暴露史比较明确，暴露水平较高，发病率也比较高，并且暴露和疾病资料往往有历史记录等资料，因此，人力、物力和财力均可有所节省，常采用历史性队列研究或历史前瞻性队列研究方法。

2. 非暴露组的选择　由未暴露于暴露因素的个体组成。正确选择对照人群可以保证队列研究结果的真实性。设立对照的目的就是为了比较，以便更好地分析暴露的作用。因此，选择对照组的基本要求是尽可能保证与暴露组具有可比性，即对照人群除未暴露或低水平暴露于所研究因素外，其他各种可能影响研究结果的因素或人群特征（年龄、性别、民族、职业、文化程度等）都应尽可能地与暴露组相同。常用于选择对照人群的方式有下列四种。

（1）内对照（internal control）：在同一队列研究人群中，以那些没有暴露或暴露水平最低的人员作为对照，即为内对照。这样选择对照比较方便，同时暴露组和非暴露组来自同一个人群总体，可比性好；此外，两组同时进行随访观察，也有利于随访开展和有关暴露与疾病的资料收集。Framingham心脏病研究、美国护士队列和医师队列等均是采用内对照。本章节案例中，研究者将队列人群按照水果摄入量的高低对研究对象进行分组，以从不或很少摄入水果的人群作为参比组（内对照），同一队列中摄入量较高的对象（每日摄入、每周4~6天摄入、每周1~3天摄入、每月摄入）分别与之进行比较。

（2）外对照（external control）：如果选择职业人群或特殊暴露人群作为暴露组时，很难从这些人群中选出足够数量的具有可比性的非暴露人群作为对照，常需在该人群之外寻找对照组，称为外对照。如将具有职业暴露因素的某化工厂全体工人作为暴露组，而无该暴露因素的其他工厂工人作为对照组。选用外对照的优点是随访观察时可免受暴露组的影响，缺点是外对照与暴露组不是来自同一人群，需注意两组的可比性。

（3）总人口对照（total population control）：当选择特殊暴露人群或职业人群作为暴露组时，以该地区全人口的发病或死亡率作为对照。其优点是基于一般人群（一般都很大）计算的发病率、死亡率等资料比较稳定和可靠；相关资料是现存的，不需要随访获得，可节约人力、物力和时间。但需要注意的是，对照组与暴露组间可比性较差，如基本的社会人口学特征，与疾病相关的混杂因素分布，健康工人效应等。同时，总人口对照并非严格意义上的对照，其中可能包含一部分暴露者。当采用总人口作为对照时，并不以暴露组和总人口的发病（或死亡）率直接作比较，而是采用标化比来说明两组间的差异，即通过暴露组的发病（或死亡）人数与用总人口发病（或死亡）率算出的期望发病（或死亡）人数计算标化比。

NOTES

（4）多重对照（multiple controls）：一个队列研究中可同时设立两个或以上的对照组。如对某职业暴露因素进行研究时，暴露人群除了与非暴露于该职业因素的其他工人进行比较，又可与一般人群进行比较，由此增加研究结果推论时的可靠性。也可按不同暴露水平来分成不同的亚组，如将吸烟分为轻、中、重度吸烟和不吸烟几组进行随访比较。这样可以减少只用一种对照所带来的偏倚，增强结果的可靠性和判断病因的依据，但设立多重对照会增加研究的工作量，也要注意暴露组与不同对照组之间的可比性。

五、估计样本量

（一）影响样本量的因素

队列研究中，影响样本量大小的因素主要包括：随访期内对照组（或一般人群）的估计结局发生率（p_0）、暴露组的估计结局发生率（p_1）、统计学要求的第Ⅰ类错误（假阳性）率（α）和假设检验的效能或把握度（$1-\beta$）四个因素。其中，前两个因素可通过查阅相关文献或预调查获得，估计的暴露组与对照组结局发生率之差越小，所需样本量越大；α 和 β 值由研究者根据实际情况来确定，β 为第Ⅱ类错误（假阴性）率，α 和 β 值越小，则所需样本量越大。为保证研究的可靠性，把握度应至少为 0.80。如果不能获得暴露组人群结局发生率 p_1，也可通过查阅文献获得相对危险度（RR）的值，由式 $p_1=\text{RR}\times p_0$ 求得 p_1。如果没有 p_1 和 RR 资料时，可以根据专业知识人为设定 RR 达到某个阈值时才有病因学意义。

此外，必须考虑以下两个问题。①暴露组与非暴露组的比例：一般要求对照组的样本含量不应少于暴露组的样本含量。②研究对象的失访率：队列研究要求有一定随访时间，在这期间研究对象的失访是不可避免的，因此应适当增加样本含量。一般在公式计算的样本含量的基础上加 10% 作为实际研究的样本量。

（二）样本量的计算

一般形式的队列研究，可根据公式 7-1 估计随访暴露组和非暴露组分别所需要的人数或人时数。另外，只要已知 α、β、p_0 和 RR 四个基本数据，即可从某些参考书的相应附表上查出所需要的样本量。也可以应用 SAS、Stata 和 PASS 等统计软件计算样本量。

$$n=\frac{(Z_\alpha\sqrt{2\overline{p}\overline{q}}+Z_\beta\sqrt{p_0q_0+p_1q_1})^2}{(p_1-p_0)^2} \qquad (式 7\text{-}1)$$

式中 p_1 与 p_0 分别代表暴露组与对照组的估计结局发生率，$\overline{p}$ 为两组结局发生率的平均值，$q=1-p$，Z_α 和 Z_β 分别为 α 与 β 对应的标准正态分布临界值，可查表获得。

例如，通过某一队列研究探讨超重与高血压之间的联系。已知该人群超重发生率（p_0）为 10.0%，估计超重者罹患高血压的相对危险度 RR 为 1.30，设 $\alpha=0.05$（双侧检验），$\beta=0.10$，求所需的样本量。

$Z_\alpha=1.96$，$Z_\beta=1.282$，$p_0=0.10$，$q_0=0.90$

$$p_1=\text{RR}\times p_0=1.30\times 0.10=0.13,\quad q_1=0.87$$

$$\overline{p}=\frac{1}{2}(0.10+0.13)=0.115,\quad \overline{q}=0.885$$

将上述数据代入式 7-1，则

$$\begin{aligned}n&=\frac{(Z_\alpha\sqrt{2\overline{p}\overline{q}}+Z_\beta\sqrt{p_0q_0+p_1q_1})^2}{(p_1-p_0)^2}\\&=\frac{(1.96\sqrt{2\times0.115\times0.885}+1.282\sqrt{0.10\times0.90+0.13\times0.87})^2}{(0.13-0.10)^2}\\&=2\,375\end{aligned}$$

NOTES

即暴露组与非暴露组各需 2 375 人。

六、资料的收集与随访

（一）基线资料的收集

基线的收集方法主要有查阅历史记录，针对研究对象本人或其他相关人员的访谈或问卷调查，对研究对象的体格检查和实验室检测，以及对研究对象工作或生活环境的调查和检测等。早期，研究者主要通过纸质健康调查问卷了解队列研究对象的生活习惯及疾病史，获得研究人群的基线信息。近年来，随着信息化的发展，类似研究可以通过社交媒体、电子邮件、计算机直接录入等方式开展基线调查，从而提高调查的效率和准确性。为了能够明确调查对象的暴露状态，在实际调查中应将各种方法有机结合，综合利用。

队列研究需要收集的基线资料主要包括：①人口学资料（年龄、性别、职业、文化程度、婚姻状况等）以及可能的混杂因素信息：可以用于分析暴露与研究结局关系时排除它们的影响，也可判断研究对象的代表性；②暴露因素信息：详细调查现在的或既往累积的暴露情况，包括有无暴露、暴露的类型、频率、剂量、最早暴露的时间、最高暴露剂量、累积暴露剂量等等，可作为判定暴露组与非暴露组的依据；③结局指标信息：以便进行病因研究时排除已患有所研究疾病的人员。

本章节案例中，研究者们于 2004 年 6 月—2008 年 8 月，完成了 51.2 万余人的基线调查，主要包括体格检查、生物样本采集和基线信息问卷三部分内容。其中，信息问卷内容涉及个人一般情况、饮茶、饮酒、吸烟、饮食、被动吸烟及室内空气污染、个人及家庭健康史、体力活动、女性生育史、精神睡眠情绪等 10 个方面的内容。为保证调查质量，项目组在基线调查启动前对各项目点调查人员进行统一培训，考核上岗，确保项目各岗位操作标准化。此外，采用统一的研究方案和调查手册，统一采购测量器械并集中调试；问卷调查采用电脑直接录入数据库，数据库内置逻辑差错及缺失提醒。

（二）随访

随访（follow-up）是队列研究中一项十分复杂而又至关重要的工作，其目的是：确定研究对象的状态，即明确率的分母的信息；确定终点事件的发生，即明确率的分子的信息。在随访过程中获取每个研究对象完整的暴露因素和研究结局是队列研究面临的最大挑战。在大型队列建设过程中，终点事件长期随访是极为重要和艰巨的工作，是能否取得成功的关键。

1. 随访内容　随访收集资料的重点是结局变量，同时也需要随访有关暴露和主要混杂因素的变化情况。值得注意的是，大型队列一般随访时间较长，研究对象的暴露状态在随访期间可能会发生变化，因此需要在观察结束时对不同时期的暴露状态进行重新分类。

2. 随访对象与方法　所有完成了基线调查的合格对象包括暴露组和对照组均为随访对象。收集随访信息的方法应尽可能与基线调查相同，对暴露组和对照组应采取相同的随访方法，且调查方法、检测工具、调查人员等在整个随访过程中应尽量保持不变。对于失访者需要通过多种途径进行补访或获取结局信息。

3. 观察终点和终止时间　观察终点指研究对象出现了预期的研究结局，包括疾病发生或死亡，但也可能是某些中间指标出现了变化，如血液检测指标、影像学指标等，根据研究目的不同而不同。如果研究对象出现了预期的研究结局，即达到了观察终点，就不再对该研究对象继续随访，否则应继续坚持随访到观察终止时间，即整个研究工作已经按计划完成，可以做出结论的时间。对于观察终点的判断应在研究设计之初就确定明确的标准，规定明确的判断方法，且保持不变。

观察终止时间是指整个研究工作截止的时间，即预期可以得到结果的时间。观察终止时间的确定需要考虑暴露因素的潜伏期、暴露因子的强度和所需的观察人年数等因素。观察时间过短，可能得不出预期的结果；但追踪时间越长，失访率越高，花费的人力、物力、时间就越多，结果可能也受影响。

4. 随访期和随访间隔　大部分队列研究的随访期比较长，需多次随访，其随访间隔与随访次数将视研究结局出现的速度、研究的人力、物力等条件而定。随访间隔过短，浪费人力物力，也给研究对象带来麻烦甚至伤害；间隔过长则容易失访，并且观察不到中间的变化。此外，可以根据所研究疾病的潜伏期长短和暴露强度的大小来确定随访期长短。如果该病的潜伏期短，暴露因素导致的发病率或死亡率高，随访时间则较短，反之则需要较长的随访期。一般慢性病的随访间隔期可定为1~3年。

5. 随访方式　传统的随访方式主要依赖电话、邮件或面对面交谈，耗时耗力且信息收集不全面。随着信息化技术和大数据技术的发展，现代的随访可以通过与其他信息系统如慢性病报告系统、全死因监测系统、医疗保险数据等的关联，直接获取研究对象的结局信息。甚至可以通过可穿戴设备实时监测患者生理指标，通过人工智能（AI）预测疾病发展趋势等。在本章节案例中，随访资料主要来源于各种结局事件的常规监测、医保信息和病案首页等。对于通过上述途径仍无法获取相应结局信息的个体，还根据所提供的随访名单，进入研究对象所处社区，进行定向追踪随访监测。

（三）质量控制

在队列研究的设计与实施过程中，质量控制非常重要。资料收集的主要控制措施与现况调查类似，包括调查员选择与培训、制订调查手册、选择部分对象重复调查等，目的都是为了保证研究资料的真实性。同时，调查结束后，还要对原始数据进行专项的检查与核对；不完整的资料需要进一步补齐；对于有明显错误的资料应重新调查或者剔除。

第三节　资料整理与分析

在对队列研究的数据进行分析之前，首先需要对收集的资料进行核查，明确其正确性和完整性。随后，先对资料做描述性分析，即描述暴露组与非暴露组的组成、研究对象的人口学特征、随访时间、随访主要结果、失访情况、两组间可比性等；然后计算两组或多组结局的发生率，如发病率等，最后再进行推断性分析，即比较不同组结局发生率的差异，分析暴露的效应，即暴露与结局是否有关联及其关联强度的大小。

一、资料整理

在队列研究中，对固定队列的观察结果可归纳如表7-1所示，对动态队列的观察结果可归纳如表7-2所示。表中显示了暴露和结局的不同组合，以表7-1为例，a 代表暴露中发生结局的人数，b 表示暴露组中未发生结局的人数，c 表示非暴露组中发生结局的人数，d 表示非暴露组中未发生结局的人数。本章节案例研究的基本资料整理成表7-3和表7-4（以缺血性脑卒中发生和心血管病死亡为例）。

表7-1　固定队列研究资料归纳整理表

组别	发病人数	未发病人数	合计	累积发病率
暴露组	a	b	$a+b=n_1$	a/n_1
非暴露组	c	d	$c+d=n_0$	c/n_0
合计	$a+c=m_1$	$b+d=m_0$	$a+b+c+d=n$	m_1/n

表7-2　动态队列研究资料归纳整理表

组别	发病人数	人时数	发病密度
暴露组	A_1	P_1T_1	A_1/P_1T_1
非暴露组	A_0	P_0T_0	A_0/P_0T_0
合计	A	PT	A/PT

表 7-3 水果摄入与缺血性脑卒中发生的前瞻性队列研究（发病密度）

水果摄入分组	病例数	人年数	发病密度/（1/10 万人年）
每天食用	2 957	571 954	517
每周食用 4~6 天	1 034	302 339	342
每周食用 1~3 天	3 917	1 009 536	388
每月食用	5 194	1 093 474	475
没食用/很少食用	1 477	194 855	758
合计	14 579	3 172 158	459.6

表 7-4 水果摄入与心血管病总死亡的前瞻性队列研究（死亡密度）

水果摄入分组	死亡例数	人年数	死亡密度/（1/10 万人年）
每天食用	452	579 487	78
每周食用 4~6 天	270	306 818	88
每周食用 1~3 天	1 375	1 026 119	134
每月食用	2 341	1 114 762	210
没食用/很少食用	735	199 728	368
合计	5 173	3 226 914	160.3

二、率的计算

1. 累积发病率 当队列人群的数量比较多，人口比较稳定时（即固定队列），可以计算累积发病率（cumulative incidence rate），即以队列建立时的观察人口数作为分母，以整个随访过程中出现的新发病例数作为分子，由此计算而得的率（式 7-2）。

累积发病率与观察期长短成正比，计算时必须说明累积时间的长短，其量值变化范围为 0~1。当研究结局为死亡，即分子为观察期内某病的死亡人数时，则称为累积死亡率。其优点是无需优化、可直接比较，计算方便，直观性强；但没有考虑队列动态变化和失访的情况，应用时受到一定限制。

$$累积发病率=\frac{观察期内发病人数}{观察开始时的人口数}\times K \quad （式 7-2）$$

K=100%、1 000‰、10 000/万或 100 000/10 万。

2. 发病密度或死亡密度 当队列人群不稳定，如观察对象进入研究的时间先后不一，各种原因造成的失访，以及研究对象出现终点结局的时间不同等造成每个对象随访观察的时间不一致，此时以总人数为分母计算发病率（死亡率）是不合理的。此时，需要以人时即观察人数和观察时间的乘积作分母计算率。以人时为单位计算出来的率带有瞬时频率性质，即表示在一定时间内某病病例新发生或死亡的速度，故称为发病密度（incidence density，ID）（式 7-3）。该指标亦适用于以死亡为结局的资料，称为死亡密度（death density）。

人时的时间单位可以为年、月、日，最常用的人时单位是人年。如 10 人年是指 10 个研究对象被观察 1 年或者 2 个研究对象被观察 5 年。

$$发病密度=\frac{观察期内的发病人数}{观察人年数}\times K \quad （式 7-3）$$

$K=100\%$、1 000‰、10 000/万或 100 000/10 万。

本章节案例研究的发病密度和死亡密度的计算结果如表 7-3 和表 7-4 所示。

3. 人时的计算 人时的计算目前主要采用精确计算法、近似法和寿命表法三种方法。其中,精确计算法是以个人为观察单位来计算人年,具体观察时间可通过计算机软件将进入研究时间和退出研究时间或终止观察时间相减换算即可。该方法计算结果较为精确。而当队列内每个成员进出队列的时间不太确定,对暴露人年的计算要求精度不高的情况时,可以采用近似法计算暴露人年,计算方法是以平均人口乘以观察年数得到总人年数,平均人口一般取相邻两年的年初人口平均数或年中人口数。当队列中研究对象较多,用精确法难以计算,但是又要求有一定精度时,可采用寿命表法计算暴露人年,具体计算可参考有关书籍。

三、显著性检验

在队列研究中,比较暴露组和对照组发病率或死亡率的差别时,需要进行统计学假设检验。

1. u 检验 研究的样本量较大,p 和 $1-p$ 都不太小,如 np 和 $n(1-p)$ 均大于 5 时,样本率的频数分布近似正态分布,此时可应用正态分布的原理来检验率的差异是否有统计学显著意义,即 u 检验方法。

$$u=\frac{p_1-p_0}{\sqrt{p_c(1-p_c)\left(\frac{1}{n_1}+\frac{1}{n_0}\right)}} \qquad \text{(式 7-4)}$$

式中 p_1 为暴露组的率,p_0 为对照组的率,n_1 为暴露组观察人数,n_0 为对照组的观察人数,p_c 为合并样本率,$p_c=\frac{x_1+x_0}{n_1+n_0}$,其中 x_1 和 x_0 分别为暴露组和对照组结局事件的发生数。求出的 u 值与相应检验水准下的 u 界值进行比较,从而判断两组率的差异有无统计学意义。

2. 其他检验方法 如果率比较低,样本量较小时,可采用确切概率法,二项分布检验或泊松分布检验;两组率的差异检验可以利用四格表资料的 χ^2 检验;对于标准化死亡比(SMR)的检验,即是对所得结果值偏离 1 的检验,可用 χ^2 检验或计分检验的方法。

四、效应的估计

队列研究可以直接计算发病率或死亡率等指标,因此能够直接计算暴露组和对照组的率比、率差等,可以更准确地评估暴露的效应。常用的效应测量指标包括:

1. 相对危险度 相对危险度(relative risk,RR)包括率比(rate ratio,RR)和危险度比(risk ratio,RR),是反映暴露与发病(或死亡)关联强度的最常用指标。其中,危险度比是暴露组的累积发病率(死亡率)与对照组的累积发病率(死亡率)之比;而率比是暴露组和对照组的发病密度之比。如(式 7-5)所示。

$$\mathrm{RR}=\frac{I_e}{I_0} \qquad \text{(式 7-5)}$$

式中 I_e 和 I_0 分别代表暴露组和非暴露组的率。RR 表示暴露组发病(或死亡)的危险是非暴露组的多少倍或几分之几。如果 $\mathrm{RR}=1.0$,表示两组的率没有差别,说明该暴露因素与研究结局无关联;如果 $\mathrm{RR}>1.0$,表示暴露组的率高于非暴露组,该暴露因素可能是疾病的危险因素;如果 $\mathrm{RR}<1.0$,表示暴露组的率低于非暴露组,说明该暴露因素可能对疾病具有保护效应;此外,如表 7-5 所示,RR 值离 1 越远,表明暴露的效应越大,暴露与结局关联的强度越大。但值得注意的是,无论 $\mathrm{RR}>1$ 或 $\mathrm{RR}<1$,均需结合统计学检验,才能判断暴露与疾病的关系。

NOTES

表 7-5 相对危险度与关联强度

RR		关联强度
0.9~1.0	1.0~	无关联
0.7~	1.2~	弱
0.4~	1.5~	中
0.1~	3.0~	强
<0.1	10~	很强

与其他类型的设计类似,考虑到抽样误差的存在,队列研究的 RR 值仍需进一步计算 95% 的可信区间(confidence interval,CI),常用的有 Woolf 法等,它是建立在 RR 方差基础上的简单易行的分析方法。计算公式为

$$Var(\ln RR)=\frac{1}{a}+\frac{1}{b}+\frac{1}{c}+\frac{1}{d} \quad (式 7\text{-}6)$$

$\ln RR95\%CI=\ln RR \pm 1.96\sqrt{Var(\ln RR)}$

取 lnRR95%CI 的反对数值即为 RR95%CI。

2. 风险比 风险比(hazard ratio,HR)的解释与 RR 相似,即表示暴露组患病的概率为非暴露组的多少倍。区别在于 RR 只考虑结局是否发生,而 HR 还考虑了结局发生的时间。在大多数队列研究中,随访资料的数据类型为生存时间数据,不仅包括结局类型,还包括结局发生的时间,因此还可进行生存分析,可采取半参数的 Cox 比例风险模型估计暴露与疾病结局发生或死亡的关联,计算风险比及其 95%CI(本章节案例 HR 结果见表 7-6)。鉴于 Cox 回归分析方法较为复杂,本章不做详细介绍。

以本章节案例中的水果摄入与心血管病总死亡发生为例,RR、HR 及 95%CI 的结果举例见表 7-6。

表 7-6 水果摄入与心血管病总死亡的关联强度分析(RR 和 HR)

水果摄入分组	RR	95%CI	HR	95%CI
每天食用	0.21	0.19~1.23	0.60	0.52~0.69
每周食用 4~6 天	0.24	0.21~0.27	0.64	0.55~0.74
每周食用 1~3 天	0.36	0.33~0.39	0.76	0.69~0.84
每月食用	0.57	0.53~0.61	0.82	0.75~0.90
没食用/很少食用	1.00	0.89~1.13	1.00	—

3. 归因危险度 归因危险度(attributable risk,AR)又称特异危险度和超额危险度(excess risk),其本质是率差(rate difference,RD),即暴露组发病(或死亡)率与对照组发病(或死亡)率的差值,表示单纯由于暴露因素引起研究结局发生的危险性的大小,或暴露组发病(或死亡)危险性特异的归因于暴露因素的程度。计算公式为:

$$AR=I_e-I_0 \quad (式 7\text{-}7)$$

由 $RR=I_e/I_0$,可推导出 $AR=RR\times I_0-I_0=I_0(RR-1)$ (式 7-8)

同样,可以计算 AR 的 95%CI:

$$AR\ 95\%CI=AR \pm 1.96\sqrt{\frac{a}{n_1^2}+\frac{c}{n_0^2}} \quad (式 7\text{-}9)$$

NOTES

RR 和 AR 都是表示暴露因素与结局事件关联强度的指标，两者密切相关，但是其所具有的公共卫生学意义却并不相同。RR 说明暴露者与非暴露者比较发生相应疾病危险的倍数，具有病因学的意义；AR 则是暴露人群与非暴露人群比较，所增加的疾病发生率，它在疾病预防和公共卫生学上的意义更大。以表 7-4 为例，与每天食用水果相比，没食用/很少食用水果视为一种危险暴露，则其心血管病死亡的归因危险度 AR 为 368－78＝290/10 万人年。

4. 归因危险度百分比　归因危险度百分比（attributable risk percent，ARP，AR%）又称为病因分值（etiologic fraction，EF），是指暴露人群中归因于暴露的那部分发病（或死亡）率占全部发病（或死亡）率的百分比。

$$AR\% = \frac{I_e - I_0}{I_e} \times 100\% \tag{式 7-10}$$

或

$$AR\% = \frac{RR - 1}{RR} \times 100\% \tag{式 7-11}$$

案例计算的心血管病死亡的归因危险度百分比 AR% 为：$\frac{368-78}{368}=78.8\%$，说明摄入较少水果的人群中，单纯由于该因素导致的心血管病死亡占比为 78.8%。

5. 人群归因危险度与人群归因危险度百分比　人群归因危险度（population attributable risk，PAR）是指总人群发病（或死亡）率中归因于暴露的部分，而人群归因危险度百分比（population attributable risk percent，PARP，PAR%）是指 PAR 占总人群全部发病（或死亡）率的百分比。PAR 和 PAR% 的计算公式如下：

$$PAR = I_t - I_0 \tag{式 7-12}$$

式中 I_t 代表全人群的率，I_0 代表非暴露组的率。

$$PAR\% = \frac{I_t - I_0}{I_t} \times 100\% \tag{式 7-13}$$

$$\text{或 } PAR\% = \frac{P_e(RR-1)}{P_e(RR-1)+1} \times 100\% \tag{式 7-14}$$

式中 P_e 表示人群中暴露于某因素的比例，从该式中可看出 PAR% 既与反映暴露致病作用的 RR 有关，又与人群中暴露者的比例有关，说明暴露对全人群的危害程度。如果某种暴露是某疾病的一个重要病因，即 RR 较大，但在人群中的暴露率很小，则 PAR% 也会较小。

根据表 7-4 的结果，人群归因危险度 PAR 为：160.3－78＝82.3/10 万人年，人群归因危险度百分比 PAR% 为：$\frac{160.3-78}{160.3}\times 100\%=51.3\%$，提示在全人群的心血管病死亡中，有 51.3% 归因于未食用/很少食用水果。

6. 标化比　当研究对象数量较少，结局事件发生率比较低时，无论观察时间长短，都不宜直接计算率。此时可以全人口的发病率作为标准，计算出观察人群的预期发病人数，再求得观察人群中实际发病人数与此预期发病人数之比，即标化发病比（standardized morbidity ratio，SMR）（式 7-15）。

以死亡为观察结局为例，标化死亡比（standardized mortality ratio，SMR）和标化比例死亡比（standardized proportional mortality ratio，SPMR）常用来衡量某特殊暴露人群（如某职业人群）中接触某些因素的危害程度，表示某暴露人群的死亡数与一般人群的死亡水平相比的情况。SMR 是以全人口的死亡率作为标准计算观察人群的理论（期望）死亡数（式 7-6）。当不易得到人群历年的人口资料，而仅有死亡数字、原因、日期和年龄时，可以用 SPMR，即以全人口中被研究疾病占全死因死亡中的比例乘以观察人群的实际死亡总数获得研究疾病特异的理论死亡数。上述指标如果计算所得比值＞1，

表示暴露于某因素死亡的危险性比一般人群高，该因素为疾病的危险因素；如果比值<1，则表示该暴露人群死亡的危险性比一般人群低，该因素为保护性因素。

$$\mathrm{SMR}=\frac{\text{观察发病(或死亡)数}}{\text{预期发病(或死亡)数}}=\frac{\text{观察发病(或死亡)数}}{\text{全人口发病(或死亡)率}\times\text{观察人数}} \quad \text{(式 7-15)}$$

7. 剂量-反应关系分析　暴露因素与研究结局之间剂量-反应关系的探讨是证实两者是否存在因果关联的又一有力证据。其分析方法是首先按照实际暴露情况将研究对象分为不同暴露水平的亚组，分别计算不同暴露水平亚组的发病（或死亡）率，然后以非暴露组或最低暴露水平组为对照，分别计算各暴露水平亚组的 RR 和 AR。必要时，通过率的趋势性检验，判断剂量-反应关系是否存在。如表 7-6 所示，随着蔬菜水果摄入频次的增加，RR 和 AR 均呈现下降趋势，存在着显著剂量-反应关系。

第四节　偏倚及其控制

有关偏倚的概念、种类、产生原因、分析、预防与控制等具体内容参见本书第四章。在队列研究的研究设计、实施及资料收集、分析等阶段，均可能产生偏倚使研究结果偏离真实情况。其中，选择偏倚（selection bias）和信息偏倚（information bias）是队列研究常见的两类偏倚，本节主要围绕这两类常见的偏倚展开描述。

一、选择偏倚

队列研究中，如果最初选定的研究对象中有人拒绝参加，或研究对象由志愿者组成，或在进行历史性队列研究时，部分档案丢失或记录不全，特别是出现研究对象失访等情况，均可能导致选择偏倚。特殊的选择偏倚包括：

1. 失访偏倚　失访（loss to follow-up）指研究对象在随访过程中，由于种种原因（移居、外出、不合作或与研究结局无关的死亡等），而未能追踪观察到他们的结局。由研究对象的失访造成的偏倚即为失访偏倚，它是队列研究中最常见的一种选择偏倚。由于队列研究的随访时间长，失访往往是难以避免的。如果暴露组和对照组的失访率相近，各组中失访者和未失访者的基本特征和结局发生率相似，则可以认为通过该研究获得的各组发病率可以反映该研究人群的实际情况，失访对研究结果没有影响；否则，暴露与结局之间的关系可能因失访而被歪曲。

对于失访偏倚，应采取预防为主的方针，严格按规定的标准选择易于随访的人群；研究对象一旦选定，必须尽可能克服困难，坚持对每个研究对象随访到整个研究结束。在资料分析时，应对失访者和已完成随访者的基线特征进行比较，并从各种途径尽可能了解失访者最后的结局，与已完成随访者的最后观察结果做比较，推测失访可能对研究结果产生的影响，做出合理的结论。

2. 健康工人效应　健康工人效应（healthy worker's effect）是指在研究某些职业暴露因素时采用一般人口作对照时观察到的一种现象。由于职业工人在招工时就已排除了有严重疾病或缺陷，可能观察到研究队列的死亡率较一般人群对照组低。为真实反映暴露因素与结局（疾病）之间的真实联系，应避免和控制健康工人效应。因此，在设立对照组时，最好能采用除了暴露因素之外的其他影响因素与暴露组相一致的职业人群作为对照组。此外，也可以在资料分析时对期望死亡数进行校正。

二、信息偏倚

队列研究的信息偏倚通常是由于使用的仪器不精确、调查员培训不到位、对暴露组和对照组成员随访方法不一致、诊断标准不明确或不统一等造成的暴露错分、疾病错分以及暴露与疾病的联合错分所致。错误分类偏倚（misclassification bias）是队列研究中主要的信息偏倚，它是研究对象的暴露和结局状态没有完全正确分类所造成的。选择精确稳定的测量方法、校准实验仪器、规范实验室操作、提高诊断检测水平、尽量采用客观的暴露与结局判断标准、使用盲法收集资料等是防止信息偏倚的重要措施，此外，还应做好调查员培训，提高询问调查技巧，统一调查方法，并进行有关责任心和诚信度的教育。

第五节 | 优点和缺点

一、优点

1. 检验病因假说的能力强 由于研究对象的暴露状态与结局发生的时间先后顺序明确，资料的获取为随访观察所得，准确性高，因此研究结论说服力强，通常可证实两者的因果关系。

2. 可直接而充分地分析暴露因素的效应 队列研究可以通过计算发病率或死亡率，直接得到相对危险度、归因危险度等关联强度指标，从而更直接地反映暴露与疾病之间的关系。

3. 可评价暴露因素与多种疾病的关系 由于队列研究的观察时间较长，因此在随访过程中有可能收集到疾病形成过程中各阶段的资料，此外还有可能收集到预期结局以外的其他疾病的发生资料，因此可以分析一种暴露因素和多种疾病之间的关系，也可以分析多种暴露与多种结局的关系。

4. 可用于罕见因素的研究 大样本队列研究可评价在人群中暴露比例较低的因素如罕见暴露对人群疾病或健康的影响。

二、缺点

1. 不太适合发病率很低的疾病病因研究 在队列样本量不大的情况下，发病率较低的疾病其结局事件发生数较少。

2. 各方面耗费较大 所需的人力、物力、财力和时间较多，组织实施的难度大。

3. 失访偏倚对结果的影响较大 由于随访时间较长，研究对象难免会因为各种原因退出研究队列，如搬迁、外出、死亡、不愿继续合作等，因此导致的失访率会比较高，由此而带来的失访偏倚对真实结果的获取影响较大。

4. 研究设计要求高，资料分析难度大 由于队列研究成本高，因此要求研究的设计必须更为严密，并且由于样本量大，使得资料的收集和分析也增加了一定的难度。

（马红霞）

本章小结

综上，本章介绍了队列研究的概念和实施的基本原则，并利用水果摄入与心血管病的研究来说明这些概念。队列研究是一种观察性（而非实验性）的研究设计，研究者观察暴露和疾病的自然发生，在方法上是前瞻性的。也就是说，所有事件，包括暴露和疾病发生，都发生在研究开始后，因而能够更好地推断暴露与疾病间的因果关系。队列研究的分析基于暴露人群与未暴露人群疾病发生率的比较，所采用的指标包括 RR、AR、PAR 等。

思考题

1. 在队列研究中，哪些指标可以用于暴露因素的效应估计？这些指标之间有何联系和区别？
2. 队列研究与病例对照研究、实验性研究相比，有何异同？
3. 什么是失访偏倚？如何控制？

本章数字资源

第八章 病例对照研究

案例

在20世纪中期，全球范围内，众多国家的肺癌发病率和死亡率均呈现上升趋势，尤其是一些工业化程度较高的国家，其肺癌死亡率的增长更为显著。众多学者对这一现象进行了深入研究，普遍认为肺癌死亡率的上升与吸烟、吸入受污染的空气以及职业性风险因素紧密相关。

英国医师Richard Doll和Austin Hill针对吸烟与肺癌之间的关系这一问题，运用流行病学的研究方法进行了研究。他们于1948年至1952年期间，在伦敦的20家医院及其他城市挑选了确诊肺癌的患者作为研究对象。为了进行比较，Doll和Hill还选取了胃癌、肠癌等其他类型癌症的患者以及普通医院中未有癌症的患者作为对照。研究中对照组成员的年龄应与患者相匹配，属于同一年龄组。性别、种族、职业、经济状况和社会地位等特征也应与患者保持一致或相似。每位患者匹配一个对照个体，即采用1∶1的配对方式。对照个体可以在患者所在的同一家医院中选取，但须确定他们没有与肺癌可能相关的病因。在Doll和Hill进行的研究中，他们探讨了吸烟是否为肺癌的危险因素，并为此设计了一份简洁的调查问卷。鉴于吸烟习惯是可变的，例如，吸烟量少的人可能变成重度吸烟者，而重度吸烟者可能减少吸烟量或戒烟，之后又可能重新开始吸烟。因此在设计问卷时，研究者还询问调查对象一生中是否吸过烟、开始吸烟的年龄、平均每日吸烟量、最大吸烟量、吸烟种类（纸烟、烟斗、雪茄，还是兼而有之）、是否戒烟以及戒烟的年龄等问题。

研究结果发现，与对照组相比，发现肺癌患者烟叶消耗的最大量和总量均显著大于对照病例；且随着每日吸烟量的增加，肺癌患病的风险增加。单纯吸纸烟者发生肺癌的死亡率最高，明显高于吸纸烟兼烟斗者和单纯吸烟斗者，其死亡率随着每日吸烟量增加而升高。这些结果先后在伦敦和英国其他地区的重复调查中得到了验证。

Case-control study is a type of observational study suitable for studying rare diseases or those with long latency periods. It allows the effective exploration of various influencing factors. Researchers select patients from those already diagnosed with the disease and choose a control group of individuals without the disease from the same or a similar population. By comparing the exposure history of both groups, factors that may contribute to the disease are identified. The advantages include requiring a small sample size, saving resources, being easy to implement, and allowing the study of interactions among multiple factors. However, this method is susceptible to confounding bias, making it difficult to determine the temporal sequence of exposure and disease, and it cannot directly calculate incidence rates. Additionally, recall bias and selection bias are common limitations.

病例对照研究是一种观察性研究方法，能有效探索多种影响因素。研究者从已确诊的病例中选取患者，并从同一人群或相似群体中选取未患病的对照组，通过比较两组的暴露历史，识别可能导致疾病的因素。其优点包括样本量小、节省资源、易于实施，且能用于多种因素的交互作用研究。然而，该方法易受混杂偏倚影响，难以确定暴露与疾病的时间顺序，无法直接计算发病率。此外，回忆偏倚和选择偏倚是其常见的局限性。

第一节 | 概　述

一、基本概念

病例对照研究（case-control study）是用来探索病因的一种常用的流行病学研究方法。是以确诊的患有某种特定疾病的一组个体作为病例，以不患有该病但具有可比性的一组个体作为对照，回顾性地收集研究对象既往对所研究因素的暴露情况，通过比较两组暴露的差异推测疾病与研究因素之间有无关联及关联强度大小的一种观察性研究，是一种回顾性的、由果及因的分析流行病学研究方法。

二、基本原理和特点

（一）基本原理

选择病例组（患者）和具有可比性的对照组（非患者），通过询问、实验室检查或复查病史等方法，收集两组人群既往某些因素的暴露情况和/或暴露程度，测量并比较病例组与对照组中各因素的暴露比例，经统计学检验，若两组暴露比例差别有统计学意义，则认为因素与疾病之间存在统计学关联。在进一步估计和控制各种偏倚对研究结果影响的基础上，分析暴露与疾病的关联强度。见图 8-1。

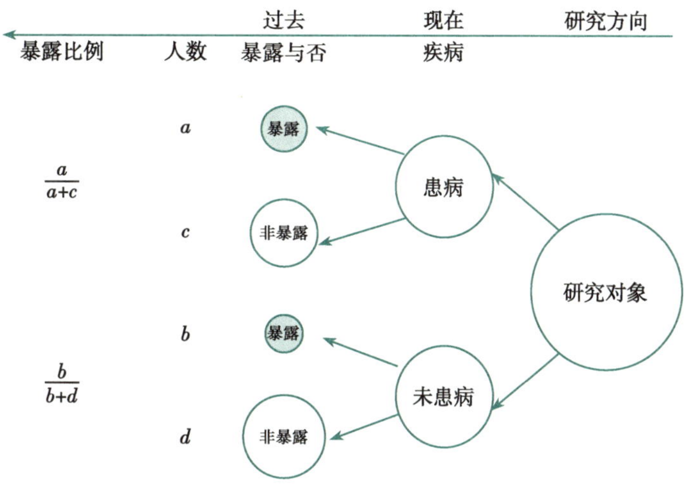

图 8-1　病例对照研究基本原理示意图

病例对照研究中所谓“病例”可以是某疾病的病例或某种病原体的感染者或具有某特征事件（如健康、有效、痊愈、死亡、药物副作用等）的人；对照可以是未有该病的其他患者或不具有所感兴趣事件的个体或健康人。病例对照研究中的暴露因素，既可以是增加疾病等事件发生概率的各种危险因素，也可以是降低疾病等事件发生概率的保护因素。

（二）主要特点

1. 属于观察性研究　病例对照研究中各种因素是否暴露非人为控制，是自然存在的，研究者不施加干预措施，仅通过客观地收集研究对象各种因素的暴露情况，分析暴露因素与疾病或其他事件的关系，具有观察性研究的特征。

2. 设立对照　病例对照研究必须设立与病例具有可比性的对照，目的是为病例组的暴露比例提供参比。

3. 由“果”推“因”　病例对照研究开始时已有确定的结局（患病或未患病，出现或未出现感兴趣的事件），进而追溯可能与疾病或事件有关的因素，即从所研究疾病（果）与过去的暴露因素（因）的关联性来推断因素与疾病发生的关系，以寻找病因线索。

（三）设计类型

病例对照研究可以按照研究目的、研究特点、研究设计等分类。根据对照的选择是否有某些限制，病例对照研究可分为非匹配病例对照研究和匹配病例对照研究两种类型。

1. 非匹配病例对照研究　非匹配病例对照研究对于对照的选择不作任何限制和规定，在研究设计所规定的病例和对照人群中，分别抽取一定数量的研究对象，一般对照人数应等于或多于病例人数。例如，欲探讨某社区 60 岁及以上人群糖尿病患病的危险因素，可选择该社区 60 岁及以上的全部

NOTES

糖尿病患者作为病例组，未患糖尿病者或其随机样本作为对照组来进行研究。这种方法相比队列研究更容易实施，但对混杂因素的控制能力较弱，在进行统计分析时要采用相应的方法予以弥补。

2. 匹配病例对照研究 匹配（matching）又称配比、配对，是指所选择的对照在某些因素或特征方面与病例保持一致。这些因素或特征被称为匹配因素或匹配变量，例如年龄、性别、居住地等。匹配的目的是使匹配因素在病例组与对照组之间保持均衡，排除这些因素或特征对研究结果的干扰，从而更准确地说明所研究因素与疾病的关系，提高研究效率（study efficiency）。

匹配因素应当根据所研究的疾病而定，并不是越多越好。拟作为病因探索的因素不可作为匹配因素。匹配的特征或变量必须是已知的混杂因素（confounding factor），或至少有充分理由怀疑是混杂因素，或者年龄、性别等复合因素。如果将不必要的因素作为匹配变量进行匹配，企图使病例与对照尽可能一致，不仅会增加选择对照的难度和工作量，还可能导致与研究结果相关的关键因素被过度匹配，从而丢失一些重要信息，这种情况被称为匹配过度（over-matching）。例如，在研究心血管疾病与吸烟之间的关系时，将血脂水平作为匹配因素进行匹配，将低估吸烟与心血管疾病的关联性，因为血脂水平是研究因素（吸烟）与疾病（心血管疾病）因果链上的中间环节。一旦病例组与对照组根据这些变量进行匹配，便意味着两组在这些特定变量上保持一致，从而导致研究不再分析这些变量与疾病之间的关系。根据匹配的方式不同，可将匹配分为成组匹配和个体匹配两种形式。

（1）成组匹配病例对照研究：成组匹配（category matching）又称频数匹配（frequency matching），是指对照组具有某种或某些因素或特征者所占的比例与病例组一致或相近，即病例组与对照组之间某些因素和特征的分布一致或接近。如病例组男女各半，60 岁以上者占 1/3，则对照组的性别与年龄分布应与病例组一致，差别无统计学意义。

（2）个体匹配病例对照研究：个体匹配（individual matching）是指以病例和对照个体为单位，在某种或某些因素或特征方面相同或接近。1 个病例可以匹配 1 个对照，这种情况叫配对（pair matching）。例如，一个社区中符合研究条件的 50 岁的男性病例，按照性别相同且年龄相差不超过 2 岁的匹配原则，匹配一个年龄在（50 ± 2）岁（48~52 岁）的男性对照。一般情况下，总样本量一定时，如果病例和对照来源均较充足，病例和对照之比为 1∶1 时的统计学效率最高。如果对照易得而病例罕见时，也可以 1 个病例匹配多个对照，如 1∶2、1∶3……1∶R，达到较满意的研究效率。由于超过 1∶4 匹配时研究效率增加缓慢且增加工作量，故不建议采用。

三、研究用途

1. 广泛探索影响因素 从众多与疾病或卫生事件发生相关的可疑因素中，筛选相关因素，特别是对病因不明的疾病进行可疑因素的广泛探索是病例对照研究的优势。

2. 深入检验某个或某几个病因假说 在描述性研究初步形成病因假说的基础上，可进一步进行病例对照研究检验假设。例如，多数食管癌患者存在热烫饮食、饮酒、饮食过快、食用泡菜、辛辣饮食等习惯，提出病因假设，食管癌的发生与这些因素有关，再通过病例对照研究，调查食管癌患者和非食管癌患者的这些因素的暴露情况，进一步检验假设。

3. 研究健康状态等事件发生的影响因素 将研究范围扩大到与疾病和健康状态相关的医学事件或公共卫生事件的影响因素，如意外伤害、老年人生活质量、心理健康问题、肥胖与超重等相关因素的研究，可为制定相应卫生决策提供科学依据。

4. 疾病预后因素的研究 同一疾病可能有不同的结局。将发生某种临床结局者作为病例组，未发生该结局者作为对照组，进行病例对照研究，追溯产生不同结局的有关因素，例如曾经接受的治疗方法，以及曾经的病情、病期等因素，从而比较分析影响疾病预后的主要因素，为改善疾病预后提供依据。

5. 临床疗效影响因素的研究 同样的治疗方法对同一疾病治疗可有不同的疗效。将发生和未发生某种临床疗效者分别作为病例组和对照组进行病例对照研究，分析不同疗效的影响因素，更好地指导临床实践。

NOTES

四、衍生类型

衍生类型不仅丰富了病例对照研究的应用场景，也提高了对疾病与暴露因素之间关系的理解和评估的准确性。

（一）巢式病例对照研究

巢式病例对照研究（nested case-control study，NCCs）又称队列内病例对照研究（case-control study nested in a cohort）。最早在1973年由美国流行病学家Mantel提出综合式病例对照研究设计，并于1982年将其正式命名为巢式病例对照研究。巢式病例对照研究是将传统的病例对照研究和队列研究进行组合后形成的一种新的研究方法，即在对一个事先确定好的队列进行随访观察的基础上，再应用病例对照研究的设计思路进行研究和分析。

研究开始时按照队列研究的方法进行设计，事先确定好一个队列。对全队列人员进行基线调查，并留存生物样本备用。在确保样本妥善储存的基础上，进行随访观察，将在随访期间所有新发病例从队列中提取出来，组成"病例组"，同时在同一队列中，对没有发病的研究对象，按照病例对照研究（主要是匹配病例对照研究）的设计要求，采用随机抽样方法选择比例不等的对照，形成"对照组"。当病例组和对照组研究对象确定后，提取其基线资料，检测留存的生物样本，最后按照病例对照研究的分析方法进行统计分析。

（二）病例-队列研究

将队列研究设计和病例对照研究设计相互交叉，融合两者的优点后形成的一种设计方法，既可以回顾性地比较病例和对照的暴露情况，也可以前瞻性地观察暴露与疾病发生的关系。设计原理为：首先确定某个人群作为研究队列（全队列），然后在该队列中用随机的方法抽取一个样本（即子队列）作为对照组，再收集全队列中所有的欲研究疾病的病例作为病例组，最后用相应的统计方法比较分析两组资料，以探索影响疾病发生、疾病生存时间、预后等的因素。

病例队列研究与巢式病例对照研究都是由队列研究和病例对照研究相互交叉渗透而产生的新的设计类型，但两者在许多方面存在差别。

1. 对照的选择方法和时间不一样 巢式病例对照研究采用危险集抽样，即在每个病例发病时，将其他所有未发病者组成一个危险集，然后用随机抽样或匹配的方法，按一定的条件在该危险集中选取1名或多名作为该病例的对照。而病例队列研究则采用随机抽样的方法，研究初始在全队列中按一定比例选出一个有代表性的样本（子队列）作为对照组。

2. 对照的适用范围不一样 巢式病例对照研究中不同的疾病需分别选取对照，而病例队列研究中不同的疾病共用一个对照组。

3. 队列成员入选机会不一样 在巢式病例对照研究中，队列成员被选为对照组的机会与其在队列中所贡献的人时数成正比，在危险集中一个5年后发病的人入选对照组的机会比1年即发病的人高5倍。而在病例队列研究中则不然，全队列中的每个成员无论对队列的人时数贡献大小，其入选机会都是一样的。

4. 分析方法不同 巢式病例对照研究由于多采用个体匹配，所以常用条件Logistic回归等方法进行分析；病例队列研究可以采用传统病例对照研究数据分析方法，计算OR值，更为常用的数据分析方法是采用Cox比例风险模型结合加权技术进行分析，分析方法相对较复杂。

5. 计算指标不同 巢式病例对照研究计算OR值，而病例队列研究由于无法获得全队列中暴露组和非暴露组的发病率，无法直接计算RR值，只能以其他方法估计RR，比如通过OR或风险比（hazard ratio，HR）估计RR值。

6. 两者的最佳适用场合不同 在一般情况下，能运用巢式病例对照设计进行的研究，也能用病例队列设计来对其研究。但两者的最佳适用条件还是有所区别的。巢式病例对照研究最佳适用情况为：在队列研究的随访开始后又出现了一种新的病因假说而这种因素未被测量；另一种情况为研究某

NOTES

些生物学前体与疾病的关联。而病例队列设计的最佳适用情况为：在进行某个发病率很低的大型队列研究时，如果需要分析发病时间的影响因素，病例队列设计可能优于巢式病例对照研究；另外在需要计算某个队列的发病率、标化死亡比及进行外部比较时，病例队列研究也是首选设计方法。

（三）病例交叉研究

1991 年 Maclure 提出评价药物不良事件危险性时，选择病例源人群时最好的对照来源是病例自身，因而首次提出病例交叉研究（case crossover study）设计，这种对研究对象的自身暴露情况作出比较的自身对照方法，适用于研究急性事件（如心肌梗死、脑卒中、过敏反应等）发生前的暴露因素，如环境因素、生活方式变化或药物使用等。该方法通过比较同一病例在事件发生前后不同时间点的暴露情况，控制了个体间的混杂因素，提高了研究的内部效度。

病例交叉研究的设计形式是多样的，可以是事件未发生前一段时间，也可以是急性事件发生后（痊愈后）的一段时间。病例交叉研究设计中“病例”是指危险期，即疾病或事件发生前的一段时间；“对照”是指对照期，即危险期外特定的一段时间。病例交叉研究就是对个体危险期和对照期内的暴露信息进行比较。根据选取的时间不同，分为单向病例交叉研究和双向病例交叉研究。单向病例交叉研究的对照时间是事件发生前的时间，当暴露存在时间趋势时有可能导致结果的偏倚，因而有学者提出了双向病例交叉设计，即用不良事件发生前后的两个时间作为对照期，但当时间变化呈现某种规则的趋势或者暴露时间较长时，双向研究也会产生偏倚，因此又提出对称双向病例交叉研究，即以对称间隔时间作为对照期，控制时间趋势所致的混杂，如季节性或周期性等。

另外，分析性研究的衍生类型还有病例-病例研究（case-case study）、病例-时间-对照研究等，不同的研究类型研究目的不同，可以参考相关书籍。

第二节　研究设计与实施

病例对照研究的设计主要内容包括：明确研究目的、确定研究类型、确定研究因素和研究结局、选择研究对象、估计样本含量、确定资料收集与分析方法和预期分析指标、质量控制以及组织计划与经费预算等。在病例对照研究的设计与实施中，特别应关注以下内容。

一、确定研究目的与研究类型

研究目的是阐述要解决什么样的问题，明确研究目的是制订研究计划的核心和指导思想，也是进行任何科学研究的第一步。病例对照研究根据疾病发生的特点、既往研究的结果或临床工作中需要解决的问题，结合文献复习，提出明确的研究目的。

研究类型的选择可以从以下方面考虑：①根据研究目的进一步确定适宜的研究类型，例如，研究目的是广泛探索疾病的危险因子，可以采用不匹配或频数匹配的病例对照研究；②根据可供研究的病例的数量选择研究类型，如果所研究的是罕见病，或所能得到的符合规定的病例数很少，则可采用 1∶R 个体匹配的研究类型；③根据对照与病例在某些重要因素或特征方面的可比性要求，比如病例的年龄、性别构成特殊，随机抽取的对照与病例差别较大，以选择个体匹配为宜。

二、确定研究因素

1. 研究因素的确定　研究因素（或变量）是研究者感兴趣的与所研究结局事件有关的各种变量。应根据研究目的选择研究因素，尽可能保证“精而全”，即与目的有关的变量绝不可少，与目的无关的变量不宜纳入。一般可通过描述性研究、不同地区和人群中进行的病例对照研究、临床观察或其他学科领域提出的研究线索等来确定研究因素。

2. 研究因素的规定　研究因素一旦确定后，必须对每项研究因素的暴露或暴露水平作出明确而具体的规定。尽可能采取国际或国内统一的标准，以便交流比较，如对吸烟规定为每天吸烟至少一支且持续一年以上，否则不定义为吸烟。涉及某些生物学指标的测定方法、结果判断等，均应有明确统

NOTES

一的标准。研究者也可根据实际情况作出具体的、操作性较强的规定。

3. 研究因素的收集　病例对照研究将所确定的研究因素归纳于调查表中，通过调查，每个研究对象的暴露及疾病的信息均应准确记录在调查表中，病例和对照须采用相同的调查表。除死亡病例外，一般由研究对象本人来回答有关问题，并要求调查者采用同等认真的态度完成病例和对照暴露的测量和资料的收集。研究因素的收集和测量方法主要通过面对面访谈、电话访问、信访、查阅记录、现场观察及环境和人体生物学材料的检测等。收集的资料是否准确可靠关系到研究结果和结论的真实性。研究中尽量对暴露进行定量测量，或转化为等级资料，以便进行较深入的资料分析。

三、确定研究对象

病例对照研究的研究对象包括病例组和对照组，对照的选择在整个研究中尤为关键。

（一）病例的选择

1. 选择原则　病例对照研究中的病例是指患有所研究疾病且符合研究入选标准的人。病例选择的基本原则有两个。①代表性：理想条件下，病例组应为源人群（即产生这组患者的目标人群）中的全部患者。但并非绝对，也可以是从全部患者中随机抽取的一个样本。选择的病例应足以代表产生病例的源人群中的全部病例。②诊断明确：必须对所研究疾病的诊断标准作出明确的规定，所有病例都应是按照严格的诊断标准确诊的所研究疾病的患者。疾病的诊断标准应尽可能按照国际及国内统一标准执行，以便与他人的工作比较。对于无明确诊断标准的疾病，可根据研究的需要制订明确的工作定义。此外，为了控制非研究因素对结果的干扰，可对研究对象的某些特征（如性别、年龄、民族等）作出规定或限制。

2. 病例的类型

（1）新发病例（incident case）：是指研究期间新发生并确诊的病例。由于患病的时间较短，对暴露的回忆比较清楚，提供的信息较为准确可靠，且不受生存因素的影响，研究对象的配合性较好。但收集新发病例花费时间长，费用高，尤其是对发病率低的疾病。

（2）现患病例（prevalent case）：是指研究人群中已存在的所研究疾病的患者。现患病例的收集需要时间较短，费用相对较低。但现患病例因患病时间相对较长，对暴露史的回忆易发生偏差，难以区分暴露和疾病的时间顺序，而且容易将由于患病而改变了的暴露特征当作疾病的危险因素。

（3）死亡病例（death case）：是指研究时已死亡的病例。选择死亡病例进行研究费用低，出结果快，获得的信息对进一步深入研究有一定的帮助。但因暴露信息是通过询问亲属或其他人，或查阅历史资料和记录获得，所获资料准确性较差。一般认为，如果条件许可应尽可能选择新发病例。

3. 病例的来源　病例的来源主要有两种，一类是来自医院，即以医院为基础（hospital-based）的病例来源，可以是门诊患者或住院患者，也可以是已经出院甚至死亡的患者，比如本章案例中在伦敦20家医院选择了确诊的肺癌患者。其优点是方便可行，节省费用，合作性好，信息较完整、准确，对于罕见病有时是唯一可行的方法，但从医院中选择病例容易发生选择偏倚。另一类来自社区，即以社区为基础（population-based）的病例来源，从社区人群中选择病例时，可以利用疾病监测资料或居民健康档案选择合格的病例，对于常见病也可以组织专门的调查（普查或抽样调查）从社区居民中发现该病的病例。其最大优点是代表性较好，结果外推到该人群的可信度较高，但病例获得比较困难，工作量和工作难度均较大，耗费人力物力较多。

（二）对照的选择

在病例对照研究中，对照的选择在整个研究中尤为关键，比病例的选择更复杂，更困难。

1. 选择原则　对照必须是以与病例相同的诊断标准判断的未患所研究疾病的人。选择对照应遵循代表性和可比性的原则。代表性体现为所选择的对照应能代表病例源人群暴露的分布情况，最

好是源人群的一个无偏样本，或是产生病例的源人群中全体未患该病人群的一个随机样本。可比性是指除研究因素（暴露因素）以外，其他有关因素在病例组与对照组间的分布应一致。

2. 对照的来源

（1）同一或多个医疗机构中诊断的其他疾病的患者：实际工作中常采用这种对照，其优点为易于选取，配合度高，且可利用档案资料，但代表性较差，容易产生偏倚。为避免偏倚，应尽可能选择多个医院、多科室、多病种的患者作对照。同时还应注意，对照一般不应患有与所研究疾病有已知共同病因的疾病，例如，研究吸烟与肺癌之间的关联时，与吸烟有关的慢性阻塞性肺疾病的患者不能作为对照。

（2）社区人口或团体人群中非该病病例或健康人：其优点是代表性强，但实施难度大，费用高，所选对照不易配合。

（3）病例的邻居或同一住宅区内的健康人或非该病患者：邻居对照有助于控制社会经济地位的混杂作用。

（4）病例的配偶、同胞、亲戚、同学或同事等：这种对照易选且比较合作，排除了某些环境或遗传因素对结果的影响。如同胞对照有助于控制早期环境影响和遗传因素的混杂作用，配偶对照则可控制某些环境因素对结果的干扰。

不同的对照各有优缺点，在实际工作中，可以选择多重对照，以弥补各自的不足。

3. 对照的选择方法　选择对照时主要采取匹配与非匹配两种方式。匹配的目的主要是提高研究效率，控制混杂因素的干扰。因此，在条件许可时尽可能采取匹配的方式选取对照，如果病例和对照的来源都较充分，则以配对为佳；如果病例少而对照相对易得，则可采用一个病例匹配多个对照的方式。

四、估计样本量

（一）样本量的影响因素

病例对照研究中影响样本量的主要因素有以下几个方面。

1. 研究因素在对照人群（对照组）中的估计暴露率（p_0）。

2. 研究因素与疾病关联强度的估计值，即相对危险度（RR）或比值比（OR）。

3. 第Ⅰ类错误（假阳性）率（α），一般取 $\alpha=0.05$。

4. 假设检验的效能或把握度（$1-\beta$），β 为第Ⅱ类错误（假阴性）率，一般取 $\beta=0.10$。

一般而言，α 或 β 越小，所需样本量越大；α、β 和 p_0 一定时，OR 或 RR 的估计值越远离 1，即因素对疾病发生的作用越强，所需的样本量越小；p_0 与 p_1［研究因素在病例人群（病例组）中的估计暴露率］差值越大，所需样本量越小。

（二）样本量的估计方法

样本量估计是为确保研究结论在一定检验效能基础上的最少观察单位数。样本量的大小受多种因素的影响，在估计样本量时需要注意：①样本量的估计是有条件的，而这些条件并非一成不变，因此，所估计的样本量并非绝对精确的数值；②样本量并非越大越好，样本量过大，常会影响调查工作的质量，增加负担和费用；③在总的样本量相同的情况下，病例组和对照组样本含量相等时研究效率最高；④不同研究设计的样本量的计算方法不同。

1. 非匹配或成组匹配设计样本量估计　非匹配或成组（频数）匹配设计的病例对照研究，通常设定病例组与对照组数量相等或对照数多于病例数。当病例数与对照数相等时可用式 8-1 估计样本量：

$$n=\frac{\left(Z_{\alpha}\sqrt{2\overline{p}\,\overline{q}}+Z_{\beta}\sqrt{p_0q_0+p_1q_1}\right)^2}{\left(p_1-p_0\right)^2} \quad \text{（式 8-1）}$$

式中：n 为病例组或对照组人数；Z_α 与 Z_β 分别为 α 与 β 对应的标准正态分布的分位数，可查表获得；p_0 与 p_1 分别为对照组和病例组某因素的估计暴露率；$q_0=1-p_0$，$q_1=1-p_1$，$\bar{p}=(p_0+p_1)/2$，$\bar{q}=1-\bar{p}$。p_1 可用式 8-2 计算

$$p_1=(\mathrm{OR}\times p_0)/(1-p_0+\mathrm{OR}\times p_0) \quad (式 8-2)$$

例：某学者拟进行一项男性吸烟与肺癌关系的病例对照研究。查阅文献获得男性吸烟者患肺癌的 OR 为 3.0，当地男性人群吸烟率约为 40%。设 $\alpha=0.05$（双侧），$\beta=0.10$，需估计样本量 n。

先用式 8-2 求得 p_1：

$$p_1=(3\times 0.4)/(1-0.4+3\times 0.4)=0.667$$

则 $q_1=1-0.667=0.333$，$\bar{p}=(0.4+0.667)/2=0.534$，$\bar{q}=1-0.534=0.467$

再用式 8-1 求 n

$$n=\frac{(1.96\sqrt{2\times 0.534\times 0.467}+1.28\sqrt{0.4\times 0.6+0.667\times 0.333})^2}{(0.667-0.4)^2}=71.4$$

即病例组和对照组至少各需 72 人。

2. 个体匹配病例对照研究样本量估计　个体匹配病例对照研究因对照数目的不同，计算公式有所不同。以 1∶1 匹配设计为例，常采用 Schlesselman 推荐的计算公式，首先要计算病例和对照暴露情况不一致的对子数（m）：

$$m=\left[Z_\alpha/2+Z_\beta\sqrt{p(1-p)}\right]^2/(p-1/2)^2 \quad (式 8-3)$$

式中：m 为病例与对照暴露情况不一致的对子数；$p=\mathrm{OR}/(1+\mathrm{OR})$。

研究需要的病例和对照的总对子数（M）依照式 8-4 求得

$$M\approx m/(p_0q_1+p_1q_0) \quad (式 8-4)$$

式中：p_0 与 p_1 分别为目标人群中对照组和病例组某因素的估计暴露率；p_1 的计算方法同式 8-2；$q_0=1-p_0$，$q_1=1-p_1$。

例：某学者拟采用 1∶1 匹配病例对照研究的方法探讨某地 45 岁以上人群高血压等因素与脑卒中的关系，设 $\alpha=0.05$（双侧），$\beta=0.10$，当地 45 岁以上人群高血压患病率为 20%，OR 为 2.5，计算样本含量 M。

$$p=2.5/(1+2.5)=0.714\,3$$

$$m=[1.96/2+1.28\sqrt{0.714\,3(1-0.714\,3)}]^2/(0.714\,3-1/2)^2=53$$

$$p_1=2.5\times 0.2/[1+0.2\times(2.5-1)]=0.384\,6$$

$$q_1=1-0.384\,6=0.615\,4,\ q_0=1-0.20=0.80$$

$$M=53/(0.20\times 0.615\,4+0.384\,6\times 0.80)=123$$

即此项 1∶1 匹配病例对照研究至少需要 123 对病例和对照。

样本量估计计算公式假设的是单一暴露因素，而病例对照研究中涉及的研究因素较多，每个因素都有其各自的 OR 及 p_0，因此，在实际研究中通常注意：①根据每个因素的参数估算所需样本量，然后选择最大的样本量，保证高水准、高效能的检验假设；②根据研究目的，结合实际情况，权衡利弊，舍弃对次要因素和 OR 值接近 1 的因素的探讨，适当减少样本量，使主要的研究因素得到有把握的检验。

NOTES

五、资料的收集和质量控制

病例对照研究中资料的收集应该根据研究目的和实际情况，恰当地选择资料收集方法。主要是利用专门设计的调查表获取所需信息，如：Doll 和 Hill 研究吸烟是否为肺癌的病因，针对研究的病因拟定了简明的调查表，收集研究对象的吸烟情况。鉴于吸烟习惯是可变的，例如，吸烟量少的人可能变成重度吸烟者，而重度吸烟者可能减少吸烟量或戒烟，之后又可能重新开始吸烟，因此在设计问卷时，研究者包括了询问调查对象一生中是否吸过烟、开始吸烟的年龄、平均每日吸烟量、最大吸烟量，是吸纸烟、烟斗、雪茄还是兼而有之、是否戒烟以及戒烟的年龄等问题。资料的收集可以采用面对面访谈，也可以通过通信调查、查阅医疗记录、报告登记资料、职业史档案等，作为询问调查的补充；某些研究还需要采集个人生物样本或环境样本进行实验室检测等。

无论采用什么方法，都应进行质量控制，以保证资料准确可靠。在收集资料时要注意，采用可比的方法对病例和对照进行信息收集，病例和对照接受调查的环境和方法应相同，病例和对照的调查时间愈近愈好。也就是说，要求病例组和对照组收集信息的方式、资料来源、暴露测量时间和标准应一致，以减少偏倚。调查全过程要注意进行质量控制，如抽取一定比例的研究对象进行重复调查，通过两次调查的一致性评价调查的可靠性。

第三节　资料的整理与分析

病例对照研究资料分析的中心内容是比较病例与对照中暴露的比例，并由此估计暴露与疾病之间是否有关联及其关联强度；也可进一步分析暴露与疾病的剂量-反应关系等；可通过分层分析、多因素分析等控制混杂偏倚对研究结果的影响。

一、资料的整理

首先要对所收集的原始资料进行全面检查与核实，确保资料尽可能完整和准确，然后，对原始资料进行分组、归纳或编码后输入计算机，建立数据库。目前大多采用双录入的方法和录入后进行逻辑查错。在此基础上进一步分析暴露与疾病的关联及其关联强度。

二、资料的分析

（一）描述性分析

1. 研究对象一般特征的描述　对病例组和对照组的一般特征进行描述，如性别、年龄、职业、居住地、疾病临床类型等特征在两组的分布情况，一般以均数或构成比表示。

2. 均衡性检验　对病例组和对照组的某些基本特征进行均衡性检验。常采用 t 检验、χ^2 检验等，以评价两组的可比性。对两组间差异确有统计学意义的因素，在后续分析时应考虑其对研究结果可能的影响并加以控制。

（二）推断性分析

1. 非匹配或成组匹配设计资料的分析　将病例组和对照组按某个因素暴露史的有无整理成四格表的形式（表 8-1），进行该暴露因素与疾病之间关联性及其关联强度分析。

表 8-1　非匹配或成组匹配病例对照研究资料分析表

暴露因素	病例组	对照组	合计
有	a	b	$a+b=m_1$
无	c	d	$c+d=m_0$
合计	$a+c=n_1$	$b+d=n_0$	$a+b+c+d=T$

NOTES

（1）暴露与疾病关联性分析：检验某因素在病例组的暴露率或暴露比例（a/n_1）与对照组（b/n_0）之间的差异是否具有统计学意义，如果两组某因素暴露率差异有统计学意义，说明该暴露与疾病存在统计学关联。检验此假设一般采用四格表 χ^2 检验（式 8-5，式 8-6）。

$$\chi^2=\frac{(ad-bc)^2T}{m_1m_0n_1n_0} \tag{式 8-5}$$

当四格表中一个格子的理论数≥1，但<5，总例数≥40 时，用校正 χ^2 检验：

$$\chi^2_{校}=\frac{(|ad-bc|-T/2)^2T}{m_1m_0n_1n_0} \tag{式 8-6}$$

例 8-1：案例引入中 Doll 和 Hill 开展的吸烟与肺癌之间的关系的研究，比较了 709 例肺癌患者和 709 例对照吸烟的情况，结果整理为表 8-2。

表 8-2 病例组（肺癌）和对照组研究资料整理表

吸烟与否	病例（肺癌）	对照	合计
吸烟	688	650	1 338
不吸烟	21	59	80
合计	709	709	1 418

用 χ^2 检验分析例 8-1 资料，判断肺癌与吸烟之间是否存在统计学关联：

$$\chi^2=\frac{(688\times59-650\times21)^2\times1\,418}{1\,338\times80\times709\times709}=19.13,v=1,\text{查表得 } P<0.01。$$

结果表明：病例组吸烟的比例明显高于对照组，差异有统计学意义，提示吸烟与肺癌有关。

（2）关联强度（strength of association）分析：目的是推断暴露因素与疾病关联的密切程度，是病因学研究中资料分析的核心内容。因病例对照研究中无暴露和非暴露人群的观察人数，故不能计算发病率或死亡率，因而不能求得 RR，但可通过计算比值比（odds ratio，OR）来近似估计暴露和疾病的关联强度。

比值比（OR）是指病例组某因素的暴露比值（$odds_{病例}$）与对照组该因素的暴露比值（$odds_{对照}$）之比，反映了病例组某因素的暴露比值为对照组的若干倍。

从表 8-1 可见，病例组暴露的概率为 a/n_1，无暴露的概率为 c/n_1，两者的比值 $odds_{病例}=(a/n_1)/(c/n_1)=a/c$。同理，对照组暴露与无暴露的比值 $odds_{对照}=b/d$。则比值比为：

$$OR=\frac{odds_{病例}}{odds_{对照}}=\frac{a/c}{b/d}=\frac{ad}{bc} \tag{式 8-7}$$

在不同患病率和发病率的情况下，OR 与 RR 是有差别的。一般而言，如果疾病的发病率较低，所选择的病例和对照代表性好，则 OR 接近于 RR。有资料报道，当发病率低于 5% 时，OR 可以较好地反映 RR。

OR 是估计或近似估计的相对危险度，均反映暴露组的疾病危险性是非暴露组的多少倍。OR 的数值范围为从 0 到无限大的正数，其数值大小的意义与 RR 相同。OR=1，表明暴露因素与疾病之间无关联；OR>1，表明暴露因素与研究的疾病成“正”关联，数值愈大，该因素为危险因素的可能性愈大；OR<1，表明暴露因素与研究的疾病成“负”关联，数值愈小，该因素为保护因素的可能性愈大。

例如，以例 8-1 中表 8-2 资料分析暴露（吸烟）与疾病（肺癌）的关联强度，计算其比值比为

$$OR=\frac{688\times59}{650\times21}=2.97$$

NOTES

结果表明:吸烟者患肺癌的危险性是不吸烟者的 2.97 倍。

(3) OR 可信区间的计算:OR 值是一个样本的点估计值,它不能反映总体的 OR 值,故需用样本 OR 推测总体 OR 的所在范围。通常可按一定的概率(通常为 95%)来估计总体 OR 的范围,这一范围称为称置信区间(confidence interval,CI),又称可信区间。置信区间的上下限数值称置信限(confidence limit,CL)。

目前常用 Miettinen 卡方值法和 Woolf 自然对数转换法计算 OR 的 95%CI。

1) Miettinen 卡方值法:计算公式为

$$OR\ 95\%CI = OR^{(1\pm 1.96/\sqrt{\chi^2})} \qquad (式 8-8)$$

计算时一般用不校正的 χ^2 值,也可用 χ^2_{MH}。

2) Woolf 自然对数转换法:计算公式为

$$\ln OR\ 95\%CI = \ln OR \pm 1.96\sqrt{Var(\ln OR)} \qquad (式 8-9)$$

$Var(\ln OR)$ 为 OR 的自然对数的方差

$$Var(\ln OR) = \frac{1}{a} + \frac{1}{b} + \frac{1}{c} + \frac{1}{d} \qquad (式 8-10)$$

取 lnOR 95%CI 的反对数值,即为 OR 95%CI。

OR 置信区间计算的意义:95%CI 表示有 95% 把握说明总体 OR 所在的范围。根据置信区间是否包括 1 来推断暴露因素与疾病间关联强度的可靠性。如果 95%CI 不包括 1(OR > 1 或 OR < 1),说明如果进行多次病例对照研究,有 95% 的可能 OR 不等于 1,该项研究 OR 不等于 1 并非抽样误差所致,有理由认为研究因素是研究疾病的危险因素或保护因素;如果 95%CI 包括 1,说明如果进行多次病例对照研究,可能有 95% 的研究其 OR 值等于 1 或接近 1,即研究因素与研究疾病无关。上述两种方法计算结果基本一致,Miettinen 法较 Woolf 法计算的置信区间范围窄,且计算方法简单。

由例 8-1 资料计算 OR 的 95% 置信区间:

1) Miettinen 法计算

$$OR\ 95\%CI = 2.97^{\left(1\pm\frac{1.96}{\sqrt{19.13}}\right)}$$

$$OR_L = 2.97^{\left(1-\frac{1.96}{\sqrt{19.13}}\right)} = 1.82, \quad OR_U = 2.97^{\left(1+\frac{1.96}{\sqrt{19.13}}\right)} = 4.84$$

得 OR 95%CI 为 1.82~4.84。

结果表明,该研究 OR 95%CI 未包含 1 在内,且大于 1,提示该项研究的 OR 有 95% 的可能落在 1.82~4.84 的范围内,OR = 2.97 的结果有 95% 的可能认为非抽样误差造成,因此,有理由认为吸烟可能是肺癌的危险因素。

2) Woolf 法计算:先计算 lnOR 的方差 $Var(\ln OR)$,即

$$Var(\ln OR) = \frac{1}{688} + \frac{1}{650} + \frac{1}{21} + \frac{1}{59} = 0.067\,6$$

$$\ln OR\ 95\%CI = \ln 2.97 \pm 1.96 \times \sqrt{0.067\,6} = (0.58, 1.60)$$

分别取其反自然对数,得到 OR 95%CI 为 1.79~4.95。

结果表明,该研究 OR 95%CI 未包含 1 在内,且大于 1,提示该项研究的 OR 有 95% 的可能落在 1.78~4.95 的范围内,OR = 2.97 的结果有 95% 的可能认为非抽样误差造成,因此,有理由认为吸烟可能是肺癌的危险因素。

NOTES

2. 个体匹配设计资料的分析　以 1∶1 个体配对的病例对照研究为例,根据每一个病例与其对

照构成的每个对子的暴露情况，将资料整理为表 8-3 的形式。

表 8-3　1∶1 配对病例对照研究资料整理表

对照	病例		合计
	有暴露史	无暴露史	
有暴露史	a	b	$a+b$
无暴露史	c	d	$c+d$
合计	$a+c$	$b+d$	T

（1）暴露与疾病关联性分析：用 McNemar χ^2 检验公式计算

$$\chi^2=\frac{(b-c)^2}{(b+c)} \tag{式 8-11}$$

当$(b+c)<40$或有理论数小于 5 但大于 1 时采用校正公式

$$\chi^2_{校}=\frac{(|b-c|-1)^2}{(b+c)} \tag{式 8-12}$$

（2）关联强度的分析：计算 OR 及其 95%CI

$$\mathrm{OR}=\frac{c}{b} \tag{式 8-13}$$

OR 95%CI 的计算同（式 8-8，式 8-9）。

例 8-2：Doll 和 Hill 在对吸烟与肺癌关系的研究中，进行了肺癌与其他肿瘤 1∶1 匹配病例对照研究，即每调查一例肺癌患者，同时匹配一例同医院同期住院的胃癌、肠癌等非呼吸系统癌症患者。匹配条件为年龄相差不超过 5 岁，性别及居住地区相同，家庭经济条件相似。表 8-4 为对男性肺癌患者与非呼吸系统癌症患者（对照）的吸烟情况整理结果。

表 8-4　男性吸烟与肺癌 1∶1 配对病例对照研究资料分析

对照	病例		合计
	吸烟	不吸烟	
吸烟	1 287	7	1 294
不吸烟	61	2	63
合计	1 348	9	1 357

$$\chi^2=\frac{(7-61)^2}{(7+61)}=42.88,\quad P<0.01$$

$\mathrm{OR}=\dfrac{61}{7}=8.71$，OR 95%CI 为 4.55~16.67。

（三）分级分析

病例对照研究中，在收集暴露有无的同时，常常可以获得某因素不同暴露水平（例如：低、中、高）的资料，此时，可以进行资料的分级分析。

1. 分级分析　不同暴露水平的资料由小到大或由大到小分成多个有序的暴露等级，不同水平的各级暴露分别与无暴露或最低水平的暴露作比较，以分析暴露与疾病或其他卫生事件之间是否存在剂量-反应关系（dose-response relationship），以增加因果关联推断的依据。通常将资料整理为 $2\times k$ 列联表（表 8-5）。

NOTES

表 8-5　病例对照研究分级资料整理表

	暴露分级						
	0	1	2	3	4	……	合计
病例	$a_0(=c)$	a_1	a_2	a_3	a_4	……	n_1
对照	$b_0(=d)$	b_1	b_2	b_3	b_4	……	n_0
合计	m_0	m_1	m_2	m_3	m_4	……	T

2. 病例组与对照组暴露水平分布的检验　用 R × C 列联表 χ^2 检验。

Doll 和 Hill 在对吸烟与肺癌关系进行初步研究的基础上，进一步对男性调查对象的每日吸烟量与肺癌的关系进行了分级分析（表 8-6）。经检验，$\chi^2=43.15$，$v=3$，$P<0.001$，说明男性肺癌组和对照组的每日吸烟量分布的差别有统计学意义。

3. 计算各暴露水平的 χ^2、OR 及 95%CI　通常以不暴露或最低水平的暴露为参照。本例以不吸烟为参照，各吸烟水平分别与不吸烟状态比较，其 χ^2、OR 及 95%CI 的计算同式 8-5 至式 8-9，结果见表 8-6。

表 8-6　男性每日吸烟的支数与肺癌的关系

	每日吸烟量/支				
	0	1~4	5~14	15~	合计
病例	2(c)	33(a_1)	250(a_2)	364(a_3)	649(n_1)
对照	27(d)	55(b_1)	293(b_2)	274(b_3)	649(n_0)
合计	29(m_0)	88(m_1)	543(m_2)	638(m_3)	1 298(T)
χ^2	—	9.74	17.17	28.18	
OR	1.00(参照)	8.10	11.52	17.93	
OR 95%CI		2.18~30.13	3.62~36.68	6.00~48.90	

结果提示，各级的 χ^2 值和 OR 值随着每日吸烟量的增加显示递增趋势，χ^2 趋势检验呈现明显的剂量-反应关系（$\chi^2_{趋势}=40.01$，$v=1$，$P<0.05$）。说明随着每日吸烟量的增加，肺癌患病的风险增加。

趋势 χ^2 检验可用来检验剂量-反应关系是否具有统计学意义，具体计算方法可参阅相关书籍。

（四）分层分析

1. 分层分析定义　分层分析（stratification analysis）把病例对照研究中的病例组和对照组按不同特征（一般为可疑的混杂因素）分为不同层次，再分别在每一层内分析暴露与疾病的关联强度，从而可以在一定程度上控制混杂因素对研究结果的影响。

2. 分层分析步骤

（1）分层分析时，将资料整理为表 8-7 形式。

表 8-7　病例对照研究分层分析资料整理表

暴露	i 层		
	病例	对照	合计
有	a_i	b_i	m_{1i}
无	c_i	d_i	m_{0i}
合计	n_{1i}	n_{0i}	N_i

NOTES

（2）将各层资料分别单独分析：参照不匹配资料的分析，计算各层 OR 值，例：有研究发现，很多疾病与性别有关，因此，研究者怀疑性别可能是吸烟与肺癌关系研究中的一个混杂因素。故按照性别进行分层，再进一步分析吸烟与肺癌的联系。资料整理见表 8-8。

表 8-8 按性别分层分析吸烟与肺癌的关系

吸烟与否	男性			女性		
	病例	对照	合计	病例	对照	合计
吸烟	647	622	1 269	41	28	69
不吸烟	2	27	29	19	32	51
合计	649	649	1 298	60	60	120

计算各层资料的 OR 利用（式 8-7）计算各层的比值比 OR_i

$$OR_1=(647\times 27)/(622\times 2)=14.04$$

$$OR_2=(41\times 32)/(28\times 19)=2.47$$

各层 OR 的计算结果出现不同情况及分析策略：①当各层间 OR 接近或一致，即经齐性检验（homogeneity test）差异无统计学意义时，应计算总 χ^2、总 OR 及 OR 95%CI，以分析和判断可疑混杂因素是否起混杂作用；②当各层间的 OR 相差较大，即经齐性检验差异有统计学意义时，提示各层资料不属同质资料，不宜再计算总 χ^2 和总 OR，而应进一步分析分层因素与暴露因素间的交互作用（interaction）。齐性检验常用 Woolf 齐性检验法，具体计算公式如下：

$$\chi_w^2=\sum_{i=1}^{I} W_i(\ln OR_i-\ln OR_w) \quad \text{（式 8-14）}$$

$$W_i=\frac{1}{Var(\ln OR_i)} \quad \text{（式 8-15）}$$

$$Var(\ln OR_i)=\frac{1}{a_i}+\frac{1}{b_i}+\frac{1}{c_i}+\frac{1}{d_i} \quad \text{（式 8-16）}$$

$$\ln(OR_w)=\frac{\sum_{i=1}^{I} W_i(\ln OR_i)}{\sum_{i=1}^{I} W_i} \quad \text{（式 8-17）}$$

本例经 Woolf 法齐性检验，显示男性与女性两层的 OR 值差异不具有统计学意义（$\chi_w^2=0.343$，$v=1$，$P>0.05$），说明两层资料是同质的（homogeneous），故需计算总 χ^2 与总 OR。

（3）计算总 χ^2、总 OR 及 OR 95%CI 总 χ^2 和总 OR 的计算常用 Mantel-Haenszel 提出的计算公式，分别以 χ_{MH}^2 和 OR_{MH} 表示，具体计算方法参照有关书籍。OR_{MH} 的 95% 置信区间的计算可用 Miettinen 法或 Woolf 法公式。

用以下公式计算 χ_{MH}^2：

$$\chi_{MH}^2=\frac{[\sum_{i=1}^{I} a_i-\sum_{i=1}^{I} E(a_i)]^2}{\sum_{i=1}^{I} Var(a_i)} \quad \text{（式 8-18）}$$

式中，$E(a_i)$ 为 a_i 的期望值 $Var(a_i)$ 为 a_i 的方差。

$$\sum_{i=1}^{I} E(a_i)=\sum_{i=1}^{I}\frac{m_{1i}n_{1i}}{n_i} \quad \text{（式 8-19）}$$

$$\sum_{i=1}^{I} Var(a_i)=\sum_{i=1}^{I}\frac{m_{1i}m_{0i}n_{1i}n_{0i}}{n_i^2(n_i-1)} \quad \text{（式 8-20）}$$

对表 8-8 资料计算：

$$\sum_{i=1}^{2}E(a_i)=\frac{1\,269\times649}{1\,298}+\frac{69\times60}{120}=669$$

$$\sum_{i=1}^{2}Var(a_i)=\frac{1\,269\times29\times649\times649}{1\,298^2(1\,298-1)}+\frac{69\times51\times60\times60}{120^2(120-1)}=14.49$$

计算总 χ^2：

$$\chi^2_{\text{MH}}=\frac{(688-669)^2}{14.49}=24.91$$

$$v=i-1=1,P<0.001$$

总 OR：

$$\text{OR}_{\text{MH}}=\frac{(647\times27/1\,298)+(41\times32/120)}{(622\times2/1\,298)+(28\times19/120)}=4.52$$

OR 95%CI 为 2.50~8.17。

从上述分析可见，按照性别分层后仍显示吸烟与肺癌之间的联系有统计学意义，分层后总 OR 为 4.52，与分层前的粗 OR（2.97）有一定差别，经 Woolf 齐性检验表明差异有统计学意义，不宜进行总 OR 的计算分析(上述计算仅为举例)。

（五）多因素分析

病例对照研究往往涉及的研究因素较多，需要从多个因素中筛选出与疾病关系更为密切的因素。用简单的单因素分析及分层分析方法不可能对多个因素与疾病的关系做出判断，也不可能同时对多个混杂因素加以控制。

多因素分析的方法较多，如多元线性回归分析、主成分分析及因子分析、Logistic 回归分析等，这些分析方法被广泛应用于病例对照研究中，以探讨多个因素与疾病间的关系以及控制混杂因素。其中，非条件 Logistic 回归模型可进行非匹配或成组匹配病例对照研究资料的多因素分析，而条件 Logistic 回归模型则用于匹配病例对照研究资料的多因素分析。

第四节　偏倚及其控制

病例对照研究在研究设计、实施、资料分析的过程中都可能会受到多种因素的影响，使研究结果偏离了真实结果，即产生了偏倚（bias）。偏倚的存在歪曲了研究因素与疾病的关系，甚至得出完全错误的结论。一项完全没有偏倚的研究很难做到，但可以通过严谨的设计和细致的分析以识别、减少和控制偏倚。常见的偏倚有选择偏倚、信息偏倚和混杂偏倚。

一、选择偏倚

选择偏倚（selection bias）主要产生于研究的设计阶段，是从目标人群中选择研究对象的过程中，由于研究对象的选择不当造成的，即入选的研究对象与未入选的研究对象在某些特征上存在差异，使研究对象不能代表目标人群的特征，而引起的误差。在病例对照研究中，主要表现为病例不能代表目标人群中病例的暴露特征，或对照不能代表目标人群暴露的特征。

（一）常见的选择偏倚

1. 入院率偏倚　入院率偏倚（admission rate bias）也称伯克森偏倚（Berkson's bias），在以医院为基础的病例对照研究中常发生这种偏倚。当利用医院患者作为研究对象时，由于所选的病例和对照仅是住院患者中的一部分，而不是目标人群的随机样本，而且由于医院的医疗条件、患者的居住地区及社会经济文化等多方面因素的影响，患者对医院以及医院对患者都有一定的选择性，如在医疗水平较高的医院选择病例，难免重型患者多，久治不愈的患者多，因此作为病例组的病例不是全体患者的随机样本，难免会产生偏倚。

2. 生存者偏倚　生存者偏倚（survivor bias）也称现患病例-新发病例偏倚（prevalence-incidence bias），或奈曼偏倚（Neyman bias）。病例对照研究中的研究对象如果选自现患病例，而死亡病例、新发病例及已痊愈病例由于不易收集等因素而未纳入研究对象，特别是病程较长的现患病例，所得到的暴露信息可能与存活有关而与发病无关；或者是现患病例由于疾病而改变了原有的一些暴露特征（如生活习惯），与新发病例所提供的暴露信息有所不同，其结果可能将存活因素等作为疾病发生的影响因素，夸大或缩小了研究因素和研究疾病的真实关系。

3. 检出症候偏倚　检出症候偏倚（detection signal bias）也称暴露偏倚（unmasking bias）。某因素虽不是病因，但其存在有利于某些体征或症状出现，患者常因这些与疾病无关的症状而就医，从而提高了早期病例的检出率，致使过高地估计了暴露程度，而产生系统误差。例如，第四章案例介绍的关于口服雌激素与子宫内膜癌关系的病例对照研究，发现长期规律服用避孕药会使子宫内膜癌的发病风险增加，部分研究者认为这种关联为因果关联，而经过哈金森和罗斯曼进一步研究后发现雌激素仅仅是促使子宫内膜癌被提前确诊，而不是使其发生，因为雌激素会引起子宫出血，增加其就诊的可能，导致各种妇科疾病被检出。

（二）选择偏倚的控制

研究时制订严格的研究对象选择条件，尽可能选择人群病例和人群对照。如进行以医院为基础的病例对照研究，最好能在多个医院选择一定期间内连续观察的某种疾病的全部病例或其随机样本，在与病例相同的多个医院选择多病种对照，有条件时在社区人群中再选择一组对照，并且尽可能选择新发病例。

二、信息偏倚

信息偏倚（information bias）或称观察偏倚（observation bias）或测量偏倚（measurement bias），主要发生于研究的实施过程中，在收集有关暴露、疾病等信息过程中由于测量暴露与疾病的方法有缺陷而导致研究对象的分类错误，造成的系统误差。

（一）常见的信息偏倚

1. 回忆偏倚　回忆偏倚（recall bias）是由于研究对象对暴露史或既往史回忆的准确性和完整性存在系统误差而引起的偏倚。病例对照研究主要依据研究对象对过去暴露史的回忆而获取信息，因此这种偏倚是病例对照研究中最常见和最严重的偏倚之一，也可见于历史性队列研究，只要是暴露信息需要通过研究对象回忆来获得，就有可能发生此类偏倚。多种因素均可导致回忆偏倚，如病程、所发生事件的重要性、调查者的询问方式、询问技巧等。

2. 调查偏倚　调查偏倚（investigation bias）可来自调查者或调查对象。调查者对病例与对照调查时，自觉或不自觉地采取不同的询问方式（方法、态度、广度、深度等）收集信息，产生的这种系统误差称诱导偏倚（inducement bias）。例如，研究服用避孕药妇女患血栓栓塞的危险性，研究者从有关报道中得知避孕药和血栓形成有联系，在询问和记录有关避孕药服用的资料时，对血栓性静脉炎的妇女的记录很可能要比没有静脉炎的妇女更为详细，由此得出的口服避孕药和血栓栓塞之间的联系，可能是采集病史时的偏倚所致。收集信息时如果对暴露情况及诊断结果划分发生错误则会引起错误分类偏倚（misclassification bias）；研究对象因某种原因有意报告非真实信息将导致报告偏倚（reporting bias），比如夸大职业中某些因素的作用，或者不报告自己的一些疾病状况。

（二）信息偏倚的控制

通过提高测量的准确性和可靠性，严格定义诊断标准及暴露，并规范执行；严格培训调查员，最好采用盲法调查，尽量采用客观的方法来获取信息；调查项目繁简得当、问题明确、指标客观，调查者询问方式适当、态度认真，气氛融洽及被调查者心态平和等都是减少或避免信息偏倚的有效方法。通过随机抽取一定比例的研究对象进行重复调查而进行质量控制，也是减少信息偏倚的方法。

三、混杂偏倚

当探讨研究因素与某种疾病的关系时，某个既与疾病有关联又与暴露有关联的因素可能掩盖或夸大了研究因素与研究疾病之间的关系，这就产生了混杂偏倚（confounding bias）。在病例对照研究

NOTES

中常涉及多个研究因素，混杂偏倚的产生在所难免。通常在研究的设计阶段，可用限制和匹配的方法控制病例对照研究中的混杂偏倚的产生；在资料的分析阶段，可用分层分析、多因素分析等方法分析和控制混杂偏倚。

第五节 | 优缺点

一、优点

1. 适用于罕见的、潜伏期长的疾病研究，有时往往是罕见病病因研究的唯一选择；也适于研究一些新出现的或原因不明的疾病，能广泛地探索其影响因素，可为公共卫生干预策略与方案的制定提供重要依据。

2. 与队列研究相比，传统的病例对照研究设计需要的样本量较小，因此，相对更节省人力、物力、经费和时间，并且较易于组织实施。

3. 适用于多种暴露因素与某一种疾病关联的研究。

二、局限性

1. 传统的病例对照研究设计不适用于研究人群中暴露比例很低的因素，因需要的样本量较大，从而影响研究的可行性。

2. 易发生各种偏倚，如果暴露信息来自研究对象的回忆，可能会出现回忆偏倚，故而影响到病例对照研究结果的真实性。但是如果暴露信息来自历史记录，病例对照研究也将不发生回忆偏倚。

3. 难以确定暴露与疾病的时间先后顺序，无法直接推论因果关联。

4. 不能直接计算暴露组和非暴露组的发病率，只能用 OR 值估计相对危险度（RR）。

（雷立健）

本章小结

病例对照研究作为分析流行病学最基本、最重要的研究类型之一，应用越来越广泛，在病因学研究中发挥重要作用。但病例对照研究是回顾性的，因此在研究过程中必须确保数据的质量和组间可比性以避免偏倚，使研究结论更加可信。虽然具有局限性，但病例对照研究仍可以提供宝贵的经验证据。并且，当干预性研究不可行或者不符合研究伦理的时候，病例对照研究则成为一个有力的工具。

思考题

1. 病例对照研究的设计和实施要点有哪些？
2. 简述病例对照研究中常见的偏倚及其控制措施。

NOTES

第九章 | 实验流行病学

案例

乙型肝炎病毒（hepatitis B virus，HBV）感染是威胁人类健康的重要传染病之一，全球范围内约有2.96亿人存在慢性HBV感染。自1980年乙肝疫苗使用以来，人群乙肝流行得到逐步控制。随着乙肝抗病毒药物的开发、使用，以及重组乙肝疫苗长期大规模的人群免疫接种，部分人群发生了免疫逃逸等现象，还有部分人群因为抗体反应时间过长导致免疫失败，探索新型、多价联合疫苗十分必要。目前使用的主流疫苗为HBV表面抗原（hepatitis B surface antigen，HBsAg）重组的乙肝疫苗（1A-HBV），而3A-HBV不仅含有HBsAg，还含有pre-S1、pre-S2。小规模人群研究表明3A-HBV疫苗对成人具有更好的免疫原性和更快的疫苗反应性，可为灭除乙肝病毒感染提供更多的手段。

本研究案例介绍了3A-HBV疫苗的Ⅲ期、双盲、随机、多中心研究。设计采用3A-HBV实验组和传统单抗原疫苗1A-HBV对照组。研究期间为2017年12月至2019年9月，共涉及了芬兰、英国、比利时、德国、加拿大和美国的37个社区近4万人。参与者被随机分配入组。接种时机分别为第0天、第4周和第24周，在接受第三次疫苗注射后4周通过检测抗-HBs的抗体效价来测定疫苗免疫原性。结果显示3A-HBV组平均效价为118.8mIU/ml，1A-HBV组为15.1mIU/ml，3A-HBV组显著优于1A-HBV组。提示新型3A-HBV疫苗可为全球乙肝防控提供更好的选择。

Experimental epidemiology refers to the prospective, experimental research methods that randomly assign participants from the same population into an intervention group and a control group. The researchers applied a specific intervention to the intervention group, and a placebo or nothing to the control group. Then the researchers follow up and compare the incidence (mortality) or health status between the two groups to evaluate the effect of the intervention. The intervention conditions can be artificially controlled during the implementation process, and the hypothesis can be verified in the population, which is an important method to study causality.

实验流行病学（experimental epidemiology）是指将来自同一总体的研究对象随机分为实验组和对照组，研究者对实验组人群施加某种干预措施，对照组人群不施加干预措施或施加安慰剂，随访并比较两组人群的发病（死亡）情况或健康状况有无差别及差别大小，从而判断干预措施效果的一种前瞻性、实验性研究方法。实施过程中可以人为地控制干预条件，在人群中验证假设，是一种研究因果关系的重要方法。

第一节 | 概　述

一、概念

人群观察与实验是医学科学研究的基本方法。一般人群研究通常是描述人群中疾病或健康状况的分布及影响因素，侧重于对现象的观察和描述，一般不涉及主动干预。而实验流行病学

（experimental epidemiology）则对人群实施主动干预措施，检验、验证病因假设，评价预防、治疗措施的效果。例如，在验证某种新疫苗对预防某传染病的效果时，实验流行病学可以通过严格的实验设计，比较接种疫苗组和未接种疫苗组人群的发病情况，从而确定疫苗的有效性。实验流行病学是一种前瞻性的研究方法，研究者通过主动施加干预措施，观察其对研究对象的影响。

二、发展史

实验流行病学发展经历了一个漫长的探索过程，最早可追溯到 1747 年 James Lind 进行的坏血病试验。该试验基本包含了实验流行病学大部分设计元素。1943—1944 年，英国医学研究委员会在普通人群中进行双盲对照试验，研究了青霉素对普通感冒的疗效。这是近代最早的非随机或准随机分配的试验之一。这项全国性的研究招募了一千多名患有感冒的英国白领和工厂工人。这项研究严格实施双盲，医师和患者对治疗均不知情。治疗分配采用交替程序进行。然而，试验的结果分析显示青霉素对流行性感冒没有保护作用。1948 年英国医学研究委员会又进行了链霉素治疗肺结核的随机对照试验。该实验首次实施了随机化和“分配隐藏”进行分组。1954 年，Albert Sabin 开展了脊髓灰质炎减毒疫苗预防试验。而对慢性非传染性疾病的多中心试验最早发起于 20 世纪 60 年代。1962 年，Austin Hill 的《临床和预防医学中的统计方法》一书问世，是实验流行病学发展的一个重要的里程碑。

我国实验流行病学在 20 世纪 60 年代开始起步。1960 年中国医学科学院药物研究所的黄亮教授合成了 N-甲酰溶肉瘤素，并送到中国医学科学院肿瘤医院开展临床试验，这是我国第一个自主研发的抗肿瘤新药的临床试验。1980 年北京大学临床药理研究所成立，随后各地陆续建立起临床药理研究或教学组织机构。1982 年“中国药学会药理学会临床药理专业委员会”在北京成立。1983 年《临床药理学》教材出版，同年卫生部建立了 14 家部属临床药理基地。1995 年我国第一版《药物临床试验质量管理规范》（GCP）起草小组成立，标志着我国临床试验研究开始走向规范化、标准化的道路。

三、基本特点

1. 前瞻性研究　实验流行病学必须是干预在前，效应在后，干预-效应之间必须经历一定的时间才能充分评价，因此又是前瞻性研究。

2. 设立对照　实验流行病学研究中的对象均来自同一总体的样本人群，其基本特征、自然暴露因素和预后因素应相似，这点与观察性研究不同。而遵循分组过程中的随机化，不仅可以保证组间的均衡可比，又可以很好地控制研究中的混杂因素。

3. 干预措施　这是与观察性研究的一个根本的不同点。干预措施可以是治疗某病的药物、疫苗，也可以是针对一些公共暴露，比如饮水、微量元素控制、吸烟等因素实施政策性干预，观察人群的近期或者远期健康影响。

四、主要类型

根据研究目的和研究对象的特点，实验流行病学研究可以分为临床试验、现场试验和社区干预试验三种。

（一）临床试验

临床试验（clinical trial）是一种以患者为研究对象，在医院或社区进行的研究。它主要用于评估药物、治疗方法、医疗器械等干预措施的有效性和安全性。其主要特点如下：

1. 研究对象的特殊性　研究对象是患者，他们本身患有某种疾病，这使得研究在设计和实施过程中需要充分考虑患者的病情、身体状况和依从性等因素。例如，在癌症临床试验中，患者的身体耐受性因个体差异而异，这会影响治疗方案的实施和效果评估。

2. 严格的伦理要求　由于涉及患者的治疗，临床试验必须遵循严格的伦理原则。需要经过伦理委员会的审查，确保患者的权益和安全。例如，在使用安慰剂对照时，要考虑到不能对患者造成严重

NOTES

伤害，对于有有效治疗方法的疾病，不能让对照组患者长时间得不到治疗。

3. 干预措施的精准性　对干预措施（如药物剂量、治疗频率等）的控制要求精准。例如，在药物临床试验中，药物的给药途径、剂量、疗程等都有明确规定，并且在整个试验过程中需要严格遵守，以确保结果的准确性和可重复性。

4. 多指标评估　除了观察主要的治疗效果如治愈率、生存率等指标外，还需要关注不良反应发生率、药物毒性等安全性指标和患者的生活质量指标。例如，在抗癫痫药物的临床试验中，不仅要观察癫痫发作频率的减少情况，还要记录药物可能引起的头晕、皮疹等不良反应，以及患者的认知功能、情绪状态等生活质量方面的变化。

在新药的研制和开发中，临床试验还可以进一步分为四期。

Ⅰ期：通过耐受性试验与药代动力学研究，以确定新药的安全有效剂量范围及药物在人体内的吸收、代谢和排泄的规律。

Ⅱ期：在一小部分特定病例中，在有对照的情况下进行严密的随机盲法临床试验，以进一步确定此药的安全性与有效性。

Ⅲ期：在更多数量的病例中进行，是随机化多中心临床试验。目的在于评价药物的安全性、有效性及最佳剂量。

Ⅳ期（上市后监测）：进一步观察疗效，监测副作用。

上述Ⅰ~Ⅲ期一般在药物上市前完成，因此又统称为上市前临床试验（pre-marketing clinical trial）。因为上市前临床试验存在许多局限性，如观察对象样本量有限，观察时间短，病种单一，多数情况下排除老人、孕妇和儿童，因此一些罕见的不良反应、迟发反应和发生在某些特殊人群的不良反应难以发现；此外，药物在临床实际使用的效果也需要进一步研究，所以新药上市后仍需开展监测和药物流行病学研究，此即Ⅳ期，又叫上市后临床试验（post-marketing clinical trial）。

（二）现场试验

现场试验（field trial）是一种在真实环境中进行的流行病学研究方法，旨在评估干预措施（如疫苗、健康教育、公共卫生政策等）在实际人群中的效果和可行性。与实验室研究不同，现场试验通常在社区、学校、工作场所等自然环境中进行，研究对象是自然人群。主要用于评价预防措施对疾病发生的预防效果。

1. 现场人群的代表性好　现场试验的研究对象多来自社区自然人群，这使得研究结果具有较好的外推性。例如，在流行性感冒疫苗现场试验中，招募的志愿者来自不同年龄、性别、职业的社区居民，这样得到的疫苗预防效果数据可以更好地应用于整个社区人群。

2. 干预措施的预防性　干预措施多为病因干预，重点关注预防疾病的发生。例如，在进行口腔卫生健康教育现场试验时，通过向人群宣传正确的刷牙方法和使用牙线的技巧等措施，来预防龋齿和牙周炎等口腔疾病的发生。

3. 研究实施难度大　由于涉及的是自然人群，样本量通常较大，增加了组织实施工作难度。同时，很多影响因素很难进行严格控制，如果措施效果不显著，则更易出现阴性结果。

（三）社区试验

社区试验（community trial）是以社区为单位进行的实验研究，它涉及社区的整体环境、政策或人群的行为习惯等方面的干预。目的是评估社区层面的干预措施对社区居民健康状况的影响，又称为社区干预试验（community intervention trial）。

1. 社区作为整体单位　将社区视为一个整体进行干预和研究，干预措施的实施对象是整个社区，而不是个体。

2. 综合干预措施　通常采用综合的干预措施，可能包括社区健康教育、社区体育设施改善、社区食品供应调整等多种措施，这些措施相互配合，共同作用于社区居民的生活方式和健康状况。

3. 较长的干预周期　由于社区层面的改变需要时间来影响居民的健康，社区干预试验一般周期

较长。可能需要数年甚至更长时间才能看到明显的健康效果。例如，在社区水质改善对居民健康影响的干预试验中，可能需要观察居民长期的健康指标（如消化系统疾病发病率、儿童生长发育情况等）的变化，这需要持续跟踪多年。

4. 社区差异的考虑 不同社区在社会经济状况、文化背景、环境条件等方面存在差异，这些差异会影响干预措施的效果。在设计和分析社区干预试验时，需要考虑社区间的这些差异，例如，在比较不同社区的慢性病管理干预效果时，要考虑到社区居民的健康意识、医疗资源可及性等因素的不同。

五、主要原则

无论是临床试验，还是社区干预试验，都要求对研究对象施加一定的干预措施，这些措施虽然原则上要求是有效的，至少是无害的，但仍然存在潜在的安全风险，因此为保证结果科学、有效，必须按照以下主要原则进行设计。

（一）随机化分组

随机原则是人群试验必须遵循的三个基本原则之一。遵循随机原则可以尽量避免受试者的选择偏倚；只有合乎随机原则的数据才能正确应用数理统计的各种分析方法。随机对照是临床试验的一种“金标准”方法，随机化技术和盲法技术的结合是保证临床试验非处理因素在组间分布均衡的重要措施。

广义来讲，临床试验中随机化包含了三个方面的内容。①抽样随机（random sampling）：每一个符合条件的人参加试验的机会相同，即总体中的每个个体有相同的机会被抽到试验样本中来；②分组随机（random allocation）：每个实验对象分配到某处理组的机会相同；③试验顺序随机（random allocation sequence）：每个受试者先后接受处理的机会相同。人群试验中主要关注的是分组随机。常用的分组随机方法有简单随机化、区组随机化、分层随机化和整群随机化。

（二）盲法

盲法（blinding）是在人群试验研究中，为了避免研究者和研究对象的主观因素对研究结果产生影响而采用的一种方法。它主要是通过隐瞒干预措施的分配信息，使研究者或/和研究对象不知道研究对象接受的是试验组还是对照组的干预措施，从而保证结果的真实性和可靠性。

（三）对照

对照组是指与试验组对照的观察对象的组合。通过试验组与对照组的比较可以将患者因服用试验药物所导致的症状、体征或其他病情改变的结果与诸如疾病的自然进程或其他治疗等因素所导致的结果区分开来，从而能科学地区分出服用或不服用试验药会出现什么不同的结果，临床试验中要求所设置的对照组与试验组除研究因素以外，其余的一切因素应具备对等的条件，即对照组与试验组同质、可比。

第二节 | 研究设计与实施

实验流行病学无论是临床试验、现场试验，还是社区试验，在研究设计方案与实施过程都应遵守三个基本原则，即随机、对照和盲法原则。实验流行病学研究具有很强的科学性，设计和实施相对比较复杂，涉及面广，花费巨大，因此其研究设计尤为重要。本书围绕公共卫生与预防医学，以讲解现场试验和社区试验为主。

一、明确研究目的

研究设计首先应明确干预研究的目的，要解决什么问题？提出明确具体的科学问题最好借鉴循证医学 PICO 的框架进行构建，即对实际临床或公共卫生决策中所涉及的患者（patient）或人群（population）、干预（intervention）、对照（control）、结局（outcome）四个方面分别进行明确的定义。患者的定义不仅应包括疾病的诊断标准，还应考虑年龄、性别、病程、既往史、治疗史等方面的信息。干预和对照应考虑治疗的强度、频率、途径等。结局方面要定义测量的方法和时间。详细的定义不仅可以使研究问题变得清晰，而且有助于决策者评价研究结果的外推性。另外，实验研究是以人作为研究对象的，在实验中必须遵循伦理道德原则，不但要确保研究对象的人身安全，而且要使研究对象和整个人群能从该干预研究中受益。这也是研究目的中必须考虑的问题。

二、确定试验现场和研究人群

(一) 选择试验现场应考虑的因素

1. 试验现场人口相对稳定，流动性小，并要有足够的数量。

2. 试验研究的疾病(或事件)在该地区有较高而稳定的发生率，以期在试验结束时，能有足够的发病人数(或事件)进行有效的统计分析。

3. 要获得当地卫生部门的支持与配合。

(二) 选择研究对象的主要原则

根据研究目的的不同，受试人群(即研究对象)选择的标准也不同，应制订出严格的人选和排除标准，避免某些外来因素的影响。选择研究对象的主要原则有以下几点：

1. 选择对干预措施有效的人群在临床试验中，选择病例要有统一的、公认的诊断标准，最好采用客观的诊断指标，避免把未患病者选入而影响研究的真实效果。另一方面要注意研究对象的代表性，样本应具备总体的某些基本特征，如性别、年龄、疾病类型、病情轻重及有无合并症等，其比例要能代表总体。

2. 选择预期发病率较高的人群，多选择高危人群，如平喘解痉药物的疗效试验可选择近期频繁发作过支气管哮喘的患者作为研究对象。

3. 选择干预对其无害的人群，若干预对其有害，不应选作研究对象。因此，在新药临床试验时，往往将老年人、儿童、孕妇除外，因为这些人对药物易产生不良反应。

4. 选择能将试验坚持到底的人群，预计在试验过程中就有可能被剔除者不应作为研究对象。

5. 选择依从性好的人群，所谓依从性是指研究对象能服从试验设计安排并能密切配合到底。

三、确定设计类型

根据研究目的和实验现场选择合适的研究设计类型。例如，欲对某种药物疗效进行考核评价(这类措施针对患者，且需要在医院开展)，可采用临床试验设计；欲对某疫苗效果进行考核评价(这类措施可以直接施加于个体)，可采用现场实验设计；欲考核某改水措施的效果或一项健康教育措施的效果(这类措施一般只能施加于群体)，宜选用社区干预试验。

1. 临床试验 临床试验实施前必须制订科学、严谨的研究计划，其中干预方案设计是其核心。人用药品注册技术要求国际协调会(The International Council for Harmonisation of Technical Requirements for Pharmaceuticals for Human Use，ICH)出版的《临床试验统计原则》是国际临床试验的统一规范，其 E9 指南的第一次修订版《E9(R1)：临床试验中的估计目标与敏感性分析》于 2022 年 1 月 21 日正式在我国使用，适用于任何研究类型(随机对照、单臂等)、任何数据类型(纵向数据、生存数据等)和任何目的(估计疗效或安全性，治疗效应相关的假设检验)的临床试验，以指导我国的临床试验框架与国际接轨。

2. 现场试验和社区试验 现场试验和社区试验对于试验设计要求比临床试验宽松一些，可开展整群随机对照试验，即按社区或团体分配的方式，如以一个家庭、一个学校、一个医院、一个机关、一个工厂、一个村庄或居民区等为单位进行随机分组的试验。

整群随机分组要求抽到的人群能充分代表总体，所以群组间各变量或某些特征的变异越小越好。此法的优点是，在实际工作中易为群众所接受，研究对象依从性好，抽样和调查都比较方便；其缺点是，抽样误差较大，需要的样本量较大，分析工作量也大。一般来说，以下情况可采用整群随机对照试验：①行为干预研究；②环境暴露干预研究；③采用宣教方式进行的干预研究；④需要了解目标人群中不同群组的干预效应；⑤在同一群组内采用不同的干预措施可能会造成歧视。

当研究数量大、范围广，而实际情况不允许对研究对象进行随机分组时，也可采用类实验设计，可以分为非随机的对照试验和无平行对照试验。非随机对照试验指的是设立了平行对照组，但研究对象的分组不是随机的。在社区试验中，如果对整个居民区人群进行干预，随机分组就不能进行，可选具有可比性的另一个社区人群作对照。例如评价某疫苗的预防效果，甲校的所有学生为试验组注射某疫苗，乙校的所有学生为对照组不注射疫苗，然后对比两组学生的血清学和流行病学观察指标的差异，最后对疫苗的预防效果进行评价。

无平行对照试验一般不另设对照组，可以自身前、后对照，即干预前后比较。例如开展宣传教育活动，教育儿童养成良好的刷牙习惯，然后比较宣教前后儿童的正确刷牙率。此外，无平行对照试验也可以与已知的不给该干预措施的结果进行比较。例如，目前我国携带 HBsAg 的母亲发生 HBV 垂直传播的概率为 40%~50%，欲观察乙型肝炎疫苗阻断垂直传播的效果，可以和现有的结果进行比较而不另设对照。

四、样本量估计

样本量估计（sample size estimation）是指为满足统计的准确性和可靠性（Ⅰ类错误的控制和检验效能的保证）计算出的所需的样本量。样本量估计是临床试验设计中一个极为重要的环节，直接关系到研究结论的可靠性、可重复性，以及研究效率的高低。尽管数理统计学表明样本量越大，样本统计量就越接近相应的总体参数，然而过大的样本量会降低研究的可行性和增加质量控制的难度，而过小的样本量又难以保证估计的精度和检验的效能。因此，样本量估计是一个成本-效益和检验效能的权衡过程。临床试验的样本量必须足够大，以可靠地回答研究假设所提出的相关问题，同时又不至于太大而造成浪费。

样本量估计可以按以下五个步骤进行：①在确定临床研究的目的之后，首先考虑试验设计，包括对照的选择（如安慰剂对照、阳性对照等）、比较类型（如优效性试验、非劣效性试验、等效性试验）、设计类型（如平行设计、交叉设计、析因设计、成组序贯设计等）、主要指标（定量、定性、生存时间）等；②其次考虑统计分析方法，并提出效应量（effect size）的假定；③根据试验特点定义统计特征，如统计分布、显著性水平（significance level）、检验效能（power）、单双侧检验和分配比例等；④应用正确的样本量估计方法计算出样本量；⑤最后根据试验中的脱落率、剔除率和依从性等具体情况进行适当调整。

1. 决定样本量大小的因素　样本量估计需要考虑的因素主要有检验水准、检验效能、单侧或双侧检验和平衡与否等。

（1）统计分布：样本量估计方法的选择与主要指标的统计分布假定密切相关，基于正态分布的假定会选择参数方法，基于非正态分布的假定会选择非参数方法。同样，生存分析的样本量估计方法会因指数/韦布尔（Weibull）分布族的假定有所不同。

（2）检验水准：检验水准也就是Ⅰ类错误概率，用 α 表示，以双侧 0.05 的水准最为常用。对于有效性检验设定单侧 $\alpha=0.025$ 的情形，其本质仍然是双侧 0.05 的检验水准。但在某些情况下检验水准的设定会有所不同。例如为控制整体Ⅰ类错误概率 α，涉及多重检验时（如定义多个主要指标），每次检验的名义检验水准 α 将小于或等于总的 α；涉及期中分析时，考虑 α 消耗，每次检验的 α 将小于总的 α。

（3）检验效能：检验效能是指在设定的 α 的基础上原假设 H_0，为假且检验结果拒绝了 H_0 的概率。用 $1-\beta$ 表示，β 代表Ⅱ类错误概率。检验效能越高，发现差别的可能性越大，但同时所需的样本量也越大。临床试验中，检验效能通常不得低于 80%。在样本量估计过程中，可通过对检验效能的敏感性分析提供不同的样本量方案，供研究人员选择。

（4）单侧和双侧检验：检验水准一定时，单侧检验的样本量会明显小于双侧检验的样本量。一般而言，医学研究领域的统计检验约定俗成地使用双侧检验，如果采用单侧检验，需要给出充足的理由。

需要指出，对于一般意义的检验水准 0.05 而言，如果取单侧水准为 0.025 的话，其实质仍然是双侧 0.05 的水平。

（5）平衡或非平衡设计：平衡设计为每组的样本量相同。在其他条件不变的情况下，平衡设计效率最高，即试验所需的总样本量最小。因此，研究设计应尽可能采用平衡设计。非平衡设计是指比较组间的样本量有明显差别，习惯上这种两组间的样本量差距呈倍数关系。例如新药Ⅲ期临床试验，因为安慰剂对照的疗效相对可以确定，所以出于伦理考虑，安慰剂对照组的样本量会安排得少一些，而试验组的样本量相对要大一些，通常试验组样本量是对照组的 2 或 3 倍。

2. 计数资料样本量估计　计数资料主要是一些率，如有效率、生存率、死亡率、病死率、治愈率等。按下式计算：

$$N=\frac{\left(Z_{\alpha}\sqrt{2\overline{p}\,\overline{q}}\pm Z_{\beta}\sqrt{p_0q_0+p_1q_1}\right)^2}{(p_1-q_1)^2} \qquad \text{（式 9-1）}$$

式中 N 为一组样本量，Z_α 与 Z_β 分别为 α 与 β 对应的标准正态分布的分位数，可查表 9-1 获得。p_0 与 p_1 分别为对照组与试验组估计的某因素发生率，计算公式为 $q_0=1-p_0$，$q_1=1-p_1$，$\overline{p}=(p_0+p_1)/2$，$\overline{q}=1-\overline{p}$。

表 9-1　标准正态差分布的分位数表

α 或 β	检验效力（$1-\beta$）	$Z_{1-\alpha}$（单侧检验） Z_β（单双侧检验）	$Z_{1-\alpha/2}$（双侧检验）
0.001	0.999	3.090	3.290
0.002	0.998	2.878	3.090
0.005	0.995	2.576	2.807
0.010	0.990	2.326	2.576
0.020	0.980	2.058	2.260
0.025	0.975	1.960	2.242
0.050	0.950	1.645	1.960
0.100	0.900	1.282	1.645
0.200	0.800	0.842	1.282

举例：假设对照组某病的发病率为 40%，通过干预措施发病率下降到 20% 才有推广使用价值，规定 α 水平为 0.01，β 水平为 5%，把握度（$1-\beta$）为 95%，本研究为双侧检验，问两组要观察多少人？

按照 $p_1=40\%$，$p_2=20\%$，双侧检验 $Z_{1-\alpha}$ 为 2.58，Z_β 为 1.64，$\overline{p}=(0.4+0.2)/2=0.3$。代入公式：

$$N=\frac{\left[2.58\sqrt{2(0.3)(0.7)}+1.64\sqrt{0.4(0.6)+0.2(0.8)}\right]^2}{(0.4-0.2)^2}$$

$$=\frac{[1.67+1.04]^2}{0.04}=\frac{7.34}{0.04}=184$$

即每组需观察 184 例，共需要 368 例。

3. 计量资料样本量的计算　计量资料是指身高、体重、血压、血脂和胆固醇等有度量衡单位的数据。其样本量大小的计算公式为：

$$N=\frac{2(Z_\alpha+Z_\beta)^2\sigma^2}{d^2} \qquad \text{（式 9-2）}$$

NOTES

式中，σ 为估计的标准差，d 为两个样本均数之差（一般为估计值），Z_{α}、Z_{β} 和 N 所示意义同前。

举例：用某种药治疗硅沉着病（矽肺）患者，可使患者尿矽排出量平均增加到 1.8mg/100ml（$\overline{X}c$），常规治疗平均为 1.2mg/100ml（$\overline{X}t$），标准差（S）为 1mg/100ml，$\alpha=0.05$、$\beta=0.05$，双侧检验欲使两组差别显著，问两组各需观察多少人？

按照 $\sigma=1.0$，$d=0.6$，$Z_{1-\alpha/2}=1.96$，$Z_{\beta}=1.64$，代入公式

$$N=\frac{2(1.96+1.64)^2\times1.0^2}{(1.8-1.2)^2}=72$$

即每组需观察 72 例，共需要 144 例。

五、研究实施

（一）随机化分组

随机化分组是实验研究的一个重要特征，要求每个研究对象都有同等的机会被分配到各组，以平衡试验组和对照组中已知和未知的混杂因素，从而提高两组的可比性，使研究结论更加可靠。常用随机方法如下：

1. 简单随机化（simple randomization）　最常用的方法是利用随机数字表或随机排列表，也可用抽签或抛硬币等方法。

2. 区组随机化（block randomization）　当研究对象人数较少，而影响实验结果的因素又较多时，可以采用区组随机化法进行分组。其基本方法是将特征（如年龄、性别、病情等）相近的一组受试对象作为一个区组，再将每个区组内的研究对象进行随机化分组。该法的优点是在分组过程中，可尽量保持试验组与对照组病例数一致，并可根据实验要求设计不同的区组。

3. 分层随机化（stratified randomization）　按主要临床特点或预后因素将研究对象分为 1~3 层，再运用随机化方法将每层内的研究对象分到试验组和对照组。通过分层随机化，使得两组的临床特征比较相近，增加组间可比性，结论更可靠。

4. 整群随机化（cluster randomization）　是将研究对象划分为若干个群组，如学校的班级、医院的科室、社区等，然后以群组为单位进行随机分组。即把这些群组随机分配到实验组和对照组，群组内的所有个体都接受相应组别的干预措施。这种方法的基本原理是考虑到群组内个体之间可能存在相关性，例如在同一班级的学生可能有相似的学习环境和生活习惯，同一社区的居民可能共享社区资源和文化氛围等。通过整群随机化，可以在群组层面上评估干预措施的效果，并且可以避免个体随机化可能带来的一些问题，如组间个体的交叉污染等。

5. 动态随机化　动态随机分组和传统的随机分组方式有所不同。传统的随机分组的原理是每个研究对象都有相同的概率被分到试验组和对照组。而在动态随机分组中，每个受试对象被分入某组的概率不是固定不变的，其分配入组的概率与前面入组的受试对象在分层因素上的分布情况密切相关。最小化随机分组是动态随机化方法中运用最多的，因为这种分组方法不仅能保证各组受试者数量相近，同时可以保障分组后预后因素也是均衡的。最小化随机操作过程通常是先确定需要平衡的已知混杂因素、各自权重和分配到各组的概率。然后，第一个受试对象是简单随机分组，从第二个受试对象开始，计算其被分入某组后，两组间预后因素差异的情况。按照差异最小化原则，将受试对象按照分配概率进行分组。

6. 中央随机化　中央随机化依靠中央随机系统完成，中央随机系统是为临床试验中随机化分配、受试者管理、药品管理等服务所使用到的一种计算机信息系统，在大型多中心临床试验中应用较多。系统以项目为中心，可以有效管理上百个分中心和上万个受试者的临床试验，解决跨地域各分中心进度不同、药物过期或过剩等问题，能对药品的流转、有效期等进行全过程管理，采用多套随机方法，最大化地保证临床研究的科学与规范性，但其组织实施难度也相应加大。

为了防止招募患者的研究者和患者在分组前知道随机分组的方案，防止随机分组方案提前解密的方法叫随机分组治疗方案的隐匿，或简称分组隐匿（allocation concealment），采用分组隐匿的随机分组叫隐匿随机分组（concealed random allocation）。简单的分组隐匿可以采用信封法，就是将每个分组方案装入一个不透光的信封，信封外写上编码，密封好交给研究者。待有对象进入研究后，将调查对象逐一编号，再打开相应编号的信封，按照信封中的分配方案进行分组，并采取相应的干预措施。也可以采用中央随机化语音交互系统实现分组隐匿。

没有分组隐匿的随机分组是有缺陷的，不能起到预防选择偏倚的作用。随机分组联合分组隐匿，才是真正意义上的随机分组，否则，随机分组很可能成为随意分组。因此，进行随机分组时，必须特别注意以下 4 个原则：①随机数字的分配必须在确定纳入一个患者后才能进行；②随机分配方案必须隐匿；③一个患者随机数字的分配必须一次完成，一旦确定绝对不能更换；④一个患者的分组时间应尽可能接近其治疗开始的时间。

（二）干预措施与对照措施

干预措施是实验研究的核心。确定干预措施有两方面的含义，一是干预措施的内容，二是干预措施如何给予。干预措施的内容一般在实验目的指引下易于确定：如要评价某疫苗的效果，干预措施就是疫苗接种；如要考核戒烟的效果，干预措施就是戒烟。但干预措施如何给予却是需要认真考虑的问题。除了应根据实验目的精心设计干预措施给予的剂量、方式和时间外，主要是要保证实验组对象全部接受干预措施，而对照组不能接受干预措施。研究者在设计时要想出一个切实可行的实施干预措施的办法。这涉及两方面的问题，一是干预因素本身的性质和特点是否易于被试验对象所接受；另一问题就是研究工作的组织管理，具体讲就是能否在组织上或人力、物力上保证干预措施正确实施。

设立对照也是实验研究的重要特征之一。通过设立对照来控制干预因素以外的其他因素对结局的影响，从而准确评价干预因素的效应。根据对照的措施不同可将对照分为安慰剂对照、阳性对照、空白对照、自身对照和交叉对照。

1. 空白对照　空白对照是指在试验组给予干预措施（如药物、治疗手段等），而对照组不给予任何处理措施，只是观察和记录。

2. 安慰剂对照　安慰剂对照是指试验组给予真正的干预措施，而对照组给予安慰剂。安慰剂是一种外观、气味、剂型等与试验药物或干预措施相似，但没有实际治疗成分的物质，比如淀粉制成的与试验药物外观一样的“药丸”。

3. 阳性对照　阳性对照是指在试验组采用新的干预措施，而对照组采用已经被证明有效的治疗方法。

4. 自身对照　自身对照是指在同一个体上进行对照，分为两种情况。一种是自身前后对照，即对同一患者在给予干预措施前后的状态进行比较；另一种是自身左右对照，主要用于一些局部治疗的研究，例如在身体一侧使用试验药物，另一侧使用对照药物或不进行处理，然后对比两侧的反应。

5. 交叉对照　交叉对照是将研究对象随机分为两组，第一阶段一组接受试验干预措施，另一组接受对照干预措施，经过一段时间的洗脱期后，两组交换干预措施，然后比较两组在不同阶段接受不同干预措施的效果。

（三）盲法

目前，实验研究中的盲法不再局限于单盲或双盲，应涉及整个实验从随机化分组、干预措施给予以及测量分析等多个层次，应考虑到如下四点：

1. 负责分配受试者的人不知道会接受什么干预，才不会依照自己的意愿而是按顺序将患者选入试验。

2. 受试者本身不知道自己接受什么干预，才不会改变自己的依从性或对症状的报告。

3. 负责照顾受试者的人不知道每个受试者接受什么干预，才不会对他们（可能是潜意识地）作不

同的处理，尤其是临床试验当中是否施加额外的治疗。

4. 分析者在评价结果时无法区别每个受试者接受什么干预，这样才不会影响统计分析。

当然，有些干预手段难以实施盲法，例如外科手术、改善环境、改变生活习惯、健康宣教等。这种不使用盲法的试验称为开放性试验（open trial），即研究对象和研究实施者均知道实验组和对照组的分组情况，试验公开进行。

六、资料收集与质量控制

（一）确定结局变量

结局变量包括主要结局变量和中间结局变量（次要结局变量），现场试验和社区试验的主要结局变量为减少发病或死亡，但通常也要包括次要结局变量。例如，在一项评价麻疹疫苗的现场试验中，麻疹抗体阳转率和平均滴度属于中间结局变量，而麻疹发病率属于主要结局变量。在社区试验中，一般需要考虑结局是否具有公共卫生意义，能否达到满意度，以及能否被准确记录。在健康危险行为的干预试验中，还要注意健康效应的滞后性，因此评价行为改变这个直接效应也是非常重要的。

（二）确定观察期限

由于任何措施的效果都是有时间性的，任何事件或状态（如死亡）的发生与否也是一个时间问题。因此，为了准确评价干预措施的效果，实验性研究在设计时就要根据实验目的和疾病的自然史特点，包括疾病的诱导期、潜伏期、病程、传染与免疫特征等，明确规定每个研究对象开始观察和终止观察的日期。观察期限太短可能看不到措施的效果，如评价传染病疫苗预防的效果，一般可从接受干预措施日开始，至少观察一个流行季节。如果从接受干预措施至发病的间隔时间短于该病的最短潜伏期，则该结局应被排除。同时要特别注意，观察时间太长不但会增加实验的难度和费用，而且观察时间长，时间效应将会越来越明显，干预措施的效果将会变得不显著。例如，一项以死亡情况为结局变量的干预研究，如果观察时间足够长，则两组的死亡率都将达到 100%。

（三）资料收集与随访

基线资料一般包括研究人群的基本人口学特征、结局指标的基线水平、其他可能影响研究结果的因素等。尽量保持基线资料在整个实验过程中保持不变，若重要变量发生改变则需要更新调查。必须强调的是，各次数据收集的方法必须相同，以便正确评价干预效果。

观察时间较短的实验，结局资料可在随访终止时一次性收集；如果观察时间较长，则需要在整个观察期内分几次随访，其间隔以及随访次数视具体研究的需要而定。一般慢性病的发病或死亡的研究可 1~2 年随访 1 次；但对急性传染病的研究，则可能每天都需要观察。随访观察的内容主要包括：①干预措施的落实情况；②某些影响因素的变化，如饮食、其他疾病等；③有关结局或判断结局变量的各种临床和实验资料。

对试验对象的随访要注意：①对实验组和对照组要采用同等的随访和资料收集方法；②对所有研究对象都要求随访到观察终止期，尽量避免失访或中途退出；③对随访调查人员应事先进行统一培训、统一资料收集的方法和标准；④整个随访期间资料收集方法要保持不变。

第三节　资料整理与分析

一、资料整理

资料整理是资料分析的首要步骤，要依据研究目的和设计对研究资料的完整性、规范性和真实性进行核实，并进一步录入、归类，使其系统化、条理化，便于进一步分析。需要注意的是，要对进入研究的所有对象的资料进行整理，尤其是未完成试验者的资料。研究对象不论是在随机分组前还是随机分组后离开导致试验未完成，均会对最终结果带来一定程度的影响。

NOTES

二、评价指标

实验评价指标包括有效性和安全性两大类，可选择定量指标、定性指标、等级指标和生存指标四大类，具体选择和数据变换应视试验目的而定。基本原则是：①尽可能用客观的定量指标；②测定方法有较高的真实性（效度）和可靠性（信度）；③要易于观察和测量，且易为受试者所接受。具体指标如下：

1. 评价治疗措施效果的主要指标

（1）治愈率（cure rate）

$$\text{治愈率}=\frac{\text{治愈例数}}{\text{治疗的总例数}}\times 100\% \qquad \text{（式 9-3）}$$

（2）有效率（effective rate）：治疗有效例数包括治愈人数和好转人数。

$$\text{有效率}=\frac{\text{治疗有效例数}}{\text{治疗的总例数}}\times 100\% \qquad \text{（式 9-4）}$$

（3）*N* 年生存率（*N*-year survival rate）：这是直接法计算生存率的公式。当观察期较长，观察对象加入观察的时间不一致，观察期间因其他原因死亡或失访，为了充分合理利用研究的资料信息，可用寿命表法进行分析。

$$N\text{ 年生存率}=\frac{N\text{ 年存活的病例数}}{\text{随访满 }N\text{ 年的病例数}}\times 100\% \qquad \text{（式 9-5）}$$

（4）病死率（fatality rate）

$$\text{病死率}=\frac{\text{一定期间内因某病死亡人数}}{\text{同期患某病的人数}}\times 100\% \qquad \text{（式 9-6）}$$

（5）不良事件发生率（adverse event rate）

$$\text{不良事件发生率}=\frac{\text{发生不良事件病例数}}{\text{可供评价不良事件的总病例数}}\times 100\% \qquad \text{（式 9-7）}$$

（6）相对危险度降低（relative risk reduction，RRR）

$$RRR=\frac{\text{对照组事件发生率}-\text{实验组事件发生率}}{\text{对照组事件发生率}} \qquad \text{（式 9-8）}$$

（7）绝对危险度降低（absolute risk reduction，ARR）

$$ARR=\text{对照组事件发生率}-\text{实验组事件发生率} \qquad \text{（式 9-9）}$$

（8）需治疗人数（number needed to treat，NNT）：为评价治疗或预防疾病措施效果的实验研究中结果的显著性差异是否真正有意义，1988 年 Laupacis 等人提出了一个新指标——需治疗人数 NNT。该指标是指在评价治疗或预防疾病措施效果的实验研究中，在特定时间内，为防止 1 例某种不良结局或获得 1 例某种有利结局，需要用某种干预方法处理的人数。从数学关系上讲，NNT 等于绝对危险度的倒数。该指标具有直观易懂，操作方便，可指导个体患者的临床决策等优点而日益受到重视。

$$NNT=\frac{1}{\text{对照组事件发生率}-\text{实验组事件发生率}} \qquad \text{（式 9-10）}$$

治疗实验中 NNT 值越小越好。例如，有一项关于加强胰岛素治疗减少视网膜病变恶化的随机对照临床试验，对照组视网膜病变恶化率为 35%，实验组为 10%，那么，NNT = 1/ARR = 1/（35%−10%）= 4，

即用加强胰岛素治疗每4例患者,可防止1例发生视网膜病变恶化。

（9）需伤害人数（number needed to harm,NNH）:表示在特定时间内,用某种干预引起1例某种不良事件所需要的人数。

$$NNH = \frac{1}{实验组不良事件发生率 - 对照组不良事件发生率} \quad （式9-11）$$

治疗实验中NNH值越大越好。例如,此项加强胰岛素治疗减少视网膜病变恶化的随机对照临床试验,实验组出现不良反应率为35%,对照组为10%,那么,NNT = 1/ARR = 1/（35% - 10%）= 4,即用加强胰岛素治疗每4例患者,则会有1例发生不良反应。

2. 评价预防措施效果的主要指标

（1）保护率（protective rate,PR）

$$保护率 = \frac{对照组发病（或死亡）率 - 实验组发病（或死亡）率}{对照组发病（或死亡）率} \times 100\% \quad （式9-12）$$

$$PR\ 95\%CI = PR \pm 1.96\sqrt{\frac{1}{P_1^2} \times \frac{P_2Q_2}{n_2} + \frac{P_2^2}{P_1^4} \times \frac{P_1Q_1}{n_1}} \times 100\% \quad （式9-13）$$

式中:P_1、P_2分别为对照组、实验组发病率,Q_1、Q_2分别为对照组、实验组未发病率,n_1、n_2分别为对照组、实验组人数。

（2）效果指数（index of effectiveness,IE）

$$效果指数 = \frac{对照组发病（或死亡）率}{实验组发病（或死亡）率} \quad （式9-14）$$

（3）抗体阳转率（antibody positive conversion rate）

$$抗体阳转率 = \frac{抗体阳性人数}{疫苗接种人数} \times 100\% \quad （式9-15）$$

三、统计分析

从干预研究获得的结局变量指标和效果指标都是特异样本的样本值,因此需要应用统计学的方法推断这些指标的总体参数的估计值,并进行显著性检验和置信区间的估计。

1. 计量资料的统计分析方法　计量资料表现为数值大小,一般为有度量衡单位的资料,如身高（cm）、体重（kg）等。计量资料通常可采用均数、标准差等指标进行描述;可采用t检验、u检验、方差分析、相关与回归分析等常用的基本统计分析方法。

2. 计数资料的统计分析方法　计数资料可编制成分类资料频数表,然后清点各类观察单位数,有二分类和多分类两种情况。二分类观察结果只有两种相互独立的属性,如"阳性"或"阴性""死亡"或"存活";多分类的定性观察结果有两种以上互不包含的属性,如血型A、B、O、AB。计数资料可采用频数表、统计图以及率、构成比等指标进行描述;可用χ^2检验、秩和检验、二项分布和Poisson分布、相关与回归分析等统计分析方法。

3. 等级资料的统计分析方法　等级资料是介于定量测量和定性观察之间的半定量观察结果,通常有两个以上的等级,如阴性、阳性、强阳性;治疗结局的治愈、好转、无效、死亡等。等级资料与计数资料的区别在于等级资料各类别之间存在大小或程度上的差别。等级资料可采用率及构成比进行描述,采用秩和检验、符号检验及Ridit分析等进行检验。

另外,确定统计分析方法时还要考虑研究的目的及研究设计类型等。例如,比较两种干预措施的效果是否有差异,宜采用优势检验（superiority trial）;若需要判断两种干预措施的效果是否相

NOTES

同，或一种措施的效果不比另一种措施差，则需要采用非劣效检验（non-inferiority trial）或等效检验（equivalence trial）；若要分析变量之间的相互关系，则需要采用相关与回归分析；如果设计类型为完全随机设计，对两组计量资料的比较分析就要采用符合应用条件的两独立样本的 t 检验或完全随机设计的方差分析；若为随机区组设计（或配对设计），则需要采用配对 t 检验或随机区组设计的方差分析；对于非随机对照试验，为控制混杂，在分析时一般也不宜直接采用常规的统计方法进行分析，可选择分层分析、回归分析、贝叶斯模型、倾向评分分析等方法。对于非随机对照试验，为控制混杂，在分析时一般也不宜直接采用常规的统计方法进行分析，可选择分层分析、回归分析、贝叶斯模型、倾向评分分析等方法。

第四节　常见偏倚及其控制

一、选择偏倚及其控制

选择偏倚是指选择研究对象和分组时，由于人为干预而导致的偏倚，使研究结果偏离真实情况。排除可能造成选择偏倚的因素，表现为样本对于总体的代表性下降，降低了研究结果的外部真实性，影响研究结果的外推。被排除的研究对象越多，结果推广的面越小，因此应尽可能减少排除范围。

失访（loss to follow-up）是实验研究最重要的选择偏倚，是依从性差的表现之一。指研究对象因迁移或其他疾病死亡等而导致无法完成实验，从而破坏了原有样本的代表性；并且由于失访过程可能存在的非随机性，破坏了随机化后实验组间的平衡，导致组间特征存在差异，从而导致选择偏倚的产生。在临床试验研究中尽量减少失访，一般要求失访率不超过 10%。要提高患者的依从性，可在试验的设计和实施阶段采取措施。试验设计阶段尽可能缩短研究持续的时间，在水平较高的医院开展研究，选择居住地离医院近的患者等。试验开始后充分做好宣传工作，让患者了解研究的重要性，与研究对象保持密切联系，联络感情争取合作，随访时尽量给患者方便，多提醒研究对象按时服药或定期检查，与患者的家属建立良好的关系等。试验中出现失访时，应尽量采取相应的措施加以弥补，如通过电话、信函或专门访视等进行调查，在资料分析时对两组失访原因和失访者特征做出详细分析。

二、信息偏倚及其控制

信息偏倚是指在收集整理资料阶段由于观察和测量方法上有缺陷，使信息偏离真实值的系统误差。测量偏倚是实验研究中可能出现的信息偏倚之一，因仪器或试剂的问题所产生的误差，以及观察者操作的误差和被观察者主观的误差均可导致测量偏倚的发生。防止的方法主要是试验前对所使用的仪器进行标定，试验过程中使用统一的试剂，而且对操作规程进行规范。

干扰和沾染是实验研究重要的信息偏倚，是依从性差的表现之一。干扰是指试验组或对照组额外地接受了类似实验药物的某种制剂，从而人为地夸大了疗效。如试验组接受了“干扰”药物，导致疗效提高，引起试验组与对照组疗效差异的增大；反之，如果对照组接受了“干扰”药物，则可引起对照组疗效增高，使两组间的疗效差异缩小。沾染是指对照组的患者额外地接受了试验组的药物，从而人为地造成一种夸大对照组疗效的现象。干扰和沾染的控制办法就是使用盲法，并严格按照治疗方案进行，不要随意增加和减少药物种类。

三、混杂偏倚及其控制

混杂偏倚是指混杂因素在实验组和对照组中分布不匀，造成研究因素和研究结局的关联被歪曲（掩盖或夸大）的现象。混杂因素需要满足三个基本特点：①是所研究疾病的危险因素；②与所研究的因素有关；③不是研究因素与研究疾病因果链上的中间变量。实验流行病学研究的随机化分组是控制混杂偏倚的方法之一，因此正确执行随机化分组可有效降低混杂偏倚。若无法随机化分组，还可以采取限制、匹配以及统计学方法控制混杂偏倚。

第五节　优缺点与伦理问题

一、优点

1. 研究者根据试验目的，预先制定试验设计，能够对选择的研究对象、干预因素和结果的分析判断进行标准化，统计分析难度低。

2. 实验研究为前瞻性研究，在整个试验过程中，通过随访将每个研究对象的反应和结局自始至终观察到底，试验组和对照组同步进行比较，结果的论证强度最高。

3. 按照随机化的方法将研究对象分为试验组和对照组，两组间除干预措施外，其他基本特征相似，具有较高的可比性，减少了混杂偏倚。

4. 有助于了解疾病的自然史，并且可以获得一种干预和多个结局的关系。

二、局限性

1. 整个试验设计和实施条件要求高、控制严、难度大，在实际工作中有时难以做到。

2. 受干预措施适用范围的约束，所选择的研究对象代表性不够，以致会不同程度地影响试验结果推论到总体。

3. 研究人群数量较大，要求严格，随访时间较长，因此依从性不易做得很好，影响试验效应的评价。

4. 因为死亡、退出、搬迁等造成的失访难以避免，从而影响研究的真实性。

5. 有时对照组不使用药物或其他疗法，只使用安慰剂；或者受试药物的疗效不如传统药物或存在副作用，存在一定的伦理学问题。

三、伦理问题与知情同意

实验流行病学研究以人作为研究对象，因此开展该类研究是一项十分严肃、谨慎的工作。为了确保研究对象的人身安全，防止在试验中自觉或不自觉地发生不道德行为，必须在试验中遵循伦理道德。在开始人群试验前，应先做动物实验，初步验证此种试验方法合理、效果良好、无危害性。特别是设置对照时，必须以不损害受试者身心健康为前提，如安慰剂对照是常用的一种方法，这不是对研究对象的欺骗，而是真正负责任的做法。如果进行药物试验，药物须获准才可开展临床试验，试验前要向医学伦理委员会提交申请。

（邵中军）

本章小结

实验流行病学主要讲述基本概念，包括定义、目的和研究要素，对照设置的类型和作用，随机、对照、盲法的临床试验设计原理，研究对象的选择与分组方法，偏倚控制和质量保证措施以及相关的伦理问题。这些知识有助于科学地开展实验研究，验证假设并评估干预措施的效果。

思考题

1. 在临床试验中，如何确保随机分组的科学性和有效性？请从随机化方法、分组隐匿等方面阐述。

2. 当进行多中心临床试验时，不同中心可能存在差异（如医疗水平、患者人群特征等），如何在数据分析阶段控制这些因素对试验结果的影响？同时讨论可能用到的统计分析方法及其原理。

3. 临床试验中的伦理审查至关重要，请详细描述伦理委员会在整个临床试验过程中的职责和作用，以及当出现伦理问题时（如安慰剂对照可能延误患者病情），有哪些解决措施和应对机制？

第十章　理论流行病学

案例

2003年全球突发严重急性呼吸综合征（severe acute respiratory syndrome，SARS）又称非典型肺炎疫情。截至2003年5月21日，世界卫生组织接到了来自全球28个国家和地区累计7 956例病例报告，其中666例为死亡病例。中国香港威尔斯亲王医院等医疗机构自2003年2月20日起陆续收治和出现疑似或确诊的SARS病例，9个星期内累计报告了1 452例确诊病例，包括122例死亡病例。同时，香港卫生部门注意到至少出现了两个"超级传播者"引起的聚集性暴发疫情，分别是威尔斯亲王医院医护人员聚集性疫情以及淘大花园社区居民聚集性疫情。香港特别行政区政府自2003年3月10日官方证实威尔斯亲王医院的暴发疫情后，随即采取了一系列紧急公共卫生应对措施，包括宣布为个人防护提供公共服务（3月17日）、将SARS加入法定报告传染病目录并要求病例的密切接触者到指定的医疗中心接受筛查检测（3月26日）乃至后续强制性居家隔离、中小学（3月26日）和大学（3月29日）停课2周、所有入境居民和旅行者开展健康申报（3月29日）、淘大花园暴发疫情大楼的居民转运至隔离点实施10天的隔离（3月30—31日）、密切接触者居家观察并限制出港（4月10日）、敦促有症状者到医疗机构就诊（4月15日）、所有航空旅客接受体温测试（4月17日）。为分析SARS的传播动力学以及香港地区公共卫生干预的效果，Steven Riley等人通过收集每日报告病例数和密切接触者数等疫情数据，应用流行病学数学模型对香港最初10周的疫情进行拟合和理论推算，估算SARS病原体的基本再生数（R_0）、有效再生数（R_e）、潜伏期和代际间隔等，阐明了香港地区SARS传播和流行特征，预测香港地区SARS疫情自4月中旬起逐渐下降，证实了香港特别行政区政府采取的上述公共卫生措施及时有力，取得了显著成效。

Theoretical epidemiology is an important component of the epidemiological methodology. Driven by abundant epidemiological practice and mathematical modeling, theoretical epidemiology proves to be a deep-level research based on abstract thinking and quantitative analysis on population epidemics and causality of diseases, and sublimation from practical understanding to theoretical knowledge. Theoretical epidemiological methods also allow for enhancing understanding of determinants and mechanisms of disease transmission, estimating the severity and scale of disease epidemics, illuminating disease occurrence and progression, designing and quantitatively evaluating the effectiveness of disease interventions and control strategies.

理论流行病学（theoretical epidemiology）是流行病学方法体系中的重要组成部分。理论流行病学依托丰富的流行病学科学实践，运用数学模型（mathematical model）对疾病流行的群体现象和因果规律进行抽象思维和定量分析，把实践认识提高到理论水平，是更深层次的研究。借助理论流行病学方法，我们可以加深对疾病流行因素和疾病传播扩散机制的理解，估计疾病流行的严重程度和潜在规模，进一步揭示和阐明疾病的发生发展规律，从而更有效地制定干预措施和防控策略并定量分析和评估其效果。

第一节 | 理论流行病学概述

一、理论流行病学定义

理论流行病学又称为数学流行病学（mathematical epidemiology），是用数学模型来描述、演绎和证明疾病流行的群体现象和因果规律、人群健康状况以及卫生事件的分布和动态演变，从数理角度探讨防制措施及其效果的研究方法。疾病在人群中发生、发展和消亡有一定的规律性，疾病频率的变化受到病原、宿主和环境各有关因素的影响。理论流行病学研究是在掌握群体中某疾病的分布特征、流行过程、主要的影响因素以及因素间相互作用关系的基础上，进行信息条理化、数学提炼和理论概括。理论流行病学力求用数学语言抽象而精练地刻画和阐释疾病流行的动态规律；用数学关系式定量地表达病原、宿主和环境对疾病流行规律的影响；用数学模型翔实地模拟流行过程，并以真实世界中疾病的实际流行过程进行检验和修正，从而筛选科学直观的理论模型，制定切实可行的防制措施。

数学模型是理论流行病学研究的主要工具，是借助数学语言而建立起来的符号系统。它简练地描述了制约疾病分布诸要素之间的相互关系的动力模式，是疾病传播流行过程的数学模拟。对模型中的参数和变量的设定、估计、拟合，有助于我们透过现象看本质，加深对疾病流行机制和动态变化的理解，提高对复杂疾病现象的分析能力。理论流行病学研究中所建立的数学模型是应用疾病流行规律的知识，在对实际数据整理分析的基础上，用恰当的数学表达式进行抽象概括而成，它必须反映疾病流行过程的基本特征。显然，要建立一个实用的数学模型，除了掌握必要的数学知识和计算机软件技术外，还必须掌握有关的流行病学知识和原理，收集充足、可靠的流行病学现场调查资料，对欲研究的疾病现象有一个较全面的了解。此外，随着时代发展和互联网的广泛应用以及生态环境、生活方式和人口结构的加速演变，疾病在人群中的传播模式和流行规律正发生着深刻变化，而生物学、信息学和人工智能等科学技术的飞速发展也极大地提高了人们对疾病发生发展机制的认知水平，对疾病流行的认知手段也从传统的平面式的流行病学调查发展到分子标志物检测等微观层面与时空聚集性调查等宏观层面相结合、线上社交网络与线下行为调查相结合的立体式多源多模态调查研究模式。因此，理论流行病学研究往往需要流行病学家与生物统计和生物信息学家、数学家、计算机软件专家等组成团队通过密切合作才能得以成功。

二、理论流行病学发展简史

理论流行病学的发展最早可追溯到1760年，丹尼尔·伯努利（Daniel Bernoulli）应用数学模型研究了健康人群接种痘苗预防天花的效果，这是历史上有记录的第一次把数学模型应用于疾病流行过程的研究。此后，人们开始尝试运用各种数学模型来模拟疾病尤其是传染病的传播和流行过程并对疫情进行预测。20世纪下半叶，随着数理与计算机技术的发展，理论流行病学得到快速发展和应用。

诺曼·拜里（Norman Bailey）在其1975年出版的著作 *The Mathematical Theory of Infectious Diseases and its Applications* 中将理论流行病学的发展划分为早、中、近3个时期。1940年以前属发展早期，其特点是采用的数学模型较简单，以确定性模型（deterministic model）研究为主流，并开始了从确定性模型到随机性模型的探索，而许多理论流行病学的基础理论正是在1900—1935年之间发展起来的。1906年威廉·哈默（William Hamer）提出决定感染性疾病传播过程动态规律的两个要素，即易感者数量和易感者与传染者之间的接触率，并将之引入所建立的数学模型。1908年罗纳德·罗斯（Ronald Ross）建立了一个比较简单的确定性模型用于研究疟疾传播规律，以后对该模型进一步改进，于1911年提出了一个可用于研究传播过程中各种影响因素的结构较为复杂的疟疾传播数学模型，由此他被认为是现代理论流行病学之父。1926年，安德森·麦肯德里克（Anderson McKendrick）采用随机处理方法描述传染病的流行过程，提出了感染者在家庭内引起新发病例的频率分布。1928年洛厄

尔·里德（Lowell Reed）和韦德·弗罗斯特（Wade Frost）提出了 Reed-Frost 模型，他们认为某些急性传染病的传染期较短，潜伏期近乎恒定，因此，如果在一个封闭的易感人群中发生了 1 例病例，此人群中将连续按代出现新病例，病例数取决于上一代易感者及感染者的人数，且新病例出现的概率符合二项分布规律。他们用概率论解决了重复感染的问题，为理论流行病学的发展做出了一大贡献。Reed-Frost 模型简洁、直观，是最基本的急性传染病流行模型，其基本公式是随机性的。另一类模型称为 SIR 模型，SIR 是 susceptible、infective 和 removed 的缩写，指的是每个个体在疾病流行过程中可能存在易感、感染和被移除等三种状态。多年来 Reed-Frost 模型一直被作为理论流行病学教学中的范例。1929 年赫伯特·索珀（Herbert Soper）根据化学中的质量反应定律，以差分方程进行迭代运算，构建了麻疹流行的确定性模型。

1940—1957 年为理论流行病学的发展中期，其特点是确定性模型与随机性模型同时发展。1940 年麦肯德里克和威廉·科马克（William Kermack）共同提出了“阈理论”，即疾病流行的阈值模型（epidemic threshold model），认为只有当人群中易感者的比例累积到某个阈值时，传染源的进入才有可能引起疾病流行，当易感者的比例低于此阈值，则疾病的流行就会停止。1950 年乔治·麦克唐纳（George MacDonald）等将随机过程引入罗斯的疟疾模型，建立了 Ross-MacDonald 模型，不但对疟疾流行过程进行概括性的理论描述，而且对模型中因子之间相互关系进行了具体的分析，提出了“基本再生数”（basic reproduction number，R_0）的新概念。1952 年玛雅（Maia）改进了 Reed-Frost 模型，提出了隐性感染者模型。1957 年莫里斯·巴特利特（Maurice Bartlett）等建立了能模拟疾病周期性流行的随机模型。从此，流行病学数学模型开始划分为确定性模型和随机性模型两大类。

1957 年以后称理论流行病学的发展近期，其特点是多种新理论和新模型的产生，实用性增强。1957 年，彼得·阿米蒂奇（Peter Armitage）和理查德·多尔（Richard Doll）提出了与年龄分布有关的肿瘤形成的二阶段学说，建立了肿瘤形成的随机模型，用年龄别发病率来分析估计肿瘤发生的原因，这是首次将流行病学数学模型拓展到非传染病领域。1959 年雨果·明奇（Hugo Muench）将催化模型引入流行病学研究中，分为简单型、可逆型、两级型 3 个基本型，由于催化反应与人类传染病的发生和免疫的关系很相似，所以它对许多传染病的拟合效果较好。1962 年汉斯·沃勒（Hans Wauler）提出了结核病流行病学模型的理论。1975 年日本的东义国（Azuma Yoshikuni）对结核病流行病学指标与防治措施的相互关系进行了更深入的研究，提出了一套完整的数学计算公式。1965 年，乔治·麦克唐纳（George MacDonald）创建了第一个血吸虫病传播动力学数学模型，用于指导血吸虫病防治。1984 年，琼·阿伦（Joan Aron）和伊拉·施瓦茨（Ira Schwartz）在 SIR 模型的基础上，提出了 SEIR 模型，即在人群状态分类上增加了潜伏期人群（exposed，E），与传染病的流行规律更为符合。1987 年，布兰科·奇耶塔诺维奇（Branko Cvjetanovic）根据乙型肝炎的自然史建立了年龄结构的多状态乙型肝炎流行病学模型，揭示了乙型肝炎流行的动力学特征，并用于模拟评价干预措施效果和费用效益。1989 年，伊拉·隆吉尼（Ira Longini）等使用阶段马尔可夫模型（staged Markov model）估计艾滋病的潜伏期分布和病程变化，较完整地描述了人类免疫缺陷病毒感染的自然史。

近年来，随着计算机技术发展以及新的数学理论和方法的不断引入，相继出现了多等级多状态模型、时间序列模型、时空聚集性模型等，在推动流行病学研究数理化进程的同时，也促进了新的数学理论和方法的产生。随着“移除”“宿主”“媒介”等因素的引入，多状态模型日趋完善，借助计算机模拟，大大增加了研究的应用性。理论流行病学在疾病流行的预测、防治措施效果评价、防治策略以及卫生政策的制定等方面，发挥着越来越大的作用。

三、理论流行病学应用

（一）解析流行过程，预测流行趋势

当传染性疾病在人群中流行时，人群均由不同流行病学状态与类别组成，并按确定的顺序改变其流行病学状态与类别。如易感者感染后进入潜伏期状态，然后进入患病状态和/或病原携带状态，后

NOTES

进入恢复或死亡状态。不同的疾病可能有不完全相同的流行病学状态与类别，但其流向总是明确的，所以可把整个流行过程用流向图直观形象地表示出来，进而通过对疾病资料的分析和参数估计，拟合与构建流行病学数学模型，从理论流行病学角度，帮助我们更加深刻地认识疾病流行过程，更加准确地阐明疾病的流行因素、传播机制和动力学特点，更加全面地掌握疾病的流行概况和流行规律，更加科学地预测疾病的流行趋势。

（二）定量研究流行过程中各因素的作用

应用流行病学数学模型，我们可以在计算机上模拟人群中发生的疾病流行，分析改变流行因素后可能出现的各种现象，对各因素间的相互关系进行探讨，通过改变模型中相应的参数值，如易感者比例、潜伏期和传染期的长短、传染力的大小、有效接触率的大小等，观察并定量分析在不同情况下疾病的流行水平，研究各因素对整个流行过程的定量效应和综合作用，从而更全面、更深刻地了解这些因素对疾病整个流行过程的影响。

（三）制定和评价疾病防控策略和防控措施

流行病学数学模型在制定和评价疾病防控策略和防控措施中具有独特的优势与作用。我们可以应用模型模拟某疾病在人群中的自然过程，然后选择可行的防控策略和防控措施，并在模型上模拟实施该防控策略和防控措施后的效果。不仅如此，还可对所选的防控策略和防控措施方案反复修改，模拟和评价实施后的防控效果，直至完善。流行病学数学模型还可用于预防干预措施的成本效益分析。通过比较实施措施的花费、发病率和死亡率等疾病指标变化和疾病造成的直接与间接经济损失，评价预防干预措施的卫生经济学效益，为优选疾病的防控策略和防控措施提供科学依据。

（四）检验病因假设

数学模型的模拟和计算机的使用促进了人群疾病病因学的研究。建模假设既依据对疾病流行的已有理论认识，又包含对疾病流行的推测。所以，借助电子计算机，用实际资料配合模型，可以检验已有的病因假设是否符合实际。例如 Armitage 和 Doll 基于大多数肿瘤发病率随年龄增长而上升的现实观察和理论认识而建立肿瘤模型，利用年龄别发病率来分析估计肿瘤发生的原因，提出人体正常细胞转变为癌细胞需要经历启动、促进、转化和发展等多个阶段的癌变多阶段理论，认为人体细胞因受刺激因子作用发生连续多次突变而致癌，突变次数可能因肿瘤类型而异，肿瘤发病率是年龄与突变次数的函数，并应用实际数据拟合模型，探讨和验证肿瘤癌变多阶段病因假设。

第二节 ｜ 流行病学数学模型理论

一、流行病学数学模型的基本概念

疾病流行的因果规律是由影响因素的作用导致疾病指标由量变到质变的机制性动力变化规律，数学模型是定量揭示和描述这种规律的基本手段。模型的建立依据假设，假设的提出依据人们对疾病流行的已有认识。一个能反映疾病流行机制性动力规律的数学模型的建立，是一个对疾病流行机制不断认识，不断修改假设，使模型不断接近实际、不断完善和优化的过程，亦即所谓从机制不明的黑色模型到机制“半明”的灰色模型再到机制性优化的白色模型的不断探索过程，也是以下常用数学模型参数合理初设和不断优化的过程。

（一）有效接触率

有效接触率是指单位时间易感者因接触传染源而被感染的概率，也定义为单位时间一个传染源能够感染易感者的人数占易感者总人数的比例，代表一个传染源感染易感者的能力。它与病原体的毒力和致病性及生物稳定性、传染源的活动范围、易感者的抵抗力及其与传染源的接触方式和接触时间，以及外界环境（如人口密度、卫生条件、气候因素、社会活动和交往频度等）都有密切关系。它等于研究人群的接触率乘以易感者每次接触导致感染的概率。设有效接触率为 P，如果单位时间内一个个体同平均 K 个人发生有效接触，则：

NOTES

$$P = \frac{K}{N-1}$$

式中 N 是人群中人口总数，分母 $N-1$ 表示总人口数减去同其他人相接触的本人。

下一代发生病例数（I_{t+1}）是各代易感者数（S_t）与病例数（I_t）的函数，$t+1$ 代可能发生的病例数可表示为

$$I_{t+1} = P \times I_t \times S_t$$

式中的 I 代表病例数，S 代表易感者数，$P \times I_t$ 为传染率。

实际上，人群疾病动力学所反映的有效接触率（P）与病例数（I_t）不是简单的相乘关系，而是呈一种指数关系。根据概率论和二项分布理论的推导，这种指数关系为病例数与非有效接触率之间的关系，是最终决定易感者转为病例的速率或比例，即传染率。传染率可表示为 $1-(1-P)^{I_t}$ 或 $1-q^{I_t}$，其中 $q=1-P$，为非有效接触率，I_t 为在 t 时的病例数。由于 P 和 q 在 0~1 之间，故传染率不会超过 1，也就是人群中的易感染者同病例发生有效接触后产生的新发病例数不会超过接触当时的易感者总数。当人群中只有 1 例病例时，有效接触率就是传染率。

（二）移出率

移出率是指单位时间内移出者在感染者中所占的比例，当移出者仅包含康复者时，移出率也称恢复率，记作 γ。移出率倒数（$1/\gamma$）表示平均移出时间，即平均感染期。

（三）基本再生数

基本再生数（basic reproduction number，R_0）是研究疾病传播最基本、最常用的指标之一。R 是 reproduction 的首字母，表示疾病的实际传播率；下标 0 代表第 0 代，即零号病例（patient zero）。它定义为一个感染者在一个全部都是易感者的人群中直接造成的新感染者的平均人数。该定义假设人群中没有其他个体被感染或者受免疫保护。

在疾病流行初期，人们用 R_0 来评价该病是否会流行。如果 $R_0>1$，意味着一个感染者造成的平均新感染人数超过 1，该病将持续流行并可能进一步蔓延；反之，如果 $R_0<1$，意味着一个感染者造成的平均新感染人数小于 1，该病将逐渐消亡。通常，R_0 的估计依赖于两个主要参数：有效接触率和移出率，即 $R_0=\frac{\text{有效接触率}}{\text{移出率}}$。因此，即使病原体的传播能力和平均传染期是生物学常数，R_0 也会因不同时空环境下有效接触率的改变而改变。

（四）有效再生数

真实世界中，人群在任意某一时刻 t 总是存在一定比例的个体对疾病具有保护性免疫力，即非易感者，由此引入了有效再生数（effective reproduction number）的概念，即某一时刻一个感染者在一个由易感者和非易感者构成的人群中直接造成的新感染者的平均人数，记作 R_e。该定义允许人群中存在免疫者，即该参数依赖于有效的控制措施（如免疫接种）或行为改变（如保持社交距离或佩戴口罩），其描述的是疾病传播过程中当前或瞬时的传播率，因而实际应用更加广泛。

与基本再生数 R_0 的解释类似，$R_e>1$ 代表每个感染者传染的平均人数超过 1，此时，发病人数可能随时间指数增长；$R_e<1$ 代表每个感染者传染的平均人数小于 1，这就意味着发病人数会越来越少，从而疾病的流行会减缓以致消亡；而 $R_e=1$ 代表每个感染者会传染给另外一个易感者，这就提示人群中的发病人数将趋于稳定。有效再生数 R_e 的典型形式是基本再生数 R_0 与人群中易感者占比的乘积。因此，当人群中易感者占比小于 $1/R_0$ 时，$R_e<1$，我们称为人群达到了群体免疫（herd immunity）的水平。

二、常用的流行病学数学模型种类

流行病学数学模型的种类有不同的分类方法。根据结局是否确定可将流行病学数学模型划分为确定性模型和随机性模型。根据流行状态转移是否随时间变化而发生连续变化可将流行病学数学模

型划分为离散时间模型和连续时间模型，此外还可以依据用途不同来划分。本文仅简要介绍常用的传染病流行病学数学模型类别。

(一) 确定性模型

几乎所有的流行病学数学模型都有确定性和随机性两种类型，有时同一个模型中既有确定性成分又有随机性成分。确定性模型是指模型的初值一经给定，整个流行过程的发展及结局就被确定。其特点是在疾病流行过程中的每一时刻发生的新病例数均为确定的数值。例如 SIR 模型就是一种最简单的确定性模型。

SIR 模型的数学表达式如下：

$$I_{t+1}=S_t(1-q^{I_t})$$

$$S_{t+1}=S_t-I_{t+1}$$

$$R_{t+1}=R_t+I_t$$

在此模型中，人群被分为易感人群（S，代表 susceptible，指既未被感染又没有免疫力的人群）、感染人群（I，代表 infected，指已被感染的人群）和被移除人群（R，代表 removed，指具有免疫力、患病死亡、痊愈或隔离的人群）三个类别。上述数学公式中 q 为非有效接触率（$1-\beta$）。在疾病传播过程中，处于易感状态的人可以因感染转变为感染类，感染类的人可以因痊愈产生免疫力转入免疫类。这三类人群在确定的时刻是不交叉的，即每个成员都归属于某一个确定的类别，不能同时属于两类或更多的类别。SIR 模型的初始状态一经确定，可以确定地推断出以后各时刻的状态，故称为确定性模型。确定性模型所反映的各流行因素之间的关系较为直观，可包括因素的个数也比较多，尽管模型的构建过程比较复杂，但模型的数学公式一经确定，后续的计算和分析较为简捷。确定性模型主要使用的数学工具是代数方程、微分方程、积分方程以及差分方程等，其中尤以微分方程和差分方程应用最广。

确定性模型一般用在模型发展的早期，它适用于比较大的人群，当传染者在传染期接触的人数很多时，确定性模型可以看成是随机性模型的近似估计，它对于可能出现的新一代病例数做出点估计。确定性模型的缺陷是其结果往往与实际情况有一定程度的差距，这是因为确定性模型中假定传染率是不变的，然而，事实上传染率这个流行过程中最敏感的参数是许多因素的综合，并非稳定不变的。

(二) 随机性模型

随机性模型是流行病学数学模型发展的新趋势，它是把偶然性（变异）加入到疾病的流行过程中，模型没有给出确定的结果，而是呈现出一系列可能的结果。当然这种偶然性的背后有不同的概率规律在支配。如在 Reed-Frost 模型中考虑偶然性时，Reed-Frost 模型可以转换成随机性模型，这个概率规律对 Reed-Frost 模型来说就是二项分布。二项分布考虑每个个体发生疾病或不发生疾病的可能性，也考虑出现 1 例病例、2 例病例、3 例病例……不同病例数的概率，因此，可以按每代二项分布计算出每代发生 0、1、2……n 例病例的概率，此即链二项式随机模型（chain binomial stochastic model）。随机型 Reed-Frost 模型的数学表达式如下：

$$\frac{S_t!}{k!(S_t-k)!}(1-q^{I_t})^k(q^{I_t})^{(S_t-k)}$$

式中 k 是 $S_{(t)}$ 到 0 之间的任意整数值。该数学表达式是表示易感者从全部（S_t）未受感染到全部受到感染的各种情况的概率，即从 0 个病例到 S_t 例病例出现的概率。每种情况发生的概率可能会不同，但各种情况的概率之和为 1。

例如，在有 6 个易感者的人群中发生了 1 例病例，假定有效接触率 $P=0.2$，那么，下一代发生的病例数为 0、1、2、3、4 和 5 的概率分别是：

0 例：$\frac{5!}{0!(5-0)!}(1-0.8^1)^0(0.8^1)^{(5-0)}=1\times 0.8^5=0.327\ 7$

NOTES

1 例：$\frac{5!}{1!(5-1)!}(1-0.8^1)^1(0.8^1)^{(5-1)}=5\times0.2\times0.8^4=0.4096$

2 例：$\frac{5!}{2!(5-2)!}(1-0.8^1)^2(0.8^1)^{(5-2)}=10\times0.2^2\times0.8^3=0.2048$

3 例：$\frac{5!}{3!(5-3)!}(1-0.8^1)^3(0.8^1)^{(5-3)}=10\times0.2^3\times0.8^2=0.0512$

4 例：$\frac{5!}{4!(5-4)!}(1-0.8^1)^4(0.8^1)^{(5-4)}=5\times0.2^4\times0.8^1=0.0064$

5 例：$\frac{5!}{5!(5-5)!}(1-0.8^1)^5(0.8^1)^{(5-5)}=1\times0.2^5\times0.8^0=0.0003$

以上是 I_{t+1} 的各种可能发生情况的概率，其和为 1。由此可类推上述各种情况下再发生 I_{t+2}、I_{t+3}……的各种概率，再按照概率运算法则相连直至易感者耗尽或新病例数为 0，一代结束，这就是马尔可夫过程的特性，以此探求流行规模和发展趋势。反过来，可以根据人群中的第 2 代病例数，估计有效接触率 P 的近似值。

随机性模型主要的数学工具是随机方程，随机性模型在代际病例数变异较大、同质性较差时使用。但其往往是在确定性模型对重要的流行参数准确估计的基础上，正确抉择随机过程的算式而构建。随机性模型中能包括的研究因素数目相对较少，然而在后续的计算与分析中可根据个别重要因素的动态变化作相应的选择，模型对实际资料的拟合过程较为灵活，拟合效果也较好。例如我们根据所研究疾病的流行特征和 Reed-Frost 模型要求，选择链二项式随机模型，先按给定的初值计算出 $t+1$ 代不同病例数的概率，再选择概率较大事件作为新的初值（不止一个），然后计算新一代的不同病例数的概率，即参数变动，以可变的参数计算新一代病例数的概率区间，故称为随机性模型。随机性模型的统计特点是：①各代发生不同数量患者的概率是变化的，表明了疾病传播的变异性；②各代患者数是在一定范围内变动，可按二项分布计算出每一代发生不同病例数的概率。

（三）离散时间模型和连续时间模型

离散时间模型是指模型中处于各不同流行状态的人的状态变化不是随时间而连续变化的，只是在由某一状态向另一状态转移的瞬间发生变化。SIR 模型就是一种离散时间模型，它的流行过程的发展是分代的，即模型中的个体在某一代时为易感者，到下一代时可能是患者，再到下一代可能成为免疫者。

连续时间模型是指时间是个连续变量，模型中的个体从某一状态向另一状态的转移是连续变化的。例如，流行病学阈值模型是根据 Kermack 和 McKendrick 的阈定理建立起来的一种连续时间模型，曾用于拟合 20 世纪初在印度孟买发生的一次传染病流行，得到了很好的拟合效果。

离散时间模型和连续时间模型是根据流行状态转移是否随时间变化而发生连续变化来进行划分的。一般认为，两种模型都可以进一步再划分为确定性模型和随机性模型。

第三节 | 流行病学数学模型构建

一、模型的构建过程

流行病学数学建模是构建能忠实地反映客观世界疾病流行特征的数学模型，并用以分析、研究和解决实际问题的一种科学方法。它是在已知流行过程各因素之间相互关系的基础上，用数学表达式及其运算来重现和模拟流行过程，并以实际的流行过程来验证和修正模型。因此，建模者必须从实际问题出发，围绕建模的目的，从实际流行过程中收集准确的数据（也包括实验数据），并对该问题进行深入细致的观察和分析，运用数学语言、程序和图形等对实际问题本质属性进行抽象、简化、反复拟合、模型调整和逐步完善，直至所构建的数学模型计算的理论值能够符合实际的流行过程，这时数学建模才完成。流行病学数学模型的建立过程通常需要经过以下 5 个步骤（图 10-1）。

NOTES

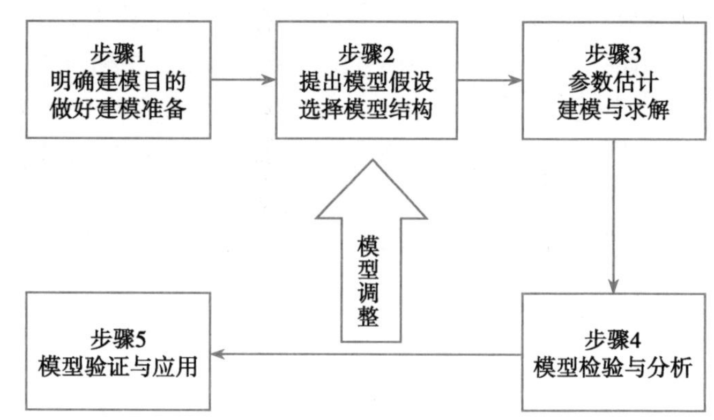

图 10-1 流行病学数学建模过程示意图

1. 明确建模目的，做好建模准备 建立流行病学数学模型首先要根据所要解决的实际问题，如了解疾病流行过程、预测疾病流行趋势等，明确建模目的，这直接影响到模型类型和结构的选择。对需要考虑的各种影响疾病流行过程的因素以及模型参数等，都要概念清楚、定义明确、叙述具体。在建模前，要做好建模的准备工作，掌握所研究疾病流行过程的理论，如疾病的性质、种类和传播方式等。通过流行病学调查或实验，从该病的实际流行过程中收集相关的流行数据，获取准确的第一手资料，如人群总数、发病人数、症状出现的时间、密切接触的人数、易感人数、免疫人数、宿主数量以及可能的影响因素等。模型参数的估计或确定、模型的拟合与修正都需要丰富而准确的数据作为支撑。

2. 提出模型假设，选择模型结构 根据建模目的和对疾病流行过程的已有定性认识，或根据资料显示的初步印象，记为数字与符号，绘制流程图或树状图，并用简洁明了的语言，提出必要的假设，称为“模型假设”。模型假设是建模的关键一步，决定着模型结构和求解的难易，也决定了建模的成败。在完成模型假设的基础上，选择合适的模型类型，选取能反映疾病流行特征的关键因素作为模型中的元素，并确定各元素间的转换关系，从而构建出模型的结构。

3. 参数估计，建模与求解 参数是数学模型的重要组成部分，也是模型中最敏感的组分。在不同的数学模型中，参数的种类和个数是不同的。例如上文提到的有效接触率、移出率、基本再生数等，都是传染病流行病学数学模型中的重要参数。参数估计的方法很多，一般是用模型计算的理论值去拟合实际流行过程的数据，取拟合优度最佳者为模型参数的估计值。“建模与求解”则是指在确定模型假设、模型结构和模型参数等的基础上，用数学公式描述模型中各元素之间的转换关系，建立流行病学数学模型。根据所作模型假设，利用必要的数学方法，建立相应的数学模型，并求解。

4. 模型检验与分析 利用所建模型与得到的实际资料作“拟合检验”和比较分析。检验结果与所作假设不一致时，根据分析，修改、补充假设并重新建模，直至所得检验结果基本满意为止。如果拟合结果与实际情况完全不符或差异很大，提示模型假设或模型的结构不合理，应对模型的假设和结构作进一步修改，重新建模；如果模拟结果与实际情况基本吻合，只是量的差异，则可能是参数估计不准确，可调整模型的参数值。

5. 模型验证与应用 在检验结果与假设基本符合时，根据所得结果对模型的合理性和适用性以及疾病的流行机制作出解释，并在可能情况下，回到实践中进行验证、使用。只有反复修正、不断完善，经过实践考核和检验，才能获得符合实际的、拟合度好的数学模型。

总之，要建立一个比较符合客观实际的流行病学数学模型，不仅要求对疾病流行的理论有深刻的了解，还要求掌握必要的数学知识，并对已有的各种模型有较全面的认识。数学和计算机科学的发展为流行病学数学模型的发展创造了良好条件。

二、模型的假设条件

由于现实世界的复杂性，抽象的数学模型不可能是客观实际的“原形”，故在建模时需要设定模型的应用条件，根据实际对象的特征和建模的目的，做出必要的假设，把那些能反映疾病流行的本质属性的因素及其相互关系抽象出来，简化掉那些非本质的因素，使之摆脱实际流行过程的具体复杂形态，形成对建模有用的信息和前提条件，即把那些能反映疾病流行特征的重要因素纳入模型，并确定不同因素之间的转换关系。假设是进一步建模的基础，其是否合理与所建模型的适用性、合理性和有

NOTES

效性密切相关。例如在 Reed-Frost 模型中，Reed 和 Frost 认为某些经空气传播的急性传染病（如水痘、麻疹等）的传播是由感染者同易感者接触引起的。最初他们使用 SIR 模型描述在一个封闭的易感人群中引入 1 名感染者，导致该病在该人群中流行的过程。该模型的假设条件是：①模型所描述的疾病是直接由人传人的传染病，只通过人与人之间的有效接触进行传播，不通过其他媒介参与传播，即感染是通过有效接触直接由感染者传给易感者。②所研究的人群与外界完全隔离，不考虑自然出生与死亡，以及迁入和迁出。③该人群中的任何一个易感者在单位时间内同感染者发生有效接触后获得感染，在下一单位时间内成为病例，并能将病原体传播给其他易感者。该病的潜伏期占一个时间单元（或称“代”），传染期占下一个时间单元，再到下一个时间单元时该人成为一个免疫者。④该人群中每个个体在单位时间内都以一个固定的接触概率同人群中任何其他个体发生有效接触，并且这个固定的有效接触概率对人群中任何个体都是一样的并保持不变。⑤上述 4 个条件在整个流行过程中保持不变。

三、模型的结构与参数

根据建模目的和对疾病流行规律的了解，选择合适的模型类型，按照所作的模型假设条件，选取关键的因素作为模型中的元素，并确定各元素间的转换关系，从而构建出模型的结构。例如，在构建 Reed-Frost 模型结构时，S_t 是在 t 代的易感者，S_{t+1} 是下一代的易感者；I_t 是在 t 代感染者，I_{t+1} 是下一代的感染者；R_t 是在 t 代的免疫者，R_{t+1} 是下一代的免疫者。S_t 易感者在有效接触感染者后，到下一代 $t+1$ 成为感染者，而 I_t 在下一代 $t+1$ 成为无传染性的免疫者，以此类推。

对模型中的参数值进行估计，可以根据经验与实际资料设定若干个参数值，分别代入模型中进行计算，得到模拟的流行曲线，然后比较分析各参数设定值所得到的理论曲线与实际流行曲线的拟合度。取拟合优度最佳者为模型参数的估计值。拟合优度评价方法有最小卡方值法、列线图法和最大似然法等。现以某全托托儿所水痘流行的实例来演示参数的估计。

1950 年，上海市某全托托儿所发生水痘流行，通过深入调查，获取了详细资料：在水痘流行期间，该托儿所共有儿童人数 196 人，既往患过水痘而本次未感染者 40 人，查不出水痘患病史而本次流行期间感染水痘者 96 人，既往无明确水痘史，本次又未感染的 60 人，整个流行期为 79 天，病例成代出现，每代相隔 15 天左右（表 10-1）。

表 10-1　1950 年上海市某全托托儿所水痘流行过程

代数（t）	高峰日期	高峰间隔时间/d	每代病例数	累计病例数
1	10 月 9 日		1	1
2	10 月 24 日	15	2	3
3	11 月 8 日	15	14	17
4	11 月 25 日	17	38	55
5	12 月 8 日	14	34	89
其后尚有零星出现的病例数			7	96

（苏德隆，1981）

水痘是一种人与人接触即能发生感染且能迅速传播的急性传染病，水痘患者是唯一的传染源，潜伏期比较短而稳定，病例数高峰呈代或簇状出现。该托儿所是一个封闭性的儿童机构，人群中既有易感者，也有免疫者。故此次托儿所水痘的流行基本上符合 Reed-Frost 模型所要求的假设条件，可使用该模型来模拟该托儿所水痘的流行过程和参数的估计。先根据该托儿所水痘流行的实际数据，设定参数有效接触率（P）为 0.01、0.02、0.023、0.023 1、0.024、0.025 和 0.03 等数值，分别代入模型中进行计算。表 10-2 为有效接触率 $P=0.023$ 的模型拟合结果。

采用最小卡方值法，对计算出的理论值与实际观察值进行统计学检验，衡量其拟合度。如果理论值与观察值的差别无统计学意义，则认为该模型适用，反之，认为拟合度不佳，需要对模型进行修正。

NOTES

表 10-2　有效接触率 $P=0.023$ 时的模型拟合结果（$q=1-0.023=0.977$）

代数（t）	观测值		理论值		各代新病例数
	易感者（S）	病例数（I）	易感者（S）	病例数（I）	$I_{t+1}=S_t(1-q^{I_t})$
1	155	1	155	1	$I_1=1$
2	153	2	151.4	3.6	$I_2=155(1-0.977^{1})=3.6$
3	139	14	139.2	12.2	$I_3=151.4(1-0.977^{3.6})=12.2$
4	101	38	104.8	34.4	$I_4=139.2(1-0.977^{12.2})=34.4$
5	67	34	47.1	57.7	$I_5=104.8(1-0.977^{34.4})=57.7$
6		有零星出现的病例数 7 例	12.3	34.8	$I_6=47.1(1-0.977^{57.7})=34.8$
7			5.5	6.8	$I_7=12.3(1-0.977^{34.8})=6.8$
8			4.7	0.8	$I_8=5.5(1-0.977^{6.8})=0.8$
9			4.6	0.1	$I_9=4.7(1-0.977^{0.8})=0.1$

（周艺彪，2023）

表 10-3 显示，在设定的 7 个有效接触率（P）值中，以理论值 $P=0.023$ 的拟合结果的 χ^2 值（10.11）最小，但仍得出 $P<0.05$，说明该模型拟合不理想，提示该模型结构可能存在问题，需做修改。

表 10-3　不同有效接触率的拟合值与实际观测值的比较结果

代数（t）	各代新病例数					χ^2	P_a
	1	2	3	4	5		
实际观察值	1	2	14	38	34		
理论值 $P=0.02$	1	3.1	9.2	24.2	45.8	12.02	0.007
理论值 $P=0.023$	1	3.6	12.2	34.4	57.7	10.11	0.018
理论值 $P=0.023\ 1$	1	3.6	12.2	34.5	58.0	10.29	0.016
理论值 $P=0.024$	1	3.7	13.0	37.5	60.3	11.51	0.009
理论值 $P=0.025$	1	3.9	14.2	41.3	62.0	13.15	0.004
理论值 $P=0.03$	1	4.7	20.0	59.4	59.3	21.57	<0.001

注：χ^2 值只计算第 2 代到第 5 代；由于第二代理论频数小于 5，故把第 2 代和第 3 代合并计算 χ^2 值。P_a 代表理论与实际的差异 P 值。

四、模型的拟合与修正

参数的估计过程实际上也是模型的拟合过程，如果拟合度较好，则可初步认为模型合理。但还需要用现场资料和实际数据对模型的准确性、合理性和适用性进行验证，并进一步修正，直至模型与实际较好地吻合，此时可以对计算结果给出其实际含义，并进行解释。如果参数估计的拟合度不佳，则需要审视模型的假设和结构是否合理，分析模型中所选择的因子是否恰当以及各因子之间的关系是否合理，再次重复建模过程。

仍以上海市某托儿所水痘流行的实例来说明模型的拟合与修改的过程。该实例基本符合 Reed-Frost 模型的条件，为什么拟合度不佳呢？可考虑模型结构可能存在的问题，因此需要对模型结构做适当修正。

在 Reed-Frost 模型中，R 代表免疫者，其既不会被感染，也不传染他人，但随着水痘的不断流行，免疫者不断在人群中累积，起着免疫屏障作用，进而影响到水痘的传染率。这是为什么 Reed-Frost 基本模型拟合水痘实际资料时 χ^2 值很大的原因。一些学者从不同角度对 Reed-Frost 模型进行了修改。如果模拟的疾病其潜隐期特别长，模型中还需要在 S 及 R 间加上潜伏期（latent period，L）。有些传染病除考虑有临床症状的病例外，尚需考虑亚临床型的携带者也有传染性。除了要考虑感染后成免疫者外，还要考虑人工接种所获免疫者的比例等。如只考虑免疫者的屏障作用，可对 Reed-Frost 模型中的 I_{t+1} 做如下修改，其他不变：

$$I_{t+1}=\left(S_t-\frac{\sum_{t=0}^{t}R}{n}\right)(1-q^{I_t})$$

式中 $\sum_{t=0}^{t}R$ 为上一代累积的免疫者数，他们在易感人群中起着屏障作用，n 为 1 个免疫者平均保护 $\frac{1}{n}$ 个易感者。

假设 1 名免疫者可保护 1 名易感者，即 $S_t-\frac{\sum_{t=0}^{t}R}{1}=S_t-\sum_{t=0}^{t}R$。当人群中的免疫者达到人群总数的 50% 时，即 $S=\sum R$，就 $S-\sum R=0$，流行就会停止，不会出现新的感染者。但这与水痘流行实例明显不符，在水痘流行结束时还有 60 人未感染水痘，其在人群中所占比例为 30.6%（60/196），远低于 50%。

假设 2 名免疫者可保护 1 名易感者，可以从数学上推算出，当人群中免疫者与易感者的比例为 2∶1 时，也就是当免疫者数量占人群的 66.7%，易感者占 33.3% 时，流行就停止。这比较接近水痘流行中止时易感者在人群中占 30.6% 的比例，基本符合水痘流行的实际，那么 Reed-Frost 模型中的 I_{t+1} 可修改为：

$$I_{t+1}=\left(S_t-\frac{\sum_{t=0}^{t}R}{2}\right)(1-q^{I_t})$$

经再次对水痘流行的实际资料进行拟合，当参数 $P=0.027\,5$ 时，每代拟合病例数为 1、4、14、35、34、2、0，十分逼近实际的流行过程（1、2、14、38、34、7），经统计学检验（$\chi^2=1.26$，$P>0.05$），拟合效果甚佳。

疾病的流行过程会受众多因素的影响，但如果将一切影响因素都纳入模型，将会使模型的数学处理达到几乎难于驾驭的程度。事实上，即使再庞大复杂的模型同实际的疾病流行过程仍有差距。故在模型模拟与修正中，必须提取出关键的因素，摈弃次要因素，对疾病流行过程最本质的要素进行抽象和构建简化的数学结构。一般来说，在能达到预期目的的前提下，所建的数学模型越简单越好。流行病学数学模型真正的魅力不在于其复杂，而在于简明扼要、符合实际和易于应用。

第四节 | 流行病学数学模型应用实例

一、催化模型

催化理论描述的是化学反应过程中底物、产物以及催化剂三大类分子在特定的容器中相互碰撞时底物与产物的相互关系。同传染病的流行过程理论所关注的某特定人群中易感者、传染者以及免疫者三大类个体相互关系有着极为类似之处。因此，流行病学家借鉴催化理论的多种数学模型来研究一些疾病的流行过程。催化模型属于确定性模型，是流行病学数学模型中比较常见的一类模型，对理论流行病学的发展有着重要的意义。

催化模型的假设条件为：①所研究的人群为一个封闭人群，不考虑迁移、死亡和出生的问题；②全部个体在初始阶段都是易感者；③在相当长时间内，作用于人群的感染力都是恒定的，可以用单位时间内有效接触率表示；④有明确的、可测量的感染指征，如感染率、抗体阳性率等。

大多数的传染病感染后都会获得免疫力，但不同的传染病的免疫持续时间不同。对于免疫持久的疾病，易感者转向免疫者是单向的，而对免疫持续时间较短的疾病，易感者转变成感染者或免疫者后，过一段时间后可能又恢复为易感者，这种转变是可逆的。

催化模型主要有 3 大类型：

（1）单向催化模型，又称简单催化模型，适用于描述能产生持久免疫力的疾病的流行过程。假设

某人群中易感者人数为 I,在任何时间(t)以有效接触率(r)使部分易感者变成感染者(Y),则剩下的易感者为 $I-Y$。该模型通式为:

$$Y=k(1-e^{-rt})$$

式中 e 为自然对数底,k 为显性感染率,取值在 0~1 之间。

(2)双向催化模型,又称可逆催化模型,适用于描述仅能产生短暂免疫力的疾病的流行过程。假设人群中易感者在任何时间(t),以有效接触率(a)变为感染者(Y),同时,原来的免疫者又以速率(b)逆转为易感者。该模型通式为:

$$Y=\frac{a}{a+b}+Ce^{-(a+b)t}$$

式中 C 为常数。

(3)两极催化模型,假设人群中易感者在任何时间(t),以有效接触率(a)变为感染者 X,其感染指征为阳性,同时,原来的被感染者又以速率(b)失去感染指征,这部分人定为 Z,他们虽然失去感染指征,但因已获得免疫力而不再受感染,故经常维持显性感染者 $Y=X-Z$。该模型通式为:

$$Y=\left(\frac{a}{b-a}\right)e^{-at}+Ce^{-bt}$$

二、阈值模型

流行病学阈值模型是根据 Kermack 和 McKendrick 的阈定理建立起来的模型,故又被称为 Kermack-McKendrick 模型(K-M 模型)。其假设条件为:①所研究的疾病在人群中是以易感者(S)→感染者(I)→免疫者(R)的形式传播。②被研究的人群是一个封闭人群,总人群数 $N=S_t+I_t+R_t$。疾病流行初始时人群中有 S_0 个易感者、I_0 个感染者、0 个免疫者。③单位时间一个传染源能够感染易感者的人数占易感者总人数的比例为 β,称为感染的有效接触率。④易感人数的变化率与当时的易感人数和感染人数的乘积成正比。⑤单位时间内病后免疫者人数与当时的感染者人数成正比,比例系数为 γ,称为恢复率,则每一病例处于传染期的概率为 $1/\gamma$。

以上假设条件的数学表达式:

$$\frac{dS}{dt}=-\beta SI$$

$$\frac{dI}{dt}=\beta SI-\gamma I$$

$$\frac{dR}{dt}=\gamma I$$

$$N=S_{(t)}+I_{(t)}+R_{(t)}$$

通过对上述方程组求解可得:①如果 $S_{(0)}>\gamma/\beta$ 时,疾病的流行才能开始或继续,当 $S_t=\gamma/\beta$ 时,I_t 达到最大;②初始时 I_0 一般较小,S_0 固定为 N,若此时提高恢复率 γ(如早期发现、早期诊断、早期治疗等措施),同时降低有效接触率 β(如早期隔离、疫点消毒、药物预防、应急接种、保持社交距离等措施),则可控制流行。因为 $S_0<\gamma/\beta$,$\frac{dI}{dt}<0$,即流行开始时感染者人数便趋于减少,之后,$S_t\leq S_0$,因此$\frac{dI}{dt}$总是小于 0,流行就不会发生。很明显 γ/β 是决定疾病流行发展方向的关键,是疾病流行发生或被控制的阈值,故称该模型为阈值模型。

Kermack 和 McKendrick 曾以此模型拟合 20 世纪初在印度孟买发生的一次瘟疫流行中死亡人数的资料,验证了该阈值模型基本符合实际。

三、传播动力学模型

SIR 模型就是一种描述传染病传播动力学的简单模型,上文已有介绍。有时简单模型不能较好

NOTES

地模拟实际的传染病流行过程，例如对于具有隐性感染者或潜伏期感染者状态的传染病，在构建传播动力学模型时需进一步考虑已感染但未发病的暴露者（exposed，E）的比例。因此在SIR模型的基础上引入已感染而未发病的暴露者（E），发展出SEIR模型。在SEIR模型中，暴露者按照概率 ε 转化为感染者，ε 是潜伏期的倒数。SEIR模型适用于麻疹、腮腺炎、风疹等疾病流行过程的描述，也曾广泛应用于描述特定地区或人群中新型冠状病毒感染的短期传播过程。

SEIR模型的疾病传播过程可用简要的仓室流程图表示（图10-2），其中 $E(t)$ 表示 t 时刻下暴露者的数量，β 是有效接触率，ε 是从暴露者变成感染者的转化率，γ 是移出率。

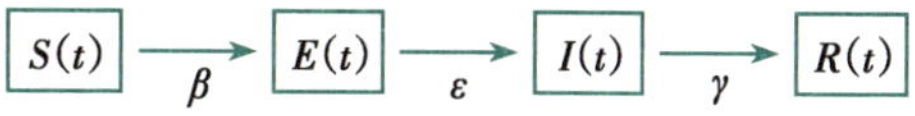

$$S(t) \xrightarrow{\beta} E(t) \xrightarrow{\varepsilon} I(t) \xrightarrow{\gamma} R(t)$$

图10-2　疾病传播过程的仓室流程图

令 t 时刻人群中的感染者、暴露者、易感者和康复者的比例分别为 $i(t)$、$e(t)$、$s(t)$ 和 $r(t)$，则：

$$\begin{cases} \dfrac{\mathrm{d}s(t)}{\mathrm{d}t} = -\beta \times i(t) \times s(t) \\ \dfrac{\mathrm{d}e(t)}{\mathrm{d}t} = \beta \times i(t) \times s(t) - \varepsilon \times e(t) \\ \dfrac{\mathrm{d}i(t)}{\mathrm{d}t} = \varepsilon \times e(t) - \gamma \times i(t) \\ \dfrac{\mathrm{d}r(t)}{\mathrm{d}t} = \gamma \times i(t) \\ s(t)+e(t)+i(t)+r(t)=1 \end{cases}$$

SEIR模型的基本再生数 $R_0 = \dfrac{\beta}{\gamma}$，有效再生数 $R_e = R_0 \times s(t)$。

以上只是建立在同质性混合前提下的基本的传播动力学模型，模型假设疾病流行过程中各类人群均匀混合，且任意两个体的接触概率相同，而现实中人际接触呈复杂的立体的网格化结构。同时，上述模型并未考虑人口的出生与死亡、迁入和迁出以及外界环境因素、预防接种和隔离措施等对暴露数、发病率、治愈率或移出率、有效传染期的影响。因此，在实际应用中，可以适当改造模型，合理引入有关参数或增加仓室以模拟免疫接种、隔离、佩戴口罩、保持社交距离等防护措施下疾病流行的不同状态或不同阶段等。总之，传染病传播动力学模型都是从简单模型着手，根据对传染病传播机制和流行特征的认识和相关证据建立初始模型，逐渐考虑更多因素，并根据拟合结果对模型进行反复修改完善，达到实际应用的目的。

（何　纳）

本章小结

理论流行病学不仅是一门方法学，更具有重要的实际应用价值。随着人们对疾病病因及其流行因素的认知水平的不断提高以及数理统计分析方法和软硬件的快速发展，理论流行病学必将得到更加迅速的发展和更加广泛的应用。

思考题

1. 请简述免疫接种等预防控制措施对有效接触率、移出率、基本再生数和有效再生数的影响。
2. 请简述流行病学数学模型构建的基本过程。
3. 试以某特定地区新型冠状病毒感染短期传播为例，简述SEIR模型的构建与注意事项。

11章
本章数字资源

第十一章 筛　检

案例

宫颈癌是全球第七大常见恶性肿瘤，位居全球女性肿瘤的第四位。据全球癌症统计报告（GLOBOCAN 2020）显示，全球宫颈癌新发病例约 60.4 万例，占全部肿瘤新发病例的 3.3%。低人类发展指数（human development index，HDI）国家的宫颈癌发病率（世标发病率：27.2/10 万）高于较高 HDI 国家（世标发病率：9.1/10 万）。

宫颈癌是 HPV 病毒高危型 16、18、31、33、35、39、45、51、52、56、58、59、68 持续感染宫颈上皮细胞引起的，细胞从正常到癌变有 10 年以上的发展期，这为筛检发现癌前病变提供了足够长时间。宫颈癌筛检试验包括肉眼观察（VIA/VILI）、宫颈液基细胞学检查（LBC）、HPV DNA 检测，以及联合筛检。以上方法在检测费用、准确性和便利性方面各有优势，均可作为初筛的方法。其中医师取样 HPV DNA 检测准确性最高，但费用昂贵。因此，在低资源地区，花费较少、操作简单的自取样 HPV DNA 检查、VIA 等方法能否替代昂贵的医师取用的 HPV DNA 和复杂的 LBC 检查，作为宫颈癌筛查的适宜技术？这个问题亟需回答。

1999—2007 年期间，我国科学家在我国 4 个宫颈癌高发的农村地区，开展了三阶段多中心筛检试验，累计入组有效样本 13 004 例，研究内容包括筛检方法的选择、筛检流程设计及成效、筛检程序的卫生经济学效果等。这一系列研究促进了我国宫颈癌筛查指南的制定。2022 年，国家卫生健康委发布了《宫颈癌筛查工作方案》，计划到 2025 年底，适龄妇女宫颈癌筛检率要达到 50% 以上，这一举措标志着宫颈癌筛检的人群研究证据已落地转化为了我国稳定的公共卫生政策。

Screening is a public health secondary prevention measure. The condition to screen should be an important health problem. The aim of screening is to detect a chronic disease at its asymptomatic stage, so that treatment can start early with a hope for better prognosis. The validity or accuracy of the screening test can be measured by sensitivity, specificity, and likelihood ratios. The reliability of the screening test is affected by subject variability, observer variability and laboratory conditions. Screening programme, as a public health strategy, should be assessed in the aspects of yield, the biological, clinical and economic benefits throughout the whole period of implementation. In addition, harm, ethical problems and programme sustainability should be concerted as well. The biological effects of screening programs can be evaluated by RCT studies or observational studies with large populations. Bias such as lead time bias, length bias and volunteer bias should be concerned when observational studies are implemented.

筛检是公共卫生二级预防措施，筛检疾病是各地重要的健康措施。通过在疾病的早期或无症状阶段发现和诊断疾病，对患者尽早治疗，以期获得较好的预后。筛查试验的准确性可以通过灵敏度、特异性和似然比等指标来评价。筛检试验的可靠性受受试者变异性、观察者变异性和实验室条件等因素的影响。筛查作为一种公共卫生措施，应在整个实施期间从收益、生物学、临床和卫生经济学效

益等方面进行评估。此外，伤害、伦理问题和项目的可持续性也同样重要。评价筛检项目的生物学效果的方法包括大人群的 RCT 研究或观察性研究。但在开展观察性研究时，应注意领先时间偏倚、长度偏倚和志愿者偏倚的影响。

第一节 概 述

一、筛检的概念

筛检或筛查（screening）是针对临床前期（pre-clinical stage）或早期的疾病阶段，运用快速、简便的试验、检查或其他方法，将未察觉或未诊断疾病的人群中那些可能有病或缺陷、但表面健康的个体，同那些可能无病者鉴别开来的医疗健康服务措施。如图 11-1 所示，首先应用筛检试验将表面健康的人群分为阴性者和阳性者两个人群；结果阳性者作进一步的诊断，经确诊的患者接受治疗；非患者与筛检试验阴性者进入随访和下一轮的筛检。

筛检一般是由国家或地区政府主导，动员全社会参与的系统工程，又称为疾病早发现、早诊断和早治疗的“三早”预防措施。

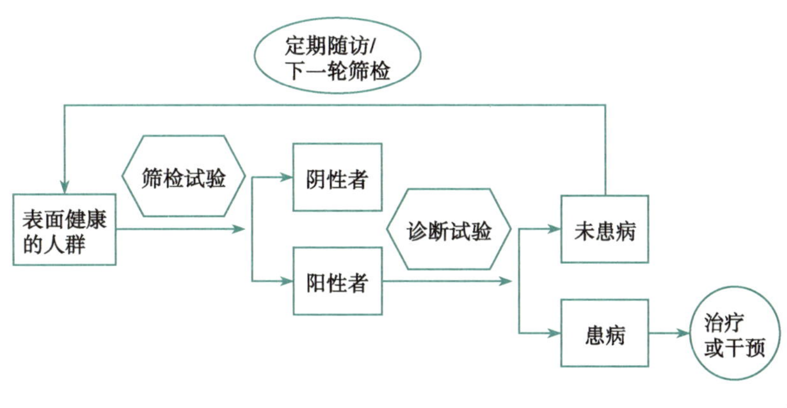

图 11-1 筛检示意图

二、筛检的目的及分类

（一）筛检的目的

1. 发现高危人群和隐匿的病例 在表面健康的人群中筛检出患有某病早期阶段的个体，并进一步进行确诊和早期治疗，预防和延缓并发症的发生和疾病进展。如果发现的是高危人群，可以通过去除病因的干预，降低疾病的发病率。如美国及欧洲部分国家的乳腺癌预防指南中，将携带乳腺癌易感基因 *BRCA1* 和 *BRCA2*，且有乳腺癌家族史的女性确定为乳腺癌高风险对象，建议行预防性乳腺切除术，这项措施可以降低乳腺癌的发病率。如果发现的是疾病早期阶段，通常治疗效果较好，可降低疾病的死亡率，提高患者的生存质量，体现筛检“三早”预防的最主要作用。例如，乳腺癌筛检后发现的早期病例，更有机会开展保乳手术，可明显改善生存质量，同时，可以提高预期寿命，降低全人群的乳腺癌死亡率。

2. 了解疾病的自然史 揭示疾病的“冰山现象”。例如人乳头瘤病毒（human papilloma virus，HPV）持续感染可引起宫颈上皮内瘤变（cervical intraepithelial neoplasia，CIN），经历Ⅰ~Ⅲ期，如不可逆，会进展为宫颈原位癌、浸润癌，直至死亡。通过大人群筛检，可以得到不同阶段宫颈病变的转归概率等自然史参数，这对确定筛检的起始年龄、筛检间隔、筛检及治疗方案有重要意义。

3. 指导合理分配有限的卫生资源 如利用高危评分的方法，筛检高危产妇，将其分流到妇幼三甲医院分娩，而危险性低的产妇则留在当地基层妇保院分娩，可实现卫生资源合理分配。

NOTES

（二）筛检的类型

筛检分类方式较多。①按照筛检对象的范围分：整群筛检（mass screening）和选择性筛检（selective screening）。整群筛检指在疾病患（发）病率很高的情况下，对一定范围内人群的全体对象进行无差异普遍筛检。选择性筛检又称为高危人群筛检（high risk screening），是指选择疾病的高危人群进行筛检。②按筛检项目数量分：单项筛检（single screening）；多项筛检（multiple screening）和多病种筛检（multiphasic screening）。多病种筛检则是同时在一个人群中开展多种疾病筛检，可以最大程度上节约卫生资源。③按筛检的目的分：治疗性筛检（therapeutic screening）和预防性筛检（preventive screening）。④按筛检的组织方式分：组织性筛检（organizational screening）和机会性筛检（opportunistic screening）。前者是通过有组织的宣传介绍，动员群众到筛检服务地点进行检查。后者属于一种被动性筛检，是将日常性的医疗服务与筛检结合起来，在患者就医过程中，对非专科就诊的人群进行筛检，例如妇幼保健医院在生殖内分泌科等非宫颈病变专科门诊开展“HPV 相关宫颈癌筛查”项目。机会性筛检的优点是能扩大筛检的覆盖面，同时增加参加者的参与度。

三、筛检项目制定原则和评价的步骤

筛检项目（screening program）或筛检计划，是实施筛检所采用的试验（检查）方法和流程的具体方案。一项完整的筛检项目应包含以下要素：①选择筛检疾病的依据；②明确的目标人群；③合理的筛检程序，包括筛检起始和终止年龄、筛检间隔、不同阶段的筛检试验和确诊试验；④干预和随访方案。

（一）制定筛检项目的原则

1. 筛检的疾病或健康状态应是该地区的重大公共卫生问题。所筛检疾病或相关健康状态应对人群健康和生命造成严重危害，现患率较高，是人群的主要死因之一。例如 2021 年我国糖尿病的年龄标化患病率为 6 142.29/10 万，糖尿病可引起心脑血管意外和伤残等严重并发症，被认为是导致我国城乡居民死亡的主要高危因素。

2. 目标疾病的自然史明晰，且有足够长的临床前期和可被识别的早期疾病标志物。如宫颈癌的自然史，宫颈上皮细胞从正常，感染 HPV 高危型别病毒到癌变，要经历 10 年以上的正常至轻度、中度和重度宫颈上皮内瘤变（CIN）Ⅰ~Ⅲ期变化，至原位癌的癌前病变期，这为筛检发现癌前病变提供了足够长时间。

3. 筛检的流程完整，有适宜的筛检方法，且对各阶段的筛检或诊断结果均具有对应的干预方法。筛检的流程包括确定起始和终止的年龄、筛检的间隔期等。筛检方法应准确、简单、经济、安全且容易被受检者接受。对发现阳性人群，有对应的早诊断和早治疗的方法；且确保早期治疗的效果应优于晚期治疗，对疾病不同阶段的干预效果及其不良反应有清楚的认识。如各国均推荐 20~25 岁女性开始接受每 3~5 年一次的宫颈癌筛检，如果筛检结果正常，到 50~60 岁停止筛检。筛检阳性者进行阴道镜检和病理检查，诊断为 CIN-Ⅱ及更高级别的癌前病变，可及时开展宫颈局部治疗，如环形电切术（LEEP）可阻止宫颈癌变（图 11-2）。

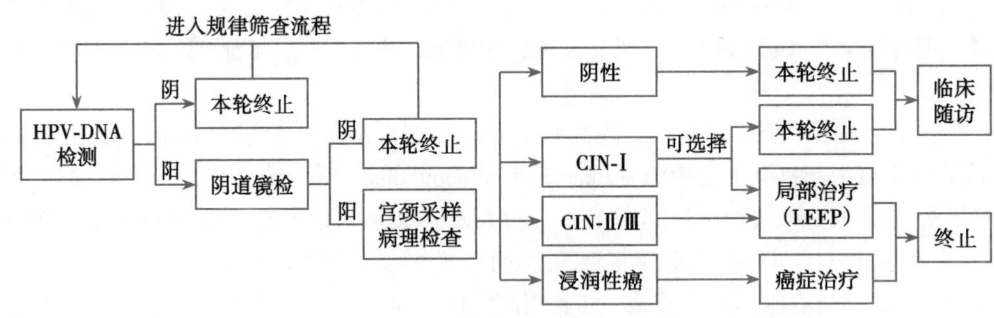

图 11-2　宫颈癌筛检项目的流程图

4. 应有符合不同经济发展和卫生资源水平的筛检方法可供选择。如引言中介绍的宫颈癌筛查案例。

（二）评价筛检项目的五阶段

筛检项目是否能转化为国家或地方的卫生服务政策，应从项目一开始就开展评价，并回答以下三个关键问题：筛检的疾病是否为国家或区域重大的公共卫生问题；筛检是否明确有效，能降低人群专病死亡率；筛检项目是否具有较高的卫生经济学价值，且有完善的政策保障和有较高的人群接受度。此外，还需对筛检的质控、经费保障及项目风险应对机制等方面进行评估。

筛检项目评价研究一般分为五个阶段，如图 11-3 所示。第Ⅰ阶段，发现筛检试验方法或指标，主要采用病例特征分析或实验室研究，发现或优化用于筛检的方法。第Ⅱ阶段，评价筛检试验的准确性、可靠性和收益（本章第二节）。第Ⅲ~Ⅴ阶段，逐步开展筛检现场的随机对照研究；筛检示范区建设，主要进行多中心社区干预研究；观察性研究，如基于注册登记研究、回顾性队列研究、生态学研究等，进一步验证真实条件下筛检项目所获得的远期效果，是否降低人群专病死亡率和提高生存质量。通过以上五阶段研究，获得生物学效果、卫生经济学成效等证据，通过循证证据整合，为制定筛检方案、撰写筛检指南和推广筛检项目提供科学依据，最终推进筛检政策落地。

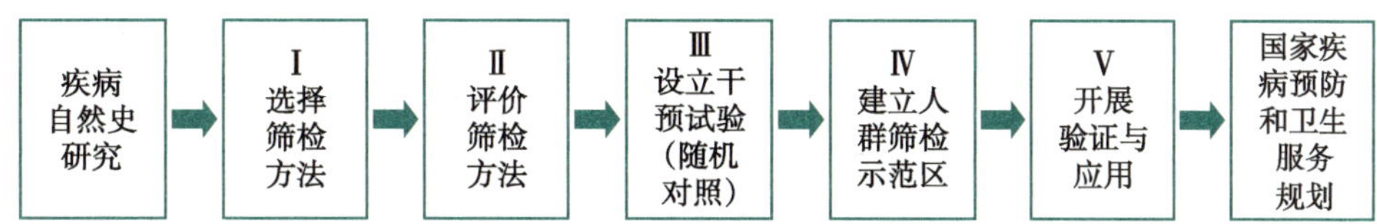

图 11-3　疾病筛检项目评价的步骤

例如，宫颈癌筛检项目已经在全球范围内开展了半个多世纪，筛检方法发展和流程持续优化，筛查方案日臻成熟，成为世界卫生组织国际癌症研究机构（IARC）优先推广开展筛检的癌种。首先，经过大量的研究证明，宫颈癌筛检试验有肉眼观察（VIA/VILI）、宫颈液基细胞学检测、HPV DNA 检测，以及联合筛检（HPV DNA 检测和细胞学），这些方法灵敏度在 40%~97%，其中 HPV DNA 检测的灵敏度最高，这几种方法的特异度均达到 80% 以上。其次，应用最多的每 3~5 年细胞学筛检，使得宫颈癌发病率在世界范围内下降了 70%~90%。2020 年 11 月，世界卫生组织发布《加速消除宫颈癌全球战略》，包括我国在内的 194 个国家郑重承诺加入该行动。

第二节　筛检试验的评价

一、筛检试验的定义

筛检试验（screening test），又称筛检方法，是从外表健康的人群中区分可能患病个体或具有患病风险个体的检测方法，包括量表、体格检查、内窥镜或影像学等检查手段，以及细胞学或生物标志物等检测技术。一项好的筛检试验应具备良好的真实性、可靠性和预测度，同时还应具有以下五个特征：①简单性，指易学习、易操作；②廉价性，兼顾真实性的条件下，筛检试验的费用越低越好；③快速性，能快速将人群分为患病的高风险和低风险群体；④安全性，指不会给受试者带来创伤，因此不宜采用可能造成创伤的检查手段，如组织活检、内镜等；⑤可接受性强。

筛检试验的特征决定了其方法学不要求过高的准确性，允许一定比例的错判，包括假阳性或假阴性。筛检阳性者需要诊断试验（diagnostic test）或“金标准”（标准诊断试验）的方法进行确诊，阴性者需要进行规律的随访。诊断试验是运用临床资料、实验室检查、X 线等准确度高的方法，将有病者与无病者鉴别开来。其特点有：①目的是判别患者和未患病的人；②对象是出现明显临床症状或筛检阳性的人；③诊断方法要求灵敏度和特异度均高，经济性不是取舍的优先考虑要素；④诊断阳性者应

NOTES

立即开始治疗。诊断试验是"金标准"或最接近"金标准"的诊断方法，在开展人群疾病筛检时，应注意不要过度考虑准确度而选择诊断试验方法开展筛检。

筛检试验评价的基本思路是对比研究，真实性和预测效果评价是以"金标准"为参照进行对比，可靠性的评价是重复测量比较。

二、真实性评价

真实性（validity）亦称效度，指测量值与实际值相符合的程度，也称为准确性（accuracy）。

（一）研究方法

1. 社区作为现场的筛检试验评价　由于筛检的目标人群是自然人群，筛检试验评价应该以社区为现场开展研究。横断面研究和筛检是常用的研究方法。横断面研究适用于发病率和患病率较高，需常规开展年度筛检的疾病（如糖尿病）。筛检队列（screening cohort），适用于患病率或发病率较低，且需要研究连续筛检的流程，如设定筛检起始和终止年龄、筛检间隔和频次等。横断面研究和筛检队列都是对筛检对象同时用筛检试验和"金标准"开展筛检。根据"金标准"判定结果，事后对研究对象进行分组，区分病例和非病例。再通过比较不同筛检组合的真实性、稳定性和收益指标，确定最佳筛检流程。例如，为研究 VIA/VILI 与自采样 HPV DNA 两种方法筛检宫颈癌及癌前病变 CIN 各分期的能力，我国科学家建立了 9 683 例的农村妇女筛检队列，每年开展一次筛检，并持续随访，以阴道镜+病理检查诊断为"金标准"，定义 CIN 的 CIN-Ⅱ级及以上为筛检阳性结局。在该队列基础上，研究团队开展了不同筛检技术的比较研究、筛查效果评价。

为节约研究资源，在实际筛检试验评价研究中通常会设计多种筛检方法，同时开展平行盲法检测，用来筛选准确度较高的试验方法，或者比较方法间的一致性，从而评价适宜不同地区经济水平的筛检方法。

2. 医院作为现场（病例为对象）的筛检试验评价　初步评价筛检试验在真实性和可靠性方面的表现，也可以采用诊断试验评价的病例-非病例（对照）设计。该设计方案以医院为研究现场，先用"金标准"确定某病的患病和未患病人群，随机选择病例组和非病例组，再用筛检试验盲法检测两组对象。以医院为现场的研究，对象选择方便，实施简便，但需特别注意病例组和对照组的代表性。

（二）设计原则

1. 确定"金标准"（gold standard）"金标准"是指当前临床医学界公认的诊断疾病最准确可靠的方法。使用"金标准"的目的就是准确区分受试对象是否为某病患者。最佳的"金标准"有病理诊断、手术发现、微生物培养、尸检或其他特殊检查。原则上，筛检对象都应采用"金标准"平行进行检测，但以社区人群为对象的筛检试验评价，人群基数大，加之诊断检查如果为有创的或昂贵的检查手段（如活检病理、影像造影检查等），对所有阴性者都进行"金标准"检查，可行性较差。因此，对筛检阴性者，"金标准"方法可以采用准确性较高的影像检查、临床综合判断，或结合短时间内重复测量或随访。

2. 选择研究对象

（1）社区为现场的研究：受试对象应能代表筛检试验可能应用的目标人群，并尽量满足随机化抽样原则。首次筛检样本量与患病率有关，检出的阳性病例需满足估计灵敏度的样本量，而非病例人数远远大于病例，一般能满足特异度评价的样本量。

如某病现患率为 1%，筛检试验需 100 名病例来估计灵敏度（式 11-1），则横断面设计需要的样本量 $n=100/(1\%)=1$ 万例。对现患率低的疾病，可以通过设计筛检轮次的时间，控制样本人数。如需筛检人年数为 1 万的样本，开展 1 年筛检，需要 1 万例，如果开展 2 年筛检随访，需要 0.5 万例。样本量计算案例参见电子融合教材。

NOTES

（2）病例-非病例（对照）：病例选择应包括早期症状轻微的病例，以及疾病的各种临床类型（不同病情程度、不同病程、典型和不典型、有无并发症、是否治疗过)。对照组为"金标准"证实未患有目标疾病者,包括非患者或与目标疾病易产生混淆疾病的患者。

3. 样本量估计 样本量估计的参数包括:①筛检试验的灵敏度;②筛检试验的特异度;③显著性检验水平 α;④容许误差 δ。当灵敏度和特异度在 20%~80% 区间变化时,可用近似公式 11-1。

$$n=\left(\frac{Z_{1-\alpha/2}}{\delta}\right)^2(1-p)p \qquad (式 11\text{-}1)$$

式中 n 为所需样本量。$Z_{1-\alpha/2}$ 为正态分布中累积概率等于 $1-\alpha/2$ 时的 Z 值,如 $Z_{0.975}=1.96$ 或 $Z_{0.995}=2.58$。δ 为容许误差,一般定在 0.05~0.10。p 为待评价的筛检方法的预期灵敏度或特异度,灵敏度用于估计病例组的样本量,特异度用于估计非病例组的样本量。

4. 确定筛检结局分类标准或截断值 筛检试验的结果需有明确的、有明显区分度的阳性和阴性判断标准。对筛检试验为分类或等级指标的,可根据专业知识判断阳性或阴性;对检测值为连续变量的,需确定判断阳性结果具体取值,即截断值(cut-off value),具体方法见后文。

5. 盲法测量 保证筛检对象在整个检查流程(包括建档、生物材料采集、检测程序、结果分析报告)的各环节所得到的处理一致。一般采用盲法来控制信息偏倚。

(三)评价内容

真实性评价指标包括灵敏度与假阴性率、特异度与假阳性率、正确指数和似然比。

经"金标准"确诊的病例人群,筛检试验判断阳性者,称为真阳性(true positive,TP);确诊病例人群中,筛检试验判断为阴性者,称为假阴性(false negative,FN)。经"金标准"诊断排除的非病例人群,筛检试验判断阳性者,称为假阳性(false positive,FP);非病例人群中,筛检试验判断阴性者,称为真阴性(true negative,TN),结果整理成表 11-1。

表 11-1 筛检试验评价结果整理表

筛检试验	"金标准"	
	病例	非病例
阳性	真阳性(TP)	假阳性(FP)
阴性	假阴性(FN)	真阴性(TN)
合计	C_1	C_2

1. 灵敏度与假阴性率 灵敏度(sensitivity,*Se*)又称真阳性率(true positive rate,TPR),是指实际患病且被筛检试验确定为阳性的百分比,反映了筛检试验发现患者的能力。

$$灵敏度=\frac{TP}{TP+FN}\times 100\% \qquad (式 11\text{-}2)$$

标准误 $SE_{Se}=\sqrt{\frac{Se(1-Se)}{TP+FN}}$;95% 置信区间:$(Se-Z_{\alpha/2}SE_{Se},Se+Z_{\alpha/2}SE_{Se})$

假阴性率(false negative rate,FNR)是指实际患病但被筛检试验判断为阴性的百分比,反映了筛检试验漏诊患者的比例。

$$假阴性率=\frac{FN}{TP+FN}\times 100\% \qquad (式 11\text{-}3)$$

2. 特异度与假阳性率 特异度(specificity,*Sp*)又称真阴性率(true negative rate,TNR),是指实际无病且被筛检试验确定为阴性的百分比,反映了筛检试验排除患者的能力。

NOTES

$$特异度=\frac{TN}{FP+TN}\times 100\% \tag{式 11-4}$$

标准误：$SE_{Sp}=\sqrt{\frac{Sp(1-Sp)}{TN+FP}}$；置信区间：$(Sp-Z_{\alpha/2}SE_{Sp},Sp+Z_{\alpha/2}SE_{Sp})$

假阳性率（false positive rate，FPR）又称误诊率，是指实际无病但被筛检试验判断为阳性的百分比，反映的是筛检试验误诊患者的比例。

$$假阳性率=\frac{FP}{FP+TN}\times 100\% \tag{式 11-5}$$

3. 正确指数　正确指数又称约登指数（Youden's index），为灵敏度与特异度之和减 1，表示筛检试验发现患者与非患者的总能力。正确指数的范围为 0~1，指数越大，真实性越高。

$$正确指数=(灵敏度+特异度)-1 \tag{式 11-6}$$

4. 似然比　似然比（likelihood ratio，LR）是反映灵敏度和特异度的综合指标，包括阳性似然比（positive likelihood ratio，+LR）和阴性似然比（negative likelihood ratio，-LR）。阳性似然比是筛检试验结果的真阳性率与假阳性率之比，比值越大，试验结果阳性时为真阳性的概率越大。阴性似然比是筛检试验结果的假阴性率与真阴性率之比，比值越小，试验结果阴性时为真阴性的概率越大。在选择筛检试验时，应选择阳性似然比较高、阴性似然比较低的方法，此时试验结果准确性较好。

$$阳性似然比=\frac{真阳性率}{假阳性率}=\frac{灵敏度}{1-特异度} \tag{式 11-7}$$

$$阴性似然比=\frac{假阴性率}{真阴性率}=\frac{1-灵敏度}{特异度} \tag{式 11-8}$$

如果筛检试验测量的是连续性指标，如临床生化指标、蛋白、自身抗体、miRNA 和外泌体等循环生物标志物，需要确定阳性/阴性结果的判定界限值——截断值，划分阳性/阴性结果后，再估计真实性指标。

（1）连续性指标的分布类型：患者和非患者最常见的分布特征是两组人群部分重叠分布，总人群分布呈双峰型（图 11-4）。假设患者的测量值总体上大于非患者，H 为患者的最低值，X 为非患者的最高值。双峰型分布的指标在 H 和 X 之间既有患者又有非患者，形成一个重叠区。在 H 至 X 之间，当截断值向患者的方向（X）移动，特异度升高，灵敏度降低；反之，当截断值向非患者的方向（H）移动时，灵敏度增大，特异度降低。

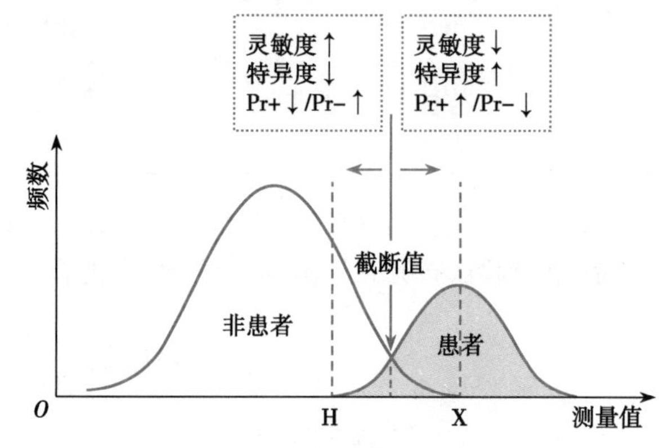

图 11-4　患者与非患者测量值分布类型

此外，还有两种分布情况：①两组各自独立分布不交叉，截断值可取在两组相邻的范围之间，判断准确度可达 100%，这种情况较少；②病例和非病例的指标分布相互包含，无论截断值如何选取都可能有较大的误判率，这类指标不适合独立作为筛检指标。

（2）筛检试验截断值选择依据：对病例和非病例分布有部分重叠交叉的指标，可以根据筛检目的设置截断值，或者分段设置截断值。

1）以发现患者为目的：如疾病早期诊断使得患者获益更多（如宫颈癌筛检），截断值应取包含更多病例的值（如 H 点），以提高灵敏度为主，但会使假阳性增多。

NOTES

2）以排除非患者为目的：如误判患病或过度诊断给筛查对象带来的风险更大（如前列腺癌筛检），则截断值应取包含更多非病例的值（如 X 点），以提高特异度为主，尽可能将非病例鉴别出来，减少过度诊断和过度治疗带来的负面影响。

3）兼顾发现患者和排除非患者：在指标交叉部分（H-X 区间），综合考虑灵敏度和特异度达到平衡，此时将临界点定在非患者与患者分布曲线的交界处。

最佳截断值一般结合受试者工作特征曲线（receiver operator characteristic curve，ROC 曲线）来确定。绘制 ROC 曲线的方法如下，将所有测量值从小至大排序，以每个测量值作为截断值，均对应一对灵敏度和特异度。绘制 X 轴为 1–特异度，Y 轴为灵敏度的坐标系，每个取值的灵敏度和 1–特异度值构成坐标点，多个坐标点相连即 ROC 曲线。

ROC 曲线的作用有两个：①选择最佳截断点。距离坐标轴左上角最近的坐标点，该坐标点对应阳性似然比（+LR）最大，阴性似然比（–LR）较小，可同时满足筛检试验的灵敏度和特异度相对最优，它所对应的取值即最佳截断值。②对同一个疾病比较多个筛检方法的准确度。通常用 ROC 曲线下面积 AUC 大小来判断，如图 11-5 所示，方法Ⅰ的准确度>方法Ⅱ的准确度。AUC（area under the curve）是 ROC 曲线下的面积，越接近 1.0，检测方法准确性越高；等于 0.5 时，准确性最低。

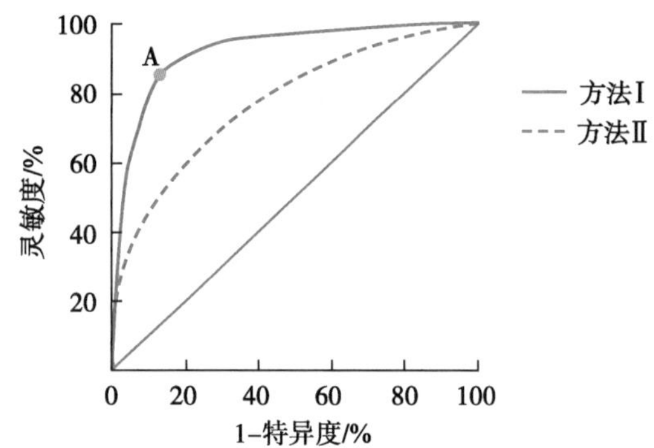

图 11-5　连续性测量指标的 ROC 诊断曲线（A 为最佳临界点）

三、预测值

预测值（predictive value）是应用筛检结果的阳性和阴性来估计受检者为患者和非患者可能性（概率）的指标。该类指标反映了筛检试验实际应用到人群筛检后，获得的收益大小。预测值估计分为直接计算法和间接计算法。

1. 直接计算法　在社区开展的横断面或筛查队列研究，样本人群的疾病现患率与目标人群的现患率一致，经“金标准”和筛检试验判断的结果有（表 11-1）：真阳性（TP）、假阴性（FN）、假阳性（FP）或真阴性（TN）。

（1）阳性预测值（positive predictive value，Pr+）：筛检发现的阳性者中患目标疾病的人所占的比例。

$$\text{阳性预测值}=\frac{TP}{TP+FP}\times 100\% \qquad \text{（式 11-9）}$$

（2）阴性预测值（negative predictive value，Pr–）：筛检发现的阴性者中不患目标疾病的人所占的比例。

$$\text{阴性预测值}=\frac{TN}{TN+FN}\times 100\% \qquad \text{（式 11-10）}$$

2. 间接计算法　病例-非病例（对照）的试验设计，病例组和对照组的构成比不能代表目标人群的现患比例，因此不能直接计算预测值。可以根据灵敏度、特异度、现患率与预测值的关系式（Bayes 公式）来估算预测值。

$$\text{阳性预测值}=\frac{\text{灵敏度}\times\text{患病率}}{\text{灵敏度}\times\text{患病率}+(1-\text{患病率})(1-\text{特异度})} \qquad \text{（式 11-11）}$$

$$\text{阴性预测值}=\frac{\text{特异度}\times(1-\text{患病率})}{\text{特异度}\times(1-\text{患病率})+(1-\text{灵敏度})\times\text{患病率}} \qquad \text{（式 11-12）}$$

NOTES

预测值与真实性指标、现患率的关系，筛检试验的灵敏度、特异度和目标人群的疾病患病率都会影响预测值的大小（表 11-2）。

（1）现患率对预测值的影响：表 11-2 组合①和组合②所示结果，当灵敏度与特异度一定时，疾病患病率降低，阳性预测值降低，阴性预测值升高。因此，在现患率高的人群中开展筛检，可以有较好的阳性预测值，筛检收益较高。

（2）灵敏度、特异度对预测值的影响：当人群患病率不变时，灵敏度升高，特异度降低，阳性预测值下降，阴性预测值会增加（如表 11-2 组合③所示）。筛检试验的灵敏度降低，特异度升高，则阳性预测值升高，阴性预测值降低（如表 11-2 组合④所示）。

表 11-2　灵敏度、特异度和患病率不同变化对预测值的影响（模拟数据）

组合	患病率/%	灵敏度/%	特异度/%	筛检结果	“金标准”		合计	阳性预测值/%	阴性预测值/%
					患者	非患者			
①	50	80	80	+	400	100	500	80	
				−	100	400	500		80
				合计	500	500	1 000		
②	30	80	80	+	240	140	380	63	
				−	60	560	620		90.3
				合计	300	700	1 000		
③	10	90	50	+	90	450	540	17	
				−	10	450	460		97
				合计	100	900	1 000		
④	10	50	90	+	50	90	140	36	
				−	50	810	860		94
				合计	100	900	1 000		

四、可靠性评价

可靠性（reliability）也称信度、精确度（precision）或可重复性（repeatability），是指在相同条件下用某测量工具（如筛检试验）重复测量同一受试者时结果的一致程度。例如，多人同时读一批X线片；或者同一人群相同方法多次检测，比较重复检查结果的一致情况。

1. 研究设计　可靠性评价采用配对设计的方法，评价指标是相关指标，样本量大小取决于统计学检验水准 α，检验效能 $1-\beta$ 和相关系数 r（或 *Kappa* 值）。

$$n = 4\left[\frac{(u_\alpha + u_\beta)}{\ln\left(\frac{1+r}{1-r}\right)}\right]^2 + 3 \tag{式 11-13}$$

2. 信度指标

（1）连续性测量的资料：①对同一样品或一组同质性样品（个体差异较小的样品）进行多次重复测量，可用标准差和变异系数来反映可靠性，两个指标的值越小，表示方法的精密度越高。②对同一批对象进行两次重复测量，可用两次测量值的相关系数（r）来评价一致程度，$r \geqslant 0.9$，可认为筛检方法的一致性较好。③组内相关系数（intraclass correlation coefficient，ICC）和 Bland-Altman 图形法也是常用的连续性测量资料一致性评价的指标。

ICC 反映被测量者的变异占总变异的比例，值越高表示由系统误差和随机误差引起的变异较小。ICC>0.75 表示信度较好；ICC<0.40 表示信度差。

$$\mathrm{ICC}=\frac{MS_{\text{区组}}-MS_{\text{误差}}}{MS_{\text{区组}}+(k-1)MS_{\text{误差}}+\dfrac{k(MS_{\text{处理}}-MS_{\text{误差}})}{n}} \quad (式 11-14)$$

式中 $MS_{\text{处理}}$、$MS_{\text{区组}}$和 $MS_{\text{误差}}$分别为随机区组方差分析中的处理组(即重复次数)间的均方、区组(即被观察对象)间的均方以及误差的均方,k 为重复次数(即处理组数),n 为样本总例数。

(2)分类测量的资料:一般整理成配对四格表形式(表 11-3),格子内的数字表示两次检测结果组合的对子数。评价指标有符合率和 *Kappa* 指标;分布差异检验可用配对 χ^2 检验。

表 11-3 筛检试验一致性结果整理

第二次检测	第一次检测		合计
	阳性	阴性	
阳性	A	B	R_1
阴性	C	D	R_2
合计	N_1	N_2	N

符合率(agreement/consistency rate),又称一致率,计算式为:

$$符合率=\frac{A+D}{A+B+C+D}\times 100\% \quad (式 11-15)$$

Kappa 值常用来评价两次检测结果的一致性,该指标的计算考虑了机遇因素的影响,是更为客观的指标,式 11-16 为其定义式。*Kappa* 值的取值范围介于-1 和+1 之间。一般认为 *Kappa* 值≥0.75 为一致性极好;在 0.4~0.75 为中、高度一致,*Kappa* 值≤0.40 时为一致性差。

$$Kappa=\frac{实际观察一致率-机遇一致率}{1-机遇一致率} \quad (式 11-16)$$

根据表 11-3,*Kappa* 值的计算可用下式:

$$Kappa=\frac{N(A+D)-(R_1N_1+R_2N_2)}{N^2-(R_1N_1+R_2N_2)} \quad (式 11-17)$$

3. 影响筛检试验可靠性的因素

(1)受试对象生物学变异:由于个体生物周期等生物学变异,使得同一受试对象在不同时间获得的临床测量值有所波动。例如,血压在一天内不同时间的测量值存在变异。

(2)观察者之间差异:由于测量者之间、同一测量者在不同时间的技术水平不一、判断尺寸掌握差异、预期偏倚等均可导致重复测量的结果不一致,如不同的阅片者报告的 X 线片检查结果不同。

(3)实验室条件不一致:重复测量时,测量仪器不稳定,试验方法本身不稳定,不同厂家、同一厂家生产的不同批号的试剂盒的纯度、有效成分的含量、试剂的稳定性等均有不同,由此可能引起测量误差。

第三节 | 生物学效果评价

筛检项目作为政府主导的一项公共卫生服务措施,需要通过开展系统的流行病学研究,评价筛检项目的整体有效性,回答是否能通过早筛、早诊和早治的三早措施,降低人群的死亡风险,降低疾病负担。根据筛检实施的不同阶段,递次开展对近期收益是否较高、中期生存质量是否改善以及远期人群结局风险(死亡)是否降低三个方面的评价。

一、常用研究方法

一项筛检项目应从流程设计到应用不同阶段,逐级深入地开展流行病学研究:筛检流程有效性评

价(现场RCT研究)→筛检示范区建设(多中心社区干预研究)→筛检效果验证与应用推广(观察性研究)。在评价筛检项目的生物学效果时,还应开展卫生经济学、安全性和项目可持续性评价。

(一) 实验研究

该阶段研究目的是通过比较研究,对筛检的对象、程序和近期收益进行评价,结果将有助于制定筛检流程。效果评价指标主要有:

1. **大样本随机对照试验** 大样本随机对照试验将研究对象以个体或整群随机的方式分配到筛检组和对照组;筛检组需要按照连续筛检策略(continuous-screen design)进行筛检,对照组则接受常规的医疗服务;并应尽力保证筛检组和对照组的依从性一致;试验结束后盲法评价结局。评价筛检组疾病的早诊率、生存质量、专病死亡率等指标是否与对照组有差异。

2. **实效性随机对照试验** 实效性随机对照试验(pragmatic randomized controlled trial,pRCT)依然遵循随机化分组干预的基本原则,但是在制订对象纳排标准、对象分组、依从性及随访中退出等方面处理更灵活,更符合筛检这类面向普通人群的干预措施效果评价。

筛检项目干预研究往往需要庞大的样本量和较长的随访期,实施难度较大。因此该类研究多用来评价筛检方法的收益、中间结局改善情况、筛检成本及人群可接受度等近期效果指标。人们也发展了一系列改进的RCT研究设计,如多组筛检、多种干预-对照、短期筛检后终止和分半筛检等,这些方法有助于利用有限资源提高研究效率。

(二) 多中心社区干预研究

该阶段采用多中心的社区实验研究,连续观察筛检地区的人群早诊早治率、生命质量及生存期等指标的变化,卫生经济学效果指标,以及筛检和治疗的不良反应事件发生情况等,探索筛检在不同经济水平地区的运作机制。

近年来发展的阶梯楔形整群随机试验(stepped-wedge cluster randomized trial,SW-CRT)越来越多应用于评价整群的卫生服务或政策干预效果。该研究设计一般以整群人群,如社区人群为单位根据随机原则编制筛检干预,开始所有社区均不开展干预,随后每个观察期序次开展干预(如筛检),直至所有社区均接受筛检。结果分析是在不同观察期,根据社区接受干预情况分为筛检组和对照组,进行效果比较。

(三) 观察性研究

该阶段研究目的是,评价连续开展了较长时间的筛检项目后,进一步验证真实条件下筛检所取得的远期生物学效果(如专病死亡率是否下降)、卫生经济学效益以及项目的可持续性。

该阶段多采用观察性的研究方法,筛检项目已经在某些地区广泛推广,地区全人群健康档案齐全,有连续多年的、完整准确的筛检和疾病登记或监测信息。常用的方法包括:①回顾性队列研究,通过比较既往参与筛检人群和不接受筛检人群随访一段时间后的专病死亡率、生存率的差异来说明筛检项目的效果。②病例对照研究,病例是在实施了筛检项目的地区人群中所有死亡病例的随机样本;对照是同一源人群(包括患者)存活者的随机样本。分析病例既往接受筛检的比例是否低于对照组。③描述性研究,如通过监测数据,开展生态比较研究,开展筛检前后疾病专病死亡率的对比,或者开展地区和未开展地区的对比。

观察性研究得到的是评价筛检效果的核心指标"专病死亡率",因此在筛检效果的循证评价中证据的权重最重要,往往可以作为国家或地区开展筛检的决策依据。如欧洲多个国家自1980年以来,将前列腺特异性抗原(PSA)筛检前列腺癌列入医保支付的筛检项目,但监测数据显示,40年来前列腺癌的死亡率并未明显下降,各国正在审慎评估前列腺癌筛检项目是否持续。

筛检项目评价需要标准统一的信息系统来持续收集筛检的管理和效果指标,才能进行长期的比较。世界卫生组织下属的国际癌症研究机构(IARC)2019年启动了"五大洲癌症筛检(CanScreen5)"计划。这个计划是首个收集和分析全球各国乳腺癌、宫颈癌和结直肠癌筛检的组织、实施和成效情况的项目,将使用共同的标准,通过各国卫生部门收集信息,制定统一的质量评价标准,形成全球癌症筛

NOTES

检数据库。项目包括的内容有：①管理类指标，如政策支持文件（是否立法）、开始时间、协调及资金保障；筛检采用的技术方法；被筛检者招募和召回制度保障；是否有筛检信息系统；是否有质控体系（制度、责任单位）。②筛检成效指标包括：筛检覆盖率、初筛阳性率、确诊阳性率、治疗率等。该项目目前覆盖了 84 个国家的信息，数据每 5 年报告一次，2023 年已发表第一次报告。该计划将为评估各国的三种肿瘤筛检项目的成效提供高质量的数据，数据将用于评估不同筛检项目的成效，有助于总结各国经验，发现管理和方法的问题，促进三种肿瘤筛查公平性。

二、各阶段结局指标和关联指标

（一）各阶段结局指标

根据筛检在疾病自然史不同阶段的作用，观察结局可以定为近期效果、中期效果和远期效果。

1. 近期效果

（1）近期效果即筛检的收益（yield）。收益指经筛检后能使多少原来未发现的患者（或临床前期患者、高危人群）得到诊断和治疗。该类指标反映人群在短期内因筛检得以早诊早治的获益情况。常用指标有：①阳性预测值，该指标高，说明筛检出的阳性者中，真患者的比例高，筛检具有较高的效率。②转诊率或筛检阳性检出率，即筛检阳性人数占筛检目标人群数的比例。转诊率高与筛检试验的灵敏度高或特异度低有关，如果目标人群基数较大，该指标不宜太高，否则不符合卫生经济学原则。③早诊/早治率，即早期病例在筛检所发现的全部病例中所占的比例，如果筛检的早诊率显著高于正常医疗程序发现的早诊率，则可认为筛检收益较好。

（2）收益受到以下因素的影响。①高危人群：疾病在某些年龄、性别、种族及主要危险因素暴露特征人群中有较高的患病率。在这些高危人群中开展筛检，可提高阳性预测值，也更符合低成本高效益的原则。②筛检方法的灵敏度：如果疾病早期诊断意义重大，为了尽可能不漏诊病例，应尽量选择高灵敏度的方法。但应注意如果过度追求高灵敏度而损失特异度，则可能导致筛检阳性预测值较低，筛检卫生经济学成本-效果比较低。③筛检流程：筛检的起始年龄和终止年龄根据人群最大获益的时点来确定，一般以疾病的高发年龄区间作为参考。筛检间隔要根据方法的准确性来调整，用灵敏度和特异度均高的方法，筛检间隔可较长；而灵敏度较低的方法，可以通过提高筛检频率来减少漏诊的情况。如肠癌筛检，用大便隐血试验筛检，应每年开展一次检查；如果采用肠镜筛检，阴性者可以间隔 5 年开展一次。④联合试验：采用两种或两种以上筛检试验检查同一受试对象，可提高筛检的灵敏度或特异度，增加筛检的收益，这种方式称为联合试验。根据联合的形式，分为串联试验与并联试验。

串联试验（serial test）：也称序列试验，即一组筛检试验按一定的顺序相连，初筛阳性者进入下一轮筛检，全部筛检试验结果均为阳性者才定为阳性。初筛的方法尽量选择简单、易操作且灵敏度较高的方法，第二轮的筛检则应选择灵敏度和特异度都较高的方法。该联合试验适用于筛检人群较大，但发病率和患病率较低的疾病（如恶性肿瘤）的筛检。相较单一方法，串联试验可提高特异度和阳性检出率。

并联试验（parallel test）：也称平行试验，即全部筛检试验同时平行开展，任何一项筛检试验结果阳性就可判定为阳性。该方法的优点是可以弥补两种方法灵敏度都较低的问题，提高筛检整体的灵敏度，但会降低特异度。在设计并联筛检方案时，在考虑收益的时候，应充分考虑筛检方法的成本-效益比。

2. 中期效果评价 中期效果以病例的生存质量和健康寿命为观察结局。治愈率、复发率、病死率、生存率和生存时间等指标是评价筛检人群中期获益的中间结局指标。如果经筛检的病例较未经筛检的复发率或病死率更低，生存率较高或者生存时间更长，则说明筛检可能有效，常用 1、3、5 年生存率来评价癌症的筛检计划。但要注意，应用这类指标时应注意领先时间、病程长短等时间相关偏倚的影响。

3. 远期效果评价 疾病专病死亡为观察结局，专病死亡率为特定疾病导致的死亡人数在整个研究人群中所占的比例，是评价筛检人群远期获益的终点结局（endpoint）指标，是筛检效果评价中最有说服力的结论性指标。

NOTES

（二）关联指标

随机对照试验中，常用指标有效果指数（IE），保护率（PR），归因危险度或绝对危险度降低（AR），计算及指标意义见第九章“实验流行病学”。观察性研究中，队列研究多用参加筛检人群和未参加人群的专病死亡危险率比（RR）。病例对照的指标是发生观察结局（如死亡）的病例与对照组参与筛检的优势比（OR）。

需要筛检人数（number needed to screen，NNS）是指预防一例筛检目标疾病病例死亡或不良事件的发生所需要筛检的人数。为对照组与筛检组的专病死亡或不良事件发生率之差（AR）的倒数，即NNS＝1/AR。该指标数值越小越好。

三、偏倚及其控制

1. 领先时间偏倚（lead time bias）　领先时间（lead time）是指临床前筛检诊断的时点（年龄）至常规临床诊断时点（年龄）之间的时间间隔。如宫颈癌临床诊断平均年龄为50岁，如果患者在30~50岁之间接受了规律筛检，则平均诊断年龄可提前至45岁，领先时间为5年。该间隔是疾病的自然病程阶段，如果筛检只提前了发现疾病的时点，而并未改变筛检人群的死亡年龄，也会观察到筛检人群比不筛检人群生存时间更长的假象，即领先时间偏倚。因此，在以生命年为指标评价筛检效果时，应扣除领先时间，否则会高估筛检效果。

2. 病程偏倚（length bias）　疾病被检出的可能性和疾病的进展速度有关。进展迅速的疾病从无症状至出现明显症状的窗口期很短，在临床前期被筛检发现的机会较低；进展缓慢的疾病则窗口期较长，筛检出这类患者的概率较大。例如肺癌的非小细胞癌恶性程度高，肿瘤增长速度快，在临床前期被筛检发现的机会较低；而腺癌的恶性程度低，筛检能检出该亚类患者的概率较大。如果筛检组中疾病进展缓慢的患者（肺腺癌患者）占较大比例时，可能观察到筛检组较未筛检组生存概率更高或生存时间更长。此时，筛检的效果被高估了，即产生了病程偏倚（length bias）。

3. 志愿者偏倚（volunteer bias）　①健康志愿者偏倚（healthy volunteer bias）：健康志愿者具有更多的保健知识和健康行为，主动参加筛检者会对后续治疗的依从性更高，除筛检疾病外的其他疾病死亡风险均低于对照组，这些因素都可能使筛检人群的发病或死亡风险低于不参加人群，导致筛检效果被高估。②高危人群偏倚：具有遗传或基础疾病的高危人群，出于对健康的担心，参与筛检的意愿更强，如果筛检组有过多高风险对象，则后续发病或死亡率会高于不参加筛检组，导致筛检效果被低估。

4. 过度诊断偏倚（over diagnosis bias）　筛检发现的无需诊断治疗的病例会增加诊断治疗的负担，这种现象称为“过度诊断或治疗”。例如，筛检出的病变正处在良性阶段或可能逆转的微小疾病状态，如大多数宫颈癌的CIN-Ⅰ阶段可自行康复；或者患者病程停滞或进展缓慢，如用PSA阳性筛检前列腺癌，多数老年前列腺癌患者疾病进展缓慢（即“惰性病例”），患者可能在出现癌的临床症状前就死于其他竞争性疾病。如果“过度诊断（或治疗）”病例被计入患者总体之中，常常会导致经筛检发现的患者有较多生存者或较长平均生存期的假象，从而高估了筛检效果，即产生了过度诊断偏倚。

5. 时间效应偏倚（time effect bias）　采用病例对照研究方法评价筛检效果时，由于对照大多数是未查出疾病的对象，因此他们之前接受筛检的行为随年龄和筛检累积时间的影响较病例组更突出，从而可能导致时间相关的偏倚，如年龄相关筛检利用（age-related screening utilization）偏倚和阴性者的筛检利用时间累积趋势（time trends in screening utilization）偏倚。控制时间因素的偏倚可采用时间限制的方法，如匹配病例和对照的对象入组时的年龄。

第四节　卫生经济学评价

筛检项目一般是国家或地区的重要公共卫生服务项目，WHO要求在实施公共卫生服务项目过程中，应开展相应的卫生经济学评价，目的在于优选出投入一定的成本后，健康获益或经济产出较高的

筛检方案。卫生经济学评价涉及成本、效果、效用和效益的综合分析。

一、成本

筛检成本（cost）是提供卫生服务过程中所消耗的资源。筛检项目成本包括项目成本（项目培训、组织、管理的费用），个人直接成本（诊治和交通陪护等）和个人间接成本（生产力损失）等。

二、成本-效果分析

效果（effectiveness）指在筛检项目开展后所取得的生物学效果，如复发率、死亡率下降，生存期延长。评价指标为成本效果比（cost-effectiveness ratio，CER），计算式 CER＝成本/效果指标，即相较于不开展筛检的人群，筛检人群的死亡率下降一定比例，或延长生命年所花费的成本。

三、成本-效用分析

效用（utility）是综合了生命数量和生命质量、健康状态的主观感受和客观机能状况的指标，常用质量调整寿命年（quality adjusted life years，QALY），或伤残调整寿命年等来综合反映健康状况。成本-效用分析常用的指标为成本效用比（cost-utility ratio，CUR），计算式 CUR＝成本/增加的 QALY。例如，在农村地区开展的 4 种宫颈癌筛查技术 VIA、VIA/VILI、简易 careHPV 检测（1.0pg/ml、0.5pg/ml）和 5 种筛查流程（不同的频次及筛检年龄段）进行两两组合，共设计了 20 种筛查方案。与未筛查组相比，20 种筛查方案每增加一个 QALY 的成本均低于当地人均国内生产总值，证明在低资源地区无论采用任一种筛查方案开展宫颈癌筛检都具有较好的经济性。

四、成本-效益分析

成本-效益分析是指项目实施带来的社会经济效益，效益用货币单位来表示。包括直接效益、间接效益和无形效益，货币价值可能随时间变化而改变，因此需考虑货币的贴现和利率的变化。通过比较不同备选方案的全部成本和预期收益来评价备选方案的经济性。常用的方法有净现值法、内部收益率法、成本效益比（cost-benefit ratio，CBR）率法等。

五、增量成本效果（或效用）比

增量成本效果（或效用）比（incremental cost-effectiveness/utility ratio，ICER/ICUR）比较 A、B 两种筛检方案时常用增量成本效果（或效用）比，计算式为 $ICER=(A_{成本}-B_{成本})/(A_{效果}-B_{效果})$，即产生的健康产出增量所需要付出的增量成本。该指标考虑了不同地区的经济发展水平和卫生服务支付能力。在比较多个方案时，应该优先选择 ICER 提示的增加一定的投入能获得更高健康收益的方案。

六、扩展成本效果分析

扩展成本效果分析（extended cost-effectiveness analysis，ECEA），是在传统成本效果分析框架的基础上，拓展了效果（或获益）评估的维度，即在健康获益（health benefits，HB）基础上，增加了非健康获益（nonhealth benefits，NHB）。健康获益（HB）即健康相关的效果、效用和效益指标；NHB 主要指降低的财务风险，例如避免的灾难性医疗支出、避免因病致贫的贫困家庭或人数、避免借贷家庭数等。同时该评估框架还要考虑健康和非健康效益的公平性和购买服务的有效性。

第五节　安全性、伦理学及可持续性评价

一、安全性及伦理问题

安全性评估（safety assessment）即评价人群获益是否远超过伤害，以及伤害可接受的程度。评价

NOTES

筛检相关伤害(harm)的指标为过度诊断/治疗率、不良事件发生率。筛检相关的伤害包括三个方面。①筛检方法本身造成的伤害。比如频繁使用射线筛检,会造成受检者受到超额的射线暴露。②筛检的假阳性者可能面临过度诊断的问题,可能会经历确诊前的焦虑情绪困扰。③如果早期诊断的病例是"惰性病例",随之而来的治疗措施可能会损伤其健康,即过度治疗。如对进展缓慢的老年前列腺癌患者进行手术治疗,因手术造成的损伤可能比前列腺癌本身对他们的健康损伤更大。

筛检研究作为一种医学实践对受试者的影响可能存在不确定性,必须遵循《赫尔辛基宣言》的医学伦理学准则,即尊重个人意愿、有益无害、公正等一般伦理学原则。公平问题尤为重要,如果筛检的价值和安全性已确定,项目应公平、合理地对待每一个社会成员。另外,考虑到筛检项目试验研究中对照人群的贡献,在后续筛检项目推广时,应优先让该人群接受筛检服务。

二、政策、经济及人力支持环境

疾病筛检项目的可持续性受国家政策支持、项目经费保障、筛检人力资源配备、目标人群接受程度、医疗保障制度是否介入等因素影响,可采用社会学定性和定量研究方法来开展调查研究。

政府主导体现在将防控措施以政策或法律的形式制度化。在经费保障方面,通过医疗保障制度介入,可实现卫生资源合理配置,保障筛检项目持续良性发展,并能推动卫生系统及整个社会的协调发展。在人力资源方面,国际上肿瘤筛检的成功经验表明,开展健康教育、疾病初筛及登记管理等工作是筛检工作可持续发展的重要保障。

三、人群接受度

除了有创的筛检方法可能影响人群接受程度外,目标人群对疾病和筛检方法的认知不足也可能较大地影响筛检的覆盖面,进而影响筛检项目的可持续性和效果。因此,在开展推广筛检项目前,应对目标人群积极开展健康教育,从而保证项目可持续开展。

(李佳圆)

本章小结

疾病的筛检是一个由政府制定政策,全社会参与的系统工程。筛检流程包括对目标人群的筛检、确诊、不同筛检和确诊结果的处理方案(治疗)及随访的全过程。本章讲解了筛检的基本概念,评价筛检试验优劣的四个方面,包括真实性、预测值、可靠性和收益。筛检项目(或筛检计划)是对当地重大的公共卫生问题,应用筛检方法,确定目标人群、起始和终止的年龄,以及筛检频率,形成的流程化的筛检方案。筛检项目是否真正起到降低疾病负担的作用,还需要开展流行病学实验研究和观察性研究,评价人群专病死亡率、早诊率、生存质量等是否改善,其中专病死亡率下降是筛检有效的最有说服力的指标。此外,筛检项目作为公共卫生服务项目进行推广,还需综合考虑以下因素,即筛检的疾病是否为当地的重大公共卫生问题;筛检项目是否有较高的卫生经济学成本-效果比;是否保证了安全性和公平性;政策环境和人群接受度是否有所保障。

思考题

1. 疾病筛检方案应该包含哪些内容?
2. 筛检试验评价包含哪些维度?
3. 疾病筛检如何从技术转化成卫生政策,需要经历哪些阶段?举例说明。
4. 筛检效果评价中最有说服力的指标是什么?如何开展效果评价研究?
5. 请阅读"五大洲癌症筛检"项目报告,总结筛查项目管理的质量控制内容和评估指标。

NOTES

第十二章 公共卫生监测

案例

作为全球结核病高负担国家之一，我国于1990年启动了结核病控制项目，采用全程督导短程化疗（directly observed treatment short-course，DOTS）策略，推广抗结核药物免费供应系统和监控系统。1992年，中国在13个省份开展了DOTS试点项目，通过直接监督患者按时服药，医疗人员确保治疗依从性、减少耐药性风险。定期跟踪和记录患者的治疗过程、实验室检查结果和影像学评估，并建立患者档案进行管理。此外，结核病治疗数据通过各级医疗单位上报，进行系统化分析，确保治疗效果和传染控制效果的持续优化。质量控制措施如定期检查和督查，确保各地按标准执行策略，提升了治愈率并降低了复发率，取得了良好效果。该策略于2000年扩展至全国，保障结核检测和防治工作的开展，持续推广完善免费抗结核药物供应系统和结核病登记。为进一步提高疫情信息的准确性与实时性，2004年我国建立了基于人群的被动传染病报告系统，并于2005年启动结核病信息管理报告系统，实现了病例的网络直报及更详细的治疗和转归信息收集。网络直报监测系统主要针对结核病患者，通过病例报告、实验室检测和人口流行病学调查等方法，定期收集结核病发病率、死亡率、治疗中断率等数据。中国疾病预防控制中心针对1990年、2000年和2010年全国范围的监测数据分析发现，1990年至2010年间，涂片阳性结核病的患病率从每10万人170例下降至59例，减少了65%。2000年至2010年间，通过DOTS治疗的结核病比例显著增加，治疗中断和重新治疗的病例显著减少。在20年的时间里，我国通过实施和扩展DOTS成功地将结核病的患病率降低了一半以上，全国范围内的结核病治疗有了显著改善。综上，通过全国范围结核病监测系统的建立，系统收集并分析数据，获得我国人群近二十年来结核病的患病情况、分布情况、治疗情况及动态趋势数据，为公共卫生相关人员及决策者对结核病的预防、控制与管理提供数据支持，彰显了我国政府在结核病公共卫生监测方面取得的显著成就，也为全球结核病控制和消除目标提供了中国实践的成功范例。

Public health surveillance constitutes a core component of contemporary public health practice, providing a solid epidemiological foundation for informed decision-making by continuously monitoring disease conditions and health trends within populations. Surveillance activities not only identify variations in disease occurrence frequency but also emphasize the identification of risk factors influencing health, thereby serving as a crucial conduit for acquiring data on disease incidence and mortality. The scope of surveillance encompasses the investigation of causes, characteristics, and impacts of diseases and other health-related issues affecting populations. It plays a crucial role in guiding local case management, identifying priority areas for subsequent public health interventions, and informing the development of public health programs and policies.

公共卫生监测（public health surveillance）是现代公共卫生实践的核心，通过对人群疾病状况和健康趋势的持续监测，为公共卫生决策提供了坚实的流行病学基础。监测活动不仅揭示疾病发生频率的变化，还关注影响健康的危险因素，是获取疾病发病率和死亡率信息的关键途径。监测内容覆盖疾病及其他健康问题的成因、特征及其对人群的影响，对于指导地区性病例管理、确定后续公共卫生关注的重点方向、制定公共卫生方案和政策具有重要意义。

第一节｜概　述

一、公共卫生监测的发展

（一）国际公共卫生监测的发展

公共卫生监测的历史可追溯到1348年，威尼斯共和国在黑死病流行期间采取了早期的监测措施。14世纪中期至15世纪，欧洲暴发了大规模的鼠疫疫情，造成约三分之一至一半的人口死亡。为了有效控制这种高传染性疾病的传播，当时普遍采取了隔离措施，将患者与健康人群分隔开来，以减少疫情的进一步蔓延。这种隔离实践不仅反映了当时对传染病防控的初步认识，也为后来的公共卫生策略提供了重要借鉴。17世纪60年代，英国统计学家约翰·格朗特（John Graunt）通过对居民的死亡登记记录的分析，出版了《关于死亡表的自然和政治观察》，标志着死因监测的开始。19世纪，英国医师与统计学家威廉·法尔（William Farr）通过收集与分析生命统计资料，完善了统计报告系统，并且将统计结果汇报给政府和公众，被誉为现代公共卫生监测的奠基人。

早期的公共卫生监测主要聚焦于传染病，如1741年英国在北美殖民地罗德岛的法令要求及时报告天花、霍乱、黄热病等烈性传染病，这是公共卫生监测的首次立法，也是法定传染病报告的雏形。自19世纪末开始，美国各州逐步制定法定报告传染病法律，并于1925年建立了全国发病报告系统。20世纪中叶，随着疾病谱和医学模式的转变，公共卫生监测的范围开始从传染病扩展到非传染性疾病，监测方法也从单一的生物医学观察发展到多学科综合研究。20世纪90年代，计算机和网络技术的飞速发展为公共卫生监测方法带来了革命性的变化，提高了数据收集和处理的效率，加快了信息反馈速度。例如，欧盟建立了基于网络的欧盟早期预警和响应系统（early warning and response system，EWRS），提升了监测数据的可比性和兼容性。此外，20世纪后期提出的二代监测概念，强调了监测不仅要关注疾病的发生，还要关注行为学危险因素，为公共卫生干预提供了更为全面的信息支持。

（二）国内公共卫生监测的发展

自新中国成立以来，我国公共卫生监测体系经历了从萌芽到成熟的发展历程。

20世纪初至80年代，我国逐步构建卫生统计体系和疾病报告机制，1989年全国疾病监测点系统（disease surveillance points system，DSPs）开始使用，并根据1982年全国人口普查资料分层抽样调查扩大到145个疾病监测点。1949年卫生部成立，并设立防疫处；1950年确立法定传染病报告制度，初步形成公共卫生监测体系。1951年，《中共中央关于加强卫生防疫和医疗工作的指示》提出将防疫作为重要政治任务。1953年，全国开始设立卫生防疫站，基本完成传染病防控体系布局。1955年，卫生部颁布首部《传染病管理办法》，划分18种传染病，并制定防治措施，针对天花、鼠疫等重点病种出台政策文件。

20世纪70年代起，我国监测体系扩展，建立多种传染病单病种监测系统，结合重点地区病原学和血清学监测，提高监测与防控能力。1978年，何观清教授提出综合疾病监测点构想，1980年全国疾病监测点综合监测系统建立。80年代后，随疾病谱变化，新增出生缺陷、人类免疫缺陷病毒（human immunodeficiency virus，HIV）哨点、碘缺乏及妇幼卫生等全国性监测系统。2003年，全国疾病监测点系统升级为全国疾病监测系统，新增非传染性疾病监测、人口学数据及健康干预评价等功能。严重急性呼吸综合征和新型冠状病毒感染疫情促使国家强化法定传染病报告系统，建立网络直报平台和突发公共卫生事件报告系统，大幅提高监测效率与快速响应能力。

二、公共卫生监测的基本概念

（一）公共卫生监测的定义

公共卫生监测是保护和提升公众健康的关键环节。“监测”一词涵盖了公共卫生机构为满足这一信息需求而采用的多种实践过程，监测的内容可包括特定疾病、健康风险或整体人口健康指标等相关信息。作为公共卫生实践的一个组成部分，监测是一个连贯且有序的过程，与公共卫生项目紧密联系。

NOTES

公共卫生监测是指“连续系统地收集、分析和解释健康数据，将其与现有公共卫生行动的规划、实施和评估相结合，并将这些信息及时传达给需要它们的人”。监测系统是由专业人员和活动组成的有组织网络，专门管理和维护特定健康状况的监测。这些系统可以在不同的行政级别运作，包括地方、国家乃至全球层面。

（二）公共卫生监测的主要任务

公共卫生监测的主要任务包括以下三部分：

1. **数据收集**　连续且系统地收集与健康相关的资料，以便识别公共卫生问题的分布特征与变化趋势。

2. **数据分析**　对所收集的原始资料，进行科学的整理、分析和解释，使其转化为有价值的公共卫生信息。

3. **信息反馈**　及时将公共卫生信息反馈给相关部门和人员，确保这些信息得到有效利用，从而实现监测的最终目的。

三、公共卫生监测的目的

公共卫生监测是公共卫生实践的关键方法，旨在通过收集和分析健康信息来支持公共卫生决策和行动。监测的主要目的是通过监测发现可能构成公共卫生安全威胁的（新发）传染病或原因不明疾病早期征兆（信号），以便及时采取风险管理和应对措施，避免事件的发生或最大限度地减轻事件的影响。具体可以概括为以下几个方面。

1. **识别重大公共卫生事件**　公共卫生监测的一个核心目标是及时发现可能构成公共卫生安全威胁的重大事件，如传染病暴发或流行等。通过监测健康信息，可以及早识别新发传染病或原因不明疾病的早期信号，进而采取有效的应对措施，减少或避免潜在的公共卫生事件。

2. **评估疾病流行趋势与影响**　监测不仅有助于评估疾病的发病率，还能追踪疾病的流行趋势、分析潜在的公共卫生影响、判断危害程度以及明确不同地区的分布差异。通过这些数据，可以深入了解疾病的传播特点，并分析其对社会公正性和公众利益的相关影响。

3. **确定公共卫生领域优先事项**　公共卫生监测能够帮助识别流行病和健康问题，评估其严重性和范围，进而明确公共卫生领域的优先行动方向。例如，通过监测，可以发现并确认一些需要重点防控的疾病，如肺结核、艾滋病、丙型肝炎等。

4. **评估健康干预效果**　监测数据可用于评估疾病防控措施和健康干预项目的效果。例如，通过监测乙肝疫苗接种或麻疹防控计划，可以了解其实施效果，并为调整防控策略提供科学依据。

5. **支持科学研究与疾病负担估计**　监测不仅帮助描绘疾病的分布特征，还能为流行病学研究和临床研究提供数据支持。例如，通过时间、空间、人口和疾病特征的分析，监测可以估计疾病负担，并提出科学假设，为后续研究提供理论依据。

6. **设定监测目标与数据使用规划**　在进行健康监测时，需要设定明确的目标，并根据数据的收集、分析和管理方法制订使用规划。其内容包括监测人群范围、数据收集频率、监测方法以及相关的法律和伦理考量。对监测数据进行分析能够帮助评估公共卫生事件的影响，并为未来的疾病趋势预测提供依据。

四、公共卫生监测的种类

根据数据的收集形式和收集内容对监测进行分类。

（一）按数据收集形式划分的监测类型

被动监测（passive surveillance）是指相关单位按照法律法规的要求，如医师、实验室人员、医院工作人员或其他相关人员等，定期向上级机构报告数据，上级机构被动接受。在我国，法定传染病报告信息系统、突发公共卫生事件报告系统、国家药品不良反应监测系统等都属于被动监测的范畴。被动监测的优势在于成本较低，易于建立和发展，便于进行国际比较，有助于确定疫情的严重性和采取相

应的干预措施。但被动监测可能会遗漏小规模疫情，因为小规模疫情在较大的人口基数中可能会被忽略。此外，在发展中国家，由于资源和基础设施的限制，被动监测可能面临更多的挑战。

主动监测（active surveillance）是由上级单位根据特定公共卫生需求，组织专业人员进行的系统性数据收集。这些人员会定期联系医疗机构，以识别新发病例、现患病例或死亡病例。在我国，免疫接种率监测、传染病抽样调查、对不明原因发热等重点疾病的监测，以及吸烟、吸毒等行为因素的监测都属于主动监测的范畴。主动监测通常比被动监测更为准确，因为它是由专业人员执行的，可以更清晰地描绘疾病的分布特征。主动监测的优势在于能够提供更精确的数据，有助于及时发现和响应疫情。然而，它的维护成本较高，且在初期可能更难发展。

常规监测（routine surveillance）包括报告在监测系统覆盖的地理区域（国家和地区）内全体人群中发生的传染病病例，如我国的法定传染病报告信息系统，明确规定了报告病种，报告范围覆盖全国，主要由法定责任报告机构和报告人执行。

哨点监测（sentinel surveillance）则依赖于特定的医师、医疗机构、实验室和其他机构进行监测，在选定的地区和/或人群，按统一的监测方案连续地开展监测。在我国最典型的是艾滋病哨点监测。哨点监测与全面监测之间的选择基于监测目标、疾病特征和资源的可用性。

（二）按数据收集内容划分的监测类型

世界卫生组织（World Health Organization，WHO）建议，可根据收集内容将公共卫生监测划分为两类：基于指标的监测（indicator-based surveillance）和基于事件的监测（event-based surveillance），两者都是国家监测系统重要的组成部分，功能不同但相辅相成。

基于指标的监测一般是指疾病病例的常规报告，侧重于收集和分析关键的健康指标数据，包括法定疾病监测系统、哨点监测和实验室监测等，通过涉及对特定疾病或健康问题的标准化报告，例如疾病的发病率、死亡率等，形成可比较的历史趋势和基线。该系统强调数据收集和分析的有序性，一旦发现异常数据，将触发相应的公共卫生响应机制。基于指标的监测为公共卫生决策提供了重要的常规信息和数据支持。

基于事件的监测是一种更为灵活和敏感的监测方式，它通常是指对特定健康事件的实时监测和响应，主要用于快速检测和评估公共卫生事件（如聚集性疾病和意外死亡），旨在早期发现并应对这些事件，防止其进一步扩散。基于事件的监测具有更广泛和敏感的定义，以便更灵活地报告和应对。它是公共卫生体系中不可或缺的补充，有助于及时识别和处理突发公共卫生问题。

两种监测方法各有侧重点，基于事件的监测更注重对突发公共卫生事件的快速反应和处理，而基于指标的监测则更侧重于通过长期数据收集来评估和指导公共卫生政策和实践。在实际应用中，两者往往相互补充，共同为公共卫生决策提供支持。

第二节　监测系统

一、监测系统的基本要素

有效的公共卫生监测系统由多个关键要素组成，包括监测疾病或健康事件、监测人群、监测周期、隐私保护、参与激励和伦理考虑。这些要素有机结合，共同构成一个有效的监测体系，确保监测工作顺利推进和结果可靠。

（一）监测疾病或健康事件

明确需要监测的疾病或健康事件至关重要。疾病或健康事件监测应优先考虑其公共卫生重要性，包括发病率、流行范围、致残率、死亡率及社会经济影响，尤其是易传播且可能引发大规模暴发的事件，同时结合公众、媒体及国际关注度；其次考虑评估预防、控制或治疗的可行性，如疫苗接种、健康教育、隔离及有效医疗干预的可及性和成本效益；并综合卫生系统的响应与实施能力，包括疫情监测、应急资源调配及干预措施的有效性，确保监测活动科学高效、切实可行。

（二）监测人群

监测系统是为了关注特定人群的健康情况而设定的，这些人群可能涵盖特定职业人群，如医院工作人员、诊所工作人员、学校教职工及工厂工人等，也可能包括某个地区或国家的居民，甚至跨国居住的人员。监测可能针对某一特定地理区域，目的是记录该区域内发生的所有特定健康事件，或者收集具有代表性的样本，比如中国居民营养与健康状况监测的人群是我国31个省（自治区、直辖市）的常住人口；或者针对某一特定患病人群，如艾滋病病例管理系统的主要监测人群是HIV感染者和获得性免疫缺陷综合征（acquired immunodeficiency syndrome，AIDS）患者。

监测点的选择可基于对目标地点代表性的预先评估、当地居民参与监测系统的意愿，以及将他们纳入监测网络的可行性。尽管监测系统预期能够涵盖所有事件或具有统计代表性的人群样本，但在许多情况下无法实现。某些监测系统由于需要确定一组具有足够兴趣、意愿和能力的参与者，可能会侧重非随机选择的地点，比如在某些诊所接受医疗服务的人群、居住在特定城市的人群、在特定工厂工作的人群等。

（三）监测周期

监测周期是公共卫生监测工作的基本框架，涵盖了从发现问题到共享结果的全过程，包括事件识别、信息通报、数据分析和结果传达四个阶段。整个过程可能涉及不同层次的技术应用，从传统的手工记录到现代通信技术手段。无论采用何种技术，最重要的一点是确保信息能够及时、准确地传递给相关部门和机构。

（四）隐私保护

保护监测数据中的个人信息与隐私至关重要，这不仅涉及数据的物理安全，还包括制定相应的策略和措施。首先应制定明确的数据访问政策，并将其作为工作人员培训的重要组成部分，通过设置权限，确保只有授权人员能够访问包含个人数据的信息。其次可以对存储的个人信息进行加密，以保护数据在存储和传输过程中的安全。在数据不再为监测目的所必需时，应避免收集或存储个人识别信息。特别是涉及敏感健康信息的监测，如HIV/AIDS监测数据，需要采取额外的加密措施，以防止信息泄露可能带来的严重后果。

（五）协同激励

公共卫生监测系统的有效运行依赖于多部门协同机制的建设。为激励医疗机构、疾病预防控制中心、科研院所等合作方广泛参与，需构建多元化的激励机制。首先，可建立数据共享反馈机制，通过定期发布监测数据分析报告、组织专题研讨会、授予数据访问权限等方式，参与机构可及时了解数据应用成效及其公共卫生价值。其次，可完善经济补偿机制，根据参与程度和工作量，给予适当的经济补贴或项目经费支持。最后，可将监测工作纳入专业技术职称评审、医疗机构等级评审等考核体系，提高相关领域的参与积极性。在实施过程中，应注重激励措施的可持续性，建立长期合作关系，并通过绩效评估不断优化激励机制，确保监测系统的稳定运行和持续发展。

（六）监测伦理

公共卫生监测的伦理实践需要平衡个人隐私和公共健康利益，如公众保护个人隐私的合法愿望与政府保护人群健康、获取必要信息以指导公共卫生干预措施的责任之间的平衡。潜在风险包括个人信息泄露和群体污名化。在监测涉及人数较少时，出于保护隐私的考虑，通常不会公开具体数据。同时，高发病率群体可能会因为监测数据的公开而受到不必要的关注，特别当涉及经济或社会地位较低的群体时。为了降低这些风险，数据管理应该非常谨慎。为避免高发病率群体被污名化，监测相关方应明确指出，仅依靠监测数据本身并不足以揭示健康差异的根本原因。面对监测揭示的问题，应采取积极的措施，通过建设性行动来应对。

综上所述，监测系统需明确定义目标疾病和人群，数据收集可以采用全面识别、统计样本或便利样本方法。系统设计包括数据收集、分析和传播，可利用人工记录或现代技术手段。保护数据机密性至关重要，这不仅涉及数据的物理安全，还包括制定相应的策略和措施。通过向参与者提供反馈和展

NOTES

示监测成果，可以证明信息的价值，从而维持参与者的参与度。公共卫生监测的伦理行为需权衡信息获取的益处和风险，并做出负责任的决策。

二、常用监测方法与技术

在公共卫生监测领域，常用的方法和技术包括依赖于医疗保健提供者自愿报告病例的被动监测，定期、系统地从指定来源收集数据的主动监测或调查，基于实验室的监测，以及通过记录、整合多来源数据实现的公共卫生信息系统。选择合适的方法主要依据监测目标人群、监测疾病、监测地域的特点，监测数据的可获取性、资源的可用性，以及信息的时效性和准确性。监测地区的资源（如资金、人力和技术）的多少会影响监测系统的复杂度和覆盖范围。根据监测的时效要求，某些情况下，如应对突发疫情，快速响应比数据精度更为关键。正确选择方法对确保公共卫生干预的有效性和资源的合理配置至关重要。

（一）法定传染病报告

根据《中华人民共和国传染病防治法》要求，某些传染性疾病被认为需要进行“法定报告”，要求医疗从业人员或实验室向公共卫生机构报告病例。这一制度是公共卫生监测系统的重要组成部分，旨在确保政府和卫生部门能够及时获得重点传染病发病信息，从而有效地控制和预防疾病的传播。法律规定了医院、诊所、实验室等医疗机构及其工作人员有义务报告法定传染病，且具有不同的报告时间要求和责任级别。例如，有些疾病由于其紧迫性，需要立即或在24小时内向当地卫生部门报告，以便于迅速采取公共卫生措施。法定报告可以帮助迅速识别疾病暴发，为采取及时有效的控制措施提供依据；通过收集和分析数据，评估疾病防控措施的效果，及时调整公共卫生策略。

（二）基于实验室的监测

基于实验室的监测是指通过实验室检测来收集和分析有关疾病或健康状况的样本数据并上报监测系统的过程。这些数据用于诊断疾病、确定病原体类型、监测疾病趋势以及评估干预措施的效果。这种方法可以集中识别由不同医师治疗的患者，提供精准的诊断测试结果，并通过实验室许可程序促进报告的完整性。然而，它可能无法提供完整的流行病学信息，需要与流行病学调查相辅相成。实验室检测可以确认疑似病例是否真正感染了某种疾病，比如在COVID-19期间，通过实验室聚合酶链式反应检测确认SARS-CoV-2病毒感染；同时可以评估病原体对抗生素或其他药物的敏感性，为治疗提供指导；此外，对病原体的基因组进行测序，可获得病原体的具体特征，跟踪病原体变异情况，实验室监测对于了解疾病的传播途径和开发相关治疗药物非常重要。

（三）志愿报告协作网

为满足特定信息需求，有时会建立特殊监测网络，尤其是在法律未要求报告或需要专注于特定医学专业的情况下来获取更详细或更及时的信息。在公共卫生监测系统中，志愿报告人一般是指自愿参与监测活动的医疗保健提供者。这些提供者可能包括医师、护士、实验室技术人员以及其他医疗卫生领域的专业人士。他们自愿贡献自己的时间和专业知识，参与到疾病的监测和报告过程中。例如报告疑似或确诊病例，特别是在偏远或资源有限的地区；协助收集样本，如血液、咽拭子等，用于实验室检测；在疫情暴发期间，提供紧急医疗服务和支持。

（四）登记

登记是一种用于收集特定地区特定疾病（如癌症、出生缺陷）病例的系统性列表。与一般的病例记录相比，登记通常包含更加详细的信息，这些信息不仅有助于对患者进行长期随访，还能为特定的实验室或流行病学调查提供重要数据支持。

（五）调查

调查是一种常用的公共卫生监测手段，定期或持续的调查用于监测与疾病相关的行为模式、风险因素、知识水平、态度、卫生服务利用情况以及自我报告的疾病发生情况。进行调查时，我们需要定期或持续地收集数据，以确保信息的时效性和准确性。调查结果对于规划和管理公共卫生资源、制定健

NOTES

康政策和干预措施具有重要价值。

（六）信息系统

信息系统是公共卫生监测领域的重要组成部分，一般是指用于收集、存储、分析和解释与公共卫生相关数据的系统。信息系统一般界面友好，易于使用，数据来源途径多样，如医疗卫生机构、检验实验室、学校等，可将不同来源的数据整合到一个系统中，从而进行综合分析研判。这些系统对于跟踪和评估人群健康状况、疾病流行趋势、健康风险因素以及公共卫生干预措施的效果至关重要。此外，实时的信息系统也有助于随时监测重要健康事件和趋势，及时采取行动，快速响应。但在应用信息系统时应注意保护个人健康信息的隐私和安全，遵守相关法律法规。

（七）哨点个案

与特定暴露相关的罕见疾病的发生可作为更广泛公共卫生问题的前兆，这种事件被称为"前哨事件"。哨点个案是指那些能够作为早期警告信号的特定事件或情况，对哨点个案的监测可用于确定需要进行公共卫生调查或干预的情况。能够更早地识别潜在的公共卫生威胁，它能够提示公共卫生部门关注特定的健康问题或疾病的出现和发展趋势。例如，一个地区的医院突然接收到多例未知原因的发热患者，这可能被视为一个哨点事件，提示可能存在一种新的或正在暴发的传染病。在公共卫生监测中，哨点个案通常与哨点监测系统相结合。这种系统会在特定地点或机构中设立监测点，以收集特定类型的健康数据。当这些监测点报告了哨点事件时，公共卫生部门可以迅速采取行动，调查事件的原因并采取相应的控制措施。

（八）记录连接

通过将来自不同来源的监测数据进行匹配，可以提供更全面的信息。例如，结合出生和死亡证明记录的数据，可用于监测新生儿死亡率。此外，将监测记录与独立数据源关联，有助于发现此前未识别的病例，从而提升监测的完整性和改进质量。整合多源数据形成一体化的监测网络，对进一步完善我国疾病防控体系具有重要意义。实现这一目标需要多部门协作，不仅包括疾病预防控制中心、医院等常规监测机构，还应关注环境等其他领域的监测，特别是在同一健康理念背景下的综合应用。通过标准化数据录入和开发自动验证系统，可以确保数据质量，而改进多源数据的融合方法将有助于更高效、快速地收集和利用数据。

三、监测数据的分析与展示

（一）监测数据

监测数据是监测工作的生命线，是科学研究、政策制定及公共卫生管理的坚实基础。监测数据主要包括人口学资料、人群疾病发病或死亡的资料、基于实验室检测的病原学和血清学资料、危险因素调查资料、干预措施记录资料、专题调查报告以及其他有关资料，如气象资料等。

（二）数据分析

数据分析是我们理解和解释公共卫生监测数据的重要手段，指利用统计学技术把收集到的大量数据转变为有关的指标并加以解释，进而揭示出所监测公共卫生问题的分布特征、变化规律及趋势、影响因素等，为决策提供有力支撑。在数据分析过程中，一方面要注意根据数据的特点选择正确的统计学方法，如显著性检验、标准化法、相关性分析等，充分挖掘数据的潜力，让数据发挥最大的价值；另一方面要考虑可能影响监测结果的各种因素，从而对统计分析结果做出正确、合理的解释。

监测数据的分析一般从描述性分析开始，研究疾病在时间、空间和人群中的分布特征，描述性分析要求收集、汇总并报告特定时间间隔（如天、周、月、年）和特定地理区域（如城市、县、省、国家等）的疾病流行情况。之后可以使用统计方法，如使用标准化方法计算年龄标化发病率，比较发病率的地区间差异。在应用统计方法后考虑对数据进行可视化处理，通常使用地图或图表表示疾病的发病率或患病率随时间、地点或人口学特征（如年龄或性别）变化差异。

监测数据的分析必须考虑数据的局限性，如缺乏完整性、代表性、及时性或数据质量不稳定。高质

NOTES

量的数据至关重要，数据质量高，意味着数据准确、完整、真实，这对于我们的研究和决策非常重要。但要警惕数据可能存在的问题，如数据收集不系统、报告不真实、格式不一致、周期不稳定或计算错误等。

（三）数据呈现

在公共卫生监测中，数据的呈现方式对于信息的传播和利用至关重要。我们需要确保数据不仅能够被收集者了解，还要让上级政府机关决策者、科研机构、专家、公众等都能有效地获取相关信息。监测数据呈现的方式应适合目标受众，图表等呈现更有助于决策者和公众直观获取监测成果和存在的健康问题，促进信息的快速吸收与准确理解；但对于科研机构和流行病学家来说，具体的详细数据可能更为重要，有助于他们挖掘现象背后的潜在信息。相关监测报告的发布可能会引起媒体和公众的广泛关注。因此，我们需要与媒体传播方面的专家合作，预测可能的舆情，规划媒体报道，保证监测数据所反映的关键公共卫生信息可以被清晰地传达。在发布相关监测数据时，应该同时强调政府机构、决策者和公众可以采取的促进健康的具体措施。

四、监测系统评价

为了确保公共卫生问题能被及时有效地监测，保证监测数据的科学性、可靠性、可用性，更高效、经济、可持续发展地为公共卫生活动服务，需要对公共卫生监测系统进行评价。监测评价可以采取定量和定性相结合的方法，也可以考虑采用更广泛持续的质量保障策略。为客观反映公共卫生监测系统的质量，需要以评估公共卫生监测系统的主要属性为指导，一般从以下几个方面评价监测系统的效果。

（一）代表性

系统准确描述所监测的健康状况在一段时间内的发生情况及其在不同地点和人群中分布情况的能力。

（二）敏感性和稳定性

敏感性指能够系统且及时地发现和确认公共卫生事件的能力，一般评估以下方面：①病例监测（患有相关疾病的个人比例），②疾病暴发监测（监测系统监测到的健康状况在时间或空间上显著增加的概率），以及③病例定义（病例定义标准准确代表了相关健康状况并对其适用病例进行分类的能力）。稳定性是指收集、管理和提供数据且不发生障碍的能力（可靠性），以及在需要时投入运行的能力（可用性）。

（三）简易性

在监测过程中，数据收集、管理、汇总分析、使用培训和维护运行都应尽可能简化，以确保所有环节高效、直观且易于理解，从而降低操作难度，提高工作效率。

（四）安全性

监测系统能够严格遵守相关标准，进行数据交换、信息传递或使用其他信息技术，确保监测数据和信息的保密性、可用性和准确性的能力。

（五）可接受性

主要包括参与单位和人员的参与率，监测系统问题的报告率、报告的完整率和及时率。

（六）成本效益

是指预期结果与实现这些结果所产生的监测成本之间的关系。监测系统成本包括直接成本（人员和物质资源）、间接成本（对监测结果的准备和反应）以及从社会角度来看的预防效益或成本（如监测信息对决策和人群健康的影响）。

（七）灵活性

监测系统或其流程能够在几乎不额外增加时间或资源的情况下，适应不断变化的流行病学、信息需求、技术或临床实践的能力。

（八）阳性预测值

指系统报告的病例中，实际存在监测疾病的病例所占的比例。对于基于事件的监测，阳性预测值表示检测到的疫情具有公共卫生意义并需要采取应对措施的概率。

需要注意的是，由于监测目的的不同，每个监测系统对不同属性的重视程度也不同。而且部分属性是相互影响的，提升对一个系统属性的要求可能会对另一个优先级更高的属性产生相反影响。在具体实施公共卫生监测系统的评价时，应考虑对这一系统及其目标具有最高优先权的属性。最后，应根据评价结论提出关于监测系统现状和未来潜力的建议。结论应说明监测是否达到了其目标，以及其运作是否高效。提出的建议应切实可行。

第三节　现代技术在监测中的应用

一、数字化监测技术

随着互联网、电子媒体、通信技术及移动式计算设备的普及和应用，公共卫生监测从传统方法逐渐转向数字化、智慧化、智能化，极大地提高了监测数据的获取和传播速度。数字化监测技术（digital monitoring technology）是指运用电子设备和软件系统对人群疾病状况或健康趋势进行实时监测和分析的技术，以实现对监测对象的实时监控和管理，进而提高监测效率和准确性。

（一）数字化监测技术的发展

数字化监测技术始于1994年，国际传染病学会启动新发疾病监测计划（program for monitoring emerging diseases，ProMed），其成员由全球不同领域专家团队组成。该项目通过在线平台和电子邮件免费向所有订阅者公开监测信息，其主要目的是尽快传递有关全球传染病暴发的最新情况，从而协助各地区、国家或国际组织及时采取预防及控制措施。

20世纪90年代后，计算机和网络技术飞速发展并应用到公共卫生监测中。历经数年的公共卫生信息化发展，多个发达国家已建立多种成熟的数字化公共卫生监测系统，如美国免疫接种登记信息系统及电子健康记录系统、英国国民医疗服务系统及加拿大公共卫生网络。数字化监测技术显著提高了监测数据收集及处理的效率，也使信息反馈速度大大提高，有力地推动了公共卫生监测的发展。

我国数字化监测技术起步较晚。公共卫生信息化建设始于20世纪80年代中后期，中国预防医学科学院（现中国疾病预防控制中心）借助计算机及通信技术，成功建立了法定传染病报告信息系统，实现疫情数据在线传输，结束了长达30年的线下邮局上报方式。20世纪90年代，随着信息技术及网络通信技术的持续发展，我国公共卫生信息系统建设步入了快速发展阶段。2003年SARS的流行，引起国家对传染病疫情和突发公共卫生事件直报系统的高度重视，强化了法定传染病报告系统并建立网络直报信息平台，极大提高了监测系统的运行效率。2009年，在新医改背景下我国卫生信息化进入跨越式发展阶段，规划重心逐渐由疾病预防控制转向全民健康保障，信息服务对象得到进一步拓展和整合，如电子健康档案、药店非处方药物销售等症状监测系统。2021年中央网络安全和信息化委员会印发《“十四五”国家信息化规划》，提出“公共卫生应急数字化建设、智慧养老服务拓展”，推动人工智能、大数据、物联网等新技术在公共卫生领域的应用，支持强化公共卫生机构和医疗机构数据共享，打破信息壁垒，实现相关信息快速报送以强化公共卫生监测预警能力，提高工作效率。

（二）数字化监测技术在公共卫生监测中的应用

1. 疾病监测和预警　数字化监测技术可在传染病监测中通过社交媒体、新闻网站及检索查询等方法分析其传染和流行过程，预测疫情进展，提高疫情发现的透明度和及时性。例如，中国在抗击COVID-19疫情中加强数字化监测，包括完善数字化疫情信息采集体系、建设公共卫生大数据中心、强化数字化技术在疫情监测和预测中的应用，从而在疫情控制中起到重要作用。

2. 数据管理　在公共卫生监测中，电子病历和健康档案、生物学测量和智能穿戴设备等方式收集的监测数据极大丰富了公共卫生健康数据库，可用于管理监测活动中数据收集、分析和结果呈现中的各个环节，保障监测过程的透明度和结果的真实性。多源监测数据的数字化有利于数据的整合和分析，促进科研合作，从而在疾病和健康管理中发挥重要的作用。

3. 公众沟通与交流　监测数据数字化可通过社交媒体、数据可视化、在线健康咨询与教育等方

NOTES

式，减少错误信息的传播，避免不必要的恐慌，有效提高信息的可访问性和传播速度，促进了公众参与和互动，有效提高公共卫生监测的效率。

数字化监测数据具有容量大、种类多、产生和更新速度快及科研价值大等巨大潜力，但因受到数据孤岛、缺乏质量控制及存在伦理风险等较多噪声干扰，数字化监测技术并不能完全替代传统公共卫生监测，而更多被认为是传统监测的完善，从而增加公共卫生监测的覆盖面，提升监测效率，为公众健康服务。

二、大数据融合技术

随着信息技术和互联网的快速发展，公共卫生领域逐步建立和完善了公共卫生信息平台和业务系统，积累了丰富的公共卫生数据资源，这些数据具有数量庞大、产生速度快、数据结构复杂、数据真实性高、价值密度低等特点，符合典型的健康大数据特征。大数据融合技术（big data fusion technology）是指将不同来源、不同类型的信息集成到一个统一的数据模型或数据集的过程。多源公共卫生监测数据通过大数据融合技术整合和分析，可极大地提高公共卫生监测的准确性及科学性，增强疾病预防控制的能力，优化公共卫生资源配置。

（一）公共卫生监测大数据来源

公共卫生监测大数据来源广泛，主要包括以下几类：

1. 医疗信息系统和电子病历数据　医疗信息系统和电子病历通过收集和分析大规模患者健康数据，帮助公共卫生机构快速识别疾病暴发，监测疾病趋势，揭示流行病学趋势和健康模式，有助于识别高风险人群、预测疾病走向并制定有针对性的健康干预策略。

2. 科研项目及大型监测项目数据　大型队列研究及临床科研数据可产生大量的公共卫生健康数据。如中国健康与营养调查项目是一项持续在中国 15 个省（自治区、直辖市）超过 3 万人中开展的长达 36 年的前瞻性队列研究。项目产生的中国一般人群营养状况、膳食结构、饮食行为和生活方式等健康数据，为中国一般人群慢性病病因研究、慢性病预防措施制定以及营养相关政策和标准的制定提供重要的数据支持。此外，我国政府、医疗和科研机构等已建立多个大型公共卫生监测项目，多部门之间的协同合作，大规模数据相互融合形成一个庞大的信息系统。

3. 网络健康数据　健康网站、医疗保险、药品供应等行业信息相关数据，可收集患者大量的疾病与健康数据，为公共卫生提供宏观层面的支持和决策依据。

4. 社交媒体和互联网数据　新闻媒体、互联网、社交媒体、公众号、订阅号等数据信息，可为公共卫生监测提供辅助预警信息。

（二）大数据融合技术在公共卫生监测中的应用

大数据融合技术在公共卫生监测中的应用包括以下几个方面：

1. 疾病预测预警　在传染病监测中，通过数据挖掘、文本分析等技术，从多种监测数据源中有效提取信息，以预测和判断相关疾病的发生及发展趋势，为卫生部门决策提供借鉴和依据。例如在 2014 年的埃博拉疫情中，科学家利用流行病学数据建立马尔可夫链模型预测疾病发病率，强有力地向决策者揭示了疫情的严重性，促进了资源调动和迅速的应急行动。

2. 疾病防控　在慢性非传染性疾病监测活动中，通过多结构数据集成等大数据融合技术，将电子病历、电子健康记录等信息有效整合，可实现对疾病特征的基本把握，及时掌握疾病机制及发展趋势，并根据数据的波动情况对患者及时发出健康预警和相关提示，降低疾病复发的可能性。

3. 病因探索　罕见疾病监测可通过对患者常规健康监测资料的数据挖掘实现，将不同来源的数据进行融合统计分析，从而筛选危险因素并查找病因。

4. 健康数据汇集与整合　通过挖掘、整理与汇总公共卫生监测中多个来源的现有健康数据，建立监测对象全生命周期各阶段的完整数据库，提高数据的利用度，为公共卫生监测和研究提供全面完整的数据支持。

NOTES

总之，通过大数据融合技术，对公共卫生监测大数据进行融合处理，能够有效地从多源数据中提炼关键信息，显著提升数据的实用性和决策指导价值，为公共卫生决策提供更精准的数据支持。

三、数据建模分析技术

大数据时代的到来，对公共卫生领域的统计调查和信息化建设产生巨大影响和推动，传统卫生统计分析方法已无法满足对海量数据进行分析处理的需求。数据在搜索、录入、分类、清洗、分析以及输出的可视化等处理过程中需要运用大量的分析模型和软件工具，以便进行挖掘和利用，并显著提高信息使用的效率。

（一）数据建模分析技术定义及特点

数据建模分析技术（data modeling and analysis techniques）是指依据各种数学和统计方法，利用现有的监测信息创建数据模型，以便更好地了解疾病的发生发展，为公共卫生决策提供科学依据。公共卫生数据模型应具有以下特点：

1. 准确性　模型应基于可靠的数据和科学的方法构建，以确保分析结果的准确性和可靠性。

2. 实时性　能够处理实时数据流，快速响应公共卫生事件，为决策提供及时的支持。

3. 可解释性　模型不仅能够提供预测结果，还应该能够解释这些结果背后的逻辑和原因。

4. 集成性　能够与其他系统和平台集成，如电子健康记录系统、实验室信息系统、地理信息系统等，以便于数据的整合和分析。

5. 可验证性　模型的假设、方法和结果应该是可验证的，以便其他研究者和实践者可以复制和验证模型的有效性。

（二）数据建模分析技术种类

根据监测数据的时间和空间属性，数据建模分析技术主要分为以下几类：

1. 时间属性监测数据模型　在某一地理或行政区域对外环境状况和特定人群内环境健康状态进行连续的动态监测，形成同一个群体在不同时点的数据集，称为时间序列数据。通过特定的统计模型对时间序列数据进行分析，可有效识别疾病的危险因素，探索病因。常见的模型包括广义线性模型、广义相加模型、时空序列模型、分布滞后非线性模型及零膨胀数据处理模型等。

2. 空间属性监测数据模型　空间属性监测数据是指利用地理信息系统和其他空间分析技术来收集和管理的监测数据。决策者可通过这些数据更好地理解健康问题的空间模式，识别高风险区域，并制定有效的干预措施。常用模型包括聚类分析、空间回归模型及地理加权回归模型等，旨在发现疾病、健康事件及其影响因素的空间聚集与分散特征，控制分布在空间上的混杂因素，找到原因，进行合理的预测和干预。

3. 时空属性监测数据模型　随着监测系统的健全与完善，所收集的具有时空属性的数据日趋增长。同时，疾病或健康事件及其影响因素有着时空变化规律，单纯从时间或空间角度探讨会忽视异质性，损失信息，如何从其中挖掘信息，建立跨时间和空间的模型，充分系统地评价在不同时空条件下疾病分布及流行情况，合理地控制混杂因素，发现传统方法不易发现的暴露和结局的变化规律，得到更为可靠的结果，已逐渐成为挖掘监测数据的迫切需求。贝叶斯时空模型是时空分析领域中常见的模型，可处理时间和空间上的数据变异性，常用于疾病监测、疫情调查和健康风险评估。例如，贝叶斯时空变系数模型可用于探索公众对 COVID-19 风险感知的区域时空差异，从而制定有效的公共卫生策略和干预措施。

（三）数据建模分析技术在公共卫生监测中的应用

1. 疾病预测　通过机器学习和人工智能等分析技术，可开发预测模型来分析疾病传播趋势，进而预测疫情的潜在发展，为决策者提供科学依据。

2. 疾病防控　数据建模分析技术可用于非传染性疾病监测数据挖掘分析，以揭示非传染性疾病的发病规律、影响因素及预后情况，为疾病预防和治疗提供科学依据。

3. 健康风险评估　通过对数据的系统分析和建模，及时识别和评估可能对公众健康造成影响的各种风险，以便采取有效预防和控制措施。

NOTES

四、数据可视化技术

数据可视化技术（data visualization technology）是指以图形、图像及虚拟现实等易为人们所理解的方式展现原始数据间的复杂关系、潜在信息及发展趋势。在疾病监测领域中，可视化技术通常与具有地理属性的信息，如人口信息、流行病分布地区和罹患人数等相结合，使信息可视化、地图化，使管理者和决策者可以更直观地理解公共卫生状况，从而做出更有效的决策。

（一）数据图形

监测数据以折线图、条形图、柱状图等传统图形方式展示，可更直观、有效地帮助决策者理解监测数据模式及其变化趋势。例如，折线图可用于展示疾病发病率、死亡率或其他健康指标随时间的变化趋势；条形图和柱状图可用于展示不同地区人群的疾病发病率，帮助识别高风险地区或重点人群；散点图可用于分析疾病与相关危险因素之间的关联，为探索疾病病因提供线索。

（二）地理信息系统

地理信息系统（geographic information system，GIS）是利用计算机及其外部设备采集、存储、分析和描述整个或部分地球表面与空间信息，将空间地理信息和与之相关的信息结合起来的综合管理系统。GIS 很早就被应用于公共卫生领域，尤其在传染病监测中发挥着重要作用。通过 GIS 系统整合病例数据与地理空间数据，构建疾病的时间和空间变化模型，能够获得传染病传播和分布的直观、动态的可视化信息，从而帮助公共卫生部门及时发现和监测疾病。例如，我国传染病直报系统收集我国手足口疾病监测数据，通过 GIS 系统描述手足口病时间变化趋势及空间聚集性，为传染病防控决策者提供直观化、可视化的信息。

（三）仪表板

仪表板（dashboard）是一种集成多种数据可视化工具和实时数据展示的平台，可为用户提供一个综合的视图，以便快速获取关键信息和进行决策。仪表板可集成来自不同数据源的信息，包括医院病历、实验室检测结果、人口统计数据、地理位置及环境监测数据，可有效提高监测系统的效率和质量。例如，约翰斯·霍普金斯大学开发的 COVID-19 仪表板，可实时收集并呈现全球疫情每日新增病例数、疫苗接种人数等相关公共卫生数据，有助于用户及时了解疫情变化。

（四）交互式可视化

交互式可视化（interactive visualization）是一种数据可视化技术，指用户可通过与图形元素进行交互来探索和分析数据。公共卫生监测中，交互式可视化技术应用也越来越广泛，用户可根据自己的需求，通过提供可操作的界面控制数据的展示方式，如通过点击不同的地区查看该地区的详细疫情数据，从而获得更深入的数据信息并及时做出响应。另外，交互式可视化可作为沟通交流的工具，帮助监测对象及时了解感兴趣的监测数据，增加用户的参与度，从而提高监测活动的质量和效率。

第四节　监测系统实例

随着我国公共卫生活动的发展，公共卫生监测的种类和内容不断丰富。目前，公共卫生监测的种类包括传染病监测、心血管疾病和恶性肿瘤等慢性非传染性疾病监测、死因监测、医院感染监测、症状监测、行为及行为危险因素监测以及环境、食品、营养、药物不良反应等公共卫生监测。这些监测体系从不同系统和角度获取各种监测信息，互相协作、共同构建了一个综合性的公共卫生监测网络，提高公共卫生疾病的识别、防控及治疗能力，保障公共卫生安全。

一、全国传染病网络直报系统

20 世纪 50 年代，中国建立了法定传染病报告系统。随着信息技术手段的发展，传染病监测信息报告方式由“逐级汇总上报”变为医疗卫生机构“网络直报”。自 2004 年 1 月 1 日起，基于传染病个案信息、实时在线的全国传染病网络直报系统上线运行，是我国疾病预防控制体系的标志性工程。

NOTES

（一）监测目的

实现传染病监测信息由各级各类医疗卫生机构网络直报和实时报告，实时了解不同地区传染病的发病、死亡情况，为传染病监测人员提供传染病监测信息的基础统计分析，为传染病疫情趋势研判、防控策略调整以及防控效果评价提供数据基础。

（二）监测对象

2025 年修订的《中华人民共和国传染病防治法》中规定纳入法定报告管理的 40 种甲、乙、丙类法定报告传染病，其他法定管理和重点监测传染病病例的疑似病例、临床诊断病例、确诊病例，以及部分传染病的病原携带者。

（三）监测内容及方法

根据《中华人民共和国传染病报告卡》要求，监测内容包括传染病病例的姓名、证件号、出生日期、人群分类等个人基本信息，疾病分类、发病日期、诊断日期等诊疗信息，死亡日期等临床转归情况，报告单位、报告医师等填卡人员信息。全国传染病网络直报系统为被动监测系统，卫生健康部门和疾病预防控制部门负责传染病信息报告工作管理，疾病预防控制机构负责技术指导、培训和评估考核，医疗卫生机构负责本单位传染病的报告与质量控制。传染病病例前往医疗卫生机构就诊后，由临床医师诊断后填报《中华人民共和国传染病报告卡》，甲类和按照甲类管理的乙类传染病需经过省、市和县/区级疾控机构完成三级审核，其他乙类传染病和丙类传染病需经过县/区级疾控机构审核后报告，不同类别传染病须根据《中华人民共和国传染病防治法》要求在规定时限内完成报告审核（图 12-1）。

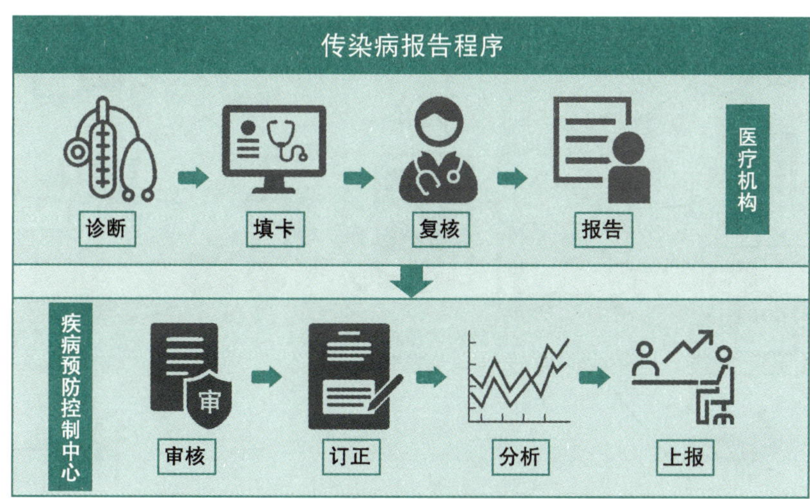

图 12-1　传染病报告程序

（四）主要作用

传染病网络直报系统可实时产出全国各地区 41 种法定报告传染病的发病、死亡情况等统计分析结果，为我国传染病防控提供基本的发病、死亡数据，为我国传染病防控策略和措施的制定和调整提供有效数据支撑，提升了我国应对传染病暴发流行的能力，以及肺结核、艾滋病、血吸虫病等重大传染病的发现、管理能力。同时，促进我国政府与世界卫生组织、周边国家、国内外媒体及社会公众的传染病风险沟通。

二、全国死因监测系统

死因监测数据是公共卫生最重要的信息之一。20 世纪 50—70 年代，我国只有少部分地区开展死因监测。随着死因监测数据重要性的日益突出，我国先后建立了多个死亡数据相关的监测系统。为进一步加强和统一全国的死因监测工作，2013 年我国对死因相关监测系统进行了整合，该监测系统覆盖我国 31 个省（自治区、直辖市）的 3.2 亿人，占全国人口的 24%。

（一）监测目的

全面收集中国居民死亡个案，评价全国、东中西部地区、各省以及城乡人群的死亡水平和死因模式，深入分析数据可产出期望寿命、主要慢性病早死概率、疾病负担等相关指标，为中国的疾病预防控制工作提供基础数据。

（二）监测对象

全国死因监测系统收集发生在辖区内的所有死亡个案，包括在辖区内死亡的户籍和非户籍中国居民，以及港澳台同胞和外籍公民（含死亡新生儿），凡在各级各类医疗机构、来院途中及院外其他场所发生的死亡个案均须报告。

（三）监测内容及方法

死因监测收集的信息内容依据《居民死亡医学证明（推断）书》，包括一般项目（姓名、性别、身份证号码、民族、文化程度、婚姻状况、职业、出生日期、死亡日期、年龄、死亡地点、疾病最高诊断单位及诊断依据等），与死亡有关的疾病诊断项目（死因链、根本死因及编码、调查记录等），其他项目（填报日期、住院号、医师签名、单位盖章等）。死亡个案的收集由被动监测结合主动监测的形式开展。死因监测数据上报形式由早期的单机版软件逐渐过渡到了网络直报，部分省建立了省级死因报告信息平台，通过数据交换的形式推送数据到国家平台（图 12-2）。

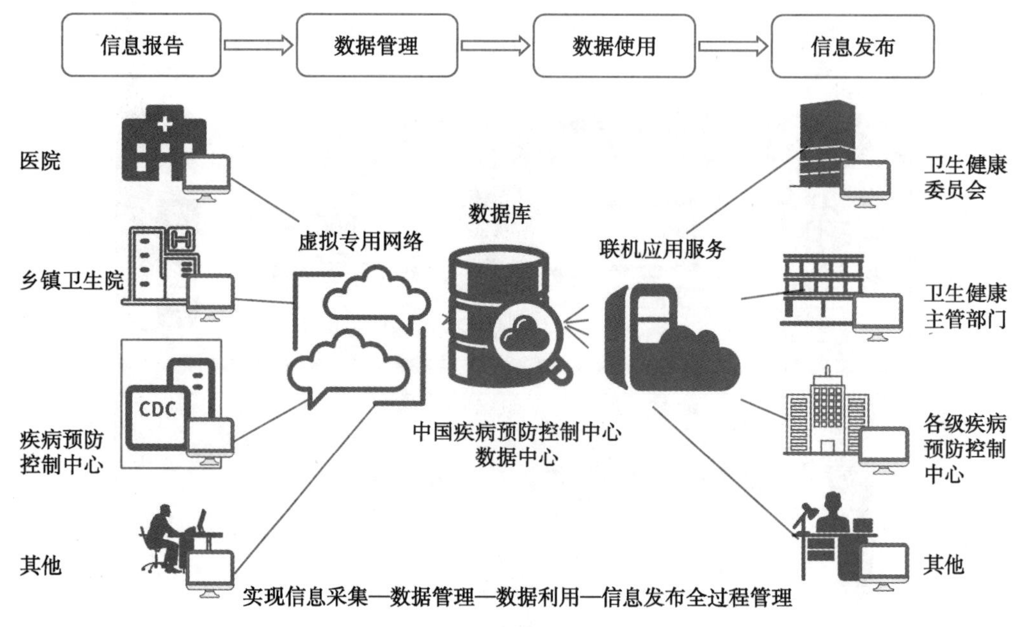

图 12-2　全国死因监测系统

（四）主要产出和作用

全国死因监测系统产出全国、东中西部地区、各省以及城乡人群的死亡水平和死因模式等统计结果，深入数据分析可产出期望寿命、主要慢性病早死概率、疾病负担等相关指标，为中国的疾病预防控制工作提供基础数据。为《"健康中国 2030" 规划纲要》《中国卫生健康统计年鉴》等提供可靠的基础性数据，成为卫生决策的有效数据支撑。

三、艾滋病病例管理系统

1985 年我国报告了首例艾滋病病例，1986 年艾滋病被列为报告传染病，1989 年被列入乙类法定报告传染病。2005 年启动艾滋病网络直报系统，进入了艾滋病病例信息化、系统化和规范化管理阶段，并在 2021 年艾滋病病例报告管理系统实现了检测发现、病例报告、随访管理、转介治疗、疾病转归等以病例个案为核心的全病程动态管理服务模式。

（一）监测目的

艾滋病监测目的在于及时掌握艾滋病流行特征和流行趋势，明确艾滋病流行的重点地区和人群及其感染、治疗状况，为制定艾滋病防治规划、指导艾滋病防控和干预措施效果评价等提供科学依据。

（二）监测对象

艾滋病病例管理系统中的病例是依据《艾滋病和艾滋病病毒感染诊断》（WS/T 293—2019）和《全国艾滋病检测技术规范（2020 年修订版）》报告的 HIV 感染者和 AIDS 患者。

（三）监测内容

艾滋病病例管理系统监测内容包括病例报告、随访、治疗和死亡等信息。病例报告包括人口学信息、接触史等内容，病例随访包括高危行为干预、配偶或性伴侣 HIV 检测、CD4 细胞检测、不同服务平台间的转接、相关防治政策宣传等内容，病例抗病毒治疗包括治疗基本情况、病例健康状况及依从性、实验室检测、转诊等内容，病例死亡包括死亡时间、死亡原因等内容。

（四）监测方法

首次发现符合报告标准的病例时，医疗卫生机构、疾控机构等责任报告机构按照《中华人民共和国传染病报告卡》的要求填写报告，同时填写《艾滋病性病附卡》。病例按照属地化管理原则，定期开展病例随访，并填报个案随访表。病例在确诊报告后尽快启动抗病毒治疗，评估病例基线状况制订治疗方案，并填报治疗基本情况表，之后每次发放抗病毒药物时都评估病例健康状况及依从性，并填报治疗随访表，其间的化验检测结果填报至实验室检测表。治疗病例如果做耐药检测，结果通过耐药模块上报。如果治疗机构发生变更，通过转诊管理模块进行转诊。病例在随访或抗病毒治疗过程中被发现死亡，核实信息后，填报死亡登记表（图 12-3）。

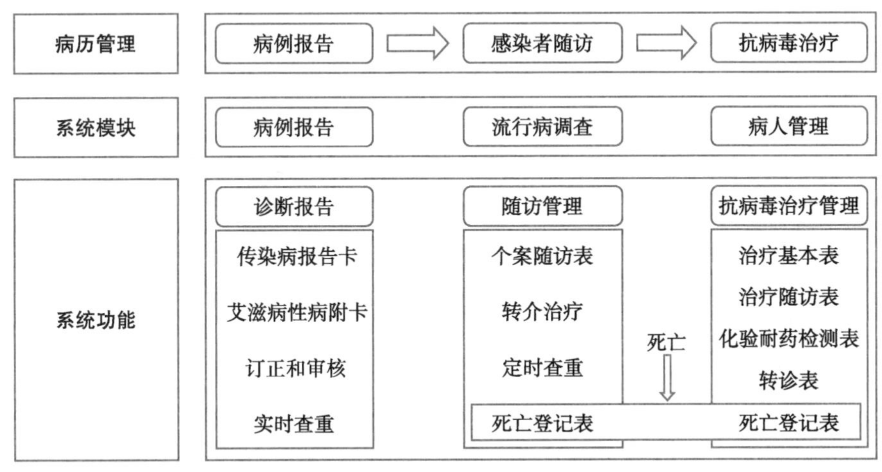

图 12-3　艾滋病病例管理系统

（五）主要作用

艾滋病病例管理系统收集了我国自 1985 年以来报告病例的基本信息、疾病进展以及治疗相关信息等资料，其主要产出和作用包括：

1. 分析艾滋病流行特征　通过分析监测数据资料，描述全国及不同地区、不同人群艾滋病流行现状及特点，包括地区分布、年龄性别分布、人群种类和传播途径分布、时间趋势等。

2. 预测艾滋病流行趋势　基于监测资料分析，利用预测模型等方法，对未来艾滋病流行的总体趋势、不同人群的流行趋势等进行预测。

3. 提供艾滋病决策依据　基于艾滋病流行特征、治疗的相关信息、流行形势分析和治疗效果评估结果等制定防治决策及资源分配计划。

覆盖全国的统一、快速、高效的艾滋病病例管理系统是我国艾滋病防治工作开展的重要平台，实现了艾滋病从诊断发现、报告、随访、治疗、疾病转归等以人为核心的全周期动态监测，为我国艾滋病

NOTES

防治和决策提供了重要的数据支撑。

四、中国居民营养与健康状况监测系统

国民营养与健康状况是反映一个国家或地区经济与社会发展、卫生保健水平和人口素质的重要指标，也是公共卫生及疾病预防工作不可缺少的信息基础。中国的营养监测系统始于1959年，并于1982年、1992年、2002年、2010—2013年、2015—2017年开展了定期的全国常规性营养监测。中国居民营养与健康状况监测通过系统及时了解、掌握我国城乡居民膳食营养状况的现状、动态变化趋势及主要影响因素，为国家及时制定和评价相关政策及发展规划提供及时、准确、可靠的信息，不断提高我国居民体质及健康水平。

（一）监测对象

中国居民营养与健康状况监测的对象是我国31个省（自治区、直辖市）抽中样本住户的常住人口，包括居住并生活在一起（时间在半年以上）的家庭成员和非家庭成员（如亲戚、保姆等其他人），如果单身居住也作为一个住户调查。

（二）监测内容

中国居民营养与健康状况监测的内容由询问调查、医学体检、实验室检测和膳食调查4个部分组成。监测内容包括居民的食物和营养素摄入、体格发育状况、身体活动情况、营养不良状况（包括超重肥胖和营养不足、微量营养素缺乏）、高血压、糖尿病等营养相关慢性病患病情况。

（三）监测方法

中国居民营养与健康状况监测所使用的监测方法包括：

1. 询问调查　调查员按调查表的要求，通过查阅资料，走访当地统计、卫生健康等部门，抄录调查样本地区人口、经济、社会及医疗卫生保健方面的基本信息，并通过询问进入调查住户开展家庭询问调查。

2. 医学体检　以调查村/居委会为单位集中进行医学体检，测量调查对象的身高、体重、腰围和血压等。

3. 实验室检测　在医学体检的同时，采集参加体检对象的血液样品，测定血红蛋白、维生素A、维生素D、空腹血糖、血脂等实验室指标。

4. 膳食调查　采用24小时回顾法对调查户家庭成员进行连续3天个人食物摄入量调查；用食物频率法收集调查对象过去1年内各种食物消费频率和消费量；用称重法收集3天内调查户的食用油和调味品的消费量。

（四）主要作用

2000年以来，每一轮中国居民营养与健康状况监测的相关结果均由国务院新闻办公室发布，这些权威信息的发布为我国政府全面了解城乡居民膳食营养摄入、膳食结构、营养状况的流行病学特点及变化规律发挥了重要作用，也为《健康中国行动（2019—2030年）》《国民营养计划（2017—2030年）》《中国食物与营养发展纲要（2014—2020年）》《中国居民膳食指南（2022）》《中国居民膳食营养素参考摄入量（2023版）》等多项营养健康政策或营养健康书籍的发布和出版提供了详实的数据支撑。

五、疑似预防接种异常反应监测系统

疑似预防接种异常反应（adverse event following immunization，AEFI）是指预防接种后发生的怀疑与预防接种有关的反应或事件。中国疾病预防控制中心于2008年依托中国疾病预防控制信息系统平台建立了全国AEFI网络直报系统，2010年与药品不良反应监测机构（以下简称药监机构）实时在线共享。2010年卫生部与国家食品药品监督管理局发布了《全国疑似预防接种异常反应监测方案》，统一了全国AEFI监测流程和要求。

（一）监测目的

NOTES

AEFI监测的主要目的为规范疫苗上市后AEFI监测工作，调查核实AEFI发生情况和原因，为改

进疫苗质量和提高预防接种服务质量提供依据。

（二）监测对象及内容

AEFI 的监测对象包括在我国境内接种免疫规划疫苗和非免疫规划疫苗后报告 AEFI 的受种者。全国 AEFI 监测系统主要收集 AEFI 个案病例及群体性 AEFI 相关信息。所有 AEFI 个案均需收集个人基本情况、疫苗接种、发病诊断、AEFI 分类等信息；经过调查、诊断、鉴定及补偿的个案，还需在上述工作中收集其他信息。

（三）监测方法

1. 报告　医疗机构、接种单位、疾控机构、药监机构、疫苗上市许可持有人及其执行职务的人员为 AEFI 的责任报告单位和报告人。AEFI 报告实行属地化管理。发现怀疑与预防接种有关的死亡、严重残疾、群体性 AEFI、对社会有重大影响的 AEFI（以下简称重大 AEFI），应当在发现后 2 小时内报告；其他 AEFI 应在发现后 48 小时内及时报告，包括向行政部门报告以及网络直报，不能网络直报的由县级疾病预防控制中心代报。各级疾控机构、药监机构实时在线监测 AEFI 报告信息。

2. 调查及诊断　对需要调查的 AEFI，疾控机构应当在 48 小时内组织调查。对于重大 AEFI，由设区的市级以上人民政府疾控部门、卫生健康部门、药品监管部门按照各自职责组织调查、处理。同时在调查开始后 3 日内网络直报个案调查表，对于重大 AEFI 在调查开始后 7 日内网络直报初步调查报告。调查完成后，省级、设区的市级和县级疾控机构应当成立预防接种异常反应调查诊断专家组，按照职责分工组织开展预防接种异常反应调查诊断。

3. 鉴定　当事人（受种方、接种单位或疫苗上市许可持有人）对诊断结论有争议时，可由设区的市、省级医学会组织鉴定和再鉴定。

4. 监测数据分析评价　全国 AEFI 监测系统由各级疾控机构维护管理，各级药监机构共享监测信息。疾控机构着重于分析评价 AEFI 发生情况及监测系统运转情况；药品不良反应监测机构着重于分析评价疫苗安全性问题。

（四）主要作用

自全国 AEFI 监测系统运行以来，AEFI 监测数据质量逐年提高，近年来每年报告 20 余万病例，是我国每年发布预防接种异常反应监测信息的唯一来源，也为药品监督管理部门提供了我国疫苗安全性评价的重要参考数据。通过监测及时捕获并处置了疫苗安全相关可疑信号，为疫苗安全使用提供保障，在我国开展重大群体性预防接种活动或新疫苗上市后的安全性监测中也起到了重要作用。经过多年努力，全国 AEFI 监测作为警戒板块的重要内容顺利通过了 2011 年、2014 年及 2022 年 WHO 对我国疫苗国家监管体系的评估，使我国在 AEFI 监测处置方面被国际组织高度认可，为提升国家疫苗监管能力、促进国产疫苗的预认证和出口使用提供了重要支撑。

（施小明）

本章小结

公共卫生监测是公共卫生活动的重要组成部分。本章主要介绍了公共卫生监测发展历史、监测目的、基本概念、监测系统、现代技术的应用及相关实例介绍。随着大数据、人工智能等现代技术的发展，公共卫生监测系统面临着新的挑战和机遇，公共卫生监测将更加智能化、精准化，为公共卫生活动的策略制定和效果评价提供重要依据。

思考题

1. 试述案例中结核病疾病监测的类型及其中包括的公共卫生监测要素。
2. 大数据融合技术在公共卫生监测中的应用有哪些？
3. 试述居民营养与健康状况监测的工作过程中采用的膳食调查方法。

13章
本章数字资源

第十三章 循证医学与系统综述

案例

循证医学（evidence-based medicine，EBM）的核心是将最佳研究证据、临床经验和患者价值观结合，用以指导临床决策。在复杂的健康问题中，系统综述是循证医学的基石，为临床实践提供高质量的证据支持。钙剂/维生素D补充一直被认为是骨质疏松的预防和治疗的基础干预措施。国内外骨质疏松相关的多个学会指南建议绝经后女性和老年男性补充钙剂/维生素D，其目的是增加骨密度，降低骨质疏松骨折的发生。由于这些指南被广泛宣传，全世界范围内的中老年人群补充额外的钙剂/维生素D非常普遍。然而，迄今为止发表的Meta分析并没有得出关于钙、维生素D或钙和维生素D联合补充剂与骨折风险之间关系的一致结论。

我国研究团队进行了一项系统综述，分别比较了钙、维生素D、钙和维生素D联合补充剂与安慰剂或未治疗的社区老年人骨折发生率，该研究全面检索权威数据库（PubMed、Cochrane Library、Embase），纳入研究类型为随机对照试验（randomized controlled trial，RCT），研究人群为生活在社区且年龄在50岁以上者，最终纳入33项RCT，51 145名研究对象。研究结果与以往研究的结论完全相反，发现无论是补充钙剂、维生素D、还是钙剂/维生素D联合补充均不能降低50岁以上居住在社区的老年人骨折的发生率，甚至大剂量补充维生素D还增加了骨折发生的风险。因此不建议这些人群常规补充额外的钙剂/维生素D。以上研究成果发表在美国医学会杂志（*JAMA*），同时被多家国际主流新闻媒体向全球发布该项研究成果，在全球范围内公共卫生、骨科、内分泌等领域具有里程碑式的重大意义，颠覆了骨质疏松防治理念。

以上案例充分体现了循证医学的核心价值。那么，什么是循证医学？案例中的重大研究发现所采用的系统综述，又是一种怎样的方法？让我们通过本章内容一同深入探讨。

This chapter focuses on evidence-based medicine (EBM), systematically elucidating its theoretical foundation and practical applications. It begins with a review of the historical development of EBM, highlighting its significance in clinical practice and the application of evidence grading systems. The chapter further explores the relationship between systematic reviews and meta-analyses, emphasizing their complementary roles in synthesizing high-quality evidence. Regarding the implementation of systematic reviews, it provides a detailed discussion of key steps, from study design to quality assessment, including tools for evaluating the quality of primary studies and systematic reviews. Additionally, it examines evidence grading methods for systematic reviews and meta-analyses and introduces the practical application of international reporting standards such as PRISMA.

本章以循证医学为核心，系统阐述其理论基础与实践应用，回顾循证医学的发展历程，探讨其在临床实践中的重要性及证据分级体系的应用；解析系统综述与Meta分析的关系，重点介绍其在整合高质量证据中的作用与协同。针对系统综述的实施，本章详述从研究设计到质量评价的关键步骤，涵盖原始研究与系统综述的质量评价工具。同时，探讨系统综述与Meta分析的证据分级方法，并介绍PRISMA等国际报告规范的实际应用。

NOTES

第一节 | 循证医学概述

一、循证医学的概念

循证医学是针对经验医学提出的，1992 年 *JAMA* 发表题为 Evidence-based medicine：a new approach to teaching the practice of medicine 的文章，首次正式提出循证医学的概念。与经验医学强调医师经验积累不同，该文指出，医学科学发展迅速，医师应掌握检索、理解、应用科学研究报告的能力，从而不断地直接从科学研究中学习新知识，这预示一个新的医学实践模式即将兴起。

早期循证医学过多地强调科学研究产生的文献是医师临床实践的证据，而忽略了医师经验积累的重要性。以经验医学为临床实践模式的临床医师，针对证据的定义和诠释提出诸多疑问：千百年来医学实践所遵循的是否同样是基于证据的实践？科学研究大多数是基于人群的研究，通过临床流行病学方法和统计学分析得到一个平均的结果，而临床实践的对象是患者个体，如何将这种平均证据应用到个体患者？如果没有科学研究的证据，临床实践如何进行？这些问题对早期循证医学的定义构成了挑战，但也推动了其不断发展与完善。

1996 年 *BMJ* 提出了循证医学的新定义：通过有意识、明确和慎重地利用当前最佳证据，结合临床经验与患者意愿，为个体患者制定诊疗方案。其中，选择最佳证据是临床决策的核心。新的定义承认传统医学实践基于证据，临床经验是重要的证据来源。不同于经验医学，循证医学更强调科学研究证据的优先性，倡导以系统、主动的方式整合科学证据、患者特殊性和临床经验，最终形成个性化的最佳决策。

（一）循证医学的发展史

循证医学是一种医学实践方法，通过系统收集和评估现有证据来指导临床决策。循证医学的兴起标志着医疗实践从以经验为主的传统方法转向更为科学、系统和数据驱动的方式，其发展主要经历以下五个阶段：

第一阶段：20 世纪初——传统医学实践时期。

在循证医学出现之前，临床决策主要依赖于医师的经验、教科书和专家意见。虽然也有一些基于科学研究的医学实践，但系统性整合和评估证据的做法并不普遍。

第二阶段：20 世纪中叶——RCT 的兴起。

20 世纪 40 年代和 50 年代，RCT 逐渐被引入并成为医学研究的“金标准”。RCT 通过随机分配参与者来评价干预措施的有效性，为临床决策提供可靠证据。

第三阶段：20 世纪 70—80 年代——循证医学的雏形。

医学研究者开始意识到单一研究可能无法提供足够证据来指导临床实践。系统综述（systematic reviews）和 Meta 分析（meta-analysis）逐渐发展起来，以综合多个研究结果，提供更强的证据支持。

第四阶段：20 世纪 90 年代——循证医学的正式确立。

1992 年，循证医学这一术语首次由戈登·盖伊特（Gordon Guyatt）等人提出。循证医学的核心理念是将最佳的研究证据与临床经验和患者价值观相结合，以做出最优的医疗决策。同一时期，循证医学之父 David Sackett 也在积极推广这一概念，强调在临床实践中应用科学证据的重要性。

第五阶段：21 世纪初至今——循证医学的全球推广和发展

随着互联网和数字技术的发展，医学信息的获取变得愈加容易，为循证医学进一步推广奠定了基础。医学研究数据库如 Cochrane Library、PubMed 等成为研究人员获取高质量研究证据的重要资源。循证指南的制订也变得更加普遍，各种医学学会和组织开始基于循证医学原则制订临床指南，为医疗实践提供标准化建议。

（二）循证决策的概念

在肯定证据在医学决策中重要性的同时，还须强调证据本身并不是决策，决策还必须兼顾现有资源的多寡、患者的需要和价值取向。

NOTES

循证决策（evidence-based decision-making，EBDM）是在医疗与公共卫生领域，以最佳科学证据为基础，结合临床经验与患者或群体的需求，制订最优决策方案，强调以科学数据支持决策，避免依赖直觉、传统或未经验证的经验。

循证决策整合三大核心要素。①最佳科学证据：利用系统综述、RCT 等高质量研究提供客观依据；②临床专业知识：决策者通过经验和技能解读证据并落实实践；③患者或群体的价值观与偏好：尊重个体需求与文化背景，体现人文关怀。其特点包括以下三点。①数据驱动：以系统综述和 Meta 分析为基础提供可靠支持；②个体化：结合科学结论与特定需求制定个性化方案；③动态性：随着新证据产生，不断优化决策过程。

（三）Cochrane 组织简介及其证据传播策略

科克伦协作组织（The Cochrane Collaboration）是一个国际非营利组织，成立于 1993 年，以纪念提倡系统化 RCT 结果用于医学决策的英国流行病学家 Archie Cochrane。该组织总部位于伦敦，成员与中心遍布全球，致力于通过严格的系统综述提供高质量的循证医学证据，为医师、政策制定者和患者提供明智决策支持。Cochrane 的核心任务是开展、更新和传播系统综述，整合全球 RCT 及其他高质量研究成果，评估医疗干预措施的效果。

Cochrane 不仅致力于生成高质量循证医学证据，还通过多层次传播策略确保证据的广泛获取和实际应用。其核心平台 Cochrane Library 汇集数千篇系统综述，用于制定临床指南、政策及个人决策。为增强理解与应用，Cochrane 采用简明摘要、可视化工具和视频，为政策制定者、医护人员和患者提供信息。此外，通过多语言翻译和开放获取政策，尤其对中低收入国家用户提供免费服务，扩大其全球影响力。Cochrane 还通过与 WHO 等机构合作推广证据，同时利用数字化技术（如移动应用、社交媒体和人工智能）提升传播效率和覆盖范围。

二、证据分级推荐与循证实践

证据分级系统评估证据质量，经历了从定性到定量（单个 RCT 到多个 RCT 的 Meta 分析）、从局部到整体（仅关注研究设计到综合质量、结果一致性等）、从片面到全面（涵盖治疗、预防、诊断等主题）的发展过程。

（一）证据金字塔

证据金字塔通过直观层级展示不同研究类型的相对权重，为识别和分级高质量证据提供了基础工具。证据金字塔（或证据等级）是循证医学中用于表示证据层级的结构，帮助医疗和研究人员评估与应用最佳临床证据。金字塔的形状象征证据的数量和质量，金字塔底部的证据较多，但质量较低；而越往上，证据越少，但质量越高。2001 年，美国纽约州立大学医学中心提出九级证据金字塔，首次将动物研究和体外研究纳入分级系统，拓展了证据范畴。其简洁直观的形式受到广泛认可和传播（图 13-1）。

图 13-1　经典九级证据金字塔

针对该经典九级证据金字塔，其结构自上而下涵盖内容如下：

1. 系统综述和 Meta 分析　系统综述和 Meta 分析（systematic reviews and meta-analysis）位于金字塔的顶端，代表最高级别的证据，它们通过严格的筛选标准和方法，整合了所有相关的研究证据，确保最大限度地减少偏倚，以提供综合结论。

2. 随机对照试验　随机对照试验（RCT）通过随机分配参与者到干预组或对照组，评估治疗或干预措施的效果，能够最大限度地控制混杂变量，避免选择性偏倚，被认为是单项研究中最高质量的证据，是临床研究中最常用的证据来源。

3. 队列研究　第三层开始是观察性研究，其中的队列研究（cohort study）是观察性研究中证据等级较高的研究类型，通过跟踪某一群体（队列），研究暴露（如某个因素、行为）与疾病或结局之间的关系，可以是前瞻性或回顾性的，用于研究暴露和疾病之间的关联。虽然没有随机分配组别，但队列研究能够揭示暴露因素与健康结果之间的长期联系。

4. 病例对照研究　病例对照研究（case-control study）将患有特定疾病（病例组）的人与不患该病（对照组）的人进行比较，以确定可能的风险因素，是一种回顾性观察研究，通过对比患病（病例）和不患病（对照）人群暴露比例，分析潜在的危险因素或暴露因素。适用于研究罕见疾病或需要回顾历史暴露的情况，但由于回顾性设计，存在一定的偏倚风险。

5. 病例系列　第五级是病例系列（case series），是对多个患者或病例进行回顾性或前瞻性的观察和总结，描述其临床表现、治疗过程和治疗结果。通常是对相同疾病、相同治疗方法或相同特征的患者群体进行跟踪记录和分析，但没有对照组。用于描述新发现的疾病、稀有病症、罕见副作用或疗效，也可作为初步探索某一治疗方法或干预措施在特定群体中的效果，尤其是在缺乏大规模临床试验的情况下。

6. 病例报告　病例报告（case reports）通常是对一个单一患者或极少数患者的详细描述，报告其临床症状、诊断过程、治疗方法、治疗效果以及疾病的自然病程等，是基于临床实践中的具体个案，通常由医师、研究人员或其他健康专业人员撰写，通常基于对已发生的事件的回顾性分析，患者的临床经历被详细记录和分析。病例报告常用于描述新发现的疾病、症状、病理特征或罕见病症，尤其适用于罕见病症或异常临床事件的记录，这些事件可能没有足够的病例或临床试验来支持更高层次的研究。

7. 专家观点、评论、意见　证据金字塔第七级是专家观点、评论和意见，代表个别专家或专家小组基于个人经验、知识或专业判断所提出的看法，通常没有系统的研究数据支持，因此证据的质量和可靠性较低。在一些尚未被充分研究或存在不确定性的领域，专家的意见常常成为制定政策或指导方针的依据。

8. 动物实验　第八级是动物实验，是指通过使用动物模型来研究生物学现象、疾病机制、药物疗效、安全性等。它是医学和生物学研究中常见的一种实验方法，特别是在临床试验前，动物实验为药物、治疗方法或技术的安全性和有效性提供初步的证据。

9. 体外试验　体外试验是金字塔底部的证据类型，指在控制的实验室环境下，使用分离的细胞、组织或器官进行的生物学研究。与体内试验（in vivo test）不同，体外试验不涉及整个活体动物或人类，而是在人工环境中模拟生物体内的部分生理过程。体外试验广泛应用于药物开发、毒性测试、疾病机制研究等多个领域。

（二）GRADE 分级系统

国际医学推荐分级的研究、开发和评估（Grading of Recommendations Assessment，Development and Evaluation，GRADE）是一个评估医学证据质量和制定临床推荐的系统，为临床医师、研究人员和政策制定者提供透明、科学的框架，帮助他们基于最佳可得证据做出临床决策，是现代医学研究和临床决策过程中证据分级的标准工具。GRADE 工作组由近 20 个国家和国际组织于 2000 年共同成立，制定出证据质量和推荐强度分级标准，并于 2004 年正式推出。GRADE 分级系统是当前对研究证据进行分类分级的国际最高水平，现已被包括 WHO、Cochrane 协作网、英国国家卫生与临床优化研究所（National Institute for Health and Care Excellence，NICE）、UpToDate 和中华医学会在内的 100 多个组织采用。GRADE 将证据质量分为“高、中、低和极低”4 个水平，将推荐强度分为“强推荐和弱推荐”2 种，并用符号、字母或数字进行描述。

GRADE 方法提出了 8 个影响证据质量的要素，其中包括 5 个降级因素和 3 个升级因素。GRADE 分级首先确定研究类型，RCT 开始时被评为高质量，观察性研究通常被评为低质量，需考虑偏倚风险、不一致性、间接性、不精确性和发表偏倚 5 个降级因素，如果存在这些因素，证据等级可能会降低。此外也会考虑大的效应量、剂量-反应关系、所有混杂因素倾向于削弱效应等 3 个升级因素，如果存在这些因素，观察性研究的证据等级可以升级。根据评估结果可将研究证据分为高、中、低、极低四个证据

NOTES

等级，见表 13-1。GRADE 系统不仅对证据的质量进行分级，还通过评估推荐的强度来帮助决策者，是最全面和广泛使用的证据分级体系，适合用于系统综述和 Meta 分析中多种类型证据的评估。

表 13-1 GRADE 证据质量分级

证据级别	详细描述	研究类型	总分	表达符号/字母
高级证据	非常确定真实的效应值接近效应估计	1. RCT 2. 质量升高二级的观察性研究	≥0 分	⊕⊕⊕⊕/A
中级证据	对效应估计值有中等程度信心：真实值有可能接近估计值，但仍存在二者不大相同的可能性	1. 质量降低一级的 RCT 2. 质量升高一级的观察性研究	–1 分	⊕⊕⊕○/B
低级证据	对效应估计值的确信程度有限：真实值可能与估计值大不相同	1. 质量降低二级的 RCT 2. 观察性研究	–2 分	⊕⊕○○/C
极低级证据	对效应估计值几乎没有信息：真实值很可能与估计值大不相同	1. 质量降低三级的 RCT 2. 质量降低一级的观察性研究 3. 系列病例观察 4. 个案报道	≤–3 分	⊕○○○/D

虽然 GRADE 在证据质量分级方面提供了诸多便利，但也存在以下局限性：GRADE 主要用于干预性研究和政策制定，对于风险评估和预后类问题没有涉及；对于效果非常明显的治疗无需 GRADE 评价；在进行 GRADE 评价时，需要严格按照推荐的步骤完成指南的制定；目前使用 GRADE 效果最好的是评价预防性和干预性治疗以及解决临床问题，使用 GRADE 解决诊断性研究和公共卫生问题还存在不足；GRADE 只是全面地、透明地进行证据评估和推荐，对于证据的采纳与否仍需要自行判断。

（三）循证实践

循证实践是循证医学的核心步骤，指导临床医师如何系统地获取和应用最佳证据来做出临床决策，完整的循证实践包括以下五个步骤：

1. **提出明确的临床问题**（ask a well-built question） 通过 PICO 原则，即对研究对象（participants）的特征、干预措施（intervention）、与什么进行比较（comparison）和观察结局指标（outcome），来定义和表述一个具体的临床问题。例如："在高血压的成年患者中，使用药物 A 相比药物 B 是否能更有效地降低血压？"

2. **获取最佳证据**（acquire evidence） 通过系统查阅文献、数据库（如 PubMed、Cochrane Library 等）来寻找与临床问题相关的最佳证据。优先考虑高质量的研究，如系统综述、Meta 分析或 RCT。

3. **批判性评价证据**（appraise the evidence） 对找到的文献和研究进行批判性评价，判断其有效性、可靠性和适用性。评估研究设计、偏倚风险、统计学显著性及其在临床实践中的应用价值。

4. **应用证据与临床实践**（apply the evidence along with clinical judgment and patient values） 将评价后的证据与患者的具体情况、偏好和价值观相结合，制定并实施临床决策，确保所应用的证据能够切实帮助患者获得最佳的健康结果。

5. **评价过程和效果**（assess the results） 对循证实践的实施过程和临床结果进行反思和评价，确认决策的效果，学习经验并改进未来的实践，若结果不理想，则需重新提出问题并重复上述步骤。

以上五个步骤是一个循环的过程，帮助临床医师在不断变化的医疗环境中做出科学、合理和个性化的治疗决策。

三、系统综述与循证医学证据

（一）系统综述的概念和分类

NOTES

系统综述通过系统收集、评价并总结现有研究，为特定临床问题提供综合结论，是循证医学中顶级证据之一。相比单一研究（如 RCT），系统综述汇总多个高质量研究的数据，减少偏倚和误差，提升统计效能和结论代表性。临床医师面临复杂问题时，系统综述能整合多项研究结果，为治疗方法的选择提供清晰指引。它推动了临床实践中最佳证据的应用，是制定指南和共识的重要基础。作为核心工具，系统综述提高了循证医学的科学性和精准性，优化了患者治疗效果。

1. 概念　系统综述也称系统评价，1993 年 7 月由 *BMJ* 的编辑与英国 Cochrane 中心的方法学家在伦敦召开的会议上正式提出，并大力推广，系统综述是一种文献综合方法，可以是定性的（即未采用 Meta 分析），也可以是定量的（即包含了 Meta 分析）。

在第 6 版《流行病学词典》中，系统综述被定义为："一种用来识别、评价和汇总研究证据的系统方法，以回答一个明确的研究问题。系统综述遵循一套预先确定和明确的标准进行，这些标准涉及文献的检索策略、研究纳入和排除标准、数据提取方法以及数据分析方式。其目的是尽量减少偏倚，并提供一个全面、透明和可重复的研究证据综述"。该定义强调了系统综述的结构化和透明性，确保结果的可靠性和可重复性。系统综述通常用于医学和公共卫生领域，以便提供更强有力的证据基础，用于制定政策和临床决策。

Cochrane 协作网将系统综述定义为"旨在收集所有符合预定纳入标准的研究证据并进行整理评价，以回答某一具体的研究问题。其采用明确、系统的方法降低偏倚，提供更为可靠的结果，促进决策"。

2. 分类　根据系统综述依托平台可以分为 Cochrane 系统综述和非 Cochrane 系统综述。Cochrane 系统综述是对医疗保健干预措施的获益与风险进行系统性、可靠证据更新与概括的过程。其目的是为实际工作中的决策提供支持。Cochrane 系统综述的编制使用 Cochrane 协作网开发的专用软件 Review Manager（RevMan），并遵循该软件手册中提供的标准格式。完成的 Cochrane 系统综述将在 Cochrane 图书馆（The Cochrane Library）上发布。非 Cochrane 系统综述不依赖于国际 Cochrane 协作组织，研究方案可以通过 PROSPERO 等非 Cochrane 平台进行注册。研究者可以自主选择研究主题、撰写研究方案，并自由选择如 Stata、R 软件、WinBUGS 等多种统计分析工具。整个研究设计、实施过程以及文章撰写均不受 Cochrane 专家的监督和指导。最终撰写完成的研究方案及系统综述文章通常会发表于非 Cochrane 学术期刊。

系统综述可根据是否采用 Meta 分析的方法分为定量和定性两类。定性系统综述通过描述性方式对研究结果进行综合，通常适用于干预措施变异性较大，或由于资料存在显著异质性（heterogeneity）而无法进行合并的情况。定量系统综述通过统计方法，如 Meta 分析，对多个相关研究的数据进行整合与分析，以量化某一干预措施或因素的效应。与定性系统综述不同，定量系统综述不仅仅是对研究结果的描述性总结，而是通过精确的统计技术，对不同研究的定量数据进行综合，从而得出更为可靠的结论。

根据资料来源的时限，系统综述可分为回顾性和前瞻性两类。当前，大多数系统综述属于回顾性，因为它们基于已完成或已发表的研究数据进行分析。然而，与一般回顾性研究类似，系统综述也可能受到一定程度的偏倚。为此，近年来研究者逐渐关注前瞻性系统综述，即在开展系统综述时，相关研究结果尚未完全得知，或纳入评估的试验仍在进行中。在此类综述中，研究者需对试验数据进行前瞻性跟踪和收集，因此研究周期较长且成本较高，但能够提高结果的可靠性与准确性。

近年来，国际上对系统综述的定义和应用逐渐扩展，衍生出了一些新的综述类型。范围性综述（scoping review）旨在探讨某一研究领域的广泛背景、研究现状、涵盖范围以及所采用的研究方法，重点在于构建现有证据的总体框架，而非集中于得出具体的结论。这类综述有助于揭示领域中的知识空白及研究趋势。动态系统综述（living systematic review）则是一种不断更新的综述形式，强调基于最新证据的实时动态评估。随着新研究成果的不断出现，动态系统综述能够及时整合新证据并进行修正，以确保评估结果的时效性和准确性。系统综述的概述（overview of systematic reviews，meta-meta-analysis）则聚焦于对某一临床问题相关的所有现有系统综述进行全面收集、评价与综合，通常用于对方法学质量的研究。这种综述形式可以为研究者提供更高层次的证据概览，评估不同综述间的一致性与差异性。最后，伞状综述（umbrella review）则致力于对一大类相关干预措施进行整体评价，

NOTES

通过汇总不同领域的系统综述，为决策者提供广泛的证据支持，尤其在多种干预措施相互交织的复杂情境下尤为重要。

（二）Meta分析的概念和分类

1. 概念　Meta分析源于数学家合并效应量的方法。1920年Fisher提出合并P值的思想，被认为是Meta分析的前身；1976年，美国心理学家Glass基于此思想发展为“合并统计量”，并命名为Meta分析。

Meta分析也是一种流行病学研究设计方法，但在使用中，已与系统综述、循证医学紧密联系，相互交融，共同发展。在第6版《流行病学词典》中，Meta分析被定义为“对以相似方式研究相同问题的多项研究（如在类似患者群体中进行的相同或相似治疗的RCT）的分析结果进行统计分析，以整合研究发现的分析方法”。即Meta分析是将多个具有相同研究主题的研究定量综合分析的一种统计学方法。

2. 分类　Meta分析最初用于定量合并多个头对头比较的RCT，评估干预措施效果差异。其后扩展至观察性研究，探讨疾病的发病率、患病率、危险因素、预后及诊断准确性等。进一步发展包括基于RCT的累积Meta分析、间接比较Meta分析、网状Meta分析和试验序贯Meta分析等多种形式。下文将介绍常用的Meta分析类型。

（1）单组率Meta分析：单组率Meta分析是一种基于单组数据的分析方法，仅需提供人群总数和事件发生数，常用于调查患病率、检出率、知晓率、病死率和感染率等。其原始研究多为横断面研究，未涉及组间比较。

（2）经典Meta分析：经典Meta分析通过定量合并来自不同研究的数据，能够有效地评估两种处理因素（A与B）的相对效果。通过整合多个研究的结果，合理选择统计模型、控制异质性、评估偏倚风险等操作，使得个别研究的局限性（如样本量小、研究设计不严谨等）得以克服，从而提高了结论的可靠性和统计精度。在评估两种干预措施的相对效果时，Meta分析能够：①提高统计效能。通过合并多项研究的数据，增强研究结果的统计效能，尤其是在样本量较小的情况下，单个研究可能无法提供足够的证据，而Meta分析可以通过汇总不同研究的结果，获得更为稳定的结论。②揭示总体趋势。通过对多项研究进行合并，Meta分析能够提炼出一种干预措施（A）相对于另一种干预措施（B）的效果差异，帮助评估在不同背景下的治疗效果。③量化效应量。通过计算风险比（RR）、均值差（MD）等效应量，Meta分析能够为临床决策者提供定量的证据，明确干预措施的效果优劣。例如，研究者可以通过Meta分析判断钙和维生素D补充对骨折预防的效果。

（3）诊断性Meta分析：诊断性Meta分析用于评估某诊断方法的准确性，通常分析目标疾病的敏感性和特异性，偶尔涉及似然比和诊断比值比。因地区、个体及诊断条件的差异，原始研究结果可能存在矛盾。若目标是评价诊断方法的诊断价值，应纳入病例对照研究，对照组通常为健康人群；若评估诊断方法对治疗或预后的改善作用，则需纳入RCT，两者的Meta分析方法与防治性研究相似。

（4）累积Meta分析：累积Meta分析（cumulative meta-analysis）起源于1981年，是一种按研究时间顺序逐步将新研究纳入分析的方法。每加入一项新研究，Meta分析即重复一次，动态展示结果变化趋势及各研究对整体结论的影响，有助于及早发现具统计学意义的干预效果。

（5）间接比较的Meta分析：在临床实践中，经常会遇到没有直接比较的证据或者需要从众多干预措施中选择对患者最佳处理措施的情况，此时，研究者往往需要寻找间接证据，这就形成了间接比较的Meta分析或多种干预措施比较的Meta分析即网状Meta分析。

若比较两种干预措施A与B的效果，但当前没有两者直接比较的RCT，却有两者同干预措施C的比较，此时，可将C作为公共比较组，借助间接比较的方法得出A与B的效果。

间接比较包括未调整间接比较和调整后间接比较，未调整间接比较是直接从RCT中提取A与B的数据，此方法虽然简单但对随机性的破坏很大，故可能产生较大偏倚从而高估疗效，现已不推荐使用。调整后间接比较以C作为公共比较组（C可以是安慰剂或阳性对照组），与未调整间接比较相比其最大的优势是能够在一定程度上保留随机特性，且经过了同质性和相似性检验，因而偏倚较小，为当前推荐的方法（图13-2）。

NOTES

（6）网状 Meta 分析：随着医学技术的不断发展，临床对疾病的干预措施或药物增长迅速，因此，政策制定者、医师与患者在诊疗时所面对的选择也越来越多，在做决策时他们希望得到同一问题涉及的所有处理（A、B、C、D、E 等）的比较结果，从而回答哪种处理最佳、对多个处理优劣的比较和排序的问题，在这种情况下，需将间接比较和直接比较的证据进行合并，即进行网状 Meta 分析（network meta analysis，NMA）（图 13-3）。

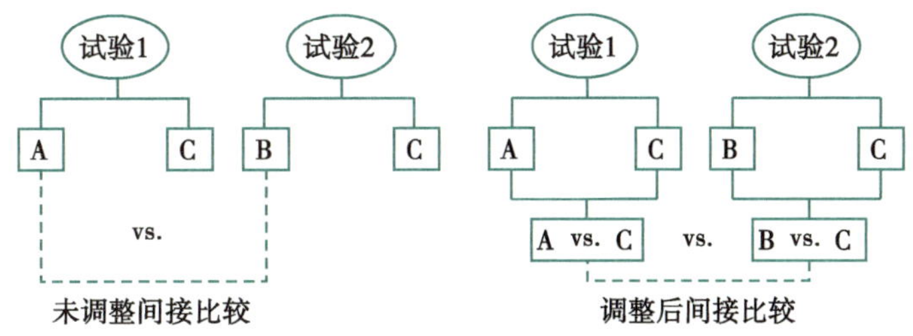

图 13-2 间接比较示意图

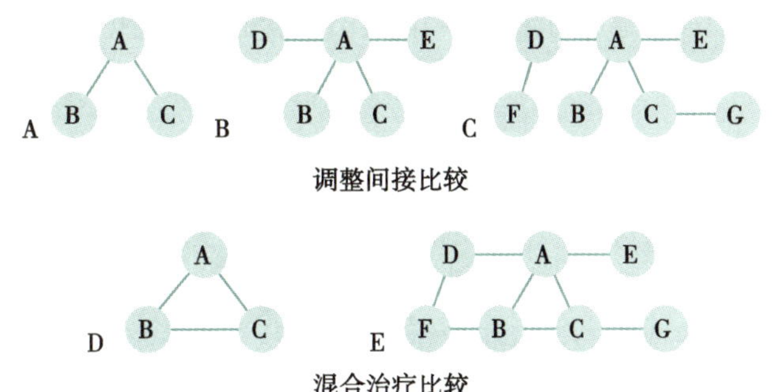

图 13-3 NMA 示意图

A~C. 为 B 和 C 进行间接比较；D、E. 形成了闭合环网络（A、B、C 之间），整合了间接比较和直接比较证据，在此基础上，形成混合治疗比较。

网状 Meta 分析构造一个等级模型，以处理抽样变异、治疗异质性及研究治疗比较间的不一致性，并提供模型的最大似然比。目前，主要的方法有经典的频率学法和贝叶斯法。频率学法主要应用的有倒方差法和广义线性混合模型。倒方差法即将各研究的方差倒数作为权重，对各研究效应进行加权平均，总体效应的方差为权重之和的倒数，操作相对简单；广义线性混合模型则考虑了随机效应，但应用的前提是需要获得受试者个体数据。贝叶斯法基于贝叶斯定理发展而来，与频率学方法相比，其优势在于可以利用后验概率对所有分析的干预措施进行排序，克服了频率学法在参数估计时通过不断地迭代去估计最大似然函数、易出现不稳定而得到有偏倚的结果的缺陷，故估计值更为准确，且建模更灵活，是当前所推荐的方法。

（7）个体数据 Meta 分析：个体数据（individual patient data，IPD）Meta 分析不是直接利用已经发表的研究结果总结数据进行 Meta 分析，而是通过从原始研究作者那里获取每个参与者的原始数据，并对这些数据进行 Meta 分析。与常规 Meta 分析相比，IPD Meta 分析能够最大限度地纳入未发表的试验或灰色数据，能够进行时间-事件分析，能够更新长期随访的数据，进行更复杂的多变量统计分析，但耗费大量时间、资源等是其最大的缺陷。目前，建立在 IPD 基础上的 Meta 分析被称为系统综述的“金标准”。

（三）两者的关系

1. 系统综述是 Meta 分析的基础 系统综述通过全面、系统地检索、筛选和评价所有与特定研究问题相关的研究，为 Meta 分析提供数据来源。在完成系统综述的文献检索和质量评估后，Meta 分析在此基础上进行，通过严格的纳入和排除标准，确保 Meta 分析所基于的是高质量且具有同质性的研究，为 Meta 分析提供了科学合理的研究样本。

2. Meta 分析是系统综述的一部分 在系统综述的框架内，如果所纳入的研究足够同质化(即研究设计、参与者、干预措施等方面相似)，就可以进行 Meta 分析。Meta 分析通过统计方法，将各个研究的结果定量合并，提供一个综合的效应量(如风险比、均数差)。通过合并多个研究的数据，Meta 分析提高了统计效能，能够提供比单一研究更为精确的效应估计，使得系统综述的结论更为强大和具有说服力。

3. 系统综述可以不包括 Meta 分析 在某些情况下，纳入的研究之间存在较大的异质性，难以进行定量合成，此时系统综述可能仅进行质性分析，而不进行 Meta 分析。这种情况下，系统综述仍然对文献进行详细总结和解释，但不合并效应量。即使没有进行 Meta 分析，系统综述仍然为读者

提供了对现有证据的综合理解，包括研究的范围、结果的方向性和研究之间的一致性或不一致性。

4. Meta 分析依赖于系统综述的质量 Meta 分析的准确性和可信度取决于系统综述的质量。如果系统综述在文献检索、研究筛选和质量评估中存在偏倚或遗漏，Meta 分析的结果也可能受到影响。因此，系统综述的严谨性直接影响 Meta 分析的可靠性。系统综述中对研究异质性的评估有助于选择合适的 Meta 分析模型（固定效应模型或随机效应模型），从而确保 Meta 分析的结果更为稳健和适用。

5. 共同推动循证医学的发展 系统综述和 Meta 分析共同为临床实践指南、政策制定和健康决策提供坚实的证据基础。通过提供全面的证据总结和综合效应估计，为临床医师和决策者提供可靠的信息，以改善患者护理和健康政策。系统综述提供 Meta 分析所需的研究基础，而 Meta 分析为系统综述增加了定量的深度和精确度。两者的结合使得研究结论更为全面、强有力，是循证医学中不可或缺的工具。

第二节 | 系统综述的制作步骤与方法

有较多文献介绍了系统综述的制作步骤，其中以《Cochrane 干预措施系统评价手册》（*Cochrane Handbook for Systematic Reviews of Interventions*）中提出的 10 个步骤最为常用，本节以社区老年人补充钙或维生素 D 与骨折发生率的关联：一项系统综述和 Meta 分析（Association Between Calcium or Vitamin D Supplementation and Fracture Incidence in Community-Dwelling Older Adults：A Systematic Review and Meta-analysis）为实例详细介绍系统综述与 Meta 分析的制作步骤。

一、提出要评价的问题

使用 PICO 框架清晰地定义研究问题，确保问题具有可行性和科学意义。

骨质疏松性骨折（特别是髋部骨折）在老年人中非常常见，尤其对 50 岁以上的女性构成了重大健康威胁。髋部骨折的后果严重，包括高死亡率（髋部骨折后 1 年内死亡率超过 20%）和显著的社会护理需求，给患者和社会带来了沉重的负担。由于骨折对社会、经济和健康影响重大，如何有效预防骨质疏松相关骨折已成为公共卫生领域的重要议题。

指南推荐将钙和维生素 D 补充剂作为骨折预防措施，特别是针对患有骨质疏松症的老年人。但以往的 Meta 分析并未就钙、维生素 D 单独或联合补充对骨折风险的影响达成一致结论，且社区居民与养老机构居民的骨折风险存在差异，提示钙和维生素 D 的作用可能因居住环境和人群特征而异。因此，本研究通过 Meta 分析系统评价钙或维生素 D 单独或联合补充是否能够降低社区老年人骨折发生率。

通过 PICO 框架定义研究问题，即探讨在社区老年人群中，钙或维生素 D 补充（单独或联合）对骨折风险的影响。

P：社区居住的老年人（社区人群，非住院或护理机构人群）。

I：钙补充剂（单独补充）、维生素 D 补充剂（单独补充）、钙与维生素 D 联合补充。

C：安慰剂、无干预。

O：骨折发生率。

二、制订系统综述研究计划

编写详细的计划书，明确研究目标、检索策略、纳入和排除标准以及数据分析方法，将计划注册在系统综述注册平台（如 PROSPERO）。

实例研究制定了详细的研究方案，并在 PROSPERO 注册（注册号：CRD42016053867）以确保研究过程的透明性和科学性。

三、制定检索策略并检索研究

制定全面且敏感的检索策略，检索多个数据库（如 Cochrane Library，PubMed，Embase 等）。补充

灰色文献、手工检索和参考文献追踪。

实例检索策略：检索时间范围为 2006 年 12 月 24 日至 2016 年 12 月 24 日，纳入近 10 年内的系统综述或 Meta 分析，同时补充检索 2012 年 7 月 16 日至 2017 年 7 月 16 日间的原始 RCT。检索数据库包括 PubMed、Cochrane Library 和 EMBASE，使用的关键词为 "calcium"（钙）、"vitamin D"（维生素 D）和 "fracture"（骨折）。检索未设置语言限制，以确保全面性。

四、筛选研究和收集资料

根据预设的纳入和排除标准，双人独立筛选文献并解决分歧，记录每个排除研究的理由。

1. 实例纳入标准　①干预措施：比较钙、维生素 D 或钙与维生素 D 联合补充与安慰剂或无治疗组的 RCT。②研究对象：50 岁以上的成人，且居住在社区中（排除了住院或护理机构人群）。③结局指标：必须提供关于骨折的相关数据。

2. 实例排除标准　①没有对照组的随机试验：排除没有安慰剂或治疗组的随机试验，这些试验缺乏足够的对照组数据。②糖皮质激素诱发的继发性骨质疏松症：排除针对使用糖皮质激素治疗的患者的试验，这可能影响结果的普遍性，糖皮质激素的使用可能对骨折风险有特殊影响。③联合其他治疗的补充：排除钙、维生素 D 或钙与维生素 D 联合补充与其他治疗（如抗骨质疏松药物）同时进行的试验，因为会混淆各个干预措施的单独效果。④使用维生素 D 类似物或羟基化维生素 D：排除使用维生素 D 类似物（如骨化三醇，calcitriol）或羟基化维生素 D 的试验，因为这些不属于常规的维生素 D 补充剂。⑤膳食钙或维生素 D 的摄入：排除评估膳食来源的钙或维生素 D（例如通过牛奶摄入）的研究，这种评估不属于补充剂的效果。

五、数据提取

提取研究中的关键数据（如研究设计、样本特征、干预措施、结果等），并存储在标准化的数据提取表格中。

实例中两位研究人员独立提取每项研究的关键信息，包括作者、发表年份、研究国家、参与者特征、钙和维生素 D 剂量、膳食钙摄入量、基线血清 25-羟基维生素 D 浓度以及试验持续时间。如有数据提取分歧，通过共识解决以确保数据的准确性和一致性。对于具有超过 2 个组或因子设计的试验，且允许进行多重比较的情况，仅提取与研究目标相关的数据，确保简洁性和聚焦性。

主要结局是髋部骨折，因为它对老年人群体的影响最为严重，通常伴随较高死亡率和较长时间的生活质量下降。次要结局包括非椎骨骨折、椎体骨折和总体骨折。总体骨折指所有部位的骨折，或未详细描述骨折部位的情况；若仅报告单一部位的骨折（如髋部骨折），则不算作总体骨折。

六、评估纳入研究的偏倚风险

使用 Cochrane 协作网随机试验偏倚风险评估工具（最新版本为 RoB 2.0）或其他工具对纳入研究的质量进行系统评估。

实例通过 Cochrane 偏倚风险评估标准，独立评估纳入 RCT 的方法学质量，评估项包括随机化序列生成、分配隐藏、参与者和研究人员的盲法、结果评估的盲法、不完整的结局数据、选择性报告、其他偏倚（如药企资助或干预组基线特征不一致）。根据以上标准，纳入文献被分为低质量、中等质量和高质量三个等级。①低质量：若随机化或分配隐藏为高风险，其他项目无论如何，均为低质量。②中等质量：不符合高或低质量标准的试验。③高质量：随机化和分配隐藏为低风险，其他项为低风险或不确定风险。

七、数据分析

进行定量合并（Meta 分析）或定性综合，选择适当的统计模型（如固定效应模型或随机效应模型）

分析异质性，进行敏感性分析和亚组分析。

实例研究评估了钙、维生素 D 以及钙与维生素 D 联合补充剂与骨折发生率之间的关系，并将每种补充剂与安慰剂或无治疗组进行比较。采用 Mantel-Haenszel 统计方法计算风险比（RR）、绝对风险差（ARD）及其 95% 置信区间。在处理零事件时，若某组报告零事件，在每组中加 0.5 事件。根据 Cochrane 手册的实践建议，当 RR 计算时，若多个研究的干预组和对照组均报告零事件，则不纳入 Meta 分析。

使用随机效应模型汇总数据，并通过 I^2 统计量评估数据的异质性。此外，通过排除低质量研究进行敏感性分析以确保结果的稳健性。当 RR 和 ARD 在相同结局上不一致时，优先依据风险比（RR）进行解释，因 RR 模型在评估预防不良事件的干预时更为一致。

为评估钙、维生素 D 或钙与维生素 D 联合补充剂与骨折的关系是否受到临床特征的影响，研究者根据补充剂的剂量、频率、性别、骨折历史、膳食钙摄入量等因素进行亚组分析，并评估亚组间差异是否具有统计学意义。所有分析均使用 Revman 5.3，所有检验均为双尾检验，$P<0.05$ 为具有统计学意义。

八、结果解释与总结

使用 GRADE 评估证据质量，并对主要发现的临床意义和局限性进行详细讨论。

实例共检索到 884 篇系统综述和 Meta 分析。经过标题和摘要筛选以及全文评阅，最终纳入 21 项符合纳入标准的研究。其中 4 项研究评估了单独钙补充或联合维生素 D 的钙补充对老年人骨折预防效果的影响；17 项研究探讨了单独维生素 D 补充或联合钙的维生素 D 补充对骨折发生率的影响。此外，通过检索最新发表的 RCT，最终纳入 33 项研究，涉及总计 51 145 名参与者。

14 项 RCT 比较了钙补充剂与安慰剂或无治疗在骨折风险方面的效果。Meta 分析结果显示，钙补充剂与髋部骨折风险之间无显著关联（RR = 1.53，95%CI：0.97~2.42）。同样，钙补充剂对非脊柱骨折、脊柱骨折或总骨折的影响也未表现出显著差异，如图 13-4 所示。敏感性分析未改变结果，表明钙补充剂对骨折风险的降低效果有限，且在不同剂量、性别、骨折历史和饮食钙摄入量等亚组中未观察到显著差异。

17 项 RCT 评估了维生素 D 补充对骨折风险的影响。分析结果表明，维生素 D 补充与髋部骨折风险之间无显著关联（RR = 1.21，95%CI：0.99~1.47），对于非脊柱骨折、脊柱骨折和总骨折，维生素 D 的效果亦未达到统计学显著性，如图 13-5 所示。

13 项 RCT 评估了钙和维生素 D 联合补充剂的效果。综合分析结果表明，联合补充剂对髋部骨折、非脊柱骨折、脊柱骨折和总骨折的影响未达到统计学显著性（RR 分别为 1.09、0.88、0.63 和 0.90），如图 13-6 所示。亚组分析未发现基于钙或维生素 D 的剂量、性别、骨折历史、饮食钙摄入量或血清 25-羟基维生素 D 浓度等因素的显著差异。

偏倚评估结果，所有纳入的研究均为随机化设计，其中 25 项为双盲安慰剂对照试验，大多数研究充分描述了随机序列生成过程和分配隐藏方法；偏倚风险评估显示，尽管大多数试验质量较高，但个别低质量试验可能对结果产生一定影响，详见图 13-7 和图 13-8。敏感性分析表明，分析结果未发生显著变化。

本研究的局限性：由于研究设计、样本特征和干预方式的差异，导致研究结果存在异质性，可能影响结论的可靠性；部分研究缺乏透明度，特别是在骨折事件报告上，可能存在选择性报告偏倚；对于特定高风险群体（如糖尿病患者和老年人）的补充效果研究较少，限制了对这些群体效果的评估。

总体而言，钙和维生素 D 的补充在社区人群骨折预防中的效果有限。单独使用钙或维生素 D 与安慰剂或无治疗组之间并未显示出显著差异。联合补充钙和维生素 D 的效果也没有得到显著支持。然而，对于特定人群，尤其是血清维生素 D 浓度较低的个体，维生素 D 补充可能对减少髋部骨折有一定作用。

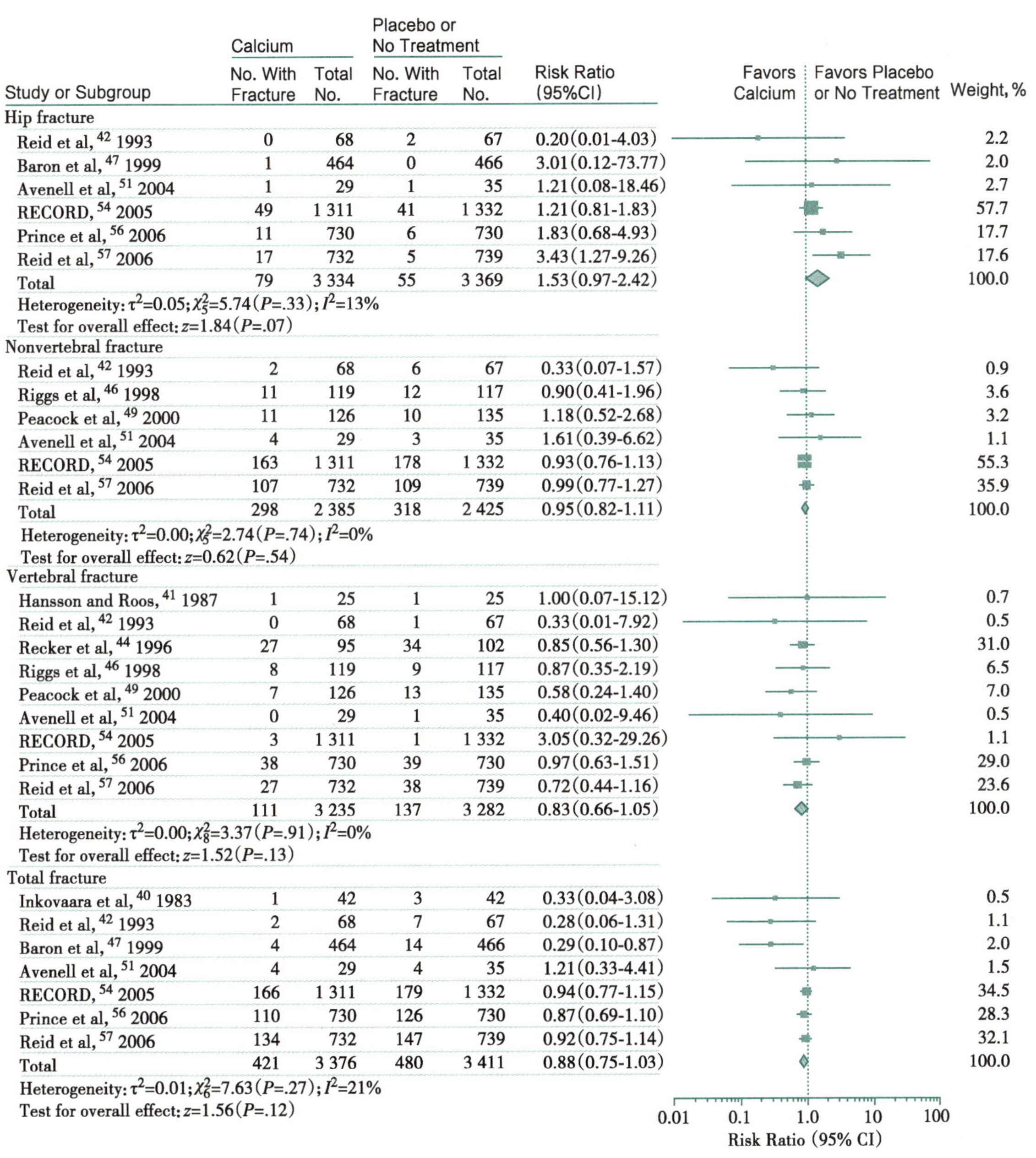

Study or Subgroup	Calcium No. With Fracture	Calcium Total No.	Placebo or No Treatment No. With Fracture	Placebo or No Treatment Total No.	Risk Ratio (95%CI)	Weight, %
Hip fracture						
Reid et al,[42] 1993	0	68	2	67	0.20(0.01-4.03)	2.2
Baron et al,[47] 1999	1	464	0	466	3.01(0.12-73.77)	2.0
Avenell et al,[51] 2004	1	29	1	35	1.21(0.08-18.46)	2.7
RECORD,[54] 2005	49	1 311	41	1 332	1.21(0.81-1.83)	57.7
Prince et al,[56] 2006	11	730	6	730	1.83(0.68-4.93)	17.7
Reid et al,[57] 2006	17	732	5	739	3.43(1.27-9.26)	17.6
Total	79	3 334	55	3 369	1.53(0.97-2.42)	100.0
Heterogeneity: τ^2=0.05; χ_5^2=5.74(P=.33); I^2=13%						
Test for overall effect: z=1.84(P=.07)						
Nonvertebral fracture						
Reid et al,[42] 1993	2	68	6	67	0.33(0.07-1.57)	0.9
Riggs et al,[46] 1998	11	119	12	117	0.90(0.41-1.96)	3.6
Peacock et al,[49] 2000	11	126	10	135	1.18(0.52-2.68)	3.2
Avenell et al,[51] 2004	4	29	3	35	1.61(0.39-6.62)	1.1
RECORD,[54] 2005	163	1 311	178	1 332	0.93(0.76-1.13)	55.3
Reid et al,[57] 2006	107	732	109	739	0.99(0.77-1.27)	35.9
Total	298	2 385	318	2 425	0.95(0.82-1.11)	100.0
Heterogeneity: τ^2=0.00; χ_5^2=2.74(P=.74); I^2=0%						
Test for overall effect: z=0.62(P=.54)						
Vertebral fracture						
Hansson and Roos,[41] 1987	1	25	1	25	1.00(0.07-15.12)	0.7
Reid et al,[42] 1993	0	68	1	67	0.33(0.01-7.92)	0.5
Recker et al,[44] 1996	27	95	34	102	0.85(0.56-1.30)	31.0
Riggs et al,[46] 1998	8	119	9	117	0.87(0.35-2.19)	6.5
Peacock et al,[49] 2000	7	126	13	135	0.58(0.24-1.40)	7.0
Avenell et al,[51] 2004	0	29	1	35	0.40(0.02-9.46)	0.5
RECORD,[54] 2005	3	1 311	1	1 332	3.05(0.32-29.26)	1.1
Prince et al,[56] 2006	38	730	39	730	0.97(0.63-1.51)	29.0
Reid et al,[57] 2006	27	732	38	739	0.72(0.44-1.16)	23.6
Total	111	3 235	137	3 282	0.83(0.66-1.05)	100.0
Heterogeneity: τ^2=0.00; χ_8^2=3.37(P=.91); I^2=0%						
Test for overall effect: z=1.52(P=.13)						
Total fracture						
Inkovaara et al,[40] 1983	1	42	3	42	0.33(0.04-3.08)	0.5
Reid et al,[42] 1993	2	68	7	67	0.28(0.06-1.31)	1.1
Baron et al,[47] 1999	4	464	14	466	0.29(0.10-0.87)	2.0
Avenell et al,[51] 2004	4	29	4	35	1.21(0.33-4.41)	1.5
RECORD,[54] 2005	166	1 311	179	1 332	0.94(0.77-1.15)	34.5
Prince et al,[56] 2006	110	730	126	730	0.87(0.69-1.10)	28.3
Reid et al,[57] 2006	134	732	147	739	0.92(0.75-1.14)	32.1
Total	421	3 376	480	3 411	0.88(0.75-1.03)	100.0
Heterogeneity: τ^2=0.01; χ_6^2=7.63(P=.27); I^2=21%						
Test for overall effect: z=1.56(P=.12)						

图 13-4　钙剂补充与骨折风险

NOTES

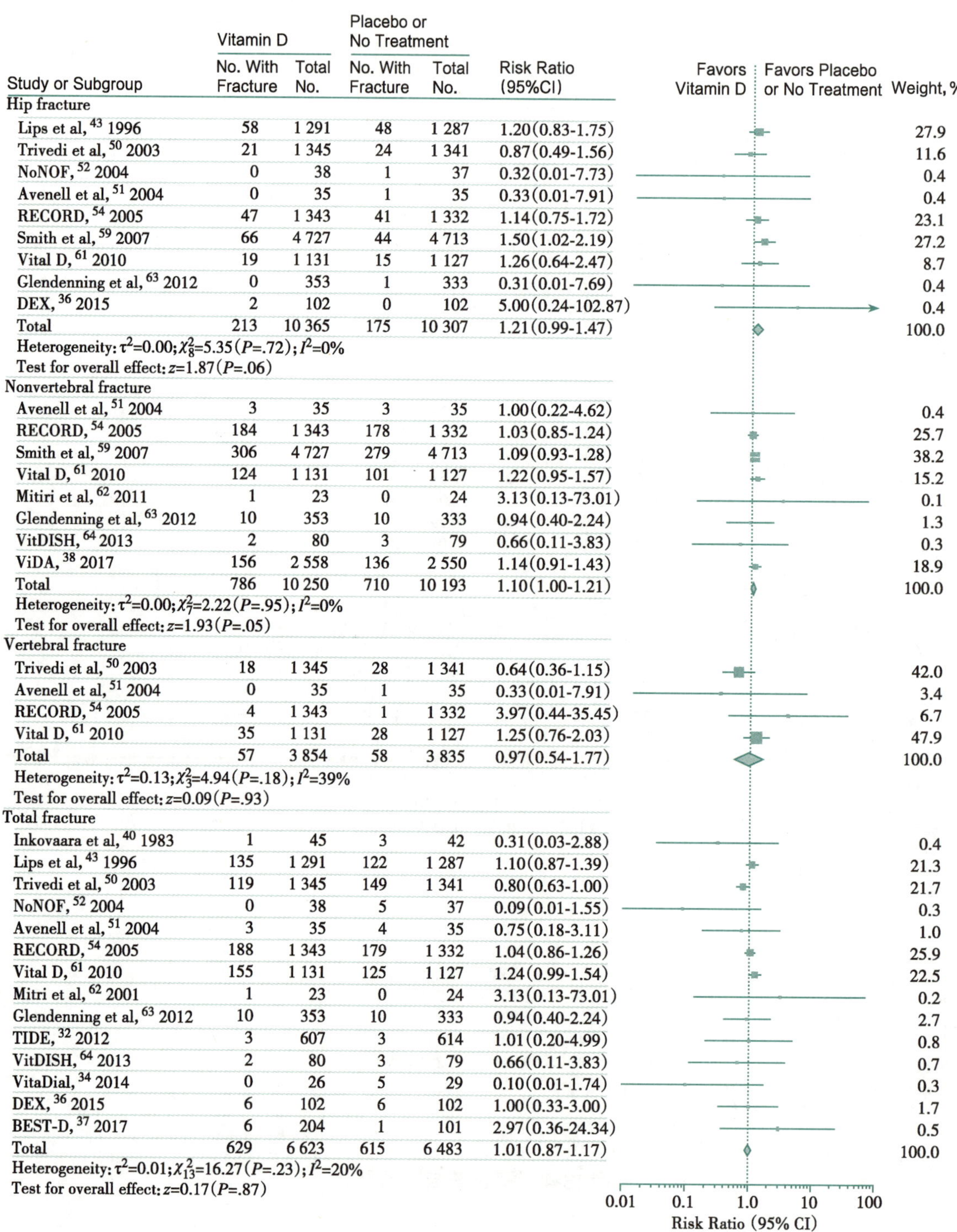

Study or Subgroup	Vitamin D No. With Fracture	Vitamin D Total No.	Placebo or No Treatment No. With Fracture	Placebo or No Treatment Total No.	Risk Ratio (95%CI)	Weight, %
Hip fracture						
Lips et al,[43] 1996	58	1 291	48	1 287	1.20(0.83-1.75)	27.9
Trivedi et al,[50] 2003	21	1 345	24	1 341	0.87(0.49-1.56)	11.6
NoNOF,[52] 2004	0	38	1	37	0.32(0.01-7.73)	0.4
Avenell et al,[51] 2004	0	35	1	35	0.33(0.01-7.91)	0.4
RECORD,[54] 2005	47	1 343	41	1 332	1.14(0.75-1.72)	23.1
Smith et al,[59] 2007	66	4 727	44	4 713	1.50(1.02-2.19)	27.2
Vital D,[61] 2010	19	1 131	15	1 127	1.26(0.64-2.47)	8.7
Glendenning et al,[63] 2012	0	353	1	333	0.31(0.01-7.69)	0.4
DEX,[36] 2015	2	102	0	102	5.00(0.24-102.87)	0.4
Total	213	10 365	175	10 307	1.21(0.99-1.47)	100.0
Heterogeneity: $\tau^2=0.00$; $\chi^2_8=5.35$ (P=.72); $I^2=0\%$						
Test for overall effect: z=1.87 (P=.06)						
Nonvertebral fracture						
Avenell et al,[51] 2004	3	35	3	35	1.00(0.22-4.62)	0.4
RECORD,[54] 2005	184	1 343	178	1 332	1.03(0.85-1.24)	25.7
Smith et al,[59] 2007	306	4 727	279	4 713	1.09(0.93-1.28)	38.2
Vital D,[61] 2010	124	1 131	101	1 127	1.22(0.95-1.57)	15.2
Mitiri et al,[62] 2011	1	23	0	24	3.13(0.13-73.01)	0.1
Glendenning et al,[63] 2012	10	353	10	333	0.94(0.40-2.24)	1.3
VitDISH,[64] 2013	2	80	3	79	0.66(0.11-3.83)	0.3
ViDA,[38] 2017	156	2 558	136	2 550	1.14(0.91-1.43)	18.9
Total	786	10 250	710	10 193	1.10(1.00-1.21)	100.0
Heterogeneity: $\tau^2=0.00$; $\chi^2_7=2.22$ (P=.95); $I^2=0\%$						
Test for overall effect: z=1.93 (P=.05)						
Vertebral fracture						
Trivedi et al,[50] 2003	18	1 345	28	1 341	0.64(0.36-1.15)	42.0
Avenell et al,[51] 2004	0	35	1	35	0.33(0.01-7.91)	3.4
RECORD,[54] 2005	4	1 343	1	1 332	3.97(0.44-35.45)	6.7
Vital D,[61] 2010	35	1 131	28	1 127	1.25(0.76-2.03)	47.9
Total	57	3 854	58	3 835	0.97(0.54-1.77)	100.0
Heterogeneity: $\tau^2=0.13$; $\chi^2_3=4.94$ (P=.18); $I^2=39\%$						
Test for overall effect: z=0.09 (P=.93)						
Total fracture						
Inkovaara et al,[40] 1983	1	45	3	42	0.31(0.03-2.88)	0.4
Lips et al,[43] 1996	135	1 291	122	1 287	1.10(0.87-1.39)	21.3
Trivedi et al,[50] 2003	119	1 345	149	1 341	0.80(0.63-1.00)	21.7
NoNOF,[52] 2004	0	38	5	37	0.09(0.01-1.55)	0.3
Avenell et al,[51] 2004	3	35	4	35	0.75(0.18-3.11)	1.0
RECORD,[54] 2005	188	1 343	179	1 332	1.04(0.86-1.26)	25.9
Vital D,[61] 2010	155	1 131	125	1 127	1.24(0.99-1.54)	22.5
Mitri et al,[62] 2001	1	23	0	24	3.13(0.13-73.01)	0.2
Glendenning et al,[63] 2012	10	353	10	333	0.94(0.40-2.24)	2.7
TIDE,[32] 2012	3	607	3	614	1.01(0.20-4.99)	0.8
VitDISH,[64] 2013	2	80	3	79	0.66(0.11-3.83)	0.7
VitaDial,[34] 2014	0	26	5	29	0.10(0.01-1.74)	0.3
DEX,[36] 2015	6	102	6	102	1.00(0.33-3.00)	1.7
BEST-D,[37] 2017	6	204	1	101	2.97(0.36-24.34)	0.5
Total	629	6 623	615	6 483	1.01(0.87-1.17)	100.0
Heterogeneity: $\tau^2=0.01$; $\chi^2_{13}=16.27$ (P=.23); $I^2=20\%$						
Test for overall effect: z=0.17 (P=.87)						

图 13-5　维生素 D 补充与骨折风险

Study or Subgroup	Vitamin D Plus Calcium No. With Fracture	Vitamin D Plus Calcium Total No.	Placebo or No Treatment No. With Fracture	Placebo or No Treatment Total No.	Risk Ratio (95%CI)	Weight, %
Hip fracture						
Dawson-Hughes et al,[45] 1997	0	187	1	202	0.36(0.01-8.78)	0.6
Avenell et al,[51] 2004	1	35	1	35	1.00(0.07-15.36)	0.8
NoNOF,[52] 2004	1	75	1	37	0.49(0.03-7.67)	0.8
Porthouse et al,[53] 2005	8	1 321	17	1 993	0.71(0.31-1.64)	8.6
RECORD,[54] 2005	46	1 306	41	1 332	1.14(0.76-1.73)	35.2
WHI,[55] 2006	70	4 015	61	3 957	1.13(0.80-1.59)	52.0
OSTPRE-FPS,[60] 2010	4	1 718	2	1 714	2.00(0.37-10.88)	2.1
Total	130	8 657	124	9 270	1.09(0.85-1.39)	100.0
Heterogeneity: τ^2=0.00; χ^2_6=2.38(P=.88); I^2=0%						
Test for overall effect: z=0.68(P=.50)						
Nonvertebral fracture						
Dawson-Hughes et al,[45] 1997	11	187	26	202	0.46(0.23-0.90)	5.5
Avenell et al,[51] 2004	2	35	3	35	0.67(0.12-3.75)	0.8
NoNOF,[52] 2004	6	75	5	37	0.59(0.19-1.81)	2.0
RECORD,[54] 2005	165	1 306	178	1 332	0.95(0.78-1.15)	64.7
Bolton-Smith et al,[58] 2007	2	62	2	61	0.98(0.14-6.76)	0.7
OSTPRE-FPS,[60] 2010	71	1 718	82	1 714	0.86(0.63-1.18)	26.2
Total	257	3 383	296	3 381	0.88(0.75-1.03)	100.0
Heterogeneity: τ^2=0.00; χ^2_5=4.72(P=.45); I^2=0%						
Test for overall effect: z=1.63(P=.10)						
Vertebral fracture						
Avenell et al,[51] 2004	0	35	1	35	0.33(0.01-7.91)	6.3
RECORD,[54] 2005	0	1 306	1	1 332	0.34(0.01-8.34)	6.1
OSTPRE-FPS,[60] 2010	9	1 718	13	1 714	0.69(0.30-1.61)	87.6
Total	9	3 059	15	3 081	0.63(0.29-1.40)	100.0
Heterogeneity: τ^2=0.00; χ^2_2=0.34(P=.84); I^2=0%						
Test for overall effect: z=1.14(P=.26)						
Total fracture						
Inkovaara et al,[40] 1983	0	46	3	42	0.13(0.01-2.46)	0.2
Avenell et al,[51] 2004	2	35	4	35	0.50(0.10-2.56)	0.8
NoNOF,[52] 2004	6	75	5	37	0.59(0.19-1.81)	1.6
RECORD,[54] 2005	165	1 306	179	1 332	0.94(0.77-1.15)	52.6
Porthouse et al,[53] 2005	58	1 321	91	1 993	0.96(0.70-1.33)	19.8
OSTPRE-FPS,[60] 2010	78	1 718	94	1 714	0.83(0.62-1.11)	23.9
Liu et al,[35] 2015	1	50	2	48	0.48(0.04-5.12)	0.4
Xue et al,[39] 2017	3	139	2	173	1.87(0.32-11.02)	0.7
Total	313	4 690	380	5 374	0.90(0.78-1.04)	100.0
Heterogeneity: τ^2=0.00; χ^2_7=4.28(P=.75); I^2=0%						
Test for overall effect: z=1.41(P=.16)						

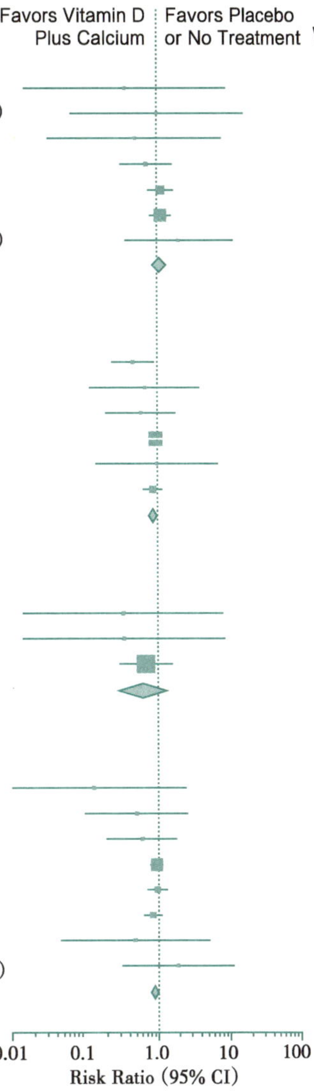

Favors Vitamin D Plus Calcium　Favors Placebo or No Treatment

0.01　0.1　1.0　10　100

Risk Ratio (95% CI)

图 13-6　钙剂和维生素 D 联合补充与骨折风险

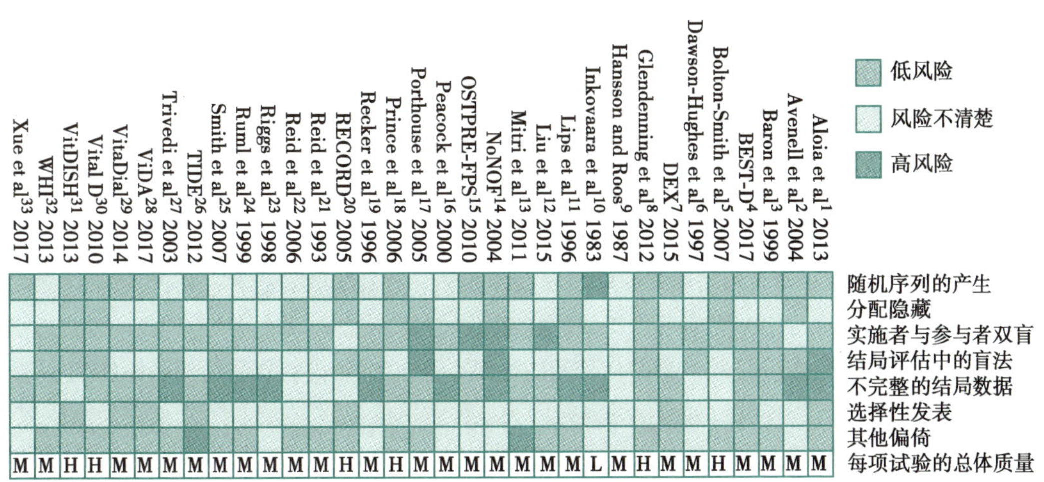

图 13-7　偏倚风险评估结果

H，高质量；M，中等质量；L，低质量。

NOTES

九、撰写综述报告

遵循PRISMA声明撰写系统综述报告，需要包括清晰的结果呈现、方法描述和图表支撑。

实例研究撰写报告时应声明已遵循PRISMA指南。

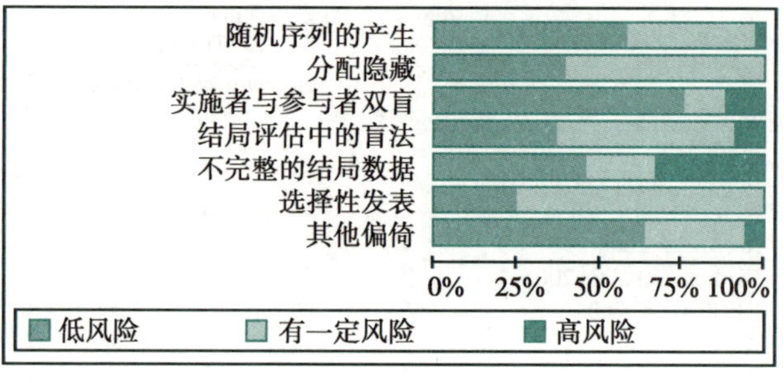

图13-8　偏倚风险总结图

十、完善和更新系统综述

随着新研究和证据的产生，定期更新综述以保持其时效性。

第三节　系统综述的质量评价工具与报告规范

一、纳入系统综述的原始研究的质量评价工具

在进行系统综述时，评价纳入原始研究的质量是确保综述结果可靠性的重要步骤，不同类型的研究有不同的质量评价工具，以下是一些常用的工具。

（一）RCT的质量评价工具——RoB 2.0

评价某种药物或治疗方法等干预措施最可靠的研究设计是RCT，高质量的RCT能够最大限度地平衡组间基线上可能存在的混杂因素，提高数据分析的有效性，提供真实的医学证据。然而，随机化过程的不严谨、盲法实施的失败、设置对照参考的失当、随访过程中失访率过高等各种情况，会造成RCT方法学质量较低、偏倚风险较大，进而影响研究结论的内部真实性。因此，应用权威的评价工具对RCT的偏倚风险做出全面客观的评价对循证医学至关重要。

Cochrane协作网RCT偏倚风险评价工具（Cochrane Collaboration's tool for assessing risk of bias in randomized trial，RoB 1.0）是一种领域式评价工具（domain-based evaluation），是过去十余年系统综述应用最广泛的评价工具。RoB 1.0在应用中也暴露出一些问题，例如：没有考虑整群随机设计、交叉设计等特殊类型的RCT，未重视组间基线的均衡性，未能明确界定干预措施分配的效果及干预措施依从的效果，遗漏了组间沾染等问题。因此，Cochrane方法学组于2016年10月20日重新推出新版RCT偏倚风险评价工具（Version 2 of the Cochrane tool for assessing risk of bias in randomized trial，RoB 2.0），RoB 2.0相较于RoB 1.0覆盖了包括整群RCT、交叉试验等更多设计类型的RCT，注重采用恰当的统计分析方法控制偏倚。

RoB 2.0在RoB 1.0基础上变得更加详尽而全面，因而操作也相对复杂。Cochrane方法学组对RoB 2.0一直在持续完善，最新版本即2019年8月22日修订版RoB 2.0，除了部分信号问题及评价标准有所调整外，还发布了一个带有宏的可运行Excel文件作为评价软件。与RoB 2.0（2016版）相同，RoB 2.0（2019修订版）设置了5个评价领域：随机化过程中的偏倚、偏离既定干预措施的偏倚、结局数据缺失的偏倚、结局测量的偏倚和选择性报告结果的偏倚。每个领域下有多个不同信号问题，研究人员在评价RCT的偏倚风险时，需做出判断并客观地回答这些问题。信号问题一般有五种供选答案：是（yes，Y）、很可能是（probably yes，PY）、很可能否（probably no，PN）、否（no，N）、没有信息（no information，NI）。个别信号问题不允许回答NI。有些信号问题之间有逻辑关联，即可能因为前面的信号问题选了某个选项而跳过后面的信号问题；如果信号问题因为这种逻辑设置而被跳过了，则被记为不适用（not applicable，NA）。当分析多位评阅者对某一研究的偏倚风险评价是否一致时，需将每道信号问题中的Y、PY、N、PN、NI、NA作为问题的同一性质答案。各领域的具体评价方法详见Cochrane方法学官网。

根据评阅者对信号问题的回答，每个领域的偏倚风险可分为三个等级："低风险"（low risk of bias）、"有一定风险"（some concerns）及"高风险"（high risk of bias）。如果所有领域的偏倚风险评

NOTES

价结果都是“低风险”,那么整体偏倚风险(overall risk of bias)就是“低风险”;如果有的领域的偏倚风险评价结果为“有一定风险”且不存在“高风险”的领域,那么整体偏倚风险为“有一定风险”;只要有一个领域偏倚风险评价结果是“高风险”,那么整体偏倚风险就是“高风险”,RoB 2.0 每个领域偏倚风险的决策路径参见刘津池等对 RoB 2.0(2019 修订版)的解读。

此外,RoB 2.0 对每个领域还给出了预计偏倚方向(predicted direction of bias)的选项,以此来评价偏倚的大小和方向:对试验组有利(favours experimental)、对对照组有利(favours comparator)、趋于零(towards null)、远离零(away from null)、无法预计(unpredictable)、不适用(not applicable)。值得注意的是,如果选择特定的效应量大小(趋于零、远离零)或方向(对试验组有利、对对照组有利),需要敏感性分析等严谨的统计分析结果来支撑对偏倚风险评价的判断,如果无法评价偏倚的大小和方向则应该选择“无法预计”。

(二)单个非随机研究质量评价工具——NOS

纽卡斯尔-渥太华量表(Newcastle-Ottawa Scale,NOS)是一种用于评估非随机对照试验(non-randomized studies,NRS)质量的工具,特别是队列研究和病例对照研究,主要用于评估观察性研究的偏倚风险和质量。

NOS 通过对研究设计、样本选择、测量方法等多个方面的评估,帮助研究者判断研究结果的可信度,主要通过三大方面来评估非随机研究的质量:

1. 选择(selection)　这一部分评估研究中选择对象的质量和过程。主要考虑如何选择研究对象、是否有选择偏倚,样本是否具有代表性。包括:是否有明确的暴露和对照组、研究组和对照组的选择是否适当、是否明确了基线特征。

2. 比较(comparability)　评估不同组之间的可比性。考虑暴露组和对照组在基线时是否有显著差异,尤其是潜在的混杂因素(confounding factor)。包括是否对已知的混杂因素进行了控制、是否在统计分析中进行了适当的调整,以平衡组间差异。

3. 结局(outcome)　评估研究中结局的测量质量,考虑结局的选择、评估标准和报告的准确性。包括结果是否清晰定义、研究中的结局测量是否统一且标准化、是否进行随访以及随访时间的长短。

NOS 通过以上三大模块共八个条目的方法评价队列研究和病例对照研究,NOS 对文献质量的评价采用了星级系统的半量化原则,除比较(comparability)最高可评 2 星外,其余条目最高可评 1 星,满分为 9 颗星,分值越高提示研究质量越高,详见 NOS 网站。

(三)非随机干预性研究质量评价工具——ROBINS-I

在研究罕见病、慢性疾病及涉及伦理学或长期疗效观察等问题上,RCT 的可行性较低,而队列研究、病例对照研究等非随机对照研究更易达到研究目标,并且也是评估干预疗效的重要方法,评价系统综述偏倚风险(risk of bias in systematic reviews,ROBIS)工具和 NOS 是常用的非随机干预研究的质量评价工具。

ROBIS 工具由英国布里斯托尔大学在 2016 年首次提出,同年又制订了一种全新的非随机干预研究评价工具——ROBINS-I(Risk Of Bias In Non-randomized Studies-of Interventions)工具,通过更加规范的手册评价多个偏倚领域以判断研究的总风险。该工具历时 3 年,通过收集、遴选和专家共识最能反映非随机干预研究中偏倚风险的标志性问题,于 2014 年 9 月 Cochrane 学术年会发布初始版,此后经过多次的预试验及培训,基于早期用户的反馈对该工具进行重大修订最终形成目前 ROBINS-I。

ROBINS-I 工具的研发主要是解决系统综述中非随机干预研究偏倚风险的评估问题,不仅用于观察性的非随机干预研究,还用于实验性的非随机干预研究,如:非随机同期对照试验、自身前后对照研究、历史对照研究等。该工具基于 7个偏倚领域的风险程度判断总的风险,每一个偏倚领域风险通过回答标志性问题判断。工具针对非随机干预研究的“偏倚风险”,将非随机干预研究设计、制作和结果解释中可能出现的偏倚以标志性问题一一提出,相较于以往“方法学质量”这一概念更为详细具体,并且最终的结果是以总偏倚风险相关性的“低”“中等”“高”“极高”“无信息”来表示,相比以条目的答案数量或最终分值来表示方法学质量的工具,它更加明确。

NOTES

(四) 诊断准确性研究的质量评价工具——STARD

2003 年,诊断试验领域的权威专家 Bossuyt 召集一批专家成立了 STARD 工作组,制订诊断准确性研究的报告指南——诊断准确性研究报告标准(Standards for Reporting of Diagnostic Accuracy, STARD),STARD 是一套针对诊断准确性研究的报告指南,旨在提高这类研究的透明度和可重复性,使研究结果更易于理解和比较。STARD 指南为研究者提供了一个详细的框架,明确诊断准确性研究在设计、执行和报告中的重要要素。

STARD 在实施过程中遇到了新的问题,为了解决诊断试验中出现的新问题,简化报告流程,增加其适用性,Bossuyt 于 2015 年再次召集专家,包括流行病学家、统计学家、循证医学专家、医师、编辑和记者等 85 人,在 STARD 2003 基础上,采用文献研究、拟定条目、专家调查、集体讨论等方式,研制了 STARD 2015 指南,主要报告了诊断试验的报告清单(checklist)、常见的术语(terminology)、研究流程图(diagram)。指南分为"标题""摘要""引言""方法""结果""讨论"和"其他信息"7 个部分,包括 30 个条目,34 个子条目。STARD 2015 完整信息在 Enhancing the QUAlity and Transparency of Health Research 网站中可以获得。

二、系统综述的质量评价工具

在证据分类、分级系统中,高质量的系统综述/Meta 分析被列为Ⅰ级/A 级证据,可以为决策者提供有价值的信息,高质量的系统综述是医疗决策的重要依据,对系统综述进行质量评价尤为重要。系统综述的质量评价工具用于评估系统综述本身的质量和方法学的严谨性。系统评价方法学质量评估工具 2.0 版(A Measurement Tool to Assess Systematic Reviews 2.0, AMSTAR 2.0)是目前常用的系统综述质量评价工具。

AMSTAR 是由来自荷兰、加拿大研究机构的临床流行病学、循证医学专家于 2007 年制订并发表的系统综述方法学质量评价工具,在使用过程中有研究者指出其存在条目较难理解或解释不清、评价选项不合适等问题,从而影响了评价结果的准确性。2017 年,由原研发小组专家成员联合非随机干预研究领域专家、医学统计学家、工具评价制订方法学家,在综合相关评论性文章、网站反馈意见和自身实践经验的基础上,对 AMSTAR 进行修订和更新,并在 2017 年 9 月推出 AMSTAR 2.0。

AMSTAR 2.0 的适用范围包括基于 RCT 或非随机干预性研究(NRSI)或两者都有的系统综述。但不包括诊断性试验系统综述、网状 Meta 分析、单病例数据的 Meta 分析、范围性综述。与 AMSTAR 相比,AMSTAR 2.0 保留了原来的十项内容,但做了相应文字的修改,增加了以下四项新的内容:①研究问题和纳入标准是否遵循了 PICO 原则? ②是否在纳入标准中对研究类型的选择进行了说明? ③Meta 分析时是否评估了纳入研究的偏倚风险对 Meta 分析结果或其他证据综合结果可能产生的影响? ④是否对研究结果的异质性进行了合理的解释和讨论?

AMSTAR 2.0 根据评价标准的满足程度将条目评价为"是""部分是"和"否";完全满足评价标准时,评价为"是";部分满足标准时,评价为"部分是";当系统综述中没有报告相关信息时,评价为"否"。AMSTAR 2.0 不是根据每个条目的评价结果提供一个总分,而是采用推荐重点关注关键的条目是否存在方法学缺陷,并据此评价系统综述的总体质量即对总的评价结果进行"信心"分级。尽管系统综述的每个步骤都非常重要,AMSTAR 2.0 研究团队遴选出影响系统综述制作及其结果效度关键的 7 个条目,分别为条目 2、4、7、9、11、13 和 15。需要注意的是,关键条目的选取可以根据特定的情况进行调整。

AMSTAR 2.0 详细信息可在 AMSTAR 网站查阅。

三、国际报告规范

系统综述和 Meta 分析优先报告的条目(Preferred Reporting Items for Systematic Reviews and Meta-Analyses, PRISMA)是系统综述和 Meta 分析的报告指南,旨在帮助研究人员系统地报告系统综述和 Meta 分析的结果。PRISMA 最初于 2009 年发布,PRISMA 2020 是其最新版本,结合了现代科学研究和方法学的进展,对原版指南进行了更新和扩展。

NOTES

PRISMA 2020 指南包括一个 27 项的核对清单和一个 4 阶段流程图，用于指导和评估系统综述和 Meta 分析的报告质量。PRISMA 2020 适用于多个研究领域，包括但不限于健康科学、社会科学和教育研究。

(一) PRISMA 2020 核对清单

PRISMA 2020 核对清单包括 27 个条目，涵盖了系统综述和 Meta 分析的各个方面，包括标题、摘要、引言、方法、结果、讨论和其他信息等部分，核对清单的关键领域见表 13-2。

表 13-2 PRISMA 2020 核对清单

章节和主题	条目序号	条目清单
标题		
标题	1	明确指出本研究是系统综述、Meta 分析，或两者兼有
摘要		
摘要	2	使用结构化格式报告的内容包括背景、方法、结果、讨论、结论等部分
引言		
研究背景	3	描述系统综述所研究的背景及其重要性
研究目的	4	明确陈述系统综述的具体研究问题或假设
方法		
协议和注册	5	说明是否预先制定研究协议，并提供协议的注册信息（如 PROSPERO 注册号）
资格标准	6	详细说明纳入和排除研究的标准
信息来源	7	列出所搜索的所有信息来源（如数据库、网站、参考文献等）
检索策略	8	提供一个详细的、可重现的检索策略
文献选择	9	描述文献筛选过程，包括如何决定纳入和排除的研究
数据提取过程	10	说明如何从每项研究中提取数据，以及提取的数据项
数据项	11	列出数据提取的所有变量，包括研究特征、参与者、干预措施、比较、结果等
偏倚风险评估	12	详细描述如何评估纳入研究的偏倚风险
效果测量方法	13	报告所选用的效果测量指标和方法
合成方法	14	描述用于数据合成的方法，包括如何处理异质性
报告偏倚的评估	15	说明如何评估和处理报告偏倚
异质性评价	16	描述用于评价异质性的方法和统计学工具
附加分析	17	列出任何计划进行的附加分析（如亚组分析、敏感性分析等）
结果		
研究选择	18	报告研究选择过程，最好用流程图展示
研究特征	19	列出每项纳入研究的基本特征
偏倚风险	20	提供每项纳入研究的偏倚风险评估结果
结果合成	21	根据每个研究的问题，汇总结果，并提供统计学信息（如效应量、置信区间等）
报告偏倚	22	描述研究发现的报告偏倚
附加分析	23	报告任何执行过的附加分析的结果
讨论		
结果总结	24	总结主要发现，与之前的证据相比，讨论结果的意义
限制	25	讨论系统综述的局限性，包括方法学局限性和偏倚风险
结论	26	基于研究的结果，提供结论和建议
其他信息		
资金	27	声明研究的资金来源，以及资助方在研究中的作用

NOTES

（二）PRISMA 2020 流程图

PRISMA 2020 流程图描述了系统综述和 Meta 分析研究的文献筛选过程，流程图分为 4 个阶段：

1. 识别（identification）　通过数据库检索和其他方法识别文献。

2. 筛选（screening）　对检索到的文献进行初步筛选，排除不相关或重复的研究。

3. 资格审查（eligibility）　进一步评估筛选后的文献，以确定其是否符合纳入标准。

4. 纳入（inclusion）　最终纳入符合标准的研究，并将其数据用于分析。

（三）PRISMA 2020 的更新内容

与 PRISMA 2009 相比，PRISMA 2020 进行了以下重要更新。①方法学扩展：PRISMA 2020 更加关注系统综述和 Meta 分析方法学的透明度，特别是在检索策略、数据提取和偏倚评估方面。②分步骤指导：更新后的流程图更详细地描述了文献筛选和纳入的步骤。③新增报告项目：增加了关于系统综述协议注册、研究筛选软件使用、偏倚评估工具的使用等方面的要求。④适应性和应用性：PRISMA 2020 适用于传统的系统综述和 Meta 分析，也适用于网络 Meta 分析、诊断准确性综述、预测模型综述等不同类型的综述研究。

（四）使用 PRISMA-2020 核对清单的场景

1. 规划和撰写系统综述和 Meta 分析　在设计和撰写研究时使用核对清单确保所有重要内容都已报告。

2. 同行评审　编辑和同行评审者可以使用核对清单作为评价系统综述和 Meta 分析质量的标准。

3. 培训和教育　用于指导新手研究人员如何开展和报告系统综述和 Meta 分析。

综上，PRISMA 2020 是系统综述和 Meta 分析研究的关键报告指南，旨在提高这些研究的透明度和可重复性，为研究者提供详细的指导，确保研究方法和结果的清晰报告，从而增强研究的可靠性和科学价值。

（孙　凤）

本章小结

本章系统梳理了循证医学的发展历程、证据分级体系以及系统综述与 Meta 分析在整合高质量证据中的作用与关系，详细介绍了系统综述实施的关键步骤和评价工具，并探讨了国际报告规范 PRISMA 的应用及证据分级方法。

思考题

1. 系统综述与 Meta 分析在整合证据中的具体作用与局限性是什么？如何在研究设计中有效应对异质性问题？

2. 随着大数据和人工智能技术的发展，系统综述的实施和循证医学证据的获取可能会面临哪些新挑战和机遇？

3. 在进行系统综述时，如何选择和使用质量评价工具（如 RoB 2.0 或 AMSTAR 2.0）以确保纳入研究的可靠性？

4. 公共卫生人员如何寻找证据来源及方法？

NOTES

第十四章 传染病流行病学

Infectious diseases are caused by transmissible agents that replicate within the infected host. Many of these agents can be transmitted from one host to another, resulting in chains of transmission throughout a population. Infectious disease epidemiology studies the occurrence, epidemic process and transmission pattern of infectious diseases in the population, explores the factors affecting the epidemiology of infectious diseases, and formulates strategies and measures for the prevention and control of infectious diseases.

流行病学的发展与人类和传染病的斗争密不可分，早期的流行病学实际上就是传染病流行病学。虽然当今传染病已不再是引起死亡的首要疾病，但是，人类与传染病的斗争从未停止，传染性疾病依然是威胁人类，尤其是发展中国家人民生命和健康的主要原因，传染病仍是流行病学的主要研究内容。

传染病流行病学（infectious disease epidemiology）是流行病学的重要交叉学科，它研究传染病在人群中的发生、流行过程和传播规律，探讨影响传染病流行的因素，制定预防和控制传染病流行的策略和措施，从而实现有效控制和消灭传染病的最终目的。

第一节 概 述

一、定义

传染病（infectious disease，communicable disease）是由感染性病原体（如细菌、病毒、寄生虫等）或其毒性产物引起的，能在人与人、动物与动物以及人与动物之间相互传播的多种疾病的总称。从这一定义可以看出，传染病有以下两个最基本的特征，其他特点都是由这两个基本特征派生出来的。

1. 任何传染病都有特异的病原体（pathogen） 人类已知的传染病都有其明确的病原体，细菌、病毒、立克次体、螺旋体、衣原体、支原体、真菌和寄生虫等都可以作为传染病的病原体。传染病是病原体和宿主在一定环境条件下相互作用的结果。尽管目前许多新出现的传染病病原体还不清楚，但人类利用各种技术手段终将会发现和阐明其病原体。

2. 任何传染病都具有传染性（infectiousness） 传染性是传染病最主要的特征。传染病能够在宿主之间直接传播或通过媒介相互传播，这种传播实际上是一个不断更换宿主的过程，也就是病原体从被感染的机体通过适当的途径进入易感者机体并造成其感染的过程。病原体虽然是引起传染病发生的必要条件，但由病原体引起的疾病并不都具有传染性，也就是说并不都是传染病。如由多种细菌引起的感染性脑膜炎和由脑膜炎奈瑟菌引起的流行性脑脊髓膜炎虽都是由病原微生物引起的，且临床上都可表现为化脓性脑膜炎，但前者无传染性，患者无须隔离，而后者则有传染性，患者必须隔离。需要强调的是，由病原体或其毒性产物引起的疾病通常称为感染性疾病，在感染性疾病中具有传染性的疾病称为传染病。

二、传染病流行病学发展简史

在预防传染病的实践中，人们研究和认识了传染病及其流行规律，并创造了治疗和预防传染病的手段及方法。因此，传染病流行病学既来源于历代人类与传染病流行长期斗争中所积累的科学认识

和预防、控制的实际经验，又来源于人类对疾病研究方法的发展和进步。正是由于这两个方面的结合，才逐渐形成了传染病流行病学。

中国对传染性的认识领先于其他国家。我国古代曾有很多著作都记载了对传染病传染性的认识，如汉末的《释名》、东晋的《肘后备急方》。16 世纪中晚期，意大利 Fracastoro 总结了欧洲关于传染病的知识和经验，提出传染病是由一个人传给另一个人的疾病，并强调了检疫、隔离和消毒的重要性。18 世纪欧洲通过法律要求烧毁结核病患者的用具，19 世纪中叶法国人确定肺结核病具有传染性。

我国古代文献中已有“蛊”“瘵”等词描述传染病，医学著作常将传染病因归为病虫。此外，还有“疫气”“疠气”等概指致病因子的术语。巢元方《诸病源候论》提到病气传染可致灭门。在西方国家，虽然 17 世纪列文虎克发明的显微镜使人类能观察到微生物，但早期未将其与疾病关联。直至 19 世纪末，许多微生物才被确认为疾病病因，如 1876 年 Robert Koch 分离出炭疽芽胞杆菌。尽管微生物学进展显著，但在流行病学研究中仍居辅助地位，如 John Snow 于 1854 年通过流行病学研究确定霍乱传播途径，而霍乱弧菌直到 1883 年才被发现。

在长期的医疗实践中，人们认识到传染病可通过口、鼻、皮肤等途径感染，并提出不同预防措施。我国明代汪机指出梅毒通过接触传染，窦汉卿确认其可通过性行为和垂直传播。19 世纪末至 20 世纪初，科学家开始研究媒介传播疾病，如 Ross 对疟疾的研究获诺贝尔生理学或医学奖，随后登革热也被证实由蚊子传播。

在对疫病的观察中，人们很早就认识到动物病与人病的关系。如远在 2 500多年前就已经认识到发狂的犬咬人，人会发病而死，从而捕杀狂犬。宋代张杲在《医说》中提及“鼠涸坠器中食之得黄疸”。明代李时珍进一步指出，鼠涎、鼠涸可以引起黄疸。

天花、麻风病、结核、脑膜炎和白喉等疾病曾在古希腊和埃及流行。古希腊希波克拉底在其著作《空气、水及地点》中就将经常在某一人群中发生的疾病称作地方性疾病；将一些平时不常见，但有时突然出现多例患者的疾病称作流行病（epidemic diseases）；认为疾病呈地方性流行（endemicity）或流行（epidemic）取决于气候、土壤、水、生活方式和营养等因素。我国传统医学也提出“天人一体”和“脏腑学说”，认为疾病的形成与外界因素和内在因素密切相关，并有关于战乱引起疫病流行的记载。

三、传染病流行概况

自 19 世纪以来，随着微生物学、流行病学和公共卫生体系的发展，历史上许多曾经猖獗一时的传染病得到了有效控制：天花于 1980 年被消灭，脊髓灰质炎病例减少了 99.9%，麻疹、白喉等疾病的发病率也显著下降。然而，全球化进程、气候变暖、人类生态环境和行为方式的变化等因素导致传染病仍是全球特别是发展中国家的主要健康威胁。2019 年，全球近四分之一的死亡由传染病引起，低收入国家 10 大死亡原因中有 6 个即是传染病。已控制的传染病如结核病重新构成威胁，且不断出现新发传染病（emerging infectious disease，EID）。EID 是指在一个国家或地区新出现或重新流行的传染性疾病，其病原体、传播途径和致病性等方面与已知的传染病有显著差异。研究表明，EID 的病原体有 75% 来源于动物，这增加了病原体跨物种传播的风险。EID 往往突然发生并迅速传播，初期由于传播途径和防治对策不明确，易形成暴发、流行甚至大流行，导致较高的病死率，大众容易产生心理恐慌和社会不稳定。由于人群普遍对 EID 缺乏免疫力，全球范围内的人群都容易被感染，并且缺乏有效的治疗药物和免疫预防措施。这些特征使得 EID 的防控工作具有高度复杂性和挑战性。因此，人类正面临新、旧传染病的双重威胁。

新中国成立前，我国寄生虫病和烈性传染病广泛流行，威胁人民健康。新中国成立后，国家坚持预防为主，大力防治日本血吸虫病、疟疾等严重疾病，开展爱国卫生运动，短期内控制了鼠疫和霍乱疫情。几十年来，传染病防治取得显著成绩，发病率和死亡率大幅下降，低于世界平均水平。多种疫苗针对的疾病发病大幅减少，儿童乙肝感染和发病明显下降。肠道传染病、自然疫源性传染病、虫媒传染病发病降至历史最低。传染病死亡在死因顺位中从第 1 位降到第 10 位，其防制成效对提高中国人

民的健康水平和期望寿命贡献巨大。

鉴于我国是一个人口众多的发展中国家，传染病依然是严重危害人民健康的主要病因之一，而且有些传染病的流行有逐渐扩大的趋势。2023 年度全国法定报告传染病疫情概况中（除新型冠状病毒感染外），共报告甲类传染病发病 34 例，其中鼠疫报告发病 5 例，霍乱报告发病 29 例。鼠疫死亡 1 例；乙类传染病中，除新型冠状病毒感染外，共报告发病 2 793 664 例，死亡 26 871 人，报告发病率为 198.17/10 万，报告死亡率为 1.906 2/10 万；丙类传染病共报告发病 1 591.1 万例，死亡 75 人，报告发病率为 1 128.7/10 万，报告死亡率为 0.005 3/10 万。因此传染病的防制在相当长一段时间内仍是我国疾病防制工作的重点。

四、传染病流行病学研究的特点

流行病学在研究传染病时，所用的基本原理、研究方法及其应用无异于非传染病流行病学。但由于传染病上述的两个基本特征，使得流行病学在研究传染病时有其独特之处，主要表现在如下几个方面：

1. 传染病患者同时也可能是其他人发病的危险因素　在非传染病流行病学研究中，危险因素和病例的区分鲜明。例如，吸烟是肺癌的一个危险因素，辐射是白血病的一个危险因素。控制这些危险因素，可降低相关疾病在人群中的发病率。患者疾病的发生不受任何其他同类疾病患者的影响，例如，某人发生冠心病的危险并不受其邻居患冠心病的影响。然而，对于诸如流行性感冒等传染病而言，一个人患流行性感冒的风险很大程度上取决于其周围流行性感冒患者的人数，及时发现并治愈流行性感冒患者，将会降低整个人群流行性感冒的发病率。上述事例说明，传染病病例同时也是一个相对于其他人而言的危险因素，使得流行病学研究中经常描述的病例与危险因素的区别变得模糊。一个传染病病例可作为传染源，这就需要在流行病学研究中必须考虑与其接触的人数、接触方式与频率，同时还要考虑周围人群对该传染病的免疫水平、防护措施等因素。

2. 传染病与非传染病流行动力学不同　传染病在非免疫人群中传播时，发病常常按几何级数甚至指数曲线增长，传播迅速；而非传染病的发病一般呈算术级数缓慢增长。因此，传染病流行病学所研究的事件多需要紧急处理，决定采取某些预防控制措施的时限非常短暂，常常只有几天甚至更短的时间。而大部分非传染病流行病学所涉及的疾病的环境与行为危险因素，通常是需大规模、长期调查的公共卫生项目进行研究，一般需要花数年时间完成。

传染病流行病学研究中大量采用观察法，即描述性研究和分析性研究。当条件成熟时，实验流行病学方法也比较常用，其中主要是干预实验。有时还可借助流行病学模型进行传播规律和控制对策研究，又称为理论流行病学研究。上述这些研究方法既适用于传染病，也适用于各种非传染病以及其他健康问题。

第二节 | 传染过程与流行过程

传染病的发生是病原体与宿主相互作用的结果。这种相互作用表现在细胞水平、个体水平及群体水平，且不断地变化着，从而直接或间接地影响宿主感染病原体的趋势和结局。

一、传染过程

传染过程（infection process）是指病原体侵入机体，并与机体相互作用、相互斗争的过程，即传染发生、发展、结束的整个过程。传染过程是在个体中发生的纯生物学现象，传染过程不一定都导致传染病，而传染病的发生必然有传染过程。

（一）生物学基础

1. 病原体　病原体（pathogen）是指能够引起宿主致病的各类生物，主要包括：细菌、病毒、立克次体、支原体、衣原体、螺旋体、真菌、朊粒等各种微生物以及寄生虫等。病原体侵入宿主机体后能否

NOTES

致病，取决于病原体的特征、数量、侵入的门户以及在机体内的定位。通常从以下几方面认识病原体的生物学特性。

（1）病原体的特性

1）传染力（infectivity）：指病原体引起易感宿主发生感染的能力。在人群中，可通过易感者在暴露于病原体后发生感染的比例（或续发率）来测量病原体的传染力。传染力大小还可通过引发感染所需的最小病原微生物量来衡量。

2）致病力（pathogenicity）：指病原体引起易感宿主发生临床疾病的能力。它强调的是感染后引起疾病的能力，可用感染者中发生临床病例的比例来表示。一般认为，致病力的大小取决于病原体在体内的繁殖速度、组织损伤的程度以及病原体能否产生特异性毒素等。

3）毒力（virulence）：指病原体感染机体后引起严重病变的能力。毒力的大小可用病死率或总病例中发生重症的比例来表示。

病原体不同，其传染力、致病力、毒力不同，并且这些特性并非固定不变，在不同的流行特征下，病原体的传染力、致病力和毒力都可能发生变化。

4）免疫原性（immunogenicity）：是感染发生后病原体诱导机体产生免疫反应的能力，这种免疫反应能对相同或相似的病原体感染产生保护作用。

（2）病原体的变异性：病原体可因环境条件或遗传因素的变化而发生变异。常见的变异有以下几种。

1）耐药性变异：指原来对某种药物敏感的病原体变成对该种药物不敏感或耐受。耐药性变异可通过耐药基因或基因突变传给后代，也可通过微生物共生而转移给其他微生物。

2）抗原性变异：病原体的基因突变可以导致其抗原性发生改变。例如甲型流感病毒表面抗原变异频繁，每发生一次大的变异，即形成一个流感病毒新亚型。人群由于缺乏相应的免疫，就可能导致新型流行性感冒大流行。

3）毒力变异：病原体的毒力变异可使其毒力增强，致病力增强；而其减毒株可制成疫苗，用于传染病预防。

（3）病原体在宿主体外的生存力：大多数病原体在外界的生存力较弱，外环境中如光、热、干燥、放射性、声波、化学物质等因素不利于病原体的生长繁殖。但也有一些病原体有较强的生存力（如能形成芽胞的细菌、乙肝病毒等）。

2. 宿主　宿主（host）通常指感染性病原体寄生的人或动物（包括温血脊椎动物和少数变温动物）。病原体可以在适宜的宿主体内寄生，对宿主造成损害，同时宿主对病原体的侵入也有抵制和中和的能力。病原体和宿主之间的相互作用是一个非常复杂的过程，是否感染、感染后出现什么临床表现受多种因素的影响，主要包括：①宿主的遗传因素。例如，目前麻风病已有 7 个易感基因被证实，艾滋病、肝炎、结核病、脑膜炎等传染病的易感基因也陆续被发现。传染病遗传易感性的研究有望从基因水平揭示发病机制，并为传染病的防制提供新的思路。②宿主的防御机制。宿主可以通过自身的防御机制如皮肤黏膜屏障、机体组织中的吞噬细胞、体液中的杀菌或抑菌物质等阻止和限制外来病原体的侵袭。当宿主具有较强的免疫力、能产生正常的体液和/或细胞免疫反应时，病原体则难以侵入或难以在宿主体内生存和繁殖因而不能导致感染和发病。这一点与非传染病不同，例如由化学因素和物理因素（如毒物、辐射等）引起的疾病，只要机体的暴露水平达到一定剂量或强度，就会发病并且不产生免疫力。③宿主的年龄、免疫水平、营养状况、职业、个人习惯和生活方式等都可以影响宿主对病原体的反应。例如，预防接种能使机体产生特异性抗体或细胞免疫反应，提高宿主对某种传染病的抵抗力；一些和病原体或传播媒介接触比较多的职业或生活方式容易导致相应传染病的发生。

（二）感染谱

宿主对病原体传染过程反应轻重程度的频率谱称作感染谱（infection spectrum），又称感染梯度（gradient of infection），可以从隐性感染（无临床表现）、显性感染（轻、中、重型疾病）到死亡。通过感染

谱可以了解传染病在人群中的流行全貌。不同病原体引起的感染谱有所不同，一般可以概括为：

1. 以隐性感染为主　这类传染病隐性感染所占的比例很大，只有一小部分感染者有明显的临床表现（显性感染），而危重和致死病例极为罕见。例如结核病、甲型肝炎等。这类感染状态又称为“冰山”现象（iceberg phenomenon）。

2. 以显性感染为主　这类传染过程中显性感染所占的比例很大，隐性感染只占一小部分，而危重和致死病例极为少见，例如麻疹、水痘等。

3. 大部分以死亡为结局　绝大部分感染者呈现严重的临床症状和体征，多数以死亡为结局。此类传染病较少，如狂犬病、埃博拉出血热等。

了解不同传染病的感染谱，有助于制定相应的防制策略和措施。例如，显性感染可通过临床症状和体征诊断，而隐性感染必须借助于实验室检测才能发现；隔离病人对以隐性感染为主的传染病意义不大，而对以显性感染为主的传染病作用明显。

二、流行过程

传染病的流行过程（epidemic process）是指传染病在人群中发生、蔓延的过程，其发生必须具备传染源、传播途径和易感人群三个基本环节。病原体从受染宿主体内排出，经过一定的传播途径，侵入到易感者机体而形成新的感染，在不断发生、发展的这一过程具有群体发病的特点，若能针对其中任何一个环节采取有效措施，则可阻止传染病在群体中的流行，达到控制乃至消灭传染病的目的。

（一）传染源

传染源（source of infection）是指体内有病原体生长、繁殖并能排出病原体的人和动物，包括病人、病原携带者和受感染的动物。

1. 病人　病人是最重要的传染源。病人体内存在大量病原体，又常具有促进病原体排出的临床症状如咳嗽、腹泻等，有利于病原体的扩散。传染病的病程一般可分为三个阶段：潜伏期、临床症状期和恢复期。病人在各期作为传染源的意义不同，取决于是否排出病原体、排出量和频度。

（1）潜伏期（incubation period）是指病原体侵入机体到最早出现临床症状的一段时间。不同传染病的潜伏期长短各异，其变化范围从几小时到数十年，主要受到病原体数量、毒力、侵入途径和机体状态的影响。潜伏期的流行病学意义在于：①判断病人受感染时间，用于追踪传染源、确定传播途径。②确定接触者的留验、检疫或医学观察期限。一般为常见潜伏期加 1~2 天，危害严重的传染病按该病的最长潜伏期予以留验或检疫。③确定接触者的应急免疫接种时间。④评价预防措施效果。实施一项预防措施后，经过一个最长潜伏期，发病人数明显下降，可以认为与该措施有关。⑤潜伏期长短影响疾病的流行强度。潜伏期短的疾病一旦发生，常呈暴发或流行。

（2）临床症状期（clinical stage）是指病人出现临床特异症状和体征的时期。由于此阶段病人体内病原体数量多，临床症状又有利于病原体排出和传播，因此病人的传染性在临床症状期最强，严格的隔离措施有助于限制病原体的播散。

（3）恢复期（convalescence period）是指病人的主要临床症状和体征消失，机体所受损伤处于逐渐恢复的时期。此时期免疫力开始出现，体内病原体大部分被清除，一般不再起传染源作用，如麻疹、水痘等。但是有些传染病如痢疾、伤寒等，病人在恢复期仍可排出病原体。

病人排出病原体的整个时期称为传染期（communicable period）。传染期是决定传染病病人隔离期限的重要依据。传染期在一定程度上可影响疾病的流行特征，如传染期短的疾病，继发病例常成簇出现，传染期长的疾病，继发病例陆续出现，持续时间可能较长。

2. 病原携带者　病原携带者（carrier）指没有任何临床症状但能排出病原体的人，是带菌者、带毒者和带虫者的统称。按其携带状态和临床分期的关系，一般可将病原携带者分为三类。

（1）潜伏期病原携带者（incubatory carrier）指在潜伏期内携带并可向体外排出病原体者。仅有少数传染病存在这种病原携带者，如白喉、麻疹、痢疾、霍乱、甲型肝炎等。这类携带者多数在潜伏期

末排出病原体。

（2）恢复期病原携带者（convalescent carrier）指临床症状消失后继续排出病原体的人。部分传染病可有这种病原携带现象，如痢疾、伤寒、霍乱、白喉、流行性脑脊髓膜炎、乙型肝炎等。

（3）健康病原携带者（healthy carrier）指没有任何症状、体征及病史，却能排出病原体者，如脊髓灰质炎、流行性脑脊髓膜炎、白喉等。有些疾病的健康病原携带者为数众多，可成为重要传染源。

病原携带者作为传染源的意义大小，不仅取决于携带者的类型、排出病原体的数量、携带病原体的时间长短，还取决于携带者的职业、生活行为、活动范围，以及环境卫生状况、生活条件及卫生防疫措施等。在饮食服务行业、供水企业、托幼机构等单位工作的病原携带者对人群的威胁非常严重。

3. 受感染的动物　人类罹患以脊椎动物为传染源的疾病，统称为动物源性传染病（zoonotic disease），又称人兽共患病（zoonosis）。作为传染源的动物包括家畜、野生哺乳动物、家禽及野禽等，受感染的动物可以通过多种途径和方式将病原体传染给人。

若干种动物性传染病如鼠疫、森林脑炎等，经常存在于某个地区，这是由于该地区具有该病的动物传染源、传播媒介及病原体在动物间生存传播的自然条件。当人类进入这种地区时就可以被感染得病，这些疾病称为自然疫源性疾病。

动物作为传染源的危害程度，取决于受感染动物的种类和数量、人与受感染动物接触的机会和密切程度、是否存在该病传播的适宜条件及人们的卫生知识水平和生活习惯等。

（二）传播途径

病原体从传染源体内排出后，侵入新的易感宿主前，在外界环境中停留和转移所经历的全部过程称为传播途径（route of transmission）。在外界的病原体必须借助各种生物或非生物媒介物才能进入易感宿主体内，这些媒介物称为传播因素或传播媒介，如水、食物、空气和日常用品等。常见的传播途径如下：

1. 经空气传播（air-borne transmission）　是呼吸系统传染病的主要传播途径，其传播方式包括下列 3 种。

（1）经飞沫传播（droplet transmission）：病人喷出含有病原体的黏液飞沫直接被他人吸入而引起感染。由于飞沫在空气中悬浮时间很短，且局限于传染源周围，主要累及病人或病原携带者周围的密切接触者。对环境抵抗力较弱的病原体，如脑膜炎双球菌、流行性感冒病毒、百日咳杆菌等引起的疾病，通常经此方式传播。

（2）经飞沫核传播（droplet nucleus transmission）：飞沫在空气悬浮过程中失去水分而剩下的蛋白质和病原体组成的核称为飞沫核。飞沫核可以气溶胶的形式飘浮至远处，在空气中悬浮时间较长，易感者吸入带病原体的飞沫核可引起感染。在外界抵抗力较强且耐干燥的病原体如白喉杆菌、结核分枝杆菌等可以通过飞沫核传播。

（3）经尘埃传播（dust transmission）：含有病原体的较大的飞沫或分泌物以及排泄物落在地面，干燥后随尘埃重新飞扬悬浮于空气中，易感者吸入后即可感染。凡对外界抵抗力较强的病原体，如结核分枝杆菌、炭疽芽胞杆菌，均可通过尘埃传播。

经空气传播的传染病的流行特征为：①传播途径易实现，因此传播广泛，发病率高；②一般以冬、春季多见；③儿童和老年人多见；④流行强度与居住条件、人口密度、易感人口在人群中所占的比例及卫生条件等因素密切相关。

2. 经水传播（water-borne transmission）

（1）经饮水传播：是肠道传染病最常见的传播途径之一。这些传染病的发生与流行一般由饮用水水源、输水管道和储水装置被污染导致。经饮水传播传染病的流行特征为：①病例分布与供水范围一致，有饮用同一水源的历史；②除哺乳婴儿外，发病无年龄、性别及职业的差异；③在水源经常受到污染处病例终年不断，发病呈地方性；④停止使用污染水源或采取净化、消毒措施后，暴发或流行即可平息。

NOTES

（2）经疫水传播：通常是由于人们接触疫水时，病原体经过皮肤、黏膜侵入机体，如血吸虫病、钩端螺旋体病等。经疫水传播传染病的流行特征有：①病人均有接触疫水的历史，如抢险救灾、收割水稻、游泳等；②发病有季节、地区及职业分布特点；③大量易感人群进入疫区与疫水接触后，可引起暴发或流行；④对疫水处理和加强个人防护，可控制疾病传播。

3. 经食物传播（food-borne transmission） 多数肠道传染病、某些寄生虫病及少数呼吸道传染病（如结核病、白喉）可经食物传播。引起食物传播的情况有两种：一种是食物本身含有病原体，另一种是食物在某种条件下被污染。

经食物传播的传染病的流行病学特征主要有：①病人有进食某一食物史；②一次大量污染可引起暴发，潜伏期较短，流行的持续时间也较短；③停止供应污染食物后，暴发即可很快平息；④如果食物多次被污染，暴发或流行可持续较长的时间。

4. 经接触传播（contact transmission）

（1）直接接触传播（direct contact transmission）是指在没有外界因素参与下，传染源直接与易感者接触的一种传播途径，如性病、狂犬病、鼠咬热等。直接接触一般只形成个别病例，以散发为特点。

（2）间接接触传播（indirect contact transmission）又称日常生活接触传播，是指易感者接触了被传染源的排出物或分泌物污染的日常生活用品（公共食具、公用玩具、衣物、被褥、毛巾、门把手、便器等）所造成的传播。常见于肠道传染病、体表传染病及某些人兽共患病。

经间接接触传播的传染病流行特征有：①病例一般呈散发，可形成家庭及同住者之间的传播；②流行过程缓慢，无明显的季节性；③在卫生条件较差的地方及卫生习惯不良的人群中发病较多；④加强对传染源的管理，严格消毒制度，注意个人卫生，可减少病例的发生。

5. 经媒介节肢动物传播（arthropod-borne transmission） 又称虫媒传播（vector-borne transmission）。经媒介节肢动物传播是指经苍蝇、蚊子、虱子、跳蚤、蜱及螨等节肢动物所造成的传播。其传播方式有以下 2 种。

（1）机械性传播：苍蝇、蟑螂等节肢动物可起到机械携带病原体的作用，在其觅食时通过接触、反吐或随粪便排出病原体，污染食物或食具。人们可因食入被污染食物或使用不洁食具而被感染。

（2）生物性传播：病原体进入节肢动物体内后，在其肠道或体腔内经过发育、繁殖，经过一段时间的增殖或完成其生活周期中的某阶段后，节肢动物才具有传染性，再通过叮咬感染易感者。如疟原虫只能在按蚊体内进行有性生殖，森林脑炎病毒仅能在蜱体内繁殖，并进入其卵巢，经卵传给下一代。从节肢动物吸入病原体到具有传染性的这段时间被称为“外潜伏期”（extrinsic incubation period）。

经虫媒传播传染病的流行特征为：①病例的分布通常与节肢动物的分布一致；②发病率常在节肢动物活动的季节升高；③有较明显的职业特点，如森林脑炎多见于伐木工等野外作业人员；④发病有年龄差别，老疫区发病者多集中在儿童，新迁入疫区的易感者不分老幼均易发病；⑤一般没有人直接传染人的情况。

6. 经土壤传播（soil-borne transmission） 指易感者接触被病原体污染的土壤所致的传播。传染源的排泄物、分泌物、传染病病人的尸体以及病畜尸体都可以直接或间接的方式污染土壤。经土壤传播的疾病以寄生虫病为多，如蛔虫病、钩虫病、鞭虫病等，一些细菌性疾病如炭疽、气性坏疽、破伤风、肉毒中毒以及结核也可以经土壤传播。

经土壤传播疾病的意义主要取决于病原体在土壤中的存活时间、易感者与土壤接触的机会和个人卫生条件等。

7. 医源性传播（iatrogenic transmission） 是指在医疗和预防工作中，由于未能严格执行规章制度和操作规程，人为造成的传染病的传播。其传播大体分为两种类型：一类是易感者在接受治疗、检查或预防措施时由于所用器械受污染或消毒不严而引起的传播；另一类是由于输血或生物制品和药物受污染引起的传播，如艾滋病、乙型肝炎和丙型肝炎等。

上述传播途径均是病原体在外环境中借助于传播媒介而实现人与人之间相互传播，故又统称为

NOTES

水平传播(horizontal transmission)。

8. 垂直传播(vertical transmission) 指病原体通过母体直接传给子代。这种传播主要发生在怀孕期间,所以又称为围生期传播或母婴传播。垂直传播主要有 3 种传播方式。

(1)经胎盘传播:受感染的孕妇经胎盘血液将病原体传给胎儿。常见的疾病有风疹、乙型肝炎、流行性腮腺炎、麻疹、水痘、巨细胞病毒感染及虫媒病毒感染、梅毒、艾滋病等。

(2)上行性传播:病原体从孕妇阴道通过子宫颈口到达绒毛膜或胎盘引起胎儿感染。常见的病原体有葡萄球菌、链球菌、大肠杆菌、肺炎球菌、白念珠菌等。

(3)分娩时传播:指分娩过程中胎儿在通过严重感染的孕妇产道时所致的感染。如淋病奈瑟菌、人乳头瘤病毒、人类免疫缺陷病毒(HIV)、沙眼衣原体、解脲支原体、梅毒螺旋体等均可经此方式实现传播。

值得注意的是,有的传染病可以通过多个途径传播,如艾滋病可以通过血液、性行为和母婴三种途径传播。

(三) 易感人群

易感人群(susceptible population)是指有可能发生传染病感染的人群。人群作为一个整体对传染病的易感程度称为人群易感性(herd susceptibility)。某人群的易感性取决于构成该人群的每个个体的易感状态:如果该人群中有免疫力的人数多,则人群易感性低,反之亦然。一般情况下,人群易感性以人群非免疫人口占全部人口的百分比表示。当人群中免疫人口达到足够比例时,传染病的流行即可终止。

1. 可引起人群易感性升高的主要因素

(1)新生儿增加:出生后 6 个月以上的婴儿,其源自母体的抗体逐渐消失,获得性免疫尚未形成,缺乏特异性免疫,因此对许多传染病易感。

(2)易感人口的迁入:流行区的居民因隐性或显性感染而获得免疫力。但一旦大量缺乏相应免疫力的非流行区居民进入,会使流行区人群的易感性增高。

(3)免疫人口免疫力自然消退:人群免疫力一般都会随着时间的推移而逐渐降低,使人群对传染病的易感性升高。

(4)免疫人口死亡:当人群中免疫人口的死亡比例增加时,可相对地使人群易感性增高。

(5)病原体变异:病原体发生抗原性变异、毒力变异或耐药性变异后,由于人群普遍对变异的病原体缺乏免疫力,致使人群易感性升高,从而使疾病容易发生暴发或流行。

2. 可引起人群易感性降低的主要因素

(1)预防接种:按照规定的免疫程序对易感人群进行预防接种,使之获得特异性免疫力,可使人群的易感性降低。

(2)传染病流行:一次传染病流行后,有相当一部分人因发病或隐性感染而获得免疫,从而使人群的易感性降低。

(3)隐性感染:易感者获得隐性感染后,也可产生特异性免疫力,使人群的易感性随之降低。但一般认为这种免疫不甚牢固。

(四) 疫源地与流行过程

疫源地(epidemic focus)是指传染源及其排出的病原体向周围所能波及的地区。每个传染源可单独构成一个疫源地,在一个疫源地内可同时存在一个以上的传染源。通常把范围较小的疫源地或单个传染源所构成的疫源地称为疫点,数个疫源地连成片且范围较大时称为疫区,如一个村或几个村、居委会或街道。

形成疫源地的条件是有传染源、传播途径和易感人群的存在。疫源地范围的大小可因病而异,主要由传染源活动的范围、传播途径的特点及疫源地的条件来决定。

NOTES

疫源地消灭必须具备以下 3 个条件:①传染源已被移走(住院或死亡)或消除了排出病原体的状

态(治愈);②通过各种措施消灭了传染源排于外环境的病原体;③所有的易感接触者中,从可能受到感染的最后时间起,经过该病的一个最长潜伏期而再无新病例或新感染者出现。

传染病的流行过程取决于传染源、传播途径和易感人群三个环节相互作用后产生的总体效应。当总效应有利于形成新的疫源地时,流行过程才能延续。每个疫源地都是由前一个疫源地引起的,它本身又是形成新的疫源地的基础。疫源地是构成流行过程的基本单位,一旦疫源地被消灭,流行过程就宣告结束。

(五) 传染病流行过程的影响因素

传染源、传播途径和易感者是传染病流行的三个基本环节,任何一个环节的变化都可能影响传染病的流行和消长。三个环节中的每一个环节本身以及它们之间的连接都受到自然因素和社会因素的影响和制约。

1. 自然因素　影响传染病流行过程的自然因素很多,包括地理、气候、土壤、动植物等,其中以地理因素和气候因素对传染病流行过程的影响较为显著。

(1) 对传染源的影响:自然因素对动物传染源的影响较大。许多传染病所呈现的地区与时间分布特点,主要与气候、地理因素对传染源的影响有关。如草原、耕地等土质疏松地带和植物种类丰富的地区适于啮齿动物繁殖,有利于鼠疫等鼠源疾病的传播。

(2) 对传播途径的影响:经虫媒传播的传染病受自然因素的影响最为明显。气候、地理等因素可影响媒介昆虫分布、季节消长和活动能力以及病原体在媒介昆虫体内的发育、繁殖,从而影响媒介昆虫传播传染病的流行特征。

(3) 对易感人群的影响:气候、地理条件的变化可影响人体受感染的机会及机体抵抗力,使传染病在时间分布上呈现一定的特点。

2. 社会因素　社会因素包括生产和生活条件、生活方式、风俗习惯、经济、文化、宗教信仰、职业、医疗卫生状况、人口密度、人口移动、社会动荡和社会制度等。

(1) 生产环境和生产方式对传染病的发生与流行均有一定的影响。如农民下水田插秧、收割、捕鱼、摸虾或打湖草时容易感染血吸虫病;菜农在用未经处理的人粪施肥的菜地里赤手、赤脚劳动可感染钩虫病。

(2) 居民区或公共场所的垃圾处理不当或不及时是蝇类滋生的条件,可促进肠道传染病的传播;居住拥挤、室内通风不好等可导致呼吸道传染病如流行性感冒、麻疹、结核病的传播。

(3) 我国有些地区居民喜欢吃生的或半生的水产食品,如蝲蛄、鱼、肉、蟹、毛蚶等,而引起肺吸虫病、华支睾吸虫病、绦虫病、甲型肝炎等疾病的发生。

(4) 医疗卫生条件的恶化或改善,特别是卫生防疫措施对促进或抑制传染病的传播起着重要作用。例如,在预防接种工作推行较好的地区,脊髓灰质炎、麻疹的发病率就会下降。

(5) 经济贫困、战争或内乱、人口过剩或人口大规模迁移、城市衰败、全球旅游业的兴起、大量的人口流动等均可导致传染病的流行。

第三节　预防和控制

一、传染病的预防

(一) 预防策略

制定传染病预防策略,需要综合考虑疾病的特点、危害、影响因素、可利用的资源等因素。新中国成立以来,我国对传染病防治一直实行预防为主的方针,坚持防治结合、分类管理、依靠科学、依靠群众。

1. 预防为主　新时期传染病的防治工作,必须由以医疗卫生单位为主体的医学预防向社会预防转变,各级政府、社会各界、全体人民都有义务和责任参与传染病的防治工作。预防为主、群策群力、

因地制宜、发展三级预防保健网，采取综合性防制措施是我国多年来传染病预防策略的概括。

2. 建立传染病监测系统和预警制度　传染病监测是公共卫生监测的一种，内容包括传染病发病、死亡，病原体型别、特性，媒介昆虫和动物宿主种类、分布和病原体携带状况，人群免疫水平及人口资料、耐药性相关行为等，同时也对国外发生、国内尚未发生的传染病或者国内新发传染病进行监测。我国传染病监测系统包括常规报告、哨点监测和重点传染病的主动监测。哨点监测有艾滋病哨点监测、流行性感冒监测、5 种性传播疾病监测、HIV/AIDS 血清学监测、医院感染监测等。国务院卫生健康主管部门和省、自治区、直辖市人民政府根据传染病发生、流行趋势的预测，及时发出传染病预警并予以公布。此外，要制定严格的标准和管理规范，对病原生物实验室、传染病菌种和毒种库等进行监督管理；加强血液及血液制品、生物制品、病原生物有关的生物标本等的管理；加强对从事传染病相关工作人员的培训。

3. 传染病的全球化控制　传染病的传播与流行是不分省界和国界的。历史上鼠疫、霍乱、天花和流行性感冒曾多次发生世界性大流行。由于国际交流与贸易的频繁，交通运输的便利与快捷，使传染病的全球化流行趋势更加明显，传染病全球化控制势在必行。在 WHO 强化天花免疫计划实施后第 10 年，消灭了曾经是人类传染病头号杀手的天花，这是加强国际合作、实施全球化控制策略的成功范例。

（二）经常性预防措施

传染病的经常性预防措施是指在尚未出现疫情之前，针对各种传染病的非特异性措施。传染病的经常性预防措施包括：

1. 开展健康教育　健康教育是国内外公认的一种低成本、高效益的传染病防治措施。通过健康教育，可以提高人们预防传染病的知识水平，促进人们改变不良卫生习惯、行为与生活方式，减少感染机会。

2. 改善卫生条件　通过改善人们的居住条件，加强粪便、垃圾、污物的管理和无害化处理，保护水源和提供安全饮用水，防止食品污染和保证食品安全等，有助于减少或消除存在于各种传播媒介上的病原体以阻断其传播。

3. 制定法律法规　我国相继颁布了《中华人民共和国传染病防治法》《中华人民共和国食品安全法》《生活饮用水卫生标准》《中华人民共和国国境卫生检疫法》等相关法律法规。各单位也制定了一些相应的规章制度，如医疗机构制定的消毒隔离制度、托幼机构制定的预防传染病传播的卫生保健制度等。这些法律法规是做好卫生监督、维护人民群众生命健康的法律保障。

4. 预防接种　预防接种（immunization，vaccination）是指利用人工制备的抗原或抗体通过适宜的途径对机体进行接种，使机体获得对某种传染病的特异免疫力，以提高个体或群体的免疫水平，预防和控制传染病的发生与流行（详见第四节）。

5. 加强卫生检疫　卫生检疫简称检疫（quarantine），指限制无症状的受染嫌疑人的活动和/或将无症状的受染嫌疑人及有受染嫌疑的行李、集装箱、交通工具或物品与其他人或物体分开，以防止感染或污染的可能播散。检疫分为国境卫生检疫、国内卫生检疫。国境卫生检疫是指为了防止传染病由国外传入或者由国内传出，在国际通航的港口、机场、陆地边境和国界江河口岸设立国境卫生检疫机关，对进出国境人员、交通工具、货物、行李和邮件等实施医学检查和必要的卫生处理等综合性措施。1951 年，世界上第一个《国际公共卫生条例》规定鼠疫、霍乱、天花、黄热病、斑疹伤寒和回归热为检疫疾病（quarantinable disease）。经过两次修订，《国际卫生条例（2005）》已将 3 种检疫疾病（黄热病、鼠疫和霍乱）扩展为包括多种传染病在内的所有可能引起国际关注的突发公共卫生事件。当国内某地区发生传染病疫情时，由卫生部门批准实行疫区检疫，目的是防止传染病由疫区传播至非疫区。根据 2024 年 6 月 28 日修订的《中华人民共和国国境卫生检疫法》相关规定，自 2025 年 1 月 1 日起，我国检疫传染病目录包括：鼠疫、霍乱、黄热病、埃博拉病毒病、天花、脊髓灰质炎、传染性非典型肺炎、肺炭疽、马尔堡病毒病、拉沙热、中东呼吸综合征。

NOTES

二、传染病的控制

我国传染病的控制主要根据《中华人民共和国传染病防治法》《突发公共卫生事件应急条例》等进行疫情管理和对疫区采取措施，其目的在于限制传染病发生和流行的强度与范围，主要措施包括消除或减少传染源的传播作用、切断传播途径、保护易感人群。

（一）针对传染源的措施

1. 针对病人的措施　要做到早发现、早诊断、早报告、早隔离、早治疗。

（1）早发现、早诊断：向大众进行健康宣传教育，普及医学知识，提高医务人员的业务水平，建立敏感特异的检测方法，及早发现和诊断传染病病人。

（2）传染病报告：依据《中华人民共和国传染病防治法》，应严格按要求进行传染病疫情报告管理，确保疫情报告的及时性、准确性、完整性。

1）报告病种类别：依据2025年修订实施的《中华人民共和国传染病防治法》，我国将法定报告传染病分为甲、乙、丙三类（共包括40种传染病），以及突发原因不明的传染病等其他传染病。

甲类传染病（2种）：是指对人体健康和生命安全危害特别严重，可能造成重大经济损失和社会影响，需要特别严格管理、控制疫情蔓延的传染病，包括鼠疫、霍乱。

乙类传染病（27种）：是指对人体健康和生命安全危害严重，可能造成较大经济损失和社会影响，需要严格管理、降低发病率、减少危害的传染病，包括新型冠状病毒感染、传染性非典型肺炎、艾滋病、病毒性肝炎、脊髓灰质炎、人感染新亚型流感、麻疹、流行性出血热、狂犬病、流行性乙型脑炎、登革热、猴痘、炭疽、细菌性和阿米巴性痢疾、肺结核、伤寒和副伤寒、流行性脑脊髓膜炎、百日咳、白喉、新生儿破伤风、猩红热、布鲁氏菌病、淋病、梅毒、钩端螺旋体病、血吸虫病、疟疾。

丙类传染病（11种）：是指常见多发，对人体健康和生命安全造成危害，可能造成一定程度的经济损失和社会影响，需要关注流行趋势、控制暴发和流行的传染病，包括流行性感冒、流行性腮腺炎、风疹、急性出血性结膜炎、麻风病、流行性和地方性斑疹伤寒、黑热病、包虫病、丝虫病、手足口病，除霍乱、细菌性和阿米巴性痢疾、伤寒和副伤寒以外的感染性腹泻病。

国务院疾病预防控制部门根据传染病暴发、流行情况和危害程度，及时提出调整各类传染病目录的建议。调整甲类传染病目录，由国务院卫生健康主管部门报经国务院批准后予以公布；调整乙类、丙类传染病目录，由国务院卫生健康主管部门批准、公布。

《中华人民共和国传染病防治法》还规定，突发原因不明的传染病需要采取本法规定的甲类传染病预防、控制措施的，国务院疾病预防控制部门及时提出建议，由国务院卫生健康主管部门报经国务院批准后予以公布。对乙类传染病中的传染性非典型肺炎、炭疽中的肺炭疽，采取本法规定的甲类传染病预防、控制措施。

2）责任报告人及报告时限：疾病预防控制机构、医疗机构和采供血机构及其执行职务的人员发现甲类传染病患者、病原携带者、疑似患者或者新发传染病、突发原因不明的传染病，以及其他传染病暴发、流行时，应当于两小时内进行网络直报；发现乙类传染病患者、疑似患者或者国务院疾病预防控制部门规定需要报告的乙类传染病病原携带者时，应当于二十四小时内进行网络直报；发现丙类传染病患者时，应当于二十四小时内进行网络直报。

3）报告程序：学校、托育机构、养老机构、康复机构、福利机构、未成年人救助保护机构、救助管理机构、体育场馆、监管场所、车站、港口、机场等重点场所发现传染病患者、疑似患者时，应当向所在地疾病预防控制机构报告有关信息；检验检测机构等应当向所在地疾病预防控制机构报告与传染病防治有关的信息；任何单位和个人发现传染病患者、疑似患者时，应当及时向附近的疾病预防控制机构、医疗机构或者疾病预防控制部门报告；疾病预防控制部门应当公布热线电话等，畅通报告途径，确保及时接收、调查和处理相关报告信息；疾病预防控制机构应当设立或者指定专门的部门、人员负责传染病疫情信息管理工作，主动收集、分析、调查、核实传染病疫情信息。疾病预防控制机构接到甲类传

染病、新发传染病、突发原因不明的传染病报告或者发现传染病暴发、流行时，应当于两小时内完成传染病疫情信息核实以及向同级卫生健康主管部门、疾病预防控制部门和上级疾病预防控制机构报告的工作。疾病预防控制部门接到报告后应当立即报告同级人民政府，同时报告上一级人民政府卫生健康主管部门、疾病预防控制部门和国务院卫生健康主管部门、疾病预防控制部门。

（3）早隔离、早治疗：隔离是指将病人或受染者或受染的物体与其他人员和物体分开，以防止感染或污染扩散。甲类传染病病人和乙类传染病中需按甲类传染病预防、控制措施的患者应实施隔离治疗，隔离期限根据医学检查结果确定。甲类传染病疑似病人确诊前在指定场所单独隔离治疗。乙类或者丙类传染病病人应当根据病情采取必要的治疗和控制传播措施。

2. 针对病原携带者的措施　对从事某些职业的重点人群进行定期或不定期实验室检查、病原体分离、特异性抗原或抗体检测发现病原携带者。甲类传染病的病原携带者与该类病人控制措施一致。其他类别传染病的病原携带者应作好登记并进行管理，指导他们养成良好的卫生习惯，定期随访，经2~3次病原检查阴性时，方可解除管理；在饮食行业、服务行业及托幼机构工作的病原携带者须暂时调离工作岗位，久治不愈的伤寒或乙型病毒性肝炎携带者不得再从事有传播疾病风险的职业。艾滋病、乙型肝炎和疟疾的病原携带者严禁做献血员。

3. 针对接触者的措施　对甲类传染病患者、病原携带者、疑似患者的密切接触者，予以医学观察，并采取其他必要的预防措施。曾接触传染源且有可能受感染者，都应接受检疫。检疫应从最后接触之日起，检疫期限相当于该病的最长潜伏期。根据病种及接触者的免疫状态采取不同的检疫措施。

（1）留验即隔离观察：甲类传染病病人、病原携带者、疑似病人的密切接触者应留验，即在指定场所进行观察和采取其他必要的预防措施。

（2）医学观察：对乙类和丙类传染病接触者应施行医学观察，即在正常工作、学习的情况下，接受体检、病原学检查和必要的卫生处理。

（3）应急接种：对潜伏期较长的传染病，如脊髓灰质炎、麻疹、白喉等，可对接触者施行预防接种。应急接种时间越早效果越好。

（4）药物预防：某些有特效预防药物的传染病，必要时可采用药物预防。如用青霉素或磺胺类药物预防猩红热、乙胺嘧啶或氯喹预防疟疾等。

4. 针对动物传染源的措施　对人类危害大且无经济价值的动物应予以消灭，如灭鼠；危害性较大的病畜或野生动物，应予以捕杀、焚烧、深埋，如患牛海绵状脑病和炭疽病的家畜、患狂犬病的狗等；危害不大且有经济价值的病畜，应予以隔离治疗。此外，还要做好家禽、家畜和宠物的预防接种和检疫工作。

（二）针对传播途径的措施

由于不同的传染病的传播途径存在差异，因此要针对其传播途径的特点采取不同的卫生措施（health measure）。具体包括：消毒、杀虫、灭鼠、除污。

1. 消毒　消毒（disinfection）是指用化学、物理、生物的方法杀灭或消除环境中的病原微生物的一种措施。从公共卫生的角度，消毒可分为预防性消毒和疫源地消毒。

（1）预防性消毒（preventive disinfection）：在没有发现明确传染源时，对可能受到病原微生物污染的场所和物品实行的消毒，属预防性措施，如水消毒、乳品消毒、采供血器具及医疗器械消毒。

（2）疫源地消毒（disinfection of epidemic focus）：对存在或曾经存在传染源的场所及其污染的物品进行的消毒，其目的是杀灭传染源排出的病原体，属防疫性措施。

依传染源的状态又可分为随时消毒和终末消毒。

（1）随时消毒（current disinfection）：当传染源还存在于疫源地时，对其排泄物、分泌物及其污染的物品进行的消毒，以迅速杀灭致病微生物。

（2）终末消毒（terminal disinfection）：当传染源痊愈、死亡或离开后，对疫源地进行的一次彻底消毒，其目的是完全消除传染源播散在外环境中的致病微生物。

NOTES

2. 杀虫　杀虫（disinsection）是指采用卫生措施控制或杀灭物体中传播人类疾病的昆虫媒介的程序。常用杀虫方法有物理杀虫、化学杀虫、生物杀虫及环境防制。杀虫与消毒一样可分为预防性杀虫和疫源地杀虫，后者又分为随时杀虫和终末杀虫。

3. 灭鼠　灭鼠（deratization）原系指杀灭鼠类而言，现指采取卫生措施控制或杀灭传播人类疾病的啮齿类媒介的程序。具体措施有环境防制法、机械灭鼠法、药物灭鼠法、生物灭鼠法。

4. 除污　除污（decontamination）是指采取卫生措施消除在人体或动物身体表面、在消费产品中或表面，或在其他无生命物体（包括交通工具）上存在可以构成公共卫生风险的感染性病原体或有毒物质的程序。

（三）针对易感者的措施

1. 免疫预防　当传染病流行时，被动免疫可以为易感者提供及时的保护抗体，如注射胎盘球蛋白和丙种球蛋白预防麻疹、流行性腮腺炎、甲型肝炎等。当脊髓灰质炎、麻疹、白喉等传染病发生局部流行时，应立即对一定范围的易感人群进行应急接种，以提高群体免疫力，防止大面积流行。

2. 药物预防　即给传染病易感人群服用某种药物，防止传染病在该人群中发生和传播，是传染病发生暴发流行时的一种应急预防措施。药物预防有其局限性，如预防作用时间短、效果不巩固、易产生耐药性等。

3. 个人防护　在某些传染病的流行季节，对易感者可采取一定的防护措施，例如对呼吸道传染病，尽量避免到人群密集的场所，工作和居住场所保持良好的通风，与病人接触时使用必要的个人防护用品如口罩等。

（四）传染病暴发流行时的应急措施

传染病暴发、流行时，县级以上地方人民政府应当立即组织力量，按照传染病预防控制应急预案进行防治，控制传染源，切断传染病的传播途径；发生重大传染病疫情，经评估必要时，可以采取下列紧急措施：

1. 限制或者停止集市、影剧院演出或者其他人群聚集的活动；
2. 停工、停业、停课；
3. 封闭或者封存被传染病病原体污染的公共饮用水源、食品以及相关物品；
4. 控制或者扑杀、无害化处理染疫动物；
5. 封闭可能造成传染病扩散的场所；
6. 防止传染病传播的其他必要措施。

因甲类、乙类传染病发生重大传染病疫情时，县级以上地方人民政府报经上一级人民政府决定，可以对进入或者离开本行政区域受影响的相关区域的人员、物资和交通工具实施卫生检疫。因甲类传染病发生重大传染病疫情时，省级人民政府可以决定对本行政区域受影响的相关区域实施封锁；封锁大、中城市或者跨省级行政区域的受影响的相关区域，以及因封锁导致中断干线交通或者封锁国境的，由国务院决定。采取传染病疫情防控措施时，决定采取措施的机关应当向社会发布公告，明确措施的具体内容、实施范围和实施期限，并进行必要的解释说明。相关疫情防控措施的解除，由原决定机关决定并宣布。

第四节　预防接种与免疫规划

一、预防接种

预防接种是政府提供的一项重要基本公共卫生服务，也是社会性非常强的公共卫生工作。全球公共卫生实践证明，预防接种是预防、控制、消灭传染病最经济、安全和有效的措施。脊髓灰质炎是继天花之后人类计划消灭的第二个传染病，预防接种在消灭脊髓灰质炎的过程中发挥了重要的作用。以下介绍预防接种的种类。

NOTES

(一) 人工自动免疫

人工自动免疫(artificial active immunity)指用疫苗等抗原接种机体,使之产生对于相应传染病的特异免疫,从而预防感染的措施。疫苗(vaccine)是指为预防、控制疾病的发生、流行,用于人体免疫接种的预防性生物制品。其中细菌或螺旋体制作的疫苗也称为菌苗。根据疫苗开发的工艺路线,疫苗一般可分为:

1. 减毒活疫苗 减毒活疫苗(live-attenuated vaccine)是由减毒或无毒力的活病原微生物制成的疫苗。如卡介苗、脊髓灰质炎疫苗、麻疹疫苗等。减毒活疫苗可引起机体产生特异性免疫反应,免疫力强且作用时间长,同时可引起机体产生体液免疫和细胞免疫,具有全身和局部的免疫效果。减毒活疫苗使用时可能出现毒力返祖现象,还可能诱导免疫缺陷个体的严重反应。另外,活疫苗的稳定性较差,保存运输较困难,但在制成冻干疫苗后,可增加稳定性。

2. 灭活疫苗 灭活疫苗(inactivated vaccine)选用免疫原性强的病原体,经人工培养后,用理化的方法灭活后制成的疫苗。如百日咳菌苗,伤寒菌苗,流脑A、C群多糖菌苗,霍乱菌苗等。灭活疫苗主要诱导机体产生特异性抗体,产生的免疫力较弱,免疫持续时间较短,需要多次接种才能获得所需的免疫效果。灭活疫苗具有稳定、易保存、有效期长等优点;但其组分复杂,副作用较大。狭义的灭活疫苗由整个细菌或病毒组成,广义的灭活疫苗也包括由其裂解片段组成的裂解疫苗,以及将裂解片段进一步纯化得到的亚单位疫苗。

3. 类毒素疫苗 类毒素疫苗(toxoid vaccine)将细菌外毒素用甲醛处理后,使其失去毒性但保留抗原性制成的疫苗。能刺激机体产生抗毒素,使机体对相应疾病具有自动免疫作用,如白喉类毒素、破伤风类毒素等。

4. 组分疫苗 指将致病病原体主要的保护性免疫原组分制成疫苗,包括基因工程疫苗、合成肽疫苗、结合疫苗、核酸疫苗(DNA疫苗、mRNA疫苗)等。

(二) 人工被动免疫

人工被动免疫(artificial passive immunity)是指将含有抗体的血清或其制剂注入机体,使机体立即获得抗体而受到保护,以治疗或紧急预防感染的措施。这种免疫方式见效快,但维持时间较短,主要用于紧急预防或免疫治疗。常用的免疫制品有免疫血清、丙种球蛋白、细胞因子等。

(三) 人工被动自动免疫

人工被动自动免疫(artificial passive and active immunity)兼备被动及自动免疫的长处,使机体迅速获得特异性抗体的同时,产生持久的免疫力。该方法只应用于预防少数传染病。通常是在疫情发生时用于保护婴幼儿或体弱接触者的免疫方法。例如,白喉流行时,给易感者接触者接种白喉抗毒素和白喉类毒素;给HBsAg阳性母亲所生婴儿在出生时同时注射乙肝免疫球蛋白和乙肝疫苗,以阻断乙肝病毒的垂直传播。

根据《中华人民共和国疫苗管理法》《预防接种工作规范(2023年版)》,我国将疫苗分为免疫规划疫苗、非免疫规划疫苗。免疫规划疫苗是指居民应当按照各级政府规定接种的疫苗,包括为适龄儿童、重点人群接种的疫苗,省级人民政府增加的免疫规划疫苗,以及用于群体性预防接种、应急接种的疫苗。非免疫规划疫苗是指居民自愿接种的、免疫规划疫苗以外的其他疫苗。

我国实施预防接种时的组织形式包括:

1. 常规接种 接种单位按照免疫规划疫苗免疫程序、非免疫规划疫苗使用指导原则和接种方案,在相对固定的接种服务周期内,为受种者提供的预防接种服务。

2. 群体性预防接种 根据监测和预警信息,为预防和控制传染病暴发、流行,在特定范围和时间内,针对可能受某种传染病威胁的特定人群,有组织地实施的预防接种活动。

3. 应急接种 在传染病暴发、流行时,为控制传染病疫情蔓延,对目标人群开展的预防接种活动。根据不同组织形式,可采用定点接种、设立临时接种单位、入户接种等方式,为受种者提供就近便捷的接种服务。

NOTES

实施预防接种时应注意以下事项：

1. 预防接种禁忌证　每种疫苗的接种禁忌证各不相同，具体应参照疫苗说明书。接种工作人员在实施接种前，要询问受种者的健康状况以及是否有接种禁忌等情况，要根据具体情况推迟、暂停或者谨慎接种疫苗；既往接种疫苗有严重不良反应者，不应继续接种。

2. 预防接种异常反应　指合格的疫苗在实施规范接种过程中或者实施规范接种后造成受种者机体组织器官、功能损害，相关各方均无过错的药品不良反应。下列情形不属于预防接种异常反应：

（1）因疫苗本身特性引起的接种后一般反应；

（2）因疫苗质量不合格给受种者造成的损害；

（3）因接种单位违反预防接种工作规范、免疫程序、疫苗使用指导原则、接种方案给受种者造成的损害；

（4）受种者在接种时正处于某种疾病的潜伏期或者前驱期，接种后偶合发病；

（5）受种者有疫苗说明书规定的接种禁忌，在接种前受种者或者其监护人未如实提供受种者的健康状况和接种禁忌等情况，接种后受种者原有疾病急性复发或者病情加重；

（6）因心理因素发生的个体或者群体的心因性反应。

3. 疑似预防接种异常反应（adverse event following immunization，AEFI）　是在预防接种后发生的怀疑与预防接种有关的反应或事件。AEFI 经过调查诊断分析，按发生原因分为：

（1）不良反应（adverse reaction following immunization，ARFI）：合格的疫苗在实施规范接种后，发生与预防接种目的无关或意外的有害反应，称为不良反应，包括一般反应和异常反应。一般反应是指在预防接种后发生的，由疫苗本身所固有的特性引起的，对机体只会造成一过性生理功能障碍的反应，主要有发热和局部红肿，有时可能伴有全身不适、发热、倦怠、食欲缺乏、乏力等全身症状。异常反应是指合格的疫苗在实施规范接种过程中或者实施规范接种后造成受种者机体组织器官、功能损害，相关各方均无过错的药品不良反应。

（2）疫苗质量事故（vaccine quality event）：由于疫苗质量不合格，接种后造成受种者机体组织器官、功能损害。

（3）接种事故（program error）：由于在预防接种实施过程中违反预防接种工作规范、免疫程序、疫苗使用指导原则、接种方案，造成受种者机体组织器官、功能损害。

（4）偶合症（coincidental event）：受种者在接种时正处于某种疾病的潜伏期或者前驱期，接种后巧合发病。偶合症不是由疫苗的固有性质引起的。

（5）心因性反应（psychogenic reaction）：在预防接种实施过程中或接种后因受种者心理因素发生的个体或者群体的反应。心因性反应不是由疫苗的固有性质引起的。

冷链（cold chain）是指为保障疫苗质量，疫苗从疫苗上市许可持有人到接种单位，均在规定的温度条件下储存、运输和使用的全过程。冷链设施、设备包括冷藏车、疫苗运输工具、冷库、冰箱、冷藏箱、冷藏包、冰排、冷链温度监测设备、备用发电机组和安置设备的房屋等。冷链系统是在冷链设备的基础上加入管理因素（即人员、管理措施和保障）的工作体系。

二、免疫规划

1974 年，WHO 根据消灭天花和控制麻疹、脊髓灰质炎的经验，提出在全球开展扩大免疫规划（expanded program on immunization，EPI），要求各成员国发展和坚持免疫方法和流行病学监测相结合，防制白喉、百日咳、破伤风、麻疹、脊髓灰质炎、结核病等传染病，重点是提高免疫接种覆盖率（使每个儿童在出生后都有获得免疫接种的机会）和不断扩大免疫接种疫苗的种类。我国于 1981 年正式加入 EPI 活动。

免疫规划是指根据国家传染病防治规划，使用有效疫苗对易感人群进行预防接种所制定的规划、计划和策略，按照国家或者省（自治区、直辖市）确定的疫苗品种、免疫程序或者接种方案，在人群中

NOTES

有计划地进行预防接种，提高人群的免疫水平，达到预防、控制和消灭相应传染病的目的。

国家实行预防接种制度，加强免疫规划工作。居民有依法接种免疫规划疫苗的权利和义务。政府向居民免费提供免疫规划疫苗。国务院卫生健康主管部门根据全国范围内的传染病流行情况、人群免疫状况等因素，制定国家免疫规划。按照“突出重点、分类指导、注重实效、分步实施”的原则，将国家免疫规划纳入本地区国民经济和社会发展规划，落实各项措施，并将相关工作纳入政府有关部门工作目标考核管理范围，建立和完善督导考核和责任追究制度，确保国家免疫规划工作的顺利实施。

我国现行的针对儿童（0~6 岁）的国家免疫规划疫苗免疫程序见表 14-1。

表 14-1　国家免疫规划疫苗儿童免疫程序表（2021 年版）

可预防疾病	疫苗种类	接种途径	剂量	接种年龄
乙型病毒性肝炎	乙肝疫苗	肌内注射	10 或 20μg	出生时、1 月和 6 月
结核病[1]	卡介苗	皮内注射	0.1ml	出生时
脊髓灰质炎	脊灰灭活疫苗	肌内注射	0.5ml	2 月和 3 月接种第 1、2 次
	脊灰减毒活疫苗	口服	1 粒或 2 滴	4 月和 4 岁接种第 3、4 次
百日咳、白喉、破伤风[2]	百白破疫苗	肌内注射	0.5ml	3 月、4 月、5 月和 18 月接种第 1 至 4 次
白喉、破伤风[2]	白破疫苗	肌内注射	0.5ml	6 岁接种第 5 次
麻疹、风疹、流行性腮腺炎	麻腮风疫苗	皮下注射	0.5ml	8 月和 18 月
流行性乙型脑炎[3]	乙脑减毒活疫苗	皮下注射	0.5ml	8 月和 2 岁
	乙脑灭活疫苗	肌内注射	0.5ml	8 月接种 2 次，2 岁接种第 3 次，6 岁接种第 4 次
流行性脑脊髓膜炎	A 群流脑多糖疫苗	皮下注射	0.5ml	6 月和 9 月接种第 1、2 次
	A 群 C 群流脑多糖疫苗	皮下注射	0.5ml	3 岁和 6 岁接种第 3、4 次
甲型病毒性肝炎[4]	甲肝减毒活疫苗	皮下注射	0.5 或 1.0ml	18 月
	甲肝灭活疫苗	肌内注射	0.5ml	18 月和 2 岁

注：1. 主要指结核性脑膜炎、粟粒性肺结核等。2. 2025 年 1 月起调整为 2 月龄、4 月龄、6 月龄、18 月龄、6 周岁各接种 1 剂次百白破疫苗。3. 选择乙脑减毒活疫苗接种时，采用两剂次接种程序。选择乙脑灭活疫苗接种时，采用四剂次接种程序；乙脑灭活疫苗第 1、2 剂间隔 7~10 天。4. 选择甲肝减毒活疫苗接种时，采用一剂次接种程序。选择甲肝灭活疫苗接种时，采用两剂次接种程序。

免疫规划的效果一般可从安全性、免疫效果、流行病学效果和免疫规划管理等几个方面进行评价。

1. 疫苗安全性　疫苗安全性是保证预防接种取得成功的重要条件和前提。疫苗在出厂前必须通过国家检定部门严格检定，证明对人体使用后是安全的。但是在大规模接种工作中，尚不能排除个别人在接种疫苗后出现一些反应，甚至异常反应。一般以接种疫苗后人群的反应强度作为疫苗质量监测的一种手段。

2. 免疫学效果评价　通过测定接种后人群抗体阳转率、抗体平均滴度和抗体持续时间来评价免疫学效果。如脊髓灰质炎中和抗体>1∶4 或有 4 倍及以上增高；麻疹血凝抑制抗体≥1∶2 或有 4 倍及以上增高等。

$$抗体阳转率=\frac{对抗体阳转人数}{疫苗接种人数}\times 100\% \quad（式 14-1）$$

3. 流行病学效果评价　可采用随机双盲对照的现场试验结果来计算疫苗保护率和效果指数（式14-2、式14-3）。

$$疫苗保护率=\frac{对照组发病率-接种组发病率}{对照组发病率}\times 100\% \quad（式14-2）$$

$$疫苗效果指数=\frac{对照组发病率}{接种组发病率} \quad（式14-3）$$

4. 免疫规划管理评价　结合监督管理和指导情况，各级疾控主管部门定期组织对辖区免疫规划制度的实施和预防接种活动等进行评价。评价内容包括：组织领导、部门协调、保障措施；机构建设、专业人员配置和培训；预防接种服务；疫苗使用管理；冷链系统管理；国家免疫规划疫苗接种率；AEFI监测和处置；儿童入托入学预防接种证查验；中央转移支付地方项目执行情况；国家免疫规划相关资料管理；免疫规划信息系统建设和应用等。常见的评价指标有建卡率、疫苗合格接种率、国家免疫规划疫苗覆盖（全程接种）率等。

（马　伟）

本章小结

传染源、传播途径和易感人群是传染病流行过程的三个基本条件。传染病的流行过程受到自然因素和社会因素的影响和制约。预防与控制传染病的策略包括：预防为主；建立传染病监测系统和预警制度；全球化控制。

思考题

1. 传染病的传染过程和流行过程有什么区别和联系？
2. 简述传染病的预防控制措施。
3. 什么是免疫规划？我国现行的国家扩大免疫规划的主要内容有哪些？

NOTES

第十五章 突发公共卫生事件

Emergency public health events are important public health problems that threaten human health, social security and cause significant social and economic burden. Since the beginning of the 21st century, major global public health emergencies, such as SARS in 2003, the H1N1 influenza pandemic in 2009, the Ebola epidemic in West Africa in 2014, and the COVID-19 epidemic in 2020, have had a profound impact on global public health, society and economy. The first part of this chapter introduces the concept, characteristics and classification of public health emergencies. The second part details the investigation, handling ideas and steps of public health emergencies, aiming to train and improve the trainees' ability to investigate and handle public health emergencies.

突发公共卫生事件是威胁人类健康、社会安全,造成重大社会经济负担的重要公共卫生问题。进入21世纪以来,全球发生的重大突发公共卫生事件,如2003年传染性非典型肺炎(SARS),2009年甲型H1N1流感大流行、2014年西非地区埃博拉病毒病疫情、2020年新型冠状病毒感染(COVID-19)疫情,对全球公共卫生、社会和经济等方面产生了深远的影响。本章第一部分介绍突发公共卫生事件的概念、特征和分级,第二部分详细介绍突发公共卫生事件调查处置思路和步骤,旨在训练和提升学员突发公共卫生事件调查处置能力。

第一节 概 述

一、相关概念

(一) 突发事件

突发事件(emergency events)是指突然发生,造成或者可能造成严重社会危害,需要采取应急处置措施予以应对的自然灾害、事故灾难、公共卫生事件和社会安全事件。

(二) 突发公共卫生事件

突发公共卫生事件(emergency public health event)是指突然发生,造成或者可能造成社会公众健康严重损害的重大传染病疫情、群体性不明原因疾病、重大食物和职业中毒以及其他严重影响公众健康的事件。

(三) 国际关注的突发公共卫生事件

国际关注的突发公共卫生事件(public health emergency of international concern, PHEIC)是指根据《国际卫生条例》规定所确定的不同寻常的事件,即通过疾病的国际传播构成对其他国家的公共卫生风险,以及可能需要采取协调一致的国际应对措施。

二、突发公共卫生事件特征

(一) 不确定性

突发公共卫生事件发生的时间、地点、人群、规模、事件性质等具有不确定性;同时调查初期病因不明,且获取的事件信息有限,对其危害程度、波及范围、发展趋势等风险研判、决策结果,以及应对措施所产生的社会反应存在不确定性。

(二) 公共性

突发公共卫生事件发生区域或影响范围内的所有人员，都有可能受到突发公共卫生事件的威胁或损害，如传染性疾病暴发，所有易感人群均有发病风险；在某些情况下，还可能通过患者或是媒介引起跨境、跨地区传播，如甲型 H1N1 流感。

(三) 严重性

突发公共卫生事件发生后，可在短时间内造成大量人群发病、死亡或对健康的长期影响，使公共卫生和医疗体系面临巨大的压力，加大了应对和处置的难度，有时甚至会影响国家安全和社会稳定，对社会经济产生严重影响。

(四) 紧迫性

突发公共卫生事件发生突然、危害严重，必须采取紧急的应急措施，将事件危害控制在最低程度。特别是重大传染病疫情存在跨境、跨地区播散的可能，更易引起社会恐慌，如处理不当可能造成人群心理应激，出现恐惧、焦虑、认知改变，甚至行为改变，如不能及时有效地进行干预和控制，可能导致社会危机或政治动荡，影响社会稳定。

(五) 复杂性

突发公共卫生事件的种类繁多，原因复杂，新发传染病不断出现，事件原因在短时间内可能难以确定，从而难以制定有效的防控策略。此外，在某些传染病突发事件中，尤其是动物源性疾病的处理中，需要农业、林业等多部门联合开展或社会的广泛参与。

三、分级原则

根据突发公共卫生事件性质、危害程度、涉及范围，突发公共卫生事件划分为特别重大（Ⅰ级）、重大（Ⅱ级）、较大（Ⅲ级）和一般（Ⅳ级）四级，分别由国务院或国务院卫生健康主管部门和有关部门、省级人民政府、市（地）级人民政府、县级人民政府组织实施应急处理工作。

(一) 有下列情形之一的为特别重大突发公共卫生事件（Ⅰ级）

1. 肺鼠疫、肺炭疽在大、中城市发生并有扩散趋势，或肺鼠疫、肺炭疽疫情波及 2 个以上省份，并有进一步扩散趋势。

2. 发生传染性非典型肺炎、人感染高致病性禽流感病例，并有扩散趋势。

3. 涉及多个省份的群体性不明原因疾病，并有扩散趋势。

4. 发生新传染病或我国尚未发现的传染病发生或传入，并有扩散趋势，或发现我国已消灭的传染病重新流行。

5. 发生烈性病菌株、毒株、致病因子等丢失事件。

6. 周边以及与我国通航的国家和地区发生特大传染病疫情，并出现输入性病例，严重危及我国公共卫生安全的事件。

7. 国务院卫生健康主管部门认定的其他特别重大突发公共卫生事件。

(二) 有下列情形之一的为重大突发公共卫生事件（Ⅱ级）

1. 在一个县（市）行政区域内，一个平均潜伏期内（6 天）发生 5 例以上肺鼠疫、肺炭疽病例，或者相关联的疫情波及 2 个以上的县（市）。

2. 发生传染性非典型肺炎、人感染高致病性禽流感疑似病例。

3. 腺鼠疫发生流行，在一个市（地）行政区域内，一个平均潜伏期内多点连续发病 20 例以上，或流行范围波及 2 个以上市（地）。

4. 霍乱在一个市（地）行政区域内流行，1 周内发病 30 例以上，或波及 2 个以上市（地），有扩散趋势。

5. 乙类、丙类传染病波及 2 个以上县（市），1 周内发病水平超过前 5 年同期平均发病水平 2 倍。

6. 我国尚未发现的传染病发生或传入，尚未造成扩散。

7. 发生群体性不明原因疾病，扩散到县（市）以外的地区。

8. 发生重大医源性感染事件。

9. 预防接种或群体性预防性服药出现人员死亡。

10. 一次食物中毒人数超过 100 人并出现死亡病例，或出现 10 例以上死亡病例。

11. 一次发生急性职业中毒 50 人以上，或死亡 5 人以上。

12. 境内外隐匿运输、邮寄烈性生物病原体、生物毒素造成我境内人员感染或死亡的。

13. 省级以上卫生健康主管部门认定的其他重大突发公共卫生事件。

（三）有下列情形之一的为较大突发公共卫生事件（Ⅲ级）

1. 发生肺鼠疫、肺炭疽病例，一个平均潜伏期内病例数未超过 5 例，流行范围在一个县（市）行政区域以内。

2. 腺鼠疫发生流行，在一个县（市）行政区域内，一个平均潜伏期内连续发病 10 例以上，或波及 2 个以上县（市）。

3. 霍乱在一个县（市）行政区域内发生，1 周内发病 10~29 例或波及 2 个以上县（市），或市（地）级以上城市的市区首次发生。

4. 一周内在一个县（市）行政区域内，乙、丙类传染病发病水平超过前 5 年同期平均发病水平 1 倍。

5. 在一个县（市）行政区域内发现群体性不明原因疾病。

6. 一次食物中毒人数超过 100 人，或出现死亡病例。

7. 预防接种或群体性预防性服药出现群体心因性反应或不良反应。

8. 一次发生急性职业中毒 10~49 人，或死亡 4 人以下。

9. 市（地）级以上卫生健康主管部门认定的其他较大突发公共卫生事件。

（四）有下列情形之一的为一般突发公共卫生事件（Ⅳ级）

1. 腺鼠疫在一个县（市）行政区域内发生，一个平均潜伏期内病例数未超过 10 例。

2. 霍乱在一个县（市）行政区域内发生，1 周内发病 9 例以下。

3. 一次食物中毒人数 30~99 人，未出现死亡病例。

4. 一次发生急性职业中毒 9 人以下，未出现死亡病例。

5. 县级以上卫生健康主管部门认定的其他一般突发公共卫生事件。

第二节　调查处置

突发公共卫生事件发生后，卫生健康主管部门应当组织专家对突发事件进行综合评估，初步判断突发事件的类型，提出是否启动突发事件应急预案的建议。县级以上地方人民政府卫生健康主管部门，具体负责组织突发公共卫生事件的调查、控制和医疗救治工作。本节以传染病疫情类突发公共卫生事件的调查处置为例，阐述突发公共卫生事件的调查处置步骤和内容。

一、调查目的

调查时可根据突发公共卫生事件特点，并结合各类突发公共卫生事件的防控指南、规划和现场的实际情况，确定适当的调查目的。开展调查的主要目的包括：

1. 调查疫情波及范围和强度，确定处于高风险的人群。

2. 查明疫情发生原因（传染来源、传播方式和病原体）。

3. 采取控制措施防止疫情的进一步蔓延，提出后续的防控措施建议，以防止类似疫情的再次发生。

4. 为修改相关控制策略提供依据。

5. 完善已有的监测系统或建立新的监测系统。

6. 回答政府、媒体或公众所关心的热点问题。

7. 锻炼和提高基层专业人员现场调查能力和水平等。

二、调查步骤

（一）做好准备工作

1. 组织和实施的准备　开展调查前要成立由 2~3 名流行病学、临床、实验室等专业人员组成的调查组，必要时可增加环境卫生、消毒杀虫、健康教育、兽医、中毒专家等其他专业人员。确定组长和组员，并明确各自的职责和任务。另外，调查组还需要事先确定信息沟通和交流机制，如确定信息发布人、发布渠道和信息接收人。

2. 相关知识的准备　到达现场前，调查组应尽量收集病例临床表现和发病经过，疫情发生地、涉及人群、民族等信息，通过查阅资料和文献、咨询相关领域专家，研判可能的致病因子检测范围；若已确定致病因子，进一步了解既往该疾病暴发的传染来源、传播途径和危险因素，为本次暴发调查提供借鉴和帮助。

3. 相关物资和后勤保障的准备　调查组根据所了解的疫情相关信息，做好调查表、个人防护用品和装备、采样设备和器材、电脑、打印机等相关物资和设备的准备。出发前还要做好行程安排，包括交通、住宿以及行李物品准备等。

（二）确定暴发存在

探测和识别到传染病发生某些异常情况后，应及时开展现场调查，以确定暴发或流行的存在。

1. 病例是否罹患相同疾病　首先需确认报告的病例是否患有同一种疾病，而不是多种不同疾病，因为不同疾病发生的原因往往是不同的，将病因不同的病例混合在一起，难以查明真正原因。可根据病例的临床症状和体征、实验室检测结果及疾病的人口学分布特征等对报告的病例是否为同一疾病进行分析判定。

2. 病例数是否超过预期水平　确认报告病例所患的是同一种疾病后，还要分析判断报告的病例数是否超过暴发或流行阈值。阈值可通过疾病监测系统分析建立历史基线水平，也可利用学校和工厂的缺勤记录、医院门诊和住院记录、实验室检测记录、死亡统计等其他资料进行估算。将当前观察到的病例数与历史同期基线水平或前期数据进行比较，以判断当前观察到的病例数是否超过阈值。如果没有监测资料等基线数据，可以通过访谈临床医师、咨询该领域专家、查询文献和参考同类地区资料等方法判断。

3. 是否存在人为因素导致病例数虚假增多　报告的病例数超过暴发或流行的阈值，并不意味着一定发生了疾病的暴发或者流行，还要进一步分析疾病的增加是否因人为原因导致虚假升高，即报告方式的改变、监测系统的改变、病例定义的改变、报告单位或报告人员的增加、新的诊断方法的出现、临床或实验室错误诊断，或者当地人口的突然增加等，均可导致报告病例数的增加。确认报告病例数的增加非人为原因所致后，可确定报告的疾病发生了暴发或流行。

（三）核实诊断

调查人员到达现场后，首先应该了解当地基层疾控机构和医疗机构前期调查和处置的情况，包括疾病初步临床诊断、实验室检测结果。然后通过访视病例、查阅病历资料和临床检查报告单，以了解病例的临床症状和体征，判断病例临床特征与诊断是否一致。

在现场调查中，应及时采集合适的标本，采用正确的实验室检测方法（如血清学检测、细菌培养、病毒分离等）确认致病因子。结合病例临床表现、辅助检查结果以及流行病学特征（如潜伏期）、治疗效果等综合判断可能的致病因子，为实验室开展致病因子检测提供指向。若实验室已检出阳性结果，需根据病例的临床表现、流行病学分布特征等进行综合分析，以作出疫情性质的判断。

（四）制订病例定义

恰当、合理的病例定义是成功开展现场调查的前提和基础。病例定义是用来判断个人是否患有

NOTES

所调查疾病的标准。调查中应按照统一的病例定义对所有被调查对象进行判定。病例定义应该简单、客观和容易操作,暴发或流行时的病例定义通常包括流行病学标准(时间、地点和人群要求)和临床诊断标准(疾病临床症状、体征和实验室检测结果)。根据已报告病例的流行病学特征对流行病学标准中的时间、地点和人群加以限定。

在现场调查中,通常将病例定义分为不同级别,即疑似病例、可能病例和确诊病例。疑似病例定义是最宽松的病例定义,通常缺乏典型的临床症状,只具有多数或全部病例所具有的共同症状。如果某病例没有实验室阳性结果,但是有典型的临床症状,则可称为可能病例。确诊病例定义中必须要有实验室证据,如血清学检测结果、病毒分离或细菌培养结果。

并不是每次暴发疫情中都必须制订三个级别的病例定义,可以根据实际需要制订不同级别的病例定义,以便调查者灵活操作。在现场调查的早期,尚未检出实验室阳性结果时,可采用宽松或敏感的病例定义收集病例,如疑似病例定义,以便尽可能发现更多的病例,描述疾病的临床特征、确定高危人群,形成可能的病因假设。随着调查的进展,需要采用分析流行病学验证假设,如病例对照研究或者回顾性队列研究,这时宜采用特异度较高的病例定义,如可能病例或确诊病例,以减少非病例的纳入,提高研究效率。

(五) 开展病例搜索和个案调查

1. 开展病例搜索　很多暴发或流行疫情,报告的病例仅是全部病例的一部分,不能反映疾病波及地区范围和受累人群特征,需按照统一的病例定义,采用系统的方法,尽可能发现所有病例。病例搜索有多种方式,可利用已有的疾病监测报告系统,也可以到各级医疗部门搜索病例(如查阅门诊和住院记录),此外,还可采用查阅学校和工厂的缺勤记录、查阅实验室检测记录、入户搜索、媒体宣传、询问病例等方式。

不同搜索方式在实施的难易程度、所需时间和人员、发现病例的程度等方面差异较大。调查时应根据现场的实际情况,采用一种或多种方式。疫情波及多个地区或多个单位时,要尽量采用相同方式、系统地搜索病例。否则,因不同方式搜索病例的程度存在一定差异,可能导致病例分布的偏倚。

2. 个案调查　搜索病例后,需要采用统一的个案调查表对病例进行流行病学个案调查,采用面访、电话访谈或自填等调查方式,收集病例的基本信息,个案调查表主要包括如下内容。

(1) 个人信息:姓名、住址、联系方式等,以便调查者与病例取得进一步联系。

(2) 人口学信息:年龄、性别、职业等,用于描述病例的人口学特征。

(3) 临床信息:发病日期或时间、临床症状和体征、病程、实验室检测结果等,发病日期用于描述时间分布特征,临床症状和体征用于判断病例是否符合病例定义的标准、描述病例的临床分布特征。

(4) 流行病学暴露信息:每种疾病的传播途径不尽相同,因此,不同现场、不同疾病的流行病学暴露信息存在一定的差异。

(5) 调查员信息:包括调查员姓名、单位和调查时间等,以便进行问卷调查质量的分析和评估。

(六) 描述性分析

病例个案调查完成后,将病例的基本信息进行整理、汇总和分析,以阐明疾病在时间、地点和人群中的分布特征。通过描述疾病临床特征和流行病学分布特征,阐明什么人、在什么时间和什么地点、发生了什么疾病,调查人员通过比较不同时间、地点和人群之间的发病率,形成病因假设。此外,根据描述流行病学分析的高发地区和高危人群范围,尽早采取防控措施。描述性流行病学分析不必等到疫情结束或者所有病例都搜索完成后再进行,可边搜索边描述分析,因为假设形成得越早,可收集到的相关信息就越丰富,就能更早地查明疫情发生的根本原因,从而有针对性地采取预防和控制措施。

1. 时间分布　流行曲线是描述疫情时间分布特征的一种方法,常用直方图表示,横轴(X轴)是病例的发病时间,纵轴(Y轴)是相应时间段内发生的病例数。流行曲线主要具有以下作用:

NOTES

（1）判断疾病的传播模式：流行曲线有几种典型的图形，包括点源、持续同源和增殖型，通过流行曲线的形状可推断疾病的传播模式。

点源流行曲线的特点是快速上升、快速下降的单峰曲线，对于已知病原体的疫情，流行曲线的首末例发病间隔时间应小于平均潜伏期（最长潜伏期减去最短潜伏期）的 1.5 倍（图 15-1）。

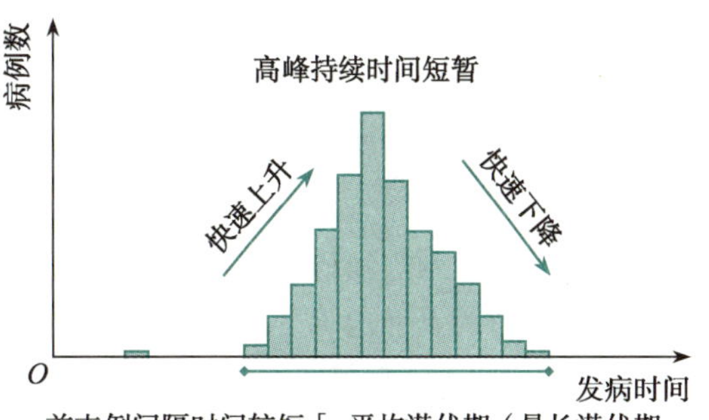

图 15-1　点源暴露模式的流行病学曲线

持续同源型流行曲线的特点是快速上升，然后保持一个高峰平台期，当传染来源去除，对人群采取保护措施或易感人群减少后，病例数快速下降（图 15-2）。如果暴露不是持续存在，而是间断发生的，则流行曲线成为不规则的曲线。

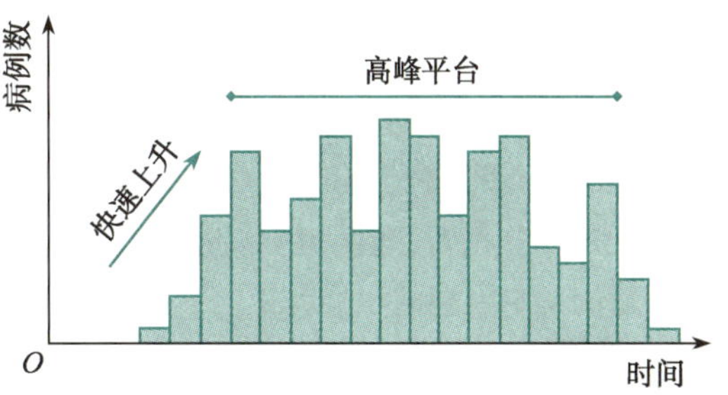

图 15-2　持续同源暴露模式的流行病学曲线

增殖型流行曲线的特点是呈现明显周期性，表现为疫情缓慢上升，达到高峰后迅速下降。增殖型流行曲线可以是人和人之间的直接传播（图 15-3），如流行性感冒、水痘、麻疹等疾病，也可以是通过媒介在人和人之间传播的疾病，如登革热、乙型脑炎、疟疾等。如一所小学水痘暴发，每代病例之间的间隔相等，有明显的周期性。当在较大的范围内发生增殖型传播时，周期性则不是非常明显。

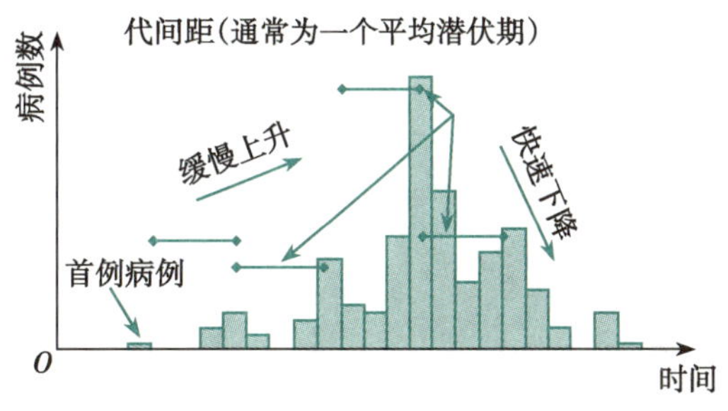

图 15-3　增殖模式的流行病学曲线

并非每次暴发和流行的流行曲线都会呈现上述典型特征，有时特征不是很明显，有时也会呈现上述典型流行曲线的混合类型。

（2）推断可能的暴露时间：点源暴发的流行曲线，如果已知疾病的潜伏期，还可推断可能的暴露时间。即从首例病例的发病时间往前推一个最短潜伏期，中位数病例的发病时间往前推一个平均潜伏期，末例病例的发病时间往前推一个最长潜伏期，推断的时间范围为可能的暴露时间范围（图 15-4）。如果暴发中存在人为干预的情况，则末例病例（有时也会包括中位病例）的发病日期可能受到影响，如应急接种疫苗的情况下，会影响推断结果。

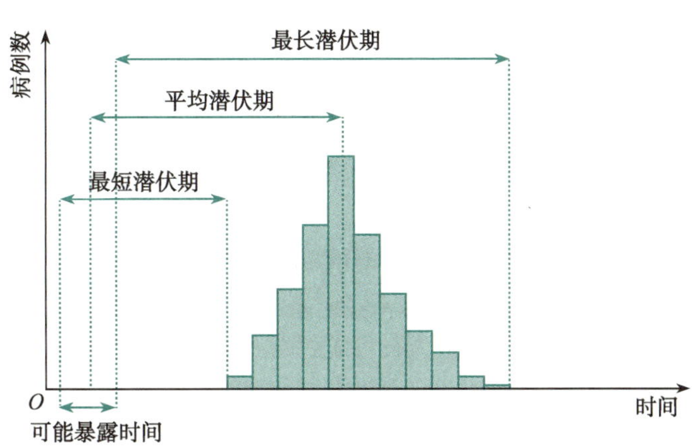

图 15-4　病原已知的点源流行曲线可推断可能的暴露时间

NOTES

（3）识别特殊病例：若流行曲线上显示某些病例的发病时间与多数病例的时间间隔较长，则称为特殊病例，深入调查特殊病例，可为形成病因假设提供重要线索。首先要核实病例的发病时间是否不准确或数据录入错误等；如不存在以上错误，则需进一步考虑“特殊”的原因，“特殊”的病例可能有“特殊”的暴露。

（4）评价控制措施效果：卫生部门在疫情的哪个阶段开始调查？采取控制措施后疫情是否开始下降？值得注意的是，很多疫情的暴露往往是短时间和一次性的，即使在不采取任何措施的情况下，也会自然结束，因此不能仅仅依据采取控制措施后出现疫情下降的趋势，就作出控制措施发挥了效果的结论；但是如果采取控制措施后疫情仍然在上升，则说明控制措施未发挥作用，需进一步调查暴发的原因。

2. 地区分布　病例的地区分布特征可以提示暴发或流行涉及的地区范围，而且能展示出疾病是否存在聚集性，帮助建立有关暴露地点的假设。病例的地区分布可以包括居住地、工作地、学校、娱乐场所、旅游地或其他相关地点。地图是最好的描述和解释疾病地区分布特征的方式，通常采用标点地图和面积地图来描述病例地区分布特征。

（1）标点地图：是简单而有效的工具，用来描绘病例的生活、工作或暴露的地点。制作标点地图时，在具有背景信息（如河流、高山、村庄、池塘等）的地图上标记出病例实际所在的位置，可以展示病例之间的相互位置，病例与可能暴露之间的关系，受影响的学校、村庄和工厂等。标点地图适用于分析环境因素对疫情的影响。

标点地图虽然能够描绘出病例的地区分布，但是无法考虑人群数量对病例分布的影响，因此无法判断出某地病例多是由于疾病的罹患率高还是由于该地的人口多。

（2）面积地图：在比较不同人口密度地区的发病率时，可以使用每个地区发病率的面积地图。面积地图是以同一系列颜色的深浅来表示某地区（如市、区、县、乡镇或村庄）发病率的高低。面积地图适合疫情分布范围较广，且各地区或单位的病例人数较多的情形（病例人数太少如小于 10 例时，计算率不够稳定）。计算发病率的分子和分母均来自同一个地区，发病率的高低反映了每个地区发病风险的大小。但是面积地图无法明确标明每个病例的具体位置，地图上的一些详细的信息如河流、道路、高山等不能详细表达。绘制面积地图时，应采用同一系列颜色如黑色、蓝色等，用颜色的深浅代表率由高到低的变化，未报告病例的地区采用另外的颜色表达。

3. 人群分布　描述病例的人群特征可以识别高危人群，从而发现可能的暴露因素。人群特征可包括年龄、性别、职业等人口学指标，也可包括其他任何能描述人群特征的指标。如学校中发生甲型肝炎（简称甲肝）暴发，可以按照年级或者班级、既往甲肝疫苗接种史、食堂就餐地点等将人群分类，计算并比较各组人群的发病率，可以了解疾病在哪组人群中高发，以确定高危人群，并分析高危人群与非高危人群在饮食、饮水、个人习惯等因素上的差异，这些信息将有助于提出病因假设。

（七）形成假设

形成假设是现场调查中非常关键而且具有挑战性的一个环节。假设是从事实、数据和信息中产生的可以进行验证的推断。现场调查成功与否取决于假设的质量，而高质量的假设源于广泛的信息和准确的数据。

假设中应该包括以下几个内容：①传染来源；②传播方式；③暴露因素；④高危人群。例如：某校学生因在 11 月 10 日至 15 日期间饮用学校供水系统中未烧开的井水导致 11 月 20 日至 12 月 15 日间的副伤寒暴发。

在现场调查中，可以综合以下多种途径获得的信息形成假设：

1. 从疾病本身的特征出发　已知病原体的疾病，则根据该疾病的宿主、传播途径、易感人群和已知的危险因素等知识，初步判断本次暴发或流行可能的原因是什么。

2. 病例及相关人员的访谈　通过访谈了解病例生病前去过哪些地方，饮食、起居等生活习惯有哪些改变，是否知道还有他人生病等。患者对自己生病的原因可能会有一些想法和见解，不一定每次都是正确的，但是有时可以给调查人员一些提示，调查人员可以从不同患者的访谈中寻找他们共同的

NOTES

暴露因素。另外，也可以与当地的一些相关人员如村医、防保医师等访谈寻找可能的暴露因素。在访谈时，访谈内容应该保持开放的思维，不要只局限于常见的传染来源和传播途径。

3. 现场卫生学勘查　调查人员在现场中要仔细观察周围的环境，察觉任何出现异常的地方，如供水系统位置及周围环境，学生洗手行为和喝水习惯，食堂厨房的用具是否有生、熟标识等，为形成假设提供帮助。

4. 利用描述流行病学的信息　描述流行病学对提出病因假设非常重要，为什么疾病在特定时间、特定人群和特定的地点中发生？什么原因可以解释这种现象？在试图回答这些问题的过程中可以形成假设。需要注意的是，如果流行病学特征与正常的或自然传播方式不符时，还需要考虑人为原因造成的疾病暴发或流行，如人为污染食品、人为投毒等。

（八）验证假设

形成病因假设后，需要对假设进行验证，以判断假设的合理性。一个正确的假设既需要有流行病学证据的支持，还要与环境卫生调查、临床和实验室调查的相关证据相符。如果不能满足这些要求，则需对假设进行重新考虑和斟酌。通常采用分析流行病学方法检验假设是否合理，评价暴露和疾病之间的关联程度。不是所有调查都要采用分析流行病学验证假设。若临床、实验室、环境调查结果及已获得的流行病学证据已经明显支持假设时，则无必要再使用分析流行病学验证假设。暴发调查中常用的分析流行病学方法包括病例对照研究和回顾性队列研究。

1. 适用条件　暴露人群已经确定且人群数量较少时，适合开展回顾性队列研究；若暴露人群不确定或难以调查全部病例时，适合开展病例对照研究。

2. 调查对象　回顾性队列研究以所有暴露人群作为研究对象，如参加聚餐的所有人员、到某一餐馆用餐的所有顾客、某学校的在校学生、某工厂的工人等。

病例对照研究中，首先需明确病例组和对照组遴选标准。病例组应尽可能选择确诊病例或可能病例。病例人数较少（<50 例）时可选择全部病例，人数较多时，可随机抽取 50~100 例。对照组应来自病例所在人群，通常选择同餐者、同班级、同家庭等未发病的健康人群作对照，人数应不少于病例组人数。病例组和对照组的人数比例最多不超过 1∶4。

3. 信息收集　基于前期描述性分析，提出暴发的原因假设，设计调查问卷，采用面访调查、电话访谈、现场测量、自填问卷、查阅医疗记录等调查方式，所有调查对象应采用相同调查方式进行个案调查，收集发病情况、相关因素的暴露史、暴露剂量等信息。

4. 资料分析　回顾性队列研究需要计算各种因素的暴露组与未暴露组的罹患率之比，即相对危险度（relative risk，RR）及 95% 置信区间（CI）。如 RR>1 且 95%CI 不包含 1 时，可认为该因素与发病的关联性具有统计学意义。

病例对照研究需计算各种因素暴露与未暴露之比的比值，即比值比（odds ratio，OR）及 95% 置信区间（CI）。如 OR>1 且 95%CI 不包含 1 时，可认为该因素与发病的关联性具有统计学意义。如出现 2 个及以上可疑危险因素，可采用分层分析、多因素分析方法控制混杂因素的影响，并进一步做剂量-反应关系的分析。

（九）现场卫生学调查

现场调查的不同阶段，都需要开展现场卫生学调查，但因各阶段调查的侧重点不同，现场卫生学调查的内容会有所不同。

现场调查早期，首先需要对现场环境进行调查，如水源位置及周边环境情况、病例工作场所环境、食品加工场所的条件等，并采集相关环境标本，如水源标本、可疑食品标本、物表涂抹拭子等。现场卫生学调查获得的信息可帮助调查人员形成假设。

随着调查的深入，形成传染来源和传播途径的假设，并采用分析流行病学加以验证，此时，还需要继续开展相关的现场卫生学调查，以提供更多证据，进一步验证该假设。

NOTES

（十）采取控制措施

在现场调查的早期，虽然可能还未找到导致暴发的直接原因，但可以根据经验或已有的知识采取一些通用的预防和控制措施，如在学校甲肝暴发疫情中，可能导致甲肝暴发的常见原因包括食物、水源或者人传人，当尚未明确暴发的真正原因时，可以先采取隔离患者、对餐具和饮用水消毒、对粪便消毒，教育群众注意食品卫生、不饮用生水，对高危人群应急接种甲肝疫苗或丙种球蛋白等综合性措施，以防止疾病的进一步传播。

随着调查的进展，当发现了暴发的直接原因后，再采取有针对性的预防和控制措施，上述学校甲肝暴发中，现场流行病学调查结果显示由于学校自备井水受到附近的厕所粪便污染，学生饮用生水导致甲肝暴发，这时则可基于调查结果有针对性地建议学校要对井水进行净化消毒，并为学生提供开水饮用，如果条件允许可废弃自备井水而使用城镇自来水。

另外，及早采取控制措施，也会观察到控制措施对疫情的影响，如果控制措施不当，则疫情可能还会继续蔓延，这时必须要继续查找真正的原因。开展控制措施后，还需要继续开展监测，以判断本次疫情是否真正结束，并评价控制措施的效果。

（十一）结果交流和反馈

在调查过程中，调查组需要向相关部门及时汇报调查进展及调查结果，调查组内部也需要定期交流和反馈调查进展。调查结束后，调查组需要口头或书面向疫情所在地相关部门及时进行信息反馈，阐明疫情发生的原因，采取的措施及目前的状况，并撰写最终调查报告，总结经验和教训。调查结果也可根据需要以撰写新闻稿件发布、会议投稿或发表文章等形式，将此次调查的发现与同行交流和共享。

三、暴发调查应注意的问题

（一）调查与控制的关系

采取干预措施减少发病和死亡是开展暴发调查的首要目的。干预措施应基于调查获得的感染来源、致病因子、传播途径、危险因素等调查结果，应及时调整控制措施，并对采取措施的实施效果进行评价。若仅调查暴发原因，而未能及时采取措施，不仅导致疫情处置失败，还会引发舆情，甚至是法律诉讼。

（二）流行病学和实验室证据的关系

实验室检测在突发公共卫生事件处置中发挥着不可或缺的作用。现场调查中，仅有流行病学调查证据，例如病例对照显示病例胃肠炎发病与食用冰淇淋存在统计学关联，若没有采集该冰淇淋及其加工原料（牛奶、水）样本或加工人员的生物学标本，或者采集的样本或标本未能检出阳性结果，则不能明确何种致病因子导致该起胃肠炎暴发。若采集的食品、环境或生物学标本检出某种病原体呈阳性，且冰淇淋与病例生物学标本检测的病原体的同源性鉴定结果高度一致，则进一步印证了流行病学调查结果，揭示了疫情发生的原因。

（三）现场调查与媒体沟通的关系

媒体和公众获得突发公共卫生事件信息后，急需进一步了解对事件导致的健康危害、发病危险因素、疫情处置进展等相关信息。在事件调查处置过程中，正确的媒体舆论导向可以极大地促进现场处置工作，使信息发布事半功倍；媒体的负面报道、不准确的报道都可能造成较大的不良影响。现场处置人员掌握着大量的、科学的、最新的疾病预防控制技术信息，为政府和卫生行政部门提供技术支撑，通过媒体将这些技术信息快速准确地传播给大众，并结合新闻事件扩大传播效果。

（四）现场调查中多部门合作

突发公共卫生事件调查过程中，要了解调查处置的突发公共卫生事件所涉及疾病的相关法律、法规、规范、指南等相关规定，明确相关部门的权利和义务。要依法依规开展调查数据收集、分析和发布，干预措施实施等调查处置工作。同时，在调查处置过程中，也要积极争取各相关部门的协作，及时沟通反馈调查进展、采取的控制措施或建议等信息。

NOTES

第三节 | 调查报告撰写

一、基本原则

在撰写突发公共卫生事件调查报告时，确保遵循以下基本原则至关重要。

（一）规范性

调查报告应遵循一定的写作规范，包括行文格式、报告内容及术语使用等。报告的语言应简洁明了，逻辑清晰，便于不同层次的读者理解和接受。适当使用图表、图片等辅助材料，以增强报告的可视化和可读性。

（二）时效性

鉴于突发公共卫生事件的紧急性，报告撰写必须迅速，以便及时为决策者提供关键信息，指导应急响应和防控措施的实施。现场调查报告是及时开展深入调查和做出决策的重要依据，所有调查报告特别是初次报告、进程报告等必须在调查后尽快完成。

（三）科学性

现场调查需要遵循科学的原理和方法，要讲求理论依据和事实依据、调查方法准确、证据充分、结论科学、推断有逻辑性、符合科学要求，不能凭主观臆断或个人喜好随意取舍素材和得出结论。

（四）真实性

调查报告的撰写过程就是通过客观事实去反映和说明调查事件和处置的过程。因此，调查报告必须以科学事实、以调查所得到的客观数据、资料信息为依据。对于暂时不明确的，甚至与现有知识相矛盾的调查结果也应如实记录、客观描述，实事求是地反映现场调查结果。

（五）针对性

调查报告既要全面客观地反映调查结果，也要避免对所有调查获知的信息全盘罗列，没有重点。可围绕一条主线按照逻辑关系依次展开介绍。

（六）实用性

调查报告撰写的内容要对现场处置、疾病防控有实用价值和推动作用，要对当前工作具有参考价值。报告中提出的防控措施一定要有针对性。

（七）全面性

报告应全面覆盖事件的各个方面，包括事件的起因、发展、影响、防控措施及效果等。同时，还应考虑社会、经济、文化等多方面的因素，以提供全面的视角。

（八）保密性

在撰写过程中，应严格遵守相关法律法规和职业道德规范，确保涉及个人隐私、商业秘密或敏感信息的保密性。

二、个案流调报告撰写

个案流调报告是深入了解单个病例或特定事件的重要途径。主要针对一些法定报告传染病、异常临床综合征或病程、异常人口学特征、新发感染性疾病等开展的，调查对象为个体，重点阐述发病就诊经过、流行病学史、实验室检测结果和接触者相关信息。个案流调报告一般框架为背景、病例基本信息、疾病信息、感染来源及危险因素信息、可疑暴露人员及密切接触者的追踪、结论、目前已采取的措施和下一步防控建议、调查人员信息等内容。

（一）背景

简要描述个案的发生时间、地点、涉及的人群及初步情况。例如，如果是在疫情期间，会提及疫情的背景，如疫情的整体趋势、感染人数、防控措施等。

NOTES

（二）病例基本信息

在尊重患者隐私的前提下，提供患者的基本信息，如年龄、性别、职业、居住地等。这些信息有助于了解患者的社会属性和可能的暴露风险。

（三）疾病信息

详细记录患者的发病经过、症状表现、就诊情况等。汇总患者的实验室检查结果、影像学资料等临床信息，评估病情严重程度及进展。同时，关注患者的治疗过程和效果。对于关键信息，如发病时间、地点、临床症状体征、辅助检查结果和实验室检测结果等，应特别注明。

（四）感染来源及危险因素信息

通过访谈、问卷调查等方式，收集患者的流行病学史，包括旅行史、接触史、暴露史等。分析这些信息，以揭示病例的可能传播途径和风险因素。

（五）可疑暴露人员及密切接触者的追踪

记录对患者及其密切接触者的追踪和隔离措施，包括追踪过程、隔离地点、隔离时间等。分析这些措施的有效性和存在的问题，为改进防控策略提供依据。

（六）结论

结合流行病学原理和临床信息，对病例的传播特点、风险因素及防控难点进行深入分析。探讨病例与疫情整体之间的关系，以及可能存在的防控漏洞。

（七）目前已采取的措施和下一步防控建议

总结调查结果，明确病例的流行病学特征和防控成效。针对存在的问题提出具体的改进建议，如加强个人防护、优化追踪隔离流程等。

（八）调查人员信息

报告末尾写上流调人员的单位、姓名（本人签名）与联系方式等流调人员信息，以便于上级单位审核流调报告时就相关问题进行补充和交流。

三、暴发调查报告撰写

调查报告通常按照事件的发生发展和处置过程来描述，需要对事件的发现、调查目的、调查方法、调查结果、采取的预防控制措施及其效果、发现的问题以及提出的建议进行全面阐述。通常包括题目、背景、方法、调查结果、结论和建议、参考文献。

（一）题目

题目需要简洁、准确且重点突出，能反映出本次暴发疫情的时间、地点，以及主要事件和原因。

（二）背景

背景是指调查人员到现场之前掌握的信息，包括：事件的报告发现情况、前期调查处置情况、本次调查的安排、本次调查的目的等，此外在背景部分可以简要对疫情发生地相关的社会因素和自然因素进行简要介绍，例如与疫情发生地（如学校、监狱）有关的单位性质、人口、规模等背景信息。这部分内容不需要非常详细，简要介绍即可。

（三）方法

方法部分通常包括病例定义、病例搜索、样本量、分析流行病学、卫生学调查、实验室检测方法、统计分析方法等。

（四）调查结果

1. **疫情总体发病情况**　介绍搜索到的病例总数，疑似、可能和确诊病例的数量。

2. **病例临床特征**　病例症状/体征、临床辅助检查、实验室检测结果，可使用频数分布表展示。

3. **流行病学特征**　病例的时间、人群、地区的分布，通常先介绍时间分布，绘制流行曲线。描述人口学特征时尽量使用罹患率展示不同人群的发病风险。描述地区分布特征时可使用地图展示。

4. **相关因素调查**　对疫情发生场所的饮食、饮水情况，或相关疫苗接种率开展调查。

5. 病例访谈和特殊病例描述　病例访谈的信息可帮助形成假设，例如潜伏期内的暴露情况、发病后的活动情况、与其他病例的接触情况等。此外，对疫情的发生和发展有重要意义的首例病例需要重点介绍。

6. 形成假设并进行验证　基于流行病学、相关因素调查，以及病例访谈等调查结果，形成暴发原因（感染来源、传播途径、危险因素）的假设；在介绍分析流行病学的结果时，应先介绍分析流行病学方法，再描述结果。

7. 卫生学调查结果　卫生学调查包括环境和食品卫生学，例如医院就诊环境的调查，输液室和候诊区的环境是否有利于病原体的传播；对网吧上网环境的调查，了解是否有利于麻疹病毒的传播；对自备水的源头及周围环境的调查，井壁及井水消毒等措施，了解水井被污染的机制；对可疑危险食品制作、加工和储存过程的调查，了解可疑食品被病原体污染的环节。

8. 实验室检测结果　实验室检测结果通常包括病例的标本如血液、尿液、咽拭子等检测结果，环境标本如水、物体表面涂抹样本等检测结果，以及食品标本如食品原材料、剩余菜品等检测结果。

9. 控制措施　为调查过程中采取的各项预防和控制措施，具体包括控制措施的种类、时间、范围和对象等。此外，对控制措施实施的情况也可以进行描述。

10. 结论和建议　结论通常是陈述性语句，提出本次调查的结论，结论应与目的相一致。建议应该针对调查发现的问题，以证据为基础，具有特异性、可行性和可接受性。暴发调查报告在该部分也可以撰写讨论，讨论的内容主要包括本次调查中发现的问题以及局限性，本次调查的公共卫生意义等。

11. 参考文献　如果报告中引用了参考文献，需要按照文献出现的顺序列出，讨论部分引用的参考文献内容需与讨论的观点有关。

（马会来）

本章小结

本章系统梳理了突发公共卫生事件概念、特征和分级分类的相关规定，详细介绍了暴发调查处置的步骤、相关问题，以及调查报告撰写原则和要求。

思考题

1. 什么是国际关注的突发公共卫生事件？并列出5起曾经被世界卫生组织宣布为“国际关注的突发公共卫生事件”的名称。

2. 简述暴发调查的步骤。

NOTES

本章数字资源

第十六章 慢性非传染性疾病流行病学

Chronic noncommunicable diseases have emerged as major health threats, posing significant public health challenges worldwide and in China. Driven by population aging, lifestyle changes, and environmental factors, the incidence and mortality rates of chronic noncommunicable diseases continue to rise. These diseases not only inflict physical and psychological suffering on individuals but also impose substantial economic burdens on families and society. Despite the complex etiology, the majority of these conditions are preventable and manageable. Therefore, a comprehensive understanding of the fundamental concepts, epidemiological trends, and risk factors associated with chronic noncommunicable diseases is crucial for developing effective prevention and control strategies.

当前，慢性非传染性疾病已成为全球和我国居民主要的健康威胁和重大公共卫生挑战。随着人口老龄化的加剧、生活方式的改变以及环境因素的影响，慢性非传染性疾病的发病率和死亡率呈现上升趋势，不仅给患者造成身体上的痛苦和心理上的压力，也给家庭和社会带来了沉重的经济负担。尽管病因复杂，但绝大部分慢性非传染性疾病是可防可控的。因此，深入了解慢性非传染性疾病的基本概念、流行特征及其危险因素，对于制定有效的防控策略和干预措施至关重要。

第一节 概　述

一、基本概念

慢性非传染性疾病（chronic noncommunicable disease，NCD），简称慢性病，是指一类起病隐匿、病程持久、病情进展缓慢，且通常不具有传染性的疾病的总称。虽然在定义上与传染病截然相反，但某些慢性病较为特殊，其致病因素涵盖感染性因素，或者是由慢性传染性疾病逐步演变而来，如肝癌、胃癌和宫颈癌等。常见的慢性病主要包括心血管疾病（如缺血性心脏病和脑卒中）、恶性肿瘤、慢性呼吸系统疾病（如慢性阻塞性肺疾病和哮喘）以及糖尿病等。这类疾病往往不是由单一因素引起的，病因通常比较复杂，涉及遗传、环境、生活方式、心理和社会等多重危险因素的共同作用，因此又称为慢性复杂疾病。依据死亡和伤残的原因，世界卫生组织（World Health Organization，WHO）将疾病分为三大类，慢性病属于第二类非传染性疾病，与第一类的传染性疾病、孕产期疾病和营养不良性疾病以及第三类的伤害并列。目前全球疾病谱和死因谱均发生改变，曾经人口死亡多由感染性疾病和营养不良性疾病等导致，现今，以感染性疾病和营养不良性疾病等为代表的这类疾病的发病率和死亡率已大幅下降，而心血管疾病和恶性肿瘤等慢性病在全球迅速蔓延。自 1990 年到 2019 年，慢性病死亡在所有死亡顺位中呈现上升趋势（图 16-1）。

二、疾病负担

慢性病不仅影响身体健康，降低生活质量和导致死亡，还会造成高昂的医疗费用，给个人、家庭和社会带来沉重的负担。准确评估慢性病的疾病负担有助于公共卫生机构和政府部门制定适宜的干预措施和政策。除了传统的死亡率、患病率等评价疾病负担的指标外，为了综合量化慢性病造成的健康影响，全球疾病负担研究（Global Burden of Disease Study，GBD）提出了伤残调整寿命年（disability

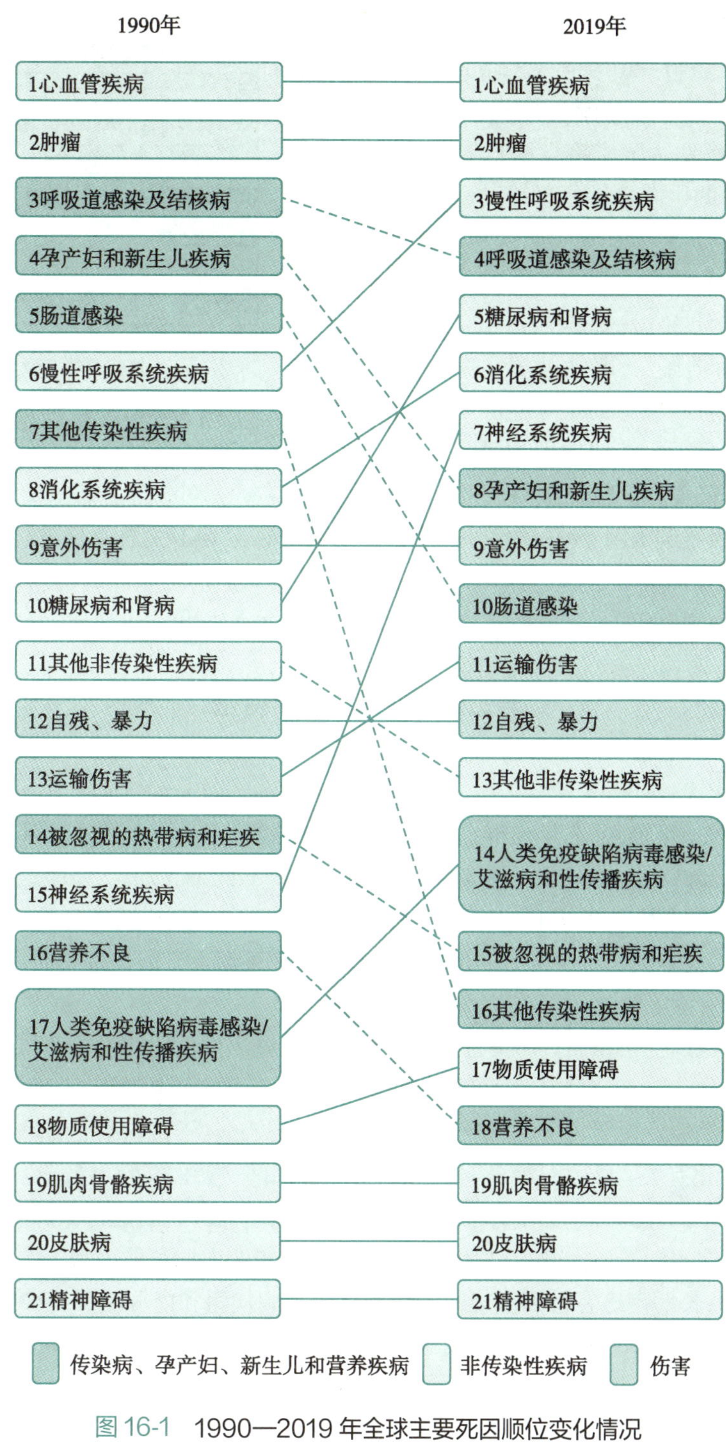

图 16-1 1990—2019 年全球主要死因顺位变化情况
（数据来源：Global Burden of Disease Study 2019）

adjusted life year，DALY）作为量化疾病和伤残负担的指标。

根据 2019 年全球疾病负担研究估计，慢性病每年导致约 4 203 万人死亡，占全球总死亡人数的 74%，其中，心血管疾病（1 856 万人）、恶性肿瘤（1 002 万人）、慢性呼吸系统疾病（397 万人）和糖尿病（204 万人，包括糖尿病引发的肾病死亡）是主要死亡原因，占全死因死亡人数的比例超过 60%。慢性病同样是我国居民的主要死因，导致约 960 万人死亡，占比超过总死亡人数的 90%，其中上述四类慢性病占比超过总死亡比例的 80%。

2019 年全球慢性病造成的 DALY 占总 DALY 的 64%，导致全球 DALY 损失的主要单病种包括

NOTES

缺血性心脏病、脑卒中、慢性阻塞性肺疾病、糖尿病等。1990—2019 年，全球四类慢性病造成的 DALY 总体上升了 45.79%(图 16-2)，而发达国家慢性病的 DALY 占总 DALY 的比例要显著高于发展中国家。

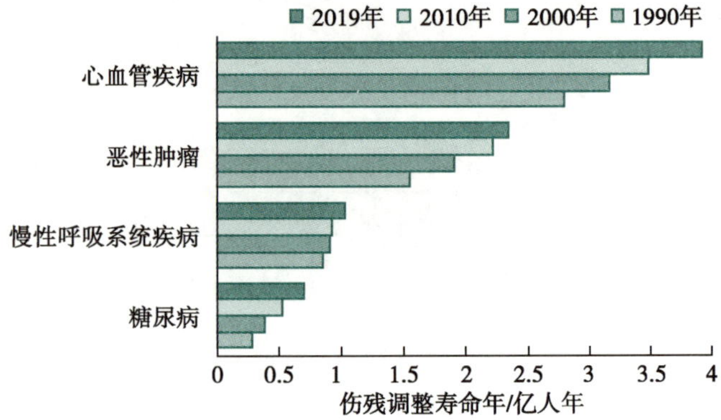

图 16-2 1990—2019 年全球四类主要慢性病造成的 DALY
（数据来源：Global Burden of Disease Study 2019）

慢性病对全球和我国也造成了沉重的经济负担，据估计 2010—2030 年间，仅心脏病、脑卒中、糖尿病、恶性肿瘤和精神障碍等主要慢性病导致的全球经济损失就达到 47 万亿美元，造成中国的经济损失约为 7.7 万亿美元。根据世界银行数据估计，2019 年全球用于慢性病诊疗的直接卫生支出在全球卫生总支出中所占比例超过 60%。慢性病还会造成间接经济负担，例如 2015 年全球因慢性病照护而造成的经济损失约 9 000 亿美元，2017 年我国因慢性病照护而导致的经济损失约为 2 500 亿元人民币。

第二节 | 流行病学特征

一、人群分布

总体而言，相较于年轻人，老年人群患慢性病的风险显著升高，一方面可归因于衰老引起的免疫功能下降和器官功能减退。另一方面，慢性病的发生发展是不良生活方式、环境暴露以及遗传因素等危险因素长期积累的过程，在此过程中正常生理功能指标逐渐改变，亚临床症状随之出现，最终导致疾病发生。因此，慢性病的流行通常呈现出随着年龄增长而逐渐上升的轨迹特征，同时也应关注到近年来心血管疾病和肿瘤等慢性病存在发病年轻化趋势。

慢性病同样与性别密切相关。①男性心血管疾病和肺癌等慢性病的发病率和死亡率普遍高于女性，可能归因于遗传因素、较高的吸烟率和饮酒率等不良生活方式等因素。②在女性人群中，慢性病发病和死亡在绝经期后发生明显变化，绝经后更容易发生冠心病、子宫内膜癌、卵巢癌等，这可能与绝经后雌激素水平变化有关。③女性在生育期间和非生育期间，慢性病流行情况也存在差异。妊娠期间雌激素和孕酮水平的升高可对心血管系统产生保护作用，但在分娩后这种保护作用可能削弱。

慢性病发病率在不同职业人群中也存在明显差异。①职业人群可能因为工作性质而导致不健康的生活方式。例如，长期夜班者会因不规律的作息时间影响代谢和内分泌系统，进而显著升高肥胖、糖尿病和心血管疾病的风险；脑力工作者由于长期久坐、缺乏运动，容易患肥胖、糖尿病、心血管疾病等慢性病。②工作环境和职业暴露亦可能诱发慢性病，如矿工长期在有害矿尘和有毒气体环境中工作，极易患上慢性支气管炎、尘肺病以及肺癌等慢性病。职业造成的心理压力同样可引发慢性病，如警察、急诊医师等群体长期处于高压力环境中，可能导致高血压、心脏病和抑郁症等慢性病。

慢性病在不同民族和种族之间的分布也存在差异。例如，与欧美人群相比，东亚人群脑卒中的发病率显著更高，而冠心病发病率更低。在美国，黑人的前列腺癌发病率和死亡率高于白人，东亚裔人群患前列腺癌风险低于白人。此外，慢性病受社会经济地位、教育文化程度、家庭婚姻状态等影响，在不同特征人群中疾病流行也存在差异。

二、时间分布

由于人口老龄化等因素的影响，慢性病死亡率和死亡人数总体呈现随时间推移而增长的趋势。1990—2019 年，全球慢性病死亡率从 495/10 万上升至 543/10 万，相应的死亡人数分别为 2 647 万和

NOTES

4 203 万。其中,肿瘤和糖尿病死亡率增长较快,心血管疾病死亡率尤其在男性中上升明显,而慢性呼吸系统疾病总体趋于稳定且略有下降。近三十年我国慢性病死亡占总死亡的比例也呈现持续上升趋势,从 1990 年的 73% 上升至 2019 年的 90%,凸显了我国慢性病防控面临的严峻挑战。

值得注意的是,采用年龄标化死亡率排除不同时期人口年龄结构的影响后,部分慢性病死亡率呈现下降趋势。以我国心血管疾病为例,从死亡人数看,从 2005 年的 309 万持续增加至 2020 年的 458 万,但年龄标化死亡率却从 2005 年的 287/10 万下降至 2020 年的 245/10 万(图 16-3),意味着我国心血管疾病防治工作取得了一定成效。

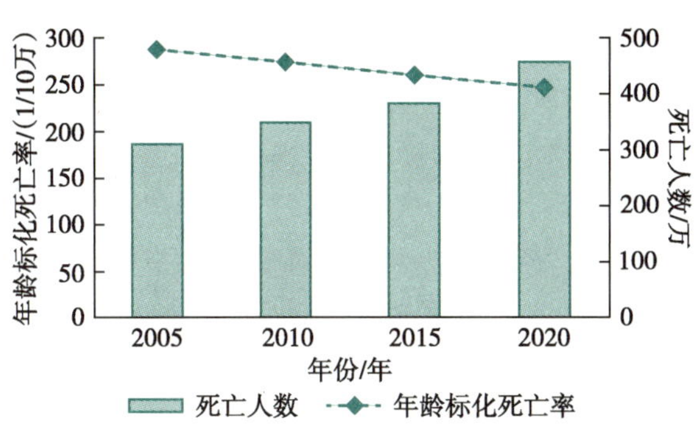

图 16-3　2005—2020 年中国心血管疾病年龄标化死亡率和死亡人数
(数据来源:中国死因监测系统)

慢性病还具有季节性或周期性变化的短期波动。心血管疾病发病呈现季节性波动,冬季因为天气寒冷、大气污染加重等原因引起血管收缩、血压升高、心脏负担增加,进而导致急性心肌梗死和脑卒中等心血管事件风险增加。哮喘也是一种典型的季节性慢性病,在欧洲,大多数哮喘患者在秋冬季节发作频率更高,症状也更加严重;在我国,哮喘急性发作高峰在 2—4 月及 9—10 月,东北、华东及华南地区的春季高峰更为显著,而华北及西南地区的秋季高峰更为明显。

三、地区分布

受经济发展水平、生活习惯、医疗条件等因素的影响,全球慢性病流行呈现出明显地区差异。在北美和欧洲等高收入国家,高热量饮食、缺乏运动以及吸烟等不良生活方式引起缺血性心脏病、脑卒中、2 型糖尿病、恶性肿瘤等慢性病持续流行。在非洲等低收入国家,人群主要死于传染病和营养不良,慢性病的负担相对较低,但近年来这些地区的慢性病疾病负担也逐渐上升。

慢性病的流行在我国城乡间存在显著差异,农村地区慢性病死亡率呈现快速上升趋势,心血管疾病和呼吸系统疾病死亡占比已经超过城市,恶性肿瘤死亡占比相较城市地区稍低(图 16-4)。作为我国居民慢性病的主要危险因素,高血压的患病率也呈现明显的地区差异,2018 年农村高血压患病率达到 29.4%,高于城市的 25.7%。

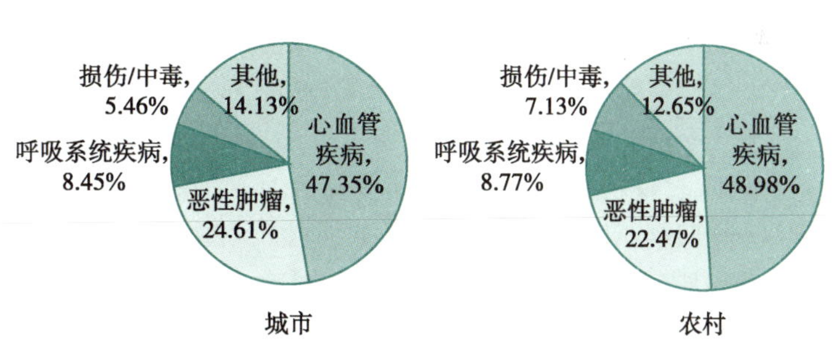

图 16-4　2021 年中国城乡居民主要疾病死因构成比
(来源:《2022 中国卫生健康统计年鉴》)

我国不同地域之间慢性病流行也有所不同。北方地区因气候寒冷等原因,心血管疾病和呼吸系统疾病高发;西北干燥少雨地区,可能加剧呼吸道疾病的发生;高原地区由于缺氧,容易诱发心肺疾病和慢性呼吸系统疾病。其次,不同地域的饮食和生活方式特征也与慢性病密切相关。北方地区高盐高脂饮食易引发高血压和肥胖,增加心血管疾病风险,而南方地区鱼类和蔬菜摄入较多有利于心血管健康,但同时较多的糖分摄入会升高糖尿病风险。另外,部分肿瘤有着鲜明的地域特征,如广东鼻咽癌、河南林县食管癌等。

NOTES

第三节 | 危险因素

慢性病通常是多种危险因素共同作用的结果，这些因素一般分为不可改变因素（年龄、性别、遗传因素和家族史等）和可改变因素（生活方式、行为因素、代谢因素、社会心理和环境因素等）。危险因素与慢性病之间呈现出复杂的多因多果关联特征，并且不同危险因素在不同慢性病病因的归因顺位以及作用强度上存在差异。阐明这些危险因素的致病机制，识别高危人群，进而实施针对性的预防措施，是慢性病防控的关键。

一、家族史和遗传因素

绝大多数慢性病与遗传因素密切相关。恶性肿瘤、心血管疾病和糖尿病等慢性病均属于复杂多基因疾病，往往呈现出明显的家族聚集性，即家族成员发病率较一般人群显著升高，且发病年龄提前。近年来基因组学研究显示，常见慢性病可能受到几百个乃至数千个基因的共同作用，携带特定基因变异的人群相较未携带者，发病风险会显著升高，这些基因称为慢性病的易感基因。例如，*BRCA1* 和 *BRCA2* 基因变异与乳腺癌密切相关，而携带 *LDLR*、*APOB* 和 *PCSK9* 基因变异的家族性高胆固醇血症患者，冠心病发病风险明显升高。

二、环境因素

外界环境因素也是慢性病的重要危险因素，主要包括大气污染、室内污染、温度和海拔等。非适宜温度（包括高温热浪和低温寒潮）会导致心血管疾病发病和死亡风险显著升高。长期暴露于高海拔的低氧、低气压、寒冷环境下，可增加脑血管疾病风险，发病率明显高于平原地区。慢性病也与包括 $PM_{2.5}$、PM_{10}、SO_2、NO_2、CO、O_3 等大气污染密切相关，一般呈现出明显的剂量-反应关系。室内空气污染，如固体燃料不完全燃烧时会产生大量的污染物，室内装修、家具等可释放甲醛、苯等有害物质，诱发心血管疾病、肿瘤和呼吸系统疾病。此外，工作或居住环境中暴露于电离辐射（X 线、γ 射线等）、致癌物质（如石棉、多环芳烃、苯等）、受污染的食品或添加剂（黄曲霉素、亚硝胺等）、农药、汽车尾气（如苯并芘等）、工业排放有害污染物等均可增加多种恶性肿瘤的发病风险，如白血病、肺癌、皮肤癌、肝癌等。暴露于花粉、尘螨、动物皮屑等过敏原还可引起过敏性哮喘和过敏性鼻炎。

三、生活方式

吸烟、过量饮酒、不合理膳食和身体活动不足等生活方式与慢性病密切相关。

（一）吸烟

我国是全球最大的烟草生产国和消费国，2018 年，我国 15 岁以上人群吸烟率为 26.6%。据估算，全国烟民数量超过 3 亿人，另有 7.4 亿不吸烟人群也遭受着二手烟的危害。吸烟可以导致多种慢性病，而且开始吸烟年龄越小、吸烟年限越长、吸烟量越大，慢性病发病风险越高。烟草中含有成瘾性物质尼古丁，可导致烟草依赖。吸烟可影响呼吸道和肺部的功能和结构，导致慢性阻塞性肺疾病和多种间质性肺疾病；烟草烟雾中含有多环芳烃、酚类等 69 种致癌物，可引发体内关键基因突变，导致多种恶性肿瘤，如肺癌、口咽癌、喉癌、食管癌和肝癌等；吸烟还可以诱发动脉粥样硬化，引起血管管腔和血流改变，进而造成冠心病、脑卒中和外周动脉疾病。二手烟中含有大量有害物质和致癌物，也会导致呼吸系统和心血管系统疾病以及恶性肿瘤。

（二）过量饮酒

过量饮酒可增加高血压、糖尿病、肝硬化和心血管疾病的发生风险，也可导致血尿酸含量升高，诱发痛风，过量饮酒还与口腔癌、咽癌、喉癌、食管癌、乳腺癌、肝癌和结直肠癌等多种恶性肿瘤相关，是导致过早死亡和伤残的重要危险因素。2018 年，我国 18 岁以上成人饮酒率为 28.3%，其中男性为 46.2%，女性为 10.2%。世界卫生组织建议，男性每天酒精摄入量不应超过 25g，女性不应超过 15g。

NOTES

《中国居民膳食指南(2022)》对男女性的建议均是不超过 15g。全球疾病负担研究显示,2019 年,饮酒造成全球 244 万死亡,其中 51 万发生在中国。

(三)不合理膳食

不合理膳食是慢性病的主要危险因素之一,可以引起高血压、糖尿病、心血管疾病和恶性肿瘤等多种慢性病。高盐膳食是我国居民首要的膳食危险因素,与高血压和冠心病密切相关。2019 年,高盐膳食导致了我国 16.38% 的冠心病死亡。红肉、加工肉类和含糖饮料摄入过多,全谷物、水果、膳食纤维摄入量过低等也是导致我国慢性病疾病负担的重要膳食因素。长期摄入过多的红肉和加工肉类,可能引发结直肠癌等恶性肿瘤。新鲜蔬菜和水果富含维生素、矿物质和膳食纤维等,对于心血管疾病、恶性肿瘤和糖尿病等慢性病具有保护作用。研究显示,每天摄入 200g 蔬菜水果可以降低心脑血管疾病、恶性肿瘤和全因死亡风险。

(四)身体活动不足

我国身体活动不足普遍流行,2018 年我国 18 岁及以上成人经常锻炼率(每周至少 3 天参加业余锻炼,每天锻炼持续 10 分钟以上)仅为 15.8%。增加身体活动短期内可以改善睡眠、减轻焦虑等,而长期运动可以改善心血管代谢健康和心肺功能,降低高血压、糖尿病、心血管疾病和癌症发病风险,进而降低死亡风险。研究显示,达到《中国心血管病风险评估和管理指南》推荐量(每周进行至少 150 分钟中等强度或 75 分钟高强度有氧身体活动,或相当量的两种强度活动的组合)可使心血管疾病发病和死亡风险降低 20% 以上。除了身体活动不足之外,久坐行为也是一个需要重点关注的问题。久坐行为指人在清醒状况下的任何低能量消耗行为,包括静坐、倚靠或平躺等。久坐行为与冠心病、糖尿病、慢性阻塞性肺疾病、慢性肾脏病等慢性病密切相关,每天久坐超过 6 小时者慢性病风险明显升高。

四、代谢因素

代谢因素主要包括肥胖、血压升高、糖脂代谢异常,是导致心血管疾病等慢性病发病和死亡的主要危险因素。

(一)肥胖

肥胖一般包括全身性肥胖和腹型肥胖(或向心性肥胖)。体质指数(body mass index,BMI)是衡量全身性肥胖的主要指标,即体重(kg)除以身高(m)的平方。腹型肥胖一般使用腰围作为衡量指标。2018 年我国 18 岁及以上居民肥胖率为 16.4%,中心性肥胖率为 35.2%。无论使用 BMI 还是腰围定义,肥胖与高血压、高血糖和血脂异常等代谢异常,以及心血管疾病均显著相关。同时,肥胖也增加了乳腺癌、结直肠癌、子宫内膜癌、肾癌、食管癌和胰腺癌等恶性肿瘤的患病风险,进而增加过早死亡风险。

(二)血压升高

血压升高是心血管疾病的首要危险因素。近几十年来,我国高血压患病率快速攀升。中国高血压调查研究显示,2012—2015 年我国 18 岁以上人群高血压患病率为 27.9%(标化率 23.2%)。据估计,目前我国有高血压患者 2.45 亿。研究发现,我国由于收缩压升高造成的心血管疾病死亡人数已经由 2005 年的 198 万增加到 2018 年的 267 万,成为导致我国死亡和疾病负担的最主要危险因素之一。

(三)糖脂代谢异常

血糖升高也是心血管疾病等慢性病的危险因素。长期血糖升高会损伤血管内皮功能,引起动脉粥样硬化和微血管病变。由于我国居民生活方式的改变,糖尿病患病率已经从 1980 年的 0.67% 快速增高至 2018—2019 年的 12.4%。据估计,目前,全国有近 1.3 亿糖尿病患者。研究显示,糖尿病患者发生心血管疾病的风险比非糖尿病人群高 2~4 倍。《中国心血管病预防指南》将 40 岁及以上糖尿病患者直接认定为心血管疾病的高危人群,需要重点防治。

血脂异常主要包括总胆固醇(total cholesterol,TC)、低密度脂蛋白胆固醇(low density lipoprotein cholesterol,LDL-C)和甘油三酯(triglyceride,TG)升高以及高密度脂蛋白胆固醇(high density

NOTES

lipoprotein cholesterol，HDL-C）降低。2020—2022 年，我国 18 岁及以上居民血脂异常患病率为 38.1%。1990—2019 年，高 LDL-C 导致的我国死亡顺位从第 15 位升至第 6 位，1/4 的心血管疾病负担归因于高 LDL-C。

五、社会因素

社会因素包括教育、就业、家庭收入、婚姻状况、医疗保险和社会支持等，可直接或间接影响个体的生活方式、健康行为、代谢因素水平，以及所接受的医疗服务，进而影响慢性病的发生和发展。研究显示，低教育水平、低收入及缺乏社会支持群体具有较高的心血管疾病等慢性病发病和死亡率。此外，不同宗教文化和风俗习惯同样影响着慢性病的发病和转归。

六、心理因素

心理因素主要包括焦虑、抑郁、人格类型等。长期处于焦虑、抑郁等不健康心理状态，将对人体的神经、免疫和内分泌等系统产生损害，进而引发多种慢性病。一般认为 A 型性格（表现为竞争、敌意、情绪不稳定、易怒等）者易发生高血压和冠心病，C 型性格（表现为缺乏自信、委曲求全、压抑自己、逆来顺受）与肿瘤发生明显相关。

七、生物因素

生物因素如细菌、病毒感染等与慢性病也关系密切，尤其是恶性肿瘤。研究显示，胃癌、肝癌和宫颈癌分别与幽门螺杆菌（helicobacter pylori，HP）、乙型肝炎病毒（hepatitis B virus，HBV）和人乳头瘤病毒（human papilloma virus，HPV）感染有关。呼吸道感染（如流行性感冒、结核病、肺炎）也可导致慢性呼吸系统疾病。

八、多因素的综合作用

慢性病的发生发展涉及多个阶段，涵盖多个疾病状态，以心血管疾病为例，通常经历心血管健康、危险因素聚集、代谢异常前期、代谢异常、动脉粥样硬化、心血管疾病事件发生等多个状态的演进。在此过程中，遗传、环境、生活方式以及社会心理因素等多维、多源且多层级因素在疾病进展的各个阶段都发挥着不同程度的作用，这些因素的作用并非简单累积相加，而是以比较复杂的模式相互作用、相互影响，由此形成了病因链。并且，不同病因链又相互交错、彼此链接，形成了更为错综复杂的病因网。鉴于此，深入探究多种危险因素在慢性病发生发展过程中的协同作用规律、中介作用路径以及因果作用链条，进而甄别驱动或阻碍疾病状态进展的关键因素和潜在干预靶点，将为慢性病的精准防控提供科学证据。例如，通过剖析基因和环境因素交互作用，有助于识别出对环境因素作用更加敏感的特定遗传背景人群，虽然遗传因素难以改变，但借助对环境因素的干预，可实现慢性病精准预防。此外，慢性病还呈现出多因多果的特征，个体往往同时患有两种或多种慢性病或其他健康问题，即共病状态。鉴于相同危险因素可能引发多种慢性病，因此针对同一危险因素进行干预能够为多种慢性病的防控带来有益的成效。

第四节　预防和控制

一、慢性病的防控策略

（一）全人群策略

全人群策略是指由政府制定相应的卫生政策，通过多部门联动，采取健康促进、健康教育和社区干预等方法，在全人群中控制主要危险因素，减少疾病的发生与流行。全人群策略是从公共卫生视角以实现一级预防甚至零级预防为目标的策略，着眼于广大群体，不需要判别和确定个体未来发生疾病

NOTES

的风险高低，通过遏制整个人群的危险因素或有害暴露水平，从而降低人群总体疾病负担。推广全民健康行动、公共场所和工作场所禁烟等均是全人群策略的典型案例。

（二）高危人群策略

“高危人群”是指具有一个或多个慢性病危险因素的人群，这类人群发生疾病的风险显著高于其他人群。对于疾病风险高的个体，可以针对致病危险因素采取针对性干预措施，降低危险暴露水平及其未来发病风险。

实施高危人群策略的重点在于寻找高危个体，并及时开展有针对性的教育和个体化干预，如行为干预、药物治疗等。疾病风险预测模型是高危人群筛查的重要手段。目前欧美等发达国家基于各自人群构建了相应的慢性病风险预测模型，如美国的弗雷明翰风险评分（Framingham risk score，FRS）、汇集队列方程（pooled cohorts equations，PCE）、欧洲的系统性冠状动脉风险评估（systemic coronary risk estimation，SCORE）模型和我国学者构建的中国动脉粥样硬化性心血管疾病风险预测（prediction for atherosclerotic cardiovascular disease risk in China，China-PAR）模型，以及 Gail 乳腺癌患病风险评估模型和我国胃癌风险评分体系（gastric cancer risk scoring system，GC-RSS）等。此外，还可以通过颈动脉超声检查和肺功能测试等识别高危人群，进而指导干预或治疗。

（三）综合防控策略

2018 年联合国召开慢性病高级别会议，提出了慢性病防控新的“5 × 5”策略，即五大慢性病（心血管疾病、恶性肿瘤、糖尿病、慢性呼吸系统疾病和精神障碍）和五大危险因素（不健康饮食、烟草使用、有害使用酒精、缺乏身体活动和空气污染）。针对这些慢性病共有的危险因素开展综合防控，是至关重要的策略，如世界卫生组织制定了《预防和控制非传染性疾病：全球战略》和《世界卫生组织烟草控制框架公约》等，以促进全球慢性病综合防控。我国《“健康中国 2030”规划纲要》明确提出实施慢性病综合防控战略，旨在推动全人群、全生命期的慢性病健康管理。《中国慢性病防治工作规划（2012—2015 年）》《中国防治慢性病中长期规划（2017—2025 年）》《健康中国行动（2019—2030 年）》等政策文件制定了针对性的防控计划，开展了专项行动，以实现多病共防、多病共管的慢性病综合防控目标。

二、慢性病的防控措施

（一）分级防控措施

疾病的自然史是指在不给予任何治疗和干预的情况下，疾病从发生、发展到结局的整个过程。慢性病的三级预防即针对疾病自然史的不同阶段采取针对性措施，来阻止疾病的发生、发展或恶化。

一级预防（primary prevention）又称病因预防，是指在疾病尚未发生时针对致病因子、可疑致病因子或其他相关因素采取措施，其核心目的在于通过消除或控制这些潜在的致病因素，来防止疾病的发生。世界卫生组织提出的人类健康四大基石“合理膳食、适量运动、戒烟限酒、心理平衡”是一级预防的基本原则。相较于一级预防，零级预防（primordial prevention）则强调在疾病危险因素尚未出现时，针对病因或潜在危险因素采取的根本性预防措施。零级预防的重点在于从社会、经济、文化和环境等宏观层面，通过制定相关政策、改善社会环境、促进健康文化等方式，阻止疾病相关危险因素在人群中的形成和发展。

二级预防（secondary prevention）又称三早预防，是指早发现、早诊断和早治疗，通过采取措施防止或减缓疾病的发展。慢性病病因复杂，通过筛检、定期健康检查以及自我监护等措施，尽早发现疾病初期患者，及时做出正确诊断，从而尽早开展规范治疗，最终改善疾病预后。

三级预防（tertiary prevention）又称临床预防，是指在发病后期为了预防伤残和促进功能恢复而采取的治疗措施，旨在提高生存质量、延长寿命、降低死亡率。三级预防的具体措施是对症治疗和康复治疗。对症治疗可以改善症状、减少疾病的并发症、防止疾病复发或转移。康复治疗包括功能康复、心理康复、社会康复和职业康复。

NOTES

（二）社区综合防控措施

社区综合防控是指以社区人群为基础，以健康促进和行为危险因素干预为主要技术手段和工作内容的综合防控。综合干预策略通常针对慢性病的共同危险因素，采用健康教育、饮食调整、运动干预和心理辅导等多种措施，有效减少人群危险因素的暴露，从而降低各种慢性病的发病和死亡风险。因此，社区综合防控措施在全球范围内受到越来越多的关注和推广。1972 年芬兰建立了心血管疾病社区干预现场，开展北卡健康促进项目。该项目通过健康教育和行为生活方式指导，在社区层面有效控制了人群主要危险因素，使心血管疾病的发病率与死亡率明显下降。

我国的社区综合防控起步较晚，但近年来已取得显著进展。首钢地区队列和中国大庆糖尿病预防研究（简称大庆研究）等项目为我国慢性病社区防治奠定了基础。大庆研究通过饮食及运动等综合干预措施有效降低了糖尿病的发病率，被认为是我国社区糖尿病防控的重要里程碑。2009 年，国家基本公共卫生服务项目正式启动，将高血压和糖尿病的社区防治工作纳入该项目的服务内容，有效推动了社区层面的慢性病管理。1997 年，卫生部在我国 17 个省份建立社区慢性非传染性疾病综合防治示范点，2010 年又在全国范围内开展了“慢性非传染性疾病综合防控示范区”创建工作，近年来各省市印发《慢性非传染性疾病综合防控示范区工作指导方案》，截至 2023 年，我国累计建成国家慢性病综合防控示范区 400 余个。2024 年，慢性阻塞性肺疾病患者健康服务也被纳入国家基本公共卫生服务项目。

（三）慢性病的医防融合和医防协同

为了推进健康中国建设，中共中央、国务院分别于 2017 年和 2018 年明确提出了“医防协同”和“医防融合”的概念。尽管两者的侧重点有所不同，但理念和本质高度统一，都是通过卫生资源整合，改善疾病的预防和管理，优化疾病防控工作，实现全方位、连续的健康服务，提升医疗卫生体系的整体效能。党的二十大进一步提出，各地区要创新医防协同、医防融合机制，全面推进医疗机构与专业公共卫生机构深度协作。

第五节 | 常见慢性病流行病学

一、恶性肿瘤

最新发布的数据显示，全球恶性肿瘤疾病负担持续加重。预计到 2050 年，新发病例将增至 3 500 万，比 2022 年增长 77%。恶性肿瘤已成为全球重大公共卫生问题，防控形势严峻。

（一）概述

恶性肿瘤的发生和发展是一个多阶段、多步骤的过程，正常细胞发展为肿瘤细胞往往需要经历一段较长的潜隐期。部分恶性肿瘤可防可控的病因较清晰、自然史认知明确，有从癌前病变发展为恶性肿瘤这一相对较长的发生发展过程，是恶性肿瘤预防和控制策略制定和实施的重要科学理论基础。

三级预防是恶性肿瘤防控的重要手段，随着医学技术的不断进步，特别是在分子生物学、影像学和治疗手段等多方面的突破，恶性肿瘤的综合防控策略不断优化，部分恶性肿瘤人群发病率和死亡率出现下降，患者的生存率和生活质量不断提升。

（二）流行特征

根据世界卫生组织国际癌症研究机构（International Agency for Research on Cancer，IARC）最新估计，2022 年全球新增癌症病例近 2 000 万，死亡病例 970 万。肺癌是最常见的癌症类型，2022 年新增病例数近 250 万例，占全球所有癌症的 12.4%，其次是女性乳腺癌（11.6%）、结直肠癌（9.6%）、前列腺癌（7.3%）和胃癌（4.9%）。肺癌也是癌症死亡的主要原因，2022 年死亡人数估计有 180 万，占癌症死亡总数的 18.7%，其次是结直肠癌（9.3%）、肝癌（7.8%）、女性乳腺癌（6.9%）和胃癌（6.8%）。男性的癌症发病率（212.5/10 万）高于女性（186.2/10 万）。肺癌和乳腺癌分别是男性和女性中发病率最高的癌症。在不同国家和地区，癌症的发病率和死亡率也存在较大差异。全球 49.2% 的恶性肿瘤新发

NOTES

病例和 56.1% 的死亡病例发生在亚洲。

癌症也是我国重大的公共卫生问题，是我国居民死亡的主要原因。基于中国肿瘤登记最新数据估计，2022 年中国新增癌症病例约为 482 万例，死亡病例约为 257 万例。肺癌、结直肠癌、甲状腺癌、肝癌和胃癌位居我国癌症发病前五位，占癌症新发病例总数的 57.42%。肺癌、肝癌、胃癌、结直肠癌和食管癌是我国癌症死亡的五大原因，占癌症死亡总数的 67.50%。我国癌症粗发病率和年龄标化发病率分别为 341.75/10 万和 201.61/10 万；粗死亡率和年龄标化死亡率分别为 182.34/10 万和 96.47/10 万。在 2000—2018 年期间，所有癌症的年龄标化发病率每年增加约 1.4%，而年龄标化死亡率每年下降约 1.3%。其中，食管癌、胃癌和肝癌的发病率和死亡率呈下降趋势。男性的总体发病率在 25~54 岁年龄组中低于女性，但在 60 岁以后则高于女性。在 40 岁以上的人群中，男性的癌症死亡率也高于女性。不同地区的癌症疾病负担也存在较大差异。如肺癌在除西藏自治区、甘肃省和青海省外的其他地区均位居首位，甲状腺癌在全国发病位居第 7 位，但在天津市、浙江省、新疆维吾尔自治区上升为第 2 位。

（三）主要病因和危险因素

1. 年龄 随着年龄的增长，癌症的发病率显著提高。这一现象可能是由于危险因素的长期积累，增加了癌变的风险；也可能与老年人群免疫系统逐渐衰退，机体修复功能不断下降有关。此外，老龄化还常伴随慢性疾病和长期炎症，这些因素都可能促进癌症的发生。

2. 遗传因素 在恶性肿瘤的发生中，遗传因素也具有重要作用。某些遗传变异可显著增加个体患癌风险，并具有家族遗传性。例如，*BRCA1* 和 *BRCA2* 基因突变与乳腺癌和卵巢癌风险增加密切相关。

3. 行为因素 吸烟、二手烟暴露、饮酒、缺乏运动等行为会增加肺癌、胃癌、结直肠癌等多种癌症的发生风险。

4. 饮食因素 水果、蔬菜和膳食纤维摄入不足，以及红肉、加工肉类和腌制食品摄入过多，可增加结直肠癌、胃癌等多种癌症的发生风险。

5. 代谢因素 超重和糖尿病等代谢异常可增加结直肠癌、乳腺癌等多种癌症的发生风险。

6. 环境因素 $PM_{2.5}$ 暴露、紫外线辐射等环境暴露因素，可增加肺癌、皮肤癌等多种癌症的发生风险。

7. 感染因素 幽门螺杆菌、乙型和丙型肝炎病毒、人乳头瘤病毒等感染，可增加胃癌、肝癌、宫颈癌等癌症的发生风险。

（四）预防策略和措施

1. 恶性肿瘤预防策略 预防是降低癌症发病率和死亡率的关键。世界卫生组织指出：约 1/3 的癌症可以预防，1/3 可通过早期诊断治愈，1/3 可减轻痛苦并延长寿命。亟需全方位落实涵盖病因预防、早期筛查和康复治疗在内的三级预防策略，以形成对癌症的全链条防控。

2023 年，国务院卫生健康主管部门等 13 个部门联合制定了《健康中国行动—癌症防治行动实施方案（2023—2030 年）》，方案指出“到 2030 年，癌症防治体系进一步完善，危险因素综合防控、癌症筛查和早诊早治能力显著增强，规范诊疗水平稳步提升，癌症发病率、死亡率上升趋势得到遏制”。该方案为深化癌症防治工作，提高癌症防治成效提供指导。

2. 恶性肿瘤预防措施

（1）一级预防：主要措施包括控烟、限酒、健康膳食、适量运动、疫苗接种等。此外，政府和社会可采取措施降低环境和职业致癌物的暴露，如控制空气污染、加强职业健康与安全法规等。

（2）二级预防：可通过简便、快速的方法，对恶性肿瘤高危人群进行筛查，以期发现早期肿瘤或癌前病变，实施临床干预。例如，通过便隐血或结肠镜筛查结直肠肿瘤、胸部低剂量螺旋 CT 筛查肺癌、乳腺 X 线筛查乳腺癌、HPV 检测筛查宫颈癌等。

（3）三级预防：目的是改善恶性肿瘤的治疗效果，减少并发症，提高生存质量并延长生存期。具体措施包括优化治疗方案、提供康复服务、心理支持和姑息治疗等。

二、心血管疾病

心血管疾病是导致全球死亡和健康寿命损失的首要原因。与欧美国家相比，我国心血管疾病发病和死亡率持续上升，尚未出现下降拐点，每年心血管疾病新发人数从 1990 年的 530 万增加至 2019 年的 1 234 万。我国农村心血管疾病死亡率从 2009 年起超过并持续高于城市，城乡差异发生逆转。当前我国面临着心血管疾病发病年轻化和人口老龄化并存的局面，同时心血管疾病关键危险因素知晓、治疗和控制率较低，约三分之二的成人心血管健康状况有待改善。坚持预防为主、关口前移、政府主导、医防融合，是新时期心血管疾病防控的关键。

（一）概述

心血管疾病（cardiovascular disease，CVD）是一组心脏、脑和血管疾病的统称，包括缺血性心脏病、脑卒中、高血压性疾病、心律失常、风湿性心脏病、肺源性心脏病和心力衰竭等。近几十年来，我国心血管疾病谱发生了明显的转变，风湿性和肺源性心脏病相对减少而动脉粥样硬化性心血管疾病显著增加。

（二）流行特征

1990—2019年间，全球心血管疾病患病人数从2.71亿增至5.23亿，死亡人数从1 210万增至1 860万，伤残调整寿命年由 2.80 亿增至 3.93 亿。全球不同区域心血管疾病流行趋势明显不同，欧美等发达国家从 20 世纪 70 年代开始通过对危险因素的有效控制，使得心血管疾病发病率出现拐点并显著下降，但近年来下降趋势变缓，甚至出现增加趋势；而中低收入国家心血管疾病负担持续上升，尚未出现拐点。

据估算，我国现有 3.3 亿心血管疾病患者，其中冠心病 1 139 万，脑卒中 1 300 万，心力衰竭 890 万，高血压 2.45 亿。2020 年，我国心血管疾病的住院总费用 2 709 亿元。中国居民心脑血管事件监测项目数据显示，2021 年 7 月—2022 年 6 月间我国心脑血管疾病发病率为 600.9/10 万，男性高于女性，农村高于城市。2005—2020 年间，我国心血管疾病死亡人数从 309 万增至 458 万，其中以脑卒中和冠心病为主。不同于欧美国家冠心病是单病种的第一位死因，我国第一位死因为脑卒中。我国心血管疾病死亡率也存在明显的地区差异，经济落后地区普遍较高。

（三）主要病因和危险因素

1. 年龄　年龄是心血管疾病的重要危险因素。随着年龄增长，人体的血管壁逐渐硬化，心脏功能逐渐下降，血压、血脂、血糖等代谢因素水平升高，进而增加了心血管疾病的发病风险。

2. 家族史和遗传因素　绝大部分心血管疾病都受到遗传因素的影响，并与环境和生活方式等因素存在协同作用。大规模基因组学研究已经定位了数百个冠心病相关易感基因以及上千个血压和血脂相关基因，而携带这些易感基因的人群发生心血管疾病的风险会显著升高。临床上通过基因检测可以对家族性肥厚型心肌病、长 QT 间期综合征和家族性高胆固醇血症等心血管疾病进行早期筛查和风险评估。

3. 吸烟　烟草中尼古丁、一氧化碳等有害物质会诱导炎症和氧化应激反应，引起脂质代谢紊乱和血管内皮受损，导致动脉粥样硬化，增加心血管疾病发生风险。二手烟暴露同样可增加心血管疾病发病和死亡风险。全球每年约 190 万人因烟草使用或二手烟暴露引发的冠心病而失去生命，约占全球冠心病死亡的五分之一。

4. 不合理膳食　全谷物、蔬菜水果、奶类和豆类摄入不足，红肉摄入过多，脂肪供能比较高，油、盐摄入过高都会显著增加心血管疾病风险。2019 年，不合理膳食导致了我国 176 万心血管疾病死亡，其中高盐摄入导致的心血管疾病死亡人数最多，达到 78.9 万。

5. 身体活动不足　适量身体活动可改善心血管代谢健康状态，进而降低心血管疾病发病和死亡风险。久坐行为也会显著增加心血管疾病风险。

6. 外界环境因素　高温热浪和寒潮经常引起心肌梗死急性发作，造成门急诊人数显著增加。大气污染 $PM_{2.5}$ 及其他污染物暴露浓度与心血管疾病及其危险因素存在显著的剂量-反应关系。

7. 超重肥胖　超重肥胖可导致高血压、血脂异常、糖尿病等代谢异常，进而增加心血管疾病发病风险，也可增加过早死亡风险。2019 年，体质指数（BMI）过高导致了我国 54.95 万人因心血管疾病死亡。

NOTES

8. 血压升高 随着血压水平的升高，心血管疾病风险迅速上升。《中国高血压防治指南》将高血压定义为在未使用降压药的情况下，收缩压≥140mmHg 和/或舒张压≥90mmHg。2017 年，美国甚至将高血压标准更新为收缩压≥130mmHg 和/或舒张压≥80mmHg，以促进血压的早期防治和关口前移。2019 年，我国因收缩压升高导致了 260 万人死亡，其中 95.1% 为心血管疾病死亡。

9. 血糖升高 长期处于血糖升高状态会对血管内皮细胞造成损伤，导致血管壁变厚、弹性下降，引发动脉粥样硬化，进而导致冠心病和脑卒中。糖尿病患者发生心血管疾病的风险比非糖尿病人群高 2~4 倍，糖尿病前期患者心血管疾病发病风险也明显升高。

10. 血脂异常 血脂异常，尤其是 LDL-C 升高，是心血管疾病的致病性危险因素。我国成人血脂异常的患病率大幅上升，35 岁以上成人患病率达到 34%，且患者人群逐渐呈年轻化趋势。另外，脂蛋白（a）也是心血管疾病的独立致病因素。

11. 其他因素 睡眠时间和质量与心血管疾病的发生发展密切相关。长期的焦虑、抑郁、愤怒等不良情绪和压力可激活神经内分泌系统，导致血压升高、心率加快、血管收缩等生理变化，进而增加心血管疾病风险。

（四）预防策略和措施

1. 心血管疾病预防策略 高血压、糖尿病和血脂异常是心血管疾病的主要危险因素，也是心血管疾病防控的核心。2023 年，国家发布了《健康中国行动——心脑血管疾病防治行动实施方案（2023—2030 年）》，强调坚持以基层为重点、预防为主的策略方针。这一策略着重强调强化政府部门责任以及多部门和社会协作参与，将居民心脑血管健康促进融入各项政策，在全人群层面降低危险因素流行。同时，开展心血管疾病风险综合评估和高危人群筛查，进而及时对危险因素进行干预。这就需要基层医疗机构和医务人员不断提升血压、血糖、血脂等危险因素的管理和服务能力，落实高血压和糖尿病等国家基本公共卫生服务项目。另一方面，需要加大全民健康教育力度，不断提高居民健康素养和对危险因素的认识，强化个体是健康第一责任人。

2. 心血管疾病预防措施 心血管疾病是可防可控的，国内外心血管疾病相关预防指南不再强调传统的三级预防，而更加重视以预防危险因素为主的零级预防。

（1）零级预防：又称原始预防，旨在预防心血管疾病危险因素的出现。美国心脏协会提出了衡量心血管健康的 8 项指标，包括不吸烟、体重正常、规律运动、健康饮食、理想血压、血脂和血糖水平以及健康睡眠。零级预防的目标就是倡导将这 8 项指标保持在理想水平，增加心血管健康人群的数量，扩大心血管健康人群的比例，进而降低心血管疾病风险在人群中的整体水平。主要措施包括加强全民健康教育和宣传、提高居民健康素养、落实各项相关健康和环境政策。例如，加强健康环境建设以增加公共体育设施和场所；推进食品营养标准体系建设，开展减盐行动；深入开展控烟宣传，禁止烟草广告。

（2）一级预防：一级预防的主要目标是预防冠心病和脑卒中的发生，关注的重点人群为具有一个或多个主要危险因素的人群，如高血压、高脂血症、糖尿病、肥胖和吸烟等。我国现有高血压和糖尿病人数分别达 2.45 亿和 1.3 亿，而处于高血压、糖尿病等指标代谢异常前期的人群更加庞大。由于一级预防的目标人群庞大，需要开展心血管疾病个体风险评估，进而根据风险分层给予相应的干预措施。通常低危人群主要以生活方式干预为主，而高危人群除了生活方式干预外，需要起始预防性药物治疗，并提高知晓率、治疗率和控制率。

国内外指南推荐利用年龄、性别等传统危险因素计算个体未来 10 年或终身发生冠心病和脑卒中的风险，如美国 PCE 模型和中国 China-PAR 模型。近年来发现多基因风险评分等遗传因素、冠状动脉钙化等影像学指标以及 Lp（a）等蛋白指标，均可在传统风险评估的基础上进一步指导精细风险分层，优化干预决策。

（3）二级预防：心血管疾病二级预防旨在降低冠心病和脑卒中的不良事件复发和死亡风险，主要目标人群为已确诊的冠心病和脑卒中患者。冠心病二级预防的主要措施包括长期规律服用抗血小板药物、他汀类药物、必要时服用 β 受体阻滞剂和肾素-血管紧张素系统抑制剂等，积极控制危险因素，并

NOTES

辅以改善营养、控制体重、加强身体活动、戒烟等生活方式干预。二级预防过程强调严格遵循临床指南规范对患者进行长期治疗，如降脂治疗需将 LDL-C 在原有基础上降低 50% 及以上且降低至 70mg/dl 以下，超高危患者需降至 55mg/dl。此外还需加强康复训练，改善身体机能和认知功能，提升生存质量。

三、糖尿病

过去三十年间，全球糖尿病的年龄标准化患病率在男性和女性中均显著上升，低收入和中等收入国家的增长尤为明显，防控形势仍然不容乐观。因此，制订科学合理的糖尿病防控方案，合理调配卫生服务资源，对于减轻糖尿病负担至关重要。

（一）概述

糖尿病是一组由多病因引起的以高血糖为特征的代谢性疾病，是由于胰岛素分泌和/或利用缺陷引起。糖尿病的诊断主要依据静脉血糖水平和临床症状，主要症状包括代谢紊乱相关的“三多一少”（多饮、多食、多尿、体重下降）和心血管、肾脏、神经、眼等多系统损伤引起的急慢性并发症。糖尿病的病因复杂，致病机制尚不十分明确，按照目前的病因学分型体系，糖尿病可分为 1 型糖尿病（type 1 diabetes mellitus，T1DM）、2 型糖尿病（type 2 diabetes mellitus，T2DM）、妊娠糖尿病和特殊类型的糖尿病共 4 大类，其中 2 型糖尿病占比超过 90%。

（二）流行特征

1. 全球糖尿病流行特征　国际糖尿病联盟数据表明，2021 年全球糖尿病患者病例数为 5.37 亿，预计到 2045 年将增至 7.83 亿，增幅达 46%。糖尿病相关医疗花费预计将从 9 660 亿美元增至 10 537 亿美元。2021 年全球 20~79 岁人群中糖尿病患者数量前五位国家分别是中国、印度、巴基斯坦、美国和印度尼西亚，预计该排名至 2045 年仍将保持稳定。

糖尿病患病率随年龄增长持续上升，然而，近年来糖尿病发病有低龄化倾向。男性糖尿病患病人数及患病率均略高于女性。此外，糖尿病患病呈明显的家族聚集性，同卵双胞胎中，若一人发生 T2DM，则其同胞发生 T2DM 的概率高达 70%。不同种族间糖尿病的流行情况也存在显著差异，与欧美人群相比，亚裔人群糖尿病的患病风险显著升高。

2. 我国糖尿病流行特征　我国糖尿病患病率呈上升趋势，按照美国糖尿病协会的标准，我国 ≥18 岁人群的糖尿病患病率从 2013 年的 10.9% 上升到 2018—2019 年的 12.4%。男性糖尿病患病率高于女性，经济发达地区高于中等发达地区和不发达地区，城市高于农村。我国糖尿病患者的知晓率、治疗率和有效控制率仍然较低，其中知晓率和治疗率分别为 36.7% 和 32.9%，接受糖尿病治疗的人群中仅一半人的血糖得到了有效控制。

（三）主要病因和危险因素

糖尿病的发生发展受到多种因素的共同影响，主要包括年龄、家族史、遗传等不可改变危险因素，代谢状态、行为生活方式等可改变危险因素，以及其他危险因素。

1. 年龄　糖尿病的患病率随着年龄的增长显著增加，2018 年，我国 18~29 岁人群糖尿病患病率为 5.0%，70 岁及以上的人群患病率上升至 27.3%。

2. 家族史及遗传因素　糖尿病家族史是糖尿病的主要危险因素之一。全基因组关联研究已在东亚人群中发现 400 余个与 T2DM 相关的遗传易感位点。

3. 吸烟和饮酒　吸烟和饮酒可能损伤胰岛 β 细胞功能，增加胰岛素抵抗，增加糖尿病发病风险。长期戒烟限酒能降低血糖水平，降低糖尿病的风险。

4. 缺乏体力活动　体力活动能减轻胰岛素抵抗，降低血糖水平。长期久坐、体力活动缺乏将显著增加糖尿病风险，充足的体力活动能有效降低糖尿病的发病风险。

5. 不健康膳食　随着生活方式的改变，中国居民谷类食物摄入减少，精加工谷物和膳食脂肪摄入增加，高糖、高脂肪、高能量的食物摄入增多，这些都是糖尿病重要的膳食危险因素。

6. 超重和肥胖　超重和肥胖与糖尿病风险有密切的关联，胰岛素抵抗是主要的原因。超重和肥

NOTES

胖人群更容易患 T2DM，并且患病后死亡风险明显增加。

7. 血压升高和脂代谢异常　血压升高和脂代谢异常不仅与胰岛素抵抗有关，还会伴随慢性炎症进一步增加糖尿病的发病风险，对糖尿病的发病机制起到直接作用。

8. 其他危险因素　空气污染、社会心理因素、生物学因素、妊娠糖尿病史、多囊卵巢综合征病史等均被证明是糖尿病的危险因素。

（四）预防策略和措施

1. 糖尿病预防策略　糖尿病是当前我国慢性病防治的重点疾病之一。2009 年起，糖尿病患者管理纳入国家基本公共卫生服务项目，基于社区开展糖尿病相关的健康教育、患者筛查、随访评估、健康体检和分类干预等项目，推进基层糖尿病防治的规范化。《中国防治慢性病中长期规划（2017—2025 年）》《健康中国行动（2019—2030 年）》和《健康中国行动——糖尿病防治行动实施方案（2024—2030 年）》均强调糖尿病防控的重要性，充分体现了国家层面对糖尿病防治工作的关注。

2. 糖尿病预防措施

（1）一级预防：糖尿病的一级预防措施包括开展健康教育、健康生活方式干预和药物干预等，提高人群的糖尿病防治意识，倡导合理膳食、适量运动、控制体重、限盐、戒烟、限酒、心理平衡的健康生活方式，必要的情况下对糖尿病前期人群可以考虑进行药物干预，如使用二甲双胍、阿卡波糖等降糖药物。需要重点关注超重肥胖者、高血压或血脂异常患者，以及有糖尿病家族史或妊娠糖尿病病史者等。

（2）二级预防：二级预防的目标是在已诊断的糖尿病患者中预防糖尿病并发症的发生。通过对高危人群开展筛查，及早发现糖尿病患者。在生活方式干预的基础上，通过临床干预和药物治疗等措施改善糖尿病患者的血糖控制情况，尤其对于新诊断、年轻、无严重并发症或合并症的患者，更应当严格控糖。通过综合管理控制血压和血脂等其他代谢指标水平，延缓糖尿病进展、防止糖尿病患者出现心血管疾病、眼底血管病变、肾脏功能受损、周围神经病变等并发症。

（3）三级预防：三级预防主要是减少糖尿病造成的残疾和死亡，改善生活质量和延长寿命。严格执行医疗指导，保持血糖、血压和血脂在理想范围内。对于伴有心血管疾病的患者，采用降压、调脂及抗血小板等综合治疗措施；定期进行眼底并发症的筛查，延缓失明；适当限制蛋白摄入，预防肾衰竭；养成检查足部的习惯，做好足的保护，防止糖尿病足的发生及进展。对于合并严重并发症的糖尿病患者，推荐至相应的专科进行治疗。

四、呼吸系统疾病

呼吸系统疾病是严重危害人民健康的常见病和多发病。吸烟是导致呼吸系统疾病最重要的危险因素，控烟是预防和控制此类疾病的关键措施。应通过多方面的综合干预，包括加强空气质量管理、完善职业防护措施、推动早期筛查与规范化治疗，以及提高公众健康意识，从源头上减少危险因素以降低呼吸系统疾病的发生率和病死率。

（一）概述

呼吸系统疾病（respiratory diseases）包括慢性阻塞性肺疾病（chronic obstructive pulmonary disease，COPD，简称“慢阻肺”）、哮喘、小气道功能障碍、呼吸道感染等。呼吸系统疾病具有发病率高、致残率高、病死率高等特点，不仅会导致呼吸困难、咳嗽、喘息等症状，还可能引发严重的并发症，如肺心病、呼吸衰竭等。

（二）流行特征

GBD 研究估算，2019 年全球慢性呼吸系统疾病的患病人数约为 4.546 亿。我国目前慢性呼吸系统疾病患者总数过亿，其中 20 岁及以上慢阻肺患者约 9 990 万，患病率约为 8.6%；20 岁及以上哮喘患者约 4 570 万人，患病率约为 4.2%；小气道功能障碍（small airway dysfunction）患者约 4.26 亿，患病率约为 43.5%；此外，儿童和青少年哮喘患者约 870 万人。

2019 年，慢阻肺已是全球第三大死因，下呼吸道感染为第五位。在我国，慢阻肺是居民第三位主

NOTES

要死因，每年因慢阻肺死亡人数约 104 万，约占全球慢阻肺死亡人数的 31.62%。

（三）主要病因和危险因素

呼吸系统疾病的发生通常是多种因素共同作用的结果，主要包括：

1. 吸烟 吸烟是导致慢性呼吸系统疾病最重要的危险因素。吸烟对呼吸道免疫系统功能、肺功能和肺部结构均会造成损害，引起多种呼吸系统疾病。研究证据显示，吸烟可以导致慢阻肺及多种间质性肺疾病，且吸烟量越大、吸烟年限越长，疾病的发病风险越高。

2. 大气污染 近年来我国大气污染物（如 $PM_{2.5}$、PM_{10}、二氧化硫、氮氧化物等）浓度明显下降，但仍处于较高水平。空气污染会刺激呼吸道，引发炎症反应，导致支气管炎、哮喘等疾病。

3. 职业暴露 长期暴露于粉尘、化学气体、有毒物质中，会对呼吸系统造成损伤。例如，煤矿工人容易患上尘肺病，石棉工人易患石棉肺。2013 年修订的《职业病分类和目录》将刺激性化学物所致慢阻肺纳入国家法定职业病。

4. 感染 呼吸道感染（如流行性感冒、结核、肺炎）是导致急性和慢性呼吸系统疾病的重要因素。大量研究表明，儿童时期的呼吸道感染、慢性的支气管感染、结核感染、HIV 感染等与慢阻肺进展、肺功能下降密切相关。

5. 过敏原 花粉、尘螨、动物皮屑等过敏原可引起过敏性哮喘和过敏性鼻炎。过敏体质的人群在接触过敏原后，易引发气道收缩、分泌物增加等症状。

6. 遗传因素 部分呼吸系统疾病具有遗传倾向，如家族中有哮喘患者的个体，患哮喘的风险较高。

7. 生活方式 不健康的生活方式，如缺乏运动、饮食不均衡等，也会增加呼吸系统疾病的风险。体重过重或肥胖会增加哮喘的发病率。

（四）预防策略和措施

1. 呼吸系统疾病预防策略 呼吸系统疾病防治需要多方多层面共同参与。依据《健康中国行动（2019—2030 年）》总体要求，国家卫生健康委等 13 个部门联合制定了《健康中国行动——慢性呼吸系统疾病防治行动实施方案（2024—2030 年）》，要求多部门密切协作，从危险因素控制、呼吸系统防治服务体系建设、加强慢性呼吸系统疾病监测与评估等方面，从公众教育、职业安全保障、危险因素防控、加强早筛早诊早治、开展慢性呼吸系统疾病相关慢性病同防同治同管等多方面采取综合措施，实施综合保障，减轻呼吸系统疾病负担、降低呼吸系统疾病发病率及死亡率。

2. 呼吸系统疾病预防措施 呼吸系统疾病可防可控，主要采用三级预防措施进行防控。

（1）一级预防：呼吸系统疾病的一级预防措施主要包括控烟、环境空气质量改善、职业防护、增强免疫力和健康教育与宣传等方面。控烟是预防慢性呼吸系统疾病的主要措施。应加强公共场所禁烟管理，开展广泛的控烟宣传教育，帮助吸烟者戒烟。为吸烟者提供戒烟支持服务，包括戒烟热线、戒烟门诊等。通过制定并实施严格的环境保护政策，减少工业排放和交通污染，改善空气质量。家庭中应注意保持室内通风，避免使用含有挥发性化学物质的产品。针对高危职业人群，提供职业安全培训与防护设备，如防尘口罩、防毒面具等。强制用人单位定期开展职业健康检查，确保工作环境符合安全标准。此外，还应该提倡健康的生活方式，包括均衡饮食、规律运动和充足睡眠。为高危人群（如老年人、儿童）提供流行性感冒疫苗和肺炎疫苗的免费接种服务。通过多种媒体和社区讲座，提高公众对呼吸系统疾病的认识，普及疾病预防知识，指导居民进行自我保健。

（2）二级预防：呼吸系统疾病的二级预防措施包括早期筛查与体检、早期诊断与治疗以及疾病监测。通过对高危人群（如长期吸烟者、环境污染暴露者）进行定期健康体检，包括肺功能检测、胸部 X 线检查等。在社区设置健康检测站，提供便捷的初步筛查服务。提高基层医疗机构的诊断和治疗能力，促进呼吸系统疾病的早期干预。建立分级诊疗制度，实现早发现、早诊断、早治疗。建立和完善慢性呼吸系统疾病的监测网络，收集和分析疾病发病率和流行趋势的数据。

（3）三级预防：针对呼吸系统疾病患者需要采取以下三级预防措施。首先，进行规范化治疗与康复，通过制订个性化治疗方案，包括药物治疗、康复训练等。提供长期医疗支持，确保患者规范用药，

NOTES

控制病情。其次，开展长期管理与随访，通过建立患者档案，进行定期随访和健康评估，提供家庭医师服务，开展个性化健康指导。第三，加强并发症的防治与管理，以及对慢性呼吸系统疾病常见并发症（如心血管疾病、肺部感染）的监测与防治。定期进行疾病教育，指导患者正确应对疾病的急性发作，降低疾病负担。

五、精神障碍

精神障碍是全球疾病负担的前十大原因之一，不仅影响个人的身心健康，还影响家庭幸福和社会稳定，是全球面临的重大公共卫生问题。1990—2019 年间，全球精神障碍的患病人数增幅达 48.1%，由精神障碍导致的 DALY 从 8 080 万上升至 1.25 亿。面对逐渐上升的疾病负担，亟待开展有效的预防和治疗计划以减轻精神障碍负担。

（一）概述

世界卫生组织将健康定义为身体上、精神上和社会适应上的完好状态，而不仅仅是没有疾病和虚弱。作为健康的重要组成部分，精神健康是指个体在认知、情感、行为等方面的正常表现，是个体呈现出与环境相适应的一种平衡状态，包括对自我认知的正确性、情绪的稳定性、人际关系的和谐性以及应对生活压力的能力等方面。精神障碍（mental disorder）是大脑机能活动发生紊乱，导致认知、情感、行为等精神活动不同程度障碍。精神障碍的种类繁多，包括神经发育障碍、焦虑障碍、抑郁障碍、精神分裂症相关障碍、创伤及应激相关障碍、睡眠障碍及物质使用障碍等。这些疾病可以发生在任何年龄阶段，个体在整个生命期均会遭受到各种精神障碍的困扰，除孤独症谱系障碍及注意缺陷多动障碍在儿童期较为常见，其余均常见于成年人。

（二）流行特征

据全球疾病负担估计，2019 年全球有 9.7 亿人患有精神障碍（12.5%），其中 82% 的患者来自中低收入国家，焦虑症及抑郁症是患病率最高的两种精神障碍，全球患者总数分别为 3.0 亿及 2.8 亿，而全面性发育迟缓、注意缺陷与多动障碍和孤独症谱系障碍分别影响全球 0.9 亿（1.4%）、0.8 亿（1.2%）和 0.6 亿（1.1%）人群。精神障碍患病率存在显著的地区差异和性别差异，高收入国家患病率高于中低收入国家；抑郁症及焦虑症患病率女性高于男性，物质使用障碍（包括酒精及药物使用障碍）等患病率男性高于女性。

2015 年中国精神障碍流行病学调查显示，成人精神障碍（不含老年期痴呆）终生患病率 16.6%，12 个月患病率 9.3%，其中，焦虑障碍患病率最高，终生患病率为 7.6%，12 个月患病率为 5.0%。心境障碍次之，终生患病率为 7.4%，12 个月患病率为 4.1%，其中抑郁症的终生患病率为 6.8%，12 个月患病率为 3.6%。

青少年是精神障碍的高危人群。全球 10~19 岁人群七分之一患精神障碍，占该年龄组全球疾病负担的 13%。2015 年我国 6~16 岁在校青少年流行病学调查显示，精神障碍终生患病率是 17.5%，高于成年期的 16.6%。注意力缺陷、焦虑症、对立违抗性障碍、抑郁症、抽动障碍排名在前五位，其中注意力缺陷患病率为 10.4%，其次是焦虑障碍（4.8%）和抑郁障碍（3.2%）。

（三）主要病因和危险因素

1. 生物学因素

（1）遗传因素：精神分裂症及酒精使用障碍等精神障碍的易感性可通过基因遗传影响子代精神健康。

（2）神经发育异常：神经发育障碍者大脑初始发育异常，早期效应不明显，青春期或成年后受不良刺激易发病。

（3）感染因素：单纯疱疹性脑炎等感染会影响中枢神经系统。

2. 心理因素

（1）性格特征：具有低自尊、过度敏感等性格特点的个体在遇到困难和挫折时抗压能力较差，易

出现精神健康问题。

（2）适应力：外界环境变化时，适应能力较差且过度敏感的人群为精神障碍的高发人群。

（3）应对方式：采取逃避、自责等应对方式的个体，其精神障碍的发生风险高。在儿童期和青少年期，应培养其积极的应对方式，增加心理韧性。

3. 社会因素

（1）社会文化因素：长期高压、过度娱乐等不良社会文化因素及过度网络使用会增加精神心理问题发生风险，特别是儿童、青少年人群。

（2）早期经历不良生活事件：儿童期不良经历、父母不良教养方式、重大生活变故等都可能导致精神障碍的发生增加。

（3）社会支持：缺乏良好社会支持的个体，在面对困难挫折时抗压能力差，易发生精神障碍。

（4）突发应急事件：战争、自然灾害及突发公共卫生事件是导致精神障碍增加的重要原因。

（四）预防策略和措施

1. 精神障碍预防策略　2015年，联合国可持续发展目标中，特别提到了精神健康和物质滥用问题，并将其作为促进健康生活的一部分。目前，心理健康促进行动也是《健康中国行动（2019—2030年）》15项专项行动之一，旨在通过提高心理健康服务水平，减轻心理压力，预防心理疾病。

2. 精神障碍预防措施　尽管精神障碍有不同的类别，但其与大部分慢性病的防治策略相同，即采用三级预防的模式进行防控。

（1）一级预防：通过引导公众科学应对常见精神障碍及心理行为问题，定期开展精神健康知识科普，提高公众的心理健康素养，减少对精神障碍的偏见与歧视；倡导和建立良好的健康生活方式，预防精神心理问题发生；重视家庭教育，营造良好的家庭氛围。

（2）二级预防：精神障碍的二级预防主要针对特定高风险人群筛查，早期发现高危个体，对其进行早发现、早诊断、早治疗。开展筛查评估，提高重点人群精神心理问题的健康素养及精神心理问题早期症状的识别能力；健全社会心理服务网络，普及心理援助热线，增强心理危机干预能力，分级转诊；加强突发应急事件下的社会心理服务体系建设。

（3）三级预防：精神障碍的三级预防是针对患者防止复发，减少并发症、致残及自杀，提高生存率及康复率，具体措施包括提高住院期间治愈率；优化社会支持系统，采用多种手段定期随访，科学指导精神障碍患者用药及停药，减少脱失率，防止复发；尽早识别自杀风险，采取综合措施预防自杀行为，提高远期康复效果。

（鲁向锋）

本章小结

本章介绍了慢性病的基本概念、流行特征、危险因素以及相关防控策略和措施。心血管疾病、恶性肿瘤、糖尿病和慢性呼吸系统疾病等慢性病是全球和我国居民的主要死亡原因和疾病负担。近年来，慢性病的持续流行主要是由于人口老龄化、不良生活方式和环境因素的影响，以及肥胖、高血压、血脂异常等代谢因素未能得到有效控制。尽管病因复杂，绝大部分慢性病是可防可控的，亟待制定和有效落实防控策略和干预措施。

思考题

1. 简要概述全球和我国慢性病的主要流行特征及危险因素。
2. 请以一类慢性病为例，简述三级预防的措施。
3. 我国慢性病防控中全人群策略和高危人群策略分别有何具体举措？

NOTES

第十七章 | 伤害流行病学

Injuries, as a global public health problem, are also one of the major threats to human health. According to the World Health Organization (WHO), injuries cause approximately 4.3 million deaths annually, accounting for 6.4% of all global fatalities. Alongside infectious diseases and chronic noncommunicable diseases, injuries constitute one of the three primary global disease burdens, underscoring the importance of their prevention and control. This chapter begins by introducing the concepts, categories, prevalence patterns, and causal models of injuries. It further lists the factors influencing common injuries, followed by a discussion on the content and methodologies of epidemiological research on injuries. The chapter concludes by discussing strategies and measures for injury prevention and control.

伤害作为全球性公共卫生问题，也是威胁人类健康的主要问题之一。据世界卫生组织（World Health Organization，WHO）估计，全球每年约有 430 万人因伤害死亡，占所有死亡人数的 6.4%。伤害与传染性疾病、慢性非传染性疾病共同构成了危害人类健康的三大疾病负担，其预防与控制受到世界各国的广泛重视。伤害流行病学（injury epidemiology）是运用流行病学原理和方法描述伤害的发生频率及其分布，分析伤害发生的原因和危险因素，进一步提出干预和防制措施，并对其效果进行评价的一门流行病学分支学科。本章首先介绍了伤害的定义、分类、流行特征和病因学模型，接着列举了常见伤害的影响因素，随后讨论了伤害的流行病学研究内容与方法，最后提出了伤害的预防和控制策略。

第一节 | 概 述

一、伤害的定义及分类

（一）伤害的定义

长期以来，伤害（injury）通常被认为是不可避免的随机性“意外（accident）”。然而，通过近几十年来对伤害性质和特征更加全面和深入的认识，这一观点已被改变。国际上已经认识到伤害是可以预防的。

根据美国疾病预防控制中心（Centers for Disease Control and Prevention，CDC）的定义，伤害是指由于运动、热量、化学、电或放射线的能量交换，在机体组织无法耐受的水平上，所造成的组织伤害或由于窒息而引起的缺氧。该定义以能量交换为动因，以躯体组织损伤和功能障碍为结果对伤害进行了界定，为伤害研究提供了一个相对统一的定义，有助于对不同地区和人群的伤害研究进行比较。我国将伤害定义为“凡因能量（机械能、热能、化学能等）的传递或干扰超过人体的耐受性造成组织损伤，或窒息导致缺氧，影响了正常活动，需要医治或看护”。

在实际的伤害研究过程中，需根据伤害的定义和研究的实际情况制定可操作性的伤害诊断标准（即操作性定义）。1986 年，美国国家统计中心提出的伤害操作性定义为：伤害必须是到医疗机构诊治或活动受限超过一天的情况。2010 年中华预防医学会伤害预防与控制分会第一届第五次常委会通过了关于伤害界定标准的决议，根据此决议，国内学者建议我国伤害的操作性定义为：“经医疗单位诊断为某一类损伤或因损伤请假（休工、休学、休息）一天以上”。

(二) 伤害的分类

由于种类复杂,目前国内外尚无统一的伤害分类标准。常用的分类标准包括按造成伤害的意图分类和按伤害的性质分类两种。

1. 按造成伤害的意图分类

(1) 故意伤害(intentional injuries):指有目的有计划地自害或加害于他人所造成的伤害,近年来这一类伤害统称为暴力(violence)。

(2) 非故意伤害(unintentional injuries):指无目的(无意)造成的伤害,主要包括车祸、跌倒、烧烫伤、中毒、溺水、切割伤、动物叮咬、医疗事故等。

2. 按照伤害的性质分类

(1) 国际疾病分类(International Classification of Diseases, ICD):根据 ICD-11 确定伤害的分类是目前国际上比较公认且客观的分类方法。ICD-11 对伤害的分类有两种体系,一种是根据伤害发生的部位分类,包括头部损伤、颈部损伤、胸部损伤、肩或上臂损伤等 18 个大类别;另一种是根据伤害发生的外部原因或性质分类,包括意外原因、故意自害、加害、意图不确定等 9 个大类别。每个大类下包含若干个亚类,涵盖了症状、体征、损伤和中毒等多个方面。一般而言,临床上常用前一种分类体系,而公共卫生领域常用后一种。

(2) 国际伤害外部原因分类:国际伤害外部原因分类标准(International Classification of External Causes of Injury, ICECI)是一套能全面记录和描述伤害发生原因的分类体系。该分类体系旨在更精确地定义伤害,记录伤害发生时所涉及的环境,以及为特殊的个案提供更详细的信息。ICECI 的设计和内容旨在反映目前伤害监测的最佳方法以及对如何描述外部原因的国际统一标准。随着 2001 年 ICECI 1.0 版本的问世,几经修改,已成为一个较为系统和具体的分类体系,常应用于急诊部门、诊所、住院部、专案研究和调查以及专门的死亡登记系统等。

二、伤害流行特征

(一) 全球流行特征

据全球疾病负担(Global Burden of Disease, GBD)数据显示,2021 年全球因伤害死亡的总人数约为 434 万人,占全球所有疾病死亡人数的 6.40%,年龄标化死亡率(以 WHO 提供的世界标准人口进行标准化)为 53.66/10 万。标化死亡率前 5 位依次为道路交通伤害(14.58/10 万)、跌倒(9.94/10 万)、自杀(8.99/10 万)、人际暴力(4.92/10 万)和溺水(3.56/10 万)。

1. 地区分布　不同地区间伤害死亡现状存在差异,经济水平较低的国家和地区更容易发生伤害死亡。GBD 2021 结果显示,按照世界银行对国家收入水平的划分,伤害标化死亡率最低的国家是高收入国家(35.28/10 万),其次为中高收入国家(48.74/10 万)、中低收入国家(64.47/10 万)和低收入国家(85.74/10 万),低收入国家的伤害死亡率为高收入国家的 2.4 倍。其中,伤害标化死亡率最高的国家是阿富汗(211.87/10 万),最低为新加坡(13.43/10 万)。

2. 人群分布　总体而言,所有人群都受伤害影响,但不同年龄段人群需重点关注的伤害类型不同,且男性和女性的伤害死亡现状也有明显差异。伤害死亡率年龄分布为 0~6 天较高,之后随年龄增加而下降,2~14 岁最低,15 岁以后逐渐升高,并维持在一个较高的水平,65 岁以后明显攀升(图 17-1)。全球男性伤害死亡人数约为 300 万人,女性约为 134 万人,男性伤害标化死亡率为女性的 2.4 倍(76.33/10 万和 31.68/10 万);男性前 4 位伤害死因分别为道路交通伤害(22.50/10 万)、自杀(12.81/10 万)、跌倒(12.27/10 万)和人际暴力(8.05/10 万);女性前 4 位伤害死因分别为跌倒(7.86/10 万)、道路交通伤害(6.82/10 万)、自杀(5.40/10 万)和溺水(2.11/10 万)。

3. 时间分布　全球伤害死亡总人数从 1990 年 419 万人略微上升至 2021 年 434 万人,伤害标化死亡率则呈现明显的下降趋势(图 17-2),从 84.86/10 万下降至 53.66/10 万。1990 年,前 5 位死因为道路交通伤害(21.84/10 万)、自杀(14.86/10 万)、跌倒(10.90/10 万)、溺水(9.11/10 万)和人际暴力

NOTES

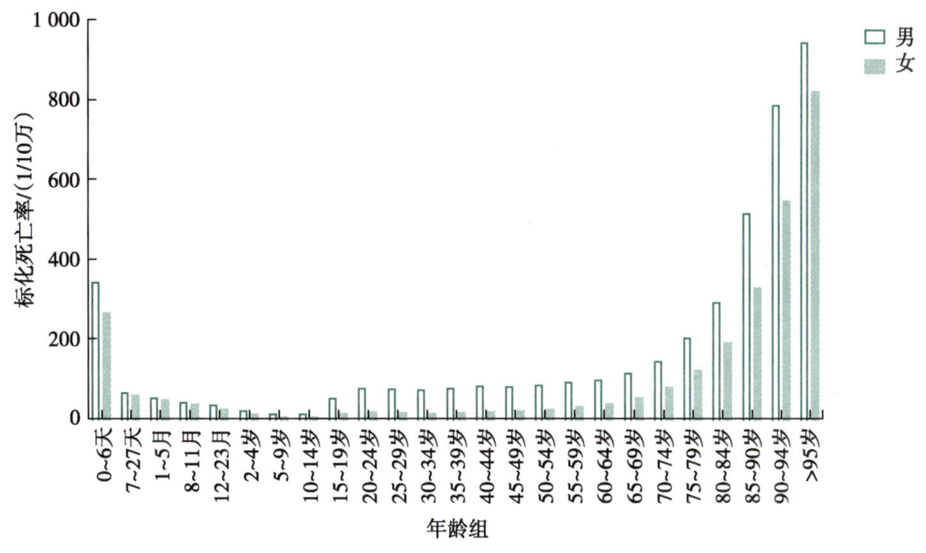

图 17-1 2021 年全球不同年龄男女伤害标化死亡率

图 17-2 1990—2021 年全球伤害标化死亡率变化趋势(1/10 万)

(6.81/10 万)。2021 年,伤害死因顺位第 1 位仍然是道路交通伤害(14.58/10 万),第 2、3、4 和 5 位则变为跌倒(9.94/10 万)、自杀(8.99/10 万)、人际暴力(4.92/10 万)和溺水(3.56/10 万)。

(二)我国流行特征

我国 1978 年建立全国疾病监测系统,2013 年与卫生部死因统计系统进行整合扩至 605 个监测点,形成具有省级代表性的全国死因监测系统,监测人口超过 3 亿,大约覆盖全国人口的 24%,并出版了 2004—2021 年各年度死因监测数据集,反映了中国人群的死亡水平和疾病模式变化趋势。《中国死因监测数据集(2021)》数据显示,2021 年,中国居民伤害死亡数约为 12.56 万人,粗死亡率为 46.90/10 万,年龄标化死亡率(以 2010 年第六次全国人口普查的人口为标准人口进行标准化)为 36.58/10 万,占全部疾病死亡数的 6.61%,排在死因顺位的第 5 位。前 4 位伤害死因依次为跌倒(14.04/10 万)、道路交通伤害(13.23/10 万)、其他意外伤害(6.51/10 万)和自杀(6.14/10 万),共造成 10.70 万人死亡,占全部伤害死亡人数的 85.13%。

NOTES

1. 地区分布　2004—2021 年，中国农村地区的伤害标化死亡率一直高于城市，东、中、西部地区依次递增。2021 年，城市和农村前 4 位的伤害死因均为跌倒（12.12/10 万和 15.04/10 万）、道路交通伤害（9.23/10 万和 15.31/10 万）、其他意外伤害（4.85/10 万和 7.38/10 万）和自杀（4.31/10 万和 7.10/10 万）。东、中和西部地区前 4 位伤害死因也均为跌倒（14.45/10 万、11.06/10 万和 17.20/10 万）、道路交通伤害（13.08/10 万、13.52/10 万和 13.08/10 万）、其他意外伤害（7.58/10 万、5.43/10 万和 6.26/10 万）和自杀（5.31/10 万、7.45/10 万和 5.74/10 万）。

2. 人群分布　中国伤害死亡的人群分布特征与全球相似，所有人群均受伤害影响，男性比女性严重，不同年龄段人群的重点伤害类型不同。2021 年，中国男性伤害标化死亡率为 58.58/10 万，女性为 34.85/10 万。男性和女性前 4 位的死因均是跌倒（15.74/10 万和 12.29/10 万）、道路交通伤害（18.44/10 万和 7.85/10 万）、其他意外伤害（7.89/10 万和 5.09/10 万）和自杀（7.14/10 万和 5.11/10 万）。各年龄组中，0 岁组伤害死因第 1 顺位是其他意外伤害，1~4 岁和 5~14 岁组均为溺水，15~44 岁和 45~64 岁组均为道路交通伤害，而跌倒是 65 岁及以上组的首位伤害死因。

3. 时间分布　2004—2021 年间中国伤害死亡率总体呈下降趋势。我国主要伤害死因（道路交通伤害、跌倒、溺水、自杀及后遗症和非故意中毒）标化死亡率从 18.13/10 万下降到 8.55/10 万。其中，道路交通伤害、溺水、自杀及后遗症和非故意中毒分别以年均-5.44%、-4.16%、-5.87% 和-3.24% 的速度下降，而跌倒则以年均 1.12% 的速度上升（图 17-3）。

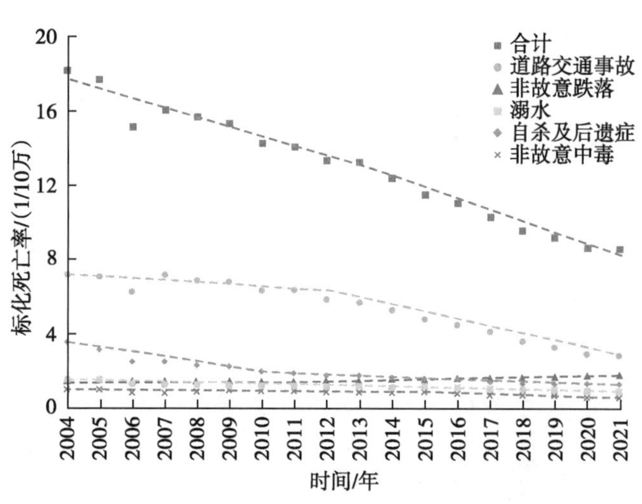

图 17-3　2004—2021 年中国主要伤害标化死亡率变化趋势

三、伤害的病因学模型

伤害病因学模型是用以区分伤害的不同病因并阐述其与伤害的关系、不同病因之间的关系及其作用机制的理论框架。伤害病因学模型有助于全面认识伤害的发生机制，并为其预防与控制提供理论依据。常见的伤害病因学模型包括能量交换模型、哈顿矩阵、社会生态学模型以及镜头-望远镜模型。

（一）能量交换模型

能量交换模型源自传染病病因三角模型。基于该模型，伤害发生的原因包括宿主、致病因子（能量）和环境三个方面。

1. 宿主　指受伤害的个体，也是伤害流行病学的主要研究对象。宿主的条件和耐受性将影响伤害的发生及其严重程度。宿主对能量交换的耐受性取决于多种因素，既有个体的内在因素如性别、年龄等，也包括外在因素如安全带、饮酒等。

2. 致病因子　即能量，能量的异常交换，或在短时间内暴露于大剂量的能量都会导致伤害的发生。常见的能量类型包括：动能、热能、电能、辐射能和化学能。

3. 环境　包括自然环境、社会环境、生产环境和生活环境。自然环境的气象条件会影响事故发生，如雨雪天气增加交通风险；社会环境主要指社会支持环境，涉及法律法规的执行，如驾驶员必须系安全带；生产环境包括安全防护设施、生产管理水平、劳动时间等；生活环境容易被忽视，但对伤害的发生有重要影响，如居室装修时未采用防滑地面易导致跌倒。

（二）哈顿矩阵

哈顿矩阵（Haddon matrix）为 3 行 4 列 12 单元的二维矩阵，呈现出伤害的发生和严重程度是由伤害事件发生发展的不同时间阶段多因素共同作用的结果。可用以探索影响伤害发生、发展的诸多因素。哈顿矩阵包括了伤害发生前、发生中和发生后与宿主、致病因子、环境有关的所有影响因素（表 17-1）。哈顿矩阵的第一维是行，根据三级预防的时间概念，可以将影响伤害发生、发展的因素划分为伤害发生前、发生中和发生后三个阶段。矩阵的第二维是列，根据病因三角模型，将影响伤害发生、发展的因素分为宿主、致病因子以及物理环境三类。此外，将社会经济环境因素作为第四类因素加入。

表 17-1　哈顿矩阵应用于儿童道路交通伤害影响因素的总结

类别	儿童（宿主）因素	车辆和安全配置（致病因子）	物理环境因素	社会经济环境因素
伤害发生前	年龄、性别、缺乏照料、冒险行为、冲动行为等	车辆性能差、照亮差、刹车性能差、超速、超载等	道路设计缺陷、公共交通匮乏、无强制限速、无安全护栏、缺乏针对步行者安全的基础设施等	贫穷、单亲家庭、家庭规模大、母亲教育程度低、看护者或教师缺乏危险意识等
伤害发生中	儿童的身高和体格发育情况、保护乘客的设施使用不当、儿童患有其他疾病等	未正确使用或安装儿童约束装置和安全带、未使用自行车和摩托车头盔、车辆的碰撞保护设计缺陷等	路旁物体（如树和柱子）	缺乏车内和道路上的安全氛围等
伤害发生后	儿童恢复能力差、儿童的整体状况、创伤后并发症等	汽车压住儿童，影响救援	缺乏有效的院前、急救现场救护和康复治疗等	缺乏对受伤害者的支持性环境、未提供现场急救等

（三）社会生态学模型

社会生态学模型可用于理解暴力产生的原因，认为暴力是受个人、家庭、社区、社会、文化和经济背景等多重因素影响的行为产物。该模型将影响因素分为个体、关系、社区和社会四个层面。个体因素包括影响个体成为伤害受害者或施害者的生物和心理特征，如年龄、教育、收入和药物使用史。关系因素指研究对象所处的亲密关系（如与伴侣、家庭成员或亲密同伴的关系），这些关系可能影响其成为伤害或暴力的受害者，或促使其成为施加伤害和暴力的一方。社区因素指研究对象社会关系产生的环境，如学校、工作场所和社区等。社会因素指影响伤害、暴力发生的正向或负向的整体社会环境和氛围，如支持以暴力作为解决冲突方式的社会规范和文化理念，或导致社会群体间经济或社会地位不平等的卫生、经济和教育政策等。

（四）镜头-望远镜模型

Hosking 等将生命历程理论与哈顿矩阵进行综合，提出了“镜头-望远镜模型”（图 17-4）。该模型以“镜头和望远镜”代表其延伸的时间维度、社会生态和代际影响。“镜头”包括宿主、媒介，二者受社会环境和物理环境影响。该模型强调更广泛的社会生态影响、生命历程以及伤害的代际因素，如儿童意外伤害虽通常归因于离散事件，但与社会对预防儿童意外伤害的意识（社会生态）相关，也与儿童早期预防意识的培养（生命历程）密切相关。一些伤害危险因素（如酒精、暴力）均可代际传播。

NOTES

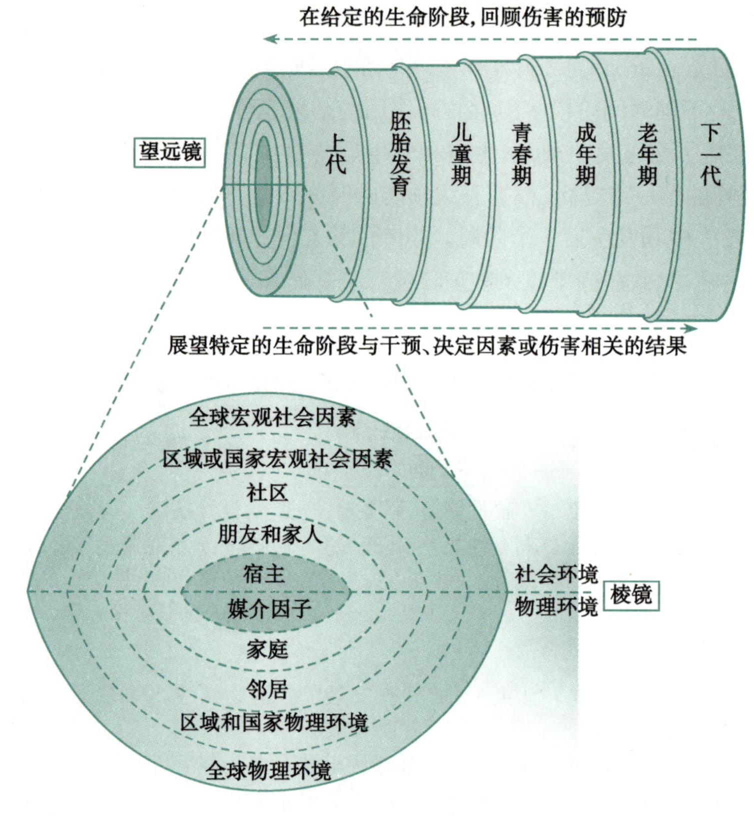

图 17-4　镜头-望远镜模型

第二节 | 常见伤害的影响因素

了解伤害的影响因素对于评估伤害风险、确定高危人群、预测伤害发生、重点预防等具有重要意义。以下将以能量交换模型为病因学模型介绍常见非故意伤害如道路交通伤害、跌倒、溺水的影响因素，以社会生态学模型为病因学模型介绍常见故意伤害如青少年暴力和自杀的影响因素。

一、道路交通伤害

道路交通伤害（road traffic injury）指因道路交通碰撞造成的致死或非致死性损伤。道路交通碰撞指发生在道路上、至少牵涉一辆行进中车辆的碰撞或事件，包括车辆间、车辆与行人间、车辆与动物间、车辆与固定障碍物间，以及车辆与轨道车辆间的碰撞。道路交通伤害影响因素包括：

（一）宿主因素

1. 年龄　道路交通伤害是 5~29 岁儿童和年轻人的主要死因，也是全年龄段人群第十二大死因。总体而言，道路交通伤害的死亡率随年龄的增长而升高。

2. 饮酒或使用精神药物　在酒精和任何精神活性物质影响下驾驶会增加导致死亡或重伤事故的风险。酒精不仅会使人的判断力减弱，反应减缓，还会使人视力受损。

3. 不使用摩托车头盔、安全带和儿童座椅　两轮车驾乘人员发生道路交通碰撞后，使用安全头盔能减少 20%~45% 的交通事故死亡和头部严重伤害。系安全带可使驾驶者和前排乘客的死亡风险降低 45%~50%。使用儿童座椅可使碰撞后婴儿死亡风险降低 90%。

4. 分心驾驶　任何使人分心的事都会影响驾驶，如打电话、吸烟、与车内乘客聊天等。使用手机的驾驶员发生事故的可能性约为不使用者的 4 倍。

（二）致病因子

1. 车辆制动不良　车辆制动系统一旦出现故障而失灵，极易造成道路交通伤害，尤其当车辆行

驶在下坡路、高速公路或人流量大的道路。

2. 车辆方向控制失灵　车辆方向控制包括操纵性和稳定性两部分。若转向装置、转向系统失灵，导致车辆失控，就可能造成交通伤害。

3. 车辆行驶系统不平衡　如果使用假冒伪劣或过期旧轮胎，车辆超载超重时容易引起爆胎而造成交通事故。此外，行驶过程中驾驶员对车辆的操纵超过其运动状态限度时，车辆会失去稳定，容易发生侧滑或倾翻导致交通伤害。

（三）环境因素

1. 道路规划因素　设计道路时应考虑所有道路使用者的安全，如自行车道、人行横道及其他减缓车速的措施。此外，道路线形几何要素（例如线形曲折或直线过长）、坡度情况、路面状况等也可影响道路交通伤害的发生。

2. 社会经济状况　90% 以上道路交通死亡发生在低收入和中等收入国家。WHO 数据显示非洲地区的道路交通死亡率最高，欧洲地区最低。

3. 其他因素　道路交通伤害发生后医护不足会加重伤者伤势；有关酒驾、安全带、头盔和儿童座椅等交通法规执行不力，则不能按预期减少相关道路交通死亡和伤害。

二、跌倒

根据 WHO 的定义，跌倒（fall）是指导致个体跌倒在地面、地板或其他较低平面上的非故意事件。与跌倒有关的伤害可能致命或非致命，大部分为后者。跌倒的影响因素包括：

（一）宿主因素

1. 年龄　年龄是跌倒的主要危险因素之一。老年人因跌倒而受伤或死亡的风险最大，且风险随着年龄增长而增加。儿童由于身体尚在发育阶段，受对事物的好奇心和探索欲望驱使，可能尝试各种冒险行为，也容易发生跌倒。

2. 性别　老年女性比老年男性更容易发生跌倒。男童也是跌倒的高危人群。男性跌倒死亡率和伤残调整寿命年较高。

3. 疾病状况　与跌倒相关的老年疾病较多，包括中枢神经系统疾病，心律失常、高血压等循环系统疾病，癫痫、颈椎病等慢性疾病的急性发作。

4. 药物使用　使用抗抑郁药、镇静剂、抗高血压药以及多重用药，可能影响人的神志、精神、视觉、步态、平衡、血压等各方面，从而增加跌倒发生的风险。

（二）致病因子

1. 不安全的产品或设施　不安全的学步车、儿童车等产品是婴幼儿跌倒的重要危险因素。儿童或青少年在参加娱乐项目时，缺乏安全性的游乐设施如蹦床、滑梯、秋千等，也会增加跌倒发生的风险。

2. 缺少保护措施的屋顶、阳台或楼梯　楼梯、窗户、阳台均是学龄前儿童发生跌倒的重要场所，常常是造成致命跌倒损伤的主要原因。

3. 其他　工人在高空、光滑或不稳定的表面上作业会增加跌倒风险。

（三）环境因素

1. 物理环境　地面湿滑、不平坦、照明不良、障碍物、卫生间无扶手均可增加跌倒风险。儿童在不安全的户外空间，如阳台、靠近梯子和田地边缘玩耍发生跌倒的风险增高。施工工地不安全的环境（坑道、矿井、水渠等）可增加工人跌倒风险。

2. 文化因素　有些文化认为老年人更应该“休息”，不鼓励其参与社会活动，导致老年人在社交、经济、文化方面脱离社会，形成静态的生活方式而增加跌倒风险。有些文化认为老年人跌倒是“因衰老导致的无法避免的事情”，阻碍人们形成跌倒的预防意识。

3. 治疗和康复　跌倒发生后，及时的救治可挽救生命、减轻伤害程度。跌倒后的处理方法因损

伤部位和损伤类型而异，若医院缺乏专职急救人员和设施，可能导致救护不当。此外，康复治疗对减轻伤害和预防残疾具有重要意义，缺乏对康复治疗重要性的认识以及相关医疗设施将影响康复质量。

三、溺水

溺水（drowning）是指呼吸道淹没或浸泡于液体中，造成呼吸受阻的过程。溺水发生过程十分迅速，2 分钟后便会失去意识，4~6 分钟后神经系统将遭受不可逆损伤。溺水结果往往是致命的。溺水的影响因素包括：

（一）宿主因素

1. 年龄　年龄与溺水的发生密切相关。全球溺水发生率最高的是 1~4 岁儿童，其次为 5~9 岁儿童。在我国，溺水是 1~14 岁儿童伤害死亡的主要原因。

2. 性别　无论是发达国家还是发展中国家，溺水的发生和死亡均为男性高于女性。

（二）致病因子

1. 缺乏水上安全设备　在高收入国家，大多数儿童溺水发生在围栏不严或没有围栏的游泳池。在低收入和中等收入国家，天然水域是儿童溺水的最大风险。开放的水井、地下蓄水池和水箱会增加儿童溺水的风险。

2. 水域特点　深水区的水温较低，容易导致呛水、抽筋、体力消耗过大，增加溺水风险；浅水区可能存在水草等障碍物，导致游泳者无法自由移动而溺水。

（三）环境因素

1. 接触水的机会　生活在沟渠、池塘、灌溉渠等开放水源附近的儿童，更容易溺水。

2. 洪涝灾害　溺水风险随洪涝灾害的发生而增加，尤其在中低收入国家洪灾多发区。

3. 监管缺失或不足　监护不当是儿童溺水最常见的原因，婴儿和学龄前儿童溺水的发生与家长看护的连续性有关。低龄儿童的溺水多发生在家中或附近，大部分溺亡发生于儿童独自在水边玩要，看护人未察觉时跌入蓄水容器、水塘等。

4. 社会经济状况　超过 90% 的溺水死亡发生在低收入和中等收入国家。

5. 医疗与救护　WHO 指出，大多数溺水幸存者都是在溺水后立即获救，并接受现场心肺复苏。如果缺乏及时急救处理，即便后续采用先进的生命支持手段，多数溺水者的生命都很难被挽救。

6. 政策和法律　制定和执行安全驾船、航运和轮渡规定对改善水上安全和预防溺水至关重要。通过更好的灾难防备规划、土地使用规划和早期预警系统建立抵御洪灾的能力并管理洪灾风险，可预防洪灾期间溺水发生。

四、青少年暴力

暴力（violence）是指蓄意运用躯体力量或权力，对自身、他人、群体或社会进行威胁或伤害，造成或极有可能造成损伤、死亡、精神伤害、发育障碍或权益剥夺。青少年暴力指发生在 10~29 岁人群中的暴力，包含多种形式，如凶杀、暴力攻击、斗殴、欺凌、精神暴力、约会暴力等。青少年既可以是暴力的受害者，也可能是施暴者。青少年暴力的影响因素包括：

（一）个体因素

1. 性别　青年男性成为青少年暴力的施暴者和受害者的风险大于女性。有关校园暴力的研究显示，男性报告曾对他人施暴以及曾被暴力攻击的比例高于女性。青年女性更有可能在约会、性暴力和亲密伴侣暴力中受伤害。

2. 健康危险行为　饮酒、吸毒等行为会影响认知和躯体功能，降低自我控制、处理信息和评估风险的能力，使人容易冲动，从而增加暴力发生的风险。

3. 心理问题　与冲动相关的心理因素，如过度兴奋、注意力障碍、冒险、自我控制力弱等会增加个体攻击和暴力行为的风险。

4. 学业因素 学业成绩差、频繁转学、厌学、逃学和辍学都是青少年暴力的危险因素。逃学率高的青少年在青少年和成年后暴力发生的风险均增加。

5. 儿童期受虐待经历 有儿童期受虐待经历的青少年更有可能出现攻击和暴力行为。遭受家庭暴力的未成年人,模仿父母的暴力行为、用暴力行为攻击他人的风险增加。

(二) 家庭和关系因素

1. 管教方式和亲子关系 家长对青少年缺少监管、亲子关系不良、管教方式不当(宠爱过度或放任不管)等都是青少年暴力行为的危险因素。

2. 家庭破裂和家庭冲突 父母婚姻冲突或任何一方缺失都与青少年攻击行为有关,对青少年成长产生不利影响,增加心理压力和不安全感,进而引发攻击行为。

3. 社会经济地位 家庭经济状况差是校园内参与打架的危险因素。父母一方或双方都失业的青少年发生暴力的风险更高。

4. 不良同伴 有违法乱纪行为或反社会行为的同伴可增加青少年参与暴力的风险。与反社会同伴交往与青少年暴力犯罪、欺凌和攻击性行为密切相关。

(三) 社区因素

1. 学校 作为青少年的主要活动场所,学校环境对青少年暴力行为的发生有重要的影响。与同学相处有困难的青少年,发生校园暴力的风险更高。教师管教方式不当,如训斥、体罚学生等,将增加青少年暴力行为发生的风险。

2. 居住在犯罪率高的地区 暴露在犯罪、贩毒和恶劣的社区环境中更可能发生青少年暴力。青少年目睹人际间暴力或观察到人们对暴力行为的认可,在遇到问题时也会采取暴力的行为方式解决。

(四) 社会因素

1. 传媒 影视作品、网络游戏等对暴力的渲染,将激发青少年好奇和刺激心理,从而增加其暴力行为发生的风险。

2. 其他 性别歧视、贫穷、收入不平等、帮派、毒品、管理和法律制度不健全等,均是青少年暴力发生的危险因素。

五、自杀

自杀行为(suicide behavior)指在死亡意愿的支配下,故意危害自己生命的行为。自杀行为不仅导致当事人的死亡、伤残和健康损失,还影响其家人、朋友、社区甚至整个国家。根据 WHO 统计,全球每年有超过 70 万人死于自杀。自杀的影响因素包括:

(一) 个体因素

1. 性别 发达国家中男性自杀率高于女性,而自杀企图则为女性高于男性;发展中国家自杀在农村女性中高发。

2. 年龄 在自杀年龄别曲线上,14 岁以内的儿童自杀少见,14 岁以后,自杀率逐步上升,在 15~35 岁和 75 岁以上人群出现两个高峰。

3. 曾有自杀企图 曾有自杀企图或自残史与自杀存在紧密联系。在非致命性自我毒害或自残入院后,有 1%~6% 的人出院第一年内死于自杀。

4. 精神障碍 与普通人群相比,患有精神障碍的人有更高的自杀行为风险。在高收入国家,90% 自杀死亡的人存在精神障碍。

5. 创伤或虐待 创伤或虐待会增加情绪压力,并引发抑郁和自杀行为。经历过童年和家庭不幸(情感欺凌、忽视、虐待、家庭暴力、父母分居或离婚)的青少年自杀风险增高。

6. 酒精和物质滥用 25%~50% 自杀者存在酒精和其他物质滥用,与其他精神疾病合并时将进一步增加自杀风险。在所有自杀死亡中,22% 可归因于饮酒。

7. 慢性疼痛和疾病 慢性疼痛患者的自杀风险比一般人群高 2~3 倍。所有与疼痛、身体残疾、

NOTES

神经发育障碍和悲痛相关的疾病都会增加自杀的风险。

(二) 关系因素

1. 孤独感和缺乏社会支持 当经历负面生活事件或其他心理压力时，人会产生孤独感，与其他因素共同作用，可能导致自杀风险增加（特别是独居老年人）。

2. 关系冲突、不和或缺失 关系冲突（如分居）、不和（如子女监护权纠纷）、缺失（如伴侣死亡）会导致悲伤和心理压力，均与自杀风险增加有关。

(三) 社区因素

1. 灾难、战争和冲突 自然灾害、战争和国内外冲突对社会福祉、健康、住房、就业和财政安全造成破坏性影响，可能增加自杀的风险。

2. 歧视 对于某些特定群体，如被监禁或拘留的人、同性恋、被欺凌的人，歧视可能导致持续性的压力事件，如被拒绝、被污名化或者可能引发自杀行为的暴力等。

(四) 社会因素

1. 自杀手段的可及性 获取自杀手段是自杀的主要危险因素。直接接触或接近自杀手段（包括杀虫剂、高处、铁路轨道、毒药、汽车尾气或木炭等一氧化碳源）会增加自杀的风险。

2. 医疗服务 自杀风险随着合并症的增加而显著增加，及时有效地获取医疗服务对于降低自杀风险至关重要。在资源有限的国家或地区，弱势群体获取医疗服务的可及性受到限制，从而增加自杀风险。

3. 媒体报道 不恰当的媒体报道，如无端报道名人自杀、不寻常的自杀方式等，可能渲染或美化自杀行为，增加个体“模仿”自杀的风险。

第三节 伤害流行病学的研究内容与方法

一、研究内容

伤害流行病学研究内容主要涉及伤害的分布、发生原因及影响因素和干预效果评价。

(一) 伤害的分布

伤害的分布主要描述伤害事件（发生、死亡等）在什么时间、什么地区（空间）、哪些人群（人间）中发生及其频率，即流行病学研究中的“三间分布”。研究伤害分布的意义在于：①是研究伤害流行规律和探讨病因的基础；②提高对伤害流行基本特征的认识，为预防控制提供基础信息；③为合理制定预防控制策略与措施提供科学依据，也为评价干预效果提供依据。

(二) 伤害的发生原因及其影响因素

从病因论的观点来看，伤害发生的原因主要包括致病因子、宿主和环境 3 方面。通过对伤害发生原因及其影响因素的分析，可识别出伤害发生的高危人群，为制定伤害预防控制策略及政策提供依据。

(三) 伤害的干预效果评价

通过开展伤害干预措施效果评价，明确有效的干预措施，并进一步通过经济学评价找出具有成本效果的干预措施，为政府制定经济有效的伤害防制策略提供科学依据。

二、资料收集

伤害的资料收集主要通过开展流行病学调查和监测获得。

(一) 流行病学调查

传统流行病学调查方法，如问卷调查法、仪器测量法、定性研究法等，同样适用于伤害流行病学调查。此外，本文还将介绍一些常用于特定伤害的调查方法。

1. 问卷调查法 伤害调查问卷可分为伤害调查表和伤害量表两类。

（1）伤害调查表：伤害调查表可测量人群中各种伤害的发生率水平，研究伤害发生的详细原因。调查表的内容取决于调查目的，一般包括基本人口学特征（性别、年龄、文化程度等）、伤害的基本情况（地点、行为、动机、性质等）、伤害的影响（医疗就诊、活动受限、伤害相关死亡等）等信息。其结构（如填写说明、主体内容、核查项目等）、问题类型（如开放式、封闭式、半开放式）、调查方式（如自填、他人填写等）等与一般流行病学调查表基本一致。

（2）伤害量表：伤害量表在伤害研究中用于测量行为、心理和认知。如用于自杀未遂和自杀意向研究的自杀意向量表、抑郁量表、焦虑量表；用于攻击性或暴力行为的性格检测量表及攻击性行为量表、攻击性驾驶行为量表，暴力作案刑事责任能力量表；用于伤害认知方面的伤害预防知识和急救知识测量的量表；用于测量伤害残疾者的生存质量量表等。

2. 仪器测量法　指运用各种仪器对伤害发生前后各种物理参数、人体生理指标及伤害情况综合测定的方法。测量内容包括：①环境因素，如通过视频拍摄、行车记录仪测量交通流量、汽车速度和道路状况等；②生理指标，如通过医学专用仪器、人体可穿戴设备测量血压、心率、生理生化指标等；③伤害的辅助诊断与严重程度评估，如用 X 线、CT、核磁共振等测量骨折情况，用脑电活动评估脑震荡或其他脑部损伤等。仪器测量操作简单，评价比较客观，但其局限于客观环境与人体指标的测量，无法测量人体的心理活动，常需要与其他数据收集方法配合，以描绘伤害发生与发展过程的全貌。

3. 定性研究　是研究自杀、暴力、虐待等故意伤害社会因素和心理因素的主要方法。上述伤害大多涉及敏感问题，难以通过传统定量调查方法全面深入地理解和解释。在非故意伤害研究中，定性研究可用于理解安全观念、意识、认知和行为差异等调查。伤害流行病学常用的定性研究方法包括快速评价法、访谈法、焦点小组法、观察法等。

（1）快速评价法：为一种探索性研究，一般通过询问几个特别的具体问题，在较短时间内完成。如向当地社区领导和部分暴力受害者了解暴力发生后相关服务获取情况，涉及的问题可包括："暴力受害者会寻求帮助吗""主要向哪些机构或个体寻求帮助""寻求哪些帮助""是否能够满足需求"等。

（2）访谈法：指研究者与被访者一对一进行深入交谈，以获取被访者对研究主题的态度、观点和理解。访谈适合主题较复杂或敏感的问题。访谈内容和过程可规范化，研究者事先拟定访谈提纲或开放式问题的问卷，访谈时间不宜过长，15~20 分钟为宜。例如，通过访谈法调查自杀未遂者的自杀原因、暴力倾向者的心理动机和外在诱因等。

（3）焦点小组法：指为了解有关人们行为的信念、态度以及经历等信息，将一组具有相似特征或经验的人聚集在一起，就某一特定问题进行深入讨论。可揭示小组内部的共识和分歧，以及不同观点之间的相互影响。典型的焦点小组一般由 8~12 人参加。讨论由一名经过培训的人员主持，过程中主持人应尽可能让每位受访者参与讨论。如开展多组焦点小组讨论，分别针对家长、中小学生、中小学老师等利益相关者，了解他们对儿童家庭伤害预防看护行为的态度。

（4）观察法：指研究者参与并生活在研究对象的社区文化氛围中，观察、收集、记录研究对象或其所处环境的信息。通常作为其他数据来源（如访谈）的补充。通过观察法获得的信息有时比访谈所获得的内容更真实。如采用以医务社工主导的结构式家庭治疗对自杀未遂青少年进行干预，通过观察法评估干预效果，包括家庭互动关系和自身生存信念等。

4. 其他方法　主要包括驾驶模拟器法和自然驾驶研究法等。

（1）驾驶模拟器（driving simulator）法：驾驶模拟器是一种用于模拟真实驾驶环境的设备，通过计算机技术和虚拟现实技术，重现各种驾驶情景。可模拟与真实环境相近的驾驶环境，使驾驶员获得实车驾驶感受，并可以实时量化和记录数据。驾驶模拟器有高效、低成本、安全、可控和易于收集数据等优点，但模拟的场景会丢失大量在实际情况下的影响因素。常用于评估多种暴露对安全相关表现的影响，例如调查不同天气条件、不同道路设计、酒精、药物、疲劳等对驾驶表现的影响。

（2）自然驾驶研究（naturalistic driving study，NDS）法：是指在自然状态下，利用高精度数据采集系统，观测、记录驾驶行为及交通环境数据，然后对数据进行分析的研究方法，常用于道路交通伤

害流行病学研究。NDS 通过在车辆上安装多普勒雷达、摄影头等数据采集系统，全程监测和记录驾驶员的实际驾驶过程；驾驶员能够按其日常驾驶行为和习惯驾驶，以便采集到驾驶员在受干扰最小的、自然状况下最真实的驾驶行为特征。现有的自然驾驶研究项目，如我国上海自然驾驶研究项目（Shanghai Naturalistic Driving Study，SH-NDS）、美国第二期战略公路研究计划（Strategic Highway Research Program，SHRP 2）中的自然驾驶研究项目、欧洲自然驾驶与骑行基础设施及车辆安全与环境项目（European Naturalistic Driving and Riding for Infrastructure & Vehicle Safety and Environment，UDRIVE）都在交通领域内有广泛的研究与应用价值。

（二）伤害监测

伤害监测指长期不间断地收集不同人群伤害的发生、死亡、伤残和经济损失等资料，用以阐明伤害类型-人群-时间分布的特点和趋势，掌握何人、何时、何地和如何发生伤害等详细资料，确定与特定地点、人群相关的伤害发生类型，寻找具有成本-效益的伤害预防与控制方法，并对伤害控制进行评价，最终减少伤害的发生。

1. 伤害监测的类型　伤害监测可从不同维度进行分类，按数据收集方式可分为主动监测和被动监测，按监测对象可分为以人群为基础的伤害监测、以医院为基础的伤害监测和以事件为基础的伤害监测。

（1）主动监测和被动监测：在我国被动监测是伤害监测的主要方式。依托死亡登记开展的致死性伤害监测，由监测点疾控和医疗机构上报死亡登记病例，为典型的被动监测。我国每 5 年实施一次的慢性病及其危险因素监测，由疾控机构使用专门设计的调查工具收集疾病及其危险行为的信息，其中道路交通伤害危险行为监测属于主动监测的范畴。

（2）以人群/医院/事件为基础的伤害监测：我国的致死性伤害监测属于“以人群为基础的伤害监测”，指在特定人群中收集伤害死亡病例的信息，包括死亡病例的数量及其详细信息，同时还会定期收集人口和其他相关信息，对数据进行深入分析，可用于科研和实践指导。以医院为基础的伤害监测包括门（急）诊伤害监测和住院伤害监测，即分别在医院的门（急）诊和住院病房收集伤害病例的信息；医院监测的信息收集者往往是专业的医护人员，信息真实度和准确度都比较高。我国的公安交管部门开展的道路交通事故登记，以每一起事故为单位进行信息收集，属于“以事件为基础的伤害监测”；此类伤害监测收集了车、路、人以及天气等多方面的数据，有利于探索事故和伤害发生的原因和影响因素。

（3）其他分类方法：伤害监测还可以根据其具体内容进行分类。根据被监测的伤害类型，可分为针对总伤害和特定伤害类型的监测；根据被监测的人群，可以分为全人群伤害监测和特定人群的伤害监测（如学生伤害监测、职业伤害监测等）；根据伤害结局，可分为致死性伤害监测和非致死性伤害监测。

2. 伤害监测的主要数据来源　包括社区调查、医疗卫生机构数据以及公安、交通、劳动保障部门、保险机构等部门的记录。

（1）社区调查：指以人群为基础的流行病学调查，通过定期开展社区调查收集数据的伤害监测属于主动监测。如我国的慢性病及其危险因素监测和美国行为危险因素监测。社区调查的缺点为成本较高、每次调查间隔时间较长；此外社区调查更易受到抽样误差、选择偏倚、回忆偏倚、无应答偏倚等的影响。由于每个社区调查的定义和方法很难完全统一，因此在与其他研究结果进行横向比较时也会受到限制。

（2）医疗卫生系统数据：医疗卫生系统的死亡登记是伤害死亡数据重要且理想的数据来源，属于被动伤害监测。主要包括以下三个来源。

1）死亡登记系统：生命登记是对个体生命事件（如出生和死亡）进行登记的过程，是计算致死性伤害死亡率的理想数据来源。其最大的缺陷在于，现有死亡登记数据关于伤害发生环境的信息非常有限，限制了其对伤害干预的指导意义。我国已经建立了覆盖 20% 总人口，兼具全国和省级代表性

NOTES

的全国死因监测系统。

2）太平间数据：在尚未建立死亡登记系统或者死亡登记系统人口覆盖率低、数据质量差的国家或地区，可考虑用其他数据，例如太平间数据作为替代或补充的伤害死亡数据来源。

3）医疗机构病历记录：医疗机构记录，包括门（急）诊就诊记录、住院病历、出院记录和急救记录等，也可作为伤害数据来源。

（3）其他数据来源：公安、交通、保险、安监部门也可以作为伤害相关信息的数据来源。公安部门通常有故意伤害事件、非正常死亡案例及道路交通伤害案例的详细记录，因此警方报告在一些国家被作为暴力监测、致死性伤害监测和道路交通伤害监测的数据来源。但在许多国家和地区，公安部门数据的可及性不高，限制了其在伤害监测中的应用。保险公司有关保险理赔的道路交通事故记录，可作为道路交通伤害的潜在数据来源。但保险公司的记录质量良莠不齐，且可及性较差，因此在很多国家并未得到利用。在劳动保护制度比较完善的国家和地区，工作场所伤害事件有比较详细的记录，可作为职业伤害监测的数据来源。但大多数发展中国家尚未具备此条件。

3. 伤害监测系统　伤害监测系统是一个长期、持续运转的数据系统，在此过程中，不论是监测对象，还是监测工作的实施者以及外部环境都不断变化。因此监测系统需要有定期评价，以及时发现并纠正问题。

全球伤害监测系统在发达国家，如美国、英国和澳大利亚等发展较为完善。其中，美国的伤害监测系统数量和种类是目前全球最为丰富的。发展中国家伤害防控工作和有意识的伤害监测工作起步较晚。我国建立于2005年的全国伤害监测系统（national injury surveillance system，NISS），是以门（急）诊数据为基础的伤害监测系统，是我国第一个，也是目前唯一一个全国性专门的伤害监测系统。

三、测量指标

（一）伤害发生频率测量指标

1. 伤害发生率　指单位时间内（通常为年）伤害发生的人数与同期人口数之比，是伤害研究与监测常用的指标。

$$\text{伤害发生率}=\frac{\text{某人群发生伤害的人数（或人次数）}}{\text{同期该人群的平均人口数}}\times 1\,000‰ \qquad \text{（式 17-1）}$$

在计算伤害发生率时会有不同的情况。以机动车伤害发生率为例，可计算机动车驾驶员伤害发生率，也可计算一般人群的机动车伤害发生率。也可用车辆数或车辆-公里数作分母计算机动车伤害发生率。

2. 伤害死亡率　指在一定期间内（通常为一年），一定范围人群中因某种伤害死亡的人数在该人群中所占的比例。可计算伤害的总死亡率，也可按照伤害种类计算分年龄、性别等人群特征的死亡率。

$$\text{伤害死亡率}=\frac{\text{某地某年因伤害死亡的人数}}{\text{该地平均人口数}}\times 100\,000/10\text{万} \qquad \text{（式 17-2）}$$

3. 伤害致死率　指一定期间内，发生某伤害的人群中因该伤害死亡的比例，表示某伤害外部原因致死的危险性。

$$\text{伤害致死率}=\frac{\text{某时期内因某伤害死亡人数}}{\text{同期发生该伤害的人次数}}\times 100\% \qquad \text{（式 17-3）}$$

（二）伤害造成的损失程度测量指标

相关指标包括潜在减寿年数与伤残调整寿命年，具体计算方法参照相关章节。

NOTES

（三）伤害的严重程度测量指标

对伤害严重程度的临床测量和分类也是流行病学研究十分重要的指标，可应用于伤害医院监测、临床预防的策略制定、伤害危险因素研究和干预措施效果评价等方面。目前已经建立的伤害评分系统，按照其适用场景和目的可分为院前评分和院内评分两大类。院前评分指标包括：创伤指数（trauma index，TI）、格拉斯哥昏迷评分（Glasgow coma scale，GCS）、修正创伤评分（revised trauma score，RTS）与 CRAMS（circulation，respiration，abdomen，motor，speech）计分法等；院内评分指标包括：简明损伤评分（abbreviated injury scale，AIS）与损伤严重程度评分（injury severity score，ISS）等。上述指标具体计算方法及解读可参考外科学教科书。

第四节　预防与控制策略

伤害预防与控制策略旨在针对伤害发生的原因和相关危险因素设计防控措施，通常需要不同领域合作，根据伤害防控原理与方法，制定跨领域的有效策略与措施，并通过多学科或多部门合作开展。

本节将系统介绍几种广泛应用于伤害预防与控制的策略，包括三级预防、主动与被动干预、哈顿十项基本策略、“5E” 伤害预防综合策略以及四步骤公共卫生方法。其中三级预防可以为伤害的预防与控制提供整体框架，指导不同阶段的行动。主动与被动干预为改善个体行为和优化环境提供了策略。而哈顿十项基本策略和 “5E” 伤害预防综合策略，则提供了具体化和多样化的预防控制策略，以实现全面的伤害防控。最后，四步骤公共卫生方法为伤害预防与控制的实施提供了系统流程，以确保策略的科学性和有效性。

一、三级预防

从公共卫生的角度，可将伤害预防与控制策略分为三级预防。

1. 第一级预防　通过减少能量传递或暴露的机制来预防可导致伤害发生的事件。如交通安全法律、游泳池周围的栅栏、有毒物品的安全盖、枪支的保险装置都属于一级预防措施。第一级预防可通过如下策略实现。

（1）全人群策略：针对全人群，如对社区人群进行消防安全相关的健康教育。目的是提高全民对伤害危害和预防伤害重要性的认识，进而提高每个人的伤害预防意识，加强自我保护。

（2）高危人群策略：针对伤害发生的高危险人群，有针对性地开展伤害预防教育与培训，如对驾驶员的安全培训和对学生进行防火、交通安全和防溺水的专题教育。

（3）健康促进策略：该策略为澳大利亚学者提出的环境与健康的整合策略。例如，针对工作场所的伤害现象，可以采取工作场所健康促进项目，即通过以下措施预防。①把伤害预防纳入企业政策；②由雇员与雇主共同讨论建立安全的工作环境；③通过岗位培训和职业教育加强工人伤害预防能力；④通过投资改善不合理的生产环境；⑤明确雇主和雇员在职业伤害预防中的责任；⑥共同参与伤害预防活动等。

2. 第二级预防　目的是降低伤害的发生率及其严重程度。如佩戴摩托车头盔、安全带、儿童约束装置、救生衣和防弹衣等。佩戴摩托车头盔可使事故发生时死亡风险降低约 40%，重伤风险降低近 70%；而系安全带可使驾驶员和前座乘客事故发生时死亡风险降低 45%~50%，并使轻伤和重伤风险降低 20%~45%；儿童约束装置能使碰撞后婴儿死亡的可能性降低近 90%，幼儿死亡的可能性降低 54%~80%。然而有效的第二级预防措施并不能够减少所有的伤害。如佩戴摩托车头盔对减少头部损伤非常有效，但对身体其他部位的损伤缺乏保护作用。

3. 第三级预防　指伤害发生后，控制伤害的结果。现场紧急救助、心肺复苏、康复等均属第三级预防。

NOTES

二、主动干预与被动干预

依据宿主的行为，伤害预防与控制策略可分为主动干预和被动干预两类。主动干预是与改善宿主行为相关的措施，通过干预要求个体采取正确的行为。如系安全带、戴头盔等。被动干预为通过改善因子、媒介或环境而自动发生作用的措施，无需宿主采取行动。如在车辆设计中改善刹车、安装安全气囊等。被动干预相比主动干预更具成效，因为后者需要宿主采取行动，且花费时间。如预防儿童误服药物导致中毒时，使用安全药盖（被动干预）比教育儿童不要乱服药或提醒父母安全藏置药物（主动干预）更有效。在实践中，可结合两种策略以更好地预防伤害。

三、哈顿十项基本策略

根据哈顿矩阵衍生出伤害预防与控制的哈顿十项基本策略（Haddon's ten strategies），提出了不同阶段实施不同干预措施的途径和线索。具体如下：

1. 预防危险因素的形成　如禁止生产有毒、致癌杀虫剂，宣布禁止进口或销售潜在有害物质，可消除危险物的形成。

2. 减少危险发生时所蕴藏的能量　如限制车速；限制游泳池跳台的高度；限制武器使用范围，禁止私人藏有武器；有毒物品应采用小包装、安全包装等。

3. 预防已有危险因素的释放或减少其释放的可能性　如应用儿童安全药物容器盛放药物，防止儿童误食；浴室采取防滑措施以防跌倒等。

4. 改变危险因素的释放及其空间分布　如儿童勿穿易燃衣料缝制的睡衣，防止火灾烧伤；机动车司机及乘客应使用安全带及自动气囊等。

5. 将危险因素从时间、空间上与被保护者分开　如行人走人行道，戴安全帽，穿防护服，穿防护背心，戴拳击手套等。

6. 用屏障将危险因素与受保护者分开　如用绝缘物把电缆与行人隔开等。

7. 改变危险因素的基本性质　如机动车车内突出的尖锐器件应改成钝角或软体，以防伤害；加固油箱，防止撞车时油箱破裂，漏油造成火灾等。

8. 增加人体对危险因素的抵抗力　人体对机械能量缺乏自然的抵抗力，但若反复暴露于机械能时，会使皮肤增厚、骨骼肌肉耐力增强。甚至在慢性暴露于缺氧状态时，亦可逐渐适应高原缺氧环境。可根据伤害易感性影响因素研究结果制订提高机体对伤害抵抗力的预防措施。

9. 对已造成的损伤提出有针对性的预防与控制措施　如加强现代化通信设施，让受伤者得到及时救治，实施抢救措施，减少残疾率和死亡率。

10. 使受伤害的患者保持稳定，采取有效的治疗及康复措施　包括从伤害发生到伤情稳定过程中的所有急救、治疗部分，以及后期长期康复过程。如全面的身体评估、心理干预、康复治疗等。

四、“5E”伤害预防综合策略

“5E”伤害预防综合策略是目前国际公认的伤害预防综合策略，其有效性在很多国家的应用实践中得到证明，在减少与控制伤害发生和死亡方面发挥了重要作用。具体如下：

1. 教育预防策略　教育预防策略（educational prevention strategies）包括在一般人群中和引起或受到伤害的高危个体中开展改变态度、信念和行为的项目。

2. 环境改善策略　环境改善策略（environmental modification strategy）通过减少环境危险因素降低个体受伤害的可能性。

3. 工程策略　工程策略（engineering strategy）即制造对人们更安全的产品。

4. 强化执法策略　强化执法策略（enforcement strategy）通过法律和公安部门的措施确保在人群中维持某些行为和规范。包括强制实施法律以创造安全环境和确保安全产品生产和销售的法律和

规范。

5. 评估策略 评估策略（evaluation strategy）通过评估判断对预防伤害最有效的干预措施、项目和政策。

五、四步骤公共卫生方法

2007 年 WHO 提出伤害预防四步骤公共卫生方法，提供了伤害的干预流程和工作模式，用于干预工作的设计、评估和监控。具体如下（图 17-5）。

第一步：监测。确定问题，就问题的规模、特点、范围和后果，在地方、国家和国际层面搜集数据。

第二步：确定风险因素。确认问题的原因，以及提高或降低个人风险的因素，并明确修正这些因素的措施。

第三步：制订和评估干预措施。基于前两步获得的信息，设计、应用、监控和评估针对性的干预措施。

第四步：实施。发布关于干预有效性的信息；推广实施有效的干预措施并评估其成本和效果。

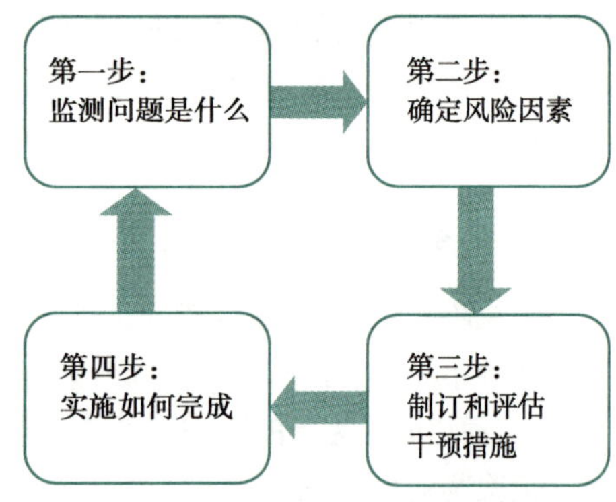

图 17-5 四步骤公共卫生方法示意图

（吴心音）

本章小结

伤害是导致全球死亡的主要原因之一，其发生与多种因素密切相关，包括个体、环境和社会经济因素，可通过开展流行病学调查和监测进行资料收集，了解其人群的分布及发生的原因，并在哈顿十项基本策略、“5E”伤害预防综合策略等指导下针对性地制定防控策略对其进行有效的预防与控制。

思考题

1. 伤害流行病学的主要研究目的是什么？
2. 道路交通伤害的常见影响因素有哪些？
3. 伤害流行病学研究收集资料的方法有哪些？
4. 伤害的预防与控制策略有哪些？

第十八章 | 分子流行病学

The emergence of molecular epidemiology stems from the new challenges faced in disease prevention and control, as well as the rapid advancement of molecular biology technologies. On one hand, within the framework of traditional epidemiology, it is possible to uncover the distribution, epidemiological characteristics, and influencing factors of diseases to a certain extent. However, challenges remain in exploring the etiology and biological mechanisms of certain complex diseases and infectious diseases. On the other hand, the rapid development of molecular biology detection and analytical techniques has made it feasible to study the epidemiological patterns of diseases at the molecular level, greatly enriching the methods and scope of epidemiological research. In this context, molecular epidemiology emerged. Since the 1970s, with the continuous refinement of relevant theories and technologies, molecular epidemiology has gradually developed into a significant branch of epidemiology and has played an increasingly important role in disease prevention and control as well as in the formulation of public health policies.

分子流行病学(molecular epidemiology)的产生源于疾病防控中面临的新挑战,以及分子生物学技术的快速发展。一方面,在传统流行病学框架下,尽管能够在一定程度上揭示疾病的分布、流行特征及其影响因素,但是在探讨某些复杂疾病和传染病的病因及其生物学机制时,仍存在一定困难。另一方面,分子生物学检测与分析技术的快速发展,使得在分子水平上研究疾病的流行规律成为可能,极大地丰富了流行病学的研究手段和内容。在此背景下,分子流行病学应运而生。自 20 世纪 70 年代以来,随着相关理论和技术的不断成熟,分子流行病学逐渐成为流行病学领域的一个重要分支,并在疾病预防控制和公共卫生政策制定等方面发挥着越来越重要的作用。

第一节 | 概　述

一、分子流行病学的定义

分子流行病学是将传统流行病学与先进的分子生物学技术相结合而产生的一个新的流行病学分支,旨在探讨疾病的发生、发展机制及其与遗传、环境因素之间的关系。它通过测量和分析人群中的生物标志(如 DNA、RNA、蛋白质等),揭示这些生物标志与疾病或健康状态的关系及其影响因素,并研究防治疾病和促进健康的策略和措施,从而为疾病的预防、早期诊断、个体化治疗以及公共卫生政策的制定提供科学依据。发展至今,分子流行病学的研究内容非常广泛,主要包括:

(一) 疾病病因和发病机制

研究与疾病发生、发展相关的遗传和环境危险因素,揭示其诱发疾病的生物学机制。例如,特定遗传变异与某种疾病风险的相关性及其作用机制。

(二) 疾病流行规律

结合分子生物学证据,研究疾病的传播途径、传染源及其进化变异规律。

(三) 疾病易感性

评估个体对疾病的易感程度,探索基因与环境相互作用对疾病发生、发展的影响。例如,某些基因变异会导致个体对特定疾病的遗传易感性增加。

(四) 疾病分子标志物

通过基因组学、转录组学和蛋白质组学等技术，识别与特定疾病相关的生物标志物。

(五) 疾病防控措施

基于疾病的分子机制、传播途径及暴露风险等分子水平的研究结果，制订针对性的疾病防控措施，并评估其效果。

二、分子流行病学的发展

20 世纪下半叶，随着传染病病原体的变异和耐药性的增加，传统流行病学在病因识别和防控策略上的局限性逐渐显现。同时，以 DNA 双螺旋结构的发现为代表的分子生物学取得了突破，为分子流行病学的诞生提供了技术基础。1972 年，Kilbourne 博士提出了“流感的分子流行病学”的概念，1977 年，法国学者 Higginson 提出应用精细技术进行生物材料的流行病学研究，推动了分子流行病学的发展。研究者开始关注遗传因素在疾病中的作用，采用分子生物学技术初步探讨了基因与环境之间的关系。

20 世纪 70—80 年代，分子生物学技术取得了显著进展，凝胶电泳、核酸分子杂交、聚合酶链式反应等技术被相继发明，为分子流行病学的研究提供了强有力的工具。科学家开始将分子生物学技术（如聚合酶链式反应和基因测序）应用于流行病学研究，识别疾病相关基因及生物标志物，分析传染病病因和流行规律。

20 世纪 90 年代至今，除了传统的分子生物学技术，分子流行病学研究还引入了基因芯片、高通量测序、蛋白质组学、表观遗传学、单细胞测序等高通量检测技术，使得分子流行病学的研究更加深入和精准。分子流行病学的研究领域也不断扩大，从最初的传染病扩展到慢性病、遗传性疾病、健康相关表型等多个领域。研究者们不仅关注疾病的病因和流行规律，还深入研究了生物标志物与疾病发生、发展的关系，以及疾病防治策略的效果评价。

三、与传统流行病学的关系

分子流行病学与传统流行病学在流行病学研究中既相互联系又各有侧重。传统流行病学侧重于从宏观层面研究疾病或健康状况在人群中的分布及其与外环境、生活方式、遗传等因素的关联，通过流行病学调查和统计分析，揭示疾病的流行趋势和风险因素，制定防治疾病和促进健康的策略与措施。传统流行病学主要关注疾病的群体特征，强调大样本人群的代表性和数据统计的显著性。通过对人群特征的综合分析，传统流行病学为制定公共卫生政策和干预措施提供了重要依据。分子流行病学则是在传统流行病学的基础上，运用现代分子生物学技术，深入到分子水平，探讨疾病的微观机制和个体差异。它的研究范围涵盖基因、蛋白质和代谢物等生物分子层面的内容，特别是这些分子与外环境风险因素暴露的关系及其在疾病发生发展中的作用。具体而言，分子流行病学结合基因组学、转录组学、蛋白质组学和代谢组学等技术，通过对生物标志物的分析，揭示疾病相关的分子特征和致病机制。例如，基因-环境交互作用研究是分子流行病学的一个重要领域，其目标是理解遗传易感性如何通过与环境因素的相互作用影响疾病风险。此外，分子流行病学还通过检测早期生物学变化，为疾病的早期诊断、风险评估和个体化干预提供可能。

分子流行病学不仅丰富了传统流行病学的研究手段和方法，还为其提供了更为深入和精细的研究视角。例如，在传染病研究中，分子流行病学可以通过分析病原体基因组和宿主的分子特征，揭示传播途径和进化规律，从而提高防控措施的精准性。在慢性病研究中，分子流行病学能够识别影响疾病进程的关键分子靶点，为药物研发和精准治疗提供支持。同时，传统流行病学也为分子流行病学提供了人群证据和宏观视角，通过确定研究对象和目标人群，为分子水平的研究提供背景信息和样本资源。因此，分子流行病学可以被视为传统流行病学的延伸和深化，二者相辅相成，共同推动了流行病学研究的进步，为疾病的防控提供了更为有力的支撑。未来，随着多组学技术的进一步发展以及大数

据和人工智能在流行病学中的广泛应用，分子流行病学和传统流行病学的融合将更加紧密，为揭示复杂疾病的本质及制定精准防控策略提供新的机遇和挑战。

四、与系统流行病学的关系

系统流行病学（systems epidemiology）是流行病学与系统生物学交叉产生的新领域。它利用大数据和系统生物学原理，在分子、细胞、组织、人群社会行为和生态环境等多水平、多维度进行深入研究，揭示疾病在特定人群中的分布、传播及其影响因素。通过利用数学模型和统计方法，分析社会、环境、遗传和行为等多种因素与疾病的关系，评估公共卫生干预措施的有效性，为疾病预防和健康促进提供科学依据。

系统流行病学超越了传统流行病学对单一危险因素的关注，强调多维度的研究视角，从整体上分析疾病的分布与传播，关注多种影响因素的相互作用。它整合了多层面的生物信息（如基因组、表观遗传组、转录组、蛋白质组、代谢组等）以及人群社会行为和生态环境数据，进行多维度分析，能够更深入地探讨疾病的病因，揭示疾病发生和发展的生物学机制。系统流行病学关注的不仅是生物医学因素，还包括社会、环境、经济和行为等多方面的影响，强调这些因素之间的相互作用与复杂性，通过构建复杂网络模型，揭示这些网络如何影响疾病的发生和发展。随着健康大数据的积累和高通量检测技术的发展，系统流行病学能够处理和分析海量数据，从而提高研究的精确度和可靠性。系统流行病学结合定量与定性研究方法，利用统计学和数学模型进行数据分析，能够预测疾病的风险趋势，为公共卫生政策的制定和实施提供科学依据。

综上所述，分子流行病学与系统流行病学是现代流行病学的两大重要分支，它们之间存在着密切的联系。分子流行病学深入探索疾病在分子层面的奥秘，利用先进的分子生物学技术识别遗传变异和生物标记，阐述个体对疾病的易感性。而系统流行病学则站在更高的系统视角，整合分子、细胞、组织、人群、社会及生态环境等多层次信息，运用大数据和系统生物学原理，揭示疾病在特定人群中的分布、传播规律及其复杂影响因素。两者相互补充，分子流行病学的发现为系统流行病学提供了微观基础，系统流行病学则将这些发现置于更广阔的社会生态背景中，两者共同为理解疾病的病因发病机制、评估干预措施、制定公共卫生策略提供科学依据。

第二节　生物标志

生物标志（biomarker）指从暴露到疾病发生发展过程中可测量的、能反映组织和器官功能或结构变化的细胞、亚细胞、分子水平的物质。生物标志在评估个体暴露水平和疾病风险、诊断和预后等方面发挥着重要作用。分子流行病学研究中的生物标志根据其在暴露到疾病进程中出现的不同阶段可分为三类：暴露生物标志（exposure biomarker）简称暴露标志；效应生物标志（effect biomarker）简称效应标志；易感生物标志（susceptibility biomarker）简称易感标志。其中，易感性标志可以潜在地影响从暴露到疾病发生、发展及预后的每一个环节（图 18-1）。

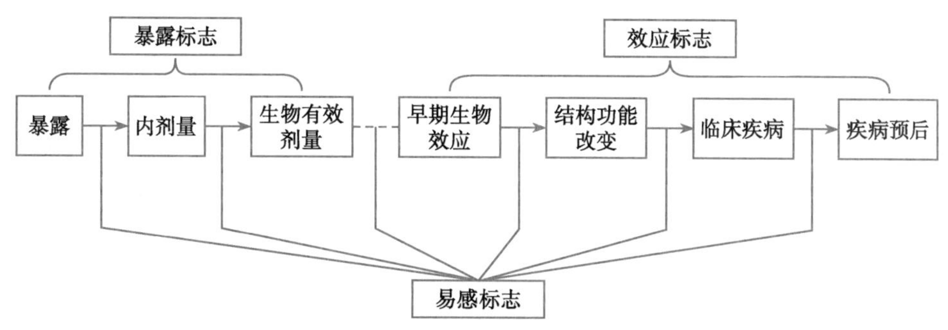

图 18-1　分子流行病学研究中生物标志的分类

生物标志的分类不是绝对的，就某一种生物标志而言，它们的概念是相对的：比如某蛋白质表达，当我们研究影响其表达水平的原因时，它是因变量，属于效应标志；但当我们研究其与疾病发病的关系时，该蛋白质表达水平又成了影响因素或暴露标志。因此，生物标志的分类应根据具体情况而定。

一、暴露标志

"暴露"指的是个体或系统接触某种外部因素（如化学物质、物理因素等）或展现出某种特定特征的状态，包括外暴露，即环境因素直接作用于体表或进入环境介质中；以及内暴露，涉及物质被吸收进入体内后的状态。暴露途径主要有三种：经呼吸摄入，即通过呼吸道吸入空气中的物质；经口摄入，指通过食物、饮水或直接吞咽进入体内；经皮肤接触，即物质直接与皮肤接触并被吸收。暴露的描述须考虑多个维度，包括接触的界面（如皮肤、呼吸道、消化道等）、暴露的强度、持续的时间、通过界面的途径、吸收的速度以及最终的吸收量。暴露量与生物有效暴露量紧密相关，两者之间的关系常通过绘制暴露-效应曲线或剂量-效应曲线来直观展示，这些曲线是评估健康风险和理解毒理学效应的重要工具。

暴露标志是指与疾病或健康状态有关的暴露因素的生物标志，主要包括外暴露剂量（external exposure dose）标志、内暴露剂量（internal exposure dose）标志和生物有效剂量（biologically effective dose）标志。

（一）外暴露标志

外暴露标志指的是在暴露因素进入机体之前，用于描述其存在、性质及剂量的指标，通常采用暴露总量来量化人体所承受的环境影响及潜在危害。暴露因素根据其来源和性质，可分为两大类：生物性与非生物性因素。生物性因素主要包括细菌、病毒、寄生虫及毒素等微生物和生物活性物质。它们在分子流行病学研究中扮演着关键角色，用于病原生物的分子分型/分类、检测鉴定、病原体进化变异规律的探索、传播途径的判别以及传染源的追溯等。非生物性因素主要包括外在的物理、化学和社会因素等，如吸烟烟雾、环境中的有毒元素和化学物质、汽车尾气中一氧化碳和氮氧化物、空气中大气颗粒物（$PM_{2.5}$）。这些外暴露标志为进一步的内暴露和早期效应研究提供了直接证据。

（二）内暴露剂量标志

内暴露剂量标志是指宿主体内可检测到的外源性物质或其代谢产物，或暴露物质与体内物质相互作用的产物标志，这是外源性物质进入机体内的可靠证据。内暴露剂量的测量具有多重优势。首先，它能够综合反映个体通过多种途径（如呼吸、饮食、皮肤接触等）所吸收的外源性物质的总水平。其次，由于内暴露剂量直接测量的是体内物质的实际浓度，因此能够有效规避机体在吸收和代谢过程中可能存在的个体差异，从而更准确地揭示体内组织和器官的实际暴露状况及其分布特点。内暴露剂量因其具有的良好精确性和可靠性，已被广泛应用于分子流行病学研究中，在暴露的精确测量及其与个体发病风险的相关性研究中发挥重要作用。

内暴露剂量标志主要包括对化学毒物、饮食相关营养素、致癌剂和微生物感染等的测定指标。例如：吸烟暴露相关的尿液尼古丁水平、饮食相关的血液中营养素水平（硒、叶酸等）、宫颈人乳头状瘤病毒的表达等。

内暴露剂量标志常用半衰期、药峰浓度或者累积剂量等药物代谢动力学参数表示。不同的暴露物在体内的半衰期可能不同，短则数小时，长则可达数十年。例如，体液（血或尿）中的致癌物的半衰期相对较短，因此测定结果只能反映当前暴露水平，不能说明既往长期的实际暴露水平。同一种标志在体内不同组织中的半衰期也可能不同。因此，在研究设计时要充分考虑暴露物在机体内的半衰期。

（三）生物有效剂量标志

生物有效剂量标志是指外源性物质进入体内经吸收、代谢活化、转运等过程，最终与靶组织细胞内 DNA、蛋白质等相互作用的外源性物质或其反应产物的标志。它是反映靶细胞分子内接触剂量的生物标志物，主要包括 DNA 加合物（DNA adduct）、蛋白质加合物（protein adduct）和 DNA 蛋白交联物（DNA-protein crosslink）等。例如，香烟中的多环芳烃、芳香胺、亚硝胺等被认为是引起机体形成

DNA 加合物的主要致癌物；黄曲霉毒素 B_1（aflatoxin B_1）是一种强致癌物，能与肝 DNA 和血清白蛋白发生反应。尿液中的黄曲霉毒素 B_1-DNA 加合物或血液中的黄曲霉毒素 B_1-白蛋白加合物是机体接触黄曲霉毒素 B_1 的生物有效剂量标志。

目前，生物有效剂量标志的检测仍存在一定的局限性。首先，疾病的发生与体内和体外多种因素作用相关，需要尽可能确定每种化合物的类型、其定位的细胞类型以及染色体上的结合位点等，但这项工作面临较大的难度。其次，由于发病靶组织往往不易取得，需要寻找靶组织的替代物。目前，大多数只能用血细胞作为替代物，但能否有效替代还需要通过相关研究来验证。此外，检测结果一般仅能反映过去数月内的暴露水平，无法反映过去数年甚至数十年的暴露水平。

二、效应标志

效应标志是指机体在外源性物质暴露后产生的功能性或结构性变化，并进一步引起疾病亚临床阶段和疾病发生过程的生物标志，主要包括早期生物效应标志、结构和/或功能改变标志、临床疾病标志等。

（一）早期生物效应标志

早期生物效应标志是指结合到靶组织上的外源性物质的持续作用，引起组织和细胞的生物或生物化学改变，从而产生疾病前期的生物标志，常用于研究暴露因素强度与作用机制的关系。早期生物效应标志主要包括细胞毒性反应、染色体畸变、DNA/RNA 蛋白结构变化或表达异常、细胞功能早期变化等的生物标志。例如，*SMAD7* 基因启动子区域的高甲基化水平可作为动脉粥样硬化的新型早期生物效应标志。外周血由于较易获得，已成为检测早期效应标志的主要组织来源。此外，其他一些组织来源，如皮肤、宫颈和结肠组织切片、表皮组织刮片或痰液中的上皮细胞等，均可用于早期生物效应的检测。

（二）结构和/或功能改变标志

结构和/或功能改变标志是指自暴露到疾病发生前的可以测量或评估的形态学或功能学改变的生物标志，这些改变更接近观察终点，即疾病发生的标志物。结构和/或功能改变标志物通常用于疾病筛查。例如，心肌梗死、脑血管病（包含脑卒中）的早期动脉粥样硬化可以通过影像学技术检测血管结构和功能的变化，从而识别早期的亚临床动脉粥样硬化个体；一些已经发生的增生或癌前病变可以通过标准的病理学方法进行检测；一些更早期的病变可以通过增殖试验、凋亡试验等反映细胞周期调控的试验方法进行检测。

（三）疾病标志

疾病标志是指疾病发生后体内特异性出现的生物学指标，它们在揭示疾病发病机制、实施疾病早期筛查、确立临床诊断、划分治疗人群、制订个性化治疗方案、评估治疗效果以及预测疾病转归等方面，具有至关重要的指导意义和参考价值。目前，多种临床疾病标志物已应用于肿瘤等疾病的辅助诊断，例如血清甲胎蛋白（alpha fetoprotein，AFP）、癌胚抗原（carcinoembryonic antigen，CEA）、血清谷草转氨酶（亦称天冬氨酸转氨酶，aspartate aminotransferase，AST）和 C 反应蛋白（C-reactive protein，CRP）。随着新技术的层出不穷以及分子生物学标志的研究发展，研究者们利用蛋白质组学检测技术，成功鉴定出多种与胰腺癌短期及长期风险紧密相关的新型蛋白质标志物。近期的研究更是通过空间蛋白质组学的精细分析，确定了 5 种对胶质母细胞瘤预后具有重要预测价值的蛋白质标志物。尽管目前多种肿瘤特异性抗原在监测癌症复发、评估预后和提示肿瘤发展程度等方面发挥着重要作用，但其灵敏度和特异度仍不够高，主要用于肿瘤的辅助诊断。

三、易感性标志

易感性标志是指机体在接触特定环境因素后，反映其对疾病发生与发展敏感程度的生物标志，包括非遗传易感性标志和遗传易感性标志。非遗传易感性指的是由年龄、健康状况和饮食等非遗传因

素引起的疾病易感性改变。遗传易感性是机体遗传背景差异所导致的不同个体对同一疾病易感程度的高低或治疗反应的强弱。遗传易感性根植于个体的遗传构成差异之中，它决定了不同人群在面对相同疾病时，其易感程度的高低或对治疗干预的反应性强弱。易感性可以影响其他生物标志在机体内的水平，不同个体的易感性不同，与之相关的其他生物标志的水平也可能不同。它与暴露至疾病发生过程中的每一个环节都有关系，是决定从暴露到发病整个进程的关键因素，也是分子流行病学研究的重要内容。

遗传易感性生物标志是机体内稳定存在，反映个体遗传特征的指标。这类生物标志可以是机体某个基因型的改变，如基因的野生型、突变型或某个基因片段的缺失、插入或是基因拷贝数变异、单核苷酸多态性等。遗传易感性生物标志也可以是功能或者表型的改变，如代谢表型、DNA 修复能力等。随着人类基因组计划和环境基因组计划的完成，以及表观组学、代谢组学和蛋白质组学等多组学技术的进步，越来越多的遗传易感性生物标志被发现，并进一步揭示了基因及功能学的改变可以影响机体的生物学功能，如细胞分化、细胞凋亡、细胞周期调控以及 DNA 修复等，从而引起一系列疾病或异常健康状况的出现。

第三节　研究设计与方法

一、分子流行病学研究的设计

（一）研究设计要点

分子流行病学是一门融合了分子生物学与流行病学的交叉学科，是在传统流行病学研究设计原理的基础上，充分结合了分子生物学技术的新学科。设计分子流行病学研究时，首先应符合传统流行病学研究设计的一般要求，如有明确的研究目的，选择有代表性的样本及数量，合理设置各种对照，病例组和对照组应具有可比性，来源可靠，选择合适的统计分析方法，控制偏倚等。同时，应考虑分子流行病学的特殊性，采用相应的流行病学调查方法，合理采集生物样本并进行不同生物标志的检测。分子流行病学研究设计的具体要点如下：

1. 建立研究假设　在设计分子流行病学研究时，首先需要建立合理的研究假设，这一假设将直接影响研究的方向及结论的科学性。研究假设的提出应基于已有的科学文献和生物学机制。通过系统的文献综述，研究者可以了解已有研究的结果、争议点及研究空白，并识别潜在的基因、环境因素及其交互作用。研究假设除了要考虑其创新性、科学性和应用价值外，还应兼顾其可行性。

2. 明确分子流行病学研究内容　明确分子流行病学研究内容是研究设计的核心步骤，是对研究假设和研究目标的深层次诠释，或者说是对研究目标的具体说明。例如，某特定基因变异如何影响疾病风险？某种环境暴露是否通过特定分子机制导致疾病？基因和环境因素之间的交互作用是否在特定人群中更为显著？通过明确具体的研究问题，研究者可以更加有针对性地设计研究方案。

3. 确定研究类型和分析方法　确定研究类型和分析方法是研究设计中的重要环节。根据研究假设和研究内容，选择适当的研究类型，如病例对照研究、队列研究或横断面研究等。病例对照研究适用于研究罕见病，而队列研究则更适合探讨暴露与疾病发生之间的时间关系。分析方法应与研究类型相匹配，常见的方法包括多变量回归分析、基因环境交互分析及因果推断模型等。

4. 选择适宜生物标志物　适宜的生物标志应能够准确反映个体的暴露水平、基因效应或疾病的生物学变化。暴露标志可以选择体内环境毒素的代谢产物，效应标志则可以选择与疾病发生密切相关的分子，如 DNA 损伤或特定蛋白质表达水平。选择生物标志时应考虑其稳定性、敏感性、特异性和检测方法的可行性。

5. 确定研究对象和样本量　合适的研究对象和样本量是确保研究结果具有统计学意义的重要步骤。研究对象的选择应基于目标人群的特征，如年龄、性别和基因型分布。样本量的确定则应考虑研究的统计效能和可能的混杂因素，通过样本量计算公式或经验法则来确定最小样本量。足够的样

NOTES

本量能够提高研究结果的可信度，从而减少假阳性和假阴性结果的发生。

（二）分子流行病学研究常用设计

1. 描述性研究设计 在分子流行病学研究中，采用描述性研究设计来探究相关问题，主要形式为现况调查。此类研究的核心目的在于描绘群体中生物学标志的分布特征，并进一步探索这些标志与疾病发生、发展状况之间可能存在的关联，为深入理解疾病机制及健康影响因素提供实证基础。例如，可以利用病原体核酸作为生物学标志来评估人群中的感染情况，或使用免疫学指标来估计人群的免疫水平。此外，还可以通过分子进化的生物学标志来追踪传染源并判断其传播途径。描述性研究还包括测量群体中与危险因素或保护因素相关的内暴露水平，并进行从暴露到疾病发生发展的生物学标志连续测量，从而估计群体的暴露水平及其效应，如基因突变或蛋白质异常表达等。横断面研究是描述性研究的常用设计，可作为生物标志特征研究的第一步，尤其在评价同期的外暴露和内剂量指标、生物有效剂量和早期效应等剂量-效应关系中非常有效。然而，描述性研究的局限性在于其结果主要用于为后续的因果关系分析和实验性研究提供线索，而不能直接阐明因果关联。

2. 分析性研究设计 在分子流行病学研究中，分析性研究是最为常用的设计方法，它相较于描述性研究具有更强的论证力度，同时比实验干预性研究设计更易于实施。常见的分析性研究设计包括病例对照研究、队列研究，以及预后研究和家系研究等类型。在经典的病例对照研究中，生物标志可作为因变量对疾病进行分组，或作为独立的危险因素变量，用于评估内外暴露因素、遗传易感性及疾病发展过程中的中间状态，从而深入剖析暴露与疾病之间的复杂关系。此外，生物标志还能用于筛选并定义病例与对照（如 HIV 检测、胆固醇测量），从而以生物标志为因变量来定义疾病。相比之下，队列研究作为分析性研究中论证力较强的方法，主要应用于探究从暴露至疾病发展全过程中各类生物标志的变化。然而，由于队列研究所需样本量大、样本收集时间长且检测费用高，限制了其在分子流行病学研究中的广泛应用。近年来，随着生物学检测成本的降低，大样本量的队列研究可行性提高，其在分子流行病学领域的应用也日益增多。

3. 实验性研究设计 实验性研究设计是一种通过精心控制实验条件，从分子或基因水平探究疾病病因、致病过程以及疾病预防和控制策略的科学方法。在此类研究中，受试者被随机分配到试验组和对照组，其中试验组接受特定处理（如环境暴露或干预措施），随后对两组进行随访，观察健康结局或生物学标志的变化，如发病率或死亡率等，以评估处理措施的健康影响。实验性研究的论证力强于观察性研究，常用于评估疫苗效果、疾病预防干预措施的有效性、临床治疗的疗效，以及探索疾病的预后干预机制。在分子流行病学中，干预前后的结局事件及相关生物学标志的变化能提供更精准的干预效果信息，因此成为效果评价的主要研究设计模式。

二、高通量组学检测与分析方法

自人类基因组计划启动以来，以新一代测序技术和质谱技术为核心的高通量组学技术取得了突破性进展，这些技术极大地促进了基因组学、表观遗传学、转录组学、蛋白质组学、代谢组学以及微生物组学等生物医学数据的爆炸式增长。近年来，随着高通量组学技术的不断发展与检测成本的显著降低，流行病学研究者得以将分子生物学技术与传统流行病学方法有机结合。依托丰富的组学标志和临床医疗数据，高通量测序技术在大规模人群研究中扮演了至关重要的角色。它不仅在揭示疾病易感性、探索病因、精确诊断疾病以及发现预后标志物方面取得了显著成就，而且为深入剖析危险因素的致病机制、验证生物功能、设计药物靶点，以及制订和评估预防或治疗措施提供了强有力的科学支撑。

目前分子流行病学研究常用的高通量检测技术主要包括内容见图 18-2。

（一）基因组学

基因组学研究通过全基因组测序（whole-genome sequencing）、全外显子组测序（whole-exome sequencing）和靶向测序等方法对生物体 DNA 序列进行分析以筛选出基因组范围内的遗传变异。全

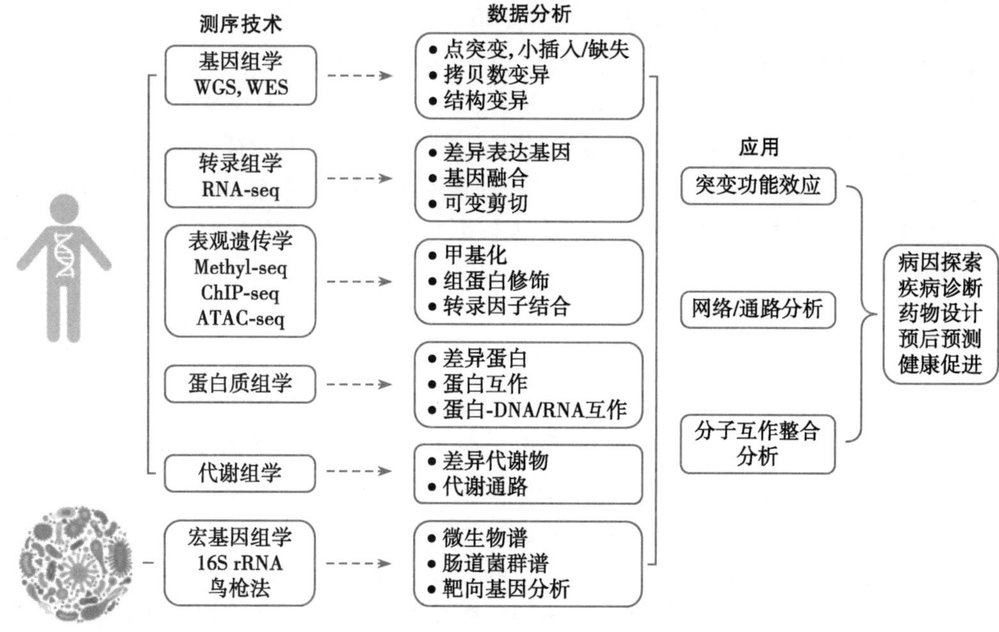

图 18-2　高通量组学测序技术及应用

WGS:全基因组测序;WES:全外显子组测序;RNA-seq:RNA 测序;Methyl-seq:甲基化测序;ChIP-seq:染色质免疫沉淀测序;ATAC-seq:转座酶可及性染色质测序;16S rRNA:16S 核糖体 RNA;鸟枪法:鸟枪法测序。

基因组测序可完整扫描基因组上的变异信息,一次性发现大量的生物标志,准确性高、可重复性好、定位精确。外显子组测序是利用探针杂交富集外显子区域的 DNA 序列,通过高通量测序,发现与蛋白质功能变异相关遗传突变的技术手段。对于罕见疾病、群体遗传学和癌症遗传学中变异的识别,全外显子组测序相对于全基因组测序更加经济、高效。

(二) 转录组学

转录组学研究聚焦于生物体或特定细胞群在特定时空条件下产生的所有 RNA 分子的全面特征,这涵盖了信使 RNA(mRNA)、转运 RNA(tRNA)、核糖体 RNA(rRNA)、微小 RNA(miRNA)以及长链非编码 RNA(lncRNA)等多种类型。通过精细解析转录组,科学家们能够深入洞察基因表达的动态变化、可变剪接的复杂性、非编码 RNA 的精细调控机制,以及这些 RNA 分子在调控各种生物学过程、参与疾病发生发展中的关键作用和分子机制。

(三) 表观遗传学

表观遗传学是研究表观遗传修饰的科学,这些修饰是基因表达模式的可遗传改变,但不涉及 DNA 序列的变化。表观遗传修饰能够通过改变 DNA 的可及性、染色质的结构重塑以及核小体定位来调控基因表达。此外,表观遗传修饰受环境因素如营养物质、污染物、毒素和炎症的影响。常用的表观遗传学研究方法包括 DNA 甲基化分析、染色质可及性分析、组蛋白修饰分析和染色质构象分析。

(四) 蛋白质组学

蛋白质组是指在特定时空条件下,细胞或生物体内全部蛋白质的总和,它着重探究这些蛋白质的构成、三维结构、生理功能,以及它们在生理状态和病理状态下所发生的变化。同时,蛋白质组学还可用于研究蛋白质之间及蛋白质与其他分子(如 DNA、RNA)的相互作用,从而帮助揭示细胞内复杂的信号转导通路和调控网络。因为蛋白质组直接聚焦于细胞或生物体实际表达的蛋白质及其功能状态,蛋白质组通常能够提供比基因组或转录组更深入的生物学信息。

（五）代谢组学

代谢物组指的是生物体内所有小分子代谢产物、底物、中间体的集合，它们共同编织成一张庞大且错综复杂的代谢反应网络。在这个网络中，一个酶催化的反应产物常常是另一个反应的起始物质，维持着生命活动的持续进行。代谢组学则是一门专注于研究这些代谢产物及其化学变化过程的科学，它深入探索细胞代谢的全貌，包括各类小分子化合物的鉴定、量化以及它们在生理、病理条件下的动态变化规律。代谢组的成分可以分为初级代谢产物和次级代谢产物，初级代谢产物直接参与细胞的正常生长、发展和繁殖，如氨基酸、脂肪酸和核苷酸等。次级代谢产物不直接参与这些过程，但是通常具备重要的生态功能，例如抗生素和色素。

（六）宏基因组学

宏基因组学通过高通量测序技术直接分析样本中包括细菌、真菌和病毒在内的微生物群体的基因组信息。该技术无需进行微生物培养，可通过靶向测序或结合适配子的 PCR 方法进行鸟枪法测序。在靶向测序中，通常利用细菌和真菌 16S 或 18S 核糖体 RNA 基因中的超可变区结合保守区来鉴定样本中的细菌。类似地，为了鉴定真菌物种，科学家们通常选取 ITS1 和 ITS2 区域，这两个区域位于真菌基因组的 5.8S rRNA 基因两侧，具有丰富的物种特异性。对于病毒基因组测序，所有经过过滤的读段首先与人类参考序列进行比对，剩余的未成功比对的读段则与 NCBI RefSeq 病毒基因组数据库进行比对，从而鉴定出样本中存在的病毒种类及其基因组特征。

（七）多组学整合分析

多组学整合分析是结合基因组、转录组、蛋白质组、代谢组等多个生物学层次的组学数据，以全面揭示生物系统复杂性和疾病机制的综合性方法。通过整合多组学信息，研究者可以全面探讨复杂疾病（如癌症、心血管疾病、糖尿病）的分子机制，识别不同疾病亚型，发现新的生物标志物，进而为精准医疗和个性化治疗提供科学依据。同时，多组学整合分析可以较为完整地刻画病原体感染后宿主的多层次生物学反应特征，揭示病原体与宿主之间的相互作用机制，识别潜在的诊断标志物和治疗靶点（图 18-3）。目前，多组学数据整合分析方法主要采用了基于融合、网络、贝叶斯、相关性、相似性以及其他多变量分析方法，常用的多组学整合分析工具有 iClusterPlus、Multi-Omics Factor Analysis 和 MixOmics 等。

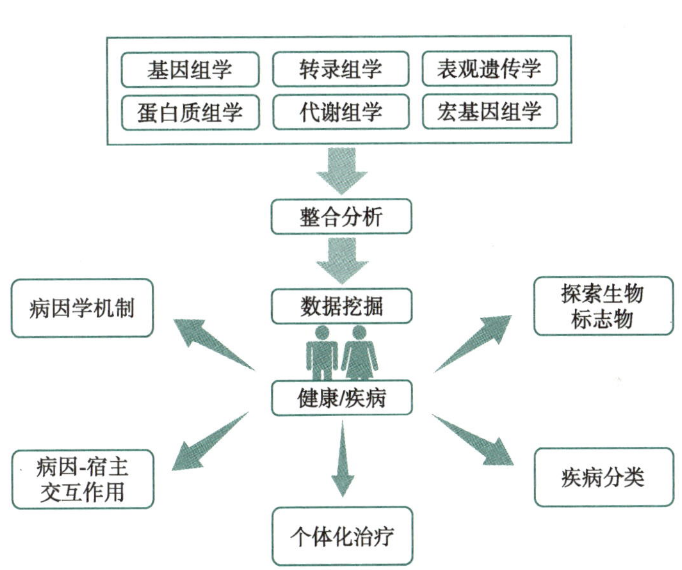

图 18-3 多组学整合分析的代表性应用

三、全基因组关联研究

基因组学作为高通量组学研究的核心，致力于解析遗传变异如何影响生物过程及疾病表型。在基因组学研究中，全基因组关联研究（genome-wide association study）因其在大规模人群中探索遗传变异与性状或疾病关系的独特优势，已成为揭示多基因复杂疾病遗传基础的关键工具。全基因组关联研究是以连锁不平衡为基础，通过分析全基因组中数百万个遗传标记位点（例如单核苷酸多态性）与复杂性状或疾病之间的关联，识别与特定性状或疾病相关的基因变异的方法。全基因组关联研究主要用于探讨多基因复杂疾病（如糖尿病、心血管疾病、精神疾病等）的遗传机制。“常见疾病、常见变异”假设是全基因组关联研究的理论基础。过去十年间，全基因组关联研究在探究生物特征和疾病

NOTES

的过程中，为这一假设提供了强有力的证据。

（一）全基因组关联研究设计类型

根据所研究表型的不同，全基因组关联研究可分为针对质量性状的病例对照设计和针对数量性状的设计。在质量性状的病例对照设计中，通过比较病例组（即患病个体）与对照组（即健康个体）来识别与特定疾病相关联的遗传标记。在进行病例对照设计时，样本的选择需谨慎，以降低混杂效应的影响，从而确保研究结果的准确性和可靠性。而对于数量性状的设计，则需特别关注表型量化的精确性，例如血压、体重或胆固醇水平等。数量性状的全基因组关联研究通常采用线性回归分析方法进行，由于数量性状相关遗传变异的表型效应往往比较细微，因此要求较大的样本量以提高统计检测的效力，减少假阴性结果的出现。根据研究成本及研究结果的可信度，全基因组关联研究通常分为单阶段和两阶段设计。单阶段设计通过选择足够大的样本数量进行高通量的遗传标记检测，一次性分析每个遗传标记位点与疾病之间的关联，以筛选出与疾病相关的高风险位点。尽管该设计相对简单，但为了确保研究结果的准确性，往往需要大量样本和资源，导致研究成本较高。两阶段设计通常首先使用覆盖整个基因组的高通量遗传标记检测芯片对一批相对较少的样本进行分型，筛选出最显著的遗传标记位点，用于第二阶段扩大样本的验证。相对于单阶段研究设计，两阶段研究设计可大幅度降低成本。

（二）全基因组关联研究的基本流程

1. 基因分型/测序　通过 PCR 等技术检测个体的 DNA 序列构成。基因分型采用芯片技术，主流平台配备了上千万个单核苷酸多态性（SNP）检测探针，实现高通量、高精度的基因变异检测；而测序技术如二代测序（NGS）则直接读取 DNA 序列，能完整捕获 DNA 序列变异信息，包括单碱基替换、插入/缺失等。

2. 数据质控　主要包括数据缺失率、次等位基因频率、哈迪-温伯格平衡检验和人群分层等。

3. 全基因组关联分析　采用回归分析等统计学方法，比较样本中不同个体的基因型与目标表型（如疾病状态、生理指标等）之间的联系，识别出与目标表型显著相关的遗传标记位点。在实施全基因组关联分析时，需考虑选择合适的统计模型（图 18-4）和协变量。例如，逻辑回归用于二分类表型，线性回归则适用于连续型表型。为控制潜在混杂因素对结果的影响，需将年龄、性别、环境因素等可能影响表型的额外因素作为协变量纳入模型。

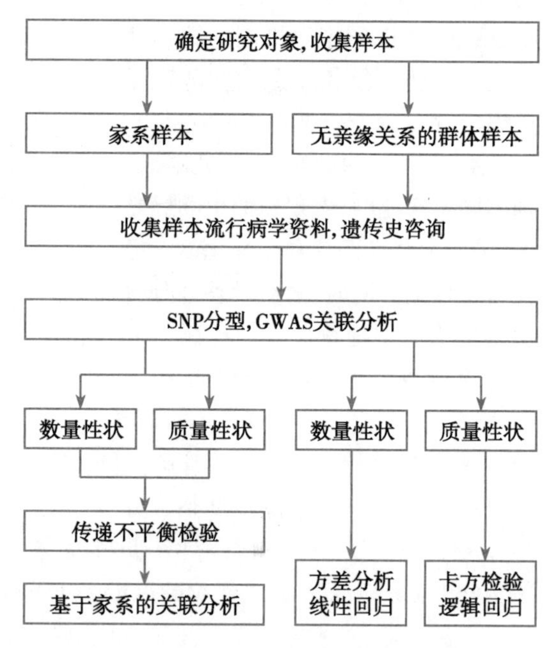

图 18-4　全基因组关联研究流程图

4. 显著结果验证　在全基因组关联研究中，常常采用多中心、多阶段的研究策略，即在第一阶段的全基因组关联分析后，筛选出与目标表型显著关联的遗传标记位点，在另外一个或几个独立的研究样本中进行验证。验证阶段一般采用与第一阶段遗传背景相一致的人群样本，也可以同时包含不同人群或不同人种。

（三）全基因组关联研究 Meta 分析

全基因组关联研究 Meta 分析通过综合多个独立的全基因组关联研究结果，能够显著增加样本量，提高统计效力，从而更有力地检测出与目标表型显著相关的遗传变异。METAL 是最常用的 Meta 分析软件之一，适用于大规模全基因组关联研究数据的 Meta 分析，支持按统计 P 值加权和效应大小加权，能有效处理多个独立全基因组关联研究的数据整合。

四、基因-环境交互作用分析

基因-环境交互作用（gene-environment interaction）是指个体的基因型与环境因素相互作用，共同影响个体的表型特征与疾病风险。在这一过程中，环境因素的暴露会根据个体的基因型差异而对其疾病风险产生不同影响，同时个体的基因型也在不同环境暴露条件下对疾病风险展现出不同的敏感性。

（一）基因-环境交互效应的分子机制

环境暴露可通过干扰基因表达的表观遗传调控机制，影响疾病的发病过程。表观遗传调控（包括DNA甲基化、组蛋白修饰和非编码RNA）可以在不改变DNA序列的情况下调节基因的表达水平。许多表观遗传修饰是动态的，能够记录并反映个体在整个生命周期中所经历的环境暴露情况。近年来，除了经典的表观遗传调控方式，研究者正在积极探究那些与表观遗传路径紧密相连的其他分子机制，诸如细胞外囊泡的传输、表观转录组学的复杂调控网络，以及线粒体基因组学的特有功能。

（二）基因型和环境暴露之间的关系模型

Ruth Ottman就基因型和环境暴露对疾病风险的影响定义了五种关系模型（图18-5）。模型A假设基因型并非直接引起疾病，而是通过增加个体对环境危险因素的表达水平而发挥作用，例如常染色体隐性遗传病苯丙酮尿症（PKU）患者中高苯丙氨酸血症与智力低下之间的关系。模型B假设环境危险因素对疾病有直接影响，而基因型加剧了这种影响，例如常染色体隐性遗传病着色性干皮病中紫外线（UV）辐射和皮肤癌之间的关系。模型C假设基因型对疾病有直接影响，环境危险因素进一步加剧了这种影响，例如常染色体显性遗传病卟啉病中接触巴比妥类药物和急性发作之间的关系。模型D假设基因型和环境危险因素单独都不能影响疾病风险，但当两者都存在时风险增加，例如X连锁隐性疾病葡萄糖-6-磷酸脱氢酶（G6PD）缺乏症中蚕豆摄入和溶血性贫血之间的关系。模型E假设基因型和环境危险因素各自对疾病风险有一定的影响，当它们同时发生时的疾病风险比单独发生时更高或更低，例如α1-抗胰蛋白酶缺乏时吸烟和慢性阻塞性肺疾病之间的关系。

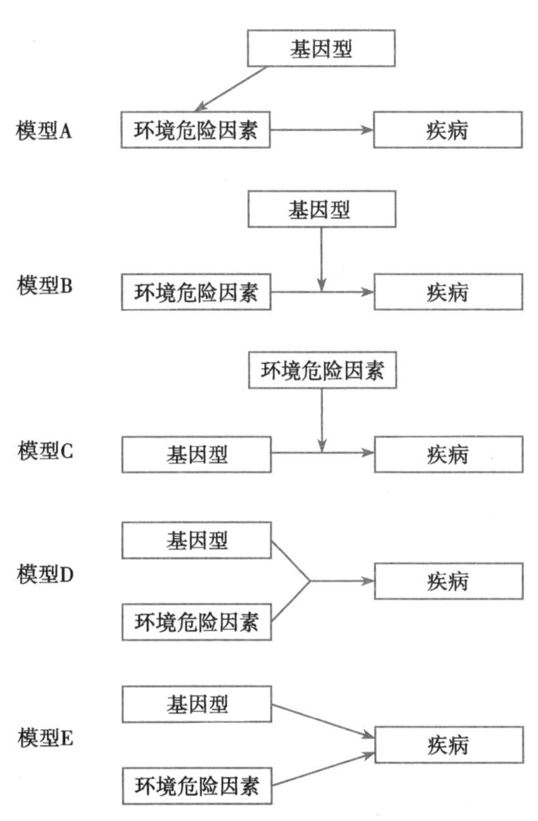

图18-5　基因型与环境暴露影响疾病的关系模型

（三）全基因组环境交互作用研究

全基因组环境交互作用研究（genome-wide environment interaction study，GWEIS）可以全面分析环境因素与全基因组范围内大量单核苷酸多态性之间的相互作用，它不需要事先做出任何假设，因此能够帮助我们发现那些之前未知的、具有致病效果的遗传变异。同时，全基因组环境交互作用研究还能揭示环境因素与这些遗传变异之间是如何相互作用，共同导致疾病发生的。目前，全基因组环境交互作用研究已被广泛应用于识别各种环境暴露（如有害物质接触、饮食习惯、吸烟行为等）与基因之间的交互作用。在全基因组的背景下，许多原本用于单独评估遗传或环境效应的经典研究设计，也被巧妙地应用于基因-环境交互作用的研究中，例如回顾性病例对照研究、前瞻性队列研究，以及一系列基于家系的研究设计，如病例-父母对照研究、病例-同胞对照研究、病例-配偶/子女对照研究等。此外，还有一些专门设计用于检测交互效应的研究方法，如单纯病例研究，也为理解基因-环境交互作用

NOTES

提供了更多工具。

（四）展望

随着年龄相关性黄斑变性相关遗传变异数量的增加，包括迄今为止已知的所有基因座在内的预测模型逐渐形成。预测年龄相关性黄斑变性的发病风险将有助于推动个性化医疗迈出重要一步，利用基因型信息来定义高风险人群，并开发基于个体遗传结构的精准疗法。基因治疗被认为是遗传性视网膜疾病领域中一种很有潜力的生物疗法，但距离广泛应用于临床这一既定目标还很遥远，随着基因治疗关键技术的不断改进和突破，年龄相关性黄斑变性的基因治疗有望变成现实。

（张　峰）

本章小结

本章介绍了分子流行病学的定义及其与传统流行病学、系统流行病学的关系。分子流行病学作为流行病学的一个新兴分支，通过结合分子生物学技术，深入探究疾病的分子机制、流行规律及防控策略。其研究内容广泛，涵盖疾病病因、发病机制、流行规律、疾病易感性、分子标志及防控措施等。描述了生物标志的分类及其在复杂疾病研究中的应用，介绍了分子流行病学的研究设计与方法，特别是高通量组学技术的应用。通过实例分析展示了分子流行病学在病毒性肝炎等疾病防控中的重要作用。

思考题

1. 简述分子流行病学与传统流行病学、系统流行病学的关系。
2. 简述生物标志的分类及其在复杂疾病发病机制研究中的应用。
3. 简述多组学整合分析的优势及其面临的主要挑战。

第十九章 | 营养流行病学

Nutritional epidemiology is an interdisciplinary field that combines nutrition and epidemiology. Its primary goal is to observe and analyze the impact of nutrient factors on diseases and health, with the aim of developing effective intervention strategies. As global dietary patterns and lifestyles change, the relationship between nutrition and disease has become increasingly important. From the early identification of nutrition deficiency diseases, to modern analyses of dietary patterns and their associations with diseases and health, and now to the era of precision nutrition and systems epidemiology, nutritional epidemiology has gradually evolved into a key field for disease prevention and health promotion.

营养流行病学是一门结合营养学与流行病学的交叉学科。其核心目标是通过观察和分析营养素相关因素对疾病和健康的影响,从而制订有效的干预策略。随着全球饮食结构和生活方式的改变,营养与疾病的关联愈发受到重视,从早期对营养素缺乏病的发现,至现代关于膳食模式同疾病与健康的关联分析,再到目前的精准营养和系统流行病学的新时代,营养流行病学逐渐发展为研究疾病预防与健康促进的关键领域。

第一节 | 概　述

一、营养流行病学的定义

营养流行病学(nutritional epidemiology)是一门交叉学科,它结合了营养学和流行病学的方法,旨在研究饮食和营养因素在疾病发生、发展过程中的作用,监测人群的营养状态,评估膳食模式,从营养膳食途径制订疾病的防控策略和措施,同时探讨膳食因素与身体活动之间的关系及其协同作用。

二、营养流行病学的发展

营养流行病学的早期研究可以追溯到18世纪中期和19世纪末,这些早期研究通过观察和实验发现了一些重要的营养素缺乏症及其解决方法。在18世纪中期,营养学的研究开始受到重视。《论坏血病》的作者James Lind在1747年进行了早期的临床对照试验,采用了当时的六种治疗方法进行疗效对比,包括苹果酒、芳香性硫酸与强酸性漱口剂含漱、大蒜和芥末等混合物、海水浸泡、食用醋、柠檬和橙子。发现使用新鲜柠檬和橙子治疗坏血病的效果最快且最好,该研究为最终发现维生素C缺乏是导致坏血病的原因奠定了基础。到了19世纪末,人们发现在吃精白米的水手群体中脚气病盛行,高木兼宽假设这种疾病与饮食中缺乏某种因素有关,并通过在饮食中添加牛奶和蔬菜,有效地控制了这种疾病。

我国自古以来就十分重视饮食与营养,讲究药食同源,将其视为维护健康、预防疾病的重要手段。这一传统智慧在诸多古籍中得以体现,例如《黄帝内经》与《神农本草经》等。这些古籍不仅为后世的食疗提供了宝贵经验,也奠定了我国营养流行病学特色发展的理论基础。Adolph等人在1913年发表的山东膳食调查是我国最早的营养流行病学调查。在随后的几十年中,研究主要关注食物缺乏情况下如何维持基本营养以保持健康,开展了营养素缺乏病如核黄素缺乏症的诊断和治疗,以及儿童营养补充的实践评价等。吴宪、侯祥川等对维生素A、D缺乏与疾病的关系进行了系列研究。1959年,中国医学科学院卫生研究所营养与食品卫生研究室组织进行了第一次全国营养调查,共调查了26个省、自

治区、直辖市约190个调查点，调查18万人，体检9万人，生化检验2万多人。调查中发现湖南脚气病、山东营养不良水肿、新疆癞皮病患病率较高，经及时有效地防治，基本解决了这些营养素缺乏问题。

营养流行病学的研究范围随着重大疾病发病率的增加而扩大，已经从早期的营养素缺乏疾病扩充到了慢性病，例如心脏病、糖尿病、癌症、骨质疏松症、痴呆、帕金森病等。其研究内容从早期的关注蛋白质、脂肪、维生素等食物营养成分扩展到了超加工食品、膳食模式、时间营养、数字技术、营养相关生物标志物、肠道微生物、基因与饮食交互作用等诸多新兴研究领域。其中，大型队列研究是研究这些问题最好的方法。目前正在进行的世界著名的大型营养队列研究有美国的护士健康研究、健康专业人员随访研究、中国健康与营养调查、欧洲癌症与营养前瞻性调查等，以及部分大型慢性病队列研究也有营养学相关调查内容，例如中国慢性病前瞻性研究、英国生物样本库等。此外，还开展了许多大型营养横断面研究，例如美国健康与营养调查数据库、韩国健康与营养调查数据库等。

基于现代科技发展和大型队列的建立，营养流行病学取得了飞速发展，人们在理解饮食与健康之间的关系方面取得了重要进展，营养流行病学的研究成果已经促进全球范围内饮食指南的更新和政策的制定。随着多组学、人工智能等新技术的应用和跨学科研究的发展，营养流行病学研究正朝着“系统流行病学”和“精准营养”的方向发展，将在未来继续推动全球健康的改善和政策的制定，为人类健康提供重要支持。

三、营养流行病学的展望

1. 精准营养与个体化干预　营养流行病学将逐步朝着“精准营养”方向发展，通过结合基因组学、表观遗传学、微生物组学等多组学技术，分析个体的基因特征、代谢模式和肠道微生物等信息，从而制订个性化的营养方案。精准营养将促进营养干预的个体化，提升干预效果，预防和延缓疾病的发生和发展。

2. 系统流行病学与复杂网络分析　在研究膳食、营养和健康关系时，单一作用机制已难以解释复杂的健康问题。未来营养流行病学将更多地采用系统流行病学的视角，运用复杂网络分析和数据整合方法，从系统层面探讨饮食、环境、社会行为等因素对健康的交互作用，揭示营养因素与健康之间的多层次关系。

3. 多维数据整合与大数据应用　随着大数据信息化进程的加快，营养流行病学将更多地依赖大规模数据资源。通过整合电子健康记录、膳食调查数据、可穿戴设备的健康监测数据和社会经济等多维数据，研究者能够更全面地把握饮食行为和健康状态的长期趋势，为制定营养相关政策提供科学依据。

4. 新兴膳食因素与膳食模式的研究　除了传统的宏量和微量营养素，未来的研究将逐步关注超加工食品、膳食时间、肠道微生物等新兴膳食因素对健康的影响。膳食模式的研究也将更加注重可持续性、文化多样性和环境影响，为不同人群提供健康和适宜的膳食建议。

5. 人工智能和机器学习的广泛应用　人工智能和机器学习技术在营养流行病学中的应用将更加普及。通过算法模型，研究者可以从大量数据中识别膳食与疾病风险的潜在关联，并开发出更精确的个性化预测工具，用于早期疾病预警和膳食干预效果评估。

第二节 | 营养流行病学研究方法

一、观察法

在营养流行病学中，常用的观察性研究方法主要有以下几种：

（一）现况调查

了解人群的营养状况是营养流行病学研究的基础，现况调查主要用于评估特定人群的营养状况，了解膳食习惯、营养素摄入水平与慢性病状况。例如，2015—2019年，国务院卫生健康主管部门组织

中国疾病预防控制中心、国家癌症中心、国家心血管病中心开展了新一轮的中国居民慢性病与营养监测，覆盖我国 31 个省（自治区、直辖市）的近 6 亿人口，现场调查人数超过 60 万，完成《中国居民营养与慢性病状况报告（2020 年）》。该报告显示，近年来随着健康中国建设和健康扶贫等民生工程的深入推进，我国营养改善和慢性病防控工作取得积极进展和明显成效。

（二）生态学研究

由于饮食行为具有明显的地区差异性，因此生态学研究往往是营养流行病学研究中的常用方法。生态学研究主要用于探索地区性膳食习惯或特定暴露因素与疾病之间的关系。例如通过描述沿海地区和内陆地区的痛风患病率以及海鲜和啤酒的消费情况，得到沿海地区的痛风患病率较内陆地区高，从而提出沿海地区的饮食结构，即食用海鲜和饮酒与痛风患病相关，继而为进一步的因果分析提供依据。此外，宗教信仰以及不同民族的风俗习惯也会导致明显的人群饮食差异，通过对不同民族的生态学分析也能发现潜在的营养与疾病的关联线索。

（三）病例对照研究

病例对照研究是比较患者及对照者在发病前的膳食等各种因素的差异，主要用于识别特定疾病（尤其是罕见疾病）与膳食因素之间的关联。这种研究方法在营养流行病学中广泛应用，因为它能够高效地识别饮食与疾病之间的关联，尤其适用于研究罕见疾病以及疾病暴发时的快速评估。相较于前瞻性队列研究，病例对照研究只需要研究相对较少的病例和对照，更节约时间和成本。然而，病例对照研究也存在明显的局限性。由于该研究高度依赖于参与者的回忆，所收集的数据准确性可能较差，进而引发回忆偏倚。这一局限性在以膳食回顾为主要评估手段的营养流行病学研究中较为常见，可能对其结果的准确性和可靠性造成一定的影响。尽管如此，病例对照研究由于其经济、高效的特点，在营养流行病学研究中发挥着重要的作用。例如，研究者可以通过病例对照研究调查罕见的神经退行性疾病，分析其患者与健康个体的膳食差异，探讨可疑的危险因素。

（四）队列研究

队列研究主要用于分析饮食因素与疾病风险及预后的因果关系。随着大型队列的建设，越来越多研究者可以申请采用队列研究数据开展分析。基于队列研究的前瞻性，研究者可以在膳食摄入和健康结局之间建立时间上的先后关系，从而更有力地推断因果关系。在研究开始时收集膳食摄入数据，并在随访期间持续收集，减少了回忆偏倚和信息偏倚的影响；随访过程中还能够观察到疾病的发展过程，有助于探索饮食对疾病风险的确切影响。队列研究人群可以包括不同年龄、性别、种族和社会经济背景的人群，提供更广泛和多样化的样本；多个队列研究可以增强研究结果的外部效度和普遍适用性。此外，队列研究能够同时评估多个风险因素的独立和联合效应，如饮食、体力活动、吸烟、饮酒等，提供关于健康的综合评价。例如，美国护士健康研究（Nurses' Health Study，NHS）通过多年随访护士的饮食和健康状况，揭示了饮食因素与心血管疾病、癌症等慢性病之间的关联。营养流行病学队列研究不仅是当前的主流研究方法之一，而且随着研究技术的不断进步，其重要性和影响力还在不断提升。

二、实验法

实验性营养流行病学研究是通过控制试验来研究饮食与健康之间关系的方法。这类研究通过随机对照试验（randomized controlled trial，RCT）来评估特定饮食干预的效果，为确定因果关系提供更好证据。RCT 的根本优点是潜在的混杂因素在处理组和对照组中是随机分配的，因此，最大限度地避免了非直接相关的混杂因素的影响。在营养流行病学研究中，RCT 能够精确控制膳食因素的摄入量和种类，从而更准确地评估改变膳食因素对降低疾病风险的获益，因此 RCT 被广泛用于评估膳食因素、营养素补充剂或其他营养干预措施对健康结局的影响。RCT 具有严谨的研究设计、较强的论证强度、结果的可重复性和可靠性以及适用于评价膳食因素等优势，已成为营养流行病学研究中重要工具之一。然而，也需要注意到 RCT 在研究过程中可能存在的局限性，如成本较高，研究周期长，研究对象依从性以及伦理等问题。

NOTES

三、数理法

流行病学研究中的数理法是一种重要的研究方法，它主要通过数学和统计学的原理，对疾病和健康状态的分布及其影响因素进行深入分析，以建立数学模型来预测疾病风险，寻找疾病的危险因素等。数理法通常不会单独使用，而是与观察法和实验法相结合，在数据分析的过程中使用。在营养流行病学研究中，数理法主要用于对膳食营养数据进行处理、分析和建模，以及分析营养因素与其他因素的交互作用，例如膳食模式通常包含多种食物和营养素以及饮食时间，它们之间可能存在复杂的相互作用关系，利用数理法对不同膳食模式（如地中海膳食、素食等）进行量化评分，从而更准确地估计膳食模式与健康结局之间的关系。近年来，随着数学与计算机科学的发展，数理法在流行病学研究中的应用不断拓宽，孟德尔随机化、深度学习等方法的发展极大地推动了营养流行病学的进步，在因果推断、复杂关系揭示、预测能力提升、个性化营养指导以及营养政策制定等方面取得了显著成果。

第三节　膳食暴露的测量

一、暴露变量的选择

（一）食物成分

食物成分种类多，功能复杂，主要包括两大类：营养素和生物活性食物成分。营养素（nutrient）是机体为了维持生存、生长发育、生理功能、体力活动和健康，以食物的形式摄入的物质。而生物活性食物成分不是维持机体生长发育所必需的营养物质，但对维护人体健康、调节生理功能和预防疾病发挥着重要的作用。人体所需的营养素有蛋白质、脂类、碳水化合物、矿物质、维生素和水共6大类。不能在体内合成，必须从食物中获取的营养素，称为“必需营养素”；因其需要量多，膳食中所占比例大，蛋白质、脂类、碳水化合物被称为“宏量营养素”；矿物质和维生素需要量较少，膳食中所占比重也小，被称为“微量营养素”。作为能量来源的主要是碳水化合物、脂类、蛋白质；促进生长与组织修复的主要是蛋白质、矿物质和维生素。调节生理功能的主要是蛋白质、维生素和矿物质，其作用包括维持物质代谢的动态平衡及内环境的稳态。

（二）食物和食物组

在膳食暴露测量中，理想情况是直接计算出实际营养素的摄入量。然而，营养素摄入量需要有标准的食物成分表，遗憾的是目前许多食物成分数据尚未获得。因此，在实际工作中，以食物为基础测量膳食暴露最为常见。当研究膳食中的某些成分与疾病的关系时，通过研究食物和食物组（同一类食物）摄入量与疾病的关系可为进一步探索食物中的某些特殊成分提供线索。由于食品种类多且复杂，可将食物组进行分类，从而为人群膳食指导和膳食病因学研究提供更全面的信息。

（三）能量摄入

总能量摄入（total energy intake）是指个体在一定时间内（如一天、一周或更长时间）通过食物和饮料所摄入的全部能量的总和。这些能量主要来源于食物中的碳水化合物、脂肪和蛋白质，它们在体内经过消化、吸收和代谢后，释放出能量供人体使用。总能量摄入是营养流行病学研究中一个重要方面，这主要是因为：①能量摄入水平可能是疾病的决定因素，例如高能量摄入与非酒精性脂肪肝病的发生密切相关；②大多数营养素的摄入与总能量摄入正相关，但即使在总能量摄入量相同的情况下，不同食物的选择也会导致特定营养素摄入量的差异；③当能量摄入与疾病风险相关但不是直接原因时，总能量摄入可能会扭曲特定营养素与疾病之间的关联，因此在特定营养素研究、膳食模式分析等研究中，总能量摄入都是重要的影响因素，需要对其进行一定的处理。

减少总能量摄入对特定营养素与疾病之间关联的分析方法主要有四种，即能量调整法（残差法）、标准多变量法、能量分解法和多变量营养密度模型。

NOTES

1. 能量调整法　能量调整法的核心思想是通过回归分析，将总能量摄入对特定营养素摄入量的影响剔除，得到与总能量摄入无关的营养素摄入量（残差），因此能量调整法又称为残差法。具体操作方法为将总能量摄入作为自变量，特定营养素摄入量作为因变量，建立线性回归模型：

$$Y=a+bX+\varepsilon \quad \text{（式 19-1）}$$

其中，Y 是特定营养素的摄入量，X 是总能量摄入量，a 是截距，b 是回归系数，ε 是残差。计算残差后，即可使用能量调整后的营养素摄入量进行后续的统计分析，如相关分析、回归分析等，研究营养素摄入量与健康结果之间的关系。这一方法的优点是方法简单，易于操作。

2. 标准多变量法 标准多变量法是营养流行病学研究中常用的一种校正总能量摄入的方法，通过在统计模型中同时包含总能量摄入和感兴趣的营养素摄入量，评估每个变量对健康结果的独立影响。这里所说的统计模型就是设定多变量回归模型，将总能量摄入和特定营养素摄入量作为自变量，健康结果作为因变量。例如：

$$Y=\beta_0+\beta_1X_1+\beta_2X_2+\cdots+\beta_nX_n+\varepsilon \quad \text{（式 19-2）}$$

其中，Y 是健康结果（如疾病风险），X_1 是总能量摄入，X_2 是特定营养素摄入量，β_0 是截距，β_1，β_2……β_n 是回归系数，ε 是残差。通过多变量回归模型，评估特定营养素摄入量与健康结果之间的关系，同时控制总能量摄入和其他混杂因素的影响。这一方法的优点是可同时考虑多个自变量，控制混杂因素。

3. 能量分解法 能量分解法通过分析每个宏量营养素（如蛋白质、脂肪和碳水化合物）对总能量摄入的贡献，研究其与健康结果之间的关系。这种方法可以细化分析各个营养素的具体影响，提供更全面的能量摄入评估。根据每克宏量营养素提供的能量（蛋白质和碳水化合物每克提供 4kcal，脂肪每克提供 9kcal），计算每种营养素对总能量摄入的贡献。能量分解法的公式与标准多变量法的公式一致，只不过 X 不再是营养素摄入量而是营养素的能量贡献，这一方法常用于宏量营养素分析。该方法的优点是可以细化分析每个营养素对总能量摄入的具体贡献，全面考虑不同营养素的能量贡献，提供更详细的饮食评估。

4. 多变量营养密度模型 多变量营养密度模型是一种用于分析饮食中各营养素对健康结果影响的方法。通过计算每种营养素的营养密度，可以标准化不同个体的能量摄入，从而减少总能量摄入对分析结果的混杂影响。该方法通过计算营养素相对于能量的密度来控制能量摄入的混杂。此模型克服了单独使用营养素密度变量相关的主要统计问题，同时保留了作为膳食成分测量被普遍认可和能直观解释的特征。多变量营养密度的公式也与标准多变量法的公式一致，只不过是将 X 改为各营养素的能量密度。此方法的优点是通过营养密度标准化营养素摄入量，便于不同个体或群体之间的比较。

（四）膳食模式与膳食分析模式

膳食模式（dietary pattern）是指个体或群体在一段时间内的整体饮食习惯和食物选择组合。它不仅包括所摄入的食物种类和数量，还包括进餐的频率和时间。研究膳食模式有助于理解整体饮食习惯对健康的影响，而不仅仅是单一营养素的摄入量。常见的膳食模式包括地中海饮食：富含水果、蔬菜、全谷物、鱼类、坚果和橄榄油，限制红肉和饱和脂肪摄入。西方饮食：高脂肪、高糖、高盐及加工食品，低水果和蔬菜摄入。素食饮食：以植物性食物为主，排除或限制动物性食物。中国营养学会在《中国居民膳食指南（2022）》中首次提出了"东方健康膳食模式"。这一模式以东南沿海地区的膳食模式为代表，强调清淡少盐、食物多样、蔬菜水果充足、鱼虾等水产品丰富、奶类豆类丰富，并要求有较高的身体活动量。东方健康膳食模式与地中海膳食模式有相似之处，但更注重食物的多样性和平衡性，以及适合中国人的口味和食材。目前，膳食模式分析正逐渐成为传统单一营养素或食物研究的补充方法，许多研究者将单一营养素分析和膳食模式分析结合起来，从而更全面实际地反映食物和营养素的综合效应。膳食模式分析的主要方法包括评分法、数据驱动法及二者的综合方法。

1. 评分法 评分法是以现有的膳食指南或其他科学的饮食建议为基础，通过将个体的饮食与之比较进行评分的评估方法，也被称为先验法。通常情况下分为营养充足或营养密度评分、膳食多样

化评分、食物组评分和指数型评分四种。评分法主要指膳食指数（dietary index），指数型评分是以目前的膳食指导为基础建立的，包括膳食平衡指数（diet balance index，DBI）、膳食质量指数（diet quality index，DQI）、健康膳食指数（healthy eating index，HEI）、中国健康饮食指数（Chinese healthy eating index，CHEI）等。评分法的优点在于方法简单易行、标准化和综合性强，并基于科学的膳食指南。然而，也存在数据需求高、主观性和复杂性等缺点。研究者应根据具体研究目的和人群特点，选择合适的评分法，并结合其他方法进行综合分析，以提高研究结果的准确性和可靠性。

2. 数据驱动法　数据驱动法即归纳的方法，是以膳食调查数据为基础运用统计方法来确定膳食模式的种类，也称为“后验法”。包括聚类分析（cluster analysis）、因子分析（factor analysis）和潜类别分析（latent class analysis，LCA）等。

聚类分析是一种无监督的机器学习方法，聚类是指根据样本之间的相似性或距离，将样本划分为若干组，使得同一组内的样本彼此相似，而不同组之间的样本彼此不同。距离度量是聚类分析中的关键，用于衡量样本之间的相似性，常用的距离度量方法包括欧氏距离和曼哈顿距离等。常用的算法有K均值聚类、离差平方和法、具有噪声的基于密度的聚类方法等。需要样本数据中存在自然的、未标记的群组。同时要求样本数量相对较大，以确保聚类结果的稳定性和可靠性，适用于探索数据中的自然群组。聚类分析根据组内个体的主要膳食特点命名聚类，如“高蛋白饮食群”“素食群”等。

因子分析是一种数据简化技术，用于从大量变量中提取少数几个潜在因子。这些因子可以解释变量之间的相关结构，并用于识别膳食模式。因子分析需要变量之间存在一定程度的相关性，同时样本量要相对较大，通常建议样本量至少是变量数的5倍，变量应是符合正态分布的连续型变量。因子分析主要有两种基本形式：探索性因子分析和验证性因子分析。主成分分析法（principal component analysis，PCA）是因子分析中最常用的方法，是从多个变量之间的相互关系入手，利用降维的思想，将多个变量化为少数几个互不相关的综合变量的统计方法，这种方法可以有效地探索出与疾病危险因素相关的因子。因子分析根据高载荷值的食物或营养素命名因子，如“高蛋白高脂肪饮食”“蔬果饮食”等。

潜类别分析是一种基于概率模型的方法，用于识别数据中的潜在类别或亚群，数据通常为离散型数据，如二元型或多元型数据。这种方法可以处理不同变量的分类数据，识别出不同的膳食模式。潜类别分析需要人为确定潜在类别数量，并通过模型拟合指标［如贝叶斯信息准则（Bayesian information criterion，BIC）、赤池信息量准则（Akaike information criterion，AIC）等］和实际解释力，寻找最适宜的潜在类别的数量，这一方法的灵活性较强，此外这一方法更适用于纵向数据研究，可以识别长期变化的膳食模式。潜类别分析根据各类别中人群饮食特征进行命名，如“高摄入单一型”“高摄入多样型”等。

3. 综合方法　综合后验法和先验法的方法，包括降秩回归法（reduced rank regression，RRR）和偏最小二乘回归法（partial least-squares regression，PLS），既利用了先验信息，又基于当前的研究，综合了先验法和后验法的优点。降秩回归法是膳食模式的一种新方法，类似于因子分析。这种方法是通过建立食物摄入变量的线性函数解释反应变量（如营养素、生物标志物等）的变异。因为疾病相关营养素和疾病特异生物标志物与疾病的发展具有相关性，所以用降秩回归分析方法得到的膳食模式可以更好地阐述疾病病因中膳食的重要性。偏最小二乘回归法是介于主成分分析和降秩回归之间的一个折中方法，通过建立有预测能力的回归模型解释营养素或生物标志物的变异。目前，该方法很少单独使用，往往和其他方法相比较使用来探讨研究对象的膳食模式特点及其与健康结局间的关系。

二、膳食暴露的测量方法

（一）24小时膳食回顾法

24小时膳食回顾法（24-hour dietary recall）是一种通过回忆过去24小时内所摄入的所有食物种类和数量，记录详细的食物名称、原料名称、原料重量等的方法。24小时回顾法中的24小时通常是指从调查时间点开始向前推24小时。资料收集可以通过面对面询问、电话或电脑交互询问的方式进行，最常采用的方式是由接受过严格培训的膳食调查员利用开放式调查表，通过面对面访谈的形式收集膳食信息。受访者通常是调查对象本人，但对幼儿、记忆力受损的老年人或精神异常的成年人，受访者也可以是其父母或其他看护者。24 小时回顾法的调查表一般如表 19-1（引自中华人民共和国卫生行业标准《WS/T 426.1—2013 膳食调查方法　第 1 部分：24 小时回顾法》）。

表 19-1　24 小时膳食回顾法调查表

姓名______　性别____　年龄____　生理状况______　劳动强度______　人日数______　个人编码_________

进餐时间	食物名称	原料名称	原料编码	原料重量/g	是否可食部

注：人日数，收集到的食物消费信息能代表的调查对象用餐天数。

可食部，去掉食物中不可食用部分后剩余的可食用部分。

生理状况，正常、孕妇、乳母。

劳动强度，分为轻体力活动（一般指办公室工作、修理电器钟表、售货员、服务员、实验操作讲课等）、中等体力活动（一般指学生日常活动、机动车驾驶、电工安装、车床操作、金属制造等）、重体力活动（一般指非机械化农业劳动、炼钢、舞蹈、体育运动、装卸、采矿等）。

进餐时间，分为早餐、上午零食、午餐、下午零食、晚餐、晚上零食。

根据调查目的也可在表中添加进餐地点、制作方法和制作地点等内容。原料编码、可食部及每百克食物脂肪的含量数据可查《中国食物成分表》。

调查人员在调查前应向调查对象简要介绍调查内容，明确告知回顾调查的时间周期和调查地点，家庭调查应该入户进行询问。自动化多通路五步法是目前较常用的 24 小时回顾法的资料收集方法。它由美国农业部基于认知科学理论提出，资料收集包括五个步骤：①要求受访者一开始就迅速列出前一天消耗的食物清单（不考虑时间先后）；②询问易被遗忘的食物中是否有任何可能遗漏的食物；③询问每种食物消费的时间和场合；④询问有关消费食物种类及数量的详细信息，以及固定餐次以外消费的食物；⑤再次询问是否还有其他什么食物被遗忘。这种方法获得的能量和宏量营养素的平均摄入量与实测值差异不大，而且方法简单易行，是美国健康与营养调查中用于收集 24 小时膳食摄入数据的主要方法。

数据整理过程主要可以分为以下几步：①数据录入，将受试者提供的 24 小时膳食回忆资料录入数据库；②数据编码，使用标准化的食物编码系统对每种食物和饮料进行编码。这有助于统一数据格式，方便后续分析；③量化食物摄入，将受试者报告的食物和饮料量转化为标准单位（如 g、ml）。如果受试者报告的是家庭量具（如杯、勺），需要使用量具转换表进行转换；④核查数据，检查录入的数据是否完整和准确，修正明显的错误或不一致之处。目前许多研究和调查倾向于采用计算机辅助的方法，减少了对调查员的依赖，可以覆盖更大范围的受访者，并减少调查员原因导致的偏倚，并且使用计算机辅助调查可以更快地收集和处理数据，便于进行数据的整理。

数据整理后需要对数据进行计算，例如计算平均每日各类食物摄入量和平均每日能量或营养素摄入量。

平均每日各类食物摄入量

$$m=\frac{M}{V} \qquad \text{（式 19-3）}$$

式中：

m——调查对象平均每日各类食物摄入量，单位为克（g）；

M——调查期间调查对象摄入的各类食物的原料重量之和，单位为克（g）；

V——调查期间进餐人日数之和。

NOTES

平均每日能量或营养素摄入量

$$I = \frac{\sum_{i=1}^{n}(m_i \times A_i)/100 \times B_i}{V} \qquad (式 19\text{-}4)$$

式中：

I——调查对象平均每日能量或营养素摄入量，单位为克（g）；

m_i——调查期间调查对象摄入的某类食物的原料重量，单位为克（g）；

A_i——该食物可食部分比例；

B_i——每百克该食物中能量或营养素的含量，单位为克（g）；

V——调查期间进餐人日数之和。

n——摄入食物的种类数（即参与计算的食物类别数量）。

完成资料整理后，即可根据研究目的进行进一步的数据分析，例如：通过聚类分析、主成分分析等方法，识别受试者的膳食模式并分析其与健康结果的关联。24 小时膳食回顾法在营养流行病学研究中具有重要作用，其详细性和灵活性使其成为评估短期膳食摄入的重要工具。然而，研究者在使用这种方法时，需要注意其潜在的偏差和限制，并采取适当的措施（如多次回忆、数据校正等）来提高数据的准确性和可靠性。

（二）膳食记录法

膳食记录法（diet record，DR）也称膳食日记，是由受试者记录一天或几天内摄入的所有食物的详细清单以及重量或体积，对其食物和营养素摄入量进行计算和评价的一种膳食调查方法。膳食记录法要求受试者在摄入食物的同时记录食物的摄入情况和摄入量。最理想的状况是，受试者用一台标准秤称量出餐盘中包含的所有食物的摄入量，但通常情况下，常采用其他的一些方法或工具来帮助测量和量化食物摄入量。通常记录 3 天到 7 天，包括工作日和周末，以反映日常饮食习惯。受试者使用专门设计的记录表、手机或其他数字工具，记录每餐的食物和饮料。在记录开始前，研究人员对受试者进行培训，讲解如何准确记录食物和饮料。一般会提供示范和样本记录，帮助受试者理解和掌握记录方法。膳食记录法通常会记录以下内容：①食物名称，详细记录每种食物和饮料的名称；②食物数量，记录食物的数量，一般用家庭定量工具（如碗、杯、勺等）来测量食物的重量或体积；③烹饪方法，记录食物的烹饪和加工方法（如煮、炒、蒸等）；④进餐时间，记录每次进餐的时间，方便分析进餐习惯。

从受试者回收膳食记录表后，通常由研究人员对数据进行整理，将记录的数据输入计算机系统或数据库，使用标准食物编码系统进行编码，并校对和核查录入的数据，确保准确无误。随后量化食物摄入，一般使用营养分析软件或食物成分数据库，将记录的食物和饮料转换为营养素摄入量，汇总各类营养素的摄入量，计算每日平均摄入量。随后即可使用相关统计学或机器学习等方法进行膳食模式分析以及健康关联分析。

（三）食物频率法

食物频率法（food frequency questionnaires，FFQ）也称食物频数法，是以问卷形式调查个体在一定时期内食物摄入频率，以评价膳食营养状况的膳食调查方法。食物频率法的基本原则是测量长期膳食的平均摄入情况，如过去数周、数月或数年的平均摄入情况等，从暴露的概念来讲，它比测量具体某几天的摄入量更有意义。FFQ 的资料收集一般都是通过食物频率调查问卷进行，食物频率问卷由两个基本部分组成，即食物清单和每种食物的食用频率部分。这两部分的合理设计，对提高食物频率法膳食调查的重现性和有效性具有决定性的作用。食物频率问卷示例见表 19-2。

食物频率问卷收集并录入数据库后，通常需要使用食物频率法进行计算，计算方法主要有两种：食物成分表法和多元回归法。最常用的是食物成分表法。首先，使用公式计算平均每日某营养素摄入量：

平均每日某营养素摄入量 = 食物的平均每日摄入频率 × 每次摄入量 × 某种营养素含量

（式 19-5）

NOTES

表 19-2　食物频率调查问卷实例

请选择您在最近 1 个月内以下食品的平均摄入频率（在相应的□里打√）和平均每次摄入量（圈出相应摄入量）

猪肉	牛肉	禽肉（鸡/鸭等）	鱼类	叶菜类	根茎类	水果	牛奶/酸奶
□1 天≥2 次 □1 天 1 次 □1 周 4~6 次 □1 周 2~3 次 □1 周 1 次 □1 周<1 次 □几乎不吃	□1 天≥2 次 □1 天 1 次 □1 周 4~6 次 □1 周 2~3 次 □1 周 1 次 □1 周<1 次 □几乎不吃	□1 天≥2 次 □1 天 1 次 □1 周 4~6 次 □1 周 2~3 次 □1 周 1 次 □1 周<1 次 □几乎不吃	□1 天≥2 次 □1 天 1 次 □1 周 4~6 次 □1 周 2~3 次 □1 周 1 次 □1 周<1 次 □几乎不吃	□1 天≥2 次 □1 天 1 次 □1 周 4~6 次 □1 周 2~3 次 □1 周 1 次 □1 周<1 次 □几乎不吃	□1 天≥2 次 □1 天 1 次 □1 周 4~6 次 □1 周 2~3 次 □1 周 1 次 □1 周<1 次 □几乎不吃	□1 天≥2 次 □1 天 1 次 □1 周 4~6 次 □1 周 2~3 次 □1 周 1 次 □1 周<1 次 □几乎不吃	□1 天≥2 次 □1 天 1 次 □1 周 4~6 次 □1 周 2~3 次 □1 周 1 次 □1 周<1 次 □几乎不喝
每次摄入量？少（<50g）/普通（50~100g）/多（>100g）	每次摄入量？少（<50g）/普通（50~100g）/多（>100g）	每次摄入量？少（<50g）/普通（50~100g）/多（>100g）	每次摄入量？少（<50g）/普通（50~100g）/多（>100g）	每次摄入量？少（<100g）/普通（100~200g）/多（>200g）	每次摄入量？少（<100g）/普通（100~200g）/多（>200g）	每次摄入量？少（<100g）/普通（100~200g）/多（>200g）	每次摄入量？少（<200ml）/普通（200~400ml）/多（>400ml）

然后，将所有食物项的计算值累加得到每天某种营养素的平均摄入量。此外，对于特定季节食物项的计算，需要乘以 0.25 予以校正。

多元回归法是代替食物成分表，使用膳食记录法（FFQ 效度验证的"金标准"）等数据库计算得到的营养素摄入量，构建预测模型，进而计算每天营养素的摄入量。首先，针对同一个体，同时获取 FFQ 和膳食记录数据，并根据膳食记录结果计算营养素摄入量。然后，将该计算值作为因变量，FFQ 得到的平均摄入频率作为自变量，使用多元回归模型的逐步回归法构建预测公式。最后，将摄入频率代入预测公式，计算营养素的摄入量。

（四）远期膳食回忆

远期膳食回忆（long-term dietary recall）在营养流行病学中是一种评估过去较长时间段内饮食习惯的方法，通常用于研究长期膳食模式与健康结果之间的关系。对某些慢性疾病（如心血管疾病、恶性肿瘤）而言，膳食是在较长期的范围内发挥作用。在无条件实施前瞻性研究的情况下，远期膳食回忆对这类慢性疾病的研究具有重要意义。目前对远期膳食的时限并没有明确的界限，在文献中一般认为 10 年以上的膳食回忆即为远期膳食。一般来说，非固定结构的膳食史问卷被用于相对远期的膳食调查，主要通过食物频率表或相应的食物结构化问卷来进行。需要注意的是膳食史调查通常无法包括食物烹调、分量等相关信息。故食物频率表及结构化问卷中食物项目的设置极为重要，需要符合所调查时期的膳食结构及相应的人群特征。远期膳食的资料收集通常用于癌症、糖尿病等营养相关的慢性疾病的研究中，故在病例对照研究设计中应用较多。

（五）其他膳食评价方法

1. 称重法　运用标准化的称量工具对食物量进行称重，从而了解调查对象当前食物消费情况的一种方法。称重法可用于个人、家庭或集体单位，该方法细致准确，但比较耗费人力、物力。调查期间需要对每餐所吃主副食的生重、熟重及剩余食物称重，并根据实际用餐人数，计算出平均每人用餐的生食物重量。将一天各餐的结果加在一起，得出每人每天摄入的各种食物生重，参照食物成分表来计算出能量和各种营养素摄入量。称重法膳食调查一般可调查 3~7 天。如果被调查对象在年龄、性别、劳动强度上差别较大，则必须折算成相应标准人（指轻体力劳动的 60kg 成年男子）的每人每日各种食物的摄入量。

2. 记账法　记账法是通过记录一定时期内某一饮食单位（如托幼机构、学校、部队和单位集体食堂等）的食物消耗总量和进餐人数，计算每人每日各种食物的平均摄入量的膳食调查方法。该法通过查账或记录本单位一定时间内各种食物消耗总量和用餐人日数，计算出平均每人每日的食物消耗量，一般可统计 1 个月，一年四季各进行一次。如果被调查对象在年龄、性别、劳动强度上差别较大时，与称重法一样，也要用折算成标准人的每人每日各种食物摄入量。记账法是最早使用的膳食调查方法

NOTES

之一，其主要优点是操作简单、费用低，人力消耗少，可适用于大样本如托幼机构、中小学校或部队等集体单位的调查。对于伙食账目清晰的集体食堂等单位，可以查阅过去一定期间食堂的食物账目，进行较长时间的食物调查，若记录精确和用餐人数统计准确，结果同样比较可靠。

3. 化学分析法　收集调查对象一日膳食中所摄入的全部主副食品，通过实验室化学分析方法来测定其营养素含量。根据样品的收集方法不同分为双份饭法和双份原料法两种。双份饭法是指将饭菜分成完全相同的两份，一份供受试者食用，另一份则留作实验室分析，以测定其营养素含量。这种方法确保了分析样品与受试者实际摄入的食物在数量和质量上完全一致，因此结果非常准确可靠。双份饭法被认为是膳食摄入量研究的“金标准”，常用于评价其他方法的有效性。

4. 总膳食研究　总膳食研究（total diet study，TDS）也被称为市场菜篮子研究，旨在通过收集和分析代表性膳食（包括饮水）样本，来估计某一人群通过烹调加工的、可食状态的膳食摄入的各种膳食化学成分（污染物、营养素）的量和种类。这些数据对于评估特定化学品是否对健康构成风险、制定食品安全标准和营养政策等具有重要意义。TDS 是世界卫生组织近 30 年来一直致力于推广开展的食品中营养素和化学污染物国际风险评估的方法，世界卫生组织、欧洲食品安全局、联合国粮食及农业组织联合发布了总膳食研究的指导文件。中国已成功开展了多次总膳食研究，并在实施过程中不断发展和完善。最近的研究中，涵盖了二噁英及其类似物、新型溴系阻燃剂、全氟烷基化合物及其替代物等多种污染物的检测，以及包括真菌毒素、农药残留和兽药残留的高通量筛查与靶向检测。这些研究为国家食品安全风险评估项目和国家食品安全标准的限量制定提供了有力支持。

三、人体测量及身体活动测量与评价

（一）人体测量

身高与体重是最容易得到的人体测量数据，可综合反映蛋白质、能量及其他营养素的摄入、利用和储备，同时反映机体、肌肉、内脏发育和潜在能力。身高受遗传与环境因素的影响，处于生长发育阶段的人群，身高可反映营养状况，而对于成年人而言，单纯身高测量不能反映营养状况，需与体重结合计算标准体重及体质指数来反映能量和蛋白质的营养状况。

脂肪和瘦体组织是人体组成中的两个主要成分，脂肪组织主要负责能量储存和内分泌功能，而瘦体组织则包括肌肉、骨骼等，负责维持身体结构和代谢功能。目前脂肪分布的测量方法主要包括腰围、臀围、腰围-臀围比、上臂围、腰围身高比和三头肌肩胛下皮褶厚度比等几种常见的方法。瘦体组织即非脂肪成分，与高度活跃的代谢过程有关，所以营养需求主要与该区的大小有关。水分只存在于瘦体重部分（脂肪组织中水分含量很低），且不同个体体内瘦体重的水分含量相对稳定。根据动物实验获得的数据，估计瘦体重中水分的比例为 0.732。所以，瘦体重 = 身体总水分/0.732。

肥胖程度的测量已成为当前流行病学研究中最常用的人体测量内容。肥胖通常以身体脂肪百分比来表示。在流行病学研究中，估计相对身体组成的方法需要综合考虑身高、体重、皮褶厚度和体围。随着科学技术的进步，人体组成的测量方法不断完善，目前可以从原子、分子、细胞、组织系统和整体五个不同水平进行人体组成的测量。测量技术可以通过化学分析法进行直接测量，也可以采用水下称重法、皮褶厚度、生物电阻抗法、三维扫描人体法以及双能 X 线吸收测定法（dualenergy X-ray absorptiometry，DXA）等间接测量法。其中 DXA 通过使用低能量和高能量 X 线来测量人体骨骼密度和体成分，可以准确测量身体的骨量、脂肪和肌肉含量，并给出详细的数据报告，是目前被广泛认可的“金标准”。但由于其需要使用放射性 X 线，因此并不适用于所有人群，并且造价昂贵，在实际应用中存在一定局限性。可以采用生物电阻抗法和三维扫描人体法进行替代，三维扫描技术在测量人体尺寸方面可以达到很高的精度，而生物电阻抗法在测量体成分方面与 DXA 有较高的一致性，并且这两种方法成本比 DXA 低，适用人群也更广泛。在实际应用中，要考虑多种现实因素，结合实际选择最适合的方法。

（二）身体活动测量及评价

NOTES

身体活动（physical activity，PA）也称为体力活动，是指由骨骼肌收缩引起，能使机体能量消耗增加的一切身体运动。身体活动和饮食共同影响能量平衡和体重管理，继而影响多种疾病的发生和发展。此外，运动可以影响饮食行为，促进健康饮食习惯的养成，如增加水果和蔬菜的摄入，减少高能量、高脂肪食物的摄入。因此，在营养流行病学研究中关注身体活动十分有意义。身体活动测量方法如下：

1. 身体活动测量问卷　身体活动问卷调查是既往研究身体活动以及许多大型队列研究中常使用的一种方法，这种方法具有广泛适用性，并且节约成本，特别适用于大型队列研究。但不可避免地会受受访者主观回忆和感受的影响，可能存在记忆偏差或主观判断不准确的情况。常用的身体活动测量问卷是国际体力活动问卷（International Physical Activity Questionnaire，IPAQ）和全球身体活动问卷（Global Physical Activity Questionnaire，GPAQ）。有些研究还会根据研究目的，在这些问卷的基础上增加额外问题。通过设计详尽的问卷，可以收集到关于身体活动的多个方面信息，如频率、持续时间、强度等。

2. 身体活动日记　身体活动日记（physical activity diary）是在一天的特定时间记下当天的活动内容、时间和/或强度。日记要求参与者提供几乎一天内所有身体活动的详细记录，包括类型、持续时间和活动强度，完成活动后迅速进行记录。日志的区别在于只需要记录活动大类，而不需要记录每种活动，如走路、跑步、站立和坐等。通常记录 3~7 天，应包括工作日和休息日。这种方法和膳食日记相似，伴随人们一天的活动完成记录，接近实时性的记录使得回顾性偏倚减少到最小，从而提高了信度和效度，详细的身体活动记录可作为评价其他身体活动的测量效度的辅助方法。

3. 身体活动客观测量　随着科技的进步，目前的大多数研究都开始采用客观测量的方法来进行身体活动相关研究。客观测量使用的工具主要可以分为三类：计步器、心率检测仪和加速度计。计步器是通过检测身体的移动来记录每日步数。测量每日步数作为一种简单而有效的身体活动监测方式，许多现代设备能够自动记录步数，无需用户持续输入或干预，大大减少了记录负担，例如智能手机、智能手表等。计步器的优点是简单、便宜、易于使用，缺点则是只能测量步数，不能评估活动的类型。心率检测仪是通过监测心率变化，估算身体活动的强度和能量消耗。目前市场上已有各种心率监测器。这些设备通常可以记录每 15~60 秒的心率，可以连续记录几个小时，甚至几天时间，最后将数据传入计算机，分析身体活动的时间、频率、强度和总的能量消耗。心率检测仪的优点是能够较准确地评估有氧活动的强度，缺点则是会受情绪、温度等因素影响。加速度是指单位时间内的速度变化量，加速度计是复杂的运动传感器，它能感应物体运动过程中产生的加速度。在过去几十年，加速度传感器技术的进步不仅使其日趋小型化、轻便化，还出现带有其他功能的加速度传感器，如复合传感器和多功能传感器。目前，多功能传感器是研究者主要应用的加速度计传感器。多功能传感器合并了多种测试原理的移动便携式穿戴装备，组合了多种预测参数（加速度技术、热通量、皮肤电反应、皮肤温度、体表温度）以及描述性特征（性别、年龄、身高、体重），综合这些数据信息来预测每分钟能量消耗，可在多种情况下评估身体活动水平。加速度计的优点是客观、准确，能够评估不同强度的活动，缺点则是设备成本较高，数据量大，数据分析复杂。

四、实验室营养相关指标的检测

实验室营养学研究主要通过反映食物和营养素膳食摄入量的生化指标来判断当前个体对某种营养素的缺乏程度。营养素的摄入量、营养素的吸收、在体内的转运、分布、代谢和排泄等因素均可以影响该营养素在血液和组织中的含量。营养流行病学中常用的生化指标测量方法包括直接测量、功能性检测和耐受性测定。膳食相关的生化指标的测定意义主要体现在以下三个方面：①可替代膳食摄入量，在实际研究中，仅通过膳食摄入总量和食物成分表计算出的膳食摄入量往往不能满足研究要求。所以，对于某种营养素来说，准确选取相应的生化指标就能为相关研究提供有用的补充信息，甚至可作为替代膳食摄入量优先选择的方法；②反映机体营养素状况，在一些情况下，某种膳食营养素的摄入量并不能很好地反映机体营养状况。在营养学上，我们经常把血清铁蛋白作为判断机体铁营养状况的指标，而不用于推测膳食铁的摄入量，因为膳食中铁的存在状态（血红素铁或非血红素铁）、维生素 C 含量及机体失血等因素对血清铁蛋白的浓度影响很大；③验证膳食调查结果，无论哪种膳

NOTES

食调查方法所获得的膳食摄入量,在一定程度上都存在测量误差。生化指标的优越性在于,不受问卷调查和人体测量误差的影响,更加准确地反映了实际人体水平。

第四节 | 营养流行病学的应用

一、开展营养调查

采用营养流行病学方法定期对不同人群进行全国性或地区性的营养与健康状况调查,可了解某人群营养与健康现状及其变化趋势。继而制定适宜的政策和干预措施,改善人群营养状况,促进人群健康。

二、制定膳食指南

目前很多国家提出自己的膳食指南中多项建议都是建立在营养流行病学的基础之上,如我国膳食指南中提出多吃蔬菜、奶类、全谷物、大豆,是根据我国人群进行的大量营养流行病学研究证据而提出。蔬菜、水果、全谷物、奶类、大豆是维生素、矿物质、优质蛋白、膳食纤维和植物化学物的重要来源,对提高膳食质量起到关键作用。此外,不同地区、不同年龄、患有不同疾病的人群都可以根据实际情况制定适宜的膳食指南。

三、研究饮食和营养在疾病中的作用

饮食和营养因素在疾病发生发展中具有非常重要的作用,例如:脂蛋白与心血管疾病,高糖饮食与 2 型糖尿病,饮酒与酒精相关性肝病等。采用营养流行病学方法可以研究某一特定人群疾病的膳食危险因素,通过干预来预防疾病的发生和发展。

四、研究与营养相关疾病的病因与分布

通过研究营养相关疾病分布的有关膳食因素,如居民的饮食特点、饮食习惯、特殊嗜好、膳食组成等,为与营养相关疾病的预防措施提供依据,尤其是食源性疾病暴发事件的防控。

五、研究膳食因素与身体活动之间的关系及其协同作用

饮食与身体活动是维持机体能量平衡的重要手段,通过科学的饮食和合理的体力活动,个体可以实现能量平衡,从而维持健康体重,预防疾病,提升整体健康水平。在营养流行病学研究中,研究膳食因素与身体活动之间的关系及其协同作用,可揭示饮食和体力活动对人类健康的综合影响。

(李 波)

本章小结

本章全面介绍了营养流行病学的基本概念、研究方法和应用,强调了其在疾病预防和健康促进中的作用。从早期的营养素缺乏病研究到现代膳食模式与疾病的系统研究再到精准营养研究,营养流行病学在健康领域发挥重要作用。

思考题

1. 举例说明营养流行病学在疾病预防中的作用。
2. 举例说明如何通过营养流行病学研究确定特定食物成分与疾病之间的关联?
3. 多组学、人工智能和大数据等新兴技术如何与营养流行病学结合?

NOTES

第二十章 | 行为流行病学

People's health is mainly determined by genetic and congenital factors, environmental factors, and their own behavior. Genetic and congenital factors are undecidable, environmental factors are often beyond individual control, and the only thing people can control is their own behavior. In a sense, behavior determines people's health throughout their lives. Behavioral epidemiology is a branch of epidemiology that has developed in the study of the relationship between behavior and health. This chapter will focus on the basic concepts of behavioral epidemiology, the relationship between behavior and health, behavioral assessment and surveillance, and the study design and effectiveness evaluation of behavioral interventions.

人们的健康主要是由遗传和先天因素、环境因素，以及自身行为决定的。遗传和先天因素是我们无法决定的，环境因素也常常是个体不能改变的，人们唯一能把握的就是自身行为。从某种意义上讲，行为决定了人们一生的健康。行为流行病学是在研究行为与健康关系中发展起来的流行病学的一个分支。本章将重点介绍行为流行病学的基本概念、行为与健康的关系、行为评估与监测，以及行为干预研究设计与效果评价。

第一节 | 概　述

一、行为流行病学的发展历程

医学科学技术的进步，不仅延长了人类的平均寿命，也促使疾病谱和死因谱发生了相应改变，慢性非传染性疾病逐渐成为全世界致死和致残的主要原因。在此期间，世界各国在慢性非传染性疾病的防治方面进行了大量探索。

20 世纪 50 年代以来，美国为降低心、脑血管病和恶性肿瘤等慢性病的高死亡率，曾一度把工作重点放在扩大医疗服务，发展高精尖的医疗技术和设备等方面，结果造成医疗费用直线上升，1960—1978 年间，美国卫生经费支出由 270 亿美元飙升至 1 920 亿美元，但慢性病的死亡率并未发生明显下降。后续研究发现，行为因素是导致慢性病的第一危险因素，其比重高达 48.9%，而非此前认为的医疗服务的不足。据此，美国政府转变思路，将工作重心放到干预和改变人们的行为上，最终使慢性病的死亡率大幅下降。

美国政府的以上举措及带来的效应使人们逐渐意识到行为对健康的重要影响。随后美国、英国、澳大利亚等西方发达国家相继建立了行为医学学科，并大力发展行为干预研究。20 世纪 70—80 年代，美国和欧洲等国开展了众多以降低心血管疾病危险因素暴露水平和改善生活方式为目标的社区试验，取得了良好的成绩，并将经验成功进行了推广和应用。20 世纪 80 年代后，全球大多数国家陆续进行了行为流行病学方面的研究，在健康行为理论、研究方法以及干预手段等领域取得了长足的进步，在传染性疾病、慢性非传染性疾病以及伤害事件预防和控制中发挥了重要作用。

行为流行病学（behavioral epidemiology）正是在这样的背景下孕育、产生和发展起来的。

二、行为流行病学的定义

“行为流行病学”这一术语最早出现于20世纪70年代末。1985年，美国疾病预防控制中心的Mason和Powell对行为流行病学进行了界定：按照流行病学传统观点，行为流行病学旨在研究行为与疾病的流行病学关联，主要用于识别与疾病有因果关系的行为，并在关系确认后，根据判断出的病因提出预防方法；从非传统观点出发，行为流行病学是对行为本身进行研究的流行病学，即应用流行病学的方法研究与疾病相关行为的分布及其影响因素，从而提出对不良行为的干预措施。

2000年国外学者Sallis等提出行为流行病学的系统框架，即对促进健康和预防疾病进行阶段划分，以便详细说明健康相关行为的一系列研究，从而对人群实施有根据的干预研究。这一系统框架包括五个阶段：①建立行为与健康之间的关系；②发展关于行为的测量；③明确行为的影响因素；④对改变行为的干预进行评估；⑤从研究转化为实践。这给出了一个可操作的行为流行病学内涵，并指出行为流行病学的主要目标是干预。

2001年，我国学者施侣元在其主编的《流行病学词典》中对行为流行病学的定义为：行为流行病学是流行病学的一个新的分支，是主要研究行为因素和与行为相关的疾病在人群中的分布规律及其影响因素，并研究如何通过改变行为因素促进和维护健康、预防疾病，同时评价行为干预措施效果的科学。目前国内相关研究领域普遍使用此定义。

三、行为流行病学研究的内容

行为流行病学的研究内容主要包括4个方面：

1. 探究影响疾病和健康的行为因素　通过流行病学的方法寻找影响疾病或健康的发生发展的行为。如Doll和Hill研究发现吸烟行为是肺癌的病因之一，随后又有研究发现高盐、高脂饮食习惯是心血管疾病的病因，以及不安全性行为和共用注射器吸毒的行为是人类免疫缺陷病毒传播的主要原因。

2. 描述健康相关行为在人群中的分布　通过流行病学调查或行为因素监测，描述健康相关行为的人群分布特征。如关于吸烟行为的研究发现男性吸烟率明显高于女性。

3. 探讨行为分布规律及其影响因素　确定行为的形成原因或影响因素，以及影响行为分布的因素，为行为干预策略的制订提供依据。如遗传因素、环境因素和社会因素都影响着人们的行为。

4. 进行行为干预及其效果评价　在确定影响健康的行为在人群中的分布特征及其影响因素的基础上，运用行为改变的方法和技巧，采取综合的措施促进行为的转变，从而形成健康的行为，并对行为干预的效果进行评价。

四、行为流行病学研究应注意的问题

1. 行为作为主要研究变量　在探讨行为与疾病关系的研究中，行为是主要的自变量。然而，行为的测量通常依赖于研究对象的自我报告，缺乏客观的测量方法，尤其是在涉及敏感话题时。例如，在探讨性行为与性传播疾病关联的研究中，参与者可能因为隐私顾虑而不愿意透露真实的行为习惯，从而影响调查结果的真实性与可靠性。

2. 行为具有可逆性　行为是可逆的，且有些行为的逆转周期很短。例如，通过健康教育，可以短期内提高公众对某种行为所带来危害的认识，从而改变他们的行为，但如果没有持续的提醒，人们可能会回到原来的习惯。这就要求研究者在研究设计与实施过程中充分注意行为变量的逆转程度。

3. 行为具有反复性　在研究过程中，行为可能中断，可能多次反复。例如，吸烟者可能经历多次戒断和复吸的过程。这要求研究需要考虑行为的不稳定性，以更准确地评估干预措施的效果。

4. 行为受个体控制　与环境因素不同，行为的发生与否受个体主观意识的控制。个体的行为选择，如戒烟、健康饮食或定期运动，直接影响其健康状况。这要求研究者在研究设计时考虑到个体的主观能动性。

第二节 | 行为与健康

人类行为是指具有认知、思维能力并有情感、意志等心理活动的人对内外环境因素刺激所做出的能动反应。行为有狭义与广义之分，狭义的行为是形之于外，可以被直接观察、测量和记录的外显行为，如一个人的言论和动作等；而广义的行为除外显行为外，还包括不能被直接观察到的思想、意识、情感、态度和动机等内隐行为。

一、行为与健康的关系

行为与健康之间有着十分密切的关系，无论是传染性疾病、慢性非传染性疾病，还是伤害，行为因素均在这些健康问题的发生和发展过程中发挥着十分重要的作用。从日常生活习惯、不良嗜好，到生产行为、违规行为等都与健康息息相关。最新疾病负担数据显示，行为因素在1990—2021年期间一直是伤残调整寿命年的首要原因。常见疾病的主要行为危险因素见表20-1。

表20-1　常见疾病的主要行为危险因素

疾病	行为危险因素
心脑血管疾病	吸烟、不合理饮食、体力活动不足和A型行为类型等
癌症	吸烟、饮酒、不合理饮食、感染和C型行为类型等
慢性肺部疾病	吸烟和环境暴露（如空气污染、化学烟雾和粉尘）等
意外伤害	饮酒、疏忽、不采取安全措施和事故倾向性格等
艾滋病	交叉使用注射器和无保护性行为等

由于行为可直接或间接地影响健康，因此人们可以通过改变或调整行为来控制自身暴露在危险因素下的机会或程度，进而促进健康或预防疾病，针对行为进行干预已经被世界各国实践证实是预防疾病或不良事件的重要手段。例如，我国大庆糖尿病预防研究（Daqing Diabetes Prevention Study，DQDPS）发现，在糖耐量异常患者中进行生活方式干预，对预防糖尿病、心血管疾病死亡和全因死亡有显著效果；芬兰老年干预及预防认知损害和残疾（Finnish Geriatric Intervention Study to Prevent Cognitive Impairment and Disability，FINGER）研究发现改善生活方式对认知功能有积极的影响；美国老年人糖尿病生活方式干预策略（Lifestyle Intervention Strategy to Treat Diabetes in Older，LISD）研究发现，生活方式干预不仅可以提高患有糖尿病老年人的胰岛素敏感性和分泌功能，同时也能改善诸如身体构成、生理机能以及生活质量等年龄相关结局。柬埔寨曾经为了防止疟疾流行，在一些地区发放经过杀虫剂处理的蚊帐，这使这些地区当年疟疾病例数目显著减少。

二、健康相关行为

目前对健康行为（health behavior）有多种定义方式。Conner 和 Norman 将其定义为人们在躯体、心理和社会各方面都处于良好状态时的行为表现。David Gochmant 将其定义为与促进、维护或恢复健康相关的个体心理、情感状态和外显的行为模式。Kasl 和 Cobb 将外显的健康行为又分为预防行为（preventive behavior）、疾病行为（illness behavior），以及疾病角色行为（sick-role behavior）等。

公共卫生领域的学者更习惯使用健康相关行为（health-related behavior），即个体或群体表现出的与健康或疾病有关联的行为。按其对健康或疾病的影响，健康相关行为又可分为促进健康行为（health-promoting behavior）和危害健康行为（health-risk behavior）两大类。

（一）促进健康行为

促进健康行为是指个体或群体表现出的有利于自身、他人或社会健康的行为，这类行为的特征见表20-2。

表 20-2　促进健康行为的特征

特征	含义	例子
有利性	行为表现有利于个体、他人乃至整个社会的健康	合理膳食
规律性	行为表现规律有恒，不是偶然行为	养成早睡早起的作息习惯
和谐性	能够根据环境变化做出调整，使行为与自身所处的环境和谐	根据天气选择合适的运动项目
一致性	外显行为与内在心理活动相一致，不存在矛盾	选择自己喜好的运动项目
适宜性	行为强度能够被理性地控制	选择强度适宜的体育锻炼

促进健康行为可划分为以下几类：

1. 日常健康行为　指日常生活中一系列有利于健康的基本行为，如合理膳食、充足睡眠和适当体育锻炼等。

2. 避开环境危害行为　指主动回避生活或工作中有害因素的行为，如放弃损害健康的工作、离开有污染的环境、采取措施减轻环境污染和积极应对紧张事件等。

3. 预警行为　指预防事故发生的行为，以及事故发生后的正确处理行为，如驾车时系安全带、进入工地时戴安全帽和车祸后的自救与他救等。

4. 保健行为　指合理、正确使用医疗保健服务以维护自身健康的行为，如接受健康教育、预防接种、定期体检和自我保健等。

5. 求医行为　指人们感到身体不适或出现某些症状之后，向医疗机构或医务人员寻求帮助的行为，如主动求医、如实报告病史和症状等。

6. 遵医行为　又称患者依从性（patient compliance），指患者遵从医嘱进行检查、治疗和预防疾病的行为，与治疗效果和疾病的转归密切相关，如积极配合医疗护理等。

（二）危害健康行为

危害健康行为是指个体或群体表现出的有害于自身、他人或社会健康的行为，这类行为的特征见表 20-3。

表 20-3　危害健康行为的特征

特征	含义	例子
危害性	行为表现对个体、他人乃至整个社会的健康有害	酗酒
习得性	大多是个体在后天的生活经历中逐渐养成的	吸烟
稳定性	有一定的作用强度和持续时间，非偶然发生	重油重盐的饮食习惯

危害健康行为可划分为以下几类：

1. 日常危害健康行为　指日常生活中一系列危害健康的基本行为，如高脂高盐饮食、久坐、缺乏体育锻炼和熬夜等，是心血管疾病和癌症等慢性非传染性疾病的危险因素。

2. 成瘾行为　成瘾行为通常分为物质成瘾行为和精神成瘾行为。物质成瘾行为是指反复摄入成瘾性物质所导致的成瘾行为，如吸烟、酗酒、滥用药物（精神活性药物或毒品）等。吸烟、饮酒是心血管疾病和肿瘤等多种疾病的危险因素，吸毒可引起吸毒者身体的极度衰竭，静脉注射毒品还可能导致感染艾滋病、乙型肝炎等传染性疾病。精神成瘾行为又称非物质成瘾行为，是指沉迷于某些行为而不能自控，如网络成瘾、游戏成瘾、手机成瘾和赌博成瘾等，是心理社会功能损害的危险因素。

3. 不安全性行为　指在性行为过程中没有采取充分的安全措施来减少性传播疾病或其他健康风险的行为，如不使用安全套等，是艾滋病和梅毒等性传播疾病在人群中流行的重要原因。

4. 不良患病行为　指个体从感知到自身患病到康复所表现出来的不利于健康的行为，如瞒病、恐病、不及时就诊、不遵从医嘱、自暴自弃等，是延迟痊愈和疾病恶化的重要原因。

NOTES

5. 违规违章行为　指违反法律法规的行为，如违规驾驶和违章操作等，是工伤事故和交通事故等伤害发生的重要危险因素。

6. 疏忽行为　指由于自我保护意识和安全意识薄弱，给自己、他人或社会带来危害的行为，如司机疏忽导致车祸、家长疏忽导致儿童受伤甚至死亡等，是导致伤害的重要原因。

7. 致病性行为类型　是广义行为中的内隐行为，指个体基于心理性格养成的一种行为方式或行事风格，较常见的是 A 型行为类型和 C 型行为类型。A 型行为类型者争强好胜，追求成就，总想超过别人，脾气急躁，容易紧张，易生气，遇事易冲动，有高度的时间紧迫感，有强烈的竞争意识，对他人怀有潜在的敌意和戒心，容易产生攻击行为，其心血管疾病发病率高于非 A 型行为类型者。C 型行为类型者谦虚忍让，对他人过度依从，经常压抑自身情绪，其癌症发病率高于非 C 型行为类型者。

三、行为对疾病和健康的影响

（一）对传染性疾病流行的影响

20 世纪 70 年代以来，在世界范围内发现和确认的新发传染病超过 40 种，一些传染病的传播流行与人类的行为密切相关，如艾滋病、梅毒和牛海绵状脑病等慢性传染性疾病，以及甲型病毒性肝炎、埃博拉出血热、登革热、中东呼吸综合征、严重急性呼吸综合征和甲型 H1N1 流感等急性传染性疾病。人们的诸多行为如日常生活行为、人口流动、滥用抗生素和杀虫剂等，均可影响传染性疾病的传播流行。例如，广东省某地区在 2019 年发生一起学校急性胃肠炎暴发疫情，经调查发现是由学生饮用被诺如病毒污染的桶装水引起的。

（二）对慢性非传染性疾病的影响

慢性非传染性疾病包括心血管疾病、肿瘤、慢性呼吸系统疾病、糖尿病、精神和行为障碍、神经系统疾病等。慢性非传染性疾病是全球最严重的公共卫生问题之一，2019 年疾病负担研究数据显示，在 1990—2019 年期间慢性非传染性疾病造成的伤残损失寿命年占总伤残损失寿命年的比例显著增加，其中缺血性心脏病和脑卒中是导致伤残调整寿命年损失的前两位病因。大量研究表明，慢性非传染性疾病的发生与生活方式密切相关，如不合理膳食、吸烟、酗酒、熬夜、缺乏体育锻炼和久坐等，因此慢性非传染性疾病又被称为生活方式病。例如，喜食腌菜容易导致食管癌的发生，我国河南林县食管癌高发就与当地居民喜食腌菜有关。

（三）对伤害的影响

伤害包括交通事故、溺水、中毒、跌倒、烧伤、烫伤等。伤害已成为严重的公共卫生问题，与传染性疾病、慢性非传染性疾病一起构成了危害人类健康的三大疾病负担，并且近年来伤害的威胁呈现持续上升趋势，其预防和控制越来越受到世界各国的重视。伤害发生的原因复杂、涉及面广，受多种因素的影响。其中，行为因素的影响至关重要。在影响伤害发生的诸多行为因素中，不采取防护措施、违规行为和疏忽行为较为常见。例如，我国 2015—2019 年期间 109 万起道路交通事故的数据显示，86.3% 的交通事故由机动车违规导致，主因是未按规定让行。

（四）对衰弱的影响

衰弱是评价老年人群综合健康状况的重要指标，即身体多个系统的储备能力和功能减退，表现为身体、心理和社会等多个方面的功能减弱、失衡，如体力衰退、精神状态下降等，可导致机体对疾病的易感性增加，从而诱发残疾、死亡等多种不良事件。随着全球人口老龄化，衰弱变得越来越普遍。众多行为因素可对衰弱产生影响，包括吸烟、饮酒、饮食、体力活动、社交活动等。例如，来自中国老年健康影响因素跟踪调查的 2002—2018 年的数据表明，不合理膳食、缺乏体力活动、缺乏社交活动、缺乏认知活动（如看电视、听广播、读书和看报等）可增加老年人衰弱的风险。

（五）对期望寿命的影响

期望寿命是指在各年龄组死亡率保持现有水平不变的情况下，同时期出生的一批人平均可存活的年数，它是评估一个国家或地区健康水平、社会发展状况和医疗条件的重要参考依据。我国高度重

NOTES

视人民健康，进入“十三五”时期以来，期望寿命被广泛纳入《“健康中国2030”规划纲要》《“十三五”卫生与健康规划》《健康中国行动（2019—2030年）》等重要纲领性文件，以明确新形势下我国卫生与健康事业的工作方向，推进健康中国建设。在2005—2018年期间，我国期望寿命呈现上升趋势，全国人均期望寿命为77.15岁，男性为74.81岁，女性为79.87岁，且我国期望寿命存在地区差异，呈现东部、中部、西部逐级递减的趋势。除医疗条件外，人们的行为因素也与期望寿命密切相关。例如，我国广西巴马瑶族自治县被国际自然医学会认定为“长寿之乡”，这可能与当地居民良好的饮食习惯有关，他们通常以玉米为主食，豆类为辅食，膳食模式具有低脂、低糖、低动物蛋白、低盐、高维生素、高纤维素等优点。

四、行为评估与监测

（一）行为评估

由于行为可分为外显行为和内隐行为，行为的形成和发展会受到一些心理因素的影响，而且人们对行为的认识程度有限，因此评估行为是一个相当复杂和困难的过程。在评估行为时，通常需要借助合适的评估方法，避免混杂因素的干扰，进而获取真实的信息。目前常用的行为评估方法如下：

1. 观察法　观察法指调查者根据评估目的、评估提纲或观察表，用感官和辅助工具观察调查对象的行为，包括言语、表情、姿势和动作等，记录其出现的时间、地点、频率、程度、条件和后果等。科学的观察法应体现评估的目的性、计划性、系统性和可重复性。按照是否对调查对象进行情景干预，可将观察法分为自然观察法和标准情境观察法。自然观察法是在自然条件下或不施加任何干预的条件下观察调查对象的行为，可观察到的行为范围较广，但需要的时间较长，同时需要观察者有较强的洞察力；标准情境观察法是在特定情景干预下观察调查对象的行为，整个过程是事先设计的，所有调查对象均接受相同的情景干预，观察到的行为具有较高的可比性。在实际应用中，自然观察法和标准情境观察法也常常结合使用。观察法特别适用于调查私密性的行为，如在娱乐场所直接收集、计数使用过的安全套。优点是可以得到有关行为的详细的、第一手的资料；缺点是存在一定的主观性、片面性和表面性。

2. 访谈法　指调查者通过交谈和观察了解调查对象行为和精神活动。访谈过程需要舒适安静的空间、自由畅谈的气氛、调查者和调查对象之间的信任，同时要求调查者具备较高的交谈技巧、较强的观察分析能力、相关的知识背景。依据访谈的结构化程度，可将访谈法分为结构化访谈（structured interview）、非结构化访谈（unstructured interview）和半结构化访谈（semi-structured interview）。结构化访谈按照预先确定的统一标准程序进行，访谈中询问哪些内容，按照什么顺序提问，使用怎样的句子提问都应依据访谈的提纲或手册进行；非结构化访谈需要预先确定访谈的主题或大纲，但无需确定严格的提问方式和程序；半结构化访谈有预先确定的访谈提纲，但询问的方式和顺序可以灵活进行，因此可以说是介于结构化访谈和非结构化访谈之间。

访谈法一般有三个基本目标：收集调查对象的基本信息；获取进行诊断或其他决定的必要信息；与调查对象建立联系，以便进行后续评估和干预。访谈法适用于在隐蔽人群中开展相关行为的调查，例如艾滋病高危行为的研究。优点是能够较为深入地了解行为特征及其影响因素；缺点是有较强的主观性和片面性。

3. 量表测评　指借助标准化及量化工具来评估调查对象行为因素的程度、内容和范围，形式有自评和他评两种。使用的量表必须具备标准化、常模、信度和效度等基本特性。在使用量表的过程中，应严格按照使用说明选择调查对象，务必清晰解释各个条目，确保调查对象完全理解并能够做出正确回答。在行为流行病学中，量表通常被用来评估调查对象的健康行为、健康信念和心理人格等。例如，健康行为评估中的国际体力活动量表、酒精依赖筛查量表和智能手机成瘾量表等；健康信念评估中的骨质疏松症健康信念量表、锻炼健康信念量表和艾滋病健康信念量表等；心理人格评估中的汉密尔顿抑郁量表、汉密尔顿焦虑量表和明尼苏达多相人格调查表等。优点是简单、快捷，可将定性变

NOTES

量转变为定量变量；缺点是一些经典量表来自国外，其研究背景、阐述方法和习惯与国内有所不同，完全照搬可能会带来一些问题，同时量表的设计要求较高，其信度、效度评价过程较为复杂。

4. 档案收集法　指对某些特定个体（如抑郁症患者）在既往医疗、工作及生活中的记录进行收集、整理和分析，获取与疾病、健康有关联的资料，日记、档案、工作日志和司法记录等均属于获取资料的范围。优点是经济方便，资料丰富；缺点是可能出现关键资料缺失的情况，其准确性和可靠性可能低于调查者的第一手资料，也涉及伦理问题，需要资料收集者遵守职业道德，保护调查对象的隐私。

5. 实验室测量　指借助仪器和实验室手段（如磁共振功能成像、脑电信号检测、量子共振检测和心率变异性检测），用生理生化和物理方法来评估生理反应，这些生理反应从某种意义上讲是心理、情绪状态的一种外显方式，包括呼吸、血压、心率、腺体分泌、生物电活动（如脑电、肌电和皮电）等。优点是可以获得客观准确的结果，重复性好；缺点是多数健康行为用单一实验室测量方法难以评估。

6. 计算机技术　指应用计算机技术评估行为因素，一般分为硬件评估和软件评估两种类型。硬件评估方面，比如借助可穿戴设备评估体力活动、静坐和睡眠时长，通过智能药瓶实时获取患者服药情况；软件评估方面，比如利用人工智能网络行为评估平台监测网络行为现状。优点是客观准确；缺点是涉及网络安全、隐私保护等问题。

7. 敏感问题调查技术　在行为流行病学的研究中，经常涉及各种各样的敏感问题，如吸毒、赌博、作弊、性行为和家暴等。由于敏感问题具有私密性，大多数调查对象不愿意报告此类信息，因此常规的评估方法无法对其进行有效评估。美国社会学家 Warner 在 1965 年首次提出了随机应答技术（randomized response technique，RRT）。RRT 的基本原理是调查对象采取随机回答的方式回答所调查的敏感问题，调查者汇总所有调查结果后，根据概率论知识，通过特定的随机化装置计算出敏感问题在人群中的分布，从而达到调查的目的。调查者在调查过程中无法从调查对象的回答中得知对方是否具有某种特征，这保护了调查对象的隐私，从而可取得调查对象的信任，能够获得较为真实的信息。敏感性问题分为属性特征的敏感性问题和数量特征的敏感性问题。属性特征的敏感性问题是指调查对象是否具有某种行为，比如是否吸过毒，针对这类敏感性问题，常见的随机化应答模型包括 Warner 随机应答模型、Simmons 随机应答模型和多分类敏感问题随机应答模型等。数量特征的敏感性问题是指调查对象发生某种行为的次数或程度，比如一段时间内吸毒次数，针对这类敏感性问题，常见的随机化应答模型包括无关问题模型、转移模型、加法模型和乘法模型等。优点是可调查一些敏感性问题，保护调查对象隐私；缺点是仅能估计出某行为在人群中的分布，不能获知哪些调查对象具有该行为。

8. 综合分析法　上述介绍的任何一种行为评估方法都难以实现全面、准确的评估，在实际评估过程中，必须综合应用多种方法，力求更全面获取调查对象的行为信息，尽可能应用科学分析方法，才能得出更可靠的结论。

（二）行为监测

针对公共卫生需求的行为监测是指系统、连续地收集和分析健康相关行为及其危险因素，反映行为变化趋势与疾病流行之间的关联。从流行病学监测分类角度来讲，行为监测属于第二代疾病监测的范畴，是以第一代监测（血清学和临床监测）为基础，增加行为学监测调查发展而来，主要通过哨点监测的方式开展。

行为监测是健康促进和疾病预防控制的重要策略。对于尚未确定与特定疾病存在因果关联的行为，行为监测主要是为了探寻病因线索。而对于已经明确的危害健康行为（如吸烟）的监测，可以为相关疾病或公共卫生事件的发生和流行提供一定程度的预测。行为监测可以应用于传染性疾病、慢性非传染性疾病以及伤害。针对传染性疾病，主要监测与传播途径有关的高危行为，如共用注射器和共同饮用含致病菌的水源等行为；针对慢性非传染性疾病，主要监测不健康的日常行为和成瘾行为，如缺乏体育锻炼、不合理膳食、久坐、吸烟、酗酒、药物滥用等；针对伤害，主要监测违反法律法规的行为，如违规驾驶、违章操作等。

NOTES

第三节 | 行为干预

一、行为干预的概念

根据世界卫生组织2021年的报告，当年全球十大死亡原因共导致了3 900万人死亡，占全球死亡总数的57%。在这10个主要死亡原因中，有7个属于非传染性疾病，占全球死亡人数的38%。而非传染性疾病的发生风险受到多种因素的影响，主要包括不良行为（如烟草使用、酗酒、缺乏身体活动、不合理膳食）、生物遗传因素以及环境因素（如空气污染）。与其他因素相比，个体对自身行为具有更强的控制性和可操作性，因此改变行为相对容易实现。所以行为干预作为一个有效手段被广泛运用于各类疾病的预防工作中。

行为流行病学一方面研究影响人群疾病或健康的行为因素，即确定哪些行为因素对疾病或健康有影响，以及这些行为因素自身的影响因素；另一方面将其应用于疾病防治和健康促进，即在人群中通过具体指导和技能训练改变自损或不健康行为，促进良好或健康行为，这就称为与健康关联的行为干预。这些干预是在一定行为干预理论指导下，结合具体情况，采用不同的干预策略进行，如个体干预、人际干预、机构干预、社区干预、政策干预等。

人群行为干预有两个目的：一是改善行为，二是由此防治疾病或促进健康。改善行为是一项长期艰巨的任务，行为改善后需要经过一段较长时间（滞后期）才能观察到期望的健康效应，这使行为干预变得困难和复杂。

二、行为干预的策略

在实施行为干预时，除了要有具体的技术措施外，还应首先考虑行为干预的策略。常见的行为干预策略如下：

1. 认知策略　指提供知识或信息，使人们认识到自损行为对健康的危害性，确立行为改善的知识基础。其具体干预形式多样，包括文字形式（如宣传小册子和传单）、视觉形式（如图片、标本和模型）、影像形式和大众传媒形式。认知策略具有播散广泛、费用低、可行性高的特点。但它的影响力较弱，主要是通过改变人们的认知而起作用，而不是直接引发行为上的改变。因此，仅仅停留于认知阶段是远远不够的。

2. 信念和态度策略　指影响与行为有关的信念和态度。个体在认知基础上，形成健康信念，转变对自损行为的态度，做好行为改变的准备。如通过健康教育可以纠正错误信念，进而增强健康行为的积极认知。信念和态度策略的效果较强，尤其是在行为改变后的维持方面效果明显。但花费较大，可能需要大量的资源和时间来设计和实施有效的宣传教育。

3. 发展技巧策略　指在认知和动机形成的基础上，针对特定的自损行为，制订相应的行为改变技巧。该策略具有高度的特异性和可实践性，使个体在明白“应该做什么”之后，知道“具体如何去做”，帮助个体学会新的健康行为，达到行为改变的目的。但可能需要更多的个性化指导和实践机会。在行为干预中应当对该策略予以充分重视，即干预的重点应放在行为本身而不是放在观点和态度上。

4. 自我监督策略　指强调个体的自我管理和自我反馈，通过自我监控、自我激励和自我惩罚来促进行为改变。该策略能够增强个体的自主性和责任感，有助于长期维持新的行为模式。但这需要个体具备较高的自我效能感和自我控制能力。

5. 社会支持策略　指通过家庭成员、同伴或同事等的支持，如协助、赞赏或奖励等，为个体的行为改变提供正向强化。广义的社会支持还包括社会环境如政策、法规、社会准则、规章、文化习俗等对行为改变的强化，给行为改善者以鼓励，对自损行为者施加压力。该策略能够提供情感支持，有助于行为的持续改变。但社会支持的质量和可用性可能因个体的社会环境而异。

6. 社会系统工程策略　在卫生行政主体实施行为干预规划时，可将上述策略综合起来形成社会

系统工程。①教育：传递信息，训练技巧；②劝告：通过交流（沟通）和社会强化树立外部价值，即健康行为应为每个公民接受；③激励：实施奖励，奖励期望行为，惩罚不鼓励行为；④推进：调整社会环境（包括政策法规），使期望行为实行起来方便，去除期望行为的障碍，对自损行为进行抵制。

不同的策略和措施对行为干预的效果会产生不同的影响，因此，在行为干预过程中应针对具体问题采用恰当的策略和措施。例如，我国早期控烟工作的开展方式主要是通过学校和社区宣传吸烟对健康的危害，但这种方式通常效果有限，因为许多吸烟者并未真正意识到这些危害的迫切性以及与自身的直接关系。随着控烟工作的不断推进，我国逐渐引入了更具针对性和情景化的干预措施。例如，北京在 2015 年实施了《北京市控制吸烟条例》，通过立法手段全面禁止在室内公共场所、工作场所和公共交通工具内吸烟，并鼓励举报违反此条例的行为。控烟宣传也从单纯强调吸烟对健康的危害，转向突出不吸烟者的积极社会形象与良好的健康状态。例如，一些公益广告展示了“无烟家庭”的温馨健康氛围，以及戒烟后生活质量显著改善的案例，从而增强了公众对健康生活方式的认同感。此外，全国控烟行动更加注重社会环境因素的塑造。例如，国务院卫生健康主管部门多次开展综合性健康宣传活动，通过电视广告、社交媒体和社区活动等多种渠道，强调吸烟不仅危害个人健康，还会对家人和公众造成二手烟暴露的严重后果，同时还推出了如戒烟热线等一系列支持服务，为吸烟者提供了便利的戒烟资源。这些措施取得了显著成效，《中国吸烟危害健康报告（2020 年）》显示，我国人群吸烟率呈下降趋势，且二手烟暴露情况整体有所改善，同时越来越多的吸烟者主动寻求专业的戒烟帮助，戒烟成功率也有所提升。

三、行为干预研究的设计与效果评价

在行为干预开展之前，须对行为进行评估，确定引起健康危害的行为因素。行为评估是依据心理学的理论和方法对人的心理、行为品质及其水平做出鉴定，是为制订干预计划、实施干预和评价干预效果所做的调查研究工作。在面对人群的健康问题和行为问题时，运用观察法、访谈法、量表测评、实验室测量等方法收集资料（主要包括社会人口学信息、行为因素信息等），并对这些资料进行分析、归纳、推理和判断，对个体或群体的健康状况和引起健康问题的行为进行评估，了解个体及群体差异，确定其性质和程度，从而为行为干预的实施奠定基础。

在行为评估的基础上，确定健康危害及其相关行为因素后，可按实验流行病学的原理和方法设计行为干预研究，测量采取干预措施后的行为改善和健康效应，并进行有关的评价。

（一）行为干预研究的设计

行为干预的基本原则是将研究对象随机分为干预组和对照组，分别接受干预措施与对照措施，随访观察一段时间，比较各组的结局或者效应。其基本特点是前瞻性研究、随机分组、具有均衡可比的对照组以及施加干预措施。

在社会规划实践中，行为干预措施一般难以做到逐个给予，而是整组给予，且干预组与对照组的分配一般也难以做到随机化，这就需要采用类实验设计。行为干预评价常用的类实验设计类型包括以下几种：

1. 单组自身前后比较设计　单组自身前后比较设计（one group before/after design）不设立对照组，仅通过对目标人群干预的前后比较来评价干预效果。优点是设计与操作简单，节省人力、物力，但可能受到多种因素的影响，影响结果的真实性。这种设计适合于那些资源有限或者干预措施的性质特殊使得随机分配不切实际的情况，如戒烟干预、体重管理计划等个体层面的行为改变。

2. 非等同比较组设计　非等同比较组设计（nonequivalent control group design）用组间配比的方式为干预组选择对照组，保证了组间的可比性。通过对干预组在干预前后的自身变化、对照组在相同时期前后的自身变化的比较，以及比较两组变化量的差异，来评价干预的行为改善效应和健康效应。优点是可以减少时间因素、测量与观察因素等对干预效果的影响，但无法观察变化趋势。这种设计适合于那些无法随机分组的情况，尤其是在社区健康促进项目或者公共卫生干预措施中。它可以用来

评估不同社区或群体之间的健康干预效果，如社区健康促进项目、学校健康教育计划等。

3. 简单时间序列设计　简单时间序列设计（simple time-series design）不设立对照组，干预前后分别对目标人群进行多时点的效应测量，可反映效应本身的变化趋势和干预效果的变化趋势。优点是能够展示干预效果随时间的变化趋势，有助于推断因果关系，但可能需要较长的时间跨度，实施难度较大。这种设计适合于评估长期行为变化，尤其是在那些需要监测政策变化对健康行为影响的情境中，例如禁烟法规对吸烟率的影响等。

4. 复合时间序列设计　复合时间序列设计（multiple time-series design）既设立对照组，又进行多个时点的观察。优点是在控制历史性因素的影响和观察变化趋势方面有明显优势，但成本较高，且存在对照组失访的风险。这种设计适合于需要控制历史趋势和其他时间相关变量影响的情况，尤其适用于评估大规模公共卫生干预措施，如疫苗接种计划、健康政策的实施等。

从医学伦理上讲，一种好的干预措施应当为全人群的健康服务。在干预评价研究中，应该注意对照组的"善后"处理，即评价有效的措施也应服务于对照组。在类实验设计中，有一种拼接设计如图 20-1 所示。

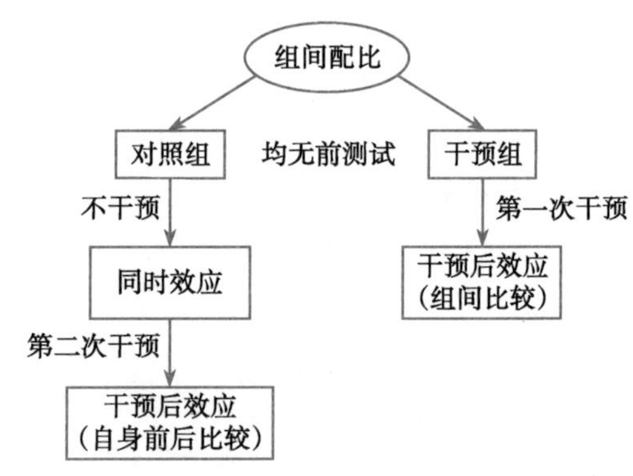

图 20-1　类实验的拼接设计

干预与对照两组的分配是通过组间配比而不是随机化，因此为类实验设计。两组在第一次干预前均不做测试（相当于基线调查），对照组在同干预组完成第一次干预后效应的比较后，也给予干预处理（第二次干预）。由于两组未做处理前测试，第一次干预后两组效应的差异既可能是由干预引起，也可能归于两组的选择偏倚（可比性不好），但对照组第二次干预前后的比较可以解决这个问题。此外，对照组干预前后的自身比较会受到随时间自发变动的影响，但这一影响又可以通过在第一次干预效应的两组间比较中得到解决。因此，拼接设计简单易行，合乎医学伦理，值得在社区行为干预规划中推广应用。

（二）行为干预研究的效果评价

行为干预的效果评价包括两个方面：一是对行为改善效应的评价，即危害健康行为的减少或促进健康行为的增加；二是对健康效应的评价，如群体的发病率、死亡率下降或健康水平提高。行为的转变要经历一个较长的过程，转变后的保持也比较困难，而行为改善后，又需要经过一段较长时间（滞后期）才能观察到健康效应。因此，在行为干预评价中要注意上述两种效应的测量和区别。在行为改善效果不佳时，也许并非干预措施本身的问题，而可能是实施过程未达到设计要求或相应的配套措施不足等。在行为干预后没有发生相应的健康效应时，如果在理论假设无误及滞后期足够的前提下，需要考虑行为改善的实际效果（程度）如何。

（三）行为干预研究中的影响因素及其控制

在行为干预研究中，确保研究结果的准确性和可靠性是至关重要的。然而，研究过程中可能会受到多种因素的影响，这些因素可能会对干预效果的评估造成偏差。

1. 时间因素　行为干预的研究期较长，在此期间发生的重大的、可能对目标人群产生某种影响的各类事件称为时间因素。如新的卫生政策的颁布、食物供应的变化、自然灾害等，虽然不属干预措施，但可加强或削弱干预措施的效果。此外，随社会、经济、文化的变化，人们的行为与健康状况也会改变，这些都会影响评价结果的真实性。这些影响一般可通过设立对照来控制。

2. 选择因素　选择对照组时由于人类社会心理因素的复杂性，导致对照组和干预组不完全一致。这些影响可通过随机化或配比的方法加以控制。

3. 测量或观察因素

NOTES

（1）测量者因素：如测量者的态度可能对测量对象产生暗示效应；测量者的主观愿望可能导致对

两组的评价宽严不一；在多次测试中，随着测量者对有关知识和技能的熟练程度增加，测量者可能使各次测量的误差程度不同。这些影响可通过严格的培训来控制。

（2）测量工具因素：问卷、仪器、药品、试剂等测量工具的有效性和准确性会影响评价结果的真实性。应选择适宜的测量方法和工具，并对其进行信度、效度检验。

（3）测量对象因素：主要是“测试效应”和“沾染”问题。例如在高血压的行为干预规划中，干预前的测试（测量血压）可能改变测量对象的有关行为。测量对象知道自己血压高或偏高时，可能主动寻求医疗保健知识和服务，并改善有关行为。这种测试效应与干预措施本身无关，在各组均可发生。测试效应发生于对照组就出现“沾染”（串组），即相当于对照组成员也接受了干预处理，成为实际上的干预组成员。另外，对照组个体还可从其他途径（传媒、社会网络）获取与行为改善有关的信息，从而自发改善行为。在评价行为干预的健康效应时，应当注意这类“沾染”问题。因为各组间行为改善的实际状况如果接近，其健康效应也就可能无差异了。这种“沾染”情况在美国多危险因素干预试验中曾发生过。在行为干预中，应充分考虑干预措施的可操作性和测量对象的易接受性，提高其依从性。

4. 失访　行为干预通常需随访较长的时间，因此，失访也是一个值得重视的问题。在行为干预中应尽量减少失访的发生，若干预过程中出现失访，应尽量采取相应的措施加以弥补，如通过电话、信函或专门访视等进行调查。

（卢次勇）

本章小结

本章主要介绍了行为流行病学的基本概念、行为与健康的关系、行为评估与监测，以及行为干预研究设计与效果评价等内容。需要强调的是行为流行病学是流行病学的一个新的分支，行为是该学科的主要研究变量。

思考题

1. 行为流行病学的概念是什么？
2. 促进健康行为和危害健康行为分别具有哪些特征？
3. 在行为流行病学研究中，常用的行为评估方法有哪些？
4. 在行为干预研究中，常用的类实验设计有哪些？
5. 行为干预研究中有哪些影响因素？如何控制？

21章
本章数字资源

第二十一章 临床流行病学

Clinical epidemiology is an applied discipline that applies the principles and methods of epidemiology to solve problems related to diagnosis, treatment, prognosis, prevention, etiology/risk factors, etc. in clinical practice. Its aim is to provide scientific research methods for clinical studies, reliable techniques for evaluating clinical diagnosis and treatment effects, scientific ideas for evidence-based clinical decision-making, and the possibility of cultivating clinical scientists with excellent knowledge, skills, and qualities in modern medical models. Its core content is the design, measurement, and evaluation of clinical research.

临床流行病学（clinical epidemiology）是应用流行病学的原理和方法解决临床实践中涉及诊断、治疗、预后、预防、病因/危险因素等问题的一门应用学科，旨在为临床研究提供科学的研究方法，为临床诊疗效果的评价提供可靠的技术，为循证临床决策提供科学思路，也为现代医学模式下培养出知识、技能与素质俱佳的临床科学家提供可能，其核心内容是临床科研的设计、测量与评价。

第一节 概 述

一、发展简史

（一）临床流行病学的起源

临床流行病学的思想萌芽最早可以追溯到 1747 年，英国海军外科医师 James Lind 在 Salisburg 号海船上将 12 名患坏血病的船员分为 6 组进行对比治疗试验，发现每天吃橘子或柠檬的两名海员几乎完全康复，由此开创了流行病学临床试验的先河，也标志着人类历史上临床流行病学的起源。

临床流行病学一词最早出现在 1938 年，由美国耶鲁大学内科学和预防医学教授 John Paul 提出。他在美国临床研究学会主席的就职演说中呼吁，用流行病学调查方法研究临床诊断、治疗问题。但当时的临床研究以实验室微生物学为主导，他的呼吁并没有引起医学界的足够重视。其后发表的一些文章题目虽然包含“临床流行病学”一词，但基本是总结传染性疾病患者的临床和流行病学特征。直到 30 年后的 1968 年，《内科学年鉴》连续发表耶鲁大学 Alvan Feinstein 教授撰写的 3 篇专题文章，首次在期刊上从方法论的角度系统地介绍了临床流行病学。1969 年 David Sackett 教授在美国《流行病学杂志》发表评论，给出了临床流行病学的定义“为患者提供直接照护的医师将流行病学和生物统计学方法应用于诊断和治疗过程的研究，以改善健康状况。”正是这些学者的不懈努力，在临床医学研究中将流行病学方法与临床医学有机地结合起来，从理论和实践上不断发展和丰富临床流行病学方法，才使临床流行病学学科在 20 世纪 70—80 年代形成并引起全社会的关注。

为了推动临床流行病学的国际化和标准化，1982 年，美国洛克菲勒基金会（The Rockefeller Foundation）支持成立了国际临床流行病学工作网络（International Clinical Epidemiology Network, INCLEN）。该网络在美国、加拿大和澳大利亚建立了 5 个国际临床流行病学资源和培训中心（International Clinical Epidemiology Resource and Training Center, ICERTC），包括美国的宾夕法尼亚大学（University of Pennsylvania）、北卡罗来纳大学（University of North Carolina），加拿大的麦克马斯特大学（McMaster University）、多伦多大学（University of Toronto）和澳大利亚的纽卡斯尔大学（University

NOTES

of Newcastle)。他们为全世界尤其是发展中国家培养了大批临床流行病学专业人才，并通过他们在全世界 34 个国家的 84 所大学建立了相应的临床流行病学单位(Clinical Epidemiology Unit，CEU)，其中就包括了我国的华西医科大学和上海医科大学。

（二）从临床流行病学到循证医学

干预措施效果评价始终是临床流行病学关注的问题。英国 Austin Hill 爵士早在 20 世纪 40 年代就设计了第一个真正的随机对照试验(randomized controlled trials，RCT)，来评价链霉素治疗肺结核的效果。由于 RCT 采用随机化分组，从而消除了研究对象分组时容易产生的选择偏倚和混杂偏倚；采用双盲法设计，对干预药物或预防措施进行对照试验，可以消除试验过程中的信息偏倚，因而保证了研究结果的真实性，进而成为临床流行病学研究的标志性方法。正是由于 RCT 在人群中建立了评估因果关系最可靠的方式，因而成为评估医学干预效果的“金标准”，并被誉为临床流行病学的旗舰。

到了 20 世纪 70 年代，人类已经完成了相当数量的随机对照试验，新的研究仍不断公诸于世。随着临床研究的不断增多，针对同一个问题的临床试验也可能得出不同的研究发现。如何在资源有限的情况下，系统地总结证据，优胜劣汰，基于当前最佳的研究成果来制订临床决策迫在眉睫，循证医学(evidence-based medicine，EBM)因此成为世纪交替时一场震惊医学界的革命，也为临床流行病学的发展带来了新的历史机遇。1992 年 Gordon Guyatt 等首次提出 EBM 一词，意味着循证医学的正式诞生。

（三）临床流行病学与药物流行病学紧密相关

临床流行病学不仅评价药物的疗效，也同样关注药物治疗可能带来的安全性问题，因此，与药物流行病学有非常强的联系。随着新药不断问世，药品不良反应也相继出现，尤其是 20 世纪 60 年代发生的震惊世界的“反应停事件”，更是促进了人们对药物上市后的安全、有效性的关注。1968 年 WHO 制订了一项由 10 个国家参加的国际药品不良反应监测试验计划，并于 1970 年正式成立 WHO 药品不良反应监测中心。由于研究的视角从临床拓展到广大的用药人群，药物流行病学这门应用科学于 20 世纪 80 年代应运而生。国际药物流行病学学会(The International Society of Pharmacoepidemiology，ISPE)于 1989 年正式成立，我国也于 1995 年成立了中国药学会药物流行病学专业委员会。

（四）真实世界数据与证据助推临床流行病学的发展

经典的 RCT 是评价理论疗效的“金标准”，但并非所有试验都可以做到随机化。此外，严格的纳排标准也使试验结果外推受限。为加快药品和医疗器械审批，2016 年美国发布了《21 世纪治愈法案》，美国食品药品监督管理局(FDA)首次明确认可了真实世界证据在药物评审中的作用，美国 FDA 官员随后在《新英格兰医学杂志》上发表了一篇题为《真实世界证据——它是什么以及它能告诉我们什么?》的文章，对真实世界证据的数据来源给出了具体的说明。随着电子病历、医保数据、各种可穿戴设备采集的信息不断丰富，通过收集和分析这种真实世界数据(RWD)，开展真实世界证据(RWE)研究也在医学界如火如荼地进行，为临床流行病学研究提供了丰富的资源。但基于 RWD 的观察性研究由于未随机分组而无法全面控制各种潜在的混杂因素，加之数据质量参差不齐等问题，使得其在进行因果推断时容易受到质疑。毫无疑问，对这些新问题的解决势必会极大促进临床流行病学方法学的发展。

（五）临床流行病学在我国的引进与发展

1980 年我国引入临床流行病学的概念，在卫生部的领导和支持下，于 1982—1983 年我国的 13 所卫生部部属院校接受了世界银行的医学教育贷款(卫生Ⅰ贷款)。在该贷款项目中设立了一个临床研究的设计、测量与评价(design，measurement and evaluation，DME)项目，就是临床流行病学项目。1983 年在贷款项目的支持下，在华西医科大学、上海医科大学和广州中医学院建立了三个 DME 国家培训中心，在全国 20 余所医学院校开设了临床流行病学课程，并为我国培养了一大批临床流行病学

NOTES

专业人才。目前，临床流行病学课程多集中开设于医学研究生和长学制医学生群体，教学现状处于一个稳步提升的状态，在学生对于该课程的认知和重视程度、课程教学效果和学生科研能力的提升方面也在不断改善。1989 年我国成立了中国临床流行病学工作网（China Clinical Epidemiology Network，CHINACLEN）；1993 年中华医学会成立了临床流行病学学会，2013 年更名为中华医学会临床流行病学和循证医学分会，后续全国多个省市相继成立了区域性分会，共同推动学科的建设和发展。华西医科大学的王家良教授不仅是首任主任委员，还主编了我国第一本《临床流行病学》教材，并获得了 1992 年国家优秀科技图书二等奖，为本学科在我国的发展奠定了良好的基础。1996 年循证医学被正式介绍到中国。王吉耀教授为此专门撰文，并将 “evidence-based medicine” 翻译为 “循证医学”。1997 年，中国循证医学中心落户华西医科大学。此后复旦大学、北京大学、兰州大学、武汉大学、香港中文大学、北京中医药大学等院校相继成立了循证医学研究中心。

二、相关定义

（一）临床流行病学

美国耶鲁大学 John Paul 教授认为，传统的流行病学是研究人群中疾病的分布及其影响因素，而临床流行病学则是为临床医师和研究者提供重要的方法学，以患者为对象开展研究工作。加拿大临床流行病学家 David Sackett 教授认为，“临床流行病学是临床医学的一门艺术”“是临床医学的基础科学”。美国学者 Robert Fletcher 则认为，临床流行病学是将流行病学的原理和方法应用到临床，以解决临床上遇到的问题。因此，临床流行病学是一门科学地观察和解释临床问题的方法学。上述临床流行病学著名学者的观点也深深地影响着我国临床流行病学工作者的认识。以流行病学背景为主的学者认为，临床流行病学是流行病学的一个分支学科，是应用流行病学的原理和方法科学地观察和解释临床诊断、治疗和判断预后等问题以及支持临床决策的方法学科。而以临床医师为背景的专家学者则认为，临床流行病学是临床医学与流行病学和生物统计学方法相结合、相交叉的一门新兴学科，是临床医学的基础学科。该学科可深化对疾病发生、发展及其转归的认识，提高临床诊疗水平。

我国临床流行病学的代表性学者王家良教授给出的定义：临床流行病学是在临床医学的领域内，引入了现代流行病学与统计学等有关理论，创新临床科研的严格设计、测量和评价的临床科研方法学，用宏观的群体观点及相关的定量化指标，从患者的个体诊治扩大到相应特定患病群体的研究，探讨疾病的病因、诊断、治疗和预后的整体性规律，力求排除或防止偏倚因素的干扰，确保研究结果的真实性、重要性和适用性，以创造临床研究的最佳证据（知识），并用于指导防病治病的循证医学实践。

在 2010 年最新出版的《现代流行病学词典》中对 “临床流行病学” 给出了如下定义：临床流行病学是研究在临床医学中进行科学观察并对其结果作出解释的一门方法学。其任务是应用流行病学的原理和方法，去观察分析和解释临床医学中的诊断、筛检、治疗、预后以及病因等研究中所遇到的问题。

从流行病学工作者的角度给出如下定义：临床流行病学是在临床医学研究中，以患者群体为研究对象，应用流行病学原理和方法，观察、分析和解释临床医学中的诊断/鉴别诊断、筛检、治疗、预后以及病因等医学研究中所遇到的问题，为临床决策提供科学依据的一门方法学。其核心内容是临床科研的设计（design）、测量（measurement）与评价（evaluation）。

（二）药物流行病学

自 1984 年首次把药物流行病学作为一门学科提出至今，许多学者描述了药物流行病学（pharmacoepidemiology）的研究目的和范畴，其中两个定义比较有代表性。一是 “药物流行病学就是应用流行病学的知识、方法和推理研究药物在人群中的效应（疗效和不良反应）及其利用”（Porta 和 Hartzema，1987 年）；二是 “药物流行病学是研究人群中与药物有关的事件的分布及其决定因素，以进行有效的药物治疗”（Last，1988 年）。这两个定义的出发点和侧重有所不同，前者从临床药理学家的角度出发，借用流行病学方法评价药物的效应，后者从流行病学家的角度着眼，研究与药物有关的事件；但两者的目的是一致的，都是通过在大数量的人群中研究药物的应用及效果，为安全、有效、经济、合理地进行药物治疗提供依据。我国于 1995 年亦提出，药物流行病学是应用流行病学的原理和方法，研究人群中药物的利用及其效应的一门应用科学。近年来随着药物警戒和药品风险管理的问世，2008 年国外学者扩展了传统的药物流行病学定义，提出“药物流行病学是应用流行病学的原理和方法，研究人群中药物的利用及其效应，通过发展和评估风险管理策略，优化药品、疫苗、医疗器械的效益风险比，达到提高医疗保健质量的目的”（Hartzema，Tilson，Chan，2008 年）。

（三）循证医学

1996 年，David Sackett 对循证医学进行了明确定义：循证医学是有意识地、明确地、审慎地利用现有最好的证据制订关于个体患者的诊治方案。循证医学包含三个基本要素，即最佳证据、临床经验和患者价值观的有机结合。就干预措施效果而言，最佳证据为来自多个随机对照试验（RCT）的系统综述，其次是单个 RCT。利用当前所能获得的最佳研究证据进行诊治时，医师需根据患者具体情况及临床经验，判断患者获益的可能性及大小，并兼顾患者的个人意愿、兴趣及期望等，做出最合适的选择。

三、临床流行病学的用途

（一）为临床医学研究提供科学的研究思路与方法

医学的研究对象是人，具有自然和社会的双重属性。由于每个人的遗传性状不同，生长、生活的环境和方式各异，所以，同样的疾病在临床上的表现可以千差万别，同样的药物对不同的病人可以是有效与无效并存，给我们的诊疗带来了无尽的困扰。如何提高诊断水平、临床鉴别诊断能力，如何加强药物的安全性、有效性的评价，提高临床治疗水平，这些问题都需要通过临床科学研究加以解决。而临床流行病学就是从设计、测量和评价（DME）三个环节为临床工作者提供科学的研究方法。

（二）为临床诊疗效果的评价提供科学的方法与手段

临床实践中的问题大致可以分为病因、诊断、治疗和转归四个方面。传统的流行病学研究集中在病因研究，而随机对照试验则解决了诊疗效果评价这个医学实践中事关重大的问题，从而带动了临床问题研究方法学的全面发展，促进了临床流行病学的产生。由于该研究设计对流行病学研究中常见的信息和混杂偏倚进行了有效的控制，因而成为人群中研究因果关系的典范和评估诊疗效果的“金标准”。随机对照试验问世之后不仅得到医学界普遍的关注和应用，还成为临床流行病学的旗舰，为临床诊疗效果的评价提供了科学、可靠的研究手段。

（三）为临床决策和实践循证医学提供科学的思维与证据

RCT 作为评价干预措施的“金标准”，到了 20 世纪 70 年代，人类已经完成了相当数量的随机对照试验，新的研究仍不断公之于世。然而，如何系统地总结和传播这些随机对照试验的证据，并将这些证据用于指导医学实践，提高医疗卫生服务质量和效率，就成为当时医务工作者面临的巨大挑战。为此，临床流行病学家们提出临床医师应不断地从发表的临床科研论文中获取证据或通过自己的科研直接产生证据以支持临床决策，并提高文献检索、分析、评价和正确地运用最新科研成果的能力。据此，进一步提出了如何提出需解决的临床问题，如何检索和收集当前最好的科学证据，如何评估这些证据的质量、效果好坏和结果的外推性，如何综合现有证据和参考其他相关因素制订合理的患者诊疗方案，并根据实践的效果不断改进和完善诊疗方案，这样一个完整的循证决策的科学思路。与此同时，一批临床的有识之士开展了大量多中心随机对照试验，不断产生和提供着科学证据。更有一些临床专家开始研究、探讨如何科学地理解或解释各类研究的成果并规范地通过论文撰写向世人表述，以促进科学证据的广泛应用。临床流行病学发展到此，不仅催生并推动了循证医学理论与实践的发展，也引发了一场医学实践模式的革命。

NOTES

（四）为临床科学家的培养提供可能

现代医学模式已经从传统的生物-心理-社会医学模式转变为环境生态大众健康模式。这一模式的核心就是要求现代医师要具有综合决策能力。即为了提高临床决策的科学性，必须以各种临床概率数量为依据，以概率论与决策论的理论为指导，经过一定的分析、计算，使复杂的临床问题数量化，进而选择合理的诊疗方案。同时，还要考虑生命伦理学、卫生经济学和社会价值取向等复杂因素，作出安全、有效和经济上可以承受的临床诊疗决策。临床流行病学的基础是临床医学和流行病学，其特点是：在环境生态大众健康模式下，以临床为基础，与流行病学、生物统计学、卫生经济学及社会医学等相关学科相互渗透和融合；在研究对象上从关注个体病例为基础扩大到相应的患病群体；在研究场所上由关注医院的个体患者诊治扩展到社区人群疾病的综合防治；在研究内容上从研究与探讨疾病的早期发现、诊断和治疗，发展到疾病发生、发展和转归的规律，形成完整的临床科研思路和提高临床诊疗水平。临床流行病学的科学方法与思维，不仅可以提高临床医师开展医学科研的能力，更为重要的是使其掌握了临床科学决策的思想和方法，对发展我国临床医疗事业，提高诊疗水平，培养一批高素质的临床科学家具有十分重要的战略意义和深远的实践意义。

第二节　临床流行病学研究的核心内容

临床流行病学研究强调：①制订一份高质量的临床科研设计方案；②客观、准确地收集、整理、分析和应用临床数据和信息资料；③对研究的结果进行科学的评价并得出有价值的结论应用于临床实践。将其概括为设计（design）、测量（measurement）与评价（evaluation），简称 DME，就是临床流行病学研究的核心内容。

一、设计

临床科研首先要有明确的研究问题，在此基础上，根据研究问题的需要提出科研假设，确定验证或检验该假设的适当研究对象、适当的研究方法。这个过程就是临床研究设计，包括下列内容：

1. 明确研究问题　研究目的是设计的核心依据。研究目的可以是临床工作中遇到的问题，前人工作尚未解决的问题，也可以是文献综述中给出的科学启示和问题，当然也有上级提出要求要解决的临床问题。问题是所有设计的基础，所以，一要明确，二要具体。很多研究者经常把研究问题提得很大、很空泛，其实是不利于设计和实施的。

2. 确定科学的研究方案　根据不同的研究目的和不同性质的临床研究课题来选择相应的设计方案，并撰写研究计划书。比如，开展病因学研究可以选择观察性研究，包括描述性的横断面研究（cross-sectional study），也可以选择分析性的队列研究（cohort study）和病例对照研究（case-control study）。但是前者对样本量的要求比较高，研究结果的真实性和可靠性相对较弱，而应用队列研究则因果的时间顺序十分合理，结果也十分可靠，但是研究设计和对象选择又十分困难；开展诊断性试验可以选择“金标准”方法对照或开展系列诊断指标评价；开展防治效果评价不仅可以开展随机对照试验（RCT），也可以应用观察性的队列研究、病例对照研究，甚至可以用描述性研究。虽然为达到研究目的可供选择的方法种类很多，但是不同的方法，不仅受方法学本身科学性的限制，还要考虑方法的可接受性及科研经费的情况。

3. 确定研究对象　研究对象包括总体和样本两部分。研究总体就是根据研究目的确定的研究对象的全体，这是很难得到的。而样本则是从研究对象的全体中选择出的有代表性的一部分，实际工作中我们经常用的就是这部分。这就要求抽样随机化，样本要达到足够的数量，同时对样本(病例)要有明确的诊断标准。当确定的具体研究对象符合了上述三个标准，就基本保证了研究对象的代表性。

4. 确定研究对象的分组　科学的临床研究必须将研究对象分成实验组和对照组进行比较，实验组可以是新的诊断方法，也可以是新的药物治疗或预防措施。分组比较是临床流行病学的特征之一。

NOTES

分组的方法可以是随机分配，也可以是非随机分配，比如按不同时间、不同地点分组或按某些特征进行分组等。但是，只有真正的随机分组才能使两组除研究因素之外的其他影响因素分布均衡可比。所以，经典的疗效评价一定是随机化的临床对照试验。

5. 确定研究指标 一般说来，研究指标是根据研究目的确定的。比如，进行临床诊断试验的评价，就需要选择一种公认的临床诊断方法或设备的指标作为“金标准”；开展临床新药的安全、有效性的评价，就要提出一系列的临床指标如有效率、改善率、病死率及不良反应发生率等指标加以验证；开展疫苗预防效果评价，就要以人群的保护率、血清抗体水平变化率等指标为评价标准；疾病预后的评价就要考虑并发症发生率、致残率和康复率等指标。而何时测量这些指标、用什么样的方法进行测量、如何保证指标获得的真实性与可靠性，是要在研究设计阶段认真考虑和明确规定的。

6. 确定资料收集与分析的方法 临床研究的对象是患者，临床流行病学研究的对象是一组患者。因此，在收集资料时就存在一个客观与准确的问题。这就要求我们不仅在收集临床信息资料时用规范的语言，同时，最好是采用盲法进行。盲法又包括单盲（只有患者不知道干预措施是什么）、双盲（患者和执行研究的医师都不知道干预措施的分组情况）和三盲（即患者、医师和资料分析人员都不知道干预措施的分组情况），以确保研究信息的真实性。根据临床流行病学研究所采用的不同方法，收集数据的性质不同，要选择正确的研究分析方法，这也是十分重要的环节。此外，真实世界数据、注册登记和专病队列也是近年来特别重视的重要信息来源，后续内容有相关介绍。

7. 确定研究质量的控制方法 在临床流行病学研究中最常见的偏倚有患者入组时由于诊断标准的不一致出现的选择偏倚，收集临床信息时产生的信息偏倚和由于分组没有严格执行随机化而带来的混杂偏倚。其实，除了上述偏倚外，在临床试验中还经常遇到仪器设备不一致、诊断试剂批次不同、信息采集时间（如血压测量）不一致、医师掌握诊断标准不一致以及患者对医师医嘱执行程度（通常称其为依从性）等因素，这些都会给研究结果带来不确定性。所以，在研究设计阶段，针对上述可能的偏倚所采取的质量控制方法就显得十分重要。这也是临床流行病学研究实施中往往被认为复杂的原因所在。

8. 注重科研道德 临床科研的对象是患者，因此，任何研究应以患者的利益为第一，在研究的设计和执行的各个环节都要尊重患者的权利，维护患者的利益。

二、测量

测量是指在临床流行病学研究中对各种临床现象进行度量，可以采用定量的和定性的测量方法。但是，无论什么方法，都要求有较好的灵敏度和特异度。测量的指标可以有硬指标和软指标之分。在临床流行病学资料分析时，需要正确地测量频率指标和效应指标。前者包括流行病学的描述指标，如发病率、患病率、死亡率和病死率等；后者为流行病学的分析指标，如绝对危险度（率差）、相对危险度（率比）和归因危险度、剂量-反应关系等。临床研究中，有些数据可通过客观方法或仪器较准确地进行测量，如心率、血压、身高、体重、发病情况、死亡情况等，这些均为客观指标，我们称为硬指标。而有些指标仅靠主观感受，如患者表述的疼痛、恶心、头晕、乏力等，称为主观指标，又称为软指标。

通常，临床科研中的测量都是在患者或患者组中由不同医护人员完成，产生误差的可能影响因素较多，像医护人员掌握的标准和测量的习惯不同所带来的测量误差、仪器型号和试剂批次所带来的误差、被测者依从性误差以及测量者主观误差等。所以，要求测量指标的判断标准和临床意义要有明确的规定，测量质量要确保科学性和可靠性。为了获得准确的测量结果，在进行临床科研时，要正确区分定量资料和定性资料，准确无误地使用合适的指标进行临床现象的测量，同时要研究测量所出现的各种变异及其对结果的影响程度，并通过改进测量方法、严格遵守操作规程和规范使用标准化调查用语来减少误差。此外，还要保证进行测量的试验措施有反应性和可测性，使测量的方法有较好的灵敏度和特异度，明确各种测量指标的判断标准及其临床意义。

NOTES

三、评价

评价就是运用科学的方法，根据研究目的，制订出科学、客观的标准，并运用这些标准来评价各种临床数据、实验室数据和临床研究结论，以检验其真实性（validity）、可靠性（reliability）、可行性（feasibility）和科学性等。同时，也可以依据临床流行病学对病因、危险因素、诊断、防治、疾病预后以及卫生经济学等严格评价的标准和有关判断临床意义的指标，结合专业及临床实际，对研究结果的临床价值或公共卫生价值予以全面评价。由于临床流行病学研究的对象是患者群体，所以还必须对研究结果进行统计学显著性检验，确定其统计学意义。需要指出的是，只有在确定研究结果不是由于抽样误差造成的基础上，我们对试验结果的生理意义、临床意义与卫生经济学意义的综合评价才有意义。这些评价将对临床决策起到重要的参考作用。评价的内容着重体现在以下几方面：

（一）评价研究结果的真实性和可靠性

运用临床流行病学方法对设计方案、各项诊断方法的准确性、各种治疗措施的近期和远期疗效、有关偏倚的防止与处理措施、研究对象的来源及其代表性和依从性等进行评价，以检验其真实性和可靠性。

（二）评价研究结果的重要性

1. 评价结果的临床意义　按照临床流行病学及循证医学对病因、诊断、防治、疾病预后等严格评价的标准和有关判断临床意义的指标，结合专业及临床实践，对临床价值予以评价，从而确定对提高临床医疗水平的重要意义。

2. 评价结果的统计学意义　如果研究的结果具有临床意义，那么必须应用正确的统计学方法对结果进行显著性检验，以评价临床差异的真实程度，即肯定结果的真阳性率、真阴性率以及检验效能的水平和置信区间（confidence interval，CI）范围，从而获得对临床研究结果真实程度的评价。

3. 评价结果的卫生经济学意义　临床医学研究的结果应对其社会效益及经济效益进行评价，应用卫生经济学的原理方法，计算其成本-效果（cost-effectiveness）、成本-效益（cost-benefit）以及成本-效用（cost-utility），并进行比较和评价，以肯定那些成本低、效果好的研究成果，使之能推广应用。

总之，临床流行病学的主要研究内容和方法就是设计、测量和评价这三大环节，通过对各种偏倚的有效控制，以确保临床研究结果和结论的真实性和可靠性，并以透明的方式进行发表和报道。

第三节　常见研究内容与设计方法

一、疾病自然史研究

疾病自然史（natural history of disease）是指在未经干预的情况下，疾病从发生到进展，直至稳定、痊愈或者恶化并导致个体死亡或永久性功能丧失的过程。对疾病自然史的深入研究和全面了解，是人类认识疾病，并对疾病进行预防、诊断、治疗以及开展药物研发的基础。

（一）疾病自然史研究的意义

1. 制定更有效的三级预防策略　疾病自然史大致可以分为易感期、亚临床疾病期、临床疾病期和最终的结果（康复、残疾或死亡）。根据疾病的自然史可以将预防分为三级（图 21-1）。

在疾病的易感期针对病因或危险因素开展的预防活动为第一级预防，可以降低疾病在人群中的发病率，如通过控烟、限酒、合理膳食、消除职业性危害来降低肿瘤的发生率；在临床症状出现前开展的早发现、早诊断和早治疗等预防活动为第二级预防，如肿瘤筛查可以发现癌前病变或早期肿瘤，从而进行及时的诊断和治疗；在临床疾病期开展的缓解症状、预防残疾、促进康复、提高生活质量等预防活动为第三级预防，如肿瘤患者的疼痛管理、临终关怀等；二级和三级预防可以通过缩短病程、将疾病和残疾造成的影响降到最低，进而降低人群中的患病率、残疾率和病死率。

需要注意的是，同类措施会因所预防的目标疾病不同而属于不同级别的预防。例如，高血压患者服用降压药以控制血压水平到正常范围，对于心血管疾病的预防来说属于第一级预防，即危险因素的

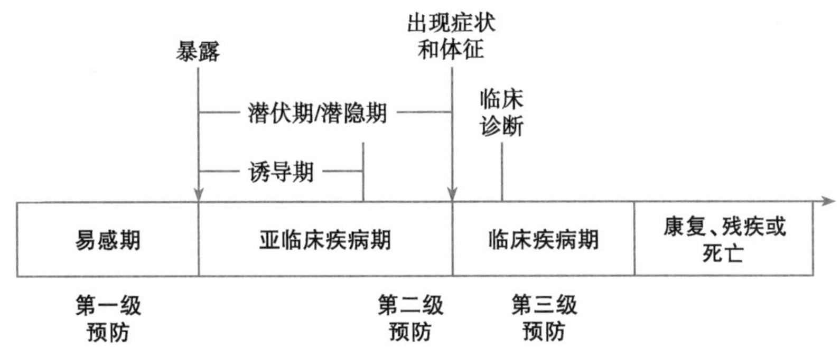

图 21-1　疾病自然史和疾病预防阶段

干预，而对于高血压病的预防来说，则属于第二级和第三级预防。

2. 开发和评估新的治疗方法　研究疾病自然史有助于揭示疾病是如何逐步发展的，包括哪些因素促进了疾病进程，以及疾病各阶段的特点。这一信息对于设计靶向治疗至关重要，因为不同的治疗可能针对疾病的不同阶段或机制。此外，在某些情况下，疾病自然史显示存在一个"治疗窗口"，即在这个时间段内进行治疗最有可能产生积极效果。了解这个窗口期可以指导临床试验的设计和新疗法的应用。疾病自然史的数据还可用于评估新疗法的安全性和有效性。例如，通过与自然病程相比，可以观察治疗是否显著改变了疾病的进程。随着对疾病自然史的深入研究，还可以开发针对特定亚型或患者群体的个性化治疗方法。

3. 优化临床研究设计　临床试验的结果受很多因素的影响，不同疾病的发生、发展过程有一定的变化规律，有些疾病有自愈倾向，有些有季节性或周期性波动，若没有对照则不能说明问题。疾病自然史提供了关于疾病如何随时间演化的信息，了解疾病在没有治疗干预情况下的发展可以帮助确定合适的对照组，并确保试验结果的解释是可靠的。此外，还可以确定哪些临床或生物学指标能够准确反映疾病的进展或治疗效果，可作为评估新疗法是否有效的标准。

(二) 疾病自然史研究方法

疾病自然史主要采用观察性研究设计，尤其是队列研究。队列研究收集纵向数据，分析暴露因素以及其他因素对结局的影响，是一个由因到果的推断过程，是疾病自然史研究中的主要研究类型。通过开展队列建设和长期随访工作，可提供更丰富、更全面的与疾病发生、进展以及转归相关的信息，提供患者在未经治疗的情况下，疾病相关指标随时间的变化信息，以及区分疾病表型和亚组的多样性信息。近年来出现的专病队列、疾病注册登记（disease registries）是获得疾病自然史研究数据的主要系统。基于疾病诊断来纳入观察对象，有助于深入了解疾病的自然史和临床信息，在此基础上还可以开展疗效比较研究，比较针对相同指征的不同治疗措施，作为随机对照试验的补充。例如，中国国家卒中登记（China National Stroke Registry，CNSR，NCT04290494）作为疾病注册登记的典型代表，从 2007 年启动至今，已经相继开展了三次国家卒中登记。CNSR Ⅲ于 2015—2018 年在全国 201 家医院连续招募了缺血性脑卒中或短暂性脑缺血发作（TIA）患者 15 166 例，通过面对面访谈，前瞻性地使用电子数据采集系统收集临床数据，随访患者 3 个月、6 个月及 1~5 年的临床结局。这三次登记不仅描述了近些年我国卒中疾病负担及关键绩效指标的质控现状，未来还可以回答卒中领域一些关键的临床问题，如：①建立基于影像标志物的缺血性脑卒中和 TIA 风险预测模型；②探讨 TIA 和轻型卒中"组织学"和"时间"定义对临床预后的预测价值；③探讨病因分型的中心化评估对卒中临床预后及治疗的影响；④探索隐源性卒中的病因、发病机制以及对卒中复发的影响；⑤探索新型卒中生物标志物、卒中相关基因与卒中发生及预后的相关性。

二、诊断试验研究

临床诊断是临床医学的主要活动之一。在临床诊断过程中，临床医师根据患者的症状、体征、实验室检查、影像学检查等资料，结合医师本人的专业知识和临床经验，对疾病做出临床判断。判断的准确性主要依赖于医师所利用的各种诊断技术，或者方法、手段，甚至包括了解病史和体格检查等的诊断特性，包括真实性（validity）、可靠性（reliability）和临床价值。利用特定的方法和程序对某种诊断技术的诊断特性进行评价的过程称为临床诊断试验研究（the study of diagnostic test）。诊断试验研究是一个循序渐进的过程，可分为 4 期，各期的研究目的不同，采用的设计方法和统计学分析也各异，具体见表 21-1。

Ⅰ期问题：试验结果在某疾病患者和正常人之间是否有差异？主要采用病例对照研究。这个阶段的诊断试验评价无法转化为临床诊断，但可以加深对疾病机制的生物学理解，后期或许还有助于治疗。特点是快速、便宜；若试验阴性可及时终止，若阳性，进入Ⅱ期问题。

Ⅱ期问题：诊断试验阳性的患者比试验阴性者是否更有可能患某疾病？主要采用横断面研究、病例对照研究。由于该期试验未纳入疑似病例，研究结果仍然不能直接用于临床，还需要进入Ⅲ期研究。

Ⅲ期问题：在一组临床疑似患者中，试验结果是否有助于区分患病与未患病的个体？主要采用横断面研究、队列研究。传统的诊断试验真实性评价主要回答此期问题，具体见本书第十一章。

Ⅳ期问题：那些做了这个诊断试验的患者的临床结局是否优于那些没有做诊断试验者？诊断的最终目的是治疗。通过试验结果，患者获得进一步诊治，从而改善健康状况。因此，最终要确定患者通过这个诊断试验是否获得临床收益，也包括投入-产出等经济学指标。主要采用随机对照试验、队列研究、病例对照研究等。

表 21-1　诊断试验常见类型

研究问题	研究目的	常用研究设计	统计分析
患者与对照人群的诊断测试结果是否相同？	评价诊断测试结果在确诊患者与正常对照中的差异	病例对照研究	计量资料：t 检验 分类资料：χ^2 检验 等级资料：秩和检验
某些检测结果异常的人是否比检测结果正常的人有更大的可能患某种目标疾病？	评价诊断测试区分患病与未患病的能力	横断面研究 病例对照研究	灵敏度、特异度、约登指数、似然比、预测值、诊断 OR 值等
在临床疑似病例中，诊断测试是否可以正确地区分患病与未患病？	评价诊断的准确性	横断面研究 队列研究	灵敏度、特异度、约登指数、似然比、预测值、诊断 OR 值等
采用了诊断测试的患者的健康结局是否比未采用的患者好？	评价诊断测试对治疗及预后的影响	随机对照试验 队列研究 病例对照研究	危险比，成本-效果分析

注：OR，odds ratio，比值比。

三、干预措施有效性评价

评估干预措施的有效性、安全性是临床流行病学研究的核心环节，也是临床医师循证诊疗决策的基础。广义的干预措施指一切可以人为施加的用来改善人民健康的措施和活动，可以针对个人，也可以针对人群。常用的医学干预措施包括：药物和非药物治疗（如外科手术）、卫生政策、预防策略、医学筛查、诊断检查、医疗卫生管理、健康教育、医疗卫生服务融资方式等。临床试验是评价干预措施效果的“金标准”，如新药上市需要进行上市前Ⅰ、Ⅱ、Ⅲ期临床试验和上市后的Ⅳ期临床研究，其中，Ⅱ期和Ⅲ期都是严格的随机对照临床试验。相关内容见本书第九章实验流行病学。随着干预措施复杂程度的增加，经典的个体随机对照试验可能无法实施，研究者必须根据研究目的与研究实际情况选择合适的研究方法，比如对于社区干预、手术等问题，可以考虑采用整群随机对照试验、阶梯设计试验、偏好设计试验、单病例随机对照（N-of-1）试验等。如果是评估卫生政策，还可以采用非随机化试验等。表 21-2 对比了单一干预措施与复杂干预措施的异同点。

表 21-2　单一干预措施与复杂干预措施的异同点

方面	单一干预措施的研究	复杂干预措施的研究
目标人群	确定	多样,根据实际情况可变
样本量	较少	相对较多
对照	安慰剂对照	非安慰剂对照,对照组用标准措施
干预措施	单一,确定	复杂,可变,干预成分间存在相互影响
分配隐匿	容易实施	较难实施
实施过程	简单	复杂,根据实际情况可变
是否遵循设计方案	遵循设计方案	不一定遵循方案适应实际情况
结局	单一,确定	多个结局,可变,复杂
因果链	直接,因果关系较强	复杂,因果关系多较弱或不容易分辨
评价	较容易	较为复杂
应用	药物试验等	实际应用,社区干预、政策评估

四、干预措施安全性评价

没有绝对安全的药品,即使是合格药品在正常用法用量下使用,也可能出现与用药目的无关的或意外的有害反应,此即药物不良反应(adverse drug reaction,ADR)。因此,在评价干预措施有效性的同时,也需要在研发和使用的全生命周期关注安全性问题。应用流行病学的原理和方法,研究人群中药物的利用及其效应,就是药物流行病学。在安全性评价方面,主要研究内容包括:对 ADR 发生率和相关风险因素进行调查分析,为药品风险管理提供依据;通过数据库挖掘和安全信号的检出和分析,做到快速发现用药人群中出现的不良反应,保证用药人群安全;药品上市后监测方法规范化与实用化,尤其是计算机的应用与用药人群数据库的建立;研制实用药品不良反应因果关系判断程序图或逻辑推理流程图。

干预措施安全性评价研究可根据研究目的使用流行病学的各种研究方法,尤其在上市后监测和重大药害事件的调查中,可以灵活运用多种流行病学研究方法确定药物与不良事件的关系,但不同的研究方法在因果关系论证上的能力不同。描述性研究是药物上市后研究的起点,也是药物上市后研究的主要方法之一。它通过描述与药物有关的事件在人群、时间和地区的频率分布特征、变动趋势,通过对比提供药物相关事件发生和变动原因的线索,产生安全信号,为进一步的分析性研究打下基础。但要注意的是,描述性研究中的病例报告和病例系列研究没有对照组,不能用于确定因果关系;生态学研究只是分析群体的平均药物暴露水平和人群总的发病率、死亡率之间的关系时,我们并不知道每个个体的药物暴露与疾病状况,也无法控制可能的混杂因素,在结果解释时必须慎重,避免出现生态学谬误。分析性研究因为有事先设立的对比组,通过比较研究组与对照组之间在各种分布上的差异,可以筛选与检验病因假设。实验性研究尤其随机对照试验是评价药物疗效的"金标准",但从伦理学的角度考虑,通常不能专门用于安全信号的确证。二次研究,如系统综述和/或 Meta 分析通过整合安全性证据,可以进一步回答因果推断原则中关联是否具有普遍性的问题。

(一) 安全信号挖掘

1. ADR 自发报告数据的挖掘　基于自发报告的 ADR 被动监测作为药品监管的常规工作,也是安全信号的主要来源之一。目前 ADR 监测数据库不良反应信号检测主要基于比值失衡测量法(measures of disproportionality)。该方法建立在经典的 2×2 四格表的基础上(表 21-3),基本思想是估计自发报告中实际出现的与某种药物有关的不良反应数据量和预期数量的比值,或者和其他药物引发的其他不良反应数量的比值,表 21-4 总结了 4 种计算方法。如果测量的比值非常大,大到一定

NOTES

的程度（“失衡”）时，那么可疑药物和可疑不良反应之间很可能存在某种联系，而并非机会因素或者数据库“嘈杂背景”所造成的。目前，该方法已经被广泛采用。

表 21-3　比值失衡测量法的四格表

	可疑事件	所有其他事件
可疑药物	A	B
所有其他药物	C	D

表 21-4　比值失衡测量法的 4 种计算方法

测量指标	计算方法	信号判断的临界值
报告比值比（reporting odds ratio，ROR）	$\text{ROR}=\dfrac{A/C}{B/D}$	
比例报告比值比（proportional reporting ratio，PRR）	$\text{PRR}=\dfrac{A/(A+B)}{C/(C+D)}$	①PRR>2， ②χ^2>2， ③至少有 3 例关于药物导致可疑不良反应事件报告
信息分数（information component，IC）[‡]	$\text{IC}=\log_2\dfrac{p(x,y)}{p(x)p(y)}$	IC>0
相对比值比（relative rate，RR）[†]	$E=\dfrac{(A+B)(A+C)}{A+B+C+D}$ $\text{RR}=A/E=\dfrac{A(A+B+C+D)}{(A+B)(A+C)}$	RR>1 EB05≥2

注：[‡]，$p(x)$是指药物（x）出现在报告中的概率；$p(y)$是指药品不良反应事件出现在报告中的概率；$p(x,y)$是指药物（x）和不良反应事件（y）同时出现在报告中的概率。[†]，E是预期的与可疑药物有关的不良反应事件；当A值比较小时，可以通过多元伽马泊松收缩模型（multi-item gamma Poisson shrinker，MGPS）来计算经验贝叶斯几何均值（empirical Bayes geometric mean，EBGM）和 95% 的置信区间（EB05，EB95）。

2. 处方数据库的挖掘　处方数据库也是可以充分挖掘和分析的资源。当某些药物的不良反应本身是其他药物使用的指征时，患者的处方药物记录会显示出某种特定的药物使用先后序列（顺序）。因此，在大量的处方记录数据库中就会表现出特定的频率分布。处方序列对称分析（prescription sequence symmetry analysis，PSSA）是通过评价某种特定药物在服用前和服用后事件分布的对称性，来评价药物与事件是否存在关联。PSSA 是一种单纯病例的设计，使用某种药品的处方（标签药）来代替某特定药品（指示药）引起的不良反应，再基于指示药与标签药的处方时序分布的对称性来发掘不良反应信号。如 A 药（指示药，index drug/exposure drug）可能产生某种不良反应，需要用 B 药（标签药，marker drug/proxy drug）进行治疗，在处方数据库中先确定一定时间窗内处方了 A 和 B 两种药品的患者。若不存在因果关联，则处方序列应是对称分布的，即先处方 A 药的人数与先处方 B 药的人数相等；若存在因果关联，则 A 药处方后会引起 B 药处方的增多，处方序列的分布不对称，即先处方 A 药的人数更多。这种替代做法在医疗保险（简称医保）数据库中尤其有效，因为医保数据对药物的处方有着非常详尽的记录。例如，医保数据库中并没有转氨酶、胆红素等肝功能检测的具体信息，这时可以用保肝药作为标签药代替肝损伤不良反应。当然，若原始数据中包含准确的不良反应诊断信息，也可以直接采用诊断信息作为结局。

以他汀类药物（简称他汀）与肝损伤的研究为例，在使用了他汀（指示药 A）并且发生了肝损伤（可用保肝药作为标签药 B 代替）的患者中，假设药物与不良反应不相关，他汀首次处方在肝损伤首次发生（保肝药首次处方）之前的患者（$A\rightarrow B$ 组，相关组）与他汀首次处方在肝损伤首次发生（B 药首次处方）之后的患者（$B\rightarrow A$ 组，非相关组）应该呈现一种对称的分布，如图 21-2 所示；假设他汀会导致

NOTES

肝损伤，那么使用他汀之后发生了肝损伤的这部分患者可能会随之被处方保肝药来治疗该不良反应。可以预见，保肝药首次处方晚于他汀药的概率会更高，因此，相关组的患者人数将多于非相关组，而产生一个不对称的分布，如图 21-3 所示。用相关组的患者人数除以非相关组的患者人数，得到粗序列比（crude sequence ratio，CSR），反映两种药物不对称程度，但该指标没有考虑处方随时间变化的自然趋势。空效应序列比（null-effect sequence ratio，NESR）是假定没有任何因果关联的情况下期望的序列比，反映研究周期内处方频率的变化。调整序列比（adjusted sequence ratio，ASR）等于 CSR/NESR，调整时间趋势后的序列比显著大于 1.0 时，说明可能存在因果关联。

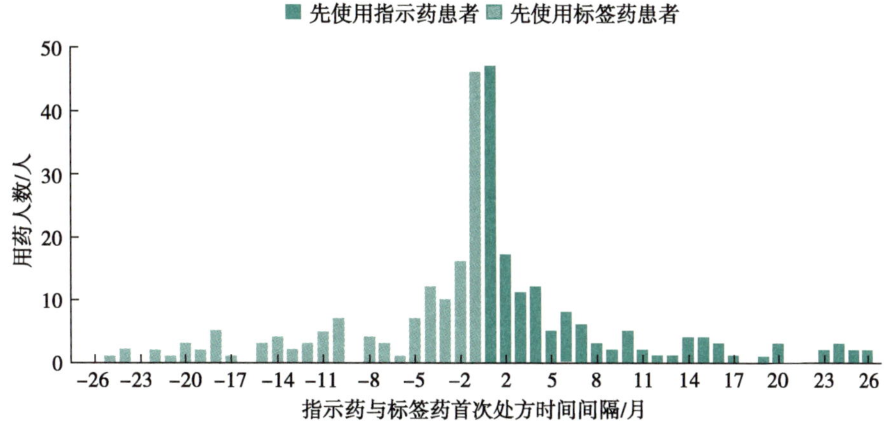

图 21-2　指示药他汀与肝损伤不良反应无关情况下的对称分布示意图

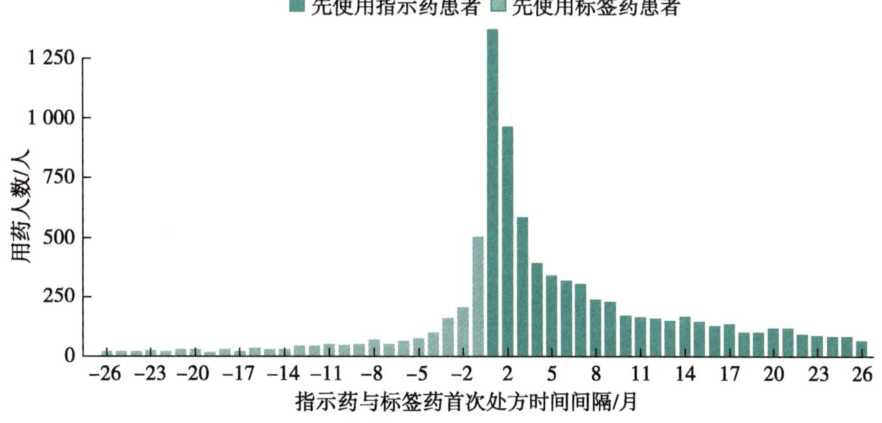

图 21-3　指示药他汀导致肝损伤不良反应情况下的不对称分布示意图

（二）安全信号检验

基于自发报告数据库挖掘的安全信号是否存在因果联系需要进一步通过分析性流行病学研究加以检验。在药物流行病学研究中，可以采用队列研究设计，追踪观察服药组与未服药组的某种不良结局（即不良反应）的发生情况，以判断药物与不良反应之间的关联，如反应停与短肢畸形，左旋咪唑与脑炎综合征等的关联就是通过队列研究确证的。队列研究可以是前瞻性的，也可以是回顾性的。回顾性队列研究是根据已掌握的历史记录确定研究对象是否服药，并从历史资料中获得不良结局的发生情况，这样一来，服药与不良结局虽然跨越时期较长，但资料搜集与分析却可在较短时期内完成，而且没有伦理学问题，因此比较适用于 ADR 研究。需要注意的是服药与不良结局的历史资料必须完整、可靠。随着药物上市后监测的完善和大型数据库链接的实现，回顾性队列研究设计会在 ADR 评价中发挥日益重要的作用。即使这样，大多数研究通常还是需要通过调查补充一些数据库中没有的资料，并对来自各种数据库的信息的真实性加以评价。

NOTES

ADR研究病例数较少，且经常面临需迅速做出结论的情况，因此病例对照研究特别适用。如孕妇服用反应停与婴儿短肢畸形，早产儿吸入高浓度氧与晶状体后纤维增生症，经期使用月经棉与中毒性休克综合征，口服避孕药与心肌梗死，母亲早孕期服用雌激素与少女阴道腺癌，苯丙醇胺与出血性中风等，均是应用病例对照研究的精彩范例。

药物流行病学研究中传统的研究方法有时无法解决面临的实际问题，如数据的缺失或不完整，由此推动了药物流行病学方法的发展。例如针对实际研究中只能获得病例组混杂因素的资料，而无法得到对照组混杂资料的情况下，1991年Maclure提出评价药物急性不良事件危险性时，选择病例源人群时最好的对照来源是病例自身，因而提出了病例交叉设计（case cross-over design）。该方法的基本原理是：如果暴露与某急性事件有关，那么在事件发生前较短的一段时间（危险期）内，暴露的发生应比事件发生前较远的一段时间（对照期）内更频繁或强度更大。病例交叉设计仅适用于效应短暂的问题的研究，不适用于随时间的推移暴露可能会变化的情况。例如，随时间的推移，药物的使用可能会“自然增加”。药物使用的“自然增加”不仅与研究的事件相关，而且与医疗措施改变、对药物益处的认识加深、对使用该药物信心增加、适应证扩大、患者对药物依赖增加以及市场的推广等均有关。这样，药物使用的自然变化趋势会混合到由病例交叉分析所得的OR值中。另设一组对照，对照组中每个研究对象也观测两次，则可以消除该影响。1995年Suissa提出的病例-时间-对照设计（case-time-control study），可解决随病情的改变，暴露随时间改变问题。表21-5总结了可用于药品安全信号检验的各种研究设计。

表21-5 可用于药品安全信号检验的各种衍生研究设计

<table>
<tr><th>对比组</th><th>研究设计（提出时间）</th><th>基本思路</th><th>适用条件</th><th>统计分析</th></tr>
<tr><td>暴露组和非暴露组</td><td>队列研究，cohort study（19世纪）</td><td><table><tr><th></th><th>发生结局</th><th>未发生结局</th></tr><tr><td>暴露组</td><td>A</td><td>B</td></tr><tr><td>非暴露组</td><td>C</td><td>D</td></tr></table>$RR=\frac{A/(A+B)}{C/(C+D)}=\frac{\text{暴露组发病率}}{\text{非暴露组发病率}}$</td><td>不适用于罕见结局</td><td>Cox 回归</td></tr>
<tr><td>病例组和对照组</td><td>病例对照研究，case-control study，CCS（20世纪）</td><td><table><tr><th></th><th>病例组</th><th>对照组</th></tr><tr><td>暴露</td><td>A</td><td>B</td></tr><tr><td>非暴露</td><td>C</td><td>D</td></tr></table>$OR=\frac{A/C}{B/D}=\frac{AD}{BC}$</td><td>不适用于罕见暴露</td><td>Logistic 回归（匹配时，采用条件 Logistic 回归）</td></tr>
<tr><td rowspan="2">仅病例组</td><td>自身对照病例系列，self-controlled case series，SCCS（1995年）</td><td>风险比（例如相对危险度）
$RR=\frac{\text{风险期发病率}}{\text{对照期发病率}}$</td><td>暴露：瞬时效应
结局：急性事件
结局不影响暴露</td><td>条件 Poisson 回归</td></tr>
<tr><td>病例交叉研究，case-crossover study，CCO（1991年）</td><td><table><tr><th></th><th></th><th colspan="2">对照期</th></tr><tr><th></th><th></th><th>暴露</th><th>非暴露</th></tr><tr><td>风险期</td><td>暴露</td><td>A</td><td>B</td></tr><tr><td></td><td>非暴露</td><td>C</td><td>D</td></tr></table>$OR_{case\text{-}crossover}=\frac{A/C}{B/D}=\frac{AD}{BC}$</td><td>暴露：瞬时效应
结局：急性事件
混杂：无随时间变化的混杂</td><td>条件 Logistic 回归</td></tr>
</table>

续表

对比组	研究设计(提出时间)	基本思路	适用条件	统计分析
仅病例组	病例-时间-对照研究 case-time-control,CTC(1995年)	在CCO基础上,选择未发生所关注结局事件的个体作对照 $OR=\frac{OR_{case\text{-}crossover}}{OR_{case\text{-}control}}$	暴露:瞬时或慢性效应 结局:急性事件	条件Logistic回归
	病例-病例-时间-对照研究 case-case-time-control,CCTC(2011年)	在CCO基础上,选择未来发生所关注结局事件的个体作对照 $OR=\frac{OR_{case\text{-}crossover}}{OR_{case\text{-}control}}$	暴露:瞬时或慢性效应 结局:急性事件	条件Logistic回归

五、疾病预后研究

预后(prognosis)是指在疾病发生之后,对该病未来的发展过程和不同结局(治愈、复发、恶化、并发症发生、伤残、死亡等)作出的事先估计。临床医师几乎每天都会遇到患者及家属提出的各种关于预后的问题,例如,将会有什么样的结局发生;发生此种结局的可能性有多大;这样的结局会在什么时候发生;影响结局发生的因素有哪些。预后研究作为临床流行病学的重要研究内容,旨在评估患者在经历某种疾病或接受某种治疗后可能出现的各种结局的概率。预后研究可以帮助医师和患者了解疾病的发展趋势、预测未来可能发生的情况,并据此作出相应的医疗决策。

(一)影响预后的因素

预后因素(prognostic factor)是指影响疾病结局的一切因素,强调患者若具有某些因素,其病程发展中可能会伴有某种结局的发生。影响疾病预后的因素复杂多样,主要包括:①疾病本身特征。如疾病的病情、病期、病程、临床类型、并发症等诸多方面。无论是传染病还是非传染病,疾病本身的特征对预后的影响都很大。②患者的机体状况。如营养状况、体质强弱、体重、精神心理状况、内分泌及免疫系统状况等。③患者及医护人员的依从性(compliance)。一个好的临床治疗方案若要达到好的治疗效果,一定是以患者和医护人员的配合为前提,否则一事无成。④医疗条件。医疗条件直接影响疾病的预后。同样的一种疾病,其预后在不同医疗条件的医院可能明显不同。但需要注意的是,由于不同级别医院患者的疾病严重程度不同,医疗条件好的医院某种疾病的预后不一定优于医疗条件差的医院。医师的治疗水平也是医疗条件的重要方面,主要包括治疗方法、用药种类、用药剂量、有无药物副作用等。在临床实践中,医师如果能采取恰当的治疗方法,选择合理的治疗方案,对疾病预后的影响将十分明显。⑤早期诊断、早期治疗。有些疾病能否早期诊断及早期治疗对预后的影响非常大。如各种恶性肿瘤,一般来讲,越能早期发现,早期治疗,其预后就越好。如果没有早期发现,并已出现全身多处转移,失去了手术根治的机会,只能姑息治疗,预后就很差。⑥患者、家庭、社会因素。主要包括患者的年龄、性别、家庭经济状况、文化程度、医疗制度、社会保障制度等。

预后因素与危险因素在应用和意义方面有一定的区别,预后因素是强调在已经患病的情况下有哪些因素会影响疾病的结局。即若患者具有某种或某些影响因素,其病情发展过程中出现某种结局的概率可能会改变,即以结局(死亡、存活等)的出现作为事件。

(二)疾病预后研究的设计

疾病预后研究的最优设计是队列研究,具体见本书第七章。在设计中,要明确疾病预后研究的客观标准,包括诊断标准、纳入标准、排除标准、预后结局判定标准等。各种标准要客观、具体,尽可能采用国际国内公认标准。队列研究中研究对象最好是刚发生或刚诊断患有某种或某类特定的疾病,并且没有发生预后研究中所确定的目标结局的患者。其他需要注意的事项与相应设计类型的研究相同,包括对象的代表性、应答率、依从性等。考虑代表性,可以收集多家不同规模的医院中不同病情程度的病例。部分疾病从出现首发症状到初次确诊时间差异很大,这时应该以首发症状的出现时间为

观察始点。

病例对照研究也可以用于预后因素的确定。例如,根据同类疾病患者的不同结局分为“病例组”和“对照组”,然后比较两组患者过去某期间所接受的治疗措施及人口学特征等方面的差异性,以找出影响不同预后的措施或因素。如将患者的死亡、恶化、并发症、复发等特征作为“病例组”,而将无此类表现的同类患者作为“对照组”。同样,也可以用生存时间较短的患者作为“病例组”,以生存时间长的患者作为“对照组”,比较两组过去的治疗措施的差异性,有显著意义的措施就可能是影响预后的因素。

确定预后因素之后,可以根据研究结果建立预后模型,用于预测个体患者的预后。预后模型通常包括一系列预测变量,通过数学公式或算法来估计特定结局的可能性。预后模型还需要在独立的数据集上验证其准确性和泛化能力,确保其在不同人群中的适用性。

第四节 ｜ 真实世界数据与真实世界证据

一、真实世界数据来源(侧重临床)

真实世界数据(real-world data,RWD)是指来源于日常所收集的各种与患者健康状况和/或诊疗及保健有关的数据,例如电子医疗记录(electronic medical record,EMR)或电子健康档案(electronic health record,EHR)数据,医疗保险索赔数据库(以下简称医保数据)、疾病登记系统数据、公共卫生调查与公共健康监测(如药品不良事件监测)、出生/死亡登记项目、各种家用设备或移动设备监测的患者健康数据以及其他能够反映患者健康状况的数据。

真实世界证据(real-world evidence,RWE)是指通过对适用的 RWD 进行恰当和充分的分析所获得的临床证据。真实世界研究(real-world study,RWS)是指针对特定的临床问题,基于 RWD 进行分析以获得关于医疗产品的使用以及潜在获益或风险的临床证据的研究过程,可以在真实诊疗环境中验证临床决策(研究假设)的实际效果。RWS 多用于医疗产品的上市后研究,既评价药物或医疗器械在真实医疗环境下的治疗效果,更注重结果的外推性。RWS 包括实用性临床试验、单臂临床试验和观察性研究等。

二、真实世界数据治理与评价

真实世界数据主要来自日常诊疗工作和患者管理,并非为科研专门采集。因此,其数据记录、采集、存储等流程缺乏严格的质量控制,可能存在数据不完整,数据标准、数据模型和描述方法不统一等问题,对真实世界数据的有效使用形成了障碍。有鉴于此,2021 年,国家药品监督管理局药品审评中心出台了《用于产生真实世界证据的真实世界数据指导原则(试行)》,从真实世界数据的定义、来源、评价、治理、标准、安全合规、质量保障、适用性等方面,对真实世界数据给出具体要求和指导性建议,以帮助申办者更好地进行数据治理,评估真实世界数据的适用性,为产生有效的真实世界证据做好充分准备。

数据治理是指针对特定临床研究问题,为达到适用于统计分析而对原始数据所进行的治理,其内容包括但不限于:数据安全性处理、数据提取(含多个数据源)、数据清洗(逻辑核查及异常数据处理、数据缺失处理)、数据转化(数据标准、通用数据模型、归一化、自然语言处理、医学编码、衍生变量计算)、数据传输和存储、数据质量控制等若干环节。

由于在不同数据源内存储的医疗数据,因其使用目的侧重点不同,数据结构也不尽相同,导致真实世界数据通常呈现多源异构的特点。使用通用数据模型(common data model,CDM)可以从多种来源的电子信息数据库中提取特定信息的结构和框架,通过建立标准化的变量表单,从海量数据中准确、快速、有效地提取研究或管理所需要的关键信息。同时,这种系统还有助于形成一套较为完整的标准分析方法体系,从而快速实施各种流行病学研究方法,最大限度利用已有数据资源回答实际问题;用标准化程序进行统计分析,也可以降低传统上由多个异构数据多种对应分析程序产生的人力成本和时间成本。除了上市后药品安全性研究以外，通用数据模型还可以用于多种研究用途，如医疗质量评估、生物医学研究和公共卫生监测等。

RWE 是否可信主要取决于 RWD 的适用性，国家药品监督管理局 2021 年颁布的《用于产生真实世界证据的真实世界数据指导原则（试行）》中对源数据和经治理数据的适用性评价做了明确指导和规范。源数据的适用性评价主要包括可及性、伦理和安全性，经治理数据适用性评价包括数据相关性和数据可靠性两个核心维度。

三、基于真实世界数据的研究设计与统计分析要点

基于 RWD 开展的研究与随机对照试验相比，由于未随机分组而无法全面控制各种潜在的混杂因素，从而可能导致用药组与对照组之间的可比性较差，加之真实世界数据（RWD）质量参差不齐等问题，使得其在进行因果推断时容易受到质疑。为了调整潜在的混杂因素，倾向性评分（propensity score，PS）已成为 RWD 分析中最常用的分析工具之一，用于平衡治疗组之间的混杂因素从而控制由于混杂而产生的偏倚。PS 是不同协变量条件下患者接受治疗或发生暴露的概率。PS 可以综合概括特征变量的作用，反映所有已观测协变量在两组间的均衡性，如果对原始协变量进行调整能够有效控制混杂效应，那么仅对基于这些协变量的 PS 进行调整，也可以控制混杂效应。使用 PS 的分析方法包括匹配、分层、回归和加权，无论是哪种方法，PS 分析的两个主要优点是即使结局事件数目较少，很多协变量也可以得到平衡，并且通过比较处理组之间的协变量分布可以直接检查协变量是否平衡。

此外，在观察性研究中，暴露或治疗不是由研究者指定的，而取决于常规医疗实践模式。尤其很多药物暴露都可能属于随时间变化的暴露（time-varying exposure）或者时间依赖性的暴露（time-dependent exposure），同时潜在混杂因素的取值可能随着时间的变化而变化，从而导致时间依赖性的混杂（time-dependent confounding）效应，即存在时依性暴露和时依性混杂。在研究设计和统计分析中如果没有考虑暴露和混杂因素在观察期内随时间变化的特性，也可能引起严重的药品安全性和有效性估计的偏倚。因此，如何处理这些由于未正确处理时依性暴露和时依性混杂引起的偏倚，也是真实世界证据面临的重要挑战。选择多种研究设计和分析方法有利于合理解释研究结果，如同时至少采用一种 G-方法作为主分析或敏感性分析，从而增强结果的可靠性。

（詹思延）

本章小结

本章回顾了临床流行病学发展史、定义与用途，及其与药物流行病学、循证医学的联系与区别；对临床流行病学的核心内容，设计、测量和评价进行了解析；重点介绍了临床流行病学用于疾病自然史、诊断试验、疗效和安全性评价、预后研究的方法学要点；最后对真实世界数据和证据进行了分析。

思考题

1. 临床流行病学与循证医学的联系与区别？
2. 药物流行病学中安全性评价包括哪些研究内容？
3. 疾病预后研究可以采用哪些流行病学研究设计？

NOTES

推荐阅读

[1] SCHULTZ A, SAVILLE B R, MARSH J A, et al. An introduction to clinical trial design. Paediatr Respir Rev, 2019, 32: 30-35.

[2] HARRER S, SHAH P, ANTONY B, Hu J. Artificial intelligence for clinical trial design. Trends Pharmacol Sci, 2019, 40(8): 577-591.

[3] TORRES-SAAVEDRA P A, WINTER K A. An overview of phase 2 clinical trial designs. Int J Radiat Oncol Biol Phys, 2022, 112(1): 22-29.

[4] RILEY S, FRASER C, DONNELLY C A, et al. Transmission dynamics of the etiological agent of SARS in Hong Kong: impact of public health interventions. Science, 2003, 300(5627): 1961-1966.

[5] DONNELLY C A, GHANI A C, LEUNG G M, et al. Epidemiological determinants of spread of causal agent of severe acute respiratory syndrome in Hong Kong. Lancet, 2003, 361(9371): 1761-1766.

[6] WANG L, ZHANG H, RUAN Y, et al. Tuberculosis prevalence in China, 1990-2010; a longitudinal analysis of national survey data. Lancet, 2014, 383(9934): 2057-2064.

[7] ZHOU M, WANG H, ZHU J, et al. Cause-specific mortality for 240 causes in China during 1990-2013: a systematic subnational analysis for the Global Burden of Disease Study 2013. Lancet, 2016, 387(10015): 251-272.

[8] SACKETT D L, ROSENBERG W M, GRAY J A, et al. Evidence based medicine: what it is and what it isn't. BMJ, 1996, 312(7023): 71-72.

[9] HIGGINS J P T, THOMAS J, CHANDLER J, et al. Cochrane Handbook for Systematic Reviews of Interventions version 6.5 [EB/OL]. (2024-08-22) [2024-09-11]. https://training.cochrane.org/handbook/current.

[10] 陈恩富，冯录召. 传染病预防控制. 北京：人民卫生出版社，2024.

[11] 崔富强. 传染病预防与控制. 北京：北京大学医学出版社，2024.

[12] 国家心血管病中心. 中国心血管健康与疾病报告 2023. 北京：中国协和医科大学出版社，2024.

[13] 吕筠，胡志斌. 流行病学. 9 版. 北京：人民卫生出版社，2025.

[14] 中华人民共和国国家卫生健康委员会. 中国吸烟危害健康报告. 2020. 北京：人民卫生出版社，2021.

[15] 中华医学会糖尿病学分会. 中国 2 型糖尿病防治指南（2020 年版）. 中华糖尿病杂志，2021，13（4）：315-409.

[16] 黄悦勤. 中国精神卫生调查现场执行及质量控制. 北京：北京大学医学出版社，2020.

[17] 段蕾蕾，王临虹. 伤害与暴力预防控制理论与方法. 北京：人民卫生出版社，2020.

[18] 王声湧. 伤害流行病学. 北京：人民卫生出版社，2003.

[19] 谭红专. 现代流行病学. 北京：人民卫生出版社，2008.

[20] 白波. 行为医学. 3 版. 北京：人民卫生出版社，2018.

中英文名词对照索引

E

F

G

H

J

K

L

M

N

P

Q

R

S

T

W

X

Y

Z